Os Direitos Fundamentais Sociais dos Trabalhadores na Encruzilhada Contemporânea

Os Direitos Fundamentais Sociais dos Trabalhadores na Encruzilhada Contemporânea:

Os Imperativos Neoliberais, Principiologia Constitucional e Reestruturação Social

Ipojucan Demétrius Vecchi

LACIER

LACIER

Lacier Livraria e Editora
www.livrarialacier.com.br

Rua Doutor Quirino, 808 – Centro
CEP 13015-081 – Campinas, SP – Brasil

Setembro, 2021

Diretor: *Lacier José de Rezende*
Diretor assistente: *Eduardo Soares Aureliano*
Projeto de capa: *Fabio Giglio*
Projeto gráfico e editoração eletrônica: *Peter Fritz Strotbek – The Best Page*

Ficha Catalográfica

Dados Internacionais de Catalogação na Publicação (CIP)
(Câmara Brasileira do Livro, SP, Brasil)

Vecchi, Ipojucan Demétrius

Os direitos fundamentais sociais dos trabalhadores na encruzilhada contemporânea : os imperativos neoliberais, principiologia constitucional e reestruturação social / Ipojucan Demétrius Vecchi. — Campinas, SP : Lacier Editora, 2021.

ISBN 978-65-88805-17-6

1. Direito constitucional — Brasil 2. Direito fundamental 3. Direito do trabalho I. Título.

21-80849 CDU-34:331(81)

Índices para catálogo sistemático:

1. Brasil : Direito do trabalho 34:331(81)

Aline Graziele Benitez – Bibliotecária – CRB-1/3129

Sumário

"Por um mundo onde sejamos socialmente iguais, humanamente diferentes e totalmente livres."

Rosa Luxemburgo

Apresentação

Com muita alegria e satisfação recebi o convite do professor Doutor Ipojucan Demétrius Vecchi para escrever a apresentação de seu livro. O presente trabalho é resultado de sua tese de doutorado defendida em 12 de maio de 2021, no seio do Programa de Pós-Graduação *Stricto Sensu* em Ciência Jurídica da Universidade do Vale do Itajaí (PPCJ/UNIVALI), com a banca de avaliação composta pelos professores doutores Liton Lanes Pilau Sobrinho (da UNIVALI), Paulo Roberto Ramos Alves (da Universidade de Passo Fundo — UPF), Cleide Calgaro (da Universidade de Caxias do Sul — UCS) e David Sánchez Rubio (da *Universidad de Sevilla*). Banca presidida por mim na qualidade de orientador e tendo como co-orientador ao professor Liton Pilau. A banca resultou ser uma excelente jornada acadêmica pela qualidade dos debates promovidos pelos professores presentes e pela defesa do então candidato ao doutoramento. Agradeço aqui, mais uma vez, a gentileza, as arguições e as argutas propostas dos doutores presentes na banca, e da mesma maneira a co-orientação e o apoio de sempre do professor Doutor Liton Pilau. Também destaco a ajuda motivadora de nosso coordenador do PPCJ/UNIVALI, o professor Doutor Paulo Márcio Cruz.

Certamente que foi uma grande honra ter sido o orientador do presente trabalho, ou como diz o professor David Sánchez Rubio, com sua maneira bem-humorada de ser, uma grande alegria ter sido o *desorientador* de Ipojucan. Entendo que, brincadeiras à parte, *desorientador* no sentido socrático, colocando sempre as dúvidas no debate. Imediatamente ficamos amigos, o debate com o doutorando foi realizado sempre de igual para igual, exatamente por ser Ipojucan um já experiente professor (na UPF desde 2001) e um advogado trabalhista militante desde 1993.

Ipojucan Demétrius Vecchi brinda a Academia com um tema atual e relevantíssimo: Os direitos fundamentais sociais dos trabalhadores na encruzilhada contemporânea. Um interessante estudo aprofundado da conjuntura das atuais reformas das leis trabalhistas de matriz ideológica neoliberal, que visam destruir os frutos da luta dos trabalhadores por melhores condições de vida. A luta histórica dos trabalhadores e dos excluídos significa a luta dos mais débeis por incluir a todos os membros da Sociedade legitimamente como titulares da Dignidade da Pessoa Humana. No desenvolvimento dos pilares dos Direitos Humanos — Liberdade, Igualdade e Solidariedade — é fundamental a consagração dos direitos fundamentais sociais como consequência do processo de generalização dos direitos humanos (Bobbio e Peces-Barba) e assim incluir a todos dentro dos preceitos de uma Sociedade digna, mais justa e democrática. Sem a inclusão ou generalização dos direitos humanos para todos não se pode falar de Democracia nem de Dignidade da Pessoa Humana. A defesa do trabalhador e o debate em torno ao tema são de fundamental importância para a Sociedade atual, infelizmente nas últimas décadas do século XX e no atual século XXI assistimos ao crescimento do protagonismo da principal teoria negadora dos direitos humanos da atualidade: a ideologia do neoliberalismo — aliada desde sempre ao conservadorismo — que prega a exclusão, a desigualdade e o privilégio de uma pequena minoria endinheirada. A defesa da dignidade da pessoa humana, a verdadeira situação do cidadão trabalhador diante das novas situações que se apresentam na contemporaneidade, as crises constantes provocadas e em benefício de poucos, passou por enfrentar a questão estudada no presente trabalho.

A destruição de direitos fundamentais constitucionalizados e consagrados como conquistas humanas civilizatórias, o chamado por Luigi Ferrajoli *processo de desconstitucionalização*, retrocessos — que alguns chamam de "flexibilização" das normas trabalhista (outros de "modernização" das normas trabalhistas) — somente agrava a crise e traz benefícios aos donos do poder, às elites econômicas, enfim aos que são cínicos e céticos (Sánchez Rubio) com relação ao Estado Constitucional e Democrático de Direito e aos Direitos Fundamentais que legitimam o sistema.

Já era hora de denunciar o *faz de conta* de uma situação hipócrita na qual a integralidade dos direitos fundamentais do ser humano são uma mera retórica e assim não são observados em detrimento das vantagens de alguns poucos. O combate às políticas públicas de Igualdade, não considerando os direitos sociais como direitos humanos, como defendem os teóricos do neoliberalismo (destacamos Friedrich Von Hayek) e o atual combate à Solidariedade, descrito por Noam Chomsky como o mais vil dos enunciados "não se importar com os outros", atitude normal para os ricos e poderosos, mas devastadoras para o restante da humanidade.

A hipocrisia do atual momento do neoliberalismo, no caso brasileiro associado ao Golpe de Estado de 17 abril de 2016, que levou aos governos de Michel Temer e ao de extrema-direita de Jair Bolsonaro, é a situação estudada pelo presente livro. O vale tudo para derrubar os últimos governos democráticos do Brasil que está vindo à tona agora, oficialmente, com o desmascaramento do que realmente aconteceu em processos como o da lava jato e da prisão do ex-presidente Lula da Silva. Não resta a menor dúvida que os governos de Luiz Inácio Lula da Silva e de Dilma Rousseff foram períodos favoráveis à inclusão econômica dos menos favorecidos, com a diminuição da fome e da miséria, e de defesa do trabalhador e com políticas públicas favoráveis à inclusão social. O trabalho de Ipojucan Vecchi é uma amostra dos últimos anos de destruição das conquistas democráticas na Sociedade brasileira.

As reformas trabalhistas são absurdamente inconstitucionais, como a de 2017 aprovada com muita pressa durante o governo golpista de Michel Temer, e tem a agravante — denunciada por Ipojucan Vecchi — que deixam as portas abertas para futuras "flexibilizações" de normas trabalhistas, todas com a precarização das relações de trabalho e com a *desconstitucionalização* de direitos fundamentais sociais, e principalmente com o prejuízo do trabalhador que tem violada a sua dignidade.

Exatamente nesse contexto está o grande mérito do trabalho de Ipojucan Vecchi, já que a presente investigação segue o seguinte viés: *a)* mudanças na legislação trabalhistas levam e levarão a gravíssimas violações da dignidade da pessoa humana; *b)* a questão do dispositivo que prevê a prevalência do negociado sobre o legislado, expressa a lógica destrutiva de direitos trabalhistas; *c)* ademais propõe a defesa dos direitos fundamentais dos trabalhadores pela observação dos princípios fundamentais da proibição do retrocesso social e da norma mais favorável, princípios que devem voltar a ser considerados em curto prazo; *d)* também como tarefa imediata propõe a implementação de uma renda básica universal. Não é uma questão aqui de ser de esquerda ou ser progressista, essa é uma questão de humanismo. O verdadeiro humanismo desde sempre e na atualidade é aquele que defende aos mais débeis nas relações de poder. Afirmo categoricamente: o presente estudo é uma obra de um humanista! As lutas de classe continuam, ainda que a ideologia neoliberal tem a pretensão de tirar de circulação essa expressão, classificando-a como antiquada e ultrapassada, os fatos da Sociedade contemporânea reafirmam: a luta continua!

Boa leitura a todos!

Ilha de Santa Catarina, 5 de setembro de 2021.

Marcos Leite Garcia
Doutor em Direito pela Universidade Complutense de Madrid – Espanha.
Realizou Pós-Doutoramento na Universidade Federal de Santa Catarina.
Professor dos Cursos de Mestrado e Doutorado do PPCJ/UNIVALI-SC.
Professor do Curso de Graduação em Direito — UNIVALI-SC.
Professor do Mestrado em Direito da UPF-RS.

Introdução

O presente livro está fundado na Tese de Doutoramento defendida junto ao Curso de Pós-Graduação *Stricto Sensu* em Ciência Jurídica — Doutorado pela Universidade do Vale do Itajaí — UNIVALI.

O mundo do trabalho vem enfrentando uma série de problemas em nível global envolvendo, entre outros, o desemprego estrutural, a redução da participação dos ganhos salariais nas rendas, a precarização das condições de trabalho em geral, bem como o aumento das desigualdades. Tais fenômenos, já tão deletérios, podem se aprofundar ainda mais diante do avanço das tecnologias poupadoras de trabalho vivo que estão em pleno desenvolvimento. No Brasil, em especial, diante de tais problemas e de uma alegada baixa produtividade do trabalho, optou-se, recentemente, por ser trilhado o caminho de reformas legislativas de cariz neoliberal.

O tema do livro é a situação dos direitos fundamentais sociais dos trabalhadores e das conquistas laborais diante do avanço de medidas legislativas flexibilizantes de cariz neoliberal, às quais expressam a crise estrutural do sistema capitalista. As medidas legislativas que fragilizam direitos básicos, juntamente com o avanço de profundas alterações tecnológicas afetam significativamente o mundo do trabalho. Assim, propõe-se investigar os impactos e possíveis alternativas ao viés precarizador das medidas em curso. Pretende-se investigar não só a necessidade de impedir retrocessos sociais, mas, também, as possíveis limitações das medidas antiregressivas.

Ao positivar os direitos dos trabalhadores como direitos fundamentais sociais, a Constituição Federal de 1988 trilhou no caminho de conferir uma proteção qualificada a esses direitos. No entanto, medidas legislativas que seguem os imperativos da globalização de cariz neoliberal, como, por exemplo, a denominada Reforma Trabalhista (Lei n. 13.467/2017), vêm colocando em xeque este modelo de regulação. Tal situação não é exclusiva do caso brasileiro, sendo um fenômeno mundial que atinge os direitos fundamentais como um todo e os direitos fundamentais sociais, entre eles os dos trabalhadores, em especial. Dessa forma, o eventual choque entre esses modelos regulatórios traz à baila o debate sobre os princípios da proibição de retrocesso social e da norma mais favorável como critérios de interpretação/aplicação dos direitos fundamentais, como formas de estabelecer balizas mínimas de proteção.

Por outro lado, diante do avanço das contradições do sistema do capital e das profundas alterações tecnológicas em curso como, apenas à título de exemplo, a IA (inteligência artificial), capazes de impactar de forma brutal o mercado de trabalho, necessário também se faz investigar as eventuais debilidades de uma posição que se baseie exclusivamente na não regressividade dos direitos fundamentais sociais diante do avanço da lógica mercantil presente no DNA do sistema do capital.

É possível afirmar que o tema do futuro do trabalho e dos direitos fundamentais sociais reconhecidos aos trabalhadores, ao qual se acopla a questão da degradação ambiental, seja um dos mais urgentes a serem enfrentados, tendo em vista o agigantamento das desigualdades que assolam o mundo.

Ao que parece, na contramão em relação à Constituição Federal de 1988, a qual inaugurou um modelo de regulação das relações de emprego no Brasil pautado pelo reconhecimento do caráter de fundamentalidade de vários dos direitos sociais específicos dos trabalhadores, as atuais políticas públicas que estão sendo adotadas em nível nacional, como a recente Reforma Trabalhista (Lei n. 13.467/2017), optam por trilhar um caminho voltado à flexibilização dos direitos laborais aplicáveis às relações de trabalho.

Tais políticas são apresentadas para o debate público como medidas que solucionariam o problema do desemprego, modernizariam a legislação, diminuiriam os conflitos laborais, bem como viabilizariam a maior produtividade e competitividade das empresas nacionais no conturbado e agressivo mercado mundial.

Diante desta situação, o objetivo geral da obra é desenvolver uma análise que vislumbre englobar o processo histórico de evolução do trabalho e dos vários modos de produção já implementados, dando-se ênfase ao modo de produção do capital e de sua lógica inexorável e contraditória em relação com o trabalho. Dessa forma, será analisada a positivação dos direitos fundamentais sociais dos trabalhadores na Constituição Federal de 1988 e as consequências dessa positivação, a qual parece estar em choque com as alterações legislativas paradigmáticas promovidas ou em vias de promoção pelas políticas neoliberais. Com isso, os princípios fundamentais da norma mais favorável e da proibição de retrocesso social serão diretrizes norteadoras da investigação. Ao mesmo tempo, diante da lógica inexorável do sistema do capital, voltada para o lucro e a competividade, caberá investigar se a não regressividade dos direitos fundamentais sociais dos trabalhadores é suficiente para a garantia de patamares dignos de existência para quem vive do trabalho ou se são necessárias alterações estruturais das relações sociais como um todo.

Assim, o primeiro objetivo específico do livro é analisar o longo processo histórico envolvido na evolução/involução do trabalho humano e de sua regulamentação, em nível global e nacional, de tempos remotos até nossos dias, com o objetivo de demonstrar as profundas alterações produzidas nas formas de prestação de trabalho e sua regulamentação, especialmente no modo de produção capitalista.

O segundo objetivo específico é a análise do processo de nascimento e afirmação dos direitos fundamentais, a partir do trânsito à modernidade, como frutos de lutas instituintes, dando-se ênfase aos direitos fundamentais sociais, especialmente dos trabalhadores, abordando sua fundamentação teórica, bem como sua posição no ordenamento jurídico brasileiro na Constituição Federal de 1988.

Já o terceiro objetivo específico é analisar se as reformas neoliberais em curso no Brasil, especialmente as que dizem respeito à flexibilização da legislação do trabalho podem estar na contramão dos princípios da norma mais favorável e da proibição de retrocesso social.

Junto a isso, também será objeto de análise a contradição central do sistema do capital (a natureza da riqueza capitalista — o valor — e as contradições que engendra), para verificar se a não regressividade seria suficiente para garantia dos direitos fundamentais sociais ou se é necessário pensar alternativas e outros marcos estruturais para as relações sociais, em geral, e para as relações de trabalho em especial.

O livro, tal qual foi a tese, é construído em torno de um problema desdobrado em duas perguntas centrais: como o paradigma da regulação neoliberal tem como uma das suas receitas a política de flexibilização dos direitos fundamentais sociais dos trabalhadores, a mesma é compatível com os princípios constitucionais da proibição de retrocesso social e da norma mais favorável? Diante do avanço da lógica contraditória e destrutiva do capital, de que o modelo neoliberal é fruto, é suficiente apenas não regredir em direitos fundamentais sociais ou se fazem necessárias mudanças estruturais na regulação das relações sociais de trabalho?

Para responder à tais questões, são propostas quatro hipóteses a serem analisadas no processo de investigação.

A primeira hipótese a ser investigada é sobre a possibilidade de que as políticas de regulação das relações de trabalho neoliberais sejam compatíveis com os ditames relativos aos direitos fundamentais dos trabalhadores e os princípios da proibição de retrocesso social e da norma mais favorável. Já a segunda hipótese a ser investigada nega a legitimidade constitucional das políticas neoliberais, tal qual a Reforma Trabalhista, na regulação das relações de trabalho, pois entrariam em choque com os direitos fundamentais sociais dos trabalhadores e os princípios da proibição de retrocesso social e da norma mais favorável.

A terceira hipótese, por seu turno, objetiva investigar sobre a suficiência da defesa da não regressividade dos direitos fundamentais para garantir que a igual dignidade humana consiga ser efetivada no campo das relações laborais. Por sua vez, a quarta hipótese de investigação, partindo do pressuposto do amadurecimento da contradição explosiva do sistema do capital, verificará se a defesa da não regressividade dos direitos fundamentais dos trabalhadores é insuficiente, fazendo-se necessárias alterações estruturais na regulação das relações de trabalho para viabilizar condições de vida mais dignas e iguais.

Para o desenvolvimento do livro, tendo em conta o problema e as hipóteses propostas, optou-se pela divisão em três capítulos, compostos por subdivisões, objetivando tornar mais claros os temas tratados.

No primeiro capítulo serão investigadas as formas de efetivação do trabalho no processo histórico social das sociedades humanas tanto em nível mundial, como também no Brasil. Para tanto, o materialismo histórico servirá como critério de desvelamento do processo social, pois é necessário estabelecer uma base teórica sustentável na abordagem das formas do trabalho humano ao longo do tempo, com a finalidade de compreender a situação atual das relações de trabalho e dos direitos fundamentais sociais ligados ao mesmo, razão pela qual é indispensável traçar um panorama histórico sobre o assunto. Sem a mínima compreensão do passado, com suas similitudes e, em especial, com suas diferenças específicas, torna-se praticamente impossível compreender o presente e, eventualmente, projetar soluções ou problemas futuros.

Assim, no primeiro capítulo, num primeiro momento, far-se-á a análise do histórico das várias formas em que as relações sociais de produção se apresentaram em nível global, passando pelas comunidades primitivas (comunismo primitivo), pelo escravismo, pelo modo feudal e, dando-se enfoque especial, ao modo de produção capitalista. Dessa forma, a partir da ótica do trabalho, escovando a história à contrapelo, verificar-se-á o impacto que as formas das relações de trabalho têm para a estruturação social.

Num segundo momento, com o mesmo critério crítico, será dado enfoque ao tema das formas de prestação de trabalho e de estruturação social na realidade histórica brasileira. Passando pelas sociedades originais, será dado ênfase aos desdobramentos ocorridos após a chegada dos europeus, abarcando os vários acontecimentos históricos relevantes para o tema até o momento promulgação da Constituição Federal de 1988 e o seu significado para as relações laborais.

Por fim, ainda no primeiro capítulo, serão analisados os fenômenos ocorridos ao longo do processo histórico mais recente e que desembocaram, tanto em nível global como local, na implementação de várias políticas de regulação das relações de trabalho de viés marcadamente neoliberal. Cumpre enfatizar ainda, que além da abordagem específica das formas de trabalho e das relações sociais pertinentes, ao longo do capítulo também será dada atenção às questões intimamente correlatas como à forma do Estado e às formas jurídicas de regulação do trabalho.

Após isso, no segundo capítulo do livro, será desenvolvido o tema relativo aos direitos sociais como direitos fundamentais. Assim, num primeiro momento, far-se-á a abordam sobre os direitos fundamentais como direitos históricos, trunfos frente ao poder (*lato senso)*, nascidos no trânsito para a modernidade. Assim, investigar-se-á a fundamentação dos direitos fundamentais, analisando as alterações socioeconômicas, políticas, culturais, mentais e científicas ocorridas no trânsito para a modernidade, bem como as lutas históricas instituintes que foram travadas para a conquista dos mesmos. Proceder-se-á, então, a análise das linhas de evolução dos direitos fundamentais, envolvendo sua positivação, generalização, internacionalização e especificação, avaliando as várias gerações de direitos em sua visão global, indivisível e interdependente.

No mesmo sentido, na busca pelos princípios que fundamentam esses direitos, será a procedida a investigação sobre os princípios da igualdade e da dignidade da pessoa humana, como candidatos a embasar uma visão integral dos direitos fundamentais. Então, será dado foco aos direitos fundamentais sociais, seu conceito, embasamento, e, em especial, a investigação sobre a sua caracterização ou não como verdadeiros direitos fundamentais, bem como se estão em pé de igualdade com os direitos fundamentais civis e políticos.

Será dado foco, então, ao tema dos direitos dos trabalhadores como direitos fundamentais, bem como sobre a originalidade do tratamento dado a estes direitos pela Constituição Federal de 1988 e as consequências prático-jurídicas da previsão desses direitos como fundamentais. Por fim, ainda serão verificadas as eventuais limitações que a estrutura das relações de trabalho no modo de produção do capital impõe aos princípios da dignidade humana e da igualdade.

Tomando por base os desenvolvimentos feitos nos primeiros capítulos, no terceiro e último capítulo do livro será dada atenção à Reforma Trabalhista (Lei n. 13.467/2017) como protótipo de reforma neoliberal dos direitos laborais. Especialmente será enfocada a questão do chamado "negociado sobre o legislado" e a sua eventual contraposição aos princípios da proibição de retrocesso social e da norma mais favorável. Após isso, tratar-se-á sobre a especificidade da riqueza capitalista e as possíveis reestruturações sociais necessárias para enfrentar a crise estrutural do capital.

Com efeito, no terceiro capítulo o primeiro tema a ser tratado será quanto aos aspectos gerais da Reforma Trabalhista, abordando as justificativas, fundamentos e o contexto em que se deu a reforma laboral no Brasil, bem como avaliando os efeitos socioeconômicos já manifestados.

Posteriormente, será dado foco ao chamado "negociado sobre o legislado", ou seja, aos vários dispositivos legais inseridos pela Reforma Trabalhista na Consolidação das Leis do Trabalho (CLT), envolvendo os arts. 611-A, 611-B, 620 e parágrafo único do 444, os quais viabilizam, por meio de negociação coletiva ou, em certos casos, por negociação individual, que os acordos prevaleçam sobre a legislação. Quanto a esta temática, será verificado se tais dispositivos não acabam por configurar uma abertura desmesurada das possibilidades de precarização dos direitos laborais.

Após isso, então, proceder-se-á à investigação se essa abertura das possibilidades de flexibilização/precarização de direitos é compatível com o sistema de proteção dos direitos fundamentais previstos na Constituição Federal de 1988, especialmente com os princípios da proibição de retrocesso social e da norma mais favorável, os quais serão objeto de investigação específica.

Far-se-á, então, um corte epistemológico para colocar sob a lente da investigação a especificidade da riqueza capitalista, ou seja, o valor como cristalização de trabalho humano abstrato (pura queima de energia humana vital), o qual se manifesta no dinheiro. Com base na análise crítica ao valor, serão investigadas as consequências que a crise estrutural do sistema é capaz de provocar nas relações sociais, em geral, bem como nas relações de trabalho, em especial. Será dada especial atenção ao desenvolvimento e maturação da contradição explosiva do sistema do capital, pela qual na sua busca por valor o sistema vai socavando as suas próprias bases. Muito embora o trabalho vivo e produtivo seja a substância do capital, o avanço da produtividade imposta pela concorrência, dispensa mais trabalho vivo do que emprega.

Com base nessa análise crítica, então, além de analisar a possível insuficiência de medidas antiregressivas de direitos, serão verificadas as possíveis alternativas para a crise estrutural, no sentido de promover uma reestruturação social envolvendo medidas de caráter imediato (preservação de direitos), de curto prazo (renda básica universal) e de médio e longo prazo (abolições e reestruturações), rumo a uma sociabilidade comunal.

Capítulo 1

As Formas de Efetivação do Trabalho no Processo Histórico

Entende-se que não é possível promover uma abordagem dos fenômenos sociais sem que se analise o seu percurso histórico, seus avanços, suas estagnações e seus recuos ao longo da trajetória humana.

Portanto, para que se possa estabelecer uma base teórica sustentável na abordagem das formas do trabalho humano ao longo do tempo, com a finalidade de compreender a situação atual do trabalho e dos direitos fundamentais sociais ligados ao mesmo, bem como da crise estrutural que se abate sobre eles, é indispensável traçar um panorama histórico sobre o assunto. Sem a mínima compreensão do passado, com suas similitudes e, em especial, com suas diferenças específicas, torna-se praticamente impossível compreender o presente e, eventualmente, projetar soluções ou antever problemas futuros.

No presente capítulo, num primeiro momento, far-se-á uma análise do histórico das várias formas em que o trabalho se apresentou, em nível global, tendo como bússola o materialismo histórico. Aliás, essa "bússola metodológica" servirá de guia de caminhada também no restante da abordagem do capítulo.

Num segundo momento, o enfoque será dado ao tema das formas de prestação de trabalho na realidade histórica brasileira para, então, por fim, analisar-se a situação atual da prestação laboral numa sociedade marcada pela globalização de signo neoliberal e em crise estrutural. Além da abordagem específica das formas de trabalho, sempre que necessário para a abordagem do tema, também serão tratadas questões correlatas como as atinentes à forma do Estado e às formas jurídicas.

1.1. O materialismo histórico como critério de desvelamento do processo social

O trabalho humano, aqui entendido em seu sentido mais amplo ("genérico" — como intercâmbio de energias entre os humanos e a natureza — mas não ainda no sentido da categoria de "trabalho abstrato" capitalista),[1] sempre se apresenta como uma atividade

(1) A categoria "trabalho abstrato" será abordada posteriormente. Aliás, poderia se dizer que a própria palavra trabalho é usada aqui mais como uma projeção. Com efeito, baseado em Moses Finley e Jean-Pierre Vernant, Anselm Jappe sustenta que não existe um conceito de trabalho que possa ser usado transhistoricamente, com uma função social geral, visto que as condições em que as atividades eram realizadas na pré-modernidade afastavam essa possibilidade. Existia uma pluralidade de ocupações específicas, às quais não eram subsumidas sob a ideia de trabalho abstrato. JAPPE, Anselm. *As aventuras da mercadoria:* para uma nova crítica do valor. Lisboa: Antígona, 2006. p. 232.

prática socialmente condicionada,[(2)] segundo um modo social dominante de produção (*lato senso*, abrangendo a produção propriamente dita, as trocas e o consumo), tendo por finalidade a produção e a reprodução da própria vida; configura-se como uma necessidade, lógica e histórica.[(3)]

Portanto, em cada modo de produção, a forma de prestação do trabalho é diversa, sendo esta diferença específica o que caracteriza cada modo de produção. Por seu turno, o modo de produção dominante está diretamente relacionado com o menor ou maior desenvolvimento das forças produtivas sociais e a divisão do trabalho. Assim, só o aumento dessas forças produtivas socais é que torna possível (condiciona, não determina) a passagem de um modo de produção a outro.[(4)] Dessa forma, parte-se da hipótese teórica de que, de fato, as relações sociais e a própria constituição do ser humano e de sua consciência e dos produtos sociais (filosofia, moral, direito etc.) estão determinadas, *em última instância*, pelas condições materiais de produção.[(5)] Evidencia-se, portanto, que a abordagem que será procedida é uma abordagem pautada no "materialismo histórico".

Em sentido semelhante, Robert Kurz afirma que nas culturas mais antigas não existia um conceito abstrato de trabalho, o que acabou por surgir nas culturas agrárias mais evoluídas para designar as atividades dos escravos e menores (que estavam sob jugo). E afirma: "Tratava-se, portanto, de uma abstração social (negativa, pejorativa) e não de uma abstração lógica do tipo "casa", "árvore", "fruta", etc. Apenas no moderno sistema produtor de mercadorias e no seu contexto lógico e histórico nasce a categoria fetichista abstrata do trabalho, como conceito de universalidade social da atividade sob a forma-mercadoria." KURZ, Robert. A ascensão do dinheiro aos céus: os limites estruturais da valorização do capital, o capitalismo de cassino e a crise financeira global. *Geografares* — Revista do Programa de Pós-Graduação em Geografia e do Departamento de Geografia da UFES, p. 101. Disponível em: <https://periodicos.ufes.br/geografares/issue/view/991>.

(2) Como afirma Karl Marx: "[...] O ser humano é, no sentido mais literal, um animal político/ser social, não apenas um animal social, mas também um animal que somente pode isolar-se em sociedade. A produção do singular isolado fora da sociedade - um caso excepcional que decerto pode muito bem ocorrer a um civilizado, já potencialmente dotado das capacidades da sociedade, por acaso perdido na selva - é tão absurda quanto o desenvolvimento da linguagem sem indivíduos vivendo **juntos** e falando um com os outros... Por isso, quando se fala de produção, sempre se está falando de produção em um determinado estágio de desenvolvimento social - da produção de indivíduos sociais". MARX, Karl. *Grundrisse:* manuscritos econômicos de 1857-1858: esboços da crítica da economia política. São Paulo: Boitempo; Rio de Janeiro: UFRJ, 2011. p. 40-41.

(3) ENGELS, Friedrich. *A origem da família, da propriedade privada e do estado*. São Paulo: Centauro, 2002. p. 10.

(4) MARX, Karl; ENGELS, Friedrich. *A ideologia alemã*. 3. ed. São Paulo: Martins Fontes, 2007. p. 10-12.

(5) Em carta a Bloch, Friedrich Engels explica: "[...] Segundo a concepção materialista da história, o fator que, em última instância, determina a história é a produção e a reprodução da vida real. Nem Marx nem eu afirmamos, uma vez sequer, algo mais do que isso. Se alguém o modifica, afirmando que o fato econômico é o único fato determinante, converte aquela tese numa frase vazia, abstrata e absurda. A situação econômica é a base, mas os diferentes fatores da superestrutura que se levante sobre ela — as formas políticas da luta de classes e seus resultados, as constituições que, uma vez vencida uma batalha, a classe triunfante redige, etc, as formas jurídicas, e inclusive os reflexos de todas essas lutas reais no cérebro dos que nelas participam, as teorias políticas, jurídicas, filosóficas, as ideias religiosas e o desenvolvimento ulterior que as leva a converter-se num sistema de dogmas — também exercem sua influência sobre o curso das lutas históricas e, em muitos casos, determinam sua forma, como fator predominante. Trata-se de um jogo recíproco de ações e reações entre todos esses fatores, no qual, através de toda uma infinita multidão de acasos (isto é, de coisas e acontecimentos cuja conexão interna é tão remota ou tão difícil de demonstrar que podemos considerá-la inexistente ou subestimá-la), acaba sempre por impor-se, como necessidade, o movimento econômico. Se não fosse assim, a aplicação da teoria a uma época histórica qualquer seria mais fácil que resolver uma simples equação de primeiro grau [...]". ENGELS, Friedrich. *Carta a Bloch*. Obras escolhidas. São Paulo: Alfa-ômega, [s/d.]. v. 3, p. 284-285. Ver sobre o assunto HINKELAMMERT, Fraz J.; JIMÉZEZ, Henry Mora. *Economía, vida humana y bien común:* reflexiones sobre economía crítica, p. 21-22. Disponível em: <http://repositorio.uca.edu.sv/jspui/handle/11674/979>.

Como adverte Eric Hobsbawm[6] em sua introdução à obra Formações Econômicas Pré-Capitalistas de Karl Marx, o pensamento marxiano é uma força unificadora que parte de uma visão multidimensional, a qual não respeita as linhas rígidas traçadas pelo reducionismo das "disciplinas acadêmicas". Com isso, afirma Hobsbawm que no pensamento dialético de Marx:

> As relações sociais de produção (i.é, organização social no mais lato dos sentidos) e as forças produtivas materiais (a cujo nível aquelas correspondem) não podem ser separadas. "A estrutura econômica da sociedade é formada pela totalidade dessas relações de produção" (Prefácio, *Werke*, XIII, 8). O desenvolvimento econômico não pode ser visto simplesmente como "crescimento econômico" e muito menos decompor-se numa variedade de fatores isolados tais como produtividade ou taxa de acumulação de capital, como fazem alguns vulgares economistas modernos, [...] Este tipo de crescimento não pode ser discutido, a não ser em termos de épocas históricas determinadas e estruturas sociais particulares. O estudo de vários modos de produção pré-capitalistas neste ensaio é um brilhante exemplo disto e, incidentalmente, ilustra quão inteiramente errado é conceber o materialismo histórico como uma interpretação *econômica* (ou *sociológica)* da história.

Como clarifica Caio Prado Júnior,[7] para Marx o conhecimento é um produto do "cérebro pensante", é uma elaboração, uma construção que parte da percepção/intuição da realidade (estando aí justamente o seu caráter dialético-materialista, contrapondo-se ao idealismo), por meio de operações mentais (de instrumentos do pensamento), e não de elementos extraídos de uma "realidade exterior ao pensamento" (sejam esses, uma "essência" ou "a verdade"). Assim, o pensamento não reflete a realidade como um espelho, mas a representa. Com efeito, o autor afirma que o "conhecimento, na concepção marxista, é propriamente uma produção do pensamento, resultado de operações mentais com que se representa — e não repete, reproduz ou reflete — a Realidade objetiva, suas feições e situações."

Com estes apontamentos, parece fundamental citar um trecho de Karl Marx e Friedrich Engels,[8] onde os autores delineiam a sua concepção materialista da história. Afirmam:

> Os pressupostos de que partimos não são pressupostos arbitrários, dogmas, mas pressupostos reais, de que só se pode abstrair na imaginação. São os indivíduos reais, sua ação e suas condições materiais de vida, tanto aquelas por eles já encontradas como as produzidas por sua própria ação. Esses pressupostos são, portanto, constatáveis por via puramente empírica. O primeiro pressuposto de toda a história humana é, naturalmente, a existência

---

(6) HOBSBAWM, Eric. Introdução. In: MARX, Karl. *Formações econômicas pré-capitalistas.* 7. ed. São Paulo: Paz e Terra, 2011. p. 19-21.

(7) PRADO JÚNIOR, Caio. *Teoria marxista do conhecimento e método dialético materialista.* São Paulo: Ridendo Castigat Mores, s/d. p. 18.

(8) MARX, Karl; ENGELS, Friedrich. *A ideologia alemã:* crítica da mais recente filosofia alemã em seus representantes Feuerbach, B. Bauer e Stirner, e do socialismo alemão em seus diferentes profetas. Tradução: Rubens Enderle, Nélio Scheneider, Luciano Cavini Matorano. São Paulo: Boitempo, p. 86-87.

> de indivíduos humanos vivos. O primeiro fato a constatar é, pois, a organização corporal desses indivíduos e, por meio dela, sua relação dada com o restante da natureza. Naturalmente não podemos abordar, aqui, nem a constituição física dos homens nem as condições naturais, geológicas, orohidrográficas, climáticas e outras condições já encontradas pelos homens. Toda historiografia deve partir desses fundamentos naturais e de sua modificação pela ação dos homens no decorrer da história. Pode-se distinguir os homens dos animais pela consciência, pela religião ou pelo que se queira. Mas eles mesmos começam a se distinguir dos animais tão logo começam a *produzir* seus meios de vida, passo que é condicionado por sua organização corporal. Ao produzir seus meios de vida, os homens produzem, indiretamente, sua própria vida material. O modo pelo qual os homens produzem seus meios de vida depende, antes de tudo, da própria constituição dos meios de vida já encontrados e que eles têm de reproduzir. Esse modo de produção não deve ser considerado meramente sob o aspecto de ser a reprodução da existência física dos indivíduos. Ele é, muito mais, uma forma determinada de sua atividade, uma forma determinada de exteriorizar sua vida, um determinado *modo de vida* desses indivíduos. Tal como os indivíduos exteriorizam sua vida, assim são eles. O que eles são coincide, pois, com sua produção, tanto com *o que* produzem como também com *o modo como* produzem. O que os indivíduos são, portanto, depende das condições materiais de sua produção. Essa produção aparece, primeiramente, com o *aumento da população*. Ela própria pressupõe, por sua vez, um *intercâmbio* [*Verkehr*] entre os indivíduos. A forma desse intercâmbio é, novamente, condicionada pela produção.

Cabe aqui referir que, partindo da produção e reprodução da vida, o materialismo histórico de Marx é um "materialismo produtivo" e não "físico ou cosmológico". O que importa para esta visão, é o sujeito humano histórico que "trabalha" e suas relações e, depois a natureza como "matéria". Nesse sentido, afirma Dussel:[(9)]

> La producción es el "punto de partida", pero dicho punto de partida puede ser de dos tipos: por su origen en la historia —interpretación genética, que puede caer en robinsonadas, tales como las de Smith o Ricardo—; o por su origen lógico o su esencia. Em efecto, nunca encontramos un hombre "solo" en el que la producción significara un primer acto anterior a toda distribución o intercambio; es decir, anterior a la sociedad, sea la familia, el clan, la tribu. Siempre el hombre forma parte de "un todo mayor" (4, 13-14; 6, 8); siempre es *ya* un "animal político" como lo definía Aristóteles. Es decir, la producción está siempre "socialmente determinada (*gesellschaftlich bestimmte*)"; o de otra manera: toda producción recibe en sus propios momentos constitutivos la marca real de la sociedad. La producción agrícola azteca era diversa de la inca, egipcia, europea o latinoamericana posterior.

(9) DUSSEL, Enrique. *La produción teórica de Marx*. Caracas: Fundación Editorial El perro y la rana, 2010. p. 41.

Dessa forma, tendo por base da análise a vida social concreta, como a síntese de múltiplos e diversos fatores,[(10)] o materialismo histórico produtivo visa encontrar um caminho teórico e prático para descortinar a trajetória humana marcada por avanços, estagnações e recuos. Eis a razão de ser desse mecanismo de análise que busca compreender e explicar a realidade tendo por foco os distintos modos de produção e as diversas formas sociais que se apresentaram no curso da história humana.

Conforme afirma Gorender,[(11)] o conceito de modo de produção é composto por dois elementos em dialética interação e possíveis contradições, ou seja, as forças produtivas e as relações de produção. Com efeito, afirma o autor:

> [...] o modo de produção conjuga forças produtivas com um definido grau de desenvolvimento e relações de produção, que lhes devem ser adequadas nas fases progressivas do modo de produção. Da correspondência ou não correspondência entre as relações de produção e o caráter das forças produtivas resulta a dinâmica próprio do modo de produção e da formação social, numa etapa dada. São as variações nas forças produtivas (na medida em que progridem ou, mais raramente, na medida em que retrocedem) que estabelecem uma não correspondência com as relações de produção existente e conduzem, no final de contas, à sua substituição por outras relações de produção e ao surgimento de um novo modo de produção. Mas o surgimento de um novo modo de produção não resulta somente do desenvolvimento das forças produtivas. Sem desaparecerem as velhas relações de produção e se instaure o domínio de novas relações de produção, não há substituição do antigo por um novo modo de produção.

Por sua vez, Eric Hobsbawm salienta que o materialismo histórico apenas requer a existência de uma sucessão de modos de produção, mas de forma alguma a existência de modos específicos ou ainda uma ordem pré-determinada para esta sucessão. Além disso, de forma alguma a existência de uma sucessão de modos de produção, ao contrário do apregoado pelo pensamento vulgar, significaria a tese, unilinear e simplista, de que na história sempre haja progresso. Com efeito, como os seres humanos só se individualizam no decorrer do processo histórico, a sucessão de modos de produção, afirma Hobsbawm, apenas "reconhece que cada um destes sistemas cada vez mais afasta-se, em aspectos cruciais, da situação primitiva do homem".[(12)]

---

(10) Cabe lembrar que não é possível desconsiderar que o "concreto" não é um simples dado. Como afirma Marx: "O concreto é concreto, porque é a síntese de muitas determinações, isto é, unidade do diverso. Por isso, o concreto aparece no pensamento como o processo de síntese, como resultado, não como ponto de partida, embora seja o verdadeiro ponto de partida e, portanto, o ponto de partida também da intuição e da representação". MARX, Karl. *Introdução à contribuição à crítica da economia política*. Contribuição à crítica da economia política. 2. ed. São Paulo: Expressão Popular, 2008. p. 258-259.

(11) GORENDER. Jacob. *O conceito de modo de produção e a pesquisa histórica*, p. 52. Disponível em: <https://marxismo21.org/wp-content/uploads/2013/08/O-Conceito-de-modo-de-produ%C3%A7%C3%A3o.pdf>.

(12) HOBSBAWM, Eric. Introdução. In: *MARX, Karl.* Formações econômicas pré-capitalistas. 7. ed. São Paulo: Paz e Terra, 2011. p. 22, 23, 38 e 39. No mesmo sentido, QUARTIM DE MORAIS, João. *A "forma asiática" e o comunismo*

A análise dos vários modos de produção, em especial, sob a ótica do trabalho,(13) tem por objetivo mostrar como, historicamente, acabou por se constituir um sistema (o modo de produção capitalista), no qual ocorre uma autonomização progressiva da economia frente aos demais âmbitos sociais (*lato senso*), a tal ponto que toda a vida da sociedade passa a ficar pautada pela lógica fetichista da acumulação em si, da produção e da reprodução ampliada do próprio sistema desconsiderando as necessidades e os interesses humanos.

Estabelecidos estes conceitos operacionais básicos, procurar-se-á a partir de agora analisar os distintos modos de produção que se fizeram dominantes na realidade ao longo da história na seguinte ordem de apreciação: comunidade primitiva (comunismo primitivo); escravismo; feudalismo e capitalismo. Quanto aos três primeiros modos de produção elencados, o seu estudo será efetuado somente na medida em que for necessário para desenvolver os argumentos subsequentes. No entanto, com relação ao modo de produção do capital, por sua vez, buscar-se-á uma análise mais detida e aprofundada para que se possa contextualizar a contemporaneidade e os desafios atuais que tem decisiva importância para o objeto do livro. Num primeiro momento, analisar-se-á o histórico das formas de prestação de trabalho em nível global e num segundo momento as formas ocorridas no Brasil.

1.2. Histórico das formas de prestação de trabalho em nível global

Conforme já exposto, ao serem analisadas as formas de prestação de trabalho em nível global, procurar-se-á apresentar os distintos modos de produção que se fizeram dominantes na realidade ao longo do processo histórico na na seguinte ordem de apreciação: comunidade primitiva (comunismo primitivo); escravismo; feudalismo e capitalismo (ao qual será dada maior ênfase pelas razões já expostas).

1.2.1. A comunidade primitiva (comunismo primitivo)

A existência histórica das chamadas comunidades primitivas (comunismo primitivo) é uma afirmação geral nos estudos históricos. Estas formações sociais surgiram no alvorecer do processo de hominização e perduraram por milênios, inclusive com resquícios dessas formas de "economia natural" em comunidades que ainda sobrevivem à margem (franjas) do sistema dominante atual.(14)

Nas sociedades primitivas a divisão do trabalho (atividades) entre os membros da comunidade não se fazia sentir de forma a gerar estratificações ou classes, havendo a apropriação comum das condições objetivas de trabalho. A rigor, ninguém trabalhava para ninguém, mas em prol da manutenção e reprodução da vida comunitária e de cada um de seus membros.

---

agrário primitivo, p. 126-127. Disponível em: <https://www.ifch.unicamp. br/criticamarxista/arquivos_biblioteca/artigo268Artigo7.pdf>.

(13) Como afirma David Sánches Rubio: "Las historias oficiales se construyen siempre desde quienes vencen y oprimen, silenciando las de los vencidos. De ahí la necesidad de recuperar otras historias que vayan a contrapelo, que sejan críticas e cuestionadoras de las opresiones e recuperen otras versiones del pasado y también del presente, basadas en luchas emancipadoras y de liberación." RUBIO, David Sánches. *Derechos humanos instituyentes, pensamento crítico y práxis de liberación*. Ciudad de México: Akal, 2018, p. 8.

(14) QUARTIM DE MORAIS, João. *A "forma asiática" e o comunismo agrário primitivo, op. cit.*, p. 109-110.

Não se fazia presente a divisão social hierárquica do trabalho que era, naturalmente, realizado coletivamente. Dessa forma, havia uma espécie de divisão organizativa do trabalho.(15) Geralmente não havia acúmulos, pois a finalidade não era a geração de valor, mas, sim, voltada para o atendimento das necessidades dos membros da comunidade. Quando havia produto excedente, o mesmo geralmente era redistribuído como forma de manutenção dos próprios laços comunitários que eram, igualmente, indispensáveis para a vida de cada membro do grupo.

Para Karl Marx(16) os homens não foram fixados pela natureza, pois nos primórdios, salvo exceções, tinham que vagar como os animais em busca de sobrevivência. A vida nômade era sua condição inicial. Nessas condições, a comunidade tribal surgiu como condição prévia da apropriação e uso temporário do solo. No entanto, a partir do momento em que essas comunidades tribais se fixaram, tornaram-se sedentárias, a forma dessas comunidades originais foi se alterando segundo inúmeras variáveis (sua própria constituição, bem com condições geográficas, climáticas, físicas, etc.). Apesar disso, a comunidade tribal ou horda, unida por laços comuns de sangue, língua, costumes, continuou como o pressuposto para a apropriação das condições objetivas de vida, bem como para o exercício das atividades que produziam e reproduziam a vida (expressando-a materialmente — objetivando-a), ou seja, nas atividades de caça, pesca, agricultura, pastoreio, etc.

Em complemento, Karl Marx(17) afirma que para essas comunidades tribais:

> A terra é o grande laboratório, o arsenal que proporciona tanto os meios e objetos do trabalho como a localização, a base da comunidade. As relações do homem com a terra são ingênuas: eles se consideram como seus *proprietários comunais*, ou seja, membros de uma comunidade que se produz e reproduz pelo trabalho vivo. Somente na medida em que o indivíduo for membro de uma comunidade como esta — literal e figuradamente — é que se considerará um proprietário ou possessor. Na realidade, a apropriação pelo processo de trabalho dá-se sob estas pré-condições que não são produto do trabalho, mas parecem ser seus pressupostos naturais ou divinos. A forma desta apropriação poderá se realizar de maneiras diversas, embora a relação básica se mantenha a mesma.

Nessa linha, conforme salienta Júlio Cézar Ribeiro,(18) a comunidade comunista primitiva tinha "na centralidade da reprodução comunal" o objetivo de garantir a vida com base na cooperação simples e na interdependência solidária, as quais se materializavam por meio da

---

(15) Marx salienta que a propriedade em sentido privado tem a sua origem na produtividade do trabalho social, nos avanços produtivos. Enquanto os homens só conseguem produzir o necessário para sobreviver, todos são trabalhadores, não existindo a possibilidade de uns viverem da exploração do trabalho dos outros. MARX, Karl. *Grundrisse:* manuscritos econômicos de 1857-1858, *op. cit.*, p. 321.

(16) MARX, Karl. *Formações econômicas pré-capitalistas*, p. 66-67.

(17) *Ibidem*, p. 67.

(18) RIBEIRO, Júlio Cézar. *A geografia do modo de produção comunista primitivo*, p. 25. Disponível em: <http://revista.fct.unesp. br/index.php/formacao/article/view/643/657>.

caça, da pesca, da coleta e de uma incipiente agricultura comunitária e iniciante domesticação de animais (estas últimas, certamente, num estágio mais avançado).

Tais sociedades se estruturavam como possuidoras de contradições não antagônicas, sem classes sociais. Isso não significa que não houvesse conflitos ou diferenciações internas, mas, sim, que estas se baseavam, em geral, no reconhecimento do esforço e dedicação dos membros em prol dos interesses comuns. Estas e outras diferenciações sociais, como de idade, sexo, relações de parentesco, no entanto, jamais quebravam os laços comunais, pois o cuidado e assistência mútuas eram indispensáveis à sobrevivência social e pessoal. Portanto, os eventuais antagonismos internos não dissolviam a solidariedade orgânica dessas comunidades e seu formato social combinado coletivamente.(19)

A. Rumiántsev,(20) ao abordar o tema da forma em que o trabalho se dava nas sociedades primitivas, afirma:

> En la sociedad primitiva, el trabajo era colectivo y revestía la forma de cooperación simple. Esta última se asentaba en la necesidad natural de actividad laboral conjunta y organizada para apropriarse de los productos hechos de la naturaleza de que necesitaban todos los membros de la colectividad primitiva y, consiguientemente, en la posesión en común de las condiciones de producción. El hombre primitivo no podia existir y trabajar al margen de la colectividad, en forma individual, debido a su deficiente pertrechamiento en la lucha contra la naturaleza que o rodeaba. En tales condiciones, el trabajo de cada membro de la colectividad era trabajo directamente social.

No mesmo sentido, Ribeiro(21) afirma que tendo por base o desenvolvimento das forças produtivas, nas comunidades primitivas todos tinham um papel individual e social no trabalho estabelecido em função, em especial, do sexo e da idade, critérios estes reconhecidos pelo grupo. Assim, as atividades laborais (de subsistência e manutenção do grupo) não eram pautadas pela subordinação e antagonismo. Afirma o autor:

> A subordinação e o antagonismo não existiam pela óbvia razão de que organizando internamente as atividades do grupo, com maiores chances, menor esforço e maior agilidade, cumpririam todos com as obrigações da reprodução comunal. Inexistindo classes, vigorava a divisão organizativa e não antagônica da comunidade pelo concretizar dum ordenar espacial em que os valores do indivíduo e os do grupo se reconheciam com o ambiente ocupado. Ambiência que, mais que pelo atributo técnico, participava da vida cósmico espiritual da tribo pelo nível de simbolismos presentes.

---

(19) RIBEIRO, Júlio Cézar. *A geografia do modo de produção comunista primitivo*, p. 26-27.

(20) RUMIÁNTSEV, A.; KOSLOV, G.; VOLKÓV, M.; MÓJOV, N.; SKÍPETROV, P. *Economía Política:* capitalismo. Moscou: Editorial Progresso Moscú, 1980. p. 39.

(21) RIBEIRO, Júlio Cézar. *A geografia do modo de produção comunista primitivo*, p. 29-30.

Outrossim, além de uma forma de divisão do trabalho organizativa, a qual minimizava ou eliminava conflitos antagônicos, com relação aos eventuais excedentes da produção eram postos de forma "automática" (social) à disposição do grupo, pois vistos por estas comunidades como valores de uso e não como valores de troca e, portanto, não estando submetidos à lógica da acumulação. Aliás, a própria organização social impunha que eventuais excedentes fossem repartidos entre vizinhos, parentes, enfim, a horda, nas festas e cerimônias coletivas, como forma de se evitar desigualdades salientes entre os membros da coletividade.

Esta situação, no entanto, foi se alterando com o desenvolvimento da produtividade do trabalho humano, estampada no domínio sobre novos instrumentos de trabalho, com novas capacidades humanas desenvolvidas, com as melhorias da agricultura e da domesticação de animais e com crescente divisão do trabalho social, já não mais de forma organizativa. Assim, com o crescimento das forças produtivas em geral, existe uma verdadeira reconfiguração das relações de produção, com o aparecimento de relações sociais marcadas pela divisão hierárquica do trabalho.(22)

Com os avanços produtivos (como o arado e técnicas de manuseio animal), uma série de atividades que antes demandavam o esforço conjunto dos membros da comunidade passaram a ser executados em grupos mais restritos, especialmente o grupo familiar, surgindo a propriedade privada de meios de produção. Com isso, o trabalho coletivo na agricultura ou na caça, por exemplo, foi sendo substituído por novos arranjos que o dispensavam. Ao mesmo tempo, as terras coletivas foram perdendo espaço para as terras familiares. Mesmo com isso, num primeiro momento, as terras familiares existiam conjuntamente com a propriedade coletiva (pastos e bosques, por exemplo). Da mesma forma, a realização do trabalho familiar existia, lado a lado, com trabalhos coletivos e ajuda mútua (em obras de irrigação, por exemplo). No entanto, esse novo arranjo de propriedades coletiva e familiar (privada) convivendo, abriu espaço para contradições explosivas.(23)

Como afirma Darcy Ribeiro:(24)

> Das primitivas comunidades agrícolas igualitárias e das horas pastoris, fundadas ambas na propriedade coletiva da terra e dos rebanhos e na garantia a cada unidade familiar dos produtos do seu trabalho, passa-se, assim, progressivamente, a sociedades de classe, assentadas na propriedade privada ou em outras formas de apropriação e de acumulação do produto social. [...] Os dois motores básicos desta diferenciação social, além da renovação tecnológica, foram a contingência de regular a distribuição, dentro da comunidade, dos excedentes de bens que se tornara capaz de produzir; [...]

A propriedade privada, abriu espaço para diferenças patrimoniais, bem como para divisões sociais e hierárquicas cada vez mais acentuadas, permitindo, inclusive, que os chefes

---

(22) Nesse sentido ver ENGELS, Friedrich. *A origem da família, da propriedade privada e do estado, op. cit.*, p. 190-193; MARX, Karl. *Formações econômicas pré-capitalistas*, p. 69-70.

(23) RUMIÁNTSEV, A.; KOSLOV, G.; VOLKÓV, M.; MÓJOV, N.; SKÍPETROV, P. *Economía Política:* capitalismo, p. 47-48.

(24) RIBEIRO, Darcy. *O processo civilizatório:* etapas da revolução sócio-cultural. 8. ed. Petrópolis: Vozes, 1985. p. 75.

familiares pudessem ir se desvinculando e se liberando de sua participação nos processos produtivos. Como salienta Rumiántsev:(25)

> El devenir de la propriedad privada como forma rectora de relaciones entre los hombres en la produción se produjo en médio de enconada lucha contra las tradiciones de la propriedad colectiva y la distribución igualitaria de los productos. Ahora bien, las relaciones de producción de la sociedade primitiva, que antes correspondían al nivel de desarrollo de las fuerzas productivas, pasaron a ser un freno que impedía el progreso de estas últimas.

Cumpre salientar, no entanto, que o avanço das forças produtivas não significa, necessariamente, conforme uma leitura simplista ou determinista pode sugerir, que as relações de produção vão apresentar um "progresso", entendido este no sentido de melhora das condições de vida humana. Além disso, muitas vezes as forças produtivas são também altamente destrutivas, tendo em vista a finalidade para a qual são gestadas e dirigidas. Assim, o fruto da dissolução das relações de produção comunitárias primitivas foi o modo de produção escravista.

1.2.2. O escravismo(26)

Com o processo de dissolução das relações de produção comunitárias primitivas, foi-se gestando uma nova forma de prestação de trabalho, agora já não mais marcada por uma divisão do trabalho organizativa, mas, sim, por uma divisão social do trabalho hierárquica e repressiva. O modo de produção escravista foi o resultado da dissolução do modo de produção comunitário primitivo, em razão do avanço das forças produtivas em geral, do surgimento da propriedade privada, bem como dos conflitos entre grupos diversos. De fato, dialeticamente, além de destrutiva, a guerra também se apresentou na histórica como força "produtiva".

Sobre esta questão, muito embora a argumentação seja lançada de forma demasiado determinista, parece ser historicamente pertinente a assertiva de Engels:(27)

> O desenvolvimento de todos os ramos de produção — criação de gado, agricultura, ofícios manuais domésticos — tornou a força de trabalho do homem

---

(25) RUMIÁNTSEV, A.; KOSLOV, G.; VOLKÓV, M.; MÓJOV, N.; SKÍPETROV, P. *Economía Política:* capitalismo, p. 48.

(26) Como nos lembram Florence Carboni e Mário Maestri: "A categoria "escravo" é de introdução recente nas línguas europeias. Na Antiguidade romana, o homem e a mulher escravizados eram denominados de *servus, ancilla, mancipia, criatio, homines,* formas muitas vezes nascidas de nominação de relações sociais originalmente diversas. A primeira forma, *servus*, era, de longe, a então dominante. [...] As guerras de Otão I, o Grande (912-973), duque da Saxônia, inundaram a Europa — a Itália sobretudo e mais especificamente o Vêneto — com cativos trazidos da Esclavônia [Nos Balcãos, nas regiões da atual Sérvia], com a denominação étnica de *sclavu(m)*. Com os anos, o termo *sclavu(m)* - "escravo" - perdeu o sentido nacional original e, por antonomásia, passou a denominar todos os seres submetidos à servidão plena, não importando suas origens nacionais [...]." CARBONI, Florence; MAESTRI, Mário. *A linguagem escravizada:* língua, história poder e luta de classes. 3. ed. São Paulo: Expressão Popular, 2012. p. 87. Muito embora seja importante esta precisão terminológica, a expressão "escravismo" continuará sendo utilizada em sentido lato, tanto pelo seu uso consagrado, bem como para distinguir o modo de produção escravista do modo de produção feudal, no qual o "servo" é quem encarna o sujeito que trabalha.

(27) ENGELS, Friedrich. *A origem da família, da propriedade privada, e do Estado*, p. 128.

> capaz de produzir mais do que o necessário para a sua manutenção. Ao mesmo tempo, aumentou a soma de trabalho diário correspondente a cada membro da *gens*, da comunidade doméstica ou da família isolada. Passou a ser conveniente conseguir mais força de trabalho, o que se logrou através da guerra; os prisioneiros foram transformados em escravos. Dadas as condições históricas gerais de então, a primeira grande divisão social do trabalho, ao aumentar a produtividade deste, e por conseguinte a riqueza, e ao estender o campo da atividade produtora, tinha que trazer consigo — necessariamente — a escravidão. Da primeira grande divisão social do trabalho, nasceu a primeira grande divisão da sociedade em duas classes: senhores e escravos, exploradores e explorados.

Com efeito, num primeiro momento as guerras entre os grupos rivais geralmente causavam a dizimação dos vencidos ou, em menor medida, a sua integração ao grupo vencedor. Ora, as forças produtivas do trabalho ainda não eram suficientes para que fosse possível produzir excedentes que tornassem viável o uso de escravos. No entanto, com o avanço destas forças produtivas, os vencedores passaram a ver de outra forma o resultado da guerra: já não era "produtivo" matar os vencidos, era mais "útil" submetê-los à escravidão, retirando-lhes a condição de homens livres.

Assim, o regime escravista é registrado historicamente como a primeira manifestação de opressão flagrante, de divisão classista e hierárquica do trabalho e de exploração do homem pelo homem, em que a pessoa do escravizado era reduzida e equiparada a uma coisa (*instrumentun vocale*).

No período em que entrou em dissolução o modo de produção comunista primitivo, foi emergindo no âmbito da gens patriarcal, ao lado dos homens livres, a existência de homens que não eram livres (escravos). Estes eram oriundos das guerras entre grupos e eram utilizados em trabalhos domésticos, no cuidado do gado e na lavoura, laborando lado a lado com os homens livres. Tinham uma condição dupla: apesar de homens não livres, faziam parte da família. Durante esse período, a escravidão nunca se apresentou como dominante, pois era residual. No entanto, com o avanço das forças produtivas e das relações de propriedade privada, essa escravidão patriarcal, transmutou-se na escravidão clássica como modo de produção dominante.(28)

Na Antiguidade, diversas civilizações utilizaram a mão de obra escrava, podendo-se afirmar que a escravidão constituiu um fenômeno generalizado, com peso e considerável importância em inúmeras culturas da antiguidade (entre os povos mesopotâmicos, sírios, no Egito, entre os hebreus, como exemplos). Isso não significa, no entanto, que se possa afirmar que todas estas sociedades eram estruturadas sob o trabalho escravo, mas, sim, que a escravidão foi se constituindo historicamente ao mesmo tempo que foi destruindo as relações sociais anteriores. Dito isso, foi na Grécia, com ênfase em Atenas, que a escravidão atingiu

---

(28) RUMIÁNTSEV, A.; KOSLOV, G.; VOLKÓV, M.; MÓJOV, N.; SKÍPETROV, P. *Economía Política:* capitalismo, p. 53-54.

seu primeiro apogeu histórico, dando lugar a uma formação social realmente escravista. Posteriormente, em Roma foi que o modo de produção escravo alcançou maturidade e entrou em crise. Dessa forma, foi na Grécia e em Roma que a escravidão se estabeleceu como mecanismo estruturador.(29)

Isso não significa que junto com o trabalho escravo também não tenha se desenvolvido o trabalho de homens considerados livres, fossem escravos libertos ou homens livres do povo, como os camponeses, artesãos e operários. No entanto, por milênios, o modo de produção dominante foi o escravista.

Aliás, nesse sentido, ao analisar o trabalho na Antiguidade Clássica com enfoque especial sobre a civilização grega, a qual acabou influenciando a civilização romana, Perry Anderson(30) afirma que o trabalho escravo não era exclusivo, pois existiam trabalhadores livres. No entanto, salienta o autor, que a forma de trabalho dominante era o trabalho escravo. Afirma ainda que, embora a escravidão fosse um modo de trabalho conhecido por outros povos, foram as civilizações grega e romana que, propriamente, inventaram o modo de produção escravo e sobre esse assentaram as suas realizações e o seu eclipse.

Com efeito, conforme afirma Mário Maestri,(31) as forças produtivas eram, de certa forma limitadas em seu desenvolvimento pela sociedade escravista. Isso, no entanto, segundo o autor, está longe de significar uma estagnação dessas forças produtivas no regime escravista, muito embora o desenvolvimento das mesmas fosse lento. Outrossim, outro fator decisivo para a limitação das forças produtivas e relações de produção escravistas era a tenaz e persistente oposição dos escravizados, sempre prontos a mostrarem resistência, ativa e passiva, à sua condição de pessoas escravizadas.

Perry Anderson(32) também observa que muito embora o modo de produção escravista não fosse destituído de avanços técnicos, a dinâmica deste modo de produção era muito restrita, tendo avanços tecnológicos diminutos, não havendo estímulos às técnicas de economia de trabalho.

Nessa mesma linha, também está a posição de Rumiántsev:(33)

> Las fuerzas productivas iban creciendo, aunque con extraordinaria, lentitud. En 4 mil años, aproximadamente de existencia del regímen esclavista, estas fuerzas alcanzaron un nivel relativamente alto. En la producción penetraba más y más el hierro, que desempeño, según expresión de Engels, un papel

(29) MAESTRI FILHO, Mário José. *O escravismo antigo:* o escravo e o trabalho; luta de classes na antiguidade; resistência e escravidão. São Paulo: Atual, 1985. p. 3-4; TAVARES, António Augusto. *Estudos da alta antiguidade.* Lisboa: Presença, s/d, p. 201 e s.; VERNANT, Jean-Pierre; NAQUET, Pierre-Vidal. *Trabalho e escravidão na Grécia Antiga.* Campinas: Papirus, 1989. p. 67.

(30) ANDERSON, Perry. *Passagens da antiguidade ao feudalismo.* São Paulo: Brasiliense, 1994. p. 21-22.

(31) MAESTRI FILHO, Mário José. *O escravismo antigo:* o escravo e o trabalho; luta de classes na antiguidade; resistência e escravidão, p. 60.

(32) ANDERSON, Perry. *Passagens da antiguidade ao feudalismo*, p. 76 e 127.

(33) RUMIÁNTSEV, A.; KOSLOV, G.; VOLKÓV, M.; MÓJOV, N.; SKÍPETROV, P. *Economía Política:* capitalismo, p. 69-70.

revolucionario en la historia. Al nivel ascendente de las fuerzas productivas correspondían cada vez menos las relaciones de producción de la sociedad esclavista. Para que os nuevos aperos e instrumentos, más perfectos, rindiesen más se necesitaban trabajadores com iniciativa, que elevasen constantemente su maestria profesional. I los esclavos, sin el menor interés por la producción, no poseían, en la mayoría de los casos, la necesaria formación profesional, no querían y no podían elevar su calificación.

Dessa forma, a escravidão antiga, como modo de produção dominante, foi entrando em crise. Em Roma o uso do trabalho escravo na agricultura, ramo decisivo da produção de então, se dava, em especial, nos grandes latifúndios. As grandes fazendas eram utilizadas para gado, onde poucos escravos eram necessários, ou para agricultura e horticultura, onde uma grande massa de escravos era utilizada. Ocorre que, estas últimas entraram em declínio econômico, inclusive por escassez de mão de obra escrava. Pelo avanço das fronteiras de Roma, foram escasseando os povos a serem subjugados, e o expansionismo militar romano, grande máquina de produção de escravos, já não tinha como fornecer esta mão de obra primordial.

Diante disso, as terras começaram a ser novamente cultivadas em pequenas fazendas. Assim, os latifúndios foram divididos em pequenos lotes e eram arrendados hereditariamente ou, ainda, eram estabelecidas formas de parcerias. Ocorria ainda a entrega de lotes a colonos que pagavam um aluguel anual fixo (in natura). Como tais colonos podiam ser vendidos juntamente com a terra que ocupavam, foram aparecendo, assim, os precursores dos servos medievais(34).

1.2.3. O feudalismo

Com a fragmentação do Império Romano, em especial, a partir de 476 d.C., houve alterações de monta nas relações de produção e em toda a organização política e social da Europa. Processualmente, o modo de produção escravista, como modo de produção dominante da Antiguidade Clássica, vai sendo suplantado pelo modo de produção dominante no medievo europeu, o modo de produção feudal.(35)

Mestri(36) afirma que, da mesma forma como o modo de produção escravista, também o modo de produção feudal tinha o seu desenvolvimento centrado na produção agrícola. Assim, a produção feudal, como superação/suplantação da produção escravista, não foi somente o

(34) Ver nesse sentido, ENGELS, Friedrich. ENGELS, Friedrich. *A origem da família, da propriedade privada, e do Estado*, p. 118-120. No mesmo sentido, RUMIÁNTSEV, A.; KOSLOV, G.; VOLKÓV, M.; MÓJOV, N.; SKÍPETROV, P. *Economía Política:* capitalismo, *op. cit.*, p. 70-71 e MAESTRI, Mário. *Breve história da escravidão.* Porto Alegre: Mercado Aberto, 1986. p. 44.

(35) Será dada especial ênfase ao desenvolvimento histórico ocorrido na Europa germânica e ocidental em razão de que é nesse espaço geográfico e cultural que surge historicamente o modo de produção capitalista, modo de produção este que conforma o contexto em que será analisado o objeto central da obra. Embora isso, não se desconhece que a Europa medieval não era "central" frente ao mundo muçulmano, chinês ou turco durante toda a Idade Média, sendo atrasada em relação a estas outras civilizações em vários quesitos. A descoberta das Américas foi uma das condições históricas necessárias para a posterior hegemonia europeia. Ver sobre isso DUSSEL, Enrique. *Ética de la liberación:* en la edad de la globalización y de la exclusión. 4. ed. Madrid: Trotta, 2002. p. 37-59.

(36) MAESTRI, Mário. *Breve história da escravidão*, p. 53.

resultado evolutivo do colonato, mas, sim, foi se construindo ao longo de um processo de transição que perdurou do século IV ao século VIII, num contexto de grandes movimentos de redistribuição demográfica.

Jacques Le Goff[37] sustenta que o mundo medieval nasceu das ruínas do mundo romano em confronto com as estruturas sociais dos vários povos bárbaros (Címbrios, Teutônicos, Alamanos, Francos, Godos e outros). Segundo o autor, em especial a partir do século III, as invasões bárbaras (germânicas) constituíam um perigo constante para o Império Romano. Tal situação se agravou a partir do século V, afetando tanto o campo como as cidades, que já não tinham condições de manutenção das condições básicas de vida. A necessidade de viver, a começar pelos alimentos, explica a fuga dos ricos para suas terras, juntamente com os pobres que nelas buscaram abrigo. Os camponeses viram-se obrigados a se colocar sob proteção e dependência de grandes proprietários de terras, que também eram chefes de grupos armados. As invasões bárbaras precipitaram a ruralização das populações, embora não as criou. Assim, fosse num ritmo lento de infiltrações e avanços mais ou menos pacíficos, ou por meio de lutas e massacres cruéis, entre o início do século V e o fim do século VIII, as invasões bárbaras alteraram o panorama do Ocidente. O autor sustenta que a ruralização, como fato econômico e demográfico, é o fato social que modela a imagem da sociedade medieval.

Perry Anderson[38] sustenta que ao final do século IX, com a invasão de bandos vikings e magiares na Europa Ocidental, surgiu o termo *feudum* (feudo). Nesse momento, em especial na França, pulularam as construções, sem permissão imperial, de castelos e fortificações pertencentes a senhores rurais. As finalidades eram a proteção frente as invasões, bem como assegurar o poder local desses senhores. Essas fortificações foram ao mesmo tempo proteção e prisão para os camponeses. Dessa forma, prossegue o autor:

> Os camponeses, já vítimas de uma sujeição progressiva nos anos finais do reinado de Carlos Magno, marcados pela depressão e por guerras, agora eram levados a uma servidão generalizada. O enraizamento dos condes e dos senhores locais nas províncias, através do nascente sistema feudal, a consolidação de suas propriedades senhoriais e a suserania sobre o campesinato provaram ser a pedra fundamental do feudalismo, que lentamente foi solidificado por toda a Europa nos próximos duzentos anos.[39]

Como afirma Leo Huberman,[40] um feudo era constituído por uma aldeia e várias centenas de acres de terra arável que a circundavam, onde os camponeses labutavam. Entorno da terra arável havia prados, ermos, bosques e pastos. Cada propriedade feudal tinha um senhor, sendo um princípio básico do sistema feudal a afirmação de que "não havia senhor

(37) LE GOFF, Jacques. *A civilização do ocidente medieval*. Bauru: EDUSC, 2005. p. 19-35.

(38) ANDERSON, Perry. *Passagens da antiguidade ao feudalismo*, p. 136-137.

(39) ANDERSON, Perry. *Passagens da antiguidade ao feudalismo*, p. 136-137.

(40) HUBERMAN, Leo. *História da riqueza do homem*. 22. ed. Rio de Janeiro: LTC, 2010. p. 4-8.

sem terras, nem terra sem senhor". Tanto o senhor como o servo da gleba não eram os proprietários da terra. Tanto os senhores dos feudos, como os servos, não eram proprietários da terra, pois também os senhores feudais eram vassalos de outros senhores que, por sua vez, "arrendavam" a terra "de um conde, que já a 'arrendara' de um duque, que, por seu lado, a 'arrendara' do rei. E, às vezes, ia ainda mais além, e um rei 'arrendava' a terra de um outro rei!".

Portanto, o sistema feudal era centrado numa série de investiduras, de relações de arrendamentos verticais sucessivos da terra, entre um monarca e um caudal de senhores feudais. Na base do sistema estava o servo, o camponês, que estava sujeito política, jurídica, militarmente e economicamente a um senhor feudal e à terra na qual este dominava. Por sua vez, este senhor feudal estava submetido a um nobre superior que lhe arrendava a terra em troca de serviços militares e prestações econômicas (*in natura*). Este, por sua vez, era vassalo de outro senhor superior, estendendo-se esta cadeia até um monarca, ao qual pertenceria o domínio de todo este vasto território[(41)]. Portanto, este regime surgiu da distribuição de propriedades por meio da negociação entre os "reis dos povos bárbaros" e a nobreza romana, e no arrendamento dessas terras aos nobres em troca de fidelidade e vassalagem.

Nesse arranjo socioeconômico, os camponeses, também não eram considerados trabalhadores livres, daí sua denominação de "servos da gleba". Assim, os servos, em troca de proteção e de condições materiais para viver, eram obrigados a trabalhar nas terras dos senhores feudais, não as podendo abandonar, bem como estavam sujeitos a entregar aos seus senhores a maior parte da sua produção, não diferindo muito a sua condição da situação dos escravos. Cabe lembrar, ainda, que os servos podiam ser mobilizados compulsoriamente para a guerra, formando os exércitos feudais de seus senhores. No tocante à forma da prestação do trabalho servil no medievo, Huberman[(42)] traça as linhas mestras do sistema feudal:

> [...] Eram essas, portanto, as duas características importantes do sistema feudal. Primeiro, a terra arável era dividida em duas partes, uma pertencente ao senhor e cultivada apenas para ele, enquanto a outra era dividida entre muitos arrendatários; segundo, a terra era cultivada não em campos contínuos, tal como hoje, mas pelo sistema de faixas espalhadas. Havia uma terceira característica marcante — o fato de que os arrendatários trabalhavam não só as terras que arrendavam, mas também a propriedade do senhor. O camponês vivia numa choupana do tipo mais miserável. Trabalhando longa e arduamente em suas faixas de terra espalhadas ..., conseguira arrancar do solo apenas o suficiente para uma vida miserável. Teria vivido melhor, não fora o fato de que, dois ou três dias por semana, tinha que trabalhar a terra do senhor, sem pagamento... Jamais houve dúvida de qual era a terra mais importante. A propriedade do senhor tinha que ser arada primeiro, semeada primeiro e ceifada primeiro.

(41) Ver ANDERSON, Perry. *Passagens da antiguidade ao feudalismo*, p. 143-144.

(42) HUBERMAN, Leo. *História da riqueza do homem*, p. 5. Em sentido semelhante, ANDERSON, Perry. *Passagens da Antiguidade ao feudalismo*, p. 143 e s.

Cumpre, também enfatizar que o regime de organização socioeconômico feudal era marcado por uma sociedade altamente fechada, hermética, com pouco espaço para as trocas de produtos. Cabe aqui lembrar Nelson Werneck Sodré[(43)] que afirma:

> A fragmentação do poder e o regime dos feudos, que produziam apenas o suficiente para consumo imediato e local, entravaria as trocas, só conhecidas, na plenitude dêsse sistema hermético, pela atividade dos ambulantes, que se ocupavam do sal e de instrumentos de ferro, que eram os únicos produtos que haviam especializado regiões na sua produção, não sendo gerais... Os senhores faziam da guerra o mister predileto, porque ela lhes dava novas terras. Numa sociedade assim esquematizada, uns trabalhavam, outros rezavam, terceiros combatiam.

De qualquer forma, sob o ponto de vista dos avanços de produtividade, o mundo agrário feudal era muito mais dinâmico do que o mundo antigo escravista. Pode-se indicar como avanços produtivos notáveis a invenção e, especialmente, a generalização do uso do arado de ferro na lavoura, dos arreios firmes na tração eqüina, dos moinhos de água como força mecânica, dos adubos de calcáreo e a rotação de culturas. Assim, a combinação de novas relações de produção com a aplicação de novos mecanismos, instrumentos e técnicas de produção, ao que se somou o aumento das áreas cultivadas que se estenderam por bosques e pastos, permitiram um aumento gigantesco da produção agrícola, bem como acabaram por produzir um *boom* demográfico.[(44)]

Cumpre enfatizar que, no âmbito do arranjo feudal, tipicamente rural, também foram se desenvolvendo os ofícios artesanais, pois os camponeses tinham que desempenhar atividades artesanais voltadas para as suas próprias necessidades e as do feudo como um todo. Com o passar do tempo, esse artesanato feudal vai se diversificando e aumentando sua capacidade produtiva, dando lugar às novas cidades localizadas junto ao castelo feudal (ou mosteiro) e sob o jugo do senhor feudal.[(45)]

Todos estes avanços provocaram o ressurgir do comércio e das cidades. Com efeito, o mundo feudal, em princípio, era um mundo rural, como foi o mundo pré-moderno em geral. As cidades existentes eram, em sua maioria, as mesmas fundadas na Antiguidade, mas eram desprovidas de sua antiga grandeza, estando reduzidas, atrofiadas. Raras foram as cidades fundadas na Idade Média. No entanto, a partir de certo momento, as cidades medievais passaram a se desenvolver a partir de sua função econômica.

As novas cidades que nasceram no período feudal, ainda sob o jugo dos senhores feudais, no entanto, vão aos poucos e mediante duras lutas com aqueles, ganhando autonomia e no

(43) SODRÉ, Nelson Werneck. *Formação histórica do Brasil*. 5. ed. São Paulo: Brasiliense, 1968. p. 11-12.

(44) Ver ANDERSON, Perry. *Passagens da antiguidade ao feudalismo*, p. 206 e s.

(45) RUMIÁNTSEV, A.; KOSLOV, G.; VOLKÓV, M.; MÓJOV, N.; SKÍPETROV, P. *Economía Política:* capitalismo, p. 87-88.

seu interior vai se desenvolvendo um novo arranjo produtivo que se expande, em especial, a partir do século XII: as guildas ou corporações de ofício.(46)

Assim, enquanto no campo o modo de produção feudal se baseava no trabalho servil, nas cidades a organização do trabalho se centrava nas corporações ou guildas, que eram a "organização feudal do ofício artesanal", nas palavras de Marx e Engels. Afirmam os autores:(47)

> Nas cidades que, na Idade Média, não foram entregues prontas pela história anterior, mas que surgiram como formações novas a partir dos servos que se tornaram livres, o trabalho particular de cada um era sua única propriedade, além do pequeno capital que trazia consigo e que consistia quase que exclusivamente nas ferramentas indispensáveis. A concorrência entre os servos fugitivos que progressivamente afluíam à cidade, a guerra contínua do campo contra as cidades e, com isso, a necessidade de uma força militar urbana organizada, o nexo da propriedade comum com um trabalho determinado, a necessidade de estabelecimentos comuns para a venda de suas mercadorias numa época em que os artesãos eram ao mesmo tempo *commerçants* e, consequência disso, a exclusão de indivíduos não qualificados desses estabelecimentos, a oposição entre os interesses dos diferentes ofícios, a necessidade de uma proteção do trabalho aprendido com esforço e a organização feudal do país inteiro — foram essas as causas da união dos trabalhadores de cada ofício em corporações.

As corporações de ofício eram compostas por mestres, companheiros (também chamados de oficiais) e os aprendizes. Os mestres chegavam a tal posição não tanto por sua condição econômica, mas, sim, por sua capacidade profissional, por sua maestria. Por seu turno, os companheiros ou oficiais, que prestavam serviços, num primeiro momento, com os mestres, ao mesmo tempo em que se submetiam aos regramentos das corporações e aos interesses dos mestres, tinham assegurado o seu sustento, bem como a possibilidade de um dia vir a ser um mestre. Os aprendizes, por sua vez, eram crianças, muitas vezes de tenra idade, que eram entregues às corporações para aprenderem um ofício e, assim, reproduzirem essa organização econômica e social.

Portanto, a exemplo dos feudos, não se pode falar de trabalhadores totalmente livres para exercer sua arte ou ofício, pois para tal tinham que ingressar numa corporação, ficando então sujeitos ao estatuto rígido e hierárquico dessas entidades. Com o passar dos anos essas entidades se tornaram centros de exploração dos trabalhadores que estavam sob sua hierarquia. Não cabe ignorar, ainda, que também existiam trabalhadores jornaleiros e diaristas, que laboravam nas atividades que não entravam na alçada de uma corporação, os quais faziam trabalhos que não necessitavam aprendizagem, gerando uma plebe destituída de condições socioeconômicas.(48)

---

(46) Ver ANDERSON, Perry, *Passagens da antiguidade ao feudalismo*, p. 215.

(47) MARX, Karl; ENGELS, Friedrich. *A ideologia alemã*, p. 52-53.

(48) *Ibidem*, p. 53.

Rumiántsev(49) afirma que com o passar do tempo as relações entre os mestres e seus oficiais e aprendizes foram se tornando cada vez mais antagônicas:

> En las etapas tempranas del desarrollo de la artesanía urbana, aunque ya existía la explotación de los aprendices y los oficiales, las relaciones entre el maestro y sus subalternos eran patriarcales en considerable medida. Com el avance de las relaciones monetario-mercantiles aumenta la diferencia de situación patrimonial y productiva de los maestros gremiales, por una parte, y la de los aprendices y oficiales, por otra. Los primeros se enriquecen à cuenta de la explotación de los segundos. Estos se veían forzados a pasar a la categoria de obreros asalariados.

Este arranjo feudal, constituído do trabalho servil no campo e dos artesãos das corporações nas cidades, aos poucos vai se alterando em razão tanto dos avanços nas capacidades produtivas, como também pelas incipientes formas que as relações de produção vão assumindo, com um grande aumento da divisão do trabalho, do comércio e do uso do dinheiro.

Cumpre enfatizar que os progressos técnicos ocorridos no período feudal foram consideráveis, os quais permitiram um grande aumento de produtividade. Na agricultura podem ser apontados as ferramentas de metal como o arado e grade, que permitiram um aumento significativo da produção agrícola, bem como avanços na criação de gado. Na produção artesã, por sua vez, pode ser indicados a melhoria nos processos de fundição e tratamento dos metais, a fabricação de arame, os primeiros tornos, as furadeiras acionadas por energia das rodas d'água, a fabricação de papel e pólvora (inventos chineses), as melhorias nos teares para produção de têxteis, a bússola (também invento chinês), a imprensa, não podendo serem esquecidas as caravelas. Além disso, houve o aumento gigantesco da energia disponível com o uso em larga escala da energia hidráulica e eólica.(50)

Por sua vez, as relações de produção foram se alterando de forma qualitativa, sendo rompidas as amarras do trabalho servil, no campo, e do trabalho gremial, nas cidades, num processo progressivo que vai desligando os trabalhadores diretos dos seus meios de produção, num vertiginoso ascenso de formas laborais assalariadas.

Assim, num processo histórico que permaneceu por séculos, devido aos avanços na produção, o crescimento do comércio, o aumento da produtividade e divisão do trabalho, foram surgindo e se firmando os elementos que, gestados dentro do mundo feudal, iriam abrir a possibilidade de sua supressão rumo ao modo de produção do capital.

1.2.4. Origens e desenvolvimento do capitalismo: da longa transição ao seu domínio global

Como já foi anteriormente sublinhado, ao modo de produção capitalista será dedicado um tratamento mais aprofundado, visto que este modo de produção domina a vida e o destino da humanidade na presente quadra histórica.(51)

---

(49) RUMIÁNTSEV, A.; KOSLOV, G.; VOLKÓV, M.; MÓJOV, N.; SKÍPETROV, P. *Economía Política:* capitalismo, p. 89.

(50) RUMIÁNTSEV, A.; KOSLOV, G.; VOLKÓV, M.; MÓJOV, N.; SKÍPETROV, P. *Economía Política:* capitalismo, p. 91-92; RIFKIN, Jeremy. *La sociedad de coste marginal cero:* el internet de las cosas, el procomún colaborativo y el eclipse del capitalismo. Casc, 2016. p. 36 e s.

(51) Cumpre referir que no presente tópico serão referidos textos já publicados de autoria do doutorando, em especial, VECCHI, Ipojucan Demétrius. *Direito material do trabalho.* Vol. 1. Curitiba: Juruá, 2016.

Cabe ainda salientar, e isso não se aplica apenas ao presente tópico, que aquilo que está sendo aqui delineado com fins analíticos, parecendo ser um processo histórico linear, o é apenas na exposição, pois, na verdade, foi surgindo e se constituindo de forma assíncrona, com fenômenos coimplicados e co-constituintes.

Numa forma de resumo da passagem do modo de produção feudal ao modo de produção capitalista, muito embora carente de alguns elementos essenciais que serão mais adiante articulados, é possível afirmar, com base em Leo Huberman e Perry Anderson que nos primórdios do feudalismo o comércio era insignificante, até pelo fato de que os feudos eram autossuficientes, produzindo o que era necessário às necessidades limitadas de seus contextos. Aliás, o comércio era entravado pelas barreiras que representavam as taxas de passagem cobradas pelos senhores feudais (primórdios dos atuais pedágios), por estradas ruins e sujeitas a ataques de salteadores, bem como pela falta da produção em massa de produtos voltados para um suposto mercado (a rigor, sequer existente). Eventuais excedentes de produção eram trocados *in natura*, sem o uso de dinheiro (que, conforme será adiante indicado, em seu sentido moderno nasce nesta transição), nas feiras semanais que surgiam junto a um castelo ou aldeia. O aumento da população possibilitado, entre outros motivos, pelos avanços agrícolas, trouxe consigo a necessidade de maior produção. Com isso o artesanato doméstico (levado a cabo pelos próprios camponeses em suas casas) ganhou incentivo e diversificação, passando a constituir atividade de certa forma autônoma e se expandindo com mais mercados. Com o tempo as feiras que eram periódicas passaram a ser permanentes, surgindo verdadeiros centros comerciais e a utilização do dinheiro em massa. Com o uso do dinheiro também surgiu uma nova classe, os comerciantes de dinheiro. Num primeiro momento eram combatidos pela Igreja que condenava a usura como pecado, mas depois a doutrina se modificou para aceitar seus préstimos. A vida que era predominantemente rural, passou a fluir para as cidades e começou a revolucionar as relações entre campo e cidade.

Com os desenvolvimentos que se seguiram, as cidades impuseram seus interesses econômicos sobre os senhores feudais; não queriam mais sua influência limitando sua expansão, não queriam mais pagar impostos aos senhores feudais, queriam organizar suas próprias instituições (regras, tribunais, etc.). O crescimento das cidades e do mercado consumidor, numa economia que já tinha uma nascente base monetária, impulsionou os servos a se libertarem cada vez mais dos liames impostos pelos senhores feudais. Excedentes de uma boa safra podiam ser vendidos, além do que, novas terras poderiam ser cultivadas e alavancar as condições de vida. O senhor feudal, por outro lado, para que esses servos não acabassem fugindo, começou a aceitar o pagamento com dinheiro e não em trabalho; assim, os servos iam livrando as terras que utilizavam da obrigação de trabalhar, bem como comprando a própria liberdade pessoal.(52)

Da mesma forma, com o avanço do comércio, também as corporações ou guildas passaram a se tornar entraves econômicos com suas regras rígidas (número de oficiais/companheiros e aprendizes por mestre; ofícios que podiam ser desenvolvidos dentro de uma

(52) Sobre todos estes fatos ver HUBERMAN, Leo. *História da riqueza do homem*, p. 13-48; ANDERSON, Perry. *Passagens da antiguidade ao feudalismo*, p. 223-236.

mesma corporação; quantidade e qualidade de produtos etc.). Os antigos laços que ligavam os aprendizes, companheiros e mestres foram se esfacelando, pois os mestres se transformaram praticamente em patrões, inviabilizando a possibilidade dos companheiros de subirem na escala corporativa. Mesmo assim, algumas relações patriarcais entre os mesmos da guilda se mantinham (ajuda recíproca). No entanto, o avanço da divisão do trabalho entre diferentes cidades deu origem às manufaturas que não estavam submetidas às corporações. Nestas últimas, as relações entre trabalhadores e proprietários passaram rapidamente a ser meramente relações monetárias, em que uns entregavam sua força de trabalho em troca de dinheiro(53).

Como lembra Marx, no auge do domínio das guildas, suas regras estatutárias rígidas impossibilitavam que um mestre artesão pudesse se transformar em capitalista, pois limitavam o número de companheiros que podia empregar, bem como estabeleciam que o mestre só poderia empregar companheiros no ofício no qual era mestre. Além disso, acrescenta Marx:(54)

> A corporação se defendia zelosamente contra qualquer intrusão do capital mercantil, a única forma livre de capital com que se confrontava. O comerciante podia comprar todas as mercadorias, mas não o trabalho como mercadoria. Só era tolerado como distribuidor dos produtos dos artesãos. Se circunstâncias externas provocavam a progressiva divisão do trabalho, as corporações existentes se subdividiam em subespécies ou se fundavam novas corporações junto às antigas, sem que diferentes ofícios se reunissem numa única oficina. A organização corporativa excluía, portanto, a divisão manufatureira do trabalho, embora muito contribuísse para as condições de existência desta, especializando, separando e aperfeiçoando os ofícios. Em geral, o trabalhador e seus meios de produção permaneciam indissoluvelmente unidos, como o caracol e sua concha, e, assim, faltava a base principal da manufatura: a separação do trabalhador de seus meios de produção e a conversão desses meios em capital.

Aliás, a cooperação entre vários trabalhadores, laborando conjuntamente sob o comando de um mesmo capital, constituiu, como afirma Marx, o ponto de partida, tanto lógico como histórico, do modo de produção capitalista.(55) Tal cooperação e divisão do trabalho, que se dava nas manufaturas, foram o ponto de partida para o posterior desenvolvimento da maquinaria e da revolução industrial.(56)

Com o comércio em expansão, um elemento de dinamismo econômico ingressa no seio de relações feudais/corporativas, auxiliando a dinamitar as estruturas do modo de produção

(53) Sobre o assunto ver MARX, Karl; ENGELS, Friedrich. *A ideologia alemã*, p. 57; HUBERMAN, Leo. *História da riqueza do homem*, p. 48-51.

(54) MARX, Karl. *O capital:* crítica da economia política. 25. ed. Rio de Janeiro: Civilização Brasileira, 2008. Livro I. p. 413-414.

(55) MARX, Karl. *O capital:* crítica da economia política, p. 391.

(56) *Ibidem*, p. 396.

feudal e abrindo espaço para a constituição do modo de produção capitalista que começa a se desenhar. Maurice Dobb(57) afirma:

> No correr de suas notas históricas sobre o capital mercantil, Marx assinalou que este, em seu estágio inicial, tinha uma relação puramente externa com o modo de produção, que permanecia independente e intocado pelo capital: o mercador era apenas o "homem que 'removia' os artigos produzidos pelas guildas ou pelos camponeses", para ganhar com as diferenças de preço entre as diversas zonas produtoras. Mais tarde, no entanto, o capital mercantil começou a ligar-se ao modo de produção, em parte para explorá-lo mais eficientemente — para "deteriorar a situação dos produtores diretos... e absorver seu trabalho excedente com base no antigo modo de produção" —, e, em parte, para transformá-lo no interesse de maiores lucros e a serviço de mercados mais amplos. Marx sugere que tal desenvolvimento seguiu dois caminhos principais. De acordo com o primeiro — "o caminho realmente revolucionário" —, uma parte dos próprios produtores acumulou capital e passou a comerciar, começando, com o tempo, a organizar a produção em bases capitalistas, livres das restrições artesanais das guildas. De acordo com o segundo, uma parte da classe mercantil existente começou a "tomar posse diretamente da produção" e, desse modo, "serviu historicamente como um modo de transição", mas tornou-se finalmente um "obstáculo a um modo de produção realmente capitalista, passando então a declinar com o desenvolvimento deste último". [...] Os dois caminhos a que Marx se refere não permanecem distintos durante todo o seu percurso. Muitas vezes se fundem por algum tempo, cruzando-se em diversos lugares. [...] Não obstante, a despeito dessa complexidade, algumas grandes tendências se destacam, representando um domínio crescente do capital sobre a produção.

Antes que se prossiga na análise, é central que sejam delineadas algumas metamorfoses que foram fulcrais para o surgimento do modo de produção capitalista: a "revolução militar", a eclosão do "dinheiro moderno" e a mudança na concepção de "tempo".

Robert Kurz(58) afirma que a inovação das armas de fogo ocorrida desde o século XIV e que configurou, segundo o autor, uma verdadeira "revolução militar", foi central para o nascimento do fetiche moderno do capital. Segundo o autor, além de possibilitar o colonialismo europeu, num momento posterior (tomada de "colônias, viabilizado pelo uso de armas de fogo), a revolução militar estabeleceu a lógica da concorrência entre potentados e entre os proto-Estados europeus nascentes, antes inexistente; também fez necessária a criação de corpos de homens treinados e pagos para a guerra (exércitos) que nada tinham a ver com

(57) DOBB, Maurice. *A evolução do capitalismo*. 9. ed. Rio de Janeiro: LTC, 1987. p. 129-130.

(58) KURZ, Robert. *Dinheiro sem valor:* linhas gerais para uma transformação da crítica da economia política. Lisboa: Antígona, 2014. p. 102-120. No mesmo sentido, BEDSZENT, Gerd. *O poder do Estado desde o início da Idade Moderna até hoje:* O Estado-nação como parteiro e prestador de serviços para a produção de mercadorias, p. 1-3. Disponível em: <http://www.obeco-online.org/gerd_bedszent6.htm>.

os exércitos medievais; impôs o incremento de novas técnicas de construção (muralhas e fortificações), bem como tornou imprescindível um complexo proto-industrial têxtil que já vinha se desenvolvendo[(59)] e, sobretudo, um complexo proto-industrial militar (fabricação de espingardas e canhões). Esse complexo era um sorvedouro sem fim de recursos, utilizados para fins totalmente autonomizados da reprodução da vida em geral (apenas para se ter uma ideia, "a grande espingarda de Frankfurt" de 1394 equivalia a 101 bois). Portanto, essa concorrência armamentista criou uma autonomização desse setor e o pôs como uma espécie de "fim em si", de um "mecanismo automático". Somando-se a isso, a revolução militar acabou por ter influência decisiva na formação do Estado moderno, bem como na metamorfose do dinheiro "sacral" em dinheiro propriamente dito.

Também nesse período de transição e ligado à "revolução militar", como já indicado acima, houve uma transmutação do dinheiro, o qual de objeto "sacral" passou, paulatinamente, a se constituir na representação do valor. O dinheiro antigo, pré-moderno, não se confunde com o dinheiro propriamente dito, como se entende hoje.[(60)] Abordando o dinheiro na Idade Média, Jacques Le Goff[(61)] afirma:

> O dinheiro que estará em causa aqui não foi tratado por uma única palavra na Idade Média, quer se tratasse do latim ou das línguas vernáculas. O dinheiro no sentido em que o entendemos hoje e que dá seu título a este ensaio é um produto da modernidade. Dizer isto é anunciar desde já que o dinheiro não é personagem de primeiro plano na época medieval, nem do ponto de vista econômico, nem do ponto de vista político, nem do ponto de vista psicológico e ético.

Essa afirmação de Jacques Le Goff no tocante ao "dinheiro" na Idade Média, pode ser atribuída, com as devidas adaptações e diferenciações, às relações pré-modernas como um todo. Aliás, falar em "economia" no sentido moderno para situações pré-modernas é inapropriado.[(62)]

O dinheiro pré-moderno era pautado por relações religiosas de reprodução (com os deuses) e, por derivação entre os homens, sendo um dinheiro "sacrificial". No seu sentido original, o dinheiro pertenceu à esfera cultual, sendo aquilo com o que se pode custear o sacrifício ou penitência. Como afirma Robert Kurz,[(63)] nesse dinheiro cultual, o seu caráter de representação de algo diferente (de valor econômico) não importa, sendo essencialmente simbólico na relação de representações pessoais com os deuses. Portanto, não tinha qualquer

---

(59) Os processos históricos são multifacetados, complexos, com vários elementos que se combinam, interrelacionam e se transformam mutuamente. Conforme será demonstrado em seguida, um complexo proto-industrial têxtil já vinha se desenvolvendo nesse período, e, conjuntamente, com o complexo proto-industrial militar, em um jogo de influências recíprocas, foram decisivos para o aparecimento de formas sociais totalmente novas.

(60) POLANYI, Karl. *A grande transformação:* as origens de nossa época. 2. ed. Rio de Janeiro, 2000. p. 315.

(61) LE GOFF, Jacques. *A idade média e o dinheiro*. 1. ed. Rio de Janeiro, 2014. p. 8.

(62) KURZ, Robert. *Dinheiro sem valor:* linhas gerais para uma transformação da crítica da economia política, p. 92 e s. Ver também, com as ressalvas feitas por Robert Kurz no local citado nesta nota, POLANYI, Karl. *A grande transformação:* as origens de nossa época, p. 62-75 e 309-312.

(63) KURZ, Robert. *Dinheiro sem valor:* linhas gerais para uma transformação da crítica da economia política, p. 84-89.

caráter econômico, mas, sim, uma relação religiosa de reprodução. Mesmo quando cunhados os metais, tal caráter sacro se manteve. Só para se ter uma ideia disso, é importante lembrar a "relação de equivalência" entre os metais preciosos nos primórdios da Modernidade. Com efeito, o autor afirma:

> Não deixa de ser irônico, à luz dos dias de hoje, o facto de a moeda, como símbolo supremo dos soberanos, apenas ter substituído o gado bovino, mesmo nas efígies, mas, seja como for, tratava-se de coisas sacras. O pouco que os metais preciosos tinham que ver com uma "economia" e correspondentes relações de "oferta e procura" ressalta da "relação de valor" entre o ouro e a prata, a qual, segundo Laum, foi de 1: 13 1/3 desde a Antiguidade até os primórdios da Modernidade; como referência de símbolos divinos do Sol (ouro) e da Lua (prata), esta relação não derivava, no entanto, de pontos de vista econômicos, nem de uma substância-trabalho, nem de um cálculo de mercado, mas "da relação entre os tempos de revolução dos astros em causa" (Laum, *ibidem*, p. 155).

Este achado histórico que era o "dinheiro sacral" pré-moderno foi verdadeiramente revolucionado nesse período, não numa tacada só e nem de forma voluntária, mas, sim, num processo que deu marcha ao aparecimento do dinheiro propriamente dito, ou seja, como o representante duma riqueza historicamente nova e abstrata. Como esse dinheiro sacro estava, de certa forma, autonomizado da reprodução da vida cotidiana, ele pode ser encaminhado para custear a nova realidade da corrida militar, passando os fluxos de recursos necessários ao seu sustento a se manifestar como fluxos monetários. Portanto, a expansão do dinheiro ocorrida na Alta Idade Média não se tratava de um simples aumento quantitativo e de uma suposta volta a uma situação já vivida na Antiguidade, mas, sim, de uma transformação qualitativamente nova. Sobre esse processo, Robert Kurz[(64)] afirma:

> A expansão do dinheiro não se processou horizontalmente, no contexto das relações de obrigação constituídas de forma religiosa e pessoal, mas verticalmente, no contexto da revolução militar vinda "de cima". Nesse processo, o que estava "em cima" também se transformou: a hierarquia religiosa dissolveu-se numa outra lógica do poder ainda indefinida. Esta revelou-se crescentemente marcada pela cada vez maior necessidade de dinheiro para a mobilização, de outro modo impossível, do complexo militar-industrial. Passo a passo, todas as relações hierárquicas de obrigação, contribuições, tributos, emolumentos, "dádivas" dos mais diversos tipos, são brutalmente "monetarizados" e, em simultâneo, inflacionados. O poder verticalmente diferenciado foi-se centralizando e concentrando, o que Zinn não deixa de assinalar: "Enfim, a necessidade financeira devida aos armamentos conduziu ao desenvolvimento do Estado fiscal, dotado de um sólido aparelho de funcionários e de uma administração de orientação econômica" (Zinn, *ibidem*, p. 139). [...] Foi esta fusão de canhões, Estado e dinheiro — a trindade, sem

(64) KURZ, Robert. *Dinheiro sem valor:* linhas gerais para uma transformação da crítica da economia política, p. 107-108.

> nada de santa, em formação — que conduziu ao nascimento do monstruoso fetiche do capital, sem que os actores, na sua tacanhez, tivessem consciência do alcance dos seus atos.

Conjuntamente, nesse emaranhado de transformações qualitativas, ocorreu uma mudança radical na concepção do "tempo", conforme delineia Moishe Postone,[(65)] o qual distingue duas formas (duas concepções de tempo): o concreto e o abstrato.[(66)]

Moische Postone denomina de tempo "concreto" os vários tipos de tempo que são dependentes de eventos, sendo compreendidos a partir de ciclos naturais e períodos. Assim, o tempo concreto não está associado a unidades temporais precisas e constantes. Afirma Postone:[(67)]

> Os modos associados ao tempo concreto não se baseiam em uma sucessão de unidades temporais constantes, mas sim em eventos — por exemplo, eventos naturais que se repetem, como dias, ciclos lunares ou estações do ano — ou em unidades temporais que variam. Este último modo de contagem de tempo — provavelmente desenvolvido no antigo Egito, difundiu-se em todo o mundo antigo, o Extremo Oriente e o mundo islâmico, e prevaleceu na Europa até o século XIV — usava unidades de comprimento variável para dividir dia e noite em um número de segmentos. Ou seja, períodos de luz e escuridão eram divididos igualmente em doze "horas" que variavam de comprimento conforme as estações do ano. Somente nos equinócios uma "hora" diurna" era igual a uma "hora" noturna. [...] Essa forma de contagem de tempo parece estar relacionada aos modos sociais fortemente dominados por ritmos de vida e trabalhos agrários, "naturais", pautados nas estações do ano e nos períodos de dia e noite. [...] O fato de a unidade de tempo não ser constante, mas variar, indica que essa forma de tempo é uma variável dependente, uma função dos acontecimentos, ocorrências ou ações.

Esta concepção concreta do tempo predominou na pré-modernidade, sendo profunda e qualitativamente alterada na transição para a modernidade e com o aparecer histórico do modo de produção capitalista, pois com esse, passa a predominar outra concepção de tempo: o tempo "abstrato". Por tempo "abstrato", Postone compreende uma concepção de tempo totalmente desvinculada de eventos, naturais ou sociais, sendo uma variante independente, homogênea e contínua. Afirma o autor:[(68)]

> Por outro lado, o "tempo abstrato", termos com que me refiro ao tempo uniforme, contínuo, homogêneo, "vazio", é independente dos eventos. O conceito de

---

(65) POSTONE, Moishe. *Tempo, trabalho e dominação social*. São Paulo: Boitempo, 2014. p. 233 e seguintes.

(66) Sobre estas questões, ver VECCHI, Ipojucan Demétrius. Limitação da jornada de trabalho e saúde e segurança: impropriedades da "reforma trabalhista". *Revista do Tribunal Superior do Trabalho*, v. 83, n. 4. São Paulo: Lex Magister, out./dez. 2017, p. 207 e s.

(67) POSTONE, Moishe. *Tempo, trabalho e dominação social*, p. 234.

(68) *Ibidem*, p. 235.

> tempo abstrato, que se tornou cada vez mais dominante na Europa ocidental entre os séculos XIV e XVII, foi expresso de forma mais enfática na formulação de Newton de "tempo absoluto, verdadeiro e matemático [que] flui de modo igual, sem relação a qualquer coisa externa". O tempo abstrato é uma variável independente, que constitui um quadro independente dentro do qual ocorrem movimentos, eventos e ações. Esse tempo é dividido em unidades iguais, constantes, e não qualitativas.

Essa mudança na concepção do tempo, de concreto para abstrato, no entanto, não foi devida puramente a questões tecnológicas (invenção do relógio mecânico, por exemplo), mas, sim, deve ser entendida como o produto de profundas alterações nas relações sociais. Postone(69) afirma:

> As origens do tempo abstrato devem ser buscadas na pré-história do capitalismo, na alta Idade Média. Elas podem estar relacionadas a um tipo de prática social determinada e estruturada, que implicou a transformação do significado social do tempo em algumas esferas da sociedade europeia no século XIV e até o final do século XVII, que estava prestes a se tornar socialmente hegemônica. Mas especificamente, as origens históricas do conceito de tempo abstrato devem ser vistas à luz da constituição da realidade social com a disseminação das relações sociais baseadas na forma-mercadoria.

Postone demonstra que a concepção do tempo abstrato está diretamente ligada às mudanças nas relações sociais e não a questões tecnológicas, pois a própria aparição do relógio mecânico só pode ser compreendida com referência a um processo sociocultural que levou a essa invenção e que, por outro lado, acabou sendo reforçada por ela. O autor, lembra, inclusive, que antes do aparecimento do relógio de pêndulo (inventado por Christiaan Huygen — século XVII), a forma mais sofisticada de marcar o tempo era a clepsidra (relógio de água), altamente sofisticado, que poderia ser facilmente adaptado para a contagem de tempo lineares. Lembra ainda, o caso da China, onde entre 1088 e 1094 foi construído um relógio astronômico movido à água para o imperador chinês, altamente sofisticado, que indicava horas constantes e era usado para estudar os corpos celestes. No entanto, esta invenção não tinha grande efeito social, não era utilizado para gerir a vida cotidiana, razão pela qual não pode ser a falta de "habilidade" o motivo de não se ter inventado um mecanismo de contagem do tempo abstrato, mas, sim, a insignificância disso para a vida social.(70)

Dito isso, Postone enfatiza que a concepção de tempo abstrato está diretamente ligada ao aparecimento de um novo tipo de relações sociais que vai ganhando terreno na sociedade medieval europeia, estando ligada ao aparecimento da indústria têxtil medieval (uma forma primitiva de relação entre capital e trabalho assalariado), voltada para a troca e para o lucro. Com os aportes acima referidos, cabe lembrar que essa proto-indústria têxtil está conjugada com a proto-indústria militar. Assim, foram aparecendo nas cidades onde essa nova forma de

---

(69) POSTONE, Moishe. *Tempo, trabalho e dominação social*, p. 235.

(70) *Ibidem*, p. 236-239.

produção se apresentou os "sinos de trabalho", que marcavam a jornada de trabalho. Moische Postone afirma:[(71)]

> O princípio organizador da indústria têxtil medieval, em outas palavras, era uma forma primitiva de relação entre capital e trabalho assalariado. Era uma forma de produção de relativa larga escala, sob controle privado para troca (isto é, visando ao lucro) baseada em trabalho assalariado e que tanto pressupunha como contribuía para a crescente monetarização de alguns setores da sociedade medieval. Implícita nessa forma de produção estava a importância da produtividade. O lucro, objetivo dos mercadores, dependia em parte da diferença entre o valor do tecido produzido e os salários que pagavam — isto é, na produtividade da força de trabalho que contratavam. Assim, a produtividade, que de acordo com Landes era uma categoria desconhecida na China (em oposição a "negócio") — foi constituída, pelo menos implicitamente, como uma importante categoria social na indústria têxtil da Europa ocidental medieval. A produtividade do trabalho dependia, evidentemente, do grau em que este podia ser disciplinado e coordenado de maneira regular. Isso, de acordo com Le Goff, se tornou uma questão cada vez mais contenciosa entre os trabalhadores e os empregadores, como resultado da crise econômica do final do século XIII, que afetou fortemente a indústria têxtil. Como os trabalhadores eram pagos diariamente, o conflito se concentrou na duração e na definição da jornada de trabalho. [...] Foi nesse período, segundo Le Goff, que as campainhas de trabalho, que publicamente marcavam o começo e o fim da jornada, bem como os intervalos para as refeições, difundiram-se nas cidades produtoras de tecido da Europa. As cidades produtoras de tecido em Flandres, naquela época, pareciam grandes fábricas. A cada manhã, milhares de trabalhadores enchiam suas ruas a caminho das oficinas, onde começavam e terminavam seu trabalho, ao soar do sino municipal. [...]

Assim, como lembra Postone, isso não significou a imediata adoção do tempo abstrato, mas introduziu, historicamente, o movimento neste sentido, pois o próprio dia de trabalho passou a ser definido por uma forma de contagem de tempo, de uma temporalidade, que não estava vinculada às estações do ano e à duração do dia e da noite. Então o autor afirma:[(72)]

> A luta sobre a duração da jornada de trabalho não só é, como observa Antony Giddens, "a expressão mais direta dos conflitos de classe na economia capitalista", como também expressa e contribui para a constituição social do tempo com uma medida abstrata da atividade. [...] O sistema de sinos de trabalho, como vimos, desenvolveu-se dentro do contexto da produção em larga escala para troca, com base no trabalho assalariado. Marcou o surgimento

(71) POSTONE, Moishe. *Tempo, trabalho e dominação social*, p. 243-244. Sobre isso ver também DAL ROSSO, Sadi. *A jornada de trabalho na sociedade:* o castigo de Prometeu. São Paulo: Ltr, 1996, p. 97-99.

(72) POSTONE, Moishe. *Tempo, trabalho e dominação social*, p. 244-245.

> histórico de uma relação social de facto entre o nível dos salários e a produção do trabalho medida temporalmente — que, por sua, vez, implicava a noção de produtividade, da produção do trabalho por tempo medido em unidades. Em outras palavras, com o aparecimento das primeiras formas capitalistas de relações sociais nas comunas urbanas produtoras de tecido na Europa ocidental, surgiu uma forma de tempo que era não só uma medida, mas também uma norma obrigatória para a atividade. Esse tempo é divisível em unidades constantes e dentro de uma estrutura social constituída pela forma-mercadoria, essas unidades também são socialmente significativas.

A conjugação dessas transformações qualitativas com as demais já relatadas, formaram um quadro socioeconômico, político e cultural decisivo para o aparecimento do modo de produção capitalista. O modo de produção nascente não se assentou, imediatamente, sobre seus próprios pressupostos, mas foi se apropriando e revolucionando os elementos que compunham o modo de produção feudal.

Com a produção em escala crescente, já voltada para um mercado incipiente que se desenvolvia rapidamente e, consequentemente, com a necessidade do aumento dos recursos econômicos para compra de matérias-primas, bens de subsistência, instalações e outros, impunha-se que os capitais fossem cada vez maiores para viabilizar os empreendimentos econômicos. Assim, o comerciante que antes apenas comprava os produtos acabados para revender, apenas se interpondo como elo entre os trabalhadores/artesãos/produtores e o mercado, passa a se imiscuir diretamente na produção. Já não controlava apenas a circulação, mas passou a controlar a produção de mercadorias.

O sistema feudal ia perdendo força, pois estava na contramão das novas relações de produção e troca que vinham se desenvolvendo. Não tardou muito e as relações feudais foram sucumbindo perante o capital. As manufaturas e as novas relações de produção já anunciavam a mudança no modo de produção. Posteriormente, o que será abordado em seguida, com a descoberta da América (fato histórico central para a posterior hegemonia europeia) e da rota para as Índias, as relações comerciais ganharam grande impulso com os novos mercados que se abriam.(73) Afirma Marx:(74)

> A estrutura econômica da sociedade capitalista nasceu da estrutura econômica da sociedade feudal. A decomposição desta liberou elementos para a formação daquela. O produtor direto, o trabalhador, só pode dispor de sua pessoa depois que deixou de estar vinculado à gleba e de ser escravo ou servo de outra pessoa. Para vender livremente sua força de trabalho, levando sua mercadoria a qualquer mercado, tinha ainda de livrar-se do domínio das corporações, dos regulamentos a que elas subordinavam os aprendizes e oficiais e das prescrições com que entravavam o trabalho. Desse modo, um dos aspectos deste movimento

(73) Sobre o papel dos "Grandes descobrimentos" no avanço comercial, ver MARX, Karl; ENGELS, Friedrich. *A ideologia alemã*, p. 57.

(74) MARX, Karl. *O capital:* crítica da economia política. Livro I, p. 829.

histórico que transformou os produtores em assalariados é a libertação da servidão e da coerção corporativa; e esse aspecto é o único que existe para nossos historiadores burgueses. Mas os que se emanciparam só se tornaram vendedores de si mesmos depois que lhes roubaram todos os seus meios de produção e os privaram de todas as garantias que as velhas instituições feudais asseguravam à sua existência. E a história da expropriação que sofreram foi inscrita a sangue e fogo nos anais da humanidade.

Num primeiro momento, o processo produtivo não mudou significativamente, pois os trabalhadores continuaram laborando em suas casas ou oficinas corporativas, de forma artesanal, e detinham os meios de produção, muito embora já não fossem independentes, pois precisavam do intermediário para fornecer matérias-primas e já não negociavam mais diretamente com os consumidores.(75) No entanto, em seguida, os trabalhadores, já despidos dos meios de produção, passaram a ser reunidos num mesmo local sob o comando de um mesmo capital e se tornaram, verdadeiramente, assalariados, pois totalmente dependentes da venda de sua força de trabalho.

É impressionante o fato de que, se num momento histórico longínquo o capital teve que reunir os trabalhadores num mesmo local (a fábrica) com o objetivo de melhor implantar a sua lógica produtiva, mesmo sem nunca ter aberto mão dessa "indústria à domicílio", hoje, com os modernos meios telemáticos e informáticos, o processo de expulsão dos trabalhadores de dentro da fábrica ganha contornos brutais, sem que o capital perca o controle estrito dos trabalhadores. Se antes já existiam "fios invisíveis"(76) que prendiam os trabalhadores da "indústria doméstica" ao capital, hoje esses fios se tornaram ainda mais eficientes por meios contratuais (subcontratação — terceirização) e tecnológicos (informática e telemática).(77)

A reunião dos trabalhadores sob a batuta de um mesmo capital e num mesmo local, além do incremento produtivo que se dá pela cooperação e divisão do trabalho, teve, em seus primórdios, como seus motes principais o estabelecimento de uma hierarquização e de disciplina no trabalho, além da apropriação, por parte do capital, dos saberes dos trabalhadores.

Com efeito, Edgar Salvadori de Decca afirma que a reunião dos trabalhadores num mesmo local não se deveu ao avanço das técnicas produtivas, mas sim teve por objetivo o alargamento do controle e do poder do capitalista sobre o conjunto de trabalhadores, os quais ainda detinham os meios de produção e o conhecimento técnico. Com a transferência que se operou desse controle da produção, dos trabalhadores para o capitalista, se estabeleceu um regime de hierarquia e disciplina, no qual o controle técnico da dinâmica produtiva passou a ser exercido pelo capital. Assim, várias razões foram importantes para o estabelecimento do chamado "sistema de fábrica": os comerciantes precisavam ter exclusividade na comercialização da produção, reduzindo eventuais práticas de desvios pelos artesãos; era do interesse

(75) HUBERMAN, Leo. *História da riqueza do homem*, p. 86-89.

(76) MARX, Karl. *O capital:* crítica da economia política. Livro I, p. 525.

(77) Ver TAVARES, Maria Augusta. *Os fios (in)visíveis da produção capitalista:* informalidade e precarização do trabalho. São Paulo: Cortês, 2004. p. 110 e s.

dos comerciantes o aumento da produção, o que demandava o aumento do ritmo e das horas de trabalho; quaisquer inovações tecnológicas só deveriam ser aplicadas para maximizar o acúmulo de capital e, por fim, com a fábrica, a figura do empresário capitalista se fazia imprescindível.(78) Para Decca o "sistema de fábrica" foi ditado em primeiro plano por uma necessidade de "disciplina organizativa/hierárquica", tanto que muitas máquinas só foram desenvolvidas justamente após os trabalhadores já estarem reunidos num mesmo local e sob o poder do capitalista.(79)

Mas para poder reunir os trabalhadores num mesmo local, e colocá-los sob a batuta do capital, era necessário que esses trabalhadores fossem trabalhadores "livres". Ao contrário do que muitas vezes se pensa e é afirmado como expressão de uma suposta natureza humana atemporal, não foi nada "natural" a aparição dos trabalhadores ditos "livres". Para que as relações econômicas sob o signo do capital pudessem se desenvolver amplamente, não era necessário somente capital acumulado, mas, também, a fonte criadora do valor, como lembra Leo Huberman, ou seja, era necessária uma oferta regular e constante de mão de obra (força de trabalho). Afirma o autor:(80)

> No século XX, com o desemprego em toda parte, com trabalhadores ansiosos e dispostos a aceitar qualquer emprego, é difícil compreender que houve um tempo no qual arranjar trabalhadores para a indústria constituía um verdadeiro problema. Parece-nos "natural" que exista uma classe de pessoas ansiosa para entrar numa fábrica, a fim de trabalhar em troca de salários. Mas isso não é absolutamente "natural". Um homem só trabalha para outro quando é obrigado. Se tiver acesso à terra, na qual possa produzir para si, não trabalhará para ninguém. A história dos Estados Unidos prova isso. Enquanto houve terra barata ou de graça, no oeste, houve uma Marcha para Oeste, de gente ansiosa por terra, o que significa dificuldade de arranjar braços no leste. [...] Somente quando os trabalhadores não são donos da terra e das ferramentas — somente quando foram separados desses meios de produção — é que procuram trabalhar para outra pessoa. Não o fazem por gosto, mas porque são obrigados, a fim de conseguir recursos para comprar alimentos, roupa e abrigo, de que necessitam para viver. Destituídos dos meios de produção, não tem escolha. Devem vender a única coisa que lhes resta — sua capacidade de trabalho, sua força de trabalho.

A criação de trabalhadores livres, ao longo da história e das primeiras manifestações da sociedade capitalista, deu-se de vários modos, tais como: o fechamento de terras e despejo dos camponeses (o que ocorreu em toda a Europa e predominantemente na Inglaterra); o sistema fabril, em especial a partir do uso da máquina que, pela concorrência, liquidou os trabalhadores/artesãos que ainda detinham meios de produção; o roubo de terras da Igreja

(78) DECCA, Edgar Salvadori de. *O nascimento das fábricas*. 2. ed. São Paulo: Brasiliense, 1986. p. 19-24.

(79) *Ibidem*, p. 25-26.

(80) HUBERMAN, Leo. *História da riqueza do homem*, p. 129-130.

e alienação fraudulenta dos domínios estatais; apoderação das terras comuns e sua transformação em propriedade privada[81].

Cumpre lembrar ainda que várias medidas normativas foram adotadas no final do século XV e início do século XVI em toda a Europa Ocidental, em especial, na Inglaterra, França e Holanda, as quais impunham trabalho forçado aos trabalhadores sob a condição de penas cruéis. Ora, muitos dos que eram expulsos de suas terras, não conseguiam e não queriam se adaptar à disciplina das manufaturas, tornando-se "vagabundos", ladrões, mendigos, indigentes. Assim, os considerados vagabundos que tivessem condições de trabalho, podiam ser encarcerados, flagelados (corte de orelhas, marcas de ferro em brasa); podiam ser usados como escravos de quem os denunciava e, caso, insistissem em não trabalhar, podiam ser enforcados. Marx afirma que, segundo depoimento de Thomas Morus, no reinado de Henrique VIII na Inglaterra, 72.000 vagabundos foram enforcados.[82]

Tendo em foco esses dados, abre-se uma possibilidade de melhor entender o significado da produção de "trabalhadores livres", de "trabalho livre" no modo de produção do capital. Em sua sagacidade ácida afirma Marx:[83]

> Duas espécies bem diferentes de possuidores de mercadorias têm de confrontar-se e entrar em contato: de um lado, o proprietário de dinheiro, de meios de produção e de meios de subsistência, empenhado em aumentar a soma de valores que possui, comprando a força de trabalho alheia; e, do outro, os trabalhadores livres, vendedores da própria força de trabalho e, portanto, de trabalho. Trabalhadores livres em dois sentidos, porque não são parte direta dos meios de produção, como os escravos e servos, e porque não são donos dos meios de produção, como o camponês autônomo, estando assim livres e desembaraçados deles. Estabelecidos esses dois polos do mercado, ficam dadas as condições básicas da produção capitalista. O sistema capitalista pressupõe a dissociação entre os trabalhadores e a propriedade dos meios pelos quais realizam o trabalho. Quando a produção capitalista se torna independente, não se limita a manter essa dissociação, mas a reproduz em escala cada vez maior.

Dados esses pressupostos do modo de produção capitalista, o artesanato feudal foi sendo substituído pela manufatura (um verdadeiro organismo produtivo composto de mãos humanas), onde a cooperação e a divisão do trabalho adquiriram sua expressão clássica, sendo formadas de duas maneiras: a) sob o comando de um capitalista, trabalhadores de diversos ofícios eram reunidos para a fabricação de um produto final acabado (carruagem, por exemplo, em que é necessário o trabalho de carpinteiros, costureiro, estofador etc.); b) também podia

---

(81) Ver sobre o assunto HUBERMAN, Leo. *História da riqueza do homem*, p. 130-133; MARX, Karl. *O capital:* crítica da economia política. Livro I, p. 827-847; RIFKIN, Jeremy. *La sociedad de coste marginal cero:* el internet de las cosas, el procomún colaborativo y el eclipse del capitalismo, p. 35 e s.

(82) MARX, Karl. *O capital:* crítica da economia política. Livro I, p. 848-850. Ver, MORUS, Thomas. *Utopia*. eBooksBrasil.com. Fonte Digital: <www.jahr.org>, 2001, p. 28 e s.

(83) MARX, Karl. *O capital:* crítica da economia política. Livro I, p. 828.

ocorrer a reunião de muitos trabalhadores do mesmo ofício para fazer um mesmo tipo de produto, em que os trabalhadores faziam o produto até o final, passando por várias fases (fabricação de agulhas, por exemplo), cabendo a cada trabalhador uma tarefa, uma operação parcelar, justaposta para alcançar o produto final.[84]

O aparecimento da manufatura (da fábrica), marca uma mudança radical nas relações de produção e nas relações de trabalho, a qual se reflete e sofre influências de um rearranjo em toda organização política e jurídica da sociedade nascente sobre um novo modo de produção. É justamente nesta fase de enfraquecimento/declínio do sistema feudal que começa a ser possível se falar em Estado no sentido dado pela filosofia política ao conceito de "Estado moderno".[85]

Sobre esse fenômeno de transição afirma Alysson Leandro Mascaro:[86]

> O momento central e decisivo para a consolidação do poder político estatal capitalista é a Idade Moderna. Se a Idade Média é desconhecedora da forma política estatal e a Idade Contemporânea é plenamente assentada no Estado, a Idade Moderna é uma fase de transição. Pode-se enxergar nela o germe da forma política atual, embora nem todas as estruturas da reprodução econômica capitalista estejam presentes. Já há uma classe burguesa, há um circuito intenso de troca de mercadorias, mas há uma política absolutista, que respalda privilégios estamentais e está ainda jungida à Igreja. Trata-se de um processo conflituoso e contraditório, que revela, menos que um circuito político-social contínuo, lógico e estável, uma consolidação de instituições e padrões de poder a partir de movimentações sociais e de classes não necessariamente funcionais nem intencionais.

A estrutura fragmentada dos entes pré-estatais do feudalismo passou a não atender mais aos interesses de uma classe dominante economicamente, a qual precisava de um poder central com capacidade (potencial) de intervenção militar. Conforme já dito, o próprio exército tinha que se modificar, precisava ser regular, preparado, já que invenções como a pólvora e o canhão, impunham preparação e eficiência na sua utilização. Além disso, se fazia necessária a tutela e a segurança para o desenvolvimento das relações econômicas, bem como a exigência de fomento da produção, tendo em conta a política do mercantilismo. Também se fazia necessário um poder forte com fins de arrecadação fiscal. Dessa forma, havia a necessidade de um centro de poder forte e unificado.[87]

---

(84) MARX, Karl. *O capital:* crítica da economia política. Livro I, p. 392-393.

(85) Ver DUSO, Giuseppe. *O Poder* — História da filosofia política moderna. Petrópolis: Vozes, 2005. p. 12-16.

(86) MASCARO, Alysson Leandro. *Estado e forma política.* São Paulo: Boitempo, 2013. p. 56. Ver também MÉSZÁROS. Itsván. *Para além do capital:* rumo a uma teoria da transição. São Paulo: Boitempo, 2011. p. 121; HIRSCH, Joachim. *Teoria materialista do Estado.* Rio de Janeiro: Revan, 2010. p. 34 e s.

(87) Sodré é muito claro em afirmar a estreita vinculação entre centralização do poder e avanço do mercantilismo. SODRÉ, Nelson Werneck. *Formação histórica do Brasil*, p. 23. Ver, ainda, HUBERMAN, Leo. *História da riqueza do homem*, p. 54-55. MATTEUCCI, Nicola. *Organización del poder y libertad:* historia del constitucionalismo moderno. Madrid: Trotta, 1988. p. 31.

Surgiu, então, o Estado Absolutista como forma de fazer prevalecer os novos interesses econômicos, sociais, políticos, filosóficos. Toda a insegurança de regulamentos diferenciados; de inúmeros poderes descentralizados; de taxas e impedimentos ao avanço do capital; enfim, toda a parafernália feudal precisava ser superada. Havia a necessidade de se estabelecer critérios de segurança jurídica para o avanço dos negócios. O Estado absolutista favoreceu o acúmulo de capital que já vinha se dando desde as últimas fases do feudalismo, numa aliança entre a burguesia nascente e a monarquia absolutista.(88)

Também era necessária a construção de um quadro normativo adequado ao novo modo de produção, superando a diversidade e falta de unidade dos regramentos medievais, para dar expressão às novas formas de relações socioeconômicas marcadas pela divisão do trabalho entre proprietários de meios de produção e trabalhadores livres despossuídos e pela troca mercantil monetarizada. As construções do "Direito Romano" serviram como modelo para isso, no entanto, não parece ser correto simplesmente afirmar que houve um "renascimento" do Direito Romano. Na verdade, o que ocorreu foi uma transmutação qualitativa, pois somente na modernidade capitalista a forma jurídica(89) em sua abstração se estabelece e desenvolve plenamente.(90) As relações de trabalho, em especial, são reguladas como relações civis, utilizando-se os parâmetros da locação de serviços.

As manufaturas passaram a ser protegidas pelo Estado, tanto no plano interno como no externo, por meio de direitos protecionistas, monopólios e por taxas alfandegárias diferenciadas.(91) Nessa fase, a política econômica dos Estados se baseava no chamado "mercantilismo", ou seja, na crença de que a riqueza mercantil era a real fonte de grandeza de uma nação. Acreditava-se que a riqueza de um Estado só se dava pela supremacia comercial sobre os outros Estados e pela quantidade de ouro e prata que o Estado detinha, e, dessa forma, aniquilar e submeter o comércio dos demais Estados era a ordem do dia.(92)

---

(88) PECES-BARBA MARTÍNEZ, Gregorio. *Lecciones de derechos fundamentales*. Con a colaboración de: ROIG, Rafael de Asís; Avilés, María del Carmen Barranco. Madrid: Dykinson, 2004. p. 74.

(89) Esta temática será retomada no terceiro capítulo do livro. A forma jurídica é aqui entendida como uma espécie de forma social, ou seja, como fôrma/estrutura em que as relações sociais aparecem como relações exteriores e objetivas frente aos indivíduos e aos quais estes acabam por se submeter. As formas sociais são modos relacionais que constituem as interações entre os indivíduos na sociedade, mas que se objetivam como regras/mecanismos apartados dos indivíduos. As formas sociais são criadas pelas relações sociais, mas, por fim, acabam por serem as suas balizas necessárias. Como diz Endelman: "Com efeito, as categorias jurídicas, tal como as categorias da economia burguesa, são formas do intelecto que têm uma verdade objectiva enquanto reflectem relações sociais reais, mas estas relações não pertencem senão a esta época histórica determinada em que a produção mercantil é o modo de produção social". ENDELMAN, Bernard. *O direito captado pela fotografia*. Coimbra: Centelha, 1976. p. 23. Ver também, HIRSCH, Joachim. *Teoria materialista do Estado*, p. 30; MASCARO, Alysson Leandro. *Estado e forma política*, p. 21.

(90) Sobre isso ver PACHUKANIS, Eugeny Bronislavovich. *Teoria geral do direito e marxismo*. São Paulo: Acadêmica, 1988. p. 78 e s.; KASHIURA JR., Celso Naoto. *Sujeito de direito e capitalismo*. São Paulo: Outras Expressões, 2014. p. 159 e s.; ENDELMAN, Bernard. *O direito captado pela fotografia*. Coimbra: Centelha, 1976. p. 145 e s.; NAVES, Márcio Bilharinho. *Marxismo e direito:* um estudo sobre Pachukanis. São Paulo: Boitempo, 2008. p. 51 e s.; MASCARO, Alysson Leandro. *Filosofia do direito*. São Paulo: Atlas. p. 473-474.

(91) MARX, Karl; ENGELS, Friedrich. *A ideologia alemã*, p. 60.

(92) HUBERMAN, Leo. *História da riqueza do homem*, p. 102-103 e 108.

Neste contexto, as ideias que exprimiam as relações econômicas dominantes, entre outras, eram: não era admitida a livre concorrência, pois poderia devastar as manufaturas; os mercadores, em especial, os armadores, tinham grande influência econômica e política, daí decorrendo a política protecionista e de monopólios; a proibição de exportação de ouro e prata; a estruturação do sistema monetário em geral.[(93)]

Pela prevalência do comércio de exportação, o Estado que detinha o maior poder militar no mar, a Inglaterra, acabou por prevalecer. Houve, então, uma maior concentração do comércio e manufatura na Inglaterra, com a demanda intensa por produtos manufaturados ingleses que as forças produtivas próprias da manufatura já não tinham condições de bancar. Havia a necessidade de dominar as forças da natureza para fins industriais, com a criação de máquinas que dessem conta do aumento de demanda. De outra parte, progressos científicos já haviam se dado, como a mecânica de Newton, e de outro, a livre concorrência iria se afirmar nas Revoluções Inglesas (de 1640 e 1688) e, bem mais tarde, na Revolução Francesa (1789). Assim, começou a nascer a grande indústria.

No entanto, o Estado moderno absolutista passou a ser entrave para o livre desenvolvimento das forças produtivas e das relações de produção, sendo um problema para a burguesia, que ganhou espaço e poder econômico-social com o auxílio e proteção do Estado absolutista. Cabe lembrar que o Estado absolutista ainda mantinha privilégios que o tornava incompatível com os novos ventos liberais. A política mercantilista começou a ser atacada no campo teórico por vários autores (Bardon, North, Tucker, Hume, Gornay, Smith), pois já não representava os interesses econômicos daqueles que detinham em suas mãos a supremacia econômica: a grande burguesia. Era necessária a liberdade de comércio para o florescimento da indústria.[(94)]

Como afirma Peces-Barba:[(95)]

> Cuando el Estado Absoluto deja de ser un elemento de apoyo al cambio y se convierte en una rémora y cuando otros factores, como los religiosos (las guerras de religión serán un gran dificuldade para el comercio), coindidan en dificultar el progreso del protagonismo de la burguesia proprietaria y comerciante, se empezarán a producir las primeras formulaciones de la filosofia de los derechos fundamentales, em defesa de la tolerancia y de la limitación del poder absoluto. La burguesía influirá en la orientación de la literatura, del arte, de la filosofía, de la ciencia y, a su vez, estará influida por la nueva cultura, generando también una nueva mentalidad política, la ideologia liberal, cuya motora es permitir al individuo burgués, no solo el libre desarrollo de sua actividad económica sino la direción del Poder político.

(93) MARX, Karl; ENGELS, Friedrich. *A ideologia alemã*, p. 59-60.

(94) Ver HUBERMAN, Leo. *História da riqueza do homem*, p. 106-113. Ver, ainda, STRECK, Lenio Luiz; MORAIS, José Luis Bolzan. *Ciência política e teoria geral do estado*. 3. ed. Porto Alegre: Livraria do Advogado, 2003. p. 46 e s.

(95) PECES-BARBA MARTÍNEZ, Gregorio. *Lecciones de derechos fundamentales*, p. 75.

Nasceu, então, o Estado Liberal, que tem como marcos as Revoluções Inglesa (1689), Norte Americana (1776) e Francesa de 1789.(96) O Estado Liberal, como a concretização das aspirações da burguesia ascendente, apresentou novos caracteres moldados pela predominância socioeconômica, política, filosófica e jurídica da alta burguesia, podendo ser indicados: a separação da esfera pública da esfera privada (Estado e sociedade civil, respectivamente);(97) separação de poderes (clássica tripartição dos poderes estatais); atuação estatal centrada no princípio da legalidade;(98) garantia das liberdades individuais, focadas na propriedade e nas liberdades contratual, de indústria e comércio; igualdade jurídica meramente formal; respeito à liberdade religiosa e certas garantias penais e processuais; direito de participação política para a burguesia; Estado com papel reduzido de intervenção nas relações econômicas com caráter social, muito embora presente na proteção da propriedade e do cumprimento dos contratos.(99)

Estas ideias estavam em consonância com os ideais liberais na economia e na política e, por outro lado, com o individualismo no direito, fortalecendo e impulsionando o desenvolvimento da sociedade baseada na separação entre os detentores dos meios de produção e os trabalhadores assalariados, ou seja, a sociedade capitalista. A ideologia jurídica liberal,

---

(96) Conforme salienta Huberman, ao contrário do que ocorrera na França, em que a conquista do poder político por quem detinha o poder econômico, a burguesia, se deu por intermédio de uma revolução sangrenta, na Inglaterra isso se deu, um século antes, através de uma decisão. Afirma o autor: "Parece que na Inglaterra, comércio e nascimento se conheciam bem e se entendiam melhor do que nos outros países. A burguesia inglesa pôde tornar-se uma aristocracia rural, e a aristocracia rural dedicou-se aos negócios sem se preocupar muito com o preconceito de 'estar acima dessas coisas'. Não obstante, os anos de 1640-1688 marcam, na história inglesa, um período de luta — que só cessou quando a burguesia conquistou o direito de participar do governo... Na Inglaterra, em 1689, e na França, em 1789, a luta pela liberdade do mercado resultou numa vitória da classe média. O ano de 1789 bem pode ser considerado como o fim da Idade Média, pois nele que a Revolução Francesa deu o golpe mortal no feudalismo. Dentro da estrutura da sociedade feudal de sacerdotes, guerreiros e trabalhadores surgira um grupo da classe média. Através dos anos, ela foi ganhando força. Havia empreendido uma luta longa e dura contra o feudalismo, marcado particularmente por três batalhas decisivas. A primeira foi a Reforma protestante; a segunda foi a Gloriosa Revolução na Inglaterra, e a terceira, a Revolução Francesa. No fim do século XVIII era pelo menos bastante forte para destruir a velha ordem feudal. Em lugar do feudalismo, um sistema social diferente, baseado na livre troca de mercadorias com o objetivo primordial de obter lucro, foi introduzido pela burguesia. A esse sistema chamamos — capitalismo". HUBERMAN, Leo. *História da riqueza do homem*, p. 121-122. Por fim, Matteucci sufraga tal entendimento, pois entende que, antes mesmo da Revolução Francesa, se pode vislumbrar na Inglaterra um Estado com características tipicamente liberais. MATTEUCCI, Nicola. *Organización del poder y libertad:* historia del constitucionalismo moderno, *op. cit.*, p. 128 e s. Ver também, SOUZA, António Francisco de. *Fundamentos Históricos de Direito Administrativo*. Lisboa: Editores, 1995. p. 149-152.

(97) Afirma Fachini Neto que a separação total das esferas pública e privada nunca existiu de fato, pois o Estado liberal intervinha nas relações privadas fixando tarifas, dirigindo o mercado através dos meios fiscais, estabelecendo barreiras alfandegárias e intervindo nas relações familiares e nos contratos através das noções vagas de ordem pública e bons costumes. FACHINI NETO, Eugênio. Reflexões histórico-evolutivas sobre a constitucionalização do direito privado. In: SARLET, Ingo Wolfgang (Org.). *Constituição, direitos fundamentais e direito privado*. Porto Alegre: Livraria do Advogado, 2003. p. 19, nota 12.

(98) Comparato afirma que todo o edifício constitucional do Estado moderno liberal está assentado na substituição da vontade individual dos governantes pela vontade geral e permanente que é a lei, o que conferiria segurança individual aos cidadãos. Assim, no modelo de Estado liberal (constitucionalismo liberal) não cabe a esse ente o papel de guiar a sociedade na busca de objetivos ou fins comuns, mas, sim, com base em leis gerais, constantes e uniformes, que apenas harmonizam os interesses individuais, possibilitar que cada indivíduo, privadamente, escolha e busque os seus próprios objetivos. COMPARATO, Fábio Konder. Ensaio sobre o juízo de constitucionalidade de políticas públicas. *Revista de Informação Legislativa*. Brasília, n. 138, 1998, p. 40.

(99) PECES-BARBA MARTÍNEZ, Gregorio. *Lecciones de derechos fundamentales*, p. 76 e s.

então, fundamenta a sociedade na propriedade, na família e no contrato.[(100)] Portanto, de uma sociedade fundada em privilégios de nascimento e títulos nobiliárquicos, do *ancien régime*, passa-se para uma sociedade onde são reconhecidas a igualdade formal e a liberdade dos indivíduos, todavia, considerados de forma isolada, individual, como átomos dentro da sociedade. No entanto, essa passagem foi ocorrendo aos poucos, pois durante algum tempo ainda as instituições liberais estiveram entrelaçadas com resquícios feudais.

O Estado liberal serviu como garante da fluência normal dessas relações econômico-privadas, como guardião da propriedade (então absoluta), da família e do cumprimento dos contratos "livremente formados entres partes iguais e livres" (*pacta sunt servanda*), não podendo o Estado, seja através do Executivo, do Legislativo ou do Judiciário, se imiscuir nestas relações. Na verdade, porém, o Estado intervia para a proteção dos interesses econômicos, políticos e jurídicos da burguesia. É claro que o discurso era outro. Afirmava-se que o Estado não podia intervir para proteger uma determinada classe ou categoria de pessoas, pois todos eram vistos como iguais (igualdade meramente formal). Assim, impossível falar em políticas públicas de proteção ao trabalho, por exemplo, pois ao Estado não cabia a intervenção nas atividades dos sujeitos privados, apenas lhe era cabível a função de proteção das liberdades formais e da propriedade.

Como lembra Huberman, o lema da Revolução Francesa ("Liberdade, Igualdade, Fraternidade") foi uma frase popular bradada por todos os revolucionários que lutaram em favor da causa revolucionária, mas que foi desfrutado, em especial, pela burguesia. Afirma o autor[(101)] para comprovar sua assertiva:

> O exame do Código Napoleônico deixa isso bem claro. Destinava-se evidentemente a proteger a propriedade — não a feudal, mas a burguesa. O código tem cerca de 2.000 artigos, dos quais apenas 7 tratam do trabalho e cerca de 800 da propriedade privada. Os sindicatos e as greves são proibidos, mas as associações de empregadores permitidas. Numa disputa judicial sobre salários, o código determina que o depoimento do patrão, e não do empregado, é que deve ser levado em conta. O código foi feito pela burguesia e para a burguesia: foi feito pelos donos da propriedade para a proteção da propriedade.

Nesse clima de liberalismo econômico, político e jurídico, marcado por um profundo individualismo, é que se dão as condições para o desenvolvimento de um processo que marca profundamente a história da humanidade e as relações de trabalho, em especial, ou seja, a primeira revolução industrial.

1.2.4.1. O modo de produção capitalista sobre os seus próprios pés: a sociedade industrial

Para que fosse possível a exploração industrial mecanizada em larga escala, duas condições prévias deviam ser satisfeitas: uma divisão pormenorizada e hierárquica do trabalho e,

(100) Ver MARTINS COSTA, Judith. Crise e modificação da ideia de contrato no direito brasileiro. *Revista de Direito do Consumidor*. São Paulo, Revista dos Tribunais, n. 3, p. 131, 1991.

(101) HUBERMAN, Leo. *História da riqueza do homem*, p. 120.

com isso, a criação da figura do trabalhador parcial. Ambas as condições tinham sido criadas pela manufatura. Essas pré-condições tornaram possível e necessária, na lógica do modo de produção do capital, a primeira revolução industrial, com a utilização massiva de máquinas movidas à energia do vapor do carvão. Com efeito, a primeira revolução industrial foi uma resposta a inúmeros fatores, tais como: o aumento dos mercados e, assim, da demanda; a imposição da necessidade de acumulação ínsita ao sistema do capital; um efeito da concorrência intercapitalista que imprime (desde sempre) um processo sem fim de aceleração social (aumento da produtividade),(102) bem como, foi uma forma de "disciplinar" os trabalhadores.

A invenção de novos maquinismos; o uso da energia do vapor para esses maquinismos; o crescimento das cidades e da população; a consolidação das unidades nacionais (processo que se iniciou com o Estado moderno absolutista); o comércio interurbano e internacional, em especial, com um mercado mundial dando seus primeiros passos; a facilitação das comunicações e dos transportes em razão de melhores equipamentos, tudo isso fez parte do *boom* da primeira revolução industrial.

Não se deve esquecer, no entanto, que o capitalismo industrial do século XIX (em especial o inglês) foi financiado por seu precedente, o capitalismo comercial do século XVIII, muito embora, posteriormente o tenha destruído. O capitalismo comercial, por sua vez, enriqueceu a Europa por meio da escravidão e do monopólio comercial (na exploração das colônias). O chamado "comércio triangular" (Inglaterra-África-América), tinha a escravidão negra em sua base, proporcionando lucros enormes que serviram como financiamento à revolução industrial. Eric Williams(103) afirma que a máquina de James Watt foi financiada pelo comércio com as Índias Ocidentais, ou seja, pelo comércio triangular, dizendo:

> Foi o capital acumulado no comércio com as Índias Ocidentais que financiou James Watt e a máquina a vapor. Boulton e Watt receberam adiantamentos de Lowe, Vere, Williams & Jennings — o futuro Williams Deacons Bank. [...] Os fazendeiros de cana foram dos primeiros a entender sua importância. Boulton escreveu a Watt em 1783: 'O Sr. Pennant, que é um homem muito amigável, com 10 mil ou 12 mil libras anuais, tem a maior propriedade da Jamaica; havia também o sr. Gale e o Sr. Beeston Long, que têm alguns canaviais muito grandes por lá, que querem ver a solução do vapor em vez dos cavalos'.

Muito embora a invenção de máquinas já tivesse uma longa história, o uso do vapor como energia tornou possível o sistema fabril em larga escala, pois viabilizou uma fonte de energia controlável e estável, proporcionando um aumento fantástico da produção e de produtividade, com o consequente aumento do lucro.(104) O capital tinha encontrado uma forma adequada para produzir segundo sua própria lógica de acumulação sem (pretensos) limites.

---

(102) Enquanto o aumento da produtividade nos modos de produção anteriores se dava de forma quase "natural" e involuntariamente, no modo de produção do capital, o aumento da produtividade se torna uma obsessão que é intrínseca à lógica da valorização do valor, temática que será retomada no terceiro capítulo da obra.

(103) WILLIAMS, Eric. *Capitalismo & escravidão*. São Paulo: Companhia das Letras, 2012. p. 153-154 e 284.

(104) Ver HUBERMAN, Leo. *História da riqueza do homem*, p. 137-138.

Além disso, em um segundo momento, como salienta Decca, a introdução das máquinas tinha o objetivo claro de não só "docilizar e submeter" os trabalhadores, assegurando a regularidade e continuidade da produção, mas também foi utilizada como arma pelos empregadores para enfrentar greves e outras mobilizações operárias. A ameaça dos empregadores da implantação de mecanização, com o consequente desemprego, era utilizada para manter as péssimas condições de trabalho.(105)

Com efeito, em carta escrita a P. V. Annenkov, Marx(106) é explícito na análise do assunto:

> Pode-se afirmar que, até 1825 — data da primeira crise mundial — as necessidades de consumo cresciam, de modo geral, mais rapidamente que a produção, e o desenvolvimento das máquinas foi, assim, uma consequência forçada das necessidades de mercado. A partir de 1825, a invenção e a aplicação de novas máquinas nada mais são que o resultado de uma guerra entre operários e patrões. Isso, porém, só é válido no tocante à Inglaterra. Quanto às nações da Europa continental, viram-se obrigadas a passar ao emprego das máquinas, em face da concorrência que os ingleses lhes faziam, tanto em seus próprios mercados como no mercado mundial. Finalmente, no que tange à América do Norte, a introdução da maquinaria deveu-se, tanto à concorrência com outros países, como à escassez de mão de obra, isto é, à desproporção entre a população do país e suas necessidades industriais.

Vários inventos foram decisivos para a revolução industrial. Maurice Dobb(107) indica como invenções precursoras da revolução industrial, entre outras, as seguintes: patente de fabrico de ferro com hulha de Dud Dudley (1621); fundição com carvão dos Darby (nas primeiras décadas do século XVIII); motor de Savery (1698); processo de pundlagem e o laminador de Cort (1784) e engenho atmosférico de Thomas Newcomen (1712), que foi o precursor da máquina a vapor de James Watt. Por sua vez, como diretamente ligadas ao revolucionamento industrial, entre outros, Dobb cita a máquina de fiar (*spinning-jenny*) de Hargreaves de 1770; o filatório autônomo de Kelly de 1792; a fundamental e central máquina a vapor de James Watt de 1769; o tear mecânico de Cartwright de 1785.

Estas invenções abriram o caminho para o rápido crescimento industrial, acarretando profundas alterações no processo econômico, na vida social, e nas relações entre o capital e o trabalho que se tornaram ainda mais conflituosas. O motor a vapor foi generalizado e incrementou de forma jamais imaginada, até então, a produção e o comércio.

No entanto, a grande indústria não se apoderou de todo o mercado de uma maneira imediata, pois ao seu lado sobreviveu tanto a indústria domiciliar, como a manufatura em diversos ramos de produção. Tal situação, em razão do caráter pequeno burguês destes trabalhadores, que imaginavam se tornar pequenos empregadores, muito embora, ao final, tenham

(105) DECCA, Edgar Salvadori de. *O nascimento das fábricas*, p. 32-33.

(106) MARX, Karl; ENGELS, Friedrich. *Carta a P. V. Annenkov.* Obras escolhidas. v. 3, p. 247-248.

(107) DOBB, Maurice. *A evolução do capitalismo*, p. 263-264.

sido proletarizados, acabou por dificultar a formação de consciência de classe entre os trabalhadores, a formação de sindicatos e as reivindicações obreira de maior envergadura. Foi só ao final do século XIX que realmente se generalizou um proletariado fabril.(108)

A situação de penúria e de degradação se generalizou entre a classe trabalhadora, pois além de não ter os meios de produção, também iam sendo desapossados dos misteres (mistérios) que os ofícios lhes conferiam, sendo esse "saber fazer" sendo transferido para a maquinaria. Por outro lado, a burguesia enriqueceu ainda mais. As péssimas condições de trabalho em matéria de saúde e segurança, as longuíssimas jornadas de trabalho e os baixos salários eram a realidade da classe obreira.

Ao analisar a situação dos trabalhadores nas primeiras fábricas modernas, Huberman(109) afirma que a chegada das máquinas e do sistema fabril poderiam ter tornado mais leve o trabalho, mas o tornaram ainda pior. Como as máquinas custavam caro, tinham que funcionar o maior tempo possível, implicando para os trabalhadores a extensão das jornadas de trabalho (16 horas ou mais), uma disciplina fabril férrea e baixíssimos salários. Nesse mesmo sentido, Asthon(110) ainda acrescenta que as invenções que iam se sucedendo acabavam por acarretar ainda maior exploração. O autor cita o caso da descoberta, operada por Wiliam Murdoch em 1792, da possibilidade de se utilizar o gás de carvão como iluminante. Se antes as jornadas já eram longas, depois se tornaram ainda maiores como, por exemplo, nas fábricas de pregos que, em 1812, tinham uma jornada das 4 horas às 22 horas.

Com o decréscimo da necessidade de uso de força muscular, de formação técnica dos trabalhadores, pela generalização do sistema fabril, abriu-se a fábrica para a utilização em massa de mulheres e crianças, acrescendo, ainda mais, o grau de exploração dos trabalhadores por parte do capital. O trabalho das crianças e das mulheres era remunerado com salários menores, forçando a diminuição salarial também entre os homens adultos.(111)

Se o sistema do capital não poupava ninguém de sua sanha por lucro, por sua vez, o abuso praticado na utilização criminosa de crianças foi tanto que justificou a intervenção

---

(108) DOBB, Maurice. *A evolução do capitalismo*, p. 265-267.

(109) HUBERMAN, Leo. *História da riqueza do homem*, p. 143.

(110) ASHTON, T. S. *A revolução industrial*. 6. ed. Portugal: Europa-América, s/d. p. 148-149.

(111) Ver MARX, Karl. *O capital:* crítica da economia política. Livro I., p. 451-453. Em forma de relato histórico, mas que poderia, de certa forma, ser estendido aos dias atuais, David Harvey lembra o caráter "sexista" que a noção de "habilidade laboral" possuía, tanto que havia a oposição ferrenha de vários segmentos dos trabalhadores contra o trabalho das mulheres. Todo o trabalho que pudesse ser feito pelas mulheres era considerado não qualificado. Dessa forma, quando as mulheres entraram no mercado, houve uma desqualificação do trabalho em geral. HARVEY, David. *Para entender o capital:* livro I. São Paulo: Boitempo, 2013, p. 127. Por sua vez, Roswitha Scholz acentua que somente na modernidade capitalista vai se configurar uma total dissociação entre as esferas da produção (onde impera a lógica do capital no sentido de "valorização em si"), reservada ao masculino, e a esfera da reprodução (cuidado com a casa, as crianças, os doentes e as qualidades com isso associadas, sensibilidade, solicitude, amor, sensualidade), reservada ao feminino. Numa relação dialética com o valor (esfera da mercadoria e do mercado), essa dissociação, como o outro necessário da esfera da produção, como aquilo que não pode ser subsumido sob a lógica do lucro, da competitividade, do "poupar tempo", da concorrência, é subalternizado. Dessa forma, por esse "defeito ambivalente e estrutural", no momento que as mulheres entram no mercado (no âmbito masculino), já entram rebaixadas. SCHOLZ, Roswitha. *O sexo do capitalismo*, p. 5-40. Disponível em: <http://www.obeco-online.org/roswitha_scholz6.htm>.

estatal, fato este que também, conforme será demonstrado adiante, ocorreu no nascimento da legislação do trabalho no Brasil, marcando o início do aparecimento de leis sobre o trabalho. Como aduz Marx:

> A revolução efetuada pela máquina na relação jurídica entre comprador e vendedor da força de trabalho tira a toda transação a aparência de um contrato entre pessoas livres, propiciando mais tarde ao Parlamento inglês a justificativa para a interferência do Estado nas fábricas. Toda vez que a lei limita a 6 horas o trabalho infantil, nos ramos industriais que a ela não estavam sujeitos, renovam-se as lamentações dos fabricantes. Alegam que uma parte dos pais tira os filhos da indústria legalmente controlada para vendê-los naquelas onde existe "liberdade de trabalho", isto é, onde meninos com menos de 13 anos são forçados a trabalhar como se fossem adultos e, por isso, se vendem mais caro. Sendo, porém, o capital um nivelador por natureza, que exige, como um direito natural, inato, a igualdade das condições de exploração do trabalho em todos os ramos de produção, a limitação legal do trabalho infantil num ramo industrial torna-se causa para estender essa limitação a outro ramo.(112)

Realmente, a situação a que as crianças eram expostas tanto dentro das fábricas, bem como na vida familiar, era terrível: a mortalidade infantil nos distritos de trabalhadores era imensamente maior que nos demais; as mulheres que trabalhavam durante jornadas imensas, utilizavam narcóticos (álcool e ópio) para "aquietar" as crianças ao chegarem em casa exaustas, intensificando a mortalidade infantil; a educação dos filhos dos trabalhadores era praticamente impedida pelas longas jornadas de trabalho e interpretações dúbias das leis que previam a educação básica; eram traficadas e utilizadas crianças com problemas mentais e órfãos para o trabalho; expostas às longas jornadas de trabalho, como os adultos, não era incomum o açoite de crianças que cansavam no trabalho; às crianças eram reservados trabalhados perigosos (como limpar embaixo das esteiras em funcionamento), o que tornava os acidentes de trabalho corriqueiros.(113)

---

(112) MARX, Karl. *O capital:* crítica da economia política. Livro I, p. 454.

(113) MARX, Karl. *O capital:* crítica da economia política. Livro I, p. 455-461 e 530 e s.; HUBERMAN, Leo. *História da riqueza do homem*, p. 144 e s. Ashton, ao analisar o trabalho das crianças nas fábricas inglesas, dá uma ligeira amostra das condições de trabalho: "A história dos <aprendizes> fabris é lamentável. As crianças, muitas delas somente com sete anos, trabalhavam doze e mesmo quinze horas por dia durante seis dias da semana". ASHTON, T. S. *A revolução industrial*, p. 139. Por seu turno, Rioux, ao tratar da situação do trabalho infantil, afirma: "De fato, até 1850 ao menos, esta mão de obra a baixo preço forneceu a metade dos efetivos no setor têxtil inglês. Na mesma época, o digno reverendo Davies propôs que se recusasse todo socorro a uma criança de 6 anos que não soubesse ainda tricotar. As paróquias, sem se embaraçar com caridades evangélicas supérfluas, com, muitas vezes, alguns deliciosos remorsos de consciência onde copiosos reverendos hipotecam heroicamente sua salvação, fornecem o gado industrial, organizam através de trapaças e pequenos anúncios na imprensa a venda das crianças em excesso que elas não desejam mais amparar, sem se preocupar em avisar os pais. A este episódio sistematizado, se acresce a duração do trabalho e das sevícias. As pesquisas inglesas fornecem exemplos de patrões sádicos, usando chicote e os punhos; contramestres peritos em torturas e em aparelhagem dos membros muito curtos das crianças para adaptá-los às máquinas; 'escolas de indústrias' onde as meninas são chicoteadas se a cadência da fiação baixa. Foe, após uma visita a Halifax, se maravilha, pois 'não existe ninguém abaixo de quatro anos, que não esteja em condições de ganhar sua vida trabalhando'. O emprego de crianças de 4 a 6 anos é frequente e procurado, desde

Embora com o crescimento do capital e dos mercados houvesse a necessidade de novas contrações e um aparente crescimento da classe trabalhadora, por outro lado, o número de empregados ia caindo relativamente conforme o aumento do capital investido em maquinaria. Some-se a isso, a procura por trabalho daqueles que iam sendo desalojados do campo, bem como de artesãos e pequenos proprietários que iam sendo proletarizados pelo avanço do grande capital. Pela atuação destes vários mecanismos, foi-se criando uma imensa massa de desempregados, um verdadeiro *exército de reserva do capital*, o qual era mobilizado de acordo com as suas necessidades e que, ainda, servia como forma de pressão aos trabalhadores empregados para manter baixos os níveis salariais.(114) Tudo isso levava a uma piora ainda mais intensa das condições de trabalho.

Junto à conjuntura propriamente econômica, a atuação dos princípios do liberalismo dava o esteio político e jurídico para essa nova fase do domínio do capital, já que o Estado e o ordenamento jurídico correspondiam, exclusivamente, ao seu feitio.

Os princípios liberais, tendo no indivíduo abstrato (homem burguês branco e proprietário) o valor máximo da vida em sociedade, representavam o caminho ideológico para o incremento da nova economia. O mito dos homens livres e iguais perante a lei (igualdade formal) era muito eficiente. A liberdade e a igualdade abstratas acabaram por significar no plano social, para uma massa de indivíduos, coação econômica e desigualdades. Como afirma Roppo:(115)

> Neste sistema, fundado na mais ampla liberdade de contratar, não havia lugar para a questão da intrínseca igualdade, da justiça substancial das operações económicas de vez em quando realizadas sob a forma contratual. Considerava-se e afirmava-se, de facto, que a justiça da relação era automaticamente assegurada pelo facto dos contraentes, que, espontânea e conscientemente, o determinavam em conformidade com os seus interesses, e, sobretudo, o determinavam num plano de recíproca igualdade jurídica (dado que as revoluções burguesas, e as sociedades liberais nascidas destas, tinham abolido os privilégios e as discriminações legais que caracterizavam os ordenamentos em muitos aspectos semifeudais do "antigo regime", afirmando a paridade de todos os cidadãos perante a lei): justamente nesta igualdade de posições jurídico-formais entre os contraentes consistia a garantia de que as trocas, não viciadas na origem pela presença de disparidades nos poderes, nas prerrogativas, nas capacidades legais atribuídas a cada um deles, respeitavam plenamente os cânones da justiça comutativa. Liberdade de contratar e igualdade formal das partes eram, portanto os pilares — que se completavam reciprocamente

---

que elas saibam caminhar e sejam capazes e possam ser adestradas para o trabalho nas máquinas. Esta tortura ostensiva ou simplória permanece a tara indelével do capitalismo. Tortura prolongada, malgrado as negaças de certos historiadores: nos tempos de crise ou de revoltas obreiras, emprego de jovens é a maneira mais segura de manter a produção e os lucros". RIOUX, Jean Pierre. *A revolução Industrial*, *op. cit.*, 149.

(114) Ver MARX, Karl. *O capital:* crítica da economia política. Livro I, p. 732-733.

(115) ROPPO, Enzo. *O contrato*. Coimbra: Almedina, 1988. p. 35.

— sobre os quais se formava a asserção peremptória, segundo a qual dizer "contratual" equivale a dizer "justo" (*"qui dit contractuel dit juste"*)."

Em sua crítica à liberdade de contrato, Marx afirmava que enquanto o escravo romano era preso por grilhões: "o trabalhador está preso a seu proprietário por fios invisíveis. A ilusão de sua independência se mantém pela mudança contínua dos seus patrões e com a ficção jurídica do contrato"(116).

Com efeito, as condições socioeconômicas impunham aos trabalhadores aceitar qualquer tipo de trabalho e todo tipo de condições de trabalho. Mas como era um "trabalhador livre" e havia manifestado "livremente" sua vontade, essa vontade conjugada com a de seu contratante, também livre e igual, fazia lei entre as partes (*pacta sunt servanda*).

Como a questão salarial e as demais condições de trabalho deveriam estar inspiradas pelos princípios liberais, pelo "*laissez faire, laissez passer*" (expressão atribuída à François Quesnay), caracterizador do absenteísmo estatal, era a "lei da oferta e da procura" que regulava a situação, pois o trabalho não passava de mera mercadoria, de coisa.(117) Assim, o excesso de mão de obra acarretava baixíssimos salários e longas jornadas de trabalho; ambientes totalmente insalubres; exploração do trabalho infantil e das mulheres, como já referido.

Esta situação de penúria generalizada acabou por gerar um sentimento de solidariedade e empatia entre os trabalhadores que, coletivamente, percebem que a individualização das relações econômicas fundadas na forma contratual de signo liberal, os atingia como classe social. Emergiram, então, os movimentos de trabalhadores exigindo melhores condições de trabalho e vida. Cabe lembrar, como afirma Osvaldo Coggiola, que o movimento operário já deu seus primeiros sinais de nascimento ainda no primeiro quarto do século XVIII (tanto na França, como na Inglaterra), havendo toda uma série de lutas por direitos iguais e melhores condições de trabalho. Estas lutas se estenderam por todo o século XVIII e adentram com força no século XIX, pois com a Revolução Industrial que estas lutas ganharam em intensidade. Afirma o autor:(118)

> De um modo geral, a Revolução Industrial acarretou uma queda, por vezes abrupta, dos padrões de consumo do setor mais pobre da população. Em algum momento após o começo da Revolução Industrial, os padrões de vida deixaram de melhorar e declinaram. No meio da década de 1790, o período da Speenhamland e da carência marcou um ponto crítico. O meio da década de 1840 certamente marcou outro. A opinião clássica foi expressa nas palavras de Sir Sidney Webb: "Se os cartistas em 1837 tivessem pedido uma comparação do seu tempo com 1787, e tivessem obtido um relato justo da verdadeira vida

(116) MARX, Karl. *O capital:* crítica da economia política. Livro I, p. 669.

(117) MARX, Karl. *Manuscritos econômico-filosóficos*. São Paulo: Martin Claret, 2006. p. 77-78. Mais tarde, em especial, nos Grundrisse e no Capital, Marx vai demonstrar que o que o trabalhador vende não é o trabalho, mas a sua força de trabalho.

(118) COGGIOLA, Osvaldo. *O movimento operário nos tempos do manifesto comunista*, p. 1, 6-7. Disponível em: <http://www.pucsp. br/cehal/downloads/textos/ATT00599.pdf>.

social do trabalhador nos dois períodos, é quase certo que teriam registrado um declínio positivo do padrão de vida de grandes classes da população". O protesto social, e o movimento operário que dele emergiu, tiveram essa deterioração geral por base.

Com efeito, foram os próprios trabalhadores que, ao perceberem que a penúria os atingia a todos, ganharam consciência dos seus interesses como classe e passaram a pressionar e lutar pela melhoria de suas condições de vida. Com isso, foram sendo construídos instrumentos socais de lutas para a conquista de suas reivindicações (primeiramente as seitas, depois as associações e sindicatos). Ocorre que, não raro, os próprios trabalhadores não tinham muito claro qual era o seu verdadeiro antagonista. Exemplo disso é o movimento "luddita" — os quebradores de máquinas na Inglaterra — trabalhadores que, vendo na máquina o inimigo que os desempregava e reduzia suas condições de vida, combatiam a máquina em si e não, o uso capitalista das máquinas.[(119)]

Na Inglaterra, também é digno de nota, o movimento "cartista". Os trabalhadores não tinham direito de voto, e o movimento cartista (um movimento de viés mais político), visava forçar o reconhecimento de direitos políticos em igualdade de condições também aos trabalhadores (masculinos), na esperança de que, ao participar do Parlamento, poderiam influenciar na edição de uma legislação que lhes fosse mais benigna. O movimento cartista não teve duração prolongada, embora muitas de suas reinvindicações tenham, com o tempo, sido reconhecidas.[(120)]

A classe trabalhadora usou como armas de luta para a conquista de melhores condições de vida e de trabalho, em especial, suas organizações (sindicatos e associações), os boicotes e as greves. Se por um lado a revolução industrial gerava as péssimas condições de vida e trabalho, de outro, como efeito colateral para o capital, reunia os trabalhadores nas cidades e fábricas e formava o ambiente socioeconômico necessário para o desenvolvimento e percepção dos problemas. Como resposta, a burguesia e o Estado utilizavam do poder de polícia e o aparato legal para vedar esses instrumentos e lutas, podendo ser citada, como exemplo a Lei Chapelier de 1791 — francesa — (só revogada em 1864), que proibia as associações e sindicatos.

Ashton,[(121)] ao comentar as incipientes organizações sindicais afirma:

> Com o decorrer do tempo, a linguagem do trabalho organizado começou a tomar uma feição mais aguda e, a partir de 1760, as minas de carvão, os portos e as aldeias têxteis assistiam a freqüentes cenas de violência. Em 1765,

(119) Ver sobre o assunto DECCA, Edgar Salvadori de. *O nascimento das fábricas*, p. 31; MARX, Karl. *O capital:* crítica da economia política. Livro I, p. 489. Robert Kurz tem uma visão mais positiva dos "ludditas", salientando serem herdeiros de uma longa tradição de revolta social. O autor entende que esse movimento tinha uma espécie de "intuição fina" contra o sistema fabril e a imposição do trabalho abstrato. KURZ, Robert. Livro negro do capitalismo: um canto de despedida da economia de mercado, p. 102 e s. Disponível em: <http://obeco.planetaclix.pt/>.

(120) HUBERMAN, Leo. *História da riqueza do homem*, p. 152-153.

(121) ASHTON, T. S. *A revolução industrial*, p. 159-161.

os mineiros de Tyne em greve contra a introdução do certificado de saúde, cortaram os cabos dos elevadores, quebraram os engenhos e deitaram fogo ao carvão das galerias. Por volta de 1760-1770, os tumultos em Lancaschire contra as máquinas de fiar levaram à destruição de máquinas e casas — e talvez à fuga de Hargreaves e Arkwright para Nottingham. Em 1773, os marinheiros de Liverpool travaram uma batalha campal, onde (como nos é narrado por Wasdsworth) hastearam a bandeira sangrenta, saquearam a casa de um dos armadores e dispararam canhões contra a Bolsa. Nenhum destes distúrbios, no entanto, se pode considerar como prova da existência de uniões operárias. Alguns deles eram tão só reacções espontâneas contra a fome e a opressão e a organização que os sustentava desmembrava-se logo que se ganhava ou perdia a batalha. Mas nas actividades especializadas, e entre os construtores de moinhos em especial, as associações parece terem tido uma vida mais ou menos contínua. [...] Mas, no último decênio do século, os operários das máquinas de fiação mecânica, nas fábricas, os fiandeiros e mesmo os tecelões manuais tinham estruturado fortes organizações... Para o fim do século, a organização sindical já não era uma associação esporádica ou temporária: começava a aparecer como um movimento."[122]

Manifestações das lutas de classes se mostraram bem presentes também nas irrupções revolucionárias de 1848 (fevereiro de 1848 – derrubada de Luís Felipe I, da França) e 1871 (Comuna de Paris) na França, e a de 1848 na Alemanha. Em todas essas irrupções os interesses do proletariado se faziam presentes.[123]

Numa relação de convergência, juntamente com os movimentos sociais dos trabalhadores, foram surgindo doutrinas sociais (como a dos socialistas utópicos — Saint-Simon, Fourier e Louis Blanc, na França, e Robert Owen, na Inglaterra, apenas como exemplos), os quais inclusive (a exemplo de Owen) tentaram aplicar na prática estas doutrinas em alguns empreendimentos socioeconômicos. Cabe lembrar ainda o movimento anarquista (em especial, na figura de Proudhon e sua Filosofia da Miséria). No entanto, em especial, surgiu de dentro do movimento operário pensadores e atores políticos que tiveram influência decisiva na crítica das condições de vida da classe trabalhadora, bem como apontaram no sentido da união dos trabalhadores e da superação do regime do capital, cabendo citar os nomes de Karl Marx e Friedrich Engels e a influência do Manifesto Comunista de 1848.[124] Cabe lembrar também, que o ano de 1848 foi marcado por vários movimentos revolucionários em vários Estados europeus que visavam a transformação social (Primavera dos Povos).

---

(122) ASHTON, T. S. *A revolução industrial*, p. 159-161.

(123) TRINDADE, José Damião de Lima. *Os direitos humanos na perspectiva de Marx e Engels:* emancipação política e emancipação humana. São Paulo: Alfa-Omega, 2011. p. 155 e s.

(124) Muito embora o Manifesto Comunista, redigido por Marx e Engels, tivesse objetivos muito mais radicais, a sua influência na luta pelos direitos ligados ao trabalho e à previdência social, mesmo sob a ótica capitalista, é um fato histórico a ser salientado. Sobre a temática ver PÉREZ LUÑO, Antonio Enrique. *Los derechos fundamentales.* 11. ed. Madrid: Tecnos, 2013. p. 34.

Cabe salientar, no tocante a isso, que a Igreja Católica, por exemplo, só vai adotar uma postura mais crítica à exploração dos trabalhadores muito tempo depois, em 1891, com sua doutrina social estampada na Encíclica *Rerum Novarum*, do Papa Leão XIII de 1891, aliás, como resposta ao crescimento das ideias socialistas e comunistas.

Importante registrar que, por influência das ideias de cunho revolucionário (em especial, de Marx e Engels), em setembro de 1864 é formada a Associação Internacional dos Trabalhadores (AIT), em Londres. Em 1866, em sua primeira conferência, a AIT decide que uma de suas lutas, que deve ser unificada no mundo, é a luta pela jornada de 8h de trabalho (reivindicação que marca, pelo sangue dos trabalhadores de Chicago, em 1886, o dia 1º de maio como "dia do trabalho").(125)

O que importa salientar é que somente com o acirramento da tensão e pressão dos trabalhadores (por meio de greves, protestos, boicotes, lutas e revoluções), ao que se somou o medo do crescimento de partidos e movimentos socialistas/comunistas, que os Estados passaram a interferir e restringir os princípios liberais no âmbito das relações de trabalho. As primeiras leis eram "tímidas", em sua regulação se dirigiam ao trabalho, em especial, de menores e, depois às mulheres, e somente mais tarde passaram a regular também o trabalho dos homens adultos.

Como exemplos das primeiras leis que regularam as relações de trabalho, muito embora, muitas vezes, sem que o texto legal tivesse efetividade prática, podem ser citadas:(126) a) na Inglaterra: a chamada "Lei de Peel" de 1802, que se propunha a proteger os menores nas fábricas e estabelecia a sua jornada de trabalho em 12h diárias;(127) A segunda "Lei de Peel" de 1819 proibindo o trabalho de menores de 9 anos; lei de 1824 quanto ao reconhecimento dos sindicatos (*trade unions);* b) na França: lei de 1813, que proibiu o trabalho de menores em minas; lei de 1814 proibindo o trabalho de menores de 8 anos e limitando a 8h a jornada de trabalho dos menores entre 8 a 12 anos e a 12h a jornada de trabalho dos menores entre 12 e 16 anos; lei de 1839 proibiu o trabalho de menores de 9 anos e estabelecia jornada de trabalho de 10h para menores de 16 anos; lei de 1864 reconhecendo o direito de greve; lei de 1864 reconhecendo a liberdade sindical, ao revogar a Lei Chapelier de 1791; c) na Alemanha: lei de 1839, que proibiu o trabalho de menores de 9 anos; lei de 1841 sobre seguros sociais; lei

(125) GIANOTTI, Vito. *História das lutas dos trabalhadores no Brasil*. 3. ed. Rio de Janeiro: Mauad X, 2009. p. 36-37; MARX, Karl. *O capital:* crítica da economia política. Livro I, p. 344-345.

(126) Ver RUSSOMANO, Mozart Victor. *Curso de direito do trabalho.* 9 ed. Curitiba: Juruá. p. 29; RODRIGUES PINTO, José Augusto, *Curso de direito individual do trabalho.* São Paulo: LTr, 1994. p. 30; OLIVEIRA, José César de. Formação histórica do direito do trabalho. In: BARROS, Alice Monteiro de. *Curso de direito do trabalho:* estudos em homenagem a Célio Gouatá. São Paulo: LTr, 1993. p. 71 e s.

(127) Sobre a chamada "Lei de Peel", Ashton afirma: "Foi Peel quem, estimulado por um médico de Manchéster, acentuou no parlamento a necessidade de se estabelecer uma regulamentação para as fábricas. A sua proposta de lei de 1802 — lei da saúde e moral dos aprendizes — limitava as horas de trabalho e prescrevia os padrões mínimos de higiene e de educação. Verdade seja que só foi aprovada quando o pior tinha passado, e nem essa lei nem uma segunda lei de Peel, de 1819 (aplicável a crianças pobres ou "livres"), foram muito longe. Mas estavam pelo menos, lançadas as bases para um código do trabalho, que é um dos aspectos fundamentais da moderna sociedade industrial". ASHTON, T. S. *A revolução industrial*, p. 141.

de 1844 sobre acidentes de trabalho; d) na Itália: lei de 1883 sobre acidente de trabalho; leis de 1886 sobre a proteção às mulheres e menores.

Em especial, cabe destacar que em 7 de junho de 1844 foi aprovada uma nova lei fabril na Inglaterra que, além de regular o trabalho de crianças e adolescentes (como leis anteriores já tinham feito), pela primeira vez regulou o limite de trabalho diário para trabalhadores adultos alcançando, no entanto, apenas as mulheres e fixando a sua jornada em 12h diárias. Esse limite foi reduzido, logo em seguida, pela lei fabril de 1847, de 1º de junho de 1847, para 10h ("lei das dez horas"). Essa lei teve extrema importância histórica, pois foi a primeira vez que uma lei quebrou o "tabu" do absenteísmo estatal em relação às relações de trabalho para os trabalhadores adultos. Logo em seguida essa lei foi seguida na França, e em 1856 na Austrália para todos os trabalhadores.[128]

Estas e outras manifestações legislativas, tendo em vista a necessidade do sistema do capital, compelido pela concorrência, de poder explorar o trabalho em condições de igualdade, foram se generalizando e impulsionando a intervenção legislativa estatal nas relações de trabalho e servindo como estopim para o aparecimento do Direito do Trabalho (e dos direitos fundamentais sociais em geral), muito embora restasse concentrado nos países mais desenvolvidos industrialmente. Por outro lado, estas leis também funcionaram como uma espécie de "incentivo" à aplicação de mais maquinaria, ou seja, ao aumento do capital fixo (instrumentos de produção) em comparação com o capital variável (salários).[129]

Como fruto da concorrência intercapitalista e da lógica da acumulação, bem como em resposta à pressão laboral e à intervenção estatal, já nos últimos decênios do século XIX (de meados de 1850 em diante), inicia-se o que foi denominado de "Segunda Revolução Industrial", atingindo a Europa como um todo e os EUA, em especial. Foram centrais para essa fase o avanço das forças produtivas com o descobrimento e uso do petróleo, da eletricidade e do aço (em comparação com o ferro, o carvão e a energia a vapor da Primeira Revolução Industrial). A aplicação da química permitiu produzir papel da madeira e alumínio da bauxita, além de revolucionar a produção de álcalis, tintas, corantes e fármacos. Começaram a ser produzidos motores de combustão interna. Some-se a isso, novos meios de comunicação, como o telégrafo e o telefone e avanços nas ferrovias (locomotivas a diesel), no transporte aquático, a invenção dos automóveis e, posteriormente, dos aviões.[130] Além disso, começaram a ser introduzidas importantes alterações no sentido da racionalização e organização laboral, o que redunda no aparecimento do taylorismo e, mais tarde, do fordismo.[131]

---

(128) MARX, Karl. *O capital:* crítica da economia política, Livro I, p. 324 e 326. SÜSSEKIND, Arnaldo. *Direito internacional do trabalho.* 2 ed. São Paulo: LTr, 1987. p. 84; DAL ROSSO, Sadi. *A jornada de trabalho na sociedade:* o castigo de Prometeu, p. 86-87.

(129) Sobre isso ver MARX, Karl. *O capital:* crítica da economia política. Livro I, p. 342-344, 539, 557-560.

(130) NETTO, José Paulo; BRAZ, Marcelo. *Economia política:* uma introdução crítica. Vol. I. São Paulo: Cortez, 2006, p. 176.

(131) Conforme Andressa de Freitas Ribeiro, pode-se dizer que o taylorismo se configura como uma forma de organização do trabalho pautada pela racionalização e simplificação das tarefas a serem executadas por cada trabalhador. São estabelecidas regras e padrões de execução do trabalho visando a melhor equação possível entre movimento e tempo (divisão de tarefas e cronometragem de sua realização). Impõe-se, ainda, o controle rígido do trabalho pela gerência, a qual deve programar previamente todas as tarefas e a sua execução, expropriando o conhecimento laboral dos trabalhadores (separação entre planejamento e execução do trabalho). Por sua vez, numa relação de continuidade,

Com efeito, já por volta do ano de 1870, quando a segunda revolução industrial já dava resultados expressivos, o capitalismo da "livre concorrência" (liberal ou clássico) passou a se caracterizar como um capitalismo "moderno", um capitalismo de monopólios, de trustes. Grandes indústrias monopolistas passaram a dominar o mercado mundial e desenvolveram uma capacidade e forças produtivas outrora inimagináveis.

No entanto, como a capacidade produtiva aumentou muito mais do que a capacidade de consumo capitalista dos Estados-sedes destas empresas, esses Estados-sede (em especial, a Inglaterra, a França, a Bélgica, a Itália, a Alemanha e, mais ao final do século XIX, os EUA) passaram a adotar uma política agressiva (imperialismo) na defesa dos interesses destas corporações monopolistas. Some-se a isso, o excesso de capital que, não podendo ser aplicado internamente ou, no caso de aplicação, gerando lucros menores, tinha que ser exportado para buscar lucros extraordinários. Sem renegar inclusive a ação militar patrocinada pelos Estados, o grande capital monopolista (industrial e financeiro, atuando conjugados) "invadiu" e conquistou, sob um novo viés, os países "atrasados" (colônias). Com isso alcançaram lucros extraordinários, bem como tinham a garantia do fornecimento de matérias-primas. No tocante aos países "atrasados", como precisavam de infraestrutura básica (ferrovias, por exemplo) para que pudessem se desenvolver, o capital excedente era fornecido como empréstimos, inclusive, sob a condição de compras dos insumos para as obras junto à "metrópole". O mundo foi fatiado entre estes grandes grupos que mesclavam interesses privados e públicos, sob a batuta do grande capital e dos Estados-Nação dominantes. Por certo tempo esta divisão satisfez, pois gerava lucros fabulosos; mas logo adiante, quando se acirrou a concorrência entre estes gigantes, apareceram problemas de acumulação e crescimento do capital, e a guerra foi usada como saída para a crise. O aparecimento dos regimes nazifascistas[(132)] e as duas guerras mundiais são resultados desta política.[(133)]

---

mas com transformações de monta, o fordismo trouxe como grande novidade a introdução da esteira rolante na fábrica, fazendo com que o trabalho chegasse até o trabalhador, o que permitiu um avanço enorme de produtividade. A automatização, intensificação e mecanização do processo de trabalho foram incrementadas. Da mesma forma que o taylorismo, o controle do trabalho se coloca como central no fordismo, mas o fordismo visa também a conquista ideológica dos trabalhadores, o que foi alcançado com ganhos materiais (salários e vantagens). O fordismo foi determinante na produção do operário-massa, do estilo de vida fabril moderno. RIBEIRO, Andressa de Freitas. *Taylorismo, fordismo e toyotismo*, p. 65 e s. Disponível em: <https://revistas.pucsp. br/ls/article/viewFile/26678/pdf>, p. 66-71. Ver, também, ANTUNES, Ricardo. *Adeus ao trabalho?* Ensaio sobre as metamorfoses e a centralidade do mundo do trabalho. 9. ed. Campinas: Cortez, 2003. p. 25 e 191.

(132) Necessário lembrar com Leoncio Basbaum, que a crise mundial de 1929 continuou tendo efeitos nefastos muitos anos após sua eclosão e afetava profundamente os países capitalistas mais desenvolvidos, em especial as suas classes mais desfavorecidas. Os países industriais mais desenvolvidos na época (Estados Unidos, Inglaterra, Alemanha, França) viam suas indústrias com níveis anteriores aos de 1929. O desemprego era altíssimo (3 milhões na Inglaterra, 5 milhões na Alemanha, 10 milhões nos Estados Unidos). De outro lado, crescia o movimento comunista. Nesse contexto, como antípoda do movimento comunista, nasceu o nazifascismo. Afirma o autor: "O nascimento do fascismo era de certo modo uma autodefesa do capitalismo ou, pelo menos, de certos grupos de capitalistas nacionais em condições específicas como o da Alemanha, por exemplo. Esta havia perdido na última guerra todas as suas colônias e se encontrava em condições de inferioridade em relação à burguesia e aos grupos imperialistas de outros países, sobretudo no que se refere às fontes de matérias-primas e à mão de obra barata." BASBAUM, Leoncio. *História sincera da república*: de 1930 a 1960. 3. ed. São Paulo: Fulgor, 1968. p. 66-68.

(133) Sobre tais questões ver Huberman, Leo. *História da riqueza do homem*, p. 196-205. Com relação à Primeira Guerra Mundial, Gianotti salienta que, diante da expansão do capitalismo imperialista, cada "império colonial" queria sua

No tocante à regulação legal do trabalho e aos direitos reconhecidos aos trabalhadores durante esse percurso histórico de lutas sociais, cabe chamar a atenção para a constitucionalização dos direitos dos trabalhadores com a Constituição Mexicana (Querétaro) de 1917 e a Constituição Alemã (Weimar) de 1919. Junto com isso, um marco na internacionalização dessa regulação foi o ano de 1919, que marcou o fim da 1ª Guerra Mundial, com a assinatura do Tratado de Versalhes de 1919 e a criação da OIT (Organização Internacional do Trabalho).

No entanto, conforme afirma Tarso Genro,(134) o Tratado de Versalhes, paradoxalmente, além de consolidar a regulação do trabalho, o direito do trabalho, em nível internacional como conquista de direitos sociais trabalhistas, também foi uma forma que os países vitoriosos na guerra utilizaram para impor aos países subdesenvolvidos os ônus que a luta de classes já tinha imposto aos países desenvolvidos. A finalidade era uma "equalização" de custos, ou seja, equiparação dos preços de mercadorias a serem exportadas e equiparação de custos do trabalho.

Com efeito, a proteção legal dada aos trabalhadores no regime do capital, embora de importância ímpar e uma das marcas do Estado Social nascente nesse último período histórico analisado, não pode deixar de ser uma espécie de direito "compensatório". Com efeito, não impede a exploração do trabalho, mas, sim, estabelece os limites em que esta pode se efetivar "legitimamente" dentro da ordem vigente, inclusive premiando quem explora observando tais limites. Aliás, essa regulação pode servir como critério de estabilidade sociopolítica para o processo econômico, tendo, assim, caráter ambivalente.(135)

---

fatia no mercado de matérias-primas e no mercado consumidor. A Inglaterra, a França, a Holanda, a Bélgica, a Rússia Czarista, os EUA e até Portugal e Espanha tinham suas colônias. A Alemanha, todavia, tinha ficado de fora da divisão desses mercados. Com o assassinato do príncipe Francisco Ferdinando em 1914, se deu o pretexto para a guerra, que na verdade tinha motivação econômica e política. GIANOTTI, Vito. *História das lutas dos trabalhadores no Brasil*, p. 41. Ver ainda, POLANY, Karl. *A grande transformação:* as origens de nossa época, p. 34-41.

(134) GENRO, Tarso Fernando. *Direito individual do trabalho*. 2. ed. São Paulo: LTr, 1994. p. 31. No mesmo sentido, Uriarte afirma: "En efecto, el Derecho Internacional del Trabajo surge con doble finalidad, sin lugar a dudas: regular la competencia tanto nacional como internacional y salvaguardar la dignidad humana, evitando la explotación económica del trabajador... Esta doble finalidad del Derecho del trabajo encierra una contradición que se refleja en las estructuras y el funcionamento del Derecho del trabajo. Por una parte, consagra derechos del trabajador, elevándolos a la categoría de derechos humanos, como forma de valorizar al máximo y por encima de todo valor de cambio a la persona humana, en el caso, la persona do trabajador. Pero, por otra parte, al reglamentar el contrato o relación de trabajo, se involucra en el juego del llamado 'mercado de trabajo', que no debería ser tal". URIARTE, Oscar Ermida. Derechos laborales y comercio internacional, p. 2. Disponível em: <http://www.mundodeltrabajo.org.br>. Ver, ainda, POLANY, Karl. *A grande transformação:* as origens de nossa época, p. 43.

(135) Ramos Filho afirma que o direito do trabalho "legitima a apropriação da mais-valia, ratifica o poder diretivo e punitivo dos empregadores, regula a compra e venda da força de trabalho no interesse dos empregadores, embora para tanto tenha que assegurar alguns direitos e garantias para os empregados, daí porque se diz que é um ramo do direito ambivalente". RAMOS FILHO, Wilson. Delinqüência patronal, repressão e reparação. *Revista da Associação dos Magistrados da Justiça do Trabalho da 15ª Região — Amatra*, São Paulo, LTr, v. XV, n. 2, p. 60-61, 2009. Por sua vez, em uma síntese crítica ácida, Endelman afirma: "Em suma, no "direito do trabalho", está todo o mistério do direito burguês que se transforma em seu lugar verdadeiro; a tal ponto que este "direito" pareceu por muito tempo "vil e vergonhoso", pareceu de uma raça jurídica inferior, uma imitação de direito como o operário era uma imitação de homem." ENDELMAN, Bernard. *A legalização da classe operária*. São Paulo: Boitempo. p. 21.

Em razão das pressões sociais, da crise econômica, de movimentos de ordem política e filosófica, a concepção liberal de Estado acabou por ceder passo ao chamado Estado intervencionista (Estado Social ou de Bem-Estar Social). Claro que isso não se deu de forma linear e homogênea no tempo e no espaço.

Várias são as razões que fizeram ruir o modelo liberal clássico de Estado, o que levou à construção do modelo do Estado Social ou de Bem-Estar, o qual se constituiu, dentro dos padrões compatíveis com o sistema do capital, mais preocupado com a liberdade efetiva e com uma igualdade de cunho mais substancial. Entre outras, pode-se indicar as seguintes razões: os conflitos sociais (a chamada "questão social", com os vários movimentos de reivindicação dos trabalhadores e outros grupos pelo reconhecimento de direitos e na busca de melhores condições de vida); a Revolução Russa;(136) a extensão do direito de voto; a Primeira e a Segunda Grandes Guerras Mundiais; a grande crise econômica de 1929(137) que impôs a interferência estatal para estabilizar o sistema do capital.(138)

No Estado Social, em especial na época de expansão do capital no pós-guerra, entram em cena certas políticas públicas que caracterizam essa forma estatal: a questão social passa a ser considerada na atuação estatal, com forte intervenção estatal na previsão e garantia de direitos aos trabalhadores e suas entidades (sindicatos); são reconhecidos direitos a prestações sociais (educação, saúde, previdência social mais generosas com amplas camadas populacionais), cabendo uma atividade positiva ao Estado; a lei passa a ser instrumento de ação concreta do Estado, incumbindo a esse, com forte proeminência do Poder Executivo, o dever de materializar direitos sociais; ultrapassa-se a dicotomia entre público e privado, e a igualdade formal também ganha um sentido material, evidentemente dentro dos limites do capital. Além disso, nessa forma estatal, o Estado atua fortemente no âmbito econômico, não só como regulador, mas também por meio de empresas estatais e congêneres.

No entanto, o que será melhor analisado adiante, com uma nova crise econômica que atingiu as principais economias mundiais ao final dos anos sessenta do século XX, somado

---

(136) Nesse sentido, LOSURDO, Domenico. *Fuga da história?* A revolução russa e a revolução chinesa vistas de hoje. Rio de Janeiro: Revan, 2004. p. 103-104.

(137) A crise mundial de 1929 foi uma manifestação da "contradição viva que é o capital", como afirma Marx, pois se apresentou como uma crise de superprodução; superprodução, bem entendida, para o sistema do capital, ou seja, como uma produção acima do limite da capacidade de valorização do capital, não do consumo humano baseado em necessidades reais. Ver MARX, Karl. *Grundrisse*, p. 335-347. No tocante à crise de 1929, Huberman afirma: "Em todos os períodos da história tem havido crises. Mas há uma nítida diferença entre as surgidas antes do crescimento capitalista e as que apareceram depois. Antes do século XVIII o tipo mais comum de crise era provocado pelo fracasso das colheitas, pela guerra ou por algum acontecimento anormal; eram caracterizadas pela escassez de alimentos e outros artigos necessários, cujos preços se elevavam. Mas a crise que conhecemos, a crise que começou a existir com o advento do sistema capitalista, não é devida a fatos anormais — parece parte e parcela de nosso sistema econômico; é caracterizada não pela escassez, mas pela superabundância. Nela, os preços, em vez de subirem, caem... O fato de suma importância é simplesmente este: no sistema capitalista, as mercadorias não são produzidas para uso, mas para troca - com lucro...". HUBERMAN, Leo. *História da riqueza do homem*, p. 207-208.

(138) Ver nesse sentido, CRUZ, Paulo Márcio. *Política, poder, ideologia e estado contemporâneo*. 3. ed. 1ª tir. Curibita: Juruá, 2003. p. 172 e s.; STRECK, Lenio Luiz; MORAIS, José Luis Bolzan. *Ciência política e teoria geral do estado*. p. 63.

ao déficit fiscal,(139) bem como a irrupção da terceira revolução industrial, o Estado Social sofreu abalos profundos que o colocaram em xeque. Além disso, o Estado social acabou por não cumprir com muitas das suas promessas. A questão da igualdade, por exemplo, não conseguiu solução,(140) pois a divisão hierárquica do trabalho, fundamento do modo de produção do capital, foi mantida intacta.

Juan Ramón Capella(141) afirma que o Estado Social se legitimava por meio da satisfação das demandas sociais e não somente pela adesão ao sistema representativo. Dessa forma, o não atendimento dessas demandas acarretou problemas para a sua legitimação. Com efeito, o atendimento das demandas sociais chegou ao extremo nas condições limitadas de um sistema de acumulação privada (o sistema do capital), o que provocou um dilema: superar o assistencialismo num rumo socialista, abrindo as portas das empresas aos princípios democráticos de direção ou governo; ou seguir políticas reprivatizadoras, utilizando-se do próprio Estado para reprivatizá-lo, enfraquecer as classes trabalhadoras e desmontar as políticas de transferência de rendas. Afirma o autor que as possibilidades tecnológicas e organizacionais da sociedade jogaram a favor desta última tendência, ou seja, ganharam os de sempre, os mais fortes.(142)

O impacto provocado por estes vários fatores, somados a uma postura das principais economias mundiais no sentido de aderir à cartilha da globalização econômica sob um viés neoliberal, colocou em xeque a dita regulação do Estado Social, o que será abordado após um corte/desvio na exposição para que se possa contextualizar a situação brasileira.

1.3. Histórico das formas de prestação de trabalho no Brasil

A análise, mesmo que sumária, da situação histórica do trabalho e de sua regulamentação no Brasil deve ser necessariamente cindida, em primeira mão, em antes e após 1500. Com efeito, não se pode esquecer que a partir de 1492, no tocante à América Latina em geral, e de 1500, no tocante ao Brasil, em especial, houve a inserção despótica destas várias áreas e de suas populações originárias dentro do padrão colonial do capitalismo mercantil. À esta empreitada capitalista mercantil e colonial, que teve o apoio das classes dominantes nativas no papel de meros estratos gerenciais do padrão colonial, a grande massa dos povos originários serviu como "combustível humano, em forma de energia muscular, destinado a ser consumido para gerar lucros".(143)

---

(139) Ver CRUZ, Paulo Márcio. *Política, poder, ideologia e estado contemporâneo*, p. 194-197.

(140) STRECK, Lenio Luiz; MORAIS, José Luis Bolzan. *Ciência política e teoria geral do estado*, p. 92.

(141) CAPELLA, Juan Ramón. *Fruto proibido:* uma aproximação histórico-teórica ao estudo do direito e do estado. Porto Alegre: Livraria do Advogado, 2002. p. 232-233.

(142) Conforme será abordado brevemente ainda neste capítulo e de forma mais profunda no terceiro capítulo da obra, entende-se que o choque ocorrido com o Estado Social, bem como a implementação das políticas neoliberais, são consequências da crise estrutural do sistema do capital que manifestou seu início por volta da década de 1970 do século XX.

(143) RIBEIRO, Darcy. *A América Latina existe?* Brasília: UNB, 2010. p. 37-40.

Com efeito, a exploração do Brasil, como também da América Latina em geral, foi marcada pelo colonialismo/colonialidade. Colonialismo pelo fato de que a relação estabelecida entre o Brasil e a Metrópole Portuguesa era uma relação de domínio/exploração política, econômica e social, em que a metrópole controlava e detinha todos os recursos da colônia, no exercício de seu poder político/econômico. Em tese, com a independência, a relação colonial, em si, cessa. No entanto, gestado dentro do padrão colonial capitalista, a colonialidade, a qual se configura em relações de poder capitalistas em estreita vinculação com relações de poder racistas/étnicas, persistem, impondo classificações raciais/étnicas que, intrinsecamente, ligadas ao capitalismo, sobreviveram à independência.[(144)]

Assim, antes do "descobrimento" e do processo colonizador e despótico dos conquistadores europeus, o trabalho dos habitantes nativos brasileiros (em torno de 5 a 6 milhões de pessoas) se dava no seio das comunidades indígenas, sob a forma comunal/solidária, voltado para a subsistência e sem registros de dominação ou trabalho forçado. Era uma verdadeira "sociedade solidária de homens livres".[(145)]

Gorender[(146)] afirma que as tribos indígenas não conheciam a escravidão. Eventuais prisioneiros de guerra, se não fossem devorados em rituais, eram integrados à tribo progressivamente. No entanto, o contato com o europeu escravista fez com que os prisioneiros passassem, acidentalmente, a serem trocados por bugigangas e com o tempo esse comércio macabro se tornou habitual com portugueses, holandeses e franceses, os quais formavam alianças com tribos para que estas fornecessem escravos.

Assim, subsumidos ao regime capitalista colonial, até o final do século XVI a mão de obra utilizada no empreendimento colonial era predominantemente indígena, na condição de escravos. Por volta de 1530, após a passagem do sonho português de simplesmente arrancar das entranhas da terra ouro e diamantes, começou a ser organizada a "empresa agroexportadora" de açúcar, a qual exigia mão de obra abundante e, assim, a "força de trabalho" indígena escravizada foi massacrada nesta empreitada.[(147)]

---

(144) Conforme Quijano: "A colonialidade é um dos elementos constitutivos e específicos do padrão mundial do poder capitalista. Sustenta-se na imposição de uma classificação racial/étnica da população do mundo como pedra angular do referido padrão de poder e operar em cada um dos planos, meios e dimensões, materiais e subjectivos, da existência social quotidiana e da escala societal. Origina-se e mundializa-se a partir da América." QUIJANO, Aníbal. Colonialidade do poder e classificação social. In: SOUSA SANTOS, Boaventura de; MENESES, Maria Paula. *Espistemologias do sul.* Coimbra: Almedina, 2009. p. 73. Na mesma trilha, Grosfoguel afirma: "A colonialidade permite-nos compreender a continuidade das formas coloniais de dominação após o fim das administrações coloniais, produzidas pelas culturas coloniais e pelas estruturas do sistema-mundo capitalista moderno/colonial. A expressão "colonialidade do poder" designa um processo fundamental de estruturação do sistema-mundo moderno/colonial, que articula os lugares periféricos da divisão internacional do trabalho com a hierarquia étnico-racial global e com a inscrição de migrantes do Terceiro Mundo na hierarquia étnico-racial das cidades metropolitanas globais." GROSFOGUEL, Ramón. Para descolonizar os estudos de economia política e dos estudos pós-coloniais: transmodernidade, pensamento de fronteira e colonialidade global. In: SOUSA SANTOS, Boaventura de; MENESES, Maria Paula. *Espistemologias do sul.* Coimbra: Almedina, 2009. p. 395.

(145) RIBEIRO, Darcy. *A América Latina existe?*, p. 51 e 55.

(146) GORENDER, Jacob. *O escravismo colonial.* São Paulo: Ática, 1980. p. 129.

(147) DOWBOR, Ladislau. *A formação do capitalismo dependente do Brasil.* São Paulo: Brasiliense, 1982. p. 48-50. Cumpre fazer um registro no tocante à escravização de indígenas na América do Sul. Com efeito, por volta de 1550, teve

A sociedade escravista brasileira, fundada no trabalho escravo dos indígenas ou, posteriormente, dos negros africanos, teve como sua principal razão econômica o sistema de plantagem utilizado na colonização com finalidade mercantil. Gorender entende que este sistema era adaptado ao uso, em condições de rentabilidade, do trabalho escravo. Se num primeiro momento após o descobrimento, Portugal desdenhou a sua conquista, com a ameaça dos franceses e holandeses, instituíram-se as donatárias. Como a procura do ouro, que era o objetivo principal, não foi satisfatória num primeiro momento, a plantação de açúcar se consolidou e apresentou resultados econômicos importantes, tornando Portugal o grande exportador de açúcar para um mercado mundial crescente.(148)

Gorender(149) afirma que, muito embora desde cedo os colonos portugueses reclamassem a introdução dos escravos negros africanos, pois já conheciam a capacidade de trabalho e adaptabilidade destes, é um mito que o índio seria indolente, débil e, assim, incapaz de atender à demanda de trabalho. Esse falso mito é perceptível pela capacidade de aprendizagem e de trabalho dos povos indígenas (bastando lembrar os povos missioneiros, apenas como exemplo).(150) Na verdade, como salienta Gorender, o índio parecia débil e frágil, pois sendo tratado como "mercadoria" muito barata, era "gasto" sem qualquer cuidado. Some-se a isso que a sua escravização entrava em choque com a resistência tribal e com o seu modo de produção e reprodução da vida (comunismo primitivo), avesso à submissão. O autor indica ainda, como motivos para se criar este estereótipo, o fato de que o comércio de escravos negros seria muito lucrativo aos traficantes e para a Coroa portuguesa, além de estar em conformidade com a política do Vaticano de proteção dos índios americanos e de concordância com a escravidão negra.

---

curso na Espanha a chamada "Controvérsia de Vallodolid" com o intuito de discutir sobre a legitimidade das conquistas espanholas no Novo Mundo. O Imperador de Espanha Carlos V convocou estudiosos para apresentarem suas teses. Os dois principais debatedores foram Juan Ginés de Sepúlveda (que havia escrito a obra: "Democrates alter sive de justisbelli causis apud índios", mais conhecido como "Democrates Alter") e Bartolomé de Las Casas (que escreveu as obras: "Brevísima relación de la destrucción de las Indias" e "Apologética"). Embora ambos partissem da doutrina aristotélica ("A Política"), em que o filósofo grego justificava a escravidão de alguns homens por serem, por natureza, inferiores a outros, os protagonistas da Controvérsia divergiam em suas opiniões. Juan Ginés de Sepúlveda defendeu a escravização dos indígenas sul-americanos, considerando que eram bárbaros e escravos por natureza, sendo justo que os espanhóis empreendessem uma guerra de dominação. Por outro lado, um dos pioneiros dos direitos humanos e seguidor da doutrina de Francisco Vitória, Bartolomé de Las Casas contestou vigorosamente a posição de Sepúlveda. Las Casas defendeu a ilicitude da guerra de dominação, pois considerava os índios como povos gregários com cultura e arte, com uma normatividade própria, com suas próprias autoridades e com um sistema de justiça. Tal como Vitória, Las Casas entendia que as pessoas devem gozar de direitos e liberdades pela sua própria natureza, pois todos os homens eram constituídos de forma igual, com entendimento e vontade, com os mesmos sentidos, com capacidade de sentir prazer e com discernimento sobre o bem e o mal. Assim, defendia que era ilícito forçar os índios à fé católica, o que só podia se dar pela persuasão. Sobre isto ver GALMÉS, Lorenzo. *Bartolomeu de las Casas: defensor dos direitos humanos*. São Paulo: Edições Paulinas, 1991. p. 180 e s.; GUTIÉRREZ, Jorge Luis. A controvérsia de Valladolid (1550): Aristóteles, os índios e guerra justa. *REVISTA USP*, São Paulo n. 101. ma./abr./maio 2014, p. 223 e s.; RIBEIRO, Graziele Lopes; STRASSER, Francislaine de Almeida Coimbra; CASTILHO, Ricardo dos Santos. *A controvérsia indígena e a questão indígena*, p. 17 e s. Disponível em: <https://doi.org/10.33911/singularsh.v1i2.32>.

(148) GORENDER, Jacob. *O escravismo colonial*, p. 142-147 e 170-171.

(149) *Ibidem*, p. 130-132.

(150) Para uma crítica sobre esse tema ver CARBONI, Florence; MAESTRI, Mário. *A linguagem escravizada:* língua, história, poder e luta de classes, p. 76-78. Ver, também, FREITAS, Décio. *O socialismo missioneiro*. Porto Alegre: Movimento, 1982. p. 44-56 e 63-64.

Assim, ao que tudo indica, já na primeira metade do século XVII, em especial nas regiões de plantações prósperas, os escravos negros já eram utilizados como mão de obra dominante, e a escravidão indígena restou sendo utilizada nas regiões mais pobres que não produziam para a exportação.(151)

Para viabilizar o negócio da escravização e do transporte de negros africanos foram criadas verdadeiras empresas multinacionais europeias, com capitais inglês, holandês, francês e ibéricos, as quais tiveram lucros fabulosos nessa empreitada. Não se deve esquecer ainda, que essas empresas, como as atuais multinacionais, contaram com o apoio efetivo dos Estados europeus.(152) Como afirma Gorender,(153) o tráfico negreiro para os vendedores africanos não passava de escambo, na busca de valores de uso; no entanto, para os traficantes europeus, era genuíno comércio (intercâmbio de valores de troca) que gerava lucros elevadíssimos.(154)

A escravidão negra diferia da escravidão clássica e convivia com o sistema do capital, sendo possível em pontos isolados da produção baseada no trabalho assalariado, justamente em razão do fato de não existir como modo dominante em outros. Como afirma Marx,(155) a escravidão negra, de cunho capitalista e industrial, pressupõe o trabalho assalariado, tanto que se não houvesse Estados onde a escravidão tivesse sido banida, as condições socioeconômicas dos Estados escravagistas seriam reduzidas a condições pré-modernas.

No Brasil colonial, em especial antes de 1850, o trabalho escravo era prestado de forma predominante no campo (cana de açúcar, algodão, café, gado), que era a base da economia, bem como era utilizado na extração de ouro.(156) Junto a essa forma predominante, também era utilizado, de forma subsidiária, trabalho assalariado, bem como havia o trabalho de camponeses independentes.(157) Por seu turno, nas cidades, além do trabalho escravo (no artesanato e em serviços urbanos e domésticos), existiam atividades artesanais que se organizavam de forma semelhante ao das corporações de ofício, muito embora já dentro do circuito mercantil, e outras atividades mercantis onde proliferavam relações de parentesco/afilhadismo entre os comerciantes e os agentes de comércio, bem como ofícios ligados às atividades públicas (carreiras públicas).(158)

Dessa forma, sendo a base econômica predominantemente rural e o trabalho preponderantemente escravo, isso tornava impossível o florescimento de relações de trabalho em moldes fundados na liberdade de trabalho e no trabalho assalariado.

---

(151) GORENDER, Jacob. *O escravismo colonial, op. cit.*, p. 133.

(152) Ver HUBERMAN, Leo. *História da riqueza do homem*, p. 128; RIBEIRO, Darcy. *Existe América Latina?*, p. 69.

(153) GORENDER, Jacob. *O escravismo colonial*, p. 137.

(154) Sobre isso ver também, NABUCO, Joaquim. *O abolicionismo*. Brasília: Edições Câmara, 2019. p. 91 e s.

(155) MARX, Karl. *Grundrisse:* manuscritos econômicos de 1857-1858: esboços da crítica da economia política, p. 168 e 381.

(156) SODRÉ, Nelson Werneck. *Formação histórica do Brasil*. 10. ed. Rio de Janeiro: Civilização Brasileira. 1979, p. 190, 245-246.

(157) GORENDER, Jacob. *O escravismo colonial*, p. 287-288 e 297.

(158) Ver SAES, Décio. *A formação do estado burguês no Brasil (1888-1891)*. Rio de Janeiro: Paz e Terra, 1985. p. 268 e s.; GORENDER, Jacob. *O escravismo colonial*, p. 451-467; RODRIGUES PINTO, José Augusto. *Curso de Direito individual do trabalho*. São Paulo: LTr, 1994. p. 37.

Some-se a isso um Alvará de 1785, de Dona Maria (Rainha de Portugal, sucessora de Dom José I), que proibia as fábricas e as manufaturas no Brasil, pois os interesses de Portugal estavam focados na agricultura e na mineração, medida que sufocou as iniciativas econômicas. Com isso, somente a partir de 01.04.1808, com a vinda da família real portuguesa para o Brasil (fugindo da invasão napoleônica), é que outro Alvará, de D. João VI, restabeleceu a liberdade industrial e de comércio. Assim, já em 1810 começaram a funcionar indústrias têxteis no Rio de Janeiro e na Bahia, bem como surgiram siderurgias em Minas Gerais e São Paulo. Por outro lado, como a realeza portuguesa contou com a proteção inglesa para a fuga, foram firmados acordos (1810) com a previsão de privilégios aos ingleses nas relações comerciais com o Brasil, além da previsão de permissão da presença de navios militares ingleses nas águas brasileiras.(159) Isso facilitou não só o comércio, mas, posteriormente, a pressão inglesa pelo fim do tráfico de escravos.

Como afirma Sodré,(160) com o avanço do regime capitalista industrial inglês, o qual provocou um extraordinário aumento da capacidade produtiva, os mercados fechados e com baixo consumo não mais interessavam à Inglaterra, que tinha interesse na criação e expansão de um mercado mundial consumidor. Os monopólios comerciais e o regime de trabalho escravo eram entraves que tinham que cessar. Assim, o autor sustenta que a pressão inglesa pela extinção do trabalho escravo tinha como razões: a) a necessidade de manter na África a mão de obra necessária para produzir matérias-primas a baixo preço; b) o término do regime escravo abriria o mercado colonial português e c) somente baseado no trabalho escravo é que a produção colonial portuguesa conseguia concorrer com as áreas coloniais inglesas.

Devido à pressão inglesa, em 1826 foi assinado um tratado prevendo a extinção do tráfico negreiro em três anos. Esse acordo foi ratificado em 13.03.1827 e o tráfico negreiro passou a ser considerado pirataria a partir de 13.04.1830. Em 07.11.1831, foi aprovada a Lei Feijó que proibiu o tráfico de escravos negros. A lei previu que os escravos que entrassem no Brasil vindos de fora, seriam considerados livres. Todos estes fatos foram impulsionando o debate e o aparecimento de relações de trabalho diversas da escravidão e a edição de leis para as regulamentar.(161)

Foram sendo editadas leis que regulavam os contratos de prestação de serviços, inclusive de estrangeiros, como a Lei de 13.09.1830 (que não se aplicava aos "africanos bárbaros")(162) e a Lei n. 108 de 11.10.1837,(163) leis estas com disposições draconianas em favor do tomador

(159) SODRÉ, Nelson Werneck. *Formação histórica do Brasil*, p. 181-184.

(160) *Ibidem*, p. 172-173.

(161) Ver NABUCO, Joaquim. *O abolicionismo*, p. 991 e s.; CÂMARA, Bruno Augusto Dornelas. *Trabalho livre no Brasil oitocentista:* o regime de engajamento e as leis de locação de serviço de 1830 e 1837. Associação Nacional de História — ANPUH XXIV SIMPÓSIO NACIONAL DE HISTÓRIA - 2007. O texto pode ser consultado no endereço eletrônico. Disponível em: <http://anpuh.org/anais/wp-content/uploads/mp/pdf/ANPUH.S24.0650.pdf>.

(162) BRASIL. Lei de 13 de setembro de 1830. Disponível em: <http://www.camara.gov.br/Internet/InfDoc/conteudo/colecoes/Legislacao/leisocerizadas/Leis1830vlLeg.pdf>.

(163) BRASIL. *Lei n. 108, de 11 de outubro de 1837*. Disponível em: <http://www.camara.gov.br/Internet/InfDoc/conteudo/colecoes/Legislacao/Legimp-23/Legimp-23._10.pdf>.

de serviços (proprietários de terras), chegando a prever a possibilidade de prisão pela não prestação dos serviços. Muito embora essas leis visassem a substituição do trabalho escravo pelo trabalho livre/assalariado, Gorender[(164)] afirma que estas formas eram, na verdade, uma espécie de "escravidão incompleta".

Em 1845 a Inglaterra se autoproclamou uma espécie de "polícia mundial" contra o tráfico negreiro. Foi aprovado o *Bill Aberdeen* de 1845, o qual dava poderes para a esquadra britânica prender e punir os tripulantes de qualquer navio negreiro, além de apreender o próprio navio. Isso foi decisivo para a aprovação pelo Brasil da chamada Lei Eusébio de Queirós de 1850 (Lei n. 581, de 04.09.1850), que proibia e sancionava o tráfico de escravos negros. A partir deste momento, o tráfico negreiro foi diminuindo até cessar.[(165)]

Muito embora por volta de 1850 em algumas regiões do país, como no Norte e Nordeste, já houvesse um número maior de trabalhadores livres em relação aos escravos, em especial, no sistema de "cambão"[(166)] ou, ainda, como jornaleiros, na região Sudeste ainda prevalecia o trabalho escravo nas lavouras. Assim, ainda os proprietários rurais escravagistas detinham poder político e econômico e submetiam o Estado a seus interesses. No entanto, nesse período também começou a surgir uma classe média e o aparecimento de várias empresas comerciais, industriais e do ramo financeiro, fortalecendo o papel das cidades.[(167)]

Em 1850 é editado o Código Comercial (Lei n. 556, de 25.06.1850)[(168)], que regulava a prestação de serviços (contrato de locação mercantil — arts. 226 e seguintes), sendo aplicado aos contratos que não estavam abrangidos pelas leis de 1830 e 1837, antes referidas. Muito embora o caráter liberal/individualista no trato da relação de trabalho, o Código Comercial previa vários mecanismos legais (multas e prisão) para evitar a concorrência em torno da mão de obra.

Diante das pressões internas e externa em torno da extinção da escravidão, foram editadas a "Lei do Ventre Livre" — Lei n. 2.040, de 28 de setembro de 1871 — e "*Lei Saraiva-Cotegipe ou Lei dos Sexagenários*" — Lei n. 3.270/1885, de 28.09.1885. A primeira considerava livres os filhos de mulher escrava que nascessem no Brasil a partir da data da lei. Previa, ainda, que as crianças deveriam, até os oito anos de idade, ser criados e tratados pelos senhores de suas mães. A partir de então, o senhor tinha a opção ou de receber indenização do Governo ou de utilizar-se do trabalho do menor até os vinte e um anos completados. Se o Governo pagasse indenização, poderia ceder o menor a associações que poderiam usar, sob

(164) GORENDER, Jacob. *O escravismo colonial*, p. 564-565.

(165) Sodré afirma que no ano de 1849 ainda haviam entrado no Brasil, através do tráfico, 54.000 escravos; em 1850 este número caiu pela metade; em 1851 para 3.000, e em 1852, para 700, até sua liquidação total. SODRÉ, Nelson Werneck. *Formação histórica do Brasil*, p. 246.

(166) O "cambão" era um sistema de colonato pelo qual os trabalhadores (camponeses), pelo uso de um pequeno lote de terra, pagavam o senhor de engenho com trabalho gratuito ou parte da produção.

(167) SODRÉ, Nelson Werneck. *Formação histórica do Brasil*, p. 266-269; GORENDER, Jacob. *Formação histórica do Brasil*, p. 567; CARVALHO, Augusto César Leite de. *Direito individual do trabalho*. 2. ed. Rio de Janeiro: Forense, 2007. p. 21.

(168) Ver GOMES, Orlando; GOTTSCHALK, Elson. *Curso de direito do trabalho*. 13. ed. Rio de Janeiro: 1994, p. 6-7; OLIVEIRA, José César de. Formação histórica do direito do trabalho. In: BARROS. *Curso de direito do trabalho*, p. 75.

certas condições, o trabalho gratuito dos menores até vinte e um anos. Já a segunda previa a libertação dos escravos com mais de sessenta anos completados antes da vigência da lei, os quais ficavam obrigados a mais três anos de serviços gratuitos aos seus senhores a título de indenização pela alforria. Os maiores de sessenta e menores de sessenta e cinco anos, logo que completassem esta idade se isentavam dos serviços. Após a passagem do prazo de três anos de trabalho, os libertos continuariam na "companhia" dos seus ex-senhores, que eram obrigados a alimentá-los, vesti-los, tratá-los de doenças, usufruindo dos serviços que fossem compatíveis com suas forças. Podia o liberto optar por buscar subsistência por outros meios, o que o Juiz de Órfãos julgaria cabível ou não.

Em 1879 a campanha pela abolição ganhou intensidade, tendo sido aprovado o Decreto n. 2.827[(169)] com o objetivo de regular as relações de trabalho e de facilitar a imigração europeia. Embora tenha proibido algumas arbitrariedades, tinha sido mantida a pena de prisão por dívida. Na verdade, tais condições impunham ao imigrante e sua família a condição de escravos incompletos. Portanto, a imigração foi uma decorrência da abolição, não, o contrário.[(170)]

Por fim, dando cabo legal à escravidão, a Princesa Isabel assinou a chamada "Lei Áurea" — Lei n. 3.353, de 13.05.1888,[(171)] que declarou extinta, sem condicionantes, a escravidão no Brasil.

Quando da edição da Lei Áurea ainda existiam em torno de 700.000 escravos no Brasil, os quais não foram transformados em assalariados, mas largados à própria sorte, pois sem qualquer política de integração, continuaram carregando o estigma da escravidão. Com isso toda esta massa de ex-escravos tendeu para dois destinos: ou ficou na área de servidão ou semi-servidão, onde vigorou o regime escravista, ou foi para a área urbana, constituindo uma "sobra humana" marginalizada.[(172)]

Como afirma Jessé de Souza,[(173)] como a escravização humana pressupõe a animalização e humilhação do ser escravizado, bem como a progressiva destruição de sua humanidade, "libertá-lo sem ajuda equivale a uma condenação eterna".

O estigma provocado pela escravidão já estava incrustrado no corpo social, tanto que, como afirma Gianotti,[(174)] as primeiras fábricas no Brasil (em especial têxteis de algodão instaladas a partir de 1844, e logo após, as de bebidas, instaladas a partir de 1853), tinham preferência por trabalhadores imigrantes, não contratando ex-escravos. Estes eram destinados para os serviços em condições ainda piores que nas fábricas (pequenos biscates, por exemplo). Não foi à toa que de 1875 até 1914 chegaram ao Brasil, para o trabalho no campo,

(169) BRASIL. *Decreto n. 2.827, de 15 de março de 1879.* Disponível em: <https://www2.camara.leg.br/legin/fed/decret/1824-1899/decreto-2827-15-marco-1879-547285-publicacaooriginal-62001-pl.html>

(170) GORENDER, Jacob. *O escravismo colonial*, p. 568-572.

(171) BRASIL. *Lei n. 3.353, de 13 de maio de 1888.* Lei Áurea. Disponível em: <http://www2.camara.gov.br/agencia/noticias/66274.html>.

(172) SODRÉ, Nelson Werneck. *Formação histórica do Brasil*, p. 252-253.

(173) SOUZA, Jessé. *A elite do atraso:* da escravidão à Lava Jato. Rio de Janeiro: Leya, 2017. p. 47.

(174) GIANOTTI, Vito. *História das lutas dos trabalhadores no Brasil*, p. 51-59.

em especial e em maior número, mas também para as fábricas, cerca de 4,5 milhões de imigrantes (principalmente: italianos, portugueses, espanhóis, alemães, sírio-libaneses, japoneses, poloneses e ucranianos). Isso não significa que o trabalho nas fábricas fosse prestado em condições mínimas de dignidade, pois as condições eram deploráveis.

Vários foram os fatores que tiveram influência para o fim da escravidão no Brasil: o avanço do sistema do capital com a consequente condenação do tráfico negreiro; a baixa produtividade do trabalho escravo, justamente em função da condição escrava dos trabalhadores, combinada ao baixo investimento em técnicas e instrumentos de trabalho mais eficientes; a decisão unilateral da Inglaterra, que, em 08.08.1845, editou o *Bill Aberdeen* que autorizava o apresamento de navios negreiros e a condenação de seus ocupantes por pirataria, o que encareceu o preço do escravo; as constantes revoltas de escravos, com fugas, resistências, atentados, formação de quilombos; o elevado custo e dispêndio de capital para a compra de escravos, representando um gasto significativo de capital não necessário no trabalho assalariado e que diminuía o capital disponível; o endividamento dos escravistas plantadores, que se deu, entre outros motivos, pelo custo de compra de escravos, entesouramento e consumo de luxo; mudanças ocorridas a partir da segunda metade do século XIX com o crescimento acelerado de uma classe média (padres, militares, funcionários públicos, pequenos comerciantes) onde ideias liberais vão fazer eco; a imigração de trabalhadores europeus, como causa e efeito da escravidão[(175)].

Cabe referir que, antes da abolição da escravatura as condições socioeconômicas e políticas não eram favoráveis ao aparecimento e desenvolvimento de entidades de trabalhadores assalariados, no entanto, existem registros de entidades desse viés como, por exemplos, a Liga Operária (1870) e a União Operária (1880) que lutavam por melhores condições de trabalho (salários e limitação de jornada de trabalho), bem como tinham fins de socorro mútuo (assistencial).[(176)]

No entanto, somente com a abolição da escravatura em 1888 e a proclamação da República em 1889, que se deram os pressupostos políticos e socioeconômicos para o desenvolvimento e afirmação de relações de trabalho assalariadas, com a formação de um proletariado em expansão. O arcabouço jurídico vai aos poucos refletindo estas mudanças.

Na Constituição de 1891 (art. 72, § 8º)[(177)] foram previstos os direitos de reunião e de associação, direitos básicos para a constituição legal de sindicatos e entidades com caráter reivindicatório dos trabalhadores. Em 06.01.1903 foi editado o Decreto n. 979, no qual se faculta a criação de sindicatos de trabalhadores na agricultura e indústrias rurais, para estudo,

(175) Sobre o assunto ver SODRÉ, Nelson Werneck. *Formação histórica do Brasil*, p. 77, 162, 245-246, 269-270; GORENDER, Jacob. *O escravismo colonial*, p. 175-176, 551 e 572.

(176) Ver sobre o assunto BATALHA, Cláudio H. M. *Sociedades de trabalhadores no Rio de Janeiro do século XIX:* algumas reflexões em torno da formação da classe operária, p. 44 e 55. Disponível em: <http://www.ifch.unicamp. br/ael/website-ael_publicacoes/cad-10/Artigo-2-p41.pdf>.

(177) BRASIL. *Constituição da República dos Estados Unidos do Brasil (de 24 de Fevereiro De 1891).* Disponível em: <http://www.planalto.gov.br/ccivil_03/constituicao/constituicao91.htm>

custeio e defesa de seus interesses.(178) Em seguida veio a lume o Decreto n. 1.637, de 05.01.1907, o qual previu a criação de sindicatos urbanos(179) e que, sob o pretexto de regular a existência dos sindicatos, visava o controle estrito destas entidades e de suas reivindicações.(180)

Não se deve esquecer que o Estado brasileiro de então poderia ser classificado como de tipo liberal na esfera econômica. Dessa forma, a *questão social* não era posta na ordem do dia, e as iniciativas legislativas geralmente a tangenciavam.(181)

Embora tudo isso, pode-se indicar, com relação aos primórdios da legislação relativa ao trabalho, o Decreto n. 1.313, de 17.01.1891.(182) Esta lei é uma das primeiras que realmente trata de matéria trabalhista. Havia legislação de cunho previdenciária mais antiga como: o Decreto n. 9.912-A, de 26.03.1888, que tratava da aposentadoria dos empregados nos Correios; a Lei n. 3.39,7 de 24.11.1888, que criou a Caixa de Socorros nas Estradas de Ferro do Império; o Decreto n. 10.269, de 20.07.1889, já na República, que criou o Fundo de Pensões do Pessoal da Imprensa Nacional, bem como o Decreto n. 221, de 26.02. 1890, que instituiu a aposentadoria para os empregados da Estrada de Ferro da Central do Brasil, logo após, estendido aos demais ferroviários pelo Decreto n. 565, de 12.07.1890. Todavia, de cunho nitidamente "trabalhista", uma das primeiras manifestações legislativas foi o Decreto n. 1.313/1891. Embora restrito à Capital Federal da época (Rio de Janeiro), previa a regulação de questões básicas como a proibição do trabalho de menores de 12 anos, salvo na condição de aprendiz a partir de 8 anos completos; previa normas de saúde e segurança e regulava as jornadas de trabalho dos menores.

Nesse período, no plano socioeconômico, o Brasil engatinhava no rumo de uma industrialização extremamente dependente da produção agrícola, no seio da qual o complexo agrário-exportador, principalmente o ligado ao café, era dominante.(183) Com base no senso industrial de 1907, Werneck demonstra que no referido ano já existiam no Brasil 3.258 estabelecimentos, com 150.000 operários, localizados principalmente no Distrito Federal (na época, o Rio de Janeiro), em São Paulo, no Rio Grande do Sul e no Estado do Rio de Janeiro. Em 1920, por seu turno, o número de estabelecimentos industriais saltou para 13.336 com 276.000 operários.(184)

---

(178) BRASIL. *Decreto n. 979, de 6 de janeiro de 1903*. Disponível em: <http://www.planalto.gov.br/ccivil_03/decreto/Antigos/D0979.htm>.

(179) BRASIL. *Decreto n. 1.637, de 5 de janeiro de 1907*. Disponível em: <https://www2.amara.leg.br/legin/fed/decret/1900-1909/decreto-1637-5-janeiro-1907-582195-publicacaooriginal-104950-pl.html>.

(180) GIANOTTI, Vito. *História das lutas dos trabalhadores no Brasil*, p. 70.

(181) Ver CARVALHO, Augusto César Leite de Carvalho. *Direito individual do trabalho*, p. 23-24; RODRIGUES PINTO, José Augusto. *Curso de direito individual do trabalho*, p. 39.

(182) BRASIL. *Decreto n. 1.313, de 17 de janeiro de 1891*. Disponível em: <https://www2.camara.leg.br/legin/fed/decret/1824-1899/decreto-1313-17-janeiro-1891-498588-publicacaooriginal-1-pe.html>.

(183) Ver VENANCIO, Giselle Martins. *Lugar de mulher é... na fábrica;* Estado e trabalho feminino no Brasil (1910-1934). p. 181-182. Disponível em: <ojs.c3sl.ufpr.br/ojs2/index.php/historia/article/dowload/.../2201>.

(184) SODRÉ, Nelson Werneck. *Formação histórica do Brasil*, p. 310.

Desse operariado nascente, grande parte era de imigrantes, compostos por indivíduos que tinham consciência de classe e experiências na luta por melhores condições de trabalho, tanto que, geralmente, eram os líderes dos movimentos obreiros, tornando-os "indesejáveis". Com isso atraíam sobre si a sanha das elites nacionais e do Estado a seu serviço, por meio de leis repressivas (como a Lei "Adolfo Gordo", Lei n. 1.641, de 07.01.1907, que possibilitava a expulsão sumária de estrangeiros que comprometessem a segurança nacional ou tranquilidade pública).(185)

Apesar de tudo isso, existem registros de greves e mobilizações de trabalhadores no Brasil desde 1858 (greve dos gráficos de jornais do Rio de Janeiro). No entanto, é a partir de 1901 que os movimentos dos trabalhadores tiveram um aumento significativo no Brasil. De 1901 até 1920 o movimento social dos trabalhadores promoveu, por meio de greves e outros atos de insurreição, uma significativa onda reivindicatória de direitos básicos ligados à questão salarial, ao limite de jornada de trabalho, à saúde e segurança no trabalho, à proibição do trabalho de menores, ao reconhecimento da livre organização sindical, entre outros. A resposta das elites burguesas e do Estado foi a repressão. Apenas como exemplo, pode ser citada uma greve ocorrida em 1908, quando 800 trabalhadores que trabalhavam na Estrada de Ferro do Sul, no Espírito Santo, reivindicavam o pagamento dos salários atrasados há dez meses. Houve uma dura repressão por parte das forças oficiais, o que resultou em 70 trabalhadores mortos e 200 feridos. Sobre o episódio, existiu um silêncio ensurdecedor por parte da imprensa. Por outro lado, especialmente a partir de 1921 a repressão se aguçou, com o fechamento de sindicatos, prisões generalizadas, expulsão de líderes operários, bem como com a criação, em 1922, da 4ª Delegacia Auxiliar, um embrião de polícia política com o objetivo de reprimir os movimentos e organizações de trabalhadores.(186)

Tais fatos demonstram uma forte agitação política e reivindicatória dos trabalhadores no Brasil, caindo por terra o suposto caráter de "concessão estatal" da legislação laboral. No entanto, não se pode desconhecer que toda essa movimentação reivindicatória de cunho propriamente laboral estava localizada, em especial, nas cidades. Assim, amplas camadas populacionais estavam afastadas destas lutas, pois a população era predominantemente rural. No campo, a luta dos posseiros, pequenos agricultores, trabalhadores livres, era para assegurar a posse da terra, de resistir ao monopólio da terra, à monocultura, e manter seu padrão de produção familiar.(187)

---

(185) CARONE, Edgard. *Movimento operário no Brasil (1877-1944)*. 2. ed. São Paulo: Difel: 1984. p. 14. Outras leis repressivas foram adotadas ao longo do tempo no tocante aos estrangeiros indesejados por suas atividades. São exemplos: o Decreto-Legislativo 4.269, de 17.01.1921 — "Lei Infame" — de repressão ao anarquismo, autorizando a expulsão de imigrantes; a chamada "Lei Celerada", de 1927, que dava à polícia o poder de invadir sindicatos, jornais, clubes, reprimindo o direito de reunião dos trabalhadores e a imprensa. Na Reforma Constitucional de 1926 (Emenda Constitucional 3), por fim, conforme seu art. 72, § 33, autorizava o Poder Executivo a expulsar os estrangeiros "perigosos à ordem pública ou nocivos aos interesses da República".

(186) Para detalhes ver GIANOTTI, Vito. *História das lutas dos trabalhadores no Brasil*, p. 59 e 67-77.

(187) Sobre o assunto ver a introdução da obra coletiva de WELCH, Clifford Andrew... [*et al.*]. *Camponeses brasileiros:* leituras e interpretações clássicas. São Paulo: UNESP; Brasília, DF: Núcleo de Estudos Agrários e Desenvolvimento Rural, 2009. v. 1. Disponível em: <http://www.iica.int/Esp/regiones/sur/brasil/Lists/Publicacoes/Attachments/71/Camponeses%20Brasileiros%20vol%201%20NEAD.pdf>.

Embora fossem diferentes as lutas nos campos e nas cidades, a resposta dos setores dominantes, bem como do Estado oligárquico, era na forma de violência e repressão, privada e estatal. Com efeito, Octavio Ianni(188) afirma:

> O Estado oligárquico, vigente durante a Primeira República, em 1889-1930, é todo ele marcado pelo arbítrio dos governantes contra setores populares que se organizavam para reduzir a exploração; ou lutavam para avançar em conquistas democráticas. [...] O arranjo dos interesses do bloco agrário fundamentava e organizava todas as principais atuações do aparelho estatal contra colonos, seringueiros, caboclos, sitiantes, índios, negros, operários, populares e inclusive setores de classe média que se organizavam para reivindicar. Tanto assim que a questão operária, por exemplo, era considerada "questão de polícia".

Tanto é assim que Washington Luiz, que foi Governador do Estado de São Paulo (1920) e, posteriormente, Presidente da República (1926), afirmou: "A agitação operária é uma questão que interessa mais à ordem pública do que à ordem social; representa ela o estado de espírito de alguns operários, mas não o estado de uma sociedade".(189) Tais palavras dão a exata dimensão da visão das classes dominantes e do Estado sobre a questão social, estabelecendo um contexto extremamente hostil às reivindicações sociais.

Mesmo assim, nesse período que são aprovados textos legislativos significativos: a Lei n. 3.724, de 15.01.1919, sobre acidentes de trabalho; o Decreto n. 4.682, de 24.01.1923, conhecido como Lei Elói Chaves, que tratou da criação da Caixa de Aposentadoria e Pensões para os empregados de empresas ferroviárias; o Decreto n. 16.037, de 30.04.1923, que criou o Conselho Nacional do Trabalho para lidar com questões relativas à Previdência Social; o Decreto n. 4.982, de 24.12.1925 — Lei de Férias —, que concedia 15 dias de férias anuais aos empregados de estabelecimentos comerciais, industriais e bancários; o Código de Menores de 1927 (Decreto n. 17.943-A, de 12.10.1927), que vedou o trabalho de menores de 12 anos, salvo na condição de aprendiz a partir de 11 anos, entre outras poucas manifestações legislativas.

O que importa salientar, no entanto, é que deve ser afastado o mito de que a legislação do trabalho no Brasil se deu por obra e graça estatal. Foram, de um lado, a pressão da concorrência internacional e, de outro, a pressão interna dos trabalhadores em busca de melhores condições de vida, que forçaram o aparecimento da legislação do trabalho no Brasil, em especial, após a "Revolução de 1930". Como afirma Tarso Genro,(190) a grande agitação social e as lutas dos trabalhadores durante vários anos que antecederam as conquistas legais (pressão interna), combinada com os acontecimentos históricos internacionais (condições socioeconômicas e políticas, de que o Tratado de Versalhes é expressão — pressão externa), atuaram conjuntamente para fins da regulamentação do trabalho no Brasil. A chamada "Revolução de 1930" acabou, de certa forma, expressando tal situação.

---

(188) IANNI, Octavio. *O ciclo da revolução burguesa*. Rio de Janeiro: Petrópolis, 1984. p. 14 e 16.

(189) *Ibidem*, p. 16.

(190) GENRO, Tarso. *Curso de direito individual do trabalho*. São Paulo: LTr, 1994 p. 31. Em sentido semelhante, ver IANNI, Octavio. *Industrialização e desenvolvimento social no Brasil*. Rio de Janeiro: Civilização Brasileira, 1963. p. 74-76.

Com efeito, como afirma Ianni,(191) com a Revolução de 1930 foi formado um bloco industrial-agrário, tendo em Getúlio Vargas sua figura central, bloco que, se num primeiro momento não tinha um interesse direto na industrialização, não estava alheio à questão. Tanto é, assim, que as várias medidas governamentais anticíclicas adotadas para combater a crise na cafeicultura e outras medidas acabaram por fomentar e solidificar fábricas e oficinas já existentes, além de abrir campo para que novas fossem criadas. Era uma transição se operando na sociedade brasileira. O autor, afirma que a Revolução de 1930 apeou do poder estatal os cafeicultores e proprietários rurais que dominaram a Primeira República, os quais estorvavam o desenvolvimento nacional, ascendendo no seu lugar outro setor da classe dos proprietários rurais, mas que tinham uma ligação maior com o mercado interno, sendo mais sensíveis à industrialização nacional. Isso se refletiu na legislação social aprovada, que abarcou apenas os trabalhadores da cidade (30% na época) e não tocou na questão agrária, mantendo as oligarquias rurais.

O capitalismo brasileiro entrou em nova fase, marcado por uma tendência tardia em sua industrialização. Com efeito, como sustenta Ricardo Antunes(192) o capitalismo brasileiro, que é de desenvolvimento hipertardio quanto ao seu modo de ser, experimentou com o getulismo um processo verdadeiramente industrializante, pois as formas industriais anteriores eram reféns e apêndices da exportação do café. Com cunho fortemente estatal e nacionalista, é na Revolução de 1930 que deslancha a industrialização nacional.

Octavio Ianni(193) sustenta que a crise de 1929 atingiu fortemente a oligarquia do café, sendo a Revolução de 1930 o marco da transição para um período de dinamização dos processos econômicos, políticos, culturais e demográficos, que se expressam na industrialização, na urbanização, no intervencionismo estatal na economia, bem como no sindicalismo estatal. Se estabeleceu um novo arranjo das classes sociais, combinando os interesses da burguesia nacional (cafeeiras, industriais e comerciais) e internacional, associados com setores da classe média e operariado (de forma subalterna). Sustenta o autor:

> Antes de mais nada, a revolução de 30 teve um cunho contra-revolucionário, no sentido de fazer face ao ascenso político de forças populares. Desde anos e décadas anteriores — junto com algum desenvolvimento industrial, a urbanização, o crescimento do setor terciário e outros processos sociais e econômicos — aumentava e generalizava-se a movimentação de empregados, funcionários, operários, intelectuais e outras categorias sociais urbanas. Também no campo crescia a inquietação de colonos, sitiantes, caboclos e outros, devido às flutuações da cafeicultura e suas repercussões na vida das classes e grupos subordinados. Além disso, era cada vez mais geral e forte o descontentamento com o despotismo do Estado Oligárquico...

(191) IANNI, Octavio. *O ciclo da revolução burguesa*, p. 17.

(192) ANTUNES, Ricardo. A era da informatização e a época da informalização: riqueza e miséria do trabalho no Brasil. In: ANTUNES, Ricardo (Org.). *Riqueza e Miséria do Trabalho no Brasil*. São Paulo: Boitempo, 2006. p. 16.

(193) IANNI, Octavio. *O ciclo da revolução burguesa*, p. 16-17.

No entanto, no período imediatamente posterior à Revolução de 1930, o Brasil ainda estava sofrendo com os efeitos da grande crise mundial de 1929, o que afetou o principal produto de exportação do país que era o café. Embora a Revolução tivesse como um dos objetivos acabar com o predomínio absoluto do café, a crise era geral. O desemprego em 1931 alcançou a cifra de 2 milhões de trabalhadores, que reagiam com agitação social, a qual era reprimida de forma violenta pela polícia.(194)

Assim, nesse ano entrou em vigor o Decreto n. 19.770, de 19.03.1931,(195) que regulava a sindicalização. Essa lei exprimiu o espírito do período na questão social, pois exigia o reconhecimento estatal para a existência dos sindicatos, os quais eram considerados órgãos de colaboração com o Poder Público; determinava a proibição da atuação política dos sindicatos e de sua filiação às organizações internacionais; previu a função assistencial aos sindicatos e a criação do sistema confederativo. Portanto, a lei materializou a intervenção estatal nos sindicatos, colocados sob a batuta do Estado, sufocando as manifestações espontâneas e livres do movimento sindical dos trabalhadores.(196)

Como dito acima, no Brasil a crise de 1929 e a Revolução de 1930 haviam forçado o abandono da velha política econômica que se preocupava de forma praticamente uníssona com a exportação do café. Havia uma nova composição de forças econômicas e políticas que ainda não haviam se acomodado, bem como disputas internas, sem que nenhuma facção pudesse dominar sozinha. Analisando o período que vai desembocar no Estado Novo de 1937, Nelson Werneck Sodré afirma:

> O quadro sucessório que se apresenta em 1937 reflete bem a impossibilidade de retorno à situação antiga. As largas e profundas agitações que ocorrem entre o fim da rebelião paulista e a abertura do problema presidencial revelam a gravidade das contradições que ocupavam a vida brasileira e se refletiam no problema político. O quadro internacional contribuía para agravar tais contradições. Desde 1922, o fascismo italiano, alimentado propiciamente pelos Estados Unidos, vinha ocupando as atenções mundiais; em 1933, com a ascensão de Hitler ao poder, a organização de uma frente totalitária para enfrentar a ameaça do avanço socialista estava acabada. Tudo isto significava um avanço fascista, de que a situação espanhola se tornaria um episódio flagrante. No Brasil, as bases para a estruturação de um regime democrático eram frágeis. A classe operária, que assistira à revolução de 1930, da qual não participara, revela-se ainda insuficientemente organizada e débil quanto ao seu próprio papel. Na classe média, por outro lado, as formulações fascistas encontravam campo favorável, na conjuntura, porque elas simulavam acalentar um nacionalismo sedutor e vinculavam-se às forças tradicionais. A luta

(194) Ver BASBAUM, Leoncio. *História sincera da república:* de 1930 a 1960, p. 21-29.

(195) BRASIL. *Decreto n. 19.770, de 19 de março de 1931*. Disponível em: <http://www.planalto.gov.br/ccivil_03/decreto/Antigos/D19770.htm>.

(196) BASBAUM, Leoncio. *História sincera da república*, p. 29-30.

> entre esquerdistas e direitistas, no Brasil, assume, por isso mesmo, aspectos violentos. [...] As inquietações e a mobilização da opinião desembocaram na intentona de 1935. [...] O isolamento das forças democráticas era o sinal mais significativo. E foi isso que permitiu o golpe de 1937, recebido sem aplausos e sem resistências.(197)

O Estado Novo de 1937, portanto, foi a resposta política brasileira à crise econômica, às divisões políticas internas e internacionais, às contradições dos interesses entre a burguesia nacional e os trabalhadores urbanos e rurais, bem como às contradições existentes no seio da própria burguesia nacional. Conforme Ianni,(198) o Estado Novo, que perdurou de 1937 até 1945, reforçou e desenvolveu algumas tendências que já vinham se manifestando desde 1930, como o arranjo entre os detentores do capital urbano e burguesia agrária; a industrialização, com forte participação estatal nos assuntos econômicos; sindicalismo atrelado ao Estado; formalização das relações de trabalho segundo as exigências do capitalismo industrial, com a edição da CLT.

É nesse interim, que vai da Revolução de 1930 até a queda do Estado Novo em 1945, que o Brasil vivenciou um período marcado por um Estado intervencionista, de natureza tipicamente autoritária, que criou a chamada "indústria de base" (Companhia Siderúrgica Nacional, Companhia Vale do Rio Doce, Fábrica Nacional de Motores, Companhia Nacional de Álcalis, Companhia Hidrelétrica do São Francisco, entre outras), bem como que passou a regulamentar a chamada *questão social.*

Em 26.11.1930 foi criado o Ministério do Trabalho, Indústria e Comércio. Após isso, veio a lume a Constituição de 1934, concebida como a primeira constituição com caráter social do Brasil, influenciada pela Constituição Mexicana de 1917 e pela Constituição Alemã de Weimar de 1919. No entanto, a Constituição de 1934 teve vida efêmera, tendo sido substituída pela Carta Constitucional de 1937, dita "Constituição Polaca", de forte cunho ditatorial. Nesta Constituição também estava presente a regulamentação de direitos trabalhistas, mas com forte repressão aos movimentos coletivos dos trabalhadores. A partir daí se construiu todo o arcabouço legislativo em matéria de trabalho que, ainda, parcialmente vigora.

Em 1º.05.1943 foi editado o Decreto-lei n. 5.452 que aprovou a Consolidação das Leis do Trabalho (CLT), a qual passou a vigorar em 10 de novembro de 1943. Essa consolidação teve um papel importantíssimo como marco legal do trabalho assalariado no Brasil, muito embora não se aplicasse aos trabalhadores rurais e domésticos (art. 7º, letras "a" e "b" da CLT). Portanto, a CLT era uma legislação para os trabalhadores urbanos, que eram ainda a minoria da população trabalhadora. Somente com o Estatuto do Trabalhador Rural (Lei n. 4.214/63, posteriormente substituído pela n. Lei n. 5.889/73 que regula o trabalho dos

---

(197) SODRÉ, Nelson Werneck. *Formação histórica do Brasil*, p. 327-328.

(198) IANNI, Octavio. *O ciclo da revolução burguesa*, p. 18.

empregados rurais, e que ainda está vigente) é que surgiu a regulação geral do emprego rural em termos semelhantes ao emprego urbano.(199)

O desenvolvimento industrial no Brasil se intensificou a partir de 1950, amparado na indústria de base construída durante o período do Estado Novo, por meio de um processo de diversificação industrial, inclusive com várias políticas de incentivo, por exemplo, para a indústria automobilística e de peças,(200) cabendo lembrar ainda a criação da Petrobrás por Getúlio Vargas em 1953. Durante o Governo de Juscelino Kubistchek, a partir de 1956, com base na estrutura produtiva estatal fundada por Vargas, a industrialização alcançou um aumento significativo nos setores de energia, transporte, bens de capital e bens de consumo duráveis e não duráveis, com o objetivo de substituição de importações. Ganhou muita força neste período a indústria automobilística, com várias empresas multinacionais se instalando no Brasil. Todo este desenvolvimento é capitaneado pelo Estado, articulado com o capital nacional e o capital internacional. Estes fatos aceleraram o crescimento do PIB (produto interno bruto) que chegou a ser de 7% ao ano. No entanto, ao final do período, houve um aumento significativo da dívida externa e da inflação, além dos históricos problemas de distribuição de renda. Com efeito, a distribuição de renda não acompanhou o crescimento econômico, redundando em forte ebulição sociopolítica e reivindicações sociais.(201)

Como desdobramento do processo, a economia começou a entrar em crise, tanto que o crescimento industrial que chegou a ser de 16,2% em 1959, foi baixando até chegar em 0,2% em 1963. As empresas estavam diminuindo o ritmo de crescimento e o desemprego e o arrocho salarial subindo, o que também fazia subir o tom dos movimentos reivindicatórios.(202)

Toda a agitação política e sindical provocava verdadeiro horror nos latifundiários, na grande burguesia urbana, em setores da classe média, entre os militares mais conservadores e, também, na ala mais retrógrada da Igreja e da grande imprensa. No plano internacional, por seu turno, a "guerra fria" entre o bloco capitalista e o bloco comunista, comandados, respectivamente, pelos EUA e URSS, estava no seu momento mais radicalizado. A pregação anticomunista ganhou força e o Golpe de Estado civil-militar de 1964, em gestação desde antes da morte (suicídio) de Getúlio Vargas, entrou na ordem do dia do grande capital nacional associado e dependente do grande capital internacional, redundando na instauração de uma ditadura civil-militar, nada branda, que reprimiu duramente os movimentos políticos, sociais, sindicais e dos trabalhadores em geral.(203)

---

(199) Não se deve esquecer que somente por volta de 1950 é que começaram a se organizar no campo uma série de movimentos sociais de trabalhadores, reivindicando reforma agrária e melhores condições de trabalho. Ver sobre isso GIANOTTI, Vito. *História das lutas dos trabalhadores no Brasil*, p. 177-178.

(200) PINTO, Augusto Geraldo. Uma introdução à indústria automotiva no Brasil. In: ANTUNES, Ricardo (Org.). *Riqueza e Miséria do Trabalho no Brasil*, p. 77.

(201) Ver sobre o tema nas seguintes publicações: IPEA. *O Brasil em 4 décadas:* texto para discussão, p. 51-52. Disponível em: <http://www.ipea.gov.br/sites/000/2/publicacoes/tds/td_1500.pdf>; IANNI, Octavio. *O ciclo da revolução burguesa*, p. 77-78.

(202) GIANOTTI, Vito. *História das lutas dos trabalhadores no Brasil*, p. 167.

(203) Ver IANNI, Octavio. *O ciclo da revolução burguesa*, p. 77-78 e 90-91.

Com a ditadura civil-militar o papel destinado ao Estado foi o de gerente do processo produtivo do capitalismo "dependente/associado" brasileiro. Muito embora as forças produtivas e as relações de produção se desenvolvessem, estavam marcadas por forte concentração e centralização dos capitais, bem como concentração de renda. Os interesses do grande capital financeiro e monopolista, nacional e internacional, foram adotados como razões de Estado, com o domínio da grande burguesia. Por outro lado, os sindicatos e movimentos de trabalhadores foram objeto de controle e repressão férrea, o que também acabou por se abater na sociedade civil na forma de censura, repressão, tortura, assassinatos, sequestros, sempre na defesa dos interesses da grande burguesia nacional e estrangeira.(204)

O Estado ditatorial brasileiro teve algum sucesso econômico, em especial, no período de 1968-1973, período do chamado "milagre econômico". No entanto, isso se deu, em grande medida, pela injeção de excedentes do capital internacional que, naquele momento, procurava investimentos em economias emergentes dos países periféricos. Esses excedentes, que foram gerados devido à amplitude do desenvolvimento do capital no pós-guerra e diante da crise que começava a se desenhar, procuravam investimentos estáveis em países onde as relações de trabalho estivessem bem "controladas".(205) Outrossim, as grandes obras do período, tinham a marca da intervenção estatal, que acabou por acentuar o endividamento externo. Com a crise mundial dos anos 1970 (crises do petróleo), a subida dos juros internacionais, o milagre econômico brasileiro, feito com "cartão de crédito", se esfumaçou e a década de 1980 será considerada a década perdida.

Dados econômicos comparativos do período da ditadura civil-militar mostram que ao final do período o seu rescaldo foi de concentração de renda, inflação em alta, arrocho salarial, queda do PIB (inclusive com um período de recessão entre 1981-1982), endividamento externo (que foi de 3,4 bilhões em 1964 para 91 bilhões em 1984), descontrole das contas públicas, déficits na balança de pagamentos, enfim uma desestruturação econômica que se conjugava com a falta de liberdade política e democracia.(206)

No período da ditadura civil-militar o movimento social dos trabalhadores acabou sendo praticamente silenciado. Assim, apesar das resistências, de fato o movimento dos trabalhadores e de suas organizações sindicais só começaram novamente a ter um desenvolvimento significativo a partir de 1978, com o chamado "Novo Sindicalismo" que nasceu na região do ABC em São Paulo. Surgiu a CUT (Central Única dos Trabalhadores) e novamente grandes greves reivindicatórias foram organizadas, buscando a melhoria das condições de trabalho, bem como a redemocratização do país.(207)

---

(204) IANNI, Octavio. *O ciclo da revolução burguesa*, p. 96, 97 e 108.

(205) CAMPOS. Flavio Nunes. O sistema brasileiro de relações do trabalho dos anos 70 à Constituição Federal de 1988: 15 anos de mudanças. *Revista do Tribunal Regional do Trabalho da 15ª Região*, n. 38, jan./jun. 2011. Campinas: TRT 15, p. 127.

(206) Dados do período podem ser conferidos na seguinte publicação: IPEA. *Anos 1980, década perdida ou ganha?* Disponível em: <http://www.ipea.gov.br/desafios/index.php?option=com_content&id=2759:catid=28>; Ver também: GLOBO, O. *Os números da economia no regime militar*. Disponível em: <https://infograficos.oglobo.globo.com/economia/entenda-os-numeros-da-economia-no-regime-militar.html>.

(207) IANNI, Octavio. *O ciclo da revolução burguesa*, p. 109-110.

Quanto ao marco legal da regulação do trabalho, esse período foi marcado por várias leis com mote flexibilizante e inibidor da atuação sindical, podendo ser citadas como exemplos: a Lei n. 4.330/64 e o Decreto-lei n. 1.632/78, os quais praticamente acabavam com o direito de greve; a Lei n. 4.725, de 13.07.1965, que, na prática, instituiu um profundo arrocho salarial; a Lei n. 5.107, de 13.09.1966, que criou o FGTS com o objetivo de acabar com a estabilidade decenal prevista na CLT;(208) a Lei n. 6.019, de 03.01.1974, autorizando a terceirização em um tipo específico de relação de trabalho (trabalho temporário). Para os trabalhadores, o período da ditadura civil-militar pode ser sintetizado por ser um período, apesar do chamado "Milagre Brasileiro", de recessão, corrosão salarial e de falta de democracia.

A crise socioeconômica e política que atingiu o regime espúrio, combinada com o renascimento do movimento social de trabalhadores (no campo e na cidade) e o movimento pela redemocratização vai, com o passar do tempo, resultar no processo constituinte de 1987 e na chamada "Constituição Cidadã" de 1988, a qual teve, pela primeira vez no Brasil, uma presença marcante de forças políticas e sociais que representavam os interesses da população trabalhadora.

É possível afirmar que toda a rede legislativa anterior à CF de 1988 é marcada pelo intervencionismo estatal nas relações individuais de trabalho, por meio da elaboração de regras legais de ordem pública e interesse social que reconheciam uma série de direitos individuais aos trabalhadores em nível infraconstitucional. O mote destas regras legais, além de estabelecer um mínimo de proteção aos trabalhadores, tinha um viés voltado para a produção de bens e serviços com o objetivo de estabilizar as condições próprias para o desenvolvimento das empresas. Por outro lado, toda esta legislação foi marcada por uma forte e autoritária repressão dos movimentos coletivos obreiros, atrelando os sindicatos ao Estado, retirando sua autonomia, perseguindo as lideranças sindicais de esquerda (socialistas, comunistas e anarco-sindicalistas) e, assim, também impedindo a evolução do Direito Coletivo do Trabalho.(209) A Constituição Federal de 1988, sem dúvidas, oxigenou essa regulação, o que será objeto de desenvolvimento posterior.

No entanto, importa salientar desde já, que a Constituição Federal de 1988 foi pega como que num "contrapé histórico", sem que isso signifique afirmar o erro da opção constitucional, o que será desenvolvido adiante. Importa aqui, fazer uma constatação: a Constituição Federal buscou construir um Estado Democrático de Direito de cunho intervencionista e social (arts. 1º, III e IV, e 3º, da CF), estabelecendo um catálogo razoável de direitos fundamentais sociais (art. 6º e, em especial, para os trabalhadores os arts. 7º, 8º e 9º) no contexto de um país periférico e recém saído de uma ditadura, enquanto que a conjuntura internacional pressionava por outro caminho.

---

(208) Segundo Uriarte esta lei pode ser considerada a primeira experiência flexibilizante da América Latina. URIARTE, Oscar Ermida. *A flexibilidade*. São Paulo: LTr, 2002. p. 29-30.

(209) RODRIGUES PINTO, José Augusto. *Direito individual do trabalho*, p. 40 e s.; ANTUNES, Ricardo. *Construção e desconstrução da legislação social no Brasil*. In: ANTUNES, Ricardo (Org.). *Riqueza e Miséria do Trabalho no Brasil*, p. 501-502. Aliás, como afirma Uriarte, essa é uma marca das legislações Latino-Americanas, ou seja, um direito coletivo do trabalho rígido e limitativo de direitos. URIARTE, Oscar Ermida. *A flexibilidade*, p. 14.

Após a análise histórica feita até aqui, faz-se necessária uma abordagem da contemporaneidade, marcada por incertezas e mudanças no campo socioeconômico e político, em especial nas relações de trabalho. Sob o ponto de vista do trabalho, a globalização neoliberal da economia, as propostas de desregulamentação, flexibilização, a postulação de um direito do trabalho mínimo, bem como uma série de outras pressões e "inovações" colocadas na cena política e socioeconômica pela globalização neoliberal, acabaram tendo influência no campo do trabalho e da sua regulação, merecendo ser estudadas com mais vagar no tópico seguinte.

1.4. O trabalho na contemporaneidade

Nas últimas três décadas e meia, aproximadamente, presencia-se um "mundo marcado pelo discurso único": o discurso do mundo globalizado, capitalista e neoliberal. No entanto, a crise global de 2008 emitiu um sinal estrondoso de alerta mesmo para aqueles que acreditavam que a globalização neoliberal seria um projeto político, econômico e social que levaria a um mundo melhor, isento de contradições, "ao fim da história", a um mundo de paz governado pelo mercado global. No campo do trabalho e sua regulamentação, por sua vez, o impacto do modelo neoliberal é devastador.(210)

Apesar do alerta que a crise de 2008 soou e muito embora já não seja possível falar que o discurso neoliberal prevaleça sem sérias contestações, mesmo entre seus antigos entusiastas, não é possível deixar de reconhecer que as pilastras básicas do neoliberalismo global ainda permanecem. Na verdade, parece que se vive uma transição, em que o velho não morreu e o novo não nasceu. Cabe analisar, então, o capitalismo neoliberal e globalizador.

Os termos "globalização" e "neoliberalismo" muitas vezes são tomados pela doutrina como fenômenos diversos. Tendo em conta isso, primeiramente, aborda-se sumariamente a noção de globalização e, posteriormente, a de neoliberalismo, para, então, tomar-se uma posição.

Para Edgar Morin(211) a globalização é um fenômeno recente, marcado pelo auge do capitalismo combinado com os avanços nas tecnologias de comunicação. Afirma o autor:

> La globalización es el estadio actual de la mundialización. Empieza en el año 1989, tras el hundimiento de las llamadas «economias socialistas». Es fruto de la conjunción entre un bucle retroactivo del auge desenfrenado del capitalismo (que, bajo la égida del neolíberalismo, invade los cinco continentes) y el auge

---

(210) Cumpre referir que no presente tópico serão referidos textos já publicados de autoria do doutorando e em parceria, em especial, VECCHI, Ipojucan Demétrius. *Direito material do trabalho*. Vol. 1. Curitiba: Juruá, 2016; VECCHI, Ipojucan Demétrius; CANSI, Francine; CRUZ, Paulo Márcio. Neoliberalismo e Estado de Exceção: contribuições ao estudo pela revalorização da política e da democracia. In: *Estado de direito e garantias sociais [recurso eletrônico]*. Luiz Ernani Bonesso, Paulo Márcio Cruz; Joana Silva Mattia Debastiani (Organizadores). Itajaí: Univali, 2020, p. 37 e s.; TONIAL, Nadya Regina. O bem viver como alternativa de emancipação da dominação neocolonial, oriunda da globalização neoliberal, e de concretização da solidariedade. In: CALGARO, Cleide (Org.). *Constitucionalismo e Meio Ambiente*. Tomo I: constitucionalismo latino-americano e a ética [recurso eletrônico]. Porto Alegre, RS: Editora Fi, 2020. p. 340 e s.

(211) MORIN, Edgar. *La Vía:* para el futuro de la humanidad. Tradução de Núria Petit Fontseré. Barcelona: Paidós, 2011. p. 20.

de una red de telecomunicaciones instantáneas (fax, teléfono móvil, internet). Esta conjunción hace posible la unificación tecnoeconómica del planeta.

Em sentido semelhante, embora com terminologia diversa, Milton Santos[(212)] afirma:

> A globalização é, de certa forma, o ápice do processo de internacionalização do mundo capitalista. Para entendê-la, como, de resto, a qualquer fase da história, há dois elementos fundamentais a levar em conta: o estado das técnicas e o estado da política. [...] Os fatores que contribuem para explicar a arquitetura da globalização atual são: a unicidade da técnica, a convergência dos momentos, a cognoscibilidade do planeta e a existência de um motor único na história, representado pela mais-valia globalizada.

Como é perceptível, os autores ao conceituarem a globalização, vinculam a questão do desenvolvimento do mercado capitalista (dimensão econômica) com o avanço da ciência e da tecnologia, tendo por mote a constituição e açambarcamento de um mercado mundial.

Paulo G. Fagundes Vizentini,[(213)] por sua vez, diferencia e separa as noções de globalização e de neoliberalismo, configurando este último fenômeno como uma forma do primeiro. Para o autor, a globalização constitui um fenômeno que nasce com o capitalismo, sendo a este estruturalmente vinculado e que já conta com cinco séculos. Por sua vez, o neoliberalismo é um fenômeno mais recente, configurando-se como uma das formas da globalização e consistindo no modo de regulação socioeconômica que marca a atual etapa de transformação do capitalismo mundial. Assim, o autor entende que o que hoje comumente se chama de "globalização", constitui uma fase do capitalismo mundial que se iniciou por volta dos anos de 1970 como resposta à crise do modelo de acumulação fordista-keynesiano. Segundo o autor, essa grande transformação se expressa materialmente na Terceira Revolução Industrial, impulsionada pela crescente competição entre polos econômicos (Estados e blocos econômicos), estando cada vez mais atrelada à revolução científica e tecnológica (RTC).

Quanto ao neoliberalismo, Paulo Márcio Cruz[(214)] afirma que é possível dizer que o mesmo parte de uma tendência intelectual e política que estimula de forma primordial a atuação econômica individual, seja por empresas ou indivíduos, a qual tem precedência sobre a ação da sociedade (grupos, partidos políticos, governos). Assim, a ênfase do primado neoliberal está na liberdade econômica individual, na propriedade privada dos meios de produção e na defesa do patrimônio. Dessa forma, para os neoliberais, cabe aos "mercados livres" organizar e gerir a economia, pois são mais eficientes que, por exemplo, a planificação

---

(212) SANTOS, Milton. *Por uma outra globalização:* do pensamento único à consciência universal. 6. ed. Rio de Janeiro: Record, 2001. p. 23-24. Em um sentido mais amplo, enfocando a globalização como um processo complexo de intensificação das relações sociais e de interdependência entre o local e o global, alcançando não só a economia, mas também a política, o social, o ambiental e o espaço cultural, ver VIEIRA, Liszt. *Cidadania e globalização.* 2. ed. Rio de Janeiro-São Paulo: Record, 1998. p. 72 e s.

(213) VIZENTINI, Paulo G. Fagundes. *A "globalização" e os impasses do neoliberalismo:* globalização, neoliberalismo, privatizações — quem decide este jogo? Raul K. M. Carrion e Paulo G. Fagundes Vizentini (Org.). 2. ed. Porto Alegre: Editora da Universidade/UFRGS, 1998. p. 34.

(214) CRUZ, Paulo Márcio. *Política, poder, ideologia e Estado contemporâneo.* 3. ed. Curitiba: Juruá, 2003. p. 232 e s.

estatal ou a intervenção estatal (do Estado de Bem-Estar Social). Para os neoliberais os gastos públicos provenientes das intervenções estatais desviam os recursos escassos de setores produtivos para os não produtivos, atravancando a economia (argumento econômico). Além disso, continua o autor, para os neoliberais a intervenção estatal é uma séria ofensa à liberdade individual, à livre iniciativa, retirando seu afã individual de desenvolvimento econômico e social (argumento filosófico).

Analisando as noções indicadas, é possível perceber a íntima vinculação entre globalização e neoliberalismo, razão pela qual é possível sustentar que, na atual fase do desenvolvimento capitalista, tais fenômenos andam "de mãos dadas", sendo possível falar em uma "globalização neoliberal". Aliás, Pérez Luño[(215)] deixa muito clara essa íntima vinculação, ao afirmar:

> La "globalización" es el término con el que se alude a los actuales processos integradores de la economia: financiación, producción y comercialización. Dichos processos de integración e interdependência se producen a escala planetaria, rebasando los limites tradicionales estabelecidos por las fronteras de los Estados. Por tanto, la globalización supone la realización de los esquemas económicos del neoliberalismo capitalista. Entre sus efectos más importantes destacan: el desbordamiento de la capacidade de las naciones para realizar políticas y/o controles económicos en favor de poderes internacionales (Fondo Monetario Internacional) o privados (empresas y corporaciones multinacionales); la existencia de grandes redes de comunicación que possibilitam atividades financeiras y comerciales a escala planetária; el desequilíbrio y assimetria del protagonismo de los distintos Estados en las redes económicas interconectadas, lo que determina la concentración de benefícios en los países del Primer Mundo (global-ricos) y el correlativo empobrecimento de los países del Tercer Mundo (global-pobres).

Assim, para fins da presente obra, far-se-á uso da expressão "globalização neoliberal",[(216)] a qual acentua o entrelaçamento e íntima imbricação entre os dois componentes da locução, abarcando os elementos socioeconômicos, políticos e culturais que marcam a atual fase do desenvolvimento do capital mundial.

---

(215) PÉREZ LUñO, Antonio Enrique. *Derechos humanos, estado de derecho y constitucion*. 8. ed. Madrid: Tecnos, 2003. p. 628.

(216) Como afirma Marcia Guerra, a grande diferença entre o "liberalismo clássico" e o "neoliberalismo" está no papel a ser desempenhado pelo Estado para esta última concepção. Para os neoliberais, o Estado tem um papel central no desenvolvimento de políticas de diminuição ou destruição dos chamados "gastos de bem-estar". Para os neoliberais, afirma a autora: "... seria preciso quebrar o poder dos sindicatos dos trabalhadores e garantir a estabilidade da moeda. O Estado deveria reduzir ao máximo os gastos que eles definiam como parasitários, de maneira que a formação de um exército de reserva de trabalhadores não só levasse os salários para baixo como enfraquecesse o poder dos sindicatos. O próximo passo deveria ser estimular o investimento, reduzindo o peso do imposto sobre as atividades produtivas e o capital, permitir que se desenvolvessem novos ramos lucrativos para a atividade privada: como a educação, a saúde, os transportes ou o fornecimento de outros serviços públicos essenciais. Para obter todas essas condições fazia-se imprescindível uma forte atuação do Estado, considerado por essa corrente como o viabilizador do livre mercado". GUERRA, Marcia. Um admirável mundo novo? In: HUBERMANN, Leo. *História da riqueza do homem*, p. 275-276.

Para que seja possível compreender melhor a realidade atual, é necessário dar um passo atrás para compreender a dinâmica histórica processual do fenômeno da globalização neoliberal, numa tentativa de esclarecer essa dinâmica, encontrar suas causas e entender suas consequências.

1.4.1. A dinâmica processual da globalização neoliberal

Em especial, após o término da 1ª Guerra Mundial e o acirramento das contradições do sistema capitalista com a crise mundial do capital de 1929, combinados ao receio do crescimento de soluções socialistas nos moldes da então URSS, os dirigentes das economias dominantes ampliaram o leque de medidas de política econômica que partiam da premissa de que era necessário o Estado intervir na economia a fim de evitar as crises que assolavam o sistema capitalista. Caberia ao Estado gerenciar o sistema e atuar de modo a evitar os desequilíbrios sistêmicos que redundavam em crises.(217)

A base teórica para essas medidas de intervenção estatal surgiu em 1936 pela pena de um economista inglês chamado John Maynard Keynes, o qual publicou no referido ano a obra "Teoria geral do emprego, do juro e da moeda". Em suma, Keynes entendia que o Estado devia ter papel dirigente, agindo como investidor central nas economias nacionais, intervindo na economia com correções quando o mercado indicasse recessão.(218)

Portanto, caberia ao Estado, por meio de medidas de políticas econômica, fiscal e monetária, intervir no domínio do mercado, corrigindo os seus desequilíbrios nocivos e contradições. Sustentava-se que isso proporcionaria a possibilidade de crescimento de longo prazo, já que o "livre-mercado" não era capaz de, autonomamente, trazer harmonia entre produção e consumo totais, acarretando queda nos investimentos, aumento das falências, desemprego massivo, ou seja, crise. Assim, o Estado deveria ampliar seu tamanho e a ação governamental, atuando junto às empresas privadas, para que estas pudessem manter-se fortes, com investimentos contínuos, o que, juntamente com outras medidas, levaria a uma melhor distribuição de renda.(219) Portanto, Keynes propunha medidas estatais que "suavizassem" o sistema capitalista, mas sem ultrapassar suas fronteiras, configurando-se como um capitalismo regulado pela ação estatal.

As políticas econômicas de viés keynesiano tiveram sucesso relativo enquanto houve espaço para o crescimento expansivo e contínuo das economias capitalistas dominantes, o que se deu no período que medeia de 1940 até 1970. Esse período, uma exceção na história

---

(217) No entanto, já nesse período havia vozes discordantes, que afirmavam o equívoco da intervenção econômica estatal, reafirmando os dogmas liberais numa nova roupagem. Nesse sentido, pode ser apontado Ludwig von Mises, um dos precursores do neoliberalismo, o qual fazia uma defesa enfática contrária à intervenção estatal na economia. MISES, Ludwig von. *Uma crítica ao intervencionismo*, p. 19 e s. Disponível em: LeLivros. Sobre isso, ver HINKELAMMERT, Franz Josef. *La vida o el capital:* antologia essencial. Buenos Aires: CLACSO, 2017. p. 162 e s.

(218) Ver KEYNES, John Maynard. *A teoria geral do emprego, do juro e da moeda — Inflação e deflação*. São Paulo: Abril Cultural, 1983. p. 217 e s.

(219) Sobre isso, ver os capítulos de autoria de Márcia Guerra acrescidos à obra de HUBERMAN, Leo. *História da riqueza do homem*, p. 247-249.

do capital, foi chamado dos "trinta anos gloriosos".(220) Com efeito, no período do pós-guerra, houve ganhos contínuos de produtividade do trabalho, aumentos salariais e acréscimo de benefício sociais, muito embora isso se desse, por outro lado, com a intensificação da exploração do trabalho e a ampliação dos mercados. Essa situação estava alinhada com as políticas keynesianas combinadas com o padrão fordista de produção.(221) Durante esse período, os EUA que tiveram elevado crescimento econômico já durante a 2ª Guerra Mundial, alçou-se ao posto de maior economia mundial.(222)

Dessa forma, tendo por base o domínio dos EUA foi construído o sistema de gerenciamento econômico mundial que geriria a economia mundial a partir de então (conferência de Bretton Woods, realizada em julho de 1944, nos EUA). Foram criados o Fundo Monetário Internacional (FMI), o Banco Internacional para Reconstrução e Desenvolvimento (BIRD) e, principalmente, foi estabelecido que os EUA seriam o gerente do sistema. Além disso, a moeda americana — o dólar — (dólar em relação fixa com o ouro) foi estabelecida como a moeda do comércio internacional.(223)

No campo da produção e do trabalho, conforme já indicado acima, houve um incremento vigoroso da indústria, sob o modelo fordista/taylorista, com o uso de novas tecnologias favorecidas pela incorporação definitiva da ciência a serviço do mercado. Houve, portanto, um aumento gigantesco da produtividade do trabalho, com o incremento de utilização de capital fixo (máquinas e equipamentos) e a diminuição do capital variável (mão de obra).(224) Esse modelo permitia uma pressão considerável dos trabalhadores para a conquista de melhores condições de trabalho e os custos destas podiam ser absorvidos em razão da abertura de novos mercados e novas linhas de produtos (mercadorias) que demandavam acréscimo global do uso de força de trabalho.

Como nos recorda Jeremy Rifkin,(225) logo após o final da Segunda Guerra Mundial teve início a terceira revolução industrial, o que tornou possível uma sociedade de informação e a redução do uso de trabalho vivo. Os robôs controlados numericamente e os computadores com seus avançados *"softwares"* invadiram o campo da mente humana. As máquinas pensantes se tornam capazes de conceber, produzir, controlar e distribuir produtos e serviços. Aliás, o

(220) Wolfgang Streeck sustenta que os "30 anos gloriosos", período no qual houve um certo equilíbrio de forças entre as classes sociais, configura-se como uma exceção na história do capitalismo. STREECK, Wolfgang. *Tempo comprado:* a crise adiada do capitalismo democrático. São Paulo: Boitempo, 2018. p. 13-16.

(221) Ver RIBEIRO, Andressa de Freitas. *Taylorismo, fordismo e toyotismo*, p. 72 e s. Disponível em: <https://revistas. pucsp. br/ls/article/viewFile/26678/pdf>.

(222) Na correlação de forças do mercado mundial, não se pode esquecer que o avanço norte-americano foi profundamente favorecido devido ao fato de que os países europeus como um todo, embora alguns mais e outros menos, bem como o Japão e a URSS, tiveram suas infraestruturas produtivas sensivelmente atingidas pelo conflito mundial, enquanto os EUA não sofreram tais prejuízos de monta na sua estrutura produtiva.

(223) GUERRA, Márcia. Um admirável mundo novo? In: HUBERMANN, Leo. *História da riqueza do homem*, p. 246, 249-252.

(224) *Ibidem*, p. 252-254.

(225) RIFKIN, Jeremy. *El fin del trabajo:* nuevas tecnologías contra puestos de trabajo – el nascimiento de uma nueva era. Editor Digital: Hoshiko, 1994, 74 e s.

termo "inteligência artificial — AI" foi acunhado já nos idos de 1956, na 1ª conferência sobre AI. Segundo o autor, com a crescente demanda dos trabalhadores por melhores condições de trabalho, os gigantes industriais americanos se voltaram para as novas tecnologias em automação como resposta às demandas dos trabalhadores, redundando em ameaça e concretização de desemprego.

Por outro lado, como já dito, durante algum tempo, com a expansão da acumulação do sistema do capital, havia a possibilidade de exportar as contradições, viabilizando que os países centrais garantissem um razoável padrão de vida aos seus trabalhadores, muito superior aos dos países para os quais as contradições do sistema eram deslocadas (o chamado "Terceiro Mundo").

Muito embora os EUA tivessem um predomínio no mercado internacional, já a partir de 1950 sua balança de pagamentos, ou seja, a diferença entre entrada e saída de moeda, passou a ser deficitária devido aos gastos no financiamento da reconstrução dos países capitalistas destruídos na guerra (Plano Marshall); na manutenção de bases militares no exterior; dos subsídios econômicos e militares que tinham que ser dados aos aliados. Tal situação se agravou a partir da segunda metade da década de 60, pois os países europeus e o Japão passaram a concorrer com os EUA no mercado mundial após erem reconstruídos.(226)

Assim, por volta da década de 70 do século XX, o mundo capitalista que emergiu após a Segunda Guerra Mundial nos "Estados Centrais" (mundo "desenvolvido"), os quais seguiam um paradigma de desenvolvimento capitalista marcado pelo keynesianismo (intervenção estatal na economia; taxas de lucro elevadas; segurança social; divisão dos ganhos de produtividade do capital com os trabalhadores), entra em crise, apresentando sérios problemas econômicos.(227)

A queda da taxa média de lucro das megacorporações empresariais, a estagflação (baixo crescimento com inflação elevada) e o endividamento estatal passaram a despontar como problemas graves para o sistema do capital. As chamadas "crises do petróleo" da década de 1970 emergiram como um epifenômeno de algo mais grave: uma crise estrutural.

Diante da crise, como lembra António José Avelãs Nunes,(228) os vários compromissos internacionais que haviam sido estabelecidos entre as potências mundiais no acordo de Bretton Woods — em 1944 — (entre eles, o da paridade entre ouro e dólar) foram unilateralmente quebrados pelos EUA.

Afirma Gerardo Pisarello(229) que entre 1971-1973, Nixon, então presidente dos Estados Unidos da América, decidiu, unilateralmente, desvalorizar o dólar e permitir sua flutuação

---

(226) Ver GUERRA, Márcia. Um admirável mundo novo? In: HUBERMANN, Leo. *História da riqueza do homem*, p. 269-273.

(227) Sobre tais questões ver FARIA. José Eduardo. *Direito e globalização:* Implicações e perspectivas. Organizador José Eduardo Faria. São Paulo: Malheiros, 1996. p. 7-8; CALERA, Nicolas Maria López. *Yo, el Estado:* bases para una teoría substancializadora (não substancialista) del Estado. Madrid: Trotta, 1992. p. 16-17.

(228) AVELÃS NUNES, António José. *O capitalismo é um corpo condenado a morrer!*, p. 2. Disponível em: https://www.conversaafiada.com.br/economia/o-capitalismo-e-um-corpo-condenado-a-morrer.

(229) PISARELLO, Gerardo. *Un largo Termidor:* la ofensiva del constitucionalismo antidemocrático. Madrid: Trotta, 2011, p. 169.

livre.[230] Junto a isso, a crise do petróleo e as pressões para a alta de salários levaram com que as grandes empresas decidissem buscar inovações tecnológicas, deslocamentos ou, simplesmente, transferir os custos para os preços. O autor lembra ainda, que já em 1975 a Comissão Trilateral (organização privada fundada por Rockefeller) emitiu um "informe sobre governabilidade e democracia", na qual sustentava a necessidade de reformas para atenuar o princípio democrático e evitar que pressões sociais sobre os poderes legislativos estatais pudessem condicionar o "livre funcionamento dos mercados".

Assim, a resposta à crise estrutural do sistema capitalista[231] traduziu-se na chamada "revolução conservadora", inspirada na ideologia neoliberal, iniciada nos países capitalistas centrais com Margaret Thatcher (Friderich von Hayek)[232] no Reino Unido (1979) e com Ronald Reagan (Milton Friedman)[233] nos EUA (1980), que marcaram o início deste novo ciclo no qual a ideologia neoliberal se confirmou como a ideologia dominante: a ideologia das classes dominantes, sob a liderança do capital financeiro.[234] O credo neoliberal, na sequência, conquistou em 1982 a Alemanha com Helmut Kohl; em 1983 a Dinamarca com Poul Schluter e, posteriormente, vários outros países da Europa Ocidental.[235]

Posteriormente, a queda do 'Muro de Berlin" e do bloco soviético, foram fatores importantes para a expansão do pensamento neoliberal, pois com a inexistência de "inimigos externos", o discurso neoliberal tomou conta do mundo como discurso triunfalista e único, fazendo refluir as ideias de esquerda, bem como patrocinando o desmonte de direitos sociais dos trabalhadores.[236]

Como afirma Avelãs Nunes,[237] ao final da década de 1980 e início de 1990, o consenso keynesiano é posto de lado. Segundo o autor, o denominado "Consenso de Washington" estabeleceu a estratégia política para enfrentar a tendência da queda da taxa média de lucro, o que foi facilitado pela emergência de um verdadeiro mercado global de força de trabalho. A terceira revolução industrial, com a criação e uso das novas tecnologias (robótica, telemática, informática e outras), todas poupadoras de trabalho vivo, agravaram ainda mais a concorrência entre os trabalhadores, viabilizando ao capital um exército de reserva de mão de obra global. A queda das barreiras alfandegárias e a livre circulação do capital, permitiram às megaempresas buscar "paraísos laborais", deslocando-se para buscar a mão de obra nos locais em que a força de trabalho tenha menores preços e condições de trabalho mais precárias.

---

(230) Em outros termos, pode-se dizer que passou a variar segundo as pressões especulativas.

(231) A questão da crise estrutural do sistema do capital será aprofundada no terceiro capítulo da obra.

(232) Uma síntese das propostas de Hayek pode ser vista no "Prefácio da Edição Norte-Americana de 1975" da obra "O caminho da servidão". Para isso ver HAYEK, Friedrich A. *O caminho da servidão*. 4. ed. Rio de Janeiro: Expressão e Cultura — Instituto Liberal, 1987. p. 9 e s.

(233) Sobre o pensamento de Friedman pode ser citada a sua obra mais conhecida "Capitalismo e Liberdade". FRIDMAN, Milton. *Capitalismo e liberdade*. Disponível em: lelivros.

(234) Ver GUERRA, Marcia. Um admirável mundo novo? In: HUBERMANN, Leo. *História da riqueza do homem*, p. 277.

(235) *Idem*..

(236) VIZENTINI, Paulo G. Fagundes. *Globalização, neoliberalismo, privatizações – Quem decide este jogo?*, p. 46; URIARTE, Oscar Ermida. *Globalización y relaciones laborales*, p. 1. Disponível em: <http://www.mundodeltrabajo.org.ar>.

(237) AVELÃS NUNES, António José. *O capitalismo é um corpo condenado a morrer*, p. 3.

Apenas para se ter uma ideia sobre o deslocamento das operações das megacorporações em busca de menores custos do trabalho, cabe citar um exemplo: as grandes corporações tinham em 1990 o número de 3.500 unidades produtivas no Japão; em 2002 esse número havia caído para 1.000, as outras unidades foram exportadas para os chamados paraísos laborais.(238)

Para tentar bloquear a queda da taxa de lucro (lucro que se funda, em última instância, no mais-valor), o capital produtivo foi se deslocando para os "paraísos laborais" ou forçando, nos seus países sede ou em outros que quisessem receber investimentos, a precarização das condições de trabalho.(239) Junto com isso, o capital financeiro especulativo se tornou predominante e mesmo sem criar riqueza, apropria-se de riqueza, num processo de tomada de riqueza como renda (tomada por "desposessão", "açambarcamento"), acentuando a esterilização do capital produtivo.(240)

Com efeito, com o neoliberalismo a hegemonia do sistema do capital passa ao capital financeiro relativamente ao capital produtivo, o que permite ao capital financeiro abocanhar uma fatia maior do mais-valor gerado nos setores produtivos. Assim, como afirma Avelãs Nunes:(241)

> É o neoliberalismo que informa a política de globalização neoliberal, apostada na imposição de um mercado único de capitais à escala mundial, assente na liberdade absoluta da circulação de capitais, que conduziu à supremacia do capital financeiro sobre o capital produtivo e à criação de um mercado mundial da força de trabalho, que trouxe consigo um aumento enorme do exército de reserva de mão de obra. O processo de globalização financeira assume, indubitavelmente, uma importância fundamental no quadro da política de globalização neoliberal, apoiada no princípio da liberdade de circulação do capital, pedra angular do mercado único de capital à escala mundial, no seio do qual os especuladores, colocam o seu dinheiro e pedem dinheiro emprestado em qualquer parte do mundo.

Com o objetivo de regulação do mercado mundial num viés neoliberal, foram estabelecidas medidas (políticas) a serem seguidas pelos diversos Estados, os quais deveriam implementá-las sem qualquer margem a alternativas. Entre tais medidas, pode-se indicar: a privatização das estatais; a desregulamentação/flexibilização dos direitos sociais trabalhistas e previdenciários; a adoção de medidas que facilitem a livre circulação do capital como um todo, em especial do capital financeiro especulativo internacional; a quebra dos monopólios

---

(238) Ver sobre isso NETTO, José Paulo; BRAZ, Marcelo. *Economia política:* uma introdução crítica, p. 216.

(239) Conforme será abordado no terceiro capítulo do livro, entende-se que a própria produção de mais-valor vem falhando a partir da terceira revolução industrial, sendo que tais mecanismos de deslocamento, para o capital global, não tem alcançado seu objetivo.

(240) Esta temática será aprofundada no terceiro capítulo da obra. Ver sobre isso: FONTES, Virgínia. *O Brasil e o capital-imperialismo:* teoria e história. 2. ed. Rio de Janeiro: UFRJ, 2010. p. 23-26; HARVEY, David. *Os limites do capital.* São Paulo: Boitempo, 2013. p. 12-33; AVELÃS NUNES, António José. *O capitalismo é um corpo condenado a morrer*, p. 5-10; DOWBOR, Ladislau. *A era do capital improdutivo*, p. 32-37.

(241) AVELÃS NUNES, António José. *O capitalismo é um corpo condenado a morrer*, p. 4-5.

estatais e das barreiras alfandegárias; a desregulamentação da economia que passa a ser regida somente pela lei de mercado.

Com efeito, os neoliberais sustentam que quanto mais livres forem o investimento e a atividade das empresas (em especial as megacorporações) maiores serão o crescimento e a prosperidade para todos. Deve-se, portanto, dar um basta na intromissão do Estado na economia, devendo caber ao mercado a regulamentação econômica. O mercado livre seria a melhor forma de se atingir o desenvolvimento econômico e social.

No campo do trabalho, as novas tecnologias aliadas com a política neoliberal, possibilitam o chamado *"dumping social"*. As megacorporações podem escolher seletivamente onde irão produzir, levando em conta, entre outros fatores, as leis fiscais e ambientais, como também os direitos reconhecidos aos trabalhadores por determinados Estados nacionais. Assim, pode haver a seletividade excludente das ordens jurídicas estatais que são mais sensíveis à proteção dos trabalhadores.

Enfatiza-se que as medidas neoliberais citadas devem ser adotadas pelos Estados, ou seja, ao mesmo tempo em que a política neoliberal busca enfraquecer o Estado Nacional, o qual deve ser um "Estado Mínimo" (sem interferir na economia e nas questões sociais), impõe-lhe uma série de tarefas para as quais deve ser forte, não necessitando, no entanto, ser democrático.

Com efeito, com a globalização neoliberal, vive-se sob a égide de um "soberano privado, global e difuso" (o "mercado" — as megacorporações, os especuladores), de que fala Juan Ramón Capela,(242) que atua por meio de organismos internacionais a ele fundidos (Banco Mundial, FMI, OMC e outros) e impõe aos Estados (especialmente os periféricos), inclusive, muitas vezes com a aceitação entusiasmada destes, de políticas que, em geral, não são decididas democraticamente pelo povo, mas, sim, pela tecnocracia do mercado segundo a lógica do sistema do capital.

O que ocorreu, de fato, foi a crescente e problemática relação entre o Estado Nação e as megacorporações, geralmente vinculadas ou atreladas aos Estados dominantes na seara internacional. Estas megacorporações privadas, que continuam dependentes da proteção de seus Estados, devido ao seu poder socioeconômico e político, têm a capacidade de influenciar as decisões dos Estados mais desenvolvidos, bem como, por intermédio destes Estados e dos organismos internacionais deles subservientes (FMI, OMC e outros), impor certas decisões políticas ou, pelo menos, limitar o leque de opções sobre as políticas a serem adotadas pelos Estados mais fracos (subdesenvolvidos ou em desenvolvimento),(243) implicando o enfraquecimento da democracia.

---

(242) CAPELLA, Juan Ramón. *Fruto proibido:* uma aproximação histórico-teórica ao estudo do direito e do estado. Porto Alegre: Livraria do Advogado, 2002. p. 257-258.

(243) IANNI, Octavio. *Teorias da globalização.* 3. ed. Rio de Janeiro: Civilização Brasileira, 1996. p. 148-149; MATTEI, Ugo. *Bienes comunes:* un manifiesto. Madrid: Trotta, 2013. p. 31 e s.; MÉSZÁROS, István. *Para além do capital:* rumo a uma teoria da transição. São Paulo: Boitempo, 2011. p. 229.

Esse aspecto é salientando por Pisarello,[(244)] o qual afirma o caráter antidemocrático do projeto neoliberal, o qual tem por objetivo resguardar "a ordem espontânea do mercado" da influência das urnas. Assim, esse projeto supõe a recuperação de receitas clássicas do liberalismo à *la Constant* e do pensamento elitista clássico, no sentido de que as populações ignorantes não devem se imiscuir nas leis da economia, impedindo que a ideia "atávica" da justiça distributiva acabe se impondo sobre a ordem espontânea do mercado. Não é à toa, por exemplo, que uma das primeiras experiências reais do neoliberalismo foi a ditadura chilena de Pinochet, em que neoliberalismo econômico e a repressão militar se deram as mãos.[(245)]

Hartmut Rosa[(246)], ao salientar a ruptura da sincronização entre as esferas política e tecnoeconômica, aprofundada pela lógica neoliberal, aponta para o enfraquecimento da esfera política democrática, bem como para a "judicialização" das disputas sociais como forma de erodir os controles políticos sobre a esfera econômica. Com efeito, aduz:

> Como consecuencia, el proyecto neoliberal que abarca las dos décadas en torno al año 2000 perseguía de hecho diversas políticas de aceleración de la sociedade (y, em particular, dos fluxos de capital) mediante la reducción, e incluso la erradicación del control o la condución a través de medidas de desregulación, privatización y judicialización.

Labutando com o olhar voltado aos "países ricos", mas que pode ser estendido com mais intensidade ainda e com efeitos perversos nos "países pobres ou em desenvolvimento", afirma Wolfgang Streeck:[(247)]

> Já ficou várias vezes demonstrado que o neoliberalismo necessita de um Estado *forte* que trave as exigências sociais e, em especial, sindicais de interferência no jogo livre das forças de mercado. [...] O neoliberalismo, contudo, não é compatível com um Estado *democrático*, se entendermos por democracia um regime que intervém, em nome de seus cidadãos e por meio do poder público, na distribuição dos bens econômicos resultante do funcionamento do mercado. [...] Os Estados do capitalismo avançado devem ser reestruturados de forma a merecer confiança dos detentores e dos gestores do capital, garantindo, de modo crível, por programas políticos consagrados institucionalmente, que não

---

(244) PISARELLO, Gerardo. *Un largo Termidor:* la ofensiva del constitucionalismo antidemocrático, p. 171 e 192.

(245) Streeck é enfático ao afirmar que existem duas maneiras de imunizar o mercado frente a correções democráticas, ou seja, por uma reeducação neoliberal dos cidadãos ou pela abolição da democracia segundo o modelo chileno dos anos 1970. STREECK, Wolfgang. *Tempo comprado:* a crise adiada do capitalismo democrático, p. 107. Boaventura de Souza Santos tem afirmado o aparecimento do que chama de "fascismo social", ou seja, o confinamento da democracia à áreas cada vez mais restritas, enquanto poderes privados assumem poder de veto sobre a vida e bem estar dos mais frágeis por meio de políticas de resignação (nos países centrais) ou pela imposição de ajustes estruturais (nos países periféricos). SOUZA SANTOS, Boaventura. Más allá de la gobernanza neoliberal: el Foro Social Mundial como legalidad y políticas cosmopolitas subalternas, p. 57-58. In: SOUZA SANTOS, Boaventura; GAVARITO, César A. Rodrígues (Eds.). *El derecho y la globalización desde abajo:* hacia una legalidad cosmopolita. México: Cuajimalpa, 2007.

(246) ROSA, Hartmut. *Alienación y aceleración:* hacia una teoria crítica de la temporalidade en la modernidad tardía. Buenos Aires: Katz, 2016. p. 124.

(247) STREECK, Wolfgang. *Tempo comprado:* a crise adiada do capitalismo democrático, p. 103-108.

vão intervir na "economia" — ou, caso intervenham, que só vão fazê-lo para impor e defender a justiça de mercado sob a forma de remuneração adequada dos investimentos de capitais. Para isso, é necessário neutralizar a democracia, entendida no sentido da democracia social do capitalismo democrático do período pós-guerra, assim como levar adiante e concluir a liberalização no sentido da *liberalização hayekiana*, isto é, como imunização do capitalismo contra intervenções da democracia de massas.

Com efeito, é impossível ao capital simplesmente desvencilhar-se ou destruir o Estado, pois este é, juntamente com a separação entre condições objetivas e subjetivas da produção (meios de trabalho e força de trabalho) e a subordinação estrutural do trabalho ao capital, parte da constituição estrutural do sistema do capital. Como afirma Alysson Leandro Mascaro(248):

> As mudanças do capitalismo contemporâneo, a partir da década de 1970, fazendo com que o capital se estabelecesse ainda mais como um superpoder para além dos Estados nacionais, não só enfraquece relativamente os Estados como também instaura uma dinâmica própria nas suas relações internacionais. As hierarquias entre Estados se apresentam agora insculpidas em condições que dependem de uma decisão internacional do capital, o que se encontra para além das tradicionais forças internas, até então quase sempre advindas do poder militar, das forças produtivas próprias ou das vantagens geográficas e naturais. Mas, mesmo nessa fragilização relativa, os Estados não perdem seu papel de plexo condensador da reprodução do capital. Ainda que as decisões de investimento sejam deslocadas dos Estados para o capital internacional e que o poder militar se restrinja à polícia, rebaixando o perfil da política nacional, mesmo assim os Estados continuam a conformar e a garantir a dinâmica do capital. As garantias das propriedades, dos contratos, a exigibilidade dos vínculos jurídicos ou a necessidade da garantia da ordem interna para o desenvolvimento do capital, por exemplo, se mantêm e, na verdade, se exponenciam nas condições contemporâneas do capitalismo. A atual perda relativa do poder econômico dos Estados se faz acompanhar de um pleito do capital por segurança jurídica e força policial desses mesmos Estados, como forma de garantia da sua própria reprodução.

Como já dito, para os neoliberais os Estados não devem intervir na economia, deixando o capital livre para circular. No entanto, ao mesmo tempo que postulam um "Estado mínimo", atribuem aos Estados a obrigação de promover a liberdade para o capital, bem como lhe dar segurança (eis um paradoxo). A lei de mercado (*lex mercatória)*, atuando por

---

(248) MASCARO, Alysson Leandro. *Estado e a forma política*. São Paulo: Boitempo, 2013. p. 106. Sobre o paradoxo dessa diretriz neoliberal de enfraquecimento do "Estado Social" e de fortalecimento de um "Estado Policial" ver também ZIZEK, Slavoj. *Viviendo en el final de los tiempos*. Madrid: Akal, 2012. p. 454; BAUMAN, Zygmunt. *Globalização:* as consequências humanas. Rio de Janeiro: Jorge Zahar, 1999. p. 128. Sobre a imanência do Estado para o regime do capital, ver MÉSZÁROS, István. *Para além do capital:* rumo a uma teoria da transição, p. 121.

força da "mão invisível" do mercado, seria o melhor regulador do próprio mercado. Com isso, sustentam os arautos do neoliberalismo, mais riqueza será criada e todos ganham com isso ("cresce o bolo e vai ter mais bolo para todos").

Os dados disponíveis, no entanto, não comprovam a visão neoliberal, pois os níveis de desigualdade alcançaram patamares jamais vistos. A concentração de renda e riqueza na parcela ínfima dos 1% mais ricos da população e o aumento da pobreza absoluta e relativa, mostram a falácia desse discurso. Criou-se riqueza (em grande parte fictícia), que restou concentrada e, do outro lado, miséria e pobreza que se alastraram inclusive nos países centrais.[(249)]

Tais resultados não surpreendem, pois como muito bem lembra Paulo Cruz,[(250)] ao salientar o aspecto pouco solidário do ideário neoliberal:

> Por isso a crítica ao Neoliberalismo deve reivindicar o destino universal dos bens da terra e exigir como direito inalienável dos indivíduos um mínimo aceitável de bem-estar — que, naturalmente, é cada vem maior com os avanços da ciência — para todos os cidadãos sem exceção, tendo em conta também as futuras gerações, na medida em que as ações de hoje condicionam suas possibilidades de amanhã. Como o mercado já se mostrou incapaz de garantir um padrão mínimo de bem-estar para toda a Sociedade, esta mesma Sociedade, através do Estado — sua criatura — assume o dever de fazer que os bens naturais e os criados pelo homem cumpram seu destino de satisfazer as necessidades de todos os seres humanos. A Sociedade se converte, assim, na principal responsável e na garantia do desenvolvimento generalizado e do bem-estar de todos.

Ora, como era de se esperar, em 2008 a "pregação neoliberal" sofreu um choque planetário, pois foi atingido o próprio centro nervoso do sistema. O sistema financeiro dos EUA entrou em colapso gerando na sequência uma crise mundial econômica e financeira. Existem várias tentativas de explicação para a crise de 2008: endividamento crescente (dos setores públicos e privados); captura regulatória do Estado por parte das megacorporações;

---

(249) Para maiores dados da concentração de renda e riqueza ver: DOWBOR, Ladislau. *A era do capital improdutivo:* Por que oito famílias têm mais riqueza do que a metade da população do mundo? São Paulo: Autonomia Literária, 2017. p. 22-31. Ver também: PIKETTY, Thomas. *O capital no século XXI*. Rio de Janeiro: Intrínseca, 2014. p. 27-29, 241 e s.; STREECK, Wolfgang. *Tempo comprado:* a crise adiada do capitalismo democrático, p. 99 e s.; CHANCEL, Lucas. *Desigualdade global.* Disponível em: <https://temas.folha.uol.com.br/desigualdade-global/europa/globalizacao-fracassou-para-muitos-e-reacoes-podem-ser-violentas.shtml>. Em 2017, no relatório com o nome "Recompensem o trabalho, não a riqueza", o ONG britânica Oxfam demonstrou que 82% da riqueza produzida foi apropriada por apenas 1% da população mundial. Enquanto isso, a metade mais pobre (3,7 bilhões de pessoas) ficou com praticamente nada. A organização chamou a atenção para a necessidade de geração de empregos de qualidade como antídoto à desigualdade, no entanto, ao contrário disso, o que se observou foram reformas trabalhistas que apontavam para a retida de direitos sociais e assim, aumento da desigualdade. Os dados podem ser conferidos em: VALOR ECONÔMICO. *Em 2017, 82% da riqueza mundial ficaram nas mãos do 1% mais rico.* Disponível em: <https://www.valor.com.br/brasil/5272165/em-2017-82-da-riqueza-mundial-ficaram-nas-maos-do-1-mais-rico>.

(250) CRUZ, Paulo Márcio. *Política, poder, ideologia e Estado contemporâneo*, p. 239.

cobiça desenfreada e desregulamentação do sistema financeiro; crise estrutural do sistema do capital.(251)

Entende-se que o neoliberalismo e a crise de 2008 são a manifestações fenomênicas de uma crise estrutural do sistema do capital que lhes é pressuposta.(252) Aliás, muito antes de 2008, Itsván Mészáros(253) já vaticinava que o neoliberalismo era uma resposta agressiva do capital, fadada ao insucesso, diante da emergência de uma crise estrutural do sistema, crise que tem entre suas causas a "*lei da taxa de lucro decrescente*"(254) do capital social total.

De qualquer forma, a crise de 2008, a mais grave desde a crise de 1929, segundo Avelãs(255) teria deixado algumas lições:

> Por pressão do capital financeiro, o *estado capitalista*, fiel aos dogmas do neoliberalismo, concedeu todas as liberdades à especulação. Quando o 'negócio'

---

(251) Yanis Varoufakis, além de indicar estas várias explicações para a crise, afirma que a crise se deu em razão de que o mecanismo criado na década de 1970 (o Minotauro Global), pelo qual os déficits orçamentários e comerciais norte-americano, eram sustentados por todo o mundo, acabou sendo ferido de morte com a quebra do sistema bancário. Afirma o autor: "Turbinadas pelos déficits gêmeos americanos, as duas maiores economias superavitárias mundiais (por exemplo, Alemanha, Japão e, depois, China) continuaram a produzir em larga escala mercadorias que os norte-americanos devoravam. Quase 70% dos lucros obtidos globalmente por estes países eram então transferidos de volta para os Estados Unidos na forma de fluxos de capital para Wall Street. E o que Wall Street fazia com eles? Transformava instantaneamente estes influxos de capital em investimentos diretos, ações, novos instrumentos financeiros, novas e velhas formas de empréstimo e, por último, mas não menos importante, num "bom rendimento" para eles próprios, os banqueiros. Sob este prisma, tudo (o aumento da financeirização, o triunfo da ambição, o recuo dos reguladores e o domínio do modelo de crescimento anglo-celta) parece fazer mais sentido". VAROUFAKIS, Yanis. *O Minotauro global:* a verdadeira origem da crise financeira e o futuro da economia global. São Paulo: Autonomia Literária, 2016. p. 34-49, 51-52.

(252) Essa questão será aborda no terceiro capítulo do livro.

(253) Sobre o assunto Mészaros afirma: "O que é ainda mais importante realçar, nesse sentido, é que o reforço brutal dos principais dogmas do neoliberalismo praticamente por toda a parte [...] não foi, de forma alguma, a manifestação de uma revitalização irresistível do capital, dando-lhe saúde para assegurar-se permanentemente em direção ao futuro. Pelo contrário, foi provocado pelo aparecimento da crise estrutural da expansão do capital sustentável. Em resposta à crise estrutural qualitativamente nova, só era possível assumir uma postura ainda mais agressiva. Desse modo, ao longo de sua evolução, nas últimas três décadas, o capital teve de pôr de lado as "concessões" do Estado de bem-estar social, anteriormente concedidas aos trabalhadores." MÉSZÁROS, Itsván. *A crise estrutural do capital.* 2. ed. São Paulo: Boitempo, 2011. p. 105.

(254) Em seus "Grundrisse", Marx explica a "lei da tendência à queda da taxa de lucro" vinculando-a ao aumento das forças produtivas, ou seja, do trabalho objetivado, do crescimento do "capital fixo". Tal lei, como tendência, apresenta-se: "com o desenvolvimento do capital, tanto de sua força produtiva quanto da extensão em que ele já se pôs como valor objetivado; da extensão em que tanto o trabalho quanto a força produtiva foram capitalizados." MARX, Karl. *Grundrisse:* Manuscritos econômicos de 1857-1858. Esboços da crítica da economia política. Tradução de Mário Duayer e Nélio Scheider. São Paulo: Boitempo, 2011. p. 639-640.

(255) AVELÃS NUNES, António José. *O capitalismo é um corpo condenado a morrer, op. cit.*, p. 11. Interessante é avaliar alguns dados indicados por Harvey, os quais mostram o papel que teve a China para a saída temporária da crise de 2008. Diz-se "saída temporária" em razão de que essa se deu baseada em "tempo comprado" (como diria Streeck), pois baseada em empréstimos, financiamento e dívidas. O autor mostra que o consumo de cimento dos EUA de 1900-1999 foi de 4,5 milhões de toneladas; por sua vez, o consumo Chinês entre 2011-2013 foi de 6,5 milhões de toneladas. Em 3 anos a China consumiu mais cimento que os EUA em 100. Foram construídas "cidades fantasmas", com toda a infraestrutura, mas sem moradores. Outro dado fantástico: em 2007 a China não tinha nenhum quilômetro de ferrovias de alta velocidade. Em 2015 já eram 20.000 km dessas ferrovias. Por sua vez, a dívida chinesa quadruplicou entre 2007-2015, chegando em 2016 no percentual 250% do PIB. Harvey afirma que a China liberou o poder do antivalor (crédito/capital fictício) para gerar a produção de valor e absorver mão de obra. Dívidas, portanto, financiaram a produção de valor, provavelmente, tempo comprado. HARVEY, David. *A loucura da razão econômica:* Marx e o capital no século XXI. São Paulo: Boitempo, 2018. p. 183.

> faliu, foi chamado para salvar os especuladores, tendo respondido à chamada com toda a solicitude e determinação, convocando o povo para pagar a fatura. Invocando o *risco sistémico* (que até então ignorara), a Administração de G.W. Bush, que sempre considerou a 'intervenção' do estado na economia como um dos sinais da existência do *império do mal*, protagonizou a mais dispendiosa operação do estado desde os anos trinta (700 bilhões de dólares para salvar os bancos, em setembro/2008). E proclamou que não deixaria falir mais bancos. Estava inventado o *capitalismo sem falências*. No final de 2008, a *crise financeira* degenerou em *crise económica*, que teve o momento mais simbólico no afundamento da *General Motors*, o símbolo da indústria americana e do poderio americano (ficou célebre o *slogan*: *o que é bom para a GM é bom para os EUA*), salva à custa de milhões e milhões de dólares saídos dos bolsos dos contribuintes.

A quebra de empresas gigantescas; o déficit orçamentário dos EUA, do Japão e de vários Estados europeus; o desemprego crescente; a alocação de dinheiro público para salvar empresas privadas, quando o próprio *déficit* público apontava um aumento explosivo; a retirada de proteção social (saúde, educação, previdência e assistência social), em momento de desemprego, bem como os "ajustes fiscais" impostos para a população, combinada com generosas quantias públicas para empresas que lucraram com "investimentos de risco" fugir da bancarrota, sem falar das fraudes patrocinadas pelos executivos em combinação com as "agências de risco", são o rescaldo da política neoliberal em nível mundial. Qual será o mundo que surgirá após os impactos desta crise é algo impossível de se responder com certeza. Vive-se uma aporia.(256)

Em entrevista concedida ao jornal Folha de S. Paulo ainda em 2008, Noam Chomsky ao analisar a crise jogava luz sobre algumas questões que parecem importantes. Chomsky chamava a atenção para a atuação dos EUA na salvaguarda do sistema, demonstrando a íntima ligação entre Estado e mercado, desmascarando a falácia neoliberal de que o Estado seria um ente externo ao sistema do capital. Além disso, Chomsky afirmava que o mundo que sairia da crise de 2008, sob o ponto de vista do sistema do capital, não seria muito diferente, talvez apenas com um pouco mais de regulamentação e controle sobre as instituições financeiras, mas sem mudanças dramáticas.(257)

A análise do autor, feita em 2008, está se confirmando. Nada indica que mudanças realmente estruturais estejam sendo tomadas, muito pelo contrário. Logo após uma primeira onda de propostas um pouco mais ousadas, mas dentro da ótica do próprio sistema dominante, percebe-se que no momento atual as políticas neoliberais, não com a mesma profundidade e em com o mesmo "encantamento" anteriores, continuam de alguma forma predominando em geral. No Brasil, por seu turno, se encontram em alta. Não se percebeu qualquer reviravolta efetiva nas políticas neoliberais.

---

(256) VAROUFAKIS, Yanis. *O Minotauro global:* a verdadeira origem da crise financeira e o futuro da economia global, p. 261 e s.

(257) CHOMSKY, Noam. Entrevista concedida ao jornal *Folha de S. Paulo*, 14 out. 2008.

Feita esta análise mais geral, cumpre ainda abordar sumariamente os reflexos do neoliberalismo especificamente no campo do trabalho e sua regulação. Uma afirmação geral e introdutória sobre isso já está implícita na análise geral já empreendida: o neoliberalismo teve entre seus principais objetivos a destruição do poder reivindicatório das entidades sindicais, bem como a precarização das condições laborais.

A terceira revolução industrial e a chamada "reestruturação produtiva", com a passagem de um sistema produtivo de tipo taylorista/fordista para o toyotista,[(258)] combinadas com a retirada de proteção social por parte dos Estados (de forma mais ou menos incisiva), tiveram como resultado o agravamento do desemprego estrutural, a precarização e a diminuição drástica da qualidade de vida de imensos contingentes humanos.[(259)] No mundo do trabalho, o resultado direto das políticas neoliberais foi a implantação do que se convencionou

(258) O toyotismo é uma inovação na administração do processo produtivo (reengenharia da empresa enxuta) que foi introduzida nos anos 30, por Talichi Ohno, engenheiro que trabalhava nas fábricas têxteis da família Toyoda. A partir de 1947 esse processo foi empregado no setor automotivo (Toyota) e difundido mundialmente. Funciona na base de inovações como: o *jus-in-time* (produção adequada à demanda); *kaizen* (melhoria contínua); intensificação do ritmo de trabalho; trabalho em grupos; flexibilidade; polivalência dos trabalhadores, subcontratação e outras mais. No toyotismo o trabalho é prestado em grupos, com trabalhadores polivalentes no exercício de funções diversas. Os grupos têm objetivos a cumprir, mas o meio fornecido para o alcance das metas é inferior ao que seria normalmente utilizado, o que impõe o extermínio dos "tempos mortos" de trabalho, aqueles nos quais o trabalhador está ocioso durante o trabalho. É um sistema permanente, pois a cada vez que os objetivos são alcançados, após a chefia felicitar os trabalhadores por sua competência, os meios disponíveis para alcançar os objetivos são reduzidos, impondo um maior esforço para o alcance das metas (sistema chamado pelos trabalhadores japoneses de "*Oh! No!*", ou seja, "*Oh! Não!*"). Assim, significa a "administração por estresse". Além disso, a produção é vinculada à demanda, sendo bastante heterogênea para atender um mercado mutável e constantemente incentivado às "novas necessidades" de consumo, havendo, ainda, uma horizontalização do processo produtivo, com a ampla utilização da terceirização de várias etapas produtivas. Ver: ALVES, Giovanni. *O novo (e precário) mundo do trabalho:* reestruturação produtiva e crise do sindicalismo. São Paulo: Boitempo, 2000. p. 31; GOUNET, Thomas. Fim do trabalho, fim do emprego? In: CARRION, Raul K. M.; VIZENTINI, Paulo Fagundes (Orgs.). *A crise do capitalismo globalizado na virada do milênio.* Porto Alegre: Ed. Universidade/UFRGS, 2000. p. 102-103; ANTUNES, Ricardo. *Adeus ao trabalho?* Ensaio sobre as metamorfoses e a centralidade do mundo do trabalho. 9. ed. Campinas: Cortez, 2003. p. 181-182.

(259) Dados da OIT do ano de 2005, portanto antes da crise de 2008, demonstravam que 180 milhões de pessoas estavam em situação de desemprego aberto (procuravam emprego, mas não conseguiam colocação). Assim, um terço da mão de obra no mundo estava desempregada ou subempregada. Os dados podem ser conferidos no endereço eletrônico www.oitbrasil.org.br. Em 2018, portanto, supostamente após a saída da crise de 2008, de acordo com a publicação "*Perspectivas Sociais e de Emprego no Mundo: Tendências 2018*", a taxa de desemprego global se estabilizou após um aumento em 2016. As projeções indicavam que a taxa chegou a 5,6% em 2017, o que representa mais de 192 milhões de pessoas desempregadas no mundo. O relatório destacava, ainda, outro fato grave, ou seja, de que o progresso significativo alcançado na redução do emprego vulnerável estava paralisado desde 2012. Estimava-se que cerca de 1,4 bilhão de trabalhadores estavam em empregos vulneráveis em 2017 e que outros 35 milhões deveriam se juntar a eles até 2019. Nos países em desenvolvimento, o emprego vulnerável afeta três em cada quatro trabalhadores. Os dados podem ser consultados no endereço eletrônico: <https://nacoesunidas.org/oit-desemprego-e-deficits-de-trabalho-decente-continuarao-altos-em-2018/>. No início de 2019, embora tenha se constatado uma ligeira melhora do nível de desemprego, a OIT voltou a chamar a atenção para a deterioração da qualidade do emprego em nível mundial devido ao aumento significativo do emprego temporário, em tempo parcial, o baixo crescimento dos rendimentos do trabalho. No tocante à América Latina, a OIT apontou o altíssimo índice de trabalho informal, alcançando em torno de 53% da população ativa. Os dados podem ser conferidos em: PAÍS, El. *OIT alerta para precarização do emprego em nível mundial.* Disponível em: <https://brasil.elpais.com/brasil/2019/02/13/economia/1550088419_496910.html>.

chamar de "flexibilização",(260) que na ótica neoliberal pode ser considerada como um sinônimo de precarização (piora) das condições de trabalho.

Conforme já referido, uma das receitas neoliberais é a flexibilização das relações laborais, sob o argumento de que a diminuição da proteção laboral, leia-se, redução de direitos sociais dos trabalhadores, visa aumentar o investimento, o emprego e a competitividade das empresas.(261) Somado a isso, ao mesmo tempo em que as organizações dos trabalhadores vão perdendo força em razão do próprio desemprego e de medidas estatais contrárias aos sindicatos, propõe-se uma profunda "individualização" das relações de trabalho, até o limite do politicamente possível, com a retirada da intervenção estatal protetiva nestas relações ou, pelo menos, seu afrouxamento. Com isso, as relações individuais de trabalho voltam a se aproximar das relações civis, um retorno ao período anterior ao nascimento do Direito do Trabalho.

Conforme dito acima, no tocante às relações coletivas de trabalho (ou seja, as travadas entre sindicatos de empregados e sindicatos de empregadores ou empresas) devem ser limitadas pelo Estado para impedir "práticas monopolistas" que impedem o livre jogo da oferta e da procura.(262) A combinação destes mecanismos acaba significando que o poder das empresas aumenta proporcionalmente com a diminuição ao máximo possível da proteção dos trabalhadores, ou seja, são flexibilizadas e precarizadas as normas de proteção mínimas ao trabalho ao mesmo tempo em que se eleva a proteção ao capital.(263)

A tendência de aplicação de uma gestão em moldes toyotistas, não significou o simples abandono da organização fordista/taylorista na organização do trabalho nas empresas, mas, sim, a mescla destes modelos. No Brasil, em especial, o processo de reestruturação produtiva combina elementos de continuidade/descontinuidade, implicando enxugamentos da força

(260) A expressão "flexibilização" (ou "flexibilidade") será utilizada em sentido amplo, abarcando tanto a desregulamentação como também a flexibilização em sentido restrito. Nesse sentido, afirma Oscar Ermida Uriarte que, em geral, "sob a denominação genérica de flexibilidade tende-se a incluir dois conceitos diferentes. De um lado, sobretudo na doutrina europeia, reserva-se a palavra 'desregulamentação' para se referir à flexibilização unilateral, imposta pelo Estado ou pelo empregador, diminuindo ou eliminando benefícios trabalhistas, sem real participação da vontade do trabalhador e sem contrapartida ou sem contrapartida determinada e exigível. Por outro lado, essa mesma doutrina reserva o termo 'flexibilização' para identificar a adaptação autônoma, negociada e condicionada, quer dizer, em troca de determinadas e exigíveis contraprestações e não em troca de uma mera expectativa". URIARTE, Oscar Ermida. A flexibilidade, p. 17.

(261) Sobre isso ver URIARTE, Oscar Ermida. *A flexibilidade*, p. 9.

(262) *Ibidem*, p. 19-20.

(263) Giovanni Alves é enfático ao afirmar que a flexibilidade da força de trabalho é uma estratégia para uma maior acumulação do capital: "... a categoria de flexibilidade possui uma ineliminável dimensão política – ela apenas robustece o poder do capital (contra a sua parte antagônica, o trabalho assalariado). Ela não atinge as prerrogativas 'rígidas' do capital, tendo em vista que é ele quem decide ainda o que produzir e onde alocar os recursos. Até mesmo, sob a Terceira Revolução Tecnológica, com as novas tecnologias da telemática, a capacidade de centralização do capital torna-se maior. Por outro lado, a função social do trabalho assalariado continua restrita e parcial, apesar da polivalência operária, proclamada pelos novos experimentos da produção capitalista de cariz flexível, tais como o toyotismo, o trabalhador assalariado continua sendo, em sua essência, um 'indivíduo parcial', mero fragmento humano que repete sempre uma operação parcial (Marx), apesar do 'enriquecimento de tarefas' (Aglietta), ou da 'desespecialização' (Coriat)". ALVES, Giovanni. *O novo (e precário) mundo do trabalho:* reestruturação produtiva e crise do sindicalismo, p. 24.

de trabalho, mudanças tecnológicas e de gestão da força de trabalho, bem como flexibilização dos direitos sociais dos trabalhadores, numa combinação de fordismo e toyotismo.(264)

Os avanços tecnológicos (telemática, informática, robótica, etc.) possibilitam a fragmentação da produção sem perda de seu controle, viabilizando que as empresas se organizem em redes, com uma grande quantidade de pequenas e médias empresas que se ligam com as empresas principais (terceirização). Esses mecanismos implicam ainda mais concentração e centralização do capital, com a organização não só do comércio, mas da produção em nível global.(265)

Segundo Antunes,(266) a implementação desse sistema impulsionado pela globalização neoliberal fragmenta, heterogeniza e complexifica o mundo do trabalho, provocando uma série de consequências drásticas no mundo do trabalho, tais como: a crescente diminuição do proletariado fabril estável; o incremento acentuado de um novo proletariado, que é o subproletariado fabril e de serviços, marcado pelo trabalho precarizado (terceirizados, trabalhos a tempo parcial, intermitentes, informais, "empreendedorismo"); o aumento significativo do trabalho feminino, com maior índice nos trabalhos precarizados e informais; o incremento de assalariados médios e de serviços; a exclusão de jovens e de idosos do mercado de trabalho; a inclusão precoce e criminosa de crianças no mercado de trabalho, principalmente nos países de industrialização intermédia e subordinada e, ainda, a expansão daquilo que Marx chamava de "trabalho social combinado", com trabalhadores do mundo inteiro participando do processo de produção.(267)

Portanto, a lógica do capital impõe que cada vez mais as pessoas dependam da venda de sua força de trabalho para sobreviver, ao mesmo tempo em que desemprega e precariza as relações de trabalho sobrantes. O fetichismo tecnológico da era digital tende a produzir um aprofundamento da desertificação no campo do trabalho. Antunes afirma:(268)

> Ao contrário da eliminação completa do trabalho pelo maquinário informacional-digital, estamos presenciando o advento e a expansão monumental do novo proletariado da era digital, cujos trabalhos, mais ou menos intermitentes, mais ou menos constantes, ganharam novo impulso com as TICs, que conectam, pelos celulares, as mais distintas modalidades de trabalho. Portanto, em vez do fim do trabalho na era digital, estamos vivenciando o crescimento exponencial do novo proletariado de serviços, uma variante global do que se pode denominar escravidão digital. [...] Portanto,

(264) ANTUNES, Ricardo. Construção e desconstrução da legislação social no Brasil. In: ANTUNES, Ricardo (Org.). *Riqueza e Miséria do Trabalho no Brasil*, p. 18-19.

(265) ALVES, Giovanni. *O novo (e precário) mundo do trabalho*, p. 57 e s.

(266) ANTUNES, Ricardo. *Adeus ao trabalho?*, p. 182 e 183.

(267) *Idem*.

(268) ANTUNES, Ricardo. *O privilégio da servidão:* o novo proletariado de serviços na era digital. São Paulo: Boitempo, 2018, p. 30-35. Se esse incremento de pessoas que dependem da venda de sua força de trabalho significa um aumento de valor produzido, é matéria que será abordada no terceiro capítulo da obra.

a "longa transformação" do capital chegou à era da financeirização e da mundialização em escala global, introduzindo uma nova divisão internacional do trabalho, que apresenta uma clara tendência, quer intensificando os níveis de precarização e informalidade, quer se direcionando à "intelectualização" do trabalho, especialmente nas TICs. Não raro, as duas tendências se mesclam e sofrem um processo de simbiose.

Pode-se citar como exemplos concretos dessa situação o trabalho intermitente,(269) semelhante à experiência britânica do *zero hour contract*, pelo qual o trabalhador é chamado para prestar serviço de acordo com a demanda de trabalho e sem qualquer segurança quanto a se vai laborar ou quantas horas vai laborar; a "pejotização"(270) na qual os trabalhadores, na maioria das vezes realmente assalariados, são contratados como pessoas jurídicas, sem direitos trabalhistas, bem como a chamada "uberização", pela qual os trabalhadores prestam serviços por meio de aplicativos e não tem seus direitos trabalhistas garantidos.(271)

Com a subordinação estrutural reforçada do trabalho ao capital, inclusive com a retomada de várias formas de extração de mais-valor absoluto não só nos países periféricos, mas também nos centrais, juntamente com a mais sofisticada tomada de mais-valor relativo, a globalização sob a ótica neoliberal aprofunda o fosso entre incluídos e excluídos do "mercado", flexibilizando e precarizando os direitos sociais dos trabalhadores e provocando o reaparecimento incisivo de uma série de fenômenos que eram tidos como ultrapassados, como a exploração do trabalho infantil e do próprio trabalho forçado.

Em suma, afirma Antunes(272) que o sistema de metabolismo social do capital, em razão de seus avanços tecno-organizacionais, precisa cada vez menos de trabalho estável e cada vez mais trabalho parcial, precarizado, terceirizado. Afirma o autor:

> Como o capital pode reduzir muito, mas não pode eliminar completamente o trabalho vivo do processo de criação de mercadorias, sejam elas materiais ou imateriais, ele deve, além de incrementar sem limites o trabalho morto corporificado no maquinário tecnocientífico, aumentar a produtividade do trabalho de modo a intensificar as formas de extração do sobretrabalho (de mais-valia) em tempo cada vez mais reduzido.

---

(269) Inserido na CLT pela Lei n. 13.667/2017 (Reforma Trabalhista) no art. 452-A e seguintes.

(270) Ver o art. 452-B da CLT, com redação da Lei n. 13.467/2017 (Reforma Trabalhista), que viabiliza, amplamente, essa possibilidade.

(271) ANTUNES, Ricardo. *O privilégio da servidão:* o novo proletariado de serviços na era digital, p. 28-29.

(272) ANTUNES, Ricardo. *O caracol e a sua concha* — Ensaios sobre a nova morfologia do trabalho. São Paulo: Boitempo, 2005. p. 27. Em sentido oposto, mas com enfoques diversos entre si, ver DE MASI, Domenico. *O futuro do trabalho* — Fadiga e ócio na sociedade pós-industrial. Rio de Janeiro: UNB, 1999; RIFKIN, Jeremy. *O fim dos empregos*. São Paulo: M. Books, 2004 e BRIDGES, William. *Um mundo sem empregos — job shift* — os desafios da sociedade pós-industrial. São Paulo: Makron Books, 1995. Dados citados por Gounet, indicam um aumento do assalariamento, por exemplo, nos EUA. O autor aponta dados que demonstravam que o conjunto de assalariados que era de 75,66% da população ativa em 1948, passou para 87,9% em 1998. GOUNET, Thomas. *Fim do trabalho, fim do emprego?*, p. 101.

Tal situação tende a se agravar ainda mais com as alterações tecnológicas em curso, as quais, para alguns são o aprofundamento da terceira revolução industrial, enquanto para outros constituem aspectos de uma quarta revolução industrial.

Jeremy Rifkin,[(273)] por exemplo, entende que a união da internet das comunicações, da internet da energia e da internet da logística numa infraestrutura inteligente e perfeitamente integrada, denominada de internet das coisas (IDC), configuram aspectos da terceira revolução industrial ainda em curso. Por seu turno, Claus Schawb[(274)] entende que está em curso uma quarta revolução industrial que, baseada na revolução digital, a supera, visto que como nunca estaria presente a fusão e interdependência de tecnologias diversas, com a interação entre os domínios físicos, digitais e biológicos. Assim, discorda dos que entendem que as inovações tecnológicas que estão surgindo são o desenvolvimento e aprofundamento da terceira revolução industrial. Para o autor, as inovações tecnológicas como a inteligência artificial, a robótica, a internet das coisas, os veículos autônomos, a impressão em 3D, a nanotecnologia, a biotecnologia, a ciência dos materiais, o armazenamento de energia e a computação quântica, como exemplos, pela velocidade exponencial em que se desenvolvem, pela amplitude e profundidade que apresentam na alteração de paradigmas, bem como pelo impacto sistêmico que provocam, permitem afirmar a ocorrência de uma quarta revolução industrial em curso.

De qualquer maneira, entendendo-se que as mudanças em curso fazem parte da terceira ou da quarta revolução industrial, o fato é que as consequências são dramáticas. Cesar Sanson,[(275)] que entende que já está em curso uma quarta revolução industrial, faz uma síntese do quadro:

> Um estudo recente divulgado pela Universidade de Oxford anunciou que 47% dos empregos vão desaparecer nos próximos 25 anos na esteira da Quarta Revolução Industrial. Outro relatório divulgado pela Foundation for Young Australians (FYA) destaca que mais da metade dos estudantes estão atrás de profissões que se tornarão obsoletas pelos avanços tecnológicos e automação. A pesquisa mostra que 60% dos jovens entram no mercado de trabalho em profissões que serão radicalmente afetados pela automação, e que pode ocorrer dentro dos próximos 10 a 15 anos. [...] Os robôs eliminam postos de trabalho num ritmo acelerado. Cada vez mais, os trabalhadores da manufatura serão substituídos pelas impressoras 3D, os bancários pelos algoritmos e uma enormidade de serviços pela Inteligência Artificial. Fábricas,

(273) RIFKIN, Jeremy. *La sociedade de coste marginal cero:* el internet de las cosas, el procomún colaborativo y el eclipse del capitalismo. Editor digital: Casc, 2014. p. 17.

(274) SCHWAB, Klaus. *A quarta revolução industrial.* 1. ed. São Paulo: Edipro, 2019, *e-pub*. Disponível em: <https://books.google.com.br/books?id=XZSWDwAAQBAJ&pg=PT3&dq=a+quarta+revolu%C3%A7%C3%A3o+industrial&hl=pt-BR&source=gbs_toc_r&cad=2#v=onepage&q=a%20quarta%20revolu%C3%A7%C3%A3o%20industrial&f=true>.

(275) SANSON, Cesar. *Revolução 4.0 e a lição de Marx.* Disponível em: <http://www.ihu.unisinos.br/186-noticias/noticias-2017/571238-revolucao-4-0-e-a-licao-de-marx>. Ver ainda sobre a chamada "indústria 4.0", ANTUNES, Ricardo. *O privilégio da servidão:* o novo proletariado de serviços na era digital, p. 43 e s.

> bancos, supermercados, fazendas e serviços públicos automatizados já são realidade. [...] As mudanças não serão apenas na base técnica, toda a estrutura ocupacional será alterada. A tendência é de altos salários na ponta dos cargos cognitivos e de baixos salários nas ocupações manuais. A flexibilidade será a regra nas relações de trabalho. Empregadores utilizarão a 'nuvem humana' — trabalhadores que podem ser localizados em qualquer lugar para resolução de problemas e projetos.

Nesse quadro, não fica difícil concluir que os trabalhadores enfrentam uma situação muito difícil, pois o sistema do capital e as políticas neoliberais flexibilizantes apostam e direcionam toda a evolução tecnológica no sentido da diminuição drástica dos postos de trabalho, com a substituição de trabalho vivo por um aparato maquínico/tecnocientífico sem precedentes, enfraquecendo ainda mais a posição dos trabalhadores e de seus sindicatos. Ceder às ondas de flexibilização significa a piora das condições de trabalho; resistir e reivindicar direitos pode significar desemprego. A constatação de Marx na carta escrita para Annenkov, já citada, é mais atual do que nunca: o maquinário é utilizado como arma de guerra na luta de classes. Com efeito, a tecnologia não é "neutra", mas, sim, orientada para o aumento do trabalho excedente e diminuição do trabalho necessário, ou seja, no sentido da lucratividade e estritamente condicionada por isso.(276)

Outra questão que precisa ser analisada é a "moeda de troca" do discurso neoliberal para convencer os trabalhadores a aceitar as ondas flexibilizatórias, ou seja, a do combate ao desemprego. Esse argumento foi um dos mais utilizados para que as medidas legislativas flexibilizantes da legislação brasileira, que já vinham sendo adotadas de longa data, fossem potencializadas e aprofundadas pelas Lei n. 13.429/2017 (Lei das Terceirizações) e pela Lei n. 13.467/2017 (Lei da Reforma Trabalhista), processo que se encontra em curso no presente momento.(277) Segundo o discurso oficial, abrindo-se mão de direitos básicos, o emprego seria preservado.

Ora, o aumento ou diminuição do desemprego, além do componente tecnológico e estrutural, parece estar mais ligado às situações flutuantes da economia, sendo muito relativa a influência da legislação do trabalho, o que será tema de análise posteriormente. Apenas para exemplificar, basta pensar que no Brasil, mesmo com uma legislação laboral considerada engessada pelos padrões neoliberais, bastou um crescimento mais forte do PIB para que o nível de desemprego caísse, tendo chegado, segundo o IBGE, em 4,3% em dezembro de

(276) Ver sobre isso MÉSZÁROS, István. *Para além do capital*, p. 1.004-1.005. Sobre as condições da aplicação da maquinaria em geral no modo de produção capitalista, ver MARX, Karl. *Grundrisse*, p. 694-696 e 701-702. No capítulo terceiro da obra será analisado os efeitos para o sistema da permanente e contraditória troca de trabalho vivo por trabalho morto.

(277) No caso da Reforma Trabalhista ocorrida no Brasil, esse discurso foi amplamente utilizado, tendo reverberado na imprensa nacional. Como exemplo, a manchete "Nova lei trabalhista deve gerar mais de 6 milhões de empregos, diz Meirelles". A manchete pode ser conferida no Disponível em: <https://g1.globo.com/economia/noticia/nova-lei-trabalhista-vai-gerar-mais-de-6-milhoes-de-empregos-diz-meirelles.ghtml>. Essa temática será aprofundada no terceiro capítulo do livro.

2015 (a menor taxa histórica).[278] Na verdade, o desemprego alcança os Estados nacionais de forma bastante diversa, de acordo com sua inserção na divisão internacional do trabalho, bem como de acordo com a situação da conjuntura econômica interna.[279]

Por outro lado, como a globalização neoliberal é uma tentativa de resposta à crise estrutural de acumulação do capital, tudo deve se tornar instantâneo e descartável e o que é rápido, simples e fácil, deve ser consumido pelo mundo todo com uma voracidade nunca dantes vista. Cada vez mais se convive com a chamada "obsolescência programada",[280] descuidando-se dos enormes impactos que esta forma de consumo destrutivo tem para o próprio futuro do Planeta, tanto no que toca ao trabalho quanto aos impactos ambientais. Com isso, se instala uma "síndrome de insegurança, incerteza e efemeridade" que contamina todas as relações interpessoais, e as relações de trabalho em especial.[281]

A situação de desemprego estrutural e conjuntural e a síndrome de insegurança típicas do modelo dominante, situação que tende a ser aprofundada pela profundas mudanças tecnológicas em curso, por outro lado, abrem as portas do mundo do trabalho para a aceitação e "docilização de relações perversas"[282] que abalam não propriamente o aspecto propriamente econômico dessas relações, mas, sim, viabilizam o vilipêndio da condição pessoal de dignidade dos trabalhadores, à desconsideração dos trabalhadores como pessoas integrais.

Relatos e casos de desconsideração à pessoa humana nas relações de trabalho fazem parte do cotidiano do mundo do trabalho, tais como: o desprezo por direitos como intimidade, privacidade e liberdade de expressão;[283] as situações de perseguição contínua e reiterada no

---

(278) ESTADÃO. *Desemprego em dezembro cai para 4,3%, o menor índice da história.* Disponível em: <https://economia.estadao.com.br/noticias/geral,desemprego-em-dezembro-cai-para-4-3-o-menor-indice-da-historia,1626434>.

(279) POCHMANN, Márcio. Financeirização, concentração de renda e desemprego: como valorizar o trabalho? *Revista Princípios*, nov. 2005, São Paulo, Anita Garibaldi, p. 31.

(280) Como afirma Mészáros: "Além de um certo ponto, entretanto, as mercadorias destinadas ao 'alto consumo de massa' deixam de ser suficientes para manter longe da porta os lobos da crise de expansão da produção (devido à ausência de canais adequados à acumulação de capital). Torna-se, desse modo, necessários divisar meios que possam reduzir a taxa pela qual qualquer tipo particular de mercadoria é usada, encurtando deliberadamente sua vida útil, a fim de tornar possível o lançamento de um contínuo suprimento de mercadorias superproduzidas no vórtice da circulação que se acelera". MÉSZÁROS, Itsván. *Para além do capital*, p. 670.

(281) DALLEGRAVE NETO. José Affonso. *Inovações na Legislação Trabalhista.* São Paulo: LTr, 2000. p. 25. Aliás, Bauman também constata a incerteza que marca o mundo do trabalho. Afirma que "flexibilidade" é "o slogan do dia, e quando aplicado ao mercado de trabalho augura um fim do 'emprego como o conhecermos', anunciando em seu lugar o advento do trabalho por contratos de curto prazo, ou sem contratos, posições sem cobertura previdenciária, mas com cláusulas 'até nova ordem'. A vida de trabalho está saturada de incertezas". BAUMAN, Zygmunt. *Modernidade líquida.* Rio de Janeiro: Jorge Zahar, 2001. p. 169. Hobsbawn, por sua vez, diagnostica a questão da instantaneidade em que vive a sociedade atualmente. Afirma que quase totalidade dos "jovens de hoje crescem numa espécie de "presente contínuo", sem qualquer relação orgânica com o passado público da época em que vivem. Por isso os historiadores, cujo ofício é lembrar o que os outros esquecem, tornam-se mais importantes que nunca no fim do segundo milênio". HOBSBAWN, Eric. *Era dos Extremos* — O breve século XX — 1914-1991. São Paulo: Companhia das Letras, 1995. p. 13.

(282) Ver COUTINHO, Aldacy Rachid. Proteção constitucional da vida privada. In: NUNES, Antônio José Avelãs; COUTINHO, Jacinto Nelson de Miranda (Orgs.). *Diálogos Constitucionais:* Brasil/Portugal. Rio de Janeiro-São Paulo: Renovar, 2004. p. 174 e s.

(283) ESCARTÍN, Ignacio García-Perrote. Ley, convenio colectivo, contrato de trabajo y derechos fundamentales del trabajador. *Revista de Derecho Social*, Espanha, Editorial Bomarzo, 1998, p. 37 e s.

ambiente de trabalho como o assédio moral;[(284)] casos de proibições absurdas, como a de falar com os colegas de trabalho ou ir ao banheiro,[(285)] apenas como exemplos dessas situações degradantes.

Aliás, nessa linha Capella[(286)] afirma:

> O impacto das políticas desreguladoras sobre o emprego redunda em um reforçado disciplinamento laboral. A capacidade de coerção econômica do empresariado se fortaleceu notavelmente [...]. Isso lança por terra outras conquistas dos trabalhadores do período anterior, relativas à segurança no trabalho, à higiene e sobretudo à dignidade pessoal. Em condições precárias se faz difícil e inclusive arriscado protestar para defender os próprios direitos legalmente reconhecidos (sobretudo quando o trabalhador ocupado tem sob sua responsabilidade outras pessoas, ou em situações de enfermidade, etc.).

De todo o panorama descrito, a situação do trabalho e daqueles que vivem do trabalho é cada vez mais dotada de contradições. Se não trabalham, estão no desemprego e na miséria. Quando trabalham, não raro enfrentam a precariedade e a pobreza. Além disso, muitas vezes enfrentam no ambiente de trabalho condições que se caracterizam pela total desconsideração por sua humanidade.

No entanto, como já brevemente referido, a regulação do trabalho no Brasil a partir da Constituição Federal de 1988 ganhou contornos que dificilmente podem ser legitimamente enclausurados dentro dos marcos das receitais neoliberais. Com efeito, a Constituição Federal de 1988 ao fundar um Estado Democrático de Direito com viés nitidamente social, além de elevar os direitos dos trabalhadores ao patamar de direitos fundamentais, parece apontar em caminho diametralmente oposto aos reclamos neoliberais.

Assim, diante do aparente choque entre o paradigma constitucional e o paradigma neoliberal, tendo por pano de fundo todas as mudanças ocorridas no mundo do trabalho, é necessário que se averigue se os direitos fundamentais sociais são realmente direitos fundamentais, bem como se os direitos dos trabalhadores realmente ganharam esse patamar na Constituição Federal de 1988 e quais as consequências jurídicas que daí decorrem.

---

(284) LÓPEZ, Ma. Fernanda Fernández. El acoso moral en el trabajo — ¿Una nueva forma de discriminación? *Revista de Derecho Social*, Albacete, Bomarzo, 1998, p. 69-70.

(285) EHRENREICH, Barbara. *Miséria à americana:* vivendo de subempregos nos Estados Unidos. Rio de Janeiro – São Paulo: Record, 2004. p. 48, nota 5 e 217 e s.

(286) CAPELLA, Juan Ramón. ***Fruto proibido***, p. 249.

Capítulo 2

Direitos Sociais como Direitos Fundamentais

No primeiro capítulo da presente obra, tendo o materialismo histórico como fio condutor da análise do desvelamento do processo social, foram analisadas, num primeiro momento, as várias formas de prestação de trabalho em nível global.

Assim, estudou-se os vários modos de produção dominantes ao longo do processo histórico e os conflitos e regulamentações pertinentes sobre a questão do trabalho. Mostrou-se que, a certo nível de desenvolvimento das forças produtivas sociais, podem ocorrer alterações nas formas de relações sociais que se estabelecem, redundando numa série de conflitos e reestruturações que abarcam os vários fenômenos sociais, entre eles, a partir de certo momento, o fenômeno do Direito.

Posteriormente, com o mesmo critério, analisou-se as formas de prestação de trabalho no Brasil, descrevendo os conflitos sociais e as respostas institucionais dadas ao longo da história brasileira. Por fim, foram estudadas as transformações ocorridas no trabalho na contemporaneidade, onde o fenômeno da globalização sob o viés neoliberal, tendo como um dos seus motores o avanço estonteante das tecnologias da Terceira Revolução Industrial, coloca em xeque várias das conquistas e direitos ligados ao trabalho.

No presente capítulo, por sua vez, serão tratadas as manifestações propriamente jurídicas que as alterações socioeconômicas descritas no capítulo anterior provocaram. Com efeito, partindo da ideia de que os direitos, em especial, os direitos fundamentais, são produtos históricos, tratar-se-ão os aspectos atinentes ao processo de fundamentação dos direitos fundamentais como respostas frente ao poder. Nesse sentido, a busca pela fundamentação dos direitos fundamentais se confunde com a busca pelo processo histórico de afirmação desses direitos e das lutas travadas para isso. Serão tratados vários temas da dogmática dos direitos fundamentais como a conceituação, positivação, generalização e especificação de tais direitos.

Posteriormente, tomando posição no debate sobre a base principiológica dos direitos fundamentais, serão tratados os princípios da dignidade da pessoa humana e da igualdade como cernes dos direitos fundamentais. Conjugando um critério jurídico material (dignidade humana) e um critério formal (igualdade jurídica), esses princípios serão tratados e procurar-se-á, a partir deles, embasar os direitos fundamentais.

Após isso, já munido dos fundamentos e base principiológica dos direitos fundamentais, buscar-se-á demonstrar porque os direitos sociais são direitos fundamentais, já que este tema está intimamente ligado com o objeto central da obra. Procurar-se-á analisar, em especial, se os direitos sociais dos trabalhadores, são realmente direitos fundamentais e quais critérios sustentam essa posição.

Por fim, ainda no presente capítulo será abordada a originalidade do tratamento que os direitos dos trabalhadores conquistaram na Constituição Federal de 1988, na qual foram positivados no título que trata dos direitos e garantias fundamentais. Tendo por base isso, serão tratadas as consequências jurídicas que são imanentes à caracterização desses direitos como fundamentais.

2.1. Fundamentação dos direitos fundamentais — Aspectos gerais

Para os fins do presente livro, cumpre esclarecer que as expressões "direitos fundamentais" e "direitos humanos" serão tomadas como intercambiáveis. Com efeito, Marcos Leite Garcia[(287)] afirma que os termos "direitos do homem" ou "direitos humanos" têm sido utilizados pela doutrina para fazer referência àqueles direitos positivados nas declarações e convenções internacionais; enquanto o termo "direitos fundamentais" é utilizado para referir aqueles direitos positivados ou garantidos no ordenamento jurídico interno de um determinado Estado. Embora isso, o autor sustenta a possibilidade do uso, como sinônimas, das expressões direitos humanos e direitos fundamentais.

Assim, muito embora se saiba das discussões terminológicas em torno do tema, opta-se por essa intercambialidade, visto que o uso indiferenciado desses termos não tem o efeito de afetar o cerne das questões que serão aqui debatidas. Partindo dessa premissa terminológica, no presente tópico será tratado o tema relativo à fundamentação dos direitos fundamentais, abordando os aspectos gerais da teoria dos direitos fundamentais.

Como afirma Marcos Leite Garcia,[(288)] a investigação pelos fundamentos dos direitos fundamentais é a busca por suas origens, pois ao se pesquisar as mesmas, está-se fundamentando esses direitos, ou seja, mostrando as razões, os argumentos que tornam inteligível, razoável e coerente o fenômeno relativo ao aparecimento histórico e a evolução desses direitos. Dessa forma, fica claro que os direitos fundamentais são aqui entendidos como direitos históricos que nascem de lutas sociais visando a limitação do poder (lato senso).

Com efeito, o exercício de fundamentação dos direitos fundamentais tem por mote investigar as razões, os argumentos, as lutas sociais instituintes[(289)] que reivindicam e consagram esses direitos, num processo sempre aberto diante das diversas situações sociais e históricas na busca por condições de vida dignas e iguais.

Nessa linha, pode-se afirmar que a fundamentação histórica dos direitos fundamentais não se cinde da fundamentação racional, mas constitui uma espécie de síntese, no sentido de extrair da história uma racionalidade capaz de situar e embasar esses direitos.[(290)] Assim,

(287) GARCIA, Marcos Leite. *O processo de formação do ideal dos direitos fundamentais:* alguns aspectos destados da gênese do conceito, p. 2. Disponível em: <http://www.publicadireito.com.br/conpedi/manaus/arquivos/anais/XIV-Congresso/052.pdf>.

(288) GARCIA, Marcos Leite. Efetividade dos direitos fundamentais: notas a partir da visão integral do conceito segundo Gregorio Peces-Barba. In: VALLE, Juliano Keller do; MARCELINO JR., Julio Cesar (Org.). *Reflexões da Pós-Modernidade:* Estado, Direito e Constituição. Florianópolis: Conceito Editorial. p. 193.

(289) SANCHÉZ RUBIO, David. *Derechos humanos instituyentes, pensamento crítico y práxis de liberación*, p. 40.

(290) PECES-BARBA MARTÍNEZ, Gregorio. Curso de derechos fundamentales: teoría general. *Boletín Oficial del Estado*, Madrid, 1999, p. 200.

busca-se investigar os processos de lutas sociais que embasaram as reivindicações por esses direitos, revelando o substrato social que levou a essas pretensões e a racionalidade necessária para que as mesmas fossem compreendidas e encampadas pelo direito positivo.

Ao analisar a fundamentação dos direitos fundamentais, portanto, busca-se averiguar os processos instituintes de tais direitos, as lutas sociais e cotidianas, travadas de forma coletiva e individual, frente aos excessos de poder que colocaram e colocam em risco a vida igualmente digna dos seres humanos.

Nessa linha, Luigi Ferrajoli,(291) por exemplo, entende que assim como o constitucionalismo rígido, também os direitos fundamentais são "técnicas jurídicas" historicamente construídas para limitar os "poderes selvagens", sejam públicos ou privados, muito embora não aptas para eliminá-los. No mesmo sentido, é a posição de David Sánchez Rubio(292) que salienta não ser possível esquecer que a origem histórica dos direitos humanos se baseia em processos de luta e reivindicações frente aos excessos de poder.

Esses excessos dos poderes, públicos e privados, ao ameaçarem a vida igualmente digna de indivíduos e grupos, em dadas circunstâncias históricas e sociais geraram, assim, uma reação por parte desses indivíduos e grupos no sentido da limitação de tais poderes. Esse tipo de resposta aos excessos do poder é uma forma típica da modernidade.

Com efeito, as expressões direitos humanos, direitos fundamentais, direitos naturais, liberdades públicas, direitos individuais e outras, têm em comum o seu nascimento no mundo moderno, sendo fruto de uma cultura individualista e antropocêntrica frente a uma cultura objetiva e comunitária da Idade Média. Assim, os direitos humanos/fundamentais são um conceito histórico nascido no trânsito para a modernidade.(293) É importante ter essa clareza, pois isso impede que se façam falsas projeções da linguagem típica dos direitos fundamentais para períodos históricos em que sequer poderiam existir tais direitos.

Talvez seja possível dizer que a "pergunta" que colocou e coloca em foco os direitos fundamentais, surgida apenas no contexto da modernidade, ou seja, dentro do sistema do capital, seja: *como proteger os indivíduos, as pessoas humanas, diante dos excessos de poder?* Somado a isso, também poderia ser dito que pouco importa o adjetivo dado ao poder, pois estão abarcados os vários tipos de poder, como o socioeconômico, o político, o cultural, seja público ou privado.(294)

(291) FERRAJOLI, Luigi. *El garantismo y la filosofía del derecho*. Serie de teoría jurídica y filosofía del derecho. n. 15. Bogotá: Universidad Externado de Colombia, 2001. p. 120-126.

(292) SÁNCHEZ RUBIO, David. *Derechos humanos instituyentes, pensamento crítico y praxis de liberación*, p. 9 e 40.

(293) PECES-BARBA MARTÍNEZ, Gregorio. *Curso de derechos fundamentales:* teoría general, p. 22. No mesmo sentido, ver BOBBIO, Norberto. *A era dos direitos*. 7. ed. São Paulo: Elsevier, 2004. p. 7-8.

(294) Nesse sentido, muito embora falando da Declaração dos Direitos do Homem de 1789, mas perfeitamente estendível ao próprio surgimento desses direitos, Canotilho lembra que a Declaração de 1789 não tinha em vista apenas limitar o poder político próprio do absolutismo político estatal, mas também se dirigia contra os privilégios da nobreza e do clero, bem como contra posições desigualitárias em virtude de classe social ou econômica. CANOTILHO, J. J. Gomes. *Direito constitucional e teoria da Constituição*. 7. ed. Coimbra: 2003,.p. 1.289.

É no trânsito para a modernidade[295] que se constituem esses direitos como expressão das lutas instituintes, num primeiro momento, da burguesia em ascensão frente aos poderes excessivos da Igreja Católica, dos Estados Absolutos e de outras instâncias de poder privado. No entanto, estas lutas instituintes depois vão se desdobrando historicamente e alcançando outros grupos e sujeitos sociais como, por exemplo, os trabalhadores, as mulheres, os grupos minoritários e outros mais. Assim, as lutas históricas por estes direitos, muito embora as diferenças de interesses veiculadas pelos diversos indivíduos e grupos, sempre partiram de pretensões éticas que buscaram e buscam por acolhimento jurídico na defesa da igual dignidade humana.[296]

Nessa linha, Gregorio Martínez Peces-Barba[297] sustenta que a expressão "direitos fundamentais" compreende tanto aspectos éticos como jurídicos, não amputando nenhum deles. Assim, expressa a relevância moral das pretensões que decorrem da dignidade humana, bem como a relevância jurídica que converte esses direitos em normas básicas materiais do ordenamento jurídico, como mecanismos necessários para que o indivíduo desenvolva na sociedade todas as suas potencialidades. Dessa forma, os direitos fundamentais são a expressão de uma moralidade básica e de uma juridicidade básica.

Justamente por isso, Peces-Barba[298] sustenta que quando se fala de direitos humanos, fala-se, ao mesmo tempo, de uma pretensão moral justificada sobre características centrais que derivam da ideia de dignidade humana, necessárias para o desenvolvimento integral do ser humano (pretensão moral justificada), bem como de sua recepção no direito positivo, com o que se ganha a possibilidade de realizar de forma eficaz sua finalidade.

Entende-se que a importância de enfocar os direitos fundamentais tanto do ponto de vista moral, como do ponto de vista do direito positivo, exatamente na linha sustentada por Peces-Barba é central, pois dessa forma são evitados dois perigos: reconhecer como direitos fundamentais pretensões que não se fundam na dignidade humana e na igualdade, de um lado e, por outro, reconhecer como direitos fundamentais pretensões que não tem possibilidade jurídica de serem exercidas. Assim, exigir que esses direitos tenham por base uma

---

(295) Cumpre enfatizar que a expressão "trânsito à modernidade" se refere ao processo sociohistórico, econômico, politico, cultural e científico de mudanças estruturais ocorridas na passagem da Idade Média para a Idade Moderna, os quais se desenvolveram ao longo de séculos e que foram centrais para o aparecimento dos direitos fundamentais. PECES-BARBA MARTÍNEZ, Gregorio; ROIG, Rafael de Asís; AVILÉS, María del Carmen Barranco. *Lecciones de derechos fundamentales*, p. 74.

(296) David Sánchez Rubio chama a atenção no sentido de que este momento constituinte/instituinte dos direitos humanos não fique engessado num passado remoto. Afirma a necessidade de se reconhecer o poder popular e democrático das lutas dos excluídos por novos direitos e espaços para a produção e reprodução da vida em dignidade, sob pena de que os direitos fiquem adstritos ao padrão estalista e meramente formal. SÁNCHEZ RUBIO, David. Derechos humanos, luchas y praxis de liberación: algunos aportes a partir del pensamento de Ignacio Ellacuría y otros autores críticos. In: MARTÍNEZ, Alejandro Rosillo; BUSTAMANTE, Guillermo Luévano (Coords.). *En torno a la crítica del derecho*. 1. ed. Aguascalientes-San Luis Potosí: CENEJUS-UASLP, 2018. p. 78 e s.

(297) PECES-BARBA MARTÍNEZ, Gregorio. *Curso de derechos fundamentales:* teoría general, p. 36-38; PECES-BARBA MARTÍNEZ, Gregorio; ROIG, Rafael de Asís; AVILÉS, María del Carmen Barranco. *Lecciones de derechos fundamentales*, p. 29.

(298) PECES-BARBA MARTÍNEZ, Gregorio. *Curso de derechos fundamentales:* teoría general, p. 102.

fundamentação ética, a qual é, posteriormente, recepcionada juridicamente, acolhe, em parte, a posição daqueles que postulam a necessidade de uma fundamentação pré-jurídica, seja axiológica[(299)] ou jusnaturalista,[(300)] ao mesmo tempo em que não abre mão da positividade jurídica.[(301)]

Entende-se que a concepção dialética presente no pensamento de Peces-Barba, supera reducionismos jusnaturalistas e positivistas sobre a compreensão desses direitos, permitindo a compreensão e resposta à duas perguntas centrais: o "porquê" dos direitos fundamentais e o "para quê" dos direitos fundamentais. Quando se analisam tais direitos como pretensões morais justificadas, a compreensão está no campo da fundamentação desses direitos, sendo a resposta ao "porquê" dos mesmos; já quando a análise foca no conceito desses direitos, como resposta ao "para quê" dos mesmos, a compreensão está focada na recepção dessas pretensões morais justificadas no campo do direito positivo. Assim, a compreensão só se torna adequada quando se responde conjuntamente ao porquê (fundamento) e ao para quê (conceito) dos direitos fundamentais.[(302)] Com efeito Peces-Barba[(303)] afirma textualmente:

> Los derechos humanos son una forma de integrar justicia y fuerza desde la perspectiva del individuo próprio de la cultura antropocéntrica del mundo moderno. En el horizonte de la comprensión de los derechos humanos, moral y Derecho aparecen concectados por el Poder. Los derechos fundamentales que se originan y se fundan en la moralidade y que desembocan en el Derecho lo hacen a través del Estado, que es punto de referencia de la realidade jurídica a partir del trânsito a la modernidad. Sin el apoyo del Estado, esos valores morales no se convierten em Derecho positivo, y por consiguiente, carecen de fuerza para orientar la vida social en un sentido que favorezca su finalidad moral.

Por outro lado, quando num dado momento histórico, essas pretensões morais justificadas não conseguem adentrar no campo do direito positivo, servem como alavancas, como "moral crítica" para forçar e pressionar ao Estado, por meio da atuação de seus cidadãos e organizações, para que sejam reconhecidas e adentrem no campo do direito positivo.[(304)]

---

(299) Nesse sentido, por exemplo, FERNÁNDEZ, Eusebio. *Teoria de la justicia y derechos humanos*. Madrid: Editorial Debate, 1991. p. 78 e 106 e s. Em sentido semelhante, também NINO, Carlos Santiago. *Ética y derechos humanos: un ensayo de fundamentación*. Barcelona: Ariel, 1989. p. 19-20.

(300) Nesse sentido ver a posição de PÉREZ LUÑO, Antonio Enrique. *Derechos humanos, estado de derecho y constitución*. Madrid: Tecnos, 2003, p. 48-49 e 177-184; ver PÉREZ LUÑO, Antonio Enrique. *Los derechos fundamentales*. 11. ed. Madrid: Tecnos, 2013. p. 44 e s. Cabe ressaltar que Pérez Luño defende um "jusnaturalismo deontológico", sendo uma posição muito próxima da de Peces-Barba.

(301) Nesse sentido, BOBBIO, Norberto. *A era dos direitos*, p. 38 e s.

(302) PECES-BARBA MARTÍNEZ, Gregorio. *Curso de derechos fundamentales:* teoría general, p. 102-104; PECES-BARBA MARTÍNEZ, Gregorio; ROIG, Rafael de Asís; AVILÉS, María del Carmen Barranco. *Lecciones de derechos fundamentales*, p. 29-30.

(303) PECES-BARBA MARTÍNEZ, Gregorio. *Curso de derechos fundamentales:* teoría general, p. 105.

(304) PECES-BARBA MARTÍNEZ, Gregorio. *Curso de derechos fundamentales:* teoría general, p. 105; PECES-BARBA MARTÍNEZ, Gregorio; ROIG, Rafael de Asís; AVILÉS, María del Carmen Barranco. *Lecciones de derechos fundamentales*, p. 32.

Por fim, Peces-Barba sustenta que, além de pretensões morais justificadas que são recebidas e positivadas no ordenamento jurídico, os direitos fundamentais também devem ser entendidos como uma realidade social, pois estão condicionados por fatores extrajurídicos de caráter social, econômico e cultural que facilitam, dificultam ou impedem sua efetividade. Se trata aqui de verificar os condicionamentos que a realidade social projeta sobre o direito.(305)

Com efeito, não é possível desconhecer que os direitos fundamentais, quando entendidos apenas como direitos positivados em normas estatais e desligados de seus processos instituintes, acabam por ficar expostos a limitações teóricas e práticas. Limitações teóricas porque se perde de vista os processos das lutas instituintes por tais direitos na busca por vida digna, sempre abertas e passíveis de evolução ou regressão, reduzindo-se e fixando a análise apenas em seu caráter estatal. Limitações práticas pelo fato de que, com isso, separa-se o aspecto formal da previsão de tais direitos de sua efetivação na vida cotidiana das pessoas, proporcionando um déficit entre a realidade jurídica formal e a efetividade concreta de tais direitos.(306)

Em virtude disso, entende-se que doutrina de Gregorio Martínez Peces-Barba é um bom fio condutor para a proposta aqui desenvolvida, pois combina os aspectos éticos e jurídicos, ao mesmo tempo em que insiste no caráter histórico da formação e consolidação dos direitos fundamentais na modernidade.

Assim, como já dito e seguindo a trilha de Peces-Barba,(307) não é possível falar de direitos fundamentais até a modernidade, pois esse é um conceito histórico da modernidade que surge numa longa trajetória de cristalização de uma série de características próprias desse momento histórico. Entende-se que desconhecer esse dado pode significar incorrer em um erro grave que é projetar, para o passado ou para o futuro, a especificidade de uma categoria histórica.

Fatores de ordem econômica, política, cultural, científica e, propriamente, jurídica vão formar o caldo histórico em que se originam os direitos fundamentais. Como já exposto no primeiro capítulo deste livro, a realidade social é multifacetada, muito embora existam certos fatores que, em última instância, acabam por ser os motores das alterações sociais e históricas.

Na passagem do mundo medieval para o mundo moderno, ocorreu uma profunda mudança socioeconômica com a aparição histórica dos primeiros traços do que, mais tarde, conformará o modo de produção capitalista. A nova organização econômica ao favorecer a livre concorrência e as liberdades de indústria e comércio, deixou o campo livre para que a burguesia impusesse os seus interesses econômicos frente a ordem medieval, impulsionando o individualismo do sujeito burguês.(308)

---

(305) PECES-BARBA MARTÍNEZ, Gregorio. *Curso de derechos fundamentales:* teoría general, p. 112.

(306) Sobre isso ver SÁNCHEZ RUBIO, David. *Derechos humanos instituyentes, pensamento crítico y praxis de liberación*, p. 39 e s.

(307) PECES-BARBA MARTÍNEZ, Gregorio. *Curso de derechos fundamentales:* teoría general, p. 113-114.

(308) PECES-BARBA MARTÍNEZ, Gregorio. *Curso de derechos fundamentales:* teoría general, p. 116; PECES-BARBA MARTÍNEZ, Gregorio; ROIG, Rafael de Asís; AVILÉS, María del Carmen Barranco. *Lecciones de derechos fundamentales*, p. 74-76.

Conforme já exposto, é nesse período histórico que vão surgir os elementos necessários para uma nova configuração da organização social baseados no modo de produção do capital, com o surgimento do Estado Moderno, das relações de trabalho pautadas pelo trabalho livre, do dinheiro moderno e do próprio Direito como forma específica dessa sociedade que emerge do medievo.

Como afirma Peces-Barba, já na fase do capitalismo comercial, na transição do mundo feudal para o propriamente capitalista, constituíram-se as características que foram decisivas para o surgimento dos direitos fundamentais: o desenvolvimento da produção de mercadorias e de uma economia monetária; a livre organização comercial; a superação da economia local e a formulação progressiva de princípios filosóficos, políticos, econômicos, religiosos e morais que justificavam as mudanças. Dessa forma, continua o autor:(309)

> Aunque con el mercantilismo, basado en la idea de que la riqueza de las naciones se produce por la acumulación de metales preciosos y de dinero, se reforzará el poder del Estado absoluto, lo certo es que también se beneficiará a los intereses de la burguesía, facilitando una salida segura y próspera de la vieja sociedad estamental. Cuando em los siglos XVII y, sobre todo, XVIII el descontento de la burguesía por el excesivo poder del Estado, y la fuerza económica adquirida, la lleven a pretender compartir el poder político, los derechos humanos serán una das armas más importantes.

Dessa forma, quando o Estado absoluto deixou de ser um elemento de apoio e fomento aos interesses da burguesia proprietária e comerciante, convertendo-se em um empecilho como, por exemplo, nas guerras religiosas que dificultavam enormemente o comércio, começaram a ser produzidas as primeiras formulações da filosofia dos direitos fundamentais em defesa da tolerância e da limitação do poder absoluto. Assim, a burguesia influenciou uma nova orientação para a literatura, para a arte, para a filosofia, para a ciência, ao mesmo tempo que restou impactada por estas manifestações. Surgiu, assim, a ideologia liberal com a finalidade de defesa do indivíduo burguês e do livre desenvolvimento de suas atividades econômicas, bem como na defesa de que o poder político deveria estar pautado pelos ideais da burguesia.(310)

Junto a estes aspectos econômicos, científicos, filosóficos, culturais, outro fator imprescindível para o aparecimento da ideia dos direitos fundamentais foi o novo poder político que surgiu no trânsito à modernidade, ou seja, o Estado, conforme já delineado anteriormente. O Estado moderno é criador e criatura do sistema do capital, tendo sido gestado no ventre da sociedade feudal.

Ora, como esse novo poder político se colocava acima de qualquer limite (razão de Estado), surgiu a necessidade do controle de tal poder absoluto, desmesurado. O uso político do fator religioso pelos monarcas absolutos, provocando guerras religiosas (prejudiciais ao

(309) PECES-BARBA MARTÍNEZ, Gregorio. *Curso de derechos fundamentales:* teoría general, p. 117.

(310) *Ibidem*, p. 118.

comércio) e perseguições de cunho religioso, foi decisivo para criar o dissenso necessário frente a estas agressões, por sobre o qual será concluído um consenso em torno de ideias como a de tolerância e liberdade de consciência que foram de suma importância na formulação do ideal dos direitos fundamentais.(311)

A esse novo contexto socioeconômico e político vai se agregar uma nova mentalidade, impulsionada pelo humanismo e pela reforma protestante, que também será decisiva para o nascimento dos direitos fundamentais. Cabe insistir que nenhum processo histórico é linear, mas, sim, multifacetado, composto de elementos que se vão constituindo numa teia de relações recíprocas e co-fundantes.

Assim, as liberdades civis, que formaram os primeiros registros dos direitos fundamentais, foram infladas por essa mentalidade burguesa diante das pressões do Estado Absoluto, no sentido da criação de limites à atuação estatal, abrindo espaço ao progresso do comércio, da economia de livre mercado e para o desenvolvimento profissional. Num segundo momento, essa mesma mentalidade impulsionará a luta pelos direitos políticos e a tomada do poder político pela burguesia.(312)

Todas essas mudanças que vão se dar no trânsito à modernidade se cristalizaram numa cultura peculiar que deu luz à Ilustração, também central para o nascimento dos direitos fundamentais, a qual se assentava em quatro características básicas: a secularização, o naturalismo, o racionalismo e o individualismo.(313)

A secularização, rompendo com a ordem medieval, caracterizou-se pela progressiva soberania da razão e do protagonismo humano para um tipo de vida terrena, em contraponto aos dogmas da Igreja. Os temas religiosos, na arte, na literatura, na ciência, na política, vão sendo substituídos por temas humanos. Já o naturalismo, consequência da secularização, significou uma mudança nos fundamentos das explicações do mundo. Frente as explicações religiosas da formação do cosmos, constituiu um intento de explicação imanente, analisando racionalmente a natureza e as leis que a regem. Por sua vez, o racionalismo se configurou na valorização e confiança na razão humana como instrumento de conhecimento e de domínio sobre a natureza (física e social), como mecanismo para descobrir suas regularidades e leis. Por fim, o individualismo é outra característica da modernidade, como forma de atuação do homem burguês que se vê como protagonista da história, que tudo pode, agindo por sua própria conta e risco, aspecto que, como causa e efeito retroativos, foi influenciado pelas novas formas econômicas e políticas.(314)

---

(311) PECES-BARBA MARTÍNEZ, Gregorio. *Curso de derechos fundamentales:* teoría general, p. 122.

(312) PECES-BARBA MARTÍNEZ, Gregorio. *Curso de derechos fundamentales:* teoría general, p. 122-127; PECES-BARBA MARTÍNEZ, Gregorio; ROIG, Rafael de Asís; AVILÉS, María del Carmen Barranco. *Lecciones de derechos fundamentales*, p. 79 e s.

(313) PECES-BARBA MARTÍNEZ, Gregorio. *Curso de derechos fundamentales:* teoría general, p. 127; PECES-BARBA MARTÍNEZ, Gregorio; ROIG, Rafael de Asís; AVILÉS, María del Carmen Barranco. *Lecciones de derechos fundamentales*, p. 80 e s.; GARCIA, Marcos Leite. A contribuição de Christian Thomasius ao processo de formação do ideal dos direitos fundamentais. *Revista Novos Estudos Jurídicos*, Itajaí, v. 10, n. 2, p. 417-450, jul./dez. 2005, p. 421 e s.

(314) PECES-BARBA MARTÍNEZ, Gregorio. *Curso de derechos fundamentales:* teoría general, p. 127-133; PÉREZ LUÑO, Antonio Enrique. *Los derechos fundamentales*, p. 27-28, 33-34.

Segundo Peces-Barba,(315) ainda mais dois componentes foram centrais para a gênese histórica dos direitos fundamentais: a nova ciência e o novo direito.

Houve um espetacular desenvolvimento científico nos séculos XVI e XVII que, com o rompimento da prevalência da concepção teológica do mundo, abriu espaço para as explicações do cosmos como um "grande mecanismo". Os nomes de Copérnico e depois de Kepler, Galileu e Harvey; o surgimento das sociedades científicas e, posteriormente, os trabalhos de Bacon, Descartes e Newton, serão decisivos para um movimento que fortaleceu a confiança na razão humana como fonte do conhecimento, do qual resultou o racionalismo. Com isso, implantou-se a ideia de domínio do homem sobre a natureza e de seu protagonismo na história. No campo das ciências sociais e políticas, em especial no direito, sob o pressuposto da razão dedutiva matemática utilizada nas ciências naturais, surgiu o *iusnaturalismo racionalista* como um grande sistema, supostamente descoberto pela razão na própria natureza humana. Assim, autores como Grócio, Puffendorf, Thomasius e Wolff, entre outros, utilizando-se desses esquemas, ao qual se somava a visão do protagonismo individual, conduziram ao surgimento histórico dos chamados "direitos naturais racionalistas".(316)

No tocante ao direito, a necessidade de organização e o monopólio da força legítima, aliás, imprescindíveis à segurança dos próprios negócios do capitalismo nascente, fizeram com que o direito nascido no trânsito à modernidade fosse produzido e atrelado a outro ente surgido no período: o Estado.

Segundo Peces-Barba, só aparentemente se pode falar em conflito entre a coexistência do direito produzido pelo poder político estatal e o *iusnaturalismo racionalista*, pois este favoreceu as tendências sistemáticas no direito, bem como o caráter das normas jurídicas como regras gerais e abstratas, tendo destinatários universais. Além disso, postulou a necessidade do direito positivo para dar eficácia aos direitos naturais. Dessa forma, o direito estatalmente produzido e o *iusnaturalismo racionalista* se fizeram complementares.

O direito resultante desse processo histórico apresentou as seguintes características: o direito é entendido como direito estatal, posto pelo poder político estatal e identificado com a lei, ordenando a sociedade mediante normas abstratas e gerais, tendo como destinatário o "*homo juridicus*"; formou-se a ideia de direitos subjetivos, expressando a mentalidade antropocêntrica de então, em contraposição ao direito objetivo; a coercibilidade é entendida como requisito essencial do direito, consequência de sua relação com o poder político; foi estabelecida a distinção entre direito e moral, preservando o espaço da liberdade de consciência e do pensamento e favorecendo a tolerância; foi sendo assentada a distinção entre direito público e direito privado, com a hegemonia deste como expressão jurídica da autonomia da vontade

(315) PECES-BARBA MARTÍNEZ, Gregorio. *Curso de derechos fundamentales:* teoría general, p. 133 e s.; PECES-BARBA MARTÍNEZ, Gregorio; ROIG, Rafael de Asís; AVILÉS, María del Carmen Barranco. *Lecciones de derechos fundamentales*, p. 84 e s.

(316) PECES-BARBA MARTÍNEZ, Gregorio. *Curso de derechos fundamentales:* teoría general, p. 133-134; PÉREZ LUÑO, Antonio Enrique. *Los derechos fundamentales*, p. 26 e s.

da burguesia. Assim, complementa o autor, é no seio deste direito do Estado moderno que surgirá ao longo do tempo o consenso sobre a ideia dos direitos fundamentais.[(317)]

Assim, na trilha do pensamento de Peces-Barba,[(318)] uma adequada fundamentação dos direitos fundamentais, desde o trânsito à modernidade até os dias que seguem, só é possível por meio de uma apropriação racional do material histórico sobre o qual nasceram e se desenvolveram e continuam em mutação. Dessa forma, o autor desenvolve a ideia de quatro linhas de evolução dos direitos fundamentais abarcando a positivação, a generalização, a internacionalização e a especificação, pautadas pela contribuição das tradições liberal, democrática e socialista. Segundo o autor, isso torna possível um entendimento integral desses direitos, evitando reducionismos ideológicos.

A essas quatros linhas de evolução, parece necessária acrescentar uma linha prévia. Com efeito, salienta Marcos Leite Garcia[(319)] que antes do início do processo de positivação, ou melhor, do primeiro processo de positivação levado a cabo com as revoluções burguesas do século XVIII, é possível falar em um anterior processo de evolução que pode ser designado como "processo de formação do ideal dos direitos fundamentais". Esse processo de evolução, segundo o autor, estava diretamente relacionado com a fundamental pergunta da filosofia dos direitos fundamentais: qual deve ser seu conteúdo? Segundo o autor, essa foi a terceira pergunta fundamental relativa aos direitos, visto que a primeira foi "o por quê (?)" e a segunda "o para quê (?) dos direitos fundamentais. Cumpre enfatizar que, como o conceito de direitos fundamentais não é estático, a pergunta pelo seu conteúdo é central, pois deve acompanhar as demandas da sociedade. Também esse processo de formação do ideal dos direitos fundamentais se deu no trânsito à modernidade.

Essa linha prévia de evolução corresponde às lutas históricas e sociais que ocorreram no trânsito à modernidade, em razão das profundas mudanças nas estruturas socioeconômicas e da mentalidade que foram sendo construídas ao longo das lutas burguesas frente aos poderes então dominantes pela afirmação daquilo que se convencionou chamar da primeira geração dos direitos fundamentais, mais propriamente ligados aos direitos civis.

Como já houve o tratamento dessa questão anteriormente, ao ser descrito o processo de trânsito à modernidade, a atenção será concentrada nas demais linhas de evolução: positivação, generalização, internacionalização e especificação dos direitos fundamentais. Cumpre salientar ainda, que as linhas de evolução não podem ser entendidas como processos estanques e separados, mas, sim, entendidas em sua coimplicação recíproca.

---

(317) PECES-BARBA MARTÍNEZ, Gregorio. *Curso de derechos fundamentales:* teoría general, p. 134-138.

(318) PECES-BARBA MARTÍNEZ, Gregorio. *Curso de derechos fundamentales:* teoría general, p. 154 e s.; PECES-BARBA MARTÍNEZ, Gregorio; ROIG, Rafael de Asís; AVILÉS, María del Carmen Barranco. *Lecciones de derechos fundamentales*, p. 103 e s.

(319) GARCIA, Marcos Leite. Efetividade dos direitos fundamentais: notas a partir da visão integral do conceito segundo Gregorio Peces-Barba. In: VALLE, Juliano Keller do; MARCELINO JR., Julio Cesar (Org.). *Reflexões da Pós-Modernidade:* Estado, Direito e Constituição. Florianópolis: Conceito Editorial. p. 195; GARCIA, Marcos Leite. A concepção tridimensional dos direitos fundamentais de Gregorio Peces-Barba: reflexões na busca de critérios para o conceito de direitos humanos. In: CRUZ, Paulo Marcio; BRANDÃO, Paulo de Tarso; OLIVEIRO, Maurizio (Orgs.). *O direito contemporâneo e diálogos científicos Univali e Perugia.* Univali; Universitá Degli Studi di Perugia, 2016. *eBook*, p. 16.

O processo de positivação dos direitos fundamentais corresponde à passagem da discussão filosófica ao direito positivo, ou seja, a positivação das pretensões morais justificadas. É um processo historicamente em aberto, pois sujeito às lutas sociais, pautadas pelas ideias de dignidade, igualdade, liberdade e solidariedade, tendo por fim o atendimento das necessidades humanas básicas e na busca de limitação dos poderes (socioeconômico, político, religioso, etc), postulando o reconhecimento de tais pretensões no direito positivo (nacional ou supra-estatal). Em seu marco inicial, significou a necessidade postulada pelo próprio *iusnaturalismo racionalista* de dotar os então "direitos naturais" de um estatuto normativo que os tornasse eficazes, numa vinculação entre direito e poder.

Peces-Barba(320) sustenta só ser possível entender o processo de positivação dos direitos fundamentais a partir de um ponto de vista que atente para os aspectos ético, político e jurídico desse processo, ou seja, para as questões da fundamentação moral, de sua positivação pelo poder político e de sua recepção pelo direito positivo, como aspectos entrelaçados do mesmo fenômeno.

Os traços mais importantes que caracterizam o processo de positivação são: a) a progressiva conscientização da necessidade de dotar os direitos, surgidos como direitos naturais, de um estatuto jurídico que os tornassem eficazes na defesa das pessoas titulares dos mesmos; b) a sustentação da positivação em duas ideias, uma a de que o direito é expressão do soberano (Bodino) e a outra, própria da concepção liberal, a de que o poder é expressão do consenso do povo, baseado no pacto social; c) a ideia de positivação aparece já nos textos das Colônias inglesas Norte-americanas, na Declaração Francesa de 1789, o que também pode ser dito de outros textos históricos como "Bill of Rights" inglês de 1689, pois todas as inclusões da ideia de direitos em textos jurídicos supõe o dito processo de positivação; d) a partir do século XIX o processo de positivação, como expressão do poder político democrático e com a recepção dos direitos fundamentais nos textos constitucionais, em especial, entende-se como imprescindível para a eficácia social desses direitos; e) o processo de positivação desperta o interesse da filosofia jurídica e da ciência jurídica para a formulação de uma teoria jurídica dos direitos fundamentais.(321)

Peces-Barba(322) sustenta ainda que se a positivação é vista desde a perspectiva hodierna, a qual é o ponto de chegada de um longo processo em aberto, fica impossível separar a ideia de direitos fundamentais da de positivação. Afirma que sem a positivação os direitos não se completam, restando apenas como ideias morais sem força e aduz:

> Así como los valores estéticos se realizan en um cuadro, en una poesía o en una escultura, este valor ético, pretensión justificada que son los derechos fundamentales, se realiza con su incorporación al Derecho positivo. Sólo tienen

(320) PECES-BARBA MARTÍNEZ, Gregorio. *Curso de derechos fundamentales:* teoría general, p. 157.

(321) PECES-BARBA MARTÍNEZ, Gregorio. *Curso de derechos fundamentales:* teoría general, p. 157 e s.; PECES-BARBA MARTÍNEZ, Gregorio; ROIG, Rafael de Asís; AVILÉS, María del Carmen Barranco. *Lecciones de derechos fundamentales*, p. 107-109.

Ibidem, p. 109.

> sentido como moralidad crítica si pretenden ser Derecho positivo, y si tienen una posibilidad, aunque sea remota, de serlo alguna vez. Si esta posibilidad no existe, no podemos hablar de derechos fundamentales.

Entende-se que essa posição não entra num conflito insolúvel com outras concepções que defendem que os direitos fundamentais não podem ficar simplesmente circunscritos aos direitos positivados. Não se desconhece que a redução dos direitos fundamentais aqueles positivados e a redução de suas garantias àquelas estatais, podem exercer um efeito "expropriatório" e de sequestro da dimensão constituinte que os processos de lutas sociais/individuais têm no processo histórico de reconhecimento de tais direitos. Outrossim, não se desconhece que não se deve reduzir a luta por dignidade humana, à linguagem ocidental dos direitos fundamentais.[323] Portanto, salientar a importância da positivação dos direitos não implica ignorar os processos de luta, desde que as "comportas" do direito não fiquem inexoravelmente fechadas à diversidade e às aspirações por vida digna, em especial, dos mais fracos.[324]

Seguindo na exposição, cabe tratar da generalização dos direitos que é um processo de extensão do reconhecimento dos direitos fundamentais mais além de sua visão liberal, o que se deu justamente em razão das lutas por igualdades reais. Consiste no processo de reconhecimento dos direitos fundamentais a todos os membros de uma comunidade. Cabe enfatizar que esse processo é profundamente marcado por lutas instituintes, verdadeiras guerras travadas entre classes e setores sociais na busca pela igualdade em direitos.

Como afirma Peces-Barba,[325] a generalização dos direitos fundamentais consiste no ajuste progressivo, nunca definitivo, entre a ideia de que os direitos eram "naturais", ou seja, que correspondiam a todos os seres humanos e uma prática restritiva que os circunscrevia a uma classe social: a burguesia. Afirma o autor que as primeiras formulações históricas, por influência do *iusnaturalismo*, sustentavam que os direitos eram "naturais" em razão da igualdade natural dos seres humanos. No entanto, estas afirmações não correspondiam à realidade dos titulares dos direitos e nem ao caráter abstrato do conteúdo dos direitos (como no caso da propriedade privada, de impossível conteúdo igualitário). Além disso, lembra que muitos direitos básicos não eram reconhecidos à grandes parcelas das populações, como o direito de associação (dos trabalhadores) e o direito ao voto.

Para o autor,[326] o desajuste entre declarações formais de igualdade entre os homens e uma realidade que negava direitos de voto e de associação política e sindical a setores da

(323) Sobre essa questão ver SÁNCHEZ RUBIO, David. *Derechos humanos instituyentes, pensamento crítico y práxis de liberación*, p. 39 e s. e 193 e s.

(324) Além disso, conforme será objeto de trato no terceiro capítulo da obra, não existe porque limitar a busca por vida igualmente digna à linguagem dos direitos.

(325) PECES-BARBA MARTÍNEZ, Gregorio. *Curso de derechos fundamentales:* teoría general, p. 160 e s.; PECES-BARBA MARTÍNEZ, Gregorio; ROIG, Rafael de Asís; AVILÉS, María del Carmen Barranco. *Lecciones de derechos fundamentales*, p. 110 e s.

(326) PECES-BARBA MARTÍNEZ, Gregorio. *Curso de derechos fundamentales:* teoría general, p. 164; PECES-BARBA MARTÍNEZ, Gregorio; ROIG, Rafael de Asís; AVILÉS, María del Carmen Barranco. *Lecciones de derechos fundamentales*, p. 111.

população, somado à exaltação do direito de propriedade privada como sagrado e inviolável (embora seu caráter não igualitário), são as bases para explicar o processo de generalização. Assim, por meio de lutas sociais que tinham a mentalidade da igualdade efetiva como norte, surgem as postulações dos direitos econômicos, sociais e culturais como condições indispensáveis para o gozo generalizado dos direitos civis e políticos. O proletariado teve um papel decisivo nestas lutas, assumindo verdadeiro protagonismo histórico na conquista dos direitos sociais ligados ao trabalho e à seguridade social.(327) Nesse sentido, cabe lembrar todos os processos de lutas históricas dos trabalhadores, descritos no primeiro capítulo, na busca por melhores condições de vida e de trabalho.

Peces-Barba(328) sustenta que a generalização dos direitos, como tentativa de solução das contradições entre as proclamações formais de direitos e a realidade prática, tornou-se historicamente possível a partir da abertura de canais de debate democrático entre os setores liberais avançados e os setores socialistas, o que levou ao reconhecimento das postulações do movimento obreiro.

A história evidencia, conforme já parcialmente tratado no primeiro capítulo que, no entanto, os próprios "canais de debate democráticos" só foram construídos e reconhecidos por meio de lutas históricas das classes subalternas no seu afã de buscar uma vida digna e mais igual. Exemplo disso é a própria conquista do direito ao voto pelo movimento cartista inglês em sua luta histórica pelo reconhecimento do direito de participação política para a classe obreira.

Assim, pode-se dizer que estudar a formação histórica dos direitos fundamentais implica em escrutinar os aportes que as forças sociais e políticas tiveram para determinar o sentido, o alcance e o conteúdo desses direitos. Dessa forma, essa abordagem está num ponto de encontro entre a filosofia moral, a filosofia política e a filosofia jurídica, no sentido de perscrutar a contribuição que as ideologias liberal, democrática e socialista tiveram para a formação da cultura jurídica moderna no tocante aos direitos fundamentais.(329)

O modelo liberal utilizou-se da ideologia do jusnaturalismo racionalista para afirmar como direitos fundamentais apenas aqueles que cabiam ao sujeito abstrato, descarnado, o que acabou por gerar um modelo fechado dos direitos ao desligá-los da realidade histórica. Neste modelo se pretendeu limitar o poder, fixando regras para o seu exercício tendo por mote preservar espaços para o indivíduo. Assim, nessa visão, só eram considerados direitos fundamentais aqueles que podiam ser justificados como pretensões morais iguais para todos os homens e para todos os tempos, como direitos pré-existentes à sociedade ("contrato social") e imanentes ao homem (anteriores ao próprio consenso). No entanto, de fato, por detrás desta representação objetiva e racional subjaziam os interesses e exigências históricas da burguesia em ascensão, que buscava limitar o poder político na preservação de seus interesses.

(327) PÉREZ LUÑO, Antonio Enrique. *Los derechos fundamentales*, p. 34.

(328) PECES-BARBA MARTÍNEZ, Gregorio. *Curso de derechos fundamentales:* teoría general, p. 164; PECES-BARBA MARTÍNEZ, Gregorio; ROIG, Rafael de Asís; AVILÉS, María del Carmen Barranco. *Lecciones de derechos fundamentales*, p. 112.

(329) PECES-BARBA MARTÍNEZ, Gregorio. *Curso de derechos fundamentales:* teoría general, p. 199 e s.

Assim, na verdade, por detrás de cada direito, desde a liberdade de consciência e de pensamento, passando pelas garantias processuais, justificados abstratamente, existiam exigências da realidade histórica do mundo moderno em formação. Esse modelo representa a ideia da liberdade como não interferência, como criação de um espaço livre, protegido juridicamente, para o exercício da autonomia privada e para a proteção da propriedade privada, aparecendo paralelamente ao Estado Liberal e sendo formulado nas primeiras Declarações de Direitos, como a americana e a francesa. Supõe a liberdade de se fazer o que se quer, alcançado os direitos individuais, tais como: as liberdades de consciência, de pensamento, de expressão, a presunção de inocência, as liberdades econômicas, a igualdade formal e o direito de propriedade, entre outros.(330)

Já o modelo democrático, por sua vez, teve como central a questão não de "como se fazem as coisas" (modelo liberal), mas, sim, a questão de "quem faz as coisas". Esse modelo foi defendido por liberais igualitários e por socialistas liberais ou que aceitavam a liberdade política. Para esse modelo de direitos fundamentais, importa responder à pergunta sobre quem governa, postulando a fundamentação e organização da participação igualitária dos membros da sociedade civil no exercício do poder político. Esse modelo, que surgiu posteriormente ao modelo liberal, sendo contemporâneo ao socialista, defende a superação do modelo liberal de participação, visto as limitações apostas por esse modelo por razões culturais e econômicas. O mote do modelo democrático, então, não é a simples limitação do poder, mas a sua extensão a todos os cidadãos. Dessa forma, os direitos fundamentais que representam o modelo democrático são um nexo entre os direitos liberais e os socialistas, supondo a liberdade de participar na criação da regulação e exercício das liberdades individuais, bem como de criar condições para que todos possam se beneficiar da liberdade. Com esse modelo, foi favorecida a incorporação aos parlamentos dos setores vinculados aos trabalhadores. As principais expressões desse modelo são o direito de associação, o direito de voto e o direito de participação política.(331)

Por fim, cabe citar o modelo socialista de direitos fundamentais, o qual teve por mote incorporar elementos igualitários às liberdades, bem como excluir da categoria dos direitos fundamentais as dimensões de impossível conteúdo igualitário, como é o caso da propriedade privada. Esse modelo pretendeu criar as condições sociais para que todos possam desfrutar dos direitos de raiz liberal e democrática, estendo à classe trabalhadora os benefícios da revolução liberal. Assim, fica descartada a visão liberal do sujeito abstrato, desencarnado, pois a vião socialista postula que os sujeitos dos direitos fundamentais são pessoas concretas, historicamente situadas, que têm necessidades básicas a serem satisfeitas. O modelo socialista supõe direitos tendentes a criar as condições reais, fáticas e efetivas, para que se generalizem os direitos de liberdade e de participação. A expressão desse modelo são os direitos fundamentais econômicos, sociais e culturais, com os quais se pretende construir uma liberdade

(330) PECES-BARBA MARTÍNEZ, Gregorio. *Curso de derechos fundamentales:* teoría general, p. 200-201.

(331) *Ibidem*, p. 202-203.

igualitária pelo avanço objetivo da igualdade material, contribuindo para a satisfação das necessidades básicas.[(332)]

Dessa forma o processo de generalização dos direitos fundamentais é fruto do embate dessas concepções diversas que foram criando sínteses transitórias e reconhecendo e estendendo determinadas pretensões como direitos fundamentais ao longo do processo histórico de sua constituição.

Como resultados do processo de generalização, Peces-Barba[(333)] aponta as seguintes dimensões: o surgimento e consolidação dos direitos de participação política igualitária (até porque "democracia censitária" sequer é democracia); a configuração dos direitos sociais como postulados para assegurar a igualdade e a solidariedade e a "desfundamentalização" do direito de propriedade.

Com efeito, o processo de generalização abriu as portas para a participação política, tendo em conta, em especial, os direitos de sufrágio e de associação, tornando possível a participação dos representantes obreiros no Parlamento e o reconhecimento dos direitos laborais. Além disso, tal processo, utilizando-se da ideia da igualdade como diferenciação e como método para buscar uma maior equiparação, viabilizou o reconhecimento dos chamados "direitos econômicos, sociais e culturais", como os direitos à educação, à saúde, à seguridade social e os direitos ligados ao trabalho. Por fim, o processo de generalização colocou em xeque a ideia de que a propriedade privada possa ser uma pretensão justificada, base de um direito fundamental, pois não é estendível a todos, não sendo generalizável, configurando-se como um privilégio e não um direito fundamental igual para todos os seres humanos.

Como afirma Perez Luño,[(334)] ao longo do século XIX o proletariado foi adquirindo protagonismo histórico na reivindicação de direitos econômicos e sociais frente aos clássicos direitos das revoluções burguesas. Com o avanço do processo de industrialização e com o ganho de uma consciência de classe por parte dos trabalhadores, os direitos ligados ao trabalho e à seguridade social passaram a se configurar como novas exigências a serem tuteladas juridicamente. O autor sustenta que o Manifesto Comunista de Marx e Engels foi um marco neste processo. Pérez Luño sustenta que a Constituição Francesa de 1848, no espírito do que já ocorrera com a Constituição Jacobina de 1793, deu uma maior importância à igualdade, como reflexo das exigências dos trabalhadores. No entanto, para o autor, foi na Declaração de Direitos do Povo Trabalhador e Explorado da URSS, de 1918, que o reflexo do Manifesto se fez mais presente.

Segundo Perez Luño, foi na Constituição Mexicana de 1917 que ocorreu o primeiro intento de conciliar os direitos de liberdade e os direitos sociais, numa tentativa de superar

---

(332) PECES-BARBA MARTÍNEZ, Gregorio. *Curso de derechos fundamentales:* teoría general, p. 203-204.

(333) PECES-BARBA MARTÍNEZ, Gregorio. *Curso de derechos fundamentales:* teoría general, p. 168 e s.; PECES-BARBA MARTÍNEZ, Gregorio; ROIG, Rafael de Asís; AVILÉS, María del Carmen Barranco. *Lecciones de derechos fundamentales*, p. 113-114.

(334) PÉREZ LUÑO, Antonio E. *Los derechos fundamentales*, p. 34-35.

os antagonismos entre individualismo e coletivismo. No entanto, o autor sustenta que foi a Constituição de Weimar de 1919 o texto constitucional mais importante nesse período de trânsito do Estado Liberal ao Estado Social de Direito, visto que este reconheceu, junto com as clássicas liberdades individuais, os direitos sociais referidos à proteção da família, educação e ao trabalho.

Importante salientar ainda, que o processo de generalização não é um processo concluído historicamente, pois diante de novas ameaças, de novos poderes que se tornam abusivos, novas dimensões do processo de generalização podem se tornar necessárias para a ampliação do leque de direitos fundamentais. Nesse sentido, podem ser citados os problemas relativos aos poderes das empresas de comunicação, que dominam a liberdade expressão; às novas tecnologias que criam uma nova cultura, mas que podem impedir ou dificultar o seu acesso a todos ou, ainda, violar direitos como a intimidade e, ainda, em especial, o papel totalizador que a economia desempenha na sociedade atual, pelo qual a liberdade de mercado é considerada mais importante que as liberdades pessoais.(335)

Seguindo na descrição das linhas de evolução dos direitos fundamentais, cabe falar ainda na internacionalização desses direitos, que é um processo em curso, prenhe de dificuldades práticas, no qual se visa estender os direitos fundamentais para além das fronteiras estatais, abarcando a comunidade internacional.

Peces-Barba(336) sustenta que hodiernamente não é possível falar em direitos fundamentais sem que se tenha em consideração a dimensão internacional. No entanto, a comunidade internacional não é dotada de um poder político plenamente capaz de garantir a eficácia jurídica desses direitos, fato que faz com que faça uma analogia entre a comunidade internacional e a poliarquia medieval.

Segundo o autor, muito embora o processo de internacionalização tenha pouco tempo, tendo seu início no começo do século XX e se aprofundando após a Segunda Grande Guerra, da qual resultou a eclosão de uma importante atividade convencional na proteção dos direitos fundamentais, pode-se ver seus primeiros sinais na luta contra a escravidão, bem como no Direito Humanitário com o impulso dado por Henry Dunant à Cruz Vermelha. Muito embora não referida pelo autor, a experiência da OIT (Organização Internacional do Trabalho), criada em 1919 com o Tratado de Versalhes, muito embora setorizada no campo laboral, também pode ser citada como exemplo desse processo. Aliás, a criação da OIT teve um papel fundamental na difusão dos direitos dos trabalhadores, na tentativa de estabelecer padrões mínimos de normatividade no plano internacional.

---

(335) PECES-BARBA MARTÍNEZ, Gregorio; ROIG, Rafael de Asís; AVILÉS, María del Carmen Barranco. *Lecciones de derechos fundamentales*, p. 114-115.

(336) PECES-BARBA MARTÍNEZ, Gregorio. *Curso de derechos fundamentales:* teoría general, p. 173 e s.; PECES-BARBA MARTÍNEZ, Gregorio; ROIG, Rafael de Asís; AVILÉS, María del Carmen Barranco. *Lecciones de derechos fundamentales*, p. 115 e s.

Na mesma linha, Antonio Osuna Fernández-Largo[337] sustenta que as duas grandes guerras foram acontecimentos decisivos para a tomada de consciência sobre a questão dos direitos humanos. Salienta ainda que uma das características a serem apontadas nesse processo, foi a expressa e expressiva incorporação dos direitos fundamentais sociais.

Assim, teve lugar um avanço na proteção dos direitos fundamentais, em nível global, com a constituição de um sistema universal e três sistemas regionais (o americano, o europeu e, mais recentemente, o africano) de proteção ou, pelo menos, de declarações sobre esses direitos. Nesse sentido, como exemplos, a Declaração Universal dos Direitos Humanos da Organização das Nações Unidas — ONU — (1948), a Declaração Americana de Direitos do Homem (1948), os Pactos de Direitos Civis e Políticos e de Direitos Econômicos, Sociais e Culturais da ONU (ambos de 1966), a Convenção Europeia de Direitos Humanos (1950) e a Convenção Interamericana de Direitos Humanos (Pacto de San José da Costa Rica — 1969) e a Carta Africana dos Direitos Humanos e dos Povos (1981, com vigência desde 1986).

Diante disso, Peces-Barba[338] sustenta ser possível falar de um processo de internacionalização dos direitos fundamentais, marcado tanto por causas geradoras como por insuficiências.

Entre as causas geradoras, o autor cita a realidade social cada vez mais superadora das fronteiras estatais nos âmbitos econômico, cultural, educativo e comunicativo. Some-se a isso, o aparecimento de adversários dos direitos fundamentais que se situam para além dos Estados, como as multinacionais (em relação aos direitos dos trabalhadores e consumidores), os grupos terroristas e narcotraficantes, demandando meios supraestatais para enfrentar tal realidade. O autor enumera ainda o que considera um processo de maior consideração pela pessoa humana, de seu valor intrínseco, erodindo a ideia de soberania estatal para a proteção dos direitos fundamentais.[339]

Com relação às insuficiências, o autor entende que a mais importante é a falta de um Poder Político transnacional plenamente capaz de, juridicamente, reconhecer e proteger os direitos fundamentais, visto que a comunidade internacional está ainda num estado primitivo. Com isso, o reconhecimento de direitos e suas garantias ficam prejudicados.

---

(337) FERNÁNDES-LARGO. Antonio Osuna. *Teoría de los derechos humanos:* conocer para practicar. Madrid: San Esteban, 2001, p. 69 e s. Em sentido semelhante: FERRAJOLI, Luigi. *Constitucionalismo más allá del Estado.* Trad. Perfecto Andrés Ibánêz. Madrid: Trotta, 2018. p. 11-12.

(338) PECES-BARBA MARTÍNEZ, Gregorio. *Curso de derechos fundamentales:* teoría general, p. 176 e s.; PECES-BARBA MARTÍNEZ, Gregorio; ROIG, Rafael de Asís; AVILÉS, María del Carmen Barranco. *Lecciones de derechos fundamentales*, p. 117 e s.

(339) Pérez Luño, na sua defesa de um "jusnaturalismo deontológico" aberto à historicidade, chama a atenção para uma questão importante: "Puede afirmarse, en primer lugar, que la internacionalización ha supuesto, desde el punto de vista de la fundamentación de los derechos humanos, una vuelta a la reivindicación de su carácter universal e supraestatal. Es innegable que en el proceso de constitucionalización de los derechos fundamentales el positivismo jurídico jugo un papel importante al plantear la exigencia de una concreción jurídica de los ideales jusnaturalistas, para dotarlos de auténtica significación jurídico-positiva. Ahora bien, los acontecimientos políticos se han encargado de evidenciar, en ocasiones de forma trágica, la necesidad de situar la fundamentación del sistema de las libertades públicas en una esfera que rebasara el arbítrio de la jurisdicción interna de cada Estado". PÉREZ LUÑO, Antonio Enrique. *Derechos humanos, estado de derecho y constitución.* Madrid: Tecnos, 2003. p. 129.

Peces-Barba sustenta ainda a necessidade da superação das clássicas formas de estabelecimento de relações internacionais, com a preservação de espaços plenos de soberania estatal, pois os próprios Estados podem ser entraves, por meio da ideia de razão de Estado, para a proteção de tais direitos. Assim, além de instâncias supraestatais para o reconhecimento e proteção dos direitos, também seria necessário reconhecer a pessoa humana individual como sujeito de Direito Internacional.

Não é possível esquecer nesse aspecto, aquilo que Ferrajoli[(340)] aponta, ou seja, que hodiernamente múltiplos "processos desconstituintes", de enfraquecimento de padrões de respeito aos direitos fundamentais alcançados em nível nacional e internacional, evidenciam uma verdadeira crise constitucional, a qual coloca em risco toda a herança positiva do século XX. Para o autor, no tocante aos poderes econômicos, a ideologia neoliberal inverteu os polos da relação entre direito e economia, postulando a submissão do primeiro à segunda. Assim, esta crise implicou a amnésia frente aos horrores do passado, colocando em crise toda a legalidade internacional pautada pelos direitos humanos e pela Carta da ONU, além de proporcionar o enfraquecimento dos Estados frente ao mercado, pois os poderes econômicos e financeiros globais impõem aos governos as suas pautas.

Por fim, quanto às linhas de evolução dos direitos fundamentais, ainda cabe falar do processo de especificação de tais direitos.

Na mesma linha de consideração dos direitos fundamentais como direitos históricos sujeitos à mutações e reformulações pela alteração das condições histórico-sociais (*lato senso*), o processo de especificação ou concreção capta as mudanças ocorridas no tocante a esses direitos, tanto na passagem da consideração das pessoas humanas em abstrato das primeiras formulações até a consideração da pessoa humana situada (titulares dos direitos), como também em relação ao conteúdo desses direitos (gerações de direitos).[(341)]

A ideia de especificação dos direitos fundamentais, utilizada por Peces-Barba, é oriunda da contribuição de Norberto Bobbio, que foi seu professor, o qual, por seu turno, utiliza-se das ideias de positivação, generalização e internacionalização oriundas da contribuição de seu discípulo. Com efeito, afirma Bobbio:[(342)]

> Além de processos de conversão em direito positivo, de generalização e de internacionalização, aos quais me referi no início, manifestou-se nestes últimos anos uma nova linha de tendência, que se pode chamar de especificação; ela consiste na passagem gradual, porém cada vez mais acentuada, para uma ulterior determinação dos sujeitos titulares de direitos. Ocorreu, com relação aos sujeitos, o que desde o início ocorrera com relação à ideia abstrata de liberdade, que se foi progressivamente determinando em liberdades singulares

(340) FERRAJOLI, Luigi. *Constitucionalismo más allá del Estado*, p. 16-19.

(341) PECES-BARBA MARTÍNEZ, Gregorio. *Curso de derechos fundamentales:* teoría general, p. 176 e s.; PECES-BARBA MARTÍNEZ, Gregorio; ROIG, Rafael de Asís; AVILÉS, María del Carmen Barranco. *Lecciones de derechos fundamentales*, p. 120 e s.

(342) BOBBIO, Norberto. *A era dos direitos*, p. 31-32.

> e concretas (de consciência, de opinião, de imprensa, de reunião, de associação), numa progressão ininterrupta que prossegue até hoje [...]. Assim, com relação ao abstrato sujeito "homem", que já encontrara uma primeira especificação no "cidadão" (no sentido de que podiam ser atribuídos ao cidadão novos direitos com relação ao homem em geral), fez-se valer a exigência de responder com nova especificação à seguinte questão: que homem, que cidadão? Essa especificação ocorreu com relação seja ao gênero, seja às várias fases da vida, seja à diferença entre estado normal e estados excepcionais na existência humana. Com relação ao gênero, foram cada vez mais reconhecidas as diferenças específicas entre a mulher e o homem. Com relação às várias fases da vida, foram-se progressivamente diferenciando os direitos da infância e da velhice, por um lado, e os do homem adulto, por outro. Com relação aos estados normais e excepcionais, fez-se valer a exigência de reconhecer direitos especiais aos doentes, aos deficientes, aos doentes mentais, etc.

No entanto, como apontado acima, para Peces-Barba o processo de especificação alcança não só a determinação de novos titulares dos direitos fundamentais, mas também alcança novos conteúdos.

Quanto aos titulares dos direitos (pessoas), o processo de especificação constituiu um avanço do historicismo sobre o racionalismo na atribuição e reconhecimento dos direitos fundamentais. Com efeito, esses direitos eram atribuídos, primeiramente, aos "genéricos homens ou cidadãos", considerados abstratamente, desconectados de suas reais relações sociais e, com o processo de especificação, esses direitos passaram a ser atribuídos e reconhecidos numa vinculação mais direta às pessoas concretas de seus titulares, inseridos nas tramas das relações sociais reais.(343)

Dessa forma, no processo de especificação quanto aos titulares dos direitos (pessoas humanas destinatárias de tais direitos) são levados em conta para a atribuição/reconhecimento dos direitos: a) a condição social ou cultural das pessoas que se encontram em situações sociais de inferioridade, desigualdade, discriminação, necessitando de proteção e garantias especiais para superar tais situações adversas (mulheres, imigrantes, por exemplos); b) de uma condição física ou psíquica das pessoas que as coloquem em situação de inferioridade nas relações sociais, tornando necessária uma obrigação de proteção especial, a qual encontra fundamento na ideia de solidariedade. Tais situações podem ser gerais ou específicas. As gerais afetam a todos por algum tempo; já as específicas afetam as pessoas por todo o tempo ou por algum tempo. Como exemplo das condições gerais pode ser citado o caso das crianças; já das específicas podem ser citados os enfermos ou pessoas com deficiências físicas ou mentais; c) em relação a situação que as pessoas ocupam em determinadas relações sociais como indivíduo "situado", visto o poder que a contraparte da relação social detenha, havendo a necessidade de

(343) PECES-BARBA MARTÍNEZ, Gregorio. *Curso de derechos fundamentales:* teoría general, p. 180-181; PECES-BARBA MARTÍNEZ, Gregorio; ROIG, Rafael de Asís; AVILÉS, María del Carmen Barranco. *Lecciones de derechos fundamentales*, p. 120-121.

proteções especiais para reequilibrar a relação. Podem ser citados como exemplos, a situação dos consumidores e dos usuários de serviços.[344]

Mas também o processo de especificação pode se relacionar ao conteúdo dos direitos, apresentando-se a questão das gerações dos direitos, entendidas como grupos de direitos que são constituídos em certos momentos históricos e que vão se acrescendo de novos grupos de direitos que se formam em momentos diversos em razão de fatores diversos. Aqui entra em cena, em especial, os aportes que os pontos de vista ético/ideológicos das três tradições diversas, ou seja, as tradições liberal, democrática e socialista, que já foram tratadas anteriormente, que ao se integraram trouxeram ao conteúdo dos direitos fundamentais. Para Peces-Barba, poder-se-ia falar que se presencia, assim, uma quarta geração de direitos. O autor afirma que como as gerações anteriores estão vinculadas aos valores superiores da liberdade, da igualdade ou em fórmulas sintéticas de liberdade igualitária, cabe aqui buscar fundamento no valor solidariedade ou no valor da segurança jurídica combinada com a solidariedade. Nesse caso, costituiu-se uma nova geração de direitos fundamentais relativos ao meio ambiente, ao desenvolvimento e à paz.[345]

Esclarecidos esses aspectos gerais que mostram o longo processo histórico do nascimento da ideia de direitos fundamentais, sua posterior positivação, generalização, internacionalização e especificação é possível, nesse momento, propor-se um conceito operacional de direitos fundamentais para os fins da presente obra.

Assim, os direitos fundamentais são entendidos como direitos históricos (nascidos no trânsito para a modernidade), básicos, inalienáveis, indivisíveis, complementares e comuns à todas as pessoas humanas, os quais se sustentam em pretensões éticas (embasadas, especialmente, nas ideias de dignidade humana e igualdade), que são positivados juridicamente (especialmente nas constituições estatais ou nos pactos/tratados/convenções internacionais), bem como que aspiram efetividade/eficácia social.

Após a exposição da dogmática dos direitos fundamentais, agora se faz necessário clarear as duas ideias motrizes que, ao que se entende, são as que sustentam ética e juridicamente esses direitos, quais sejam, os princípios da dignidade humana e da igualdade, que serão tratados a seguir.

2.2. A dignidade humana e a igualdade como bases principiológicas dos direitos fundamentais

Após esses aportes gerais teóricos sobre a fundamentação dos direitos fundamentais, é necessário abordar as ideias motrizes da dignidade humana e da igualdade como bases principiais/valorativas para os direitos fundamentais.

---

(344) PECES-BARBA MARTÍNEZ, Gregorio. *Curso de derechos fundamentales:* teoría general, p. 181-182; PECES-BARBA MARTÍNEZ, Gregorio; ROIG, Rafael de Asís; AVILÉS, María del Carmen Barranco. *Lecciones de derechos fundamentales*, p. 120-123.

(345) PECES-BARBA MARTÍNEZ, Gregorio. *Curso de derechos fundamentales:* teoría general, p. 182 e s.; PECES-BARBA MARTÍNEZ, Gregorio; ROIG, Rafael de Asís; AVILÉS, María del Carmen Barranco. *Lecciones de derechos fundamentales*, p. 122 e s.

Não se desconhece que são vários os valores que sustentam os direitos fundamentais, podendo ser invocados a liberdade, a igualdade, a dignidade humana, a segurança e a solidariedade, entre os mais citados.(346)

No entanto, entende-se que as ideias motrizes da dignidade humana e da igualdade são realmente centrais para a fundamentação dos direitos fundamentais, ainda mais os sociais, que são o objeto em especial do livro.

Propõe-se, na verdade, uma espécie de síntese entre uma posição formal e outra material de direitos fundamentais. A igualdade, como universalidade/igualdade desses direitos, representando a posição formal e a dignidade humana, como valor fonte, representando o aspecto material no qual estão abarcadas a liberdade, a segurança, a solidariedade e a própria igualdade em seu aspecto material.

Com efeito, a definição formal de direitos fundamentais é defendida, com sólidos argumentos por Luigi Ferrajoli. Com efeito, o autor afirma propor uma definição puramente formal ou estrutural dos direitos fundamentais. Dessa forma, Ferrajoli(347) afirma que os direitos fundamentais são:

> [...] todos aquellos derechos subjetivos que corresponden universalmente a "todos" los seres humanos en cuanto dotados del *status* de personas, de ciudadanos o personas con capacidade de obrar; entendiendo por "derecho subjetivo" cualquier expectativa positiva (de prestaciones) o negativa (de no sufrir lesiones) adscrita a un sujeto por una norma jurídica; y por "*status*" la condición de un sujeto, prevista asimismo por una norma jurídica positiva, como pressupuesto de su idoneidad para ser titular de situaciones jurídicas y/o autor de los actos que son ejercício de éstas.

Com efeito, Ferrajoli(348) afirma que o significado lógico e formal da universalidade dos direitos fundamentais consiste no fato de serem conferidos universalmente a todas as classes de pessoas por normas gerais e abstratas. Assim, o universalismo dos direitos fundamentais, em sentido inverso aos direitos patrimoniais, significa sua forma lógica pela qual são reconhecidos igualmente a todos enquanto pessoas, independentemente do consenso que suscitem. Afirma o autor: "Guste e no guste, equivale a la igualdad en tales derechos, de los que forma parte el rasgo distintivo, de tipo estructural e non cultural, jurídico y no moral".

No entanto, embora seja inegável a importância da igualdade, no sentido de reconhecimento universal de tais direitos, como valor/princípio fundante dos direitos fundamentais, não parece que seja suficiente.

---

(346) Ver PECES-BARBA MARTÍNEZ, Gregorio; ROIG, Rafael de Asís; AVILÉS, María del Carmen Barranco. *Lecciones de derechos fundamentales*, p. 35 e s.; GARCIA, Marcos Leite. *O processo de formação do ideal dos direitos fundamentais: alguns aspectos destados da gênese do conceito*, p. 5. Disponível em: <http://www.publicadireito.com.br/conpedi/manaus/arquivos/anais/XIVCongresso/052.pdf>.

(347) FERRAJOLI, Luigi. *Los fundamentos de los derechos fundamentales:* debate con Lucas Bacelli, Michelangelo Bovero, Riccardo Guastini, Mario Jori, Anna Pintore, Ermanno Vitalle, Danilo Zollo. 4. ed. Madrid: Trotta, 2009. p. 19.

(348) FERRAJOLI, Luigi. *Manifiesto por la igualdad*. Madrid: Trotta, 2019. p. 25-26.

Com efeito, conforme já sustentado de acordo com o pensamento de Gregorio Peces-Barba Mantínez, para que um direito seja reconhecido como fundamental é necessária a existência de uma pretensão moral justificada que embase o reconhecimento jurídico do referido direito. Dessa forma, entende-se que o valor/princípio da dignidade humana é central sob esse aspecto, como um embasamento material que sustenta o reconhecimento igual de direitos.

Não parece despiciendo, assim, lembrar da posição de Enrique Dussel(349) que sustenta a necessidade de construir uma ética crítica, mais além da lógica-formal, que parta daquilo que denomina o princípio universal de toda a ética, qual seja: "*o princípio da obrigação de produzir, reproduzir e desenvolver a vida humana concreta de cada sujeito ético em comunidade*". Dussel defende a pretensão de universalidade desse princípio, pois, a partir de cada cultura, como modo de vida particular, sempre se deve partir do referido princípio. Sustenta que toda a estrutura normativa, institucional, cultural, social tem como conteúdo último a produção, reprodução e desenvolvimento da vida humana em concreto. O autor,(350) posteriormente, descreve o que chama de "princípio material universal da ética", afirmando:

> El que actúa éticamente debe (como obligación) producir, reproducir y desarrolhar autoresponsablemente la vida concreta de cada sujeto humano, en una comunidad de vida, inevitablemente desde una "vida buena" cultural e histórica (su modo de concebir la felicidade, con una certa referencia a los valores y a una manera fundamental de comprender el ser como debe-ser, por ello con pretensión de rectitud también), que se comparte pulsional y solidariamente teniendo como referencia última a toda a humanidade, es decir, es un enunciado normativo con pretensíón de verdad prática y, además, con pretensión de universalidad.

Dessa forma, é sustentado que se dê um passo além da mera lógica formal, integrando aspectos materiais com a intersubjetividade consensual na sustentação ética da vida. Afirma Dussel(351) que sua posição não é naturalista, pois pressupõe a integração da intersubjetividade consensual (racionalidade discursiva) juntamente com a ordem pulsional, afetiva e do desejo, num processo de produção, reprodução e desenvolvimento da vida humana concreta, visto esta ser a vida comunitária de um sujeito ético, ou seja, humano.

Em linha assemelhada, Sánchez Rubio,(352) partindo do princípio de "agência humana", entendido como a capacidade que todo o ser humano deve ter de crescer em autoestima, autonomia e responsabilidade, afirma que os direitos humanos tem o caráter de instâncias e demandas reivindicativas, mais ou menos institucionalizadas, que surgem da abertura e consolidação de espaços de luta pela dignidade humana. Então afirma:

> [...] los derechos humanos pueden servir como instrumentos de control formados por relaciones y aciones contra aquellos excesos de poder que inpieden

(349) DUSSEL, Enrique. *Ética de la liberación:* en la edad de la globalización y de la exclusión. 4 ed. Madrid: Trotta, 2002. p. 91-92

(350) *Ibidem*, p. 140.

(351) *Idem*.

(352) RUBIO, David Sánchez. *Derechos humanos instituyentes, pensamento crítico y práxis de liberación*, p. 67-68.

> el principio de agencia humana arriba mencionado y en sus dimensiones libidinales, sexuales, étnicas, culturales, económicas y sociopolíticas, y como bienes jurídicos y no jurídicos que permiten y desarrolan los medios, las acciones, las relaciones y las tramas sociales con los que poder satisfacer las necesidades humanas y disfrutar de uma vida digna de ser vivida.

Tendo em conta tais contribuições, entende-se que o valor/princípio da dignidade humana se apresenta como o candidato "natural" a preencher essa posição de valor fonte dos direitos fundamentais como um todo e dos direitos fundamentais sociais em especial. A dignidade da pessoa, no sentido aqui sustentado, é a base diretiva para a construção de sociedades que tenham a produção, reprodução e desenvolvimento da vida humana de cada um e de todos como critério de julgamento de suas instituições e como fim a ser alcançado.

Aliás, de um ponto de vista mais dogmático, Alexy[(353)] sustenta a necessidade de que os direitos fundamentais tenham um fundamento material. Sem descartar a necessidade da previsão desses direitos no ordenamento jurídico constitucional, entende que esses direitos estão assentados nas ideias de "valor próprio" e da "igualdade".

Muito embora tendo por foco o direito italiano, o que de nada impede a extensão da argumentação, Baldassare[(354)] argumenta que os direitos fundamentais em geral, e os direitos sociais, em especial, estão vinculados às ideias de dignidade humana e igualdade, como expressões de uma sociedade democrática.

Nesse contexto, quanto ao princípio da dignidade humana, Baldassare[(355)] sustenta que este deve ser interpretado em relação à pessoa, tanto como valor ético-moral ou espiritual, como enquanto correspondente ao ser humano imerso na existência social concreta. Desta forma, é nele que se descobre a raiz primeira tanto dos direitos de liberdade civil e política, como também dos direitos sociais. No que toca à igualdade, salienta a importância desse princípio para que seja possível pôr os indivíduos concretos em condições de iguais oportunidades de autorrealização e de chances efetivas de gozar das liberdades reconhecidas. Assim, o princípio da igualdade envolve tanto a igualdade perante a lei como a igualdade substancial.

Da mesma forma, Jorge Miranda[(356)] afirma:

> Pelo menos, de modo directo e evidente, os direitos, liberdades e garantias pessoais e os direitos económicos sociais e culturais comuns têm a sua fonte ética na dignidade da pessoa, de todas as pessoas. Mas quase todos os outros direitos, ainda quando projectados em instituições, remontam também à ideia de protecção e desenvolvimento das pessoas. A copiosa extensão do elenco não deve fazer perder de vista esse referencial.

---

(353) ALEXY, Robert. *Tres escritos sobre los derechos fundamentales y la teoría de los princípios*. Bogotá: Universidad Externado de Colombia. p. 23 e 31.

(354) BALDASSARE, Antonio. *Los derechos sociales*. Reimp. Bogotá: Universidad Externado de Colombia, 2004. p. 76-78.

(355) *Ibidem*, p. 78-79.

(356) MIRANDA, Jorge. *A Constituição e a dignidade da pessoa humana*. Didaskalia, 1999, p. 473-474. Disponível em Veritati — Repositório Institucional da Universidade Católica Portuguesa. Endereço eletrônico: <http://hdl.handle.net/10400.14/18404>.

Levando em conta essas contribuições da doutrina dos direitos fundamentais, sustenta-se que estes direitos como um todo e, em especial, os direitos fundamentais sociais que serão abordados adiante, estão embasados nas diretrizes (princípios) da igualdade e da dignidade humanas, às quais se passa a abordar.

2.2.1. O princípio da igualdade

Com relação ao princípio da igualdade, além de ser uma das bases mestras dos direitos fundamentais, em geral, e dos direitos fundamentais sociais, em especial, é um princípio que surge nos ordenamentos jurídicos hodiernos como princípio estruturante. Além disso, também é considerado um princípio de *jus cogens*[(357)] internacional, ou seja, como diretriz impostergável, de cumprimento obrigatório por todos os Estados, independentemente de sua concordância, como critério para participação na comunidade internacional.

Ferrajoli[(358)] faz uma verdadeira profissão de fé (política, científica e jurídica) no tocante ao princípio da igualdade. Afirma que o princípio da igualdade é o princípio político do qual podem, direta ou indiretamente, ser derivados os demais princípios e valores políticos. Esse princípio equivale ao igual valor associado à todas as diferenças de identidade, por um lado e, de outro, ao desvalor associado às desigualdades nas condições materiais de vida. Assim, o princípio da igualdade se identifica com o universalismo dos direitos fundamentais, sejam civis, políticos, de liberdade ou sociais. Segundo o autor, referido princípio é a base da democracia, pois valora de forma igual a dignidade das pessoas só por ser pessoas. Some-se a isso ser o substrato do multiculturalismo, condição para a paz e fundamento para as concepções de justiça e de desenvolvimento econômico, equilibrado e sustentável, além de ser o substrato da solidariedade.

No direito positivo constitucional brasileiro, a CF de 1988 prevê expressamente o princípio da igualdade em vários de seus dispositivos. De forma geral, já no Preâmbulo[(359)] da Constituição o referido princípio (valor) está previsto, ao mesmo tempo em que é chamada a

---

(357) Esta posição foi expressamente adotada pela Corte Interamericana de Direitos Humanos na Opinião Consultiva n. OC-18/03, ao analisar a situação dos trabalhadores imigrantes sem documentação. Referida decisão pode ser conferida no endereço eletrônico: www.corteidh.org.cr. Para uma análise da referida OC ver COURTIS, Christian. La eficácia de los derechos humanos en las relaciones entre particulares. In: Ingo Wolfgang Sarlet (Org.). *Constituição, direitos fundamentais e direito privado.* 2. ed. Porto Alegre: Livraria do Advogado, 2005. p. 405 e s. Cumpre referir que essa posição está embasada nos mais diversos documentos internacionais relativos aos direitos humanos. Com efeito, no art. 1 da Declaração Universal dos Direitos Humanos de 1948 é expressamente reconhecida a igualdade de todos em dignidade e direitos, sendo que no seu art. 2 é vedada a discriminação; no Pacto de Direitos Civis e Políticos de 1966 o seu art. 2º, § 1º, veda a discriminação e o seu art. 3º, *caput*, garante a igualdade entre homens e mulheres no gozo dos direitos civis e políticos; no mesmo sentido é o que está previsto no Pacto de Direitos Econômicos Sociais e Culturais, cujo art. 2º, § 2º, veda a discriminação e o art. 3º, *caput*, garante a igualdade entre homens e mulheres no gozo dos direitos econômicos sociais e culturais; no mesmo sentido está o Pacto de São José da Costa Rica, em cujo art. 1º, 1, fica vedada a discriminação.

(358) FERRAJOLI, Luigi. *Manifiesto por la igualdad*, p. 9.

(359) Sobre a força normativa do preâmbulo da Constituição ver BONAVIDES, Paulo. *Teoria constitucional da democracia participativa:* por um direito constitucional de luta e resistência — por uma nova hermenêutica — por uma repolitização da legitimidade. São Paulo: Malheiros, 2001. p. 40; GOMES, Joaquim B. Barbosa. *O poder de polícia e o princípio da dignidade da pessoa humana na jurisprudência francesa*. Disponível em: <www2.uerj.br/direito/publicações>.

atenção para a necessidade de efetivação dos direitos socais e individuais, apontando a importância dos direitos sociais na concepção constitucional; o princípio da igualdade também está albergado no art. 3º, incisos III e IV, em especial, do texto constitucional; cabe indicar, também, o *caput* e o inciso I do art. 5º. Além desses, podem ser citados de forma exemplificativa outros dispositivos em que o princípio está positivado para situações especiais, como é o caso da vedação de diferenças salariais e de função por discriminação (art. 7º, XXX), vedação de discriminação de salários e para admissão do deficiente (art. 7º, XXXI) e, ainda, a proibição de distinção entre os trabalhadores e o trabalho manual, técnico e intelectual (art. 7º, XXXII).

Tendo em conta o amplo espectro de previsões constitucionais sobre o princípio da igualdade, o que por si só mostra a sua fundamentalidade, é possível, ainda, sustentar que é aplicável ao nosso ordenamento jurídico positivo a posição sustentada por Juan María Bilbao Ubillos e Fernando Rey Martínez para o ordenamento espanhol sobre o princípio da igualdade, visto uma certa proximidade tanto textual como contextual entre os referidos Textos Constitucionais. Com efeito, é importante lembrar qual a concepção histórica e material em que está inserido o princípio da igualdade em nosso ordenamento jurídico, pois isto também terá implicações na sua interpretação/concretização. Afirmam os autores:(360)

> ¿Qué concepción histórica y material de la igualdad se expresa en la Constitución española? Naturalmente, la propia de un Estado que se autoconstituye como "social y democrático de Derecho" (artículo 1.1 CE). La igualdad constitucional, en su triple condición de valor superior del ordenamiento jurídico (artículo 1.1 CE), de principio ("Los españoles son iguales ante la ley" —artículo 14a CE—), cuya realidad y efectividad corresponde promover a los poderes públicos (artículo 9.2 CE), y de derecho fundamental ("sin que pueda prevalecer discriminación alguna por razón de nacimiento, raza, sexo, religión, opinión o cualquier otra condición o circunstancia personal o social" —artículo 14b CE—) explicita, al mismo tiempo, tres dimensiones: de libertad, democrática y social. En su dimensión liberal, la idea de igualdad conlleva la prohibición de arbitrio, tanto en el momento de creación de la norma que introduce la diferencia como en el de su aplicación. La igualdad, desde la perspectiva del principio democrático, excluye que ciertas minorias o grupos sociales en desventaja puedan quedarse "aislados y sin voz". Desde el punto de vista social, la idea de igualdad legitima un derecho desigual a fin de garantizar a individuos y grupos desventajados una igualdad de oportunidades. Todas estas dimensiones se enraizan en el reconocimiento de la dignidad humana como fundamento del orden político y de la paz social (artículo 10.1 CE), de lo que se deriva la igual dignidad social de todos los ciudadanos: hay que rechazar toda creación o aplicación del derecho que trate a algunos miembros de la comunidad como ciudadanos de segunda clase.

(360) UBILLOS, Juan María Bilbao; MARTÍNEZ, Fernando Rey. El principio constitucional de igualdad en la jurisprudencia española. In: CARBONELL, Miguel (Comp.). *El principio constitucional de igualdad:* lecturas de introdución. México: Comisión Nacional de los Derechos Humanos, 2003. p. 106.

Assim, não é difícil perceber que a ideia de igualdade deve balizar a sociedade e o Estado democrático de direito, como expressão de uma aspiração humana, qual seja, a de ser tratado com igual dignidade, consideração e respeito. Aliás, cumpre lembrar que as ideias de igualdade e de democracia estão umbilicalmente ligadas. Com efeito, afirma Piovesan: (361)

A implementação do direito à igualdade é tarefa essencial a qualquer projeto democrático, já que em última análise a democracia significa igualdade — a igualdade no exercício dos direitos civis, políticos, econômicos, sociais e culturais. A busca democrática requer fundamentalmente o exercício, em igualdade de condições, dos direitos humanos elementares. Se a democracia se confunde com a igualdade, a implementação do direito à igualdade, por sua vez, impõe tanto o desafio de eliminar toda e qualquer forma de discriminação, como o desafio de promover a igualdade.

No entanto, não se pode perder de vista que, de fato, as pessoas humanas são diferentes: uns são crianças, outros adultos; uns são velhos, outros são jovens; uns são homens e outros são mulheres; uns têm plena capacidade mental, enquanto outros possuem limitações; uns são brancos, outros negros; uns têm capacidade econômica para demandar em juízo, outros não; etc. Some-se a isso, ainda, que dentro de cada um desses grupos abstratos, existem diferenças propriamente pessoais, que fazem cada um único e diferente, até porque se assim não fosse, não teríamos indivíduos.(362)

Diante dessas constatações fáticas inquestionáveis, cabe, então, a seguinte pergunta: o que significa a igualdade jurídica?

Em primeiro lugar, importa esclarecer que a igualdade jurídica é uma igualdade em direitos, em especial, em direitos fundamentais, razão principal pela qual Ferrajoli sustenta sua concepção de fundamentação formal dos direitos fundamentais. Isso fica muito claro quando se vê que na Declaração Universal dos Direitos Humanos, em seu art. 1º, é afirmado que todos são iguais em dignidade e direitos. Nesse sentido, partindo da afirmação de que a igualdade jurídica é a igualdade em direitos fundamentais, Ferrajoli(363) sustenta que:

> La igualdad en los derechos fundamentales resulta así configurada como el igual derecho de todos a la afirmación y a la tutela de la propria identidad, en virtud del igual valor asociado a todas las diferencias que hacen de cada persona un individuo diverso de todos los otros y de cada individuo una persona como todas las demás.

Esse primeiro aspecto da igualdade está intrinsicamente vinculado à universalidade dos direitos fundamentais, os quais, à diferença dos direitos patrimoniais, por exemplo, devem ser reconhecidos a todos pelo só fato de serem seres humanos. Assim, a igualdade e a universalidade dos direitos fundamentais são duas facetas da mesma moeda.

---

(361) PIOVESAN, Flávia. *Temas de direitos humanos*. 2. ed. São Paulo: Max Limonad, 2003. p. 202-203.

(362) Ver MIGUEL, Alfonso Ruiz. Sobre el concepto de igualdad. In: CARBONELL, Miguel (Comp.). *El principio constitucional de igualdad:* lecturas de introdución. México: Comisión Nacional de los Derechos Humanos, 2003. p. 45-46.

(363) FERRAJOLI, Luigi. *Derechos y garantías:* la ley del más débil. Madrid: Trotta, 2001. p. 76, 80-81.

Em segundo lugar, como a igualdade se caracteriza pela consideração e respeito por parte de todos, a igualdade jurídica é uma igualdade em dignidade e em direitos, configurando-se como uma norma jurídica (de caráter principial), estando no plano deontológico. Por outro lado, as diferenças estão em outro plano, as diferenças são fáticas, estão no plano ontológico. Com efeito, Ferrajoli explicita isso ao afirmar que a igualdade é norma, é um dever ser; já as diferenças são fáticas, são da ordem do ser. Justamente por isso, segundo o autor, a igualdade é normativa porque se reconhece que de fato os seres humanos são diversos, mas isso não pode servir como fundamento para desigualdades.(364)

Tendo por premissa referida ideia, pode-se estabelecer outra distinção importante, qual seja, a distinção entre as "diferenças" que devem ser valorizadas, por um lado e, por outro, as "desigualdades" e "discriminações" que devem ser superadas. Partindo disso, é cabível dizer que o direito deve reconhecer e valorizar as diferenças que servem para promover a dignidade e o livre desenvolvimento das pessoas humanas e grupos sociais, ao mesmo tempo em que, em razão do princípio da igualdade, deve negar validade e corrigir as desigualdades e discriminações.(365)

A partir disso, os direitos fundamentais civis e políticos, em especial, cumprem o papel de valorizar e proteger as diferenças de identidade que merecem ser promovidas. Por outro lado, os direitos fundamentais sociais, em especial, têm o papel de combater as desigualdades materiais, promovendo um maior nível de igualdade nas condições sociais de existência. Nessa linha, Ferrajoli(366) afirma:

> A partir de estos presupuestos, se compreende el nexo que, por la via de los derechos, liga las diferencias a la igualdad y las opone a las desigualdades y a las discriminaciones. Las *diferencias* — sean naturales o culturales — no son otra cosa que los rasgos específicos que diferencian y al mismo tiempo individualizan a las personas y que, en cuanto tales, son tutelados por los *derechos fundamentales*. Las *desigualdades* — sean económicas o sociales — son en cambio las disparidades entre sujetos producidas por la diversidad de sus *derechos patrimoniales*, así como de sus posiciones de poder y sujeición. [...] Precisamente, las discriminaciones son las desigualdades antijurídicas, puesto que consisten — por la violación del principio de igualdad establecido por el artículo 3,1 de la Constitución italiana — en el desigual tratamiento de las diferencias tuteladas y valorizadas por él. [...].

Aliás, em obra especialmente dedicada ao referido princípio, Ferrajoli(367) sustenta que as razões para a igualdade e sua previsão em todos os ordenamentos constitucionais

(364) FERRAJOLI, Luigi. *Derechos y garantías:* la ley del más débil, p. 78-79.

(365) Nesse sentido é que se deve entender a afirmação de Piovesan: "Por fim, há que se reiterar que o direito à igualdade pressupõe o direito à diferença, inspirado na crença de que somos iguais, mas diferentes, e diferentes, mas sobretudo iguais." PIOVESAN, Flávia. *Temas de direitos humanos*, p. 203.

(366) FERRAJOLI, Luigi. *Derechos y garantías:* la ley del más débil, p. 82-83.

(367) FERRAJOLI, Luigi. *Manifiesto por la igualdad*, p. 13 e s.

são duas, as quais são aparentemente paradoxais. Para o autor, a primeira razão para que a igualdade esteja estipulada é porque somos diferentes, entendendo-se as diferenças no sentido de diversidade das identidades pessoais. Já a segunda razão, é porque somos desiguais, entendido esse termo como diversidade nas condições de vida materiais. Assim, a igualdade está prevista porque, de fato, somos diferentes e desiguais, servindo para a tutela das diferenças e em oposição às desigualdades. Então prossegue o autor:

> En definitiva, el principio de igualdad es un principio complejo que incluye dos principios distintos. En un primer significado, consiste en el igual valor que él obliga a asociar a todas as diferencias que forman la identidad de cada persona. En un segundo significado consiste en el desvalor que él obliga a asociar a las excesivas desigualdades económicas y materiales que de hecho limitan, o, peor aún, niegan el igual valor de las diferencias. La primera igualdad es un principio estático, la segunda es un principio dinâmico. Utilizando una distinción de uso en la filosofia del derecho, diremos que la primera es una regla, consistente en la prohibición de las discriminaciones de todas las diferencias personales, mientras la segunda, al consistir en el deber de reducir las desigualdades materiales, es un principio directivo nunca plenamente realizado y solo imperfectamente realizable, que, por eso, equivale a una norma revolucionaria que impone una reforma permanente del ordenamento dirigida a su máxima actuación. En ambos sentidos le igualdad es una égalité em droits: "los hombres nacen libres e iguales en derechos", disse el articulo 1 de la Déclaration de 1789. Es, en efecto, a través de los derechos, como se garantiza la igualdad.

Uma terceira questão da máxima importância para aclarar o sentido do princípio jurídico da igualdade é que a igualdade não significa, pura e simplesmente, paridade de tratamento.(368) Com efeito, tratar a todos, indistintamente, de forma paritária, pode implicar a não a observância da igualdade, mas, sim, pelo contrário, a sua violação. Para isso, basta pensar numa situação simples e cotidiana no universo do direito. Se a igualdade jurídica significasse, estritamente, paridade de tratamento, qualquer norma protetiva seria ilegítima (por exemplo, seriam vedadas quaisquer formas de proteção às crianças, aos idosos, aos mais vulneráveis), o que, evidentemente, não corresponde à realidade jurídica.

Portanto, juridicamente, o sentido de igualdade de há muito já superou a ideia liberal-clássica de igualdade formal, para ser, ou pelo menos, tender a ser, também, uma igualdade material ou substancial. Deve-se tratar igualmente os iguais e de forma diferenciada os desiguais, na medida de suas diferenças. Igualdade não significa, assim, tratar a todos abstratamente de forma paritária, pois isso, ao contrário de se caracterizar como igualdade, acabaria apenas em assegurar ou acentuar desigualdades.

Nessa linha, segundo Ferrajoli,(369) a igualdade se apresenta sob duas roupagens, indissociáveis e complementares, ou seja, a igualdade formal e a igualdade material. De um lado,

---

(368) É justamente nesse sentido que Perlingieri afirma: "[...] O princípio de igualdade supera a posição formal da paridade para realizar a igualdade substancial: quando existe desigualdade de fato, não existe espaço para o princípio da paridade de tratamento". PERLINGIERI, Pietro. *Perfis do direito civil* — introdução ao direito civil constitucional. 2. ed. Rio de Janeiro-São Paulo: Renovar, 2002. p. 46. Ver ainda nesse sentido, SILVA, José Afonso. *Curso de direito constitucional positivo*. 13. ed. São Paulo: Malheiros, 1997. p. 210-212.

(369) FERRAJOLI, Luigi. *Manifiesto por la igualdad*, p. 69, 78, 79-80.

a igualdade formal (liberal) que consiste no igual respeito no tratamento das diferenças pessoais. De outro, a igualdade material (substancial ou social) que consiste na máxima redução das desigualdades materiais. Como afirma o autor, a redução das desigualdades materiais é uma condição necessária da igual dignidade social de todas as diferentes identidades. Por outro lado, o grau de igualdade substancial depende do grau de igualdade e de não discriminação nas oportunidades, que a sua vez equivale ao grau de efetiva igualdade formal na liberdade de realizar os próprios projetos de vida. Assim, o autor sustenta uma relação de sinergia nas diversas classes dos direitos fundamentais, ou seja, a garantia dos direitos sociais elimina ou reduz as desigualdades materiais que são juridicamente desvalorizadas, sendo um verdadeiro pressuposto para a igualdade formal, ou seja, de efetividade dos direitos de liberdade que são a condição necessária do exercício dos direitos civis e políticos. Dessa forma, o grau de igualdade material determina o grau de não discriminação das diferenças e vice-versa.(370)

Com relação a esta questão em especial, cumpre lembrar que além da igualdade no sentido formal, como igualdade perante a lei, prevista no *caput* do art. 5º da CF de 1988,(371) a dimensão substancial/material da igualdade também ficou claramente prevista no art. 3º, incisos III e IV, da CF de 1988. Com efeito, estes dispositivos constitucionais determinam como objetivos fundamentais da sociedade brasileira (numa acepção ampla, englobando os poderes públicos e a sociedade civil) a erradicação da pobreza e a redução das desigualdades sociais e regionais, bem como a promoção do bem de todos sem preconceitos.

Nesse sentido, Gustavo Tepedino(372) sustenta que a CF de 1988, além de prever o princípio da isonomia em seu caráter formal no art. 5º, *caput*, foi expressa em introduzir o princípio da igualdade substancial, em especial, no seu art. 3º, III, que prevê constituirem objetivos da República erradicar a pobreza e a marginalização e reduzir as desigualdades sociais e regionais, "consagrando, portanto, a justiça distributiva (a cada um segundo as suas necessidades)."

Dessa forma, é perfeitamente plausível sustentar que na interpretação do art. 3º da CF brasileira de 1988, pode-se aplicar a mesma linha interpretativa sustentada por Ferrajoli para explicitar o conteúdo normativo e axiológico do art. 3º da Constituição italiana. Com efeito, ao comentar o referido artigo da Constituição da Itália, Ferrajoli(373) afirma:

> Me parece que esta es la clave conforme a la que deben ser interpretados los parágrafos 1º e 2º del artículo 3 de la Constitución italiana, que, en su conjunto, diseñan un modelo normativo integrado de igualdad formal y sustancial

(370) Sobre esta interdependência entre a igualdade formal e a igualdade substancial, na mesma linha de Ferrajoli, Pietro Perlingieri sustenta que não pode haver a cisão entre as duas perspectivas, pois ambas devem andar conjuntamente numa interpretação sistemática e global de todo o desenho do ordenamento. PERLINGIERI, Pietro. *Perfis do direito civil* — introdução ao direito civil constitucional, p. 45 e s.

(371) Essa afirmação, no entanto, não impediria que numa interpretação sistemática do todo constitucional, em especial da cláusula do Estado democrático de direito, do princípio da dignidade humana e do amplo leque de direitos fundamentais previstos pela CF de 1988, fosse possível chegar à igualdade material/substancial a partir de tal preceito normativo.

(372) TEPEDINO, Gustavo. *Temas de direito civil*. 2. ed. Rio de Janeiro-São Paulo: Renovar, 2001. p. 298-299.

(373) FERRAJOLI, Luigi. *Derechos y garantías:* la ley del más débil, p. 76.

basado en la "igual dignidad" de las diferencias y, a la vez, en la garantia de su efectividad. En efecto, mientras el párrafo 1º afirma la "igualdad de todos ante la ley" y la "igual dignidad social" de todos los ciudadanos "sin distinciones de sexo, raza, lengua, religión, opiniones políticas, condiciones personales y sociales", el 2º párrafo explicita el carácter normativo y de proyeto de tal igualdad, partiendo del reconocimiento de su virtual inefectividad en presencia de los "obstáculos" de orden econômico, social y cultural que la limitan "de hecho" — como los que producen en concreto las múltiples discriminaciones de las mujeres en la vida social y que aquél prescribe que deben ser "removidas" mediante la introducción de las garantías adecuadas.

Ora, partindo da ideia de igualdade nesse sentido integral, ou seja, considerando tanto a igualdade formal como a substancial, os direitos fundamentais sociais são como que concretizações, mecanismos de atuação do princípio da igualdade, em especial, no seu cariz substancial.

Gerardo Pisarello[(374)] lembra que habitualmente os direitos sociais se apresentam como expectativas ligadas a satisfação de necessidades básicas das pessoas nos âmbitos do trabalho, moradia, saúde, alimentação, educação. Sustenta que, na medida em que os bens protegidos por tais direitos têm que ver com o desfrute de condições materiais que possibilitem o real exercício da autonomia, interessam a todos potencialmente. No entanto, interessam de modo especial aos que são mais vulneráveis na sociedade, razão pela qual sua defesa e reclamo está ligada a uma sensibilidade igualitária.

Nesse mesmo sentido, Luis Prieto Sanchís[(375)] é explícito em caracterizar os direitos fundamentais sociais, entre outras características, como direitos de igualdade. Afirma o autor:

> [...] los derechos sociales se configuran como derechos de igualdad entendida en el sentido de igualdad material o sustancial, esto es, como derechos, no a defenderse ante cualquier discriminación normativa, sino a gozar de un régimen jurídico diferenciado o desigual en atención precisamente a una desigualdad de hecho que trata de ser limitada o superada.

Outra questão que também merece ser registrada, a qual está mais diretamente ligada à ideia de igualdade material ou substancial, é a relativa às políticas adotadas para a promoção da igualdade. Com efeito, diante da expressa previsão constitucional de implementação da igualdade substancial, tal qual prevista, em especial, no art. 3º da CF de 1988, são totalmente

---

(374) PISARELLO, Gerardo. *Los derechos sociales y sus garantias:* elementos para una reconstrución. Madrid: Trotta, 2007. p. 11-12.

(375) SANCHÍS, Luis Prieto. Los derechos sociales y el principio de igualdad substancial. BARUFFI, Helder (Org.). In: *Direitos fundamentais sociais:* estudos em homenagem aos 60 anos da Declaração Universal dos Direito Humanos e aos 20 anos da Constituição Federal. Dourados: UFGD, 2009, p. 175. No direito brasileiro, tal posição é sustentada, entre outros, por Paulo Bonavides que afirma que esses direitos nasceram abraçados ao princípio da igualdade, o qual é sua razão de ser, seu amparo e estímulo. BONAVIDES, Paulo. *Curso de direito constitucional.* 12 ed. São Paulo: Malheiros, 2002. p. 518.

inapropriadas as interpretações restritivas que diante de políticas públicas(376) de promoção da igualdade, da implementação de "ações afirmativas",(377) postulam a sua inconstitucionalidade por supostamente ferirem o princípio da igualdade. Essa linha de interpretação reduz a igualdade à simples ideia de paridade de tratamento, esvaziando o seu conteúdo muito mais denso e, verdadeiramente, ferindo a concepção integral do referido princípio. É o que ocorreu, apenas como exemplos, com a contestação das políticas de cotas das universidades(378) e também o que, não raramente, ocorre com relação aos dispositivos de proteção às mulheres no mercado de trabalho.(379)

Com efeito, em tais situações à visão equivocada da igualdade entendida apenas como mera paridade de tratamento é somado o equívoco de entender que existem certos fatores (certas características) que são impossíveis de serem tomados em conta para estabelecer diferenciações jurídicas. Com efeito, considerando os exemplos dados, essas interpretações reducionistas do princípio da igualdade entendem que fatores como sexo e cor, por exemplos, não podem ser escolhidos para fundar tratamentos diferenciados, pois isso seria contrário à

---

(376) Pode-se, com base na lição de Fábio Konder Comparato definir as políticas públicas como "programas de ação", qualificando-as como uma atividade, como "conjunto organizado de normas e atos tendentes à realização de um objetivo determinado". Portanto, é a finalidade que vai unificar a política pública. COMPARATO, Fábio Konder. Ensaio sobre o juízo de constitucionalidade de políticas públicas. In: *Revista de Informação Legislativa*, n. 138, Brasília, 1998, p. 44-45.

(377) Para o sentido aqui proposto, as ações afirmativas podem ser compreendidas, na lição de Flávia Piovesan como sendo constituídas por "[...] medidas especiais e temporárias que, buscando remediar um passado discriminatório, objetivam acelerar o processo de igualdade, com o alcance da igualdade substantiva por parte de grupos vulneráveis, como as minorias étnicas e raciais, as mulheres, dentre outros grupos. As ações afirmativas, enquanto políticas compensatórias adotada para aliviar e remediar as condições resultantes de um passado discriminatório, cumprem uma finalidade pública decisiva ao projeto democrático, que é a de assegurar a diversidade e a pluralidade social. Trata-se de medidas concretas que viabilizam o direito à igualdade, com a crença de que a igualdade deve se moldar no respeito à diferença e à diversidade. Através delas transita-se da igualdade formal para a igualdade material e substantiva." PIOVESAN, Flávia. *Temas de direitos humanos*, p. 199-201.

(378) Sobre tal matéria, cumpre assentar que o Plenário do STF, ao apreciar o mérito da ADPF (Ação de Descumprimento de Preceito Fundamental) n. 186, julgada em 26 de abril de 2012, por unanimidade, considerou constitucional a política de cotas étnico-raciais para seleção de estudantes da Universidade de Brasília (UNB), jogando pá de cal na discussão, pelo menos do ponto de vista da prática jurisdicional.

(379) Um exemplo paradigmático sobre a questão foi a discussão sobre a recepção constitucional ou não do art. 384 da CLT que assegurava às mulheres 15min, no mínimo, de intervalo antes do início da jornada extraordinária. Muito embora o referido artigo da CLT tenha sido revogado pela Lei n. 13.467/2017 (Lei da Reforma Trabalhista), o exemplo continua sendo plenamente utilizável para a discussão que está sob foco. Com efeito, a grande questão a ser debatida é se o fundamento da diferenciação legal estabelecida pelo artigo estava fundada em condições singulares da fisiologia feminina que expõe as mulheres à um maior desgaste pessoal na realização de horas extraordinárias, bem como nas condições sociais de vida das mulheres (dupla jornada, entre outras), o que, ao que se entende, tornaria a diferenciação válida, legítima sob o ponto de vista constitucional. Se, por outro lado, a diversidade de tratamento se desse por preconceito, configuraria uma previsão ilegítima. Entende-se que o dispositivo tinha legitimidade constitucional, em razão das condições singulares de vida das mulheres. No incidente de Incidente de Inconstitucionalidade em Recurso de Revista n. TST-IIN-RR-1540/2005-046-12-00.5, o TST entendeu que o art. 384 da CLT foi recepcionado pela Constituição Federal (TST-IIN-RR-1540/2005-046-12-00, Tribunal Pleno, Relator Ministro Ives Gandra Martins Filho, DJ 13/2/2009). Tal matéria ainda se encontra sob judice no STF no RE n. 658.312, com o reconhecimento de repercussão geral, ainda não tendo havido a finalização do julgamento. BRASIL. Supremo Tribunal Federal. *RE n. 658.312*. Relator Min. Dias Toffoli, Brasília, 21 de setembro de 2009. Disponível em: <http://www.stf.jus.br>.

isonomia constitucional. Essas posturas interpretativas reducionistas seguem a linha doutrinária de que Ronald Dworkin denomina de teoria das "categorias banidas".(380)

Analisando essa postura doutrinária, Dworkin(381) mostra o equívoco da teoria das "categorias banidas", defendendo que uma interpretação adequada do princípio da igualdade deve trilhar aquilo que denomina como teoria das "fontes banidas". Dworkin sustenta que ao preverem o princípio da igualdade, os ordenamentos jurídicos reconhecem a existência de um direito especial contra a discriminação. Dessa forma, com base na teoria das "fontes banidas", sustenta que as diferenças de raça, sexo e cor, apenas como exemplos, podem ser utilizadas para se adotar tratamentos jurídicos diferenciados para beneficiar ou proteger indivíduos que apresentem tais características, desde que as preferências ou escolhas não sejam feitas com base em preconceitos. A teoria das "fontes banidas" implica a aceitação das políticas afirmativas, quando estas são levadas a cabo para melhorar a posição de um grupo historicamente discriminado, desde que isso não seja feito por preconceito.

Entende-se que a teoria das "fontes banidas" é perfeitamente adequada e compatível com o disposto no inciso IV do art. 3º da CF de 1988, o qual dispõe que um dos objetivos fundamentais do Estado e da sociedade brasileiras (da República) é promover o bem de todos, *sem preconceitos* de origem, raça, sexo, cor, idade e quaisquer outras formas de discriminação.

Parece ser claro que o que é vedado pelo texto constitucional, tornando ilegítima eventual medida, prática ou norma adotada para diferenciar pessoas ou situações, é a adoção de tratamentos diferenciados que se baseiem em preconceitos, configurando-se como discriminações constitucionalmente vedadas. Assim, o que importa para a verificação da constitucionalidade ou não de medidas jurídicas diferenciadoras é a fonte, o porquê da medida diversa.

Dessa forma, sempre que eventual medida jurídica adotada, estabelecer diferenciações entre indivíduos ou grupos, conferindo-lhes um tratamento jurídico qualificado, por razões científicas, históricas ou sociais, tais medidas serão constitucionalmente legítimas. Somente medidas diferenciadoras baseadas em preconceito são vedadas, pois se caracterizam como discriminatórias.

Com efeito, não se pode esquecer que por meio das normas jurídicas sempre são feitas escolhas, que valorizam certas atitudes e punem outras, aquinhoam certas pessoas com direitos e oneram outras com obrigações. A atividade jurídica é diferenciadora, ou seja, sempre são escolhidos critérios com base nos quais são construídas soluções diversas. Portanto, diferenciar é ínsito ao direito, o que não afasta, mas deve reforçar, a indagação de quando é que um determinado tratamento diverso é juridicamente válido ou não. Essa aferição deve

---

(380) Ronald Dworkin afirma que segundo a teoria das "categorias banidas", o direito contra a discriminação consiste em que "certos atributos ou categorias, inclusive a raça, os antecedentes étnicos e, talvez, o sexo, não sejam utilizados para distinguir os grupos de cidadãos com a finalidade de dar-lhes tratamentos diferentes", inviabilizando quaisquer políticas afirmativas. DWORKIN, Ronald. *O império do direito*. São Paulo: Martins Fontes, 2003. p. 458, 469-471.

(381) DWORKIN, Ronald. *O império do direito*, p. 458, 469-471.

ser feita diante de quaisquer atos, desde as normas emanadas do Estado até as cláusulas contratuais, individuais ou coletivas, ou atos unilaterais.

Assim, para se aferir se uma diferenciação é ou não ofensiva à isonomia, além de se verificar se a diversidade de tratamento é escolhida por preconceito ou não, o que demanda a análise contextual sócio-histórica, cultural e econômica, também é importante atentar para outros critérios apontados pela doutrina.

Nesse sentido, Celso Antônio Bandeira de Mello[(382)] propõe que na avaliação da legitimidade de medidas jurídicas que confiram tratamentos jurídicos diversos, sob o prisma do princípio da igualdade, sejam observados três critérios: 1) o elemento que foi tomado como fator de diferenciação, que deve ser residente na própria coisa, pessoa ou situação e que não acabe por individualizar a pessoa de forma definitiva; 2) a correlação lógica abstrata existente entre o fator escolhido como critério de diferenciação e a disparidade estabelecida no tratamento jurídico, ou seja, se há proporcionalidade e razoabilidade no tratamento oferecido; 3) se existe consonância entre esta correlação lógica e os interesses absorvidos pela constituição, ou seja, se o fator de diferenciação e o tratamento conferido estão de acordo com os valores constitucionais. Todos estes critérios devem estar atendidos conjuntamente.

Portanto, o princípio da igualdade, tomado em sua integralidade, é fonte primordial dos direitos fundamentais, em especial, dos direitos fundamentais sociais, estando, de outra banda, fortemente ligado ao princípio da dignidade humana que é a outra fonte principial dos direitos fundamentais e que será abordado em seguida.

2.2.2. Dignidade humana

Como já referido anteriormente, em complementação recíproca com a igualdade, a dignidade humana é o valor fonte no qual se fundam os direitos fundamentais, em especial, os direitos fundamentais sociais. No entanto, no que toca à dignidade humana, entende-se apropriado um desenvolvimento mais aprofundando na análise do princípio, visto que este constitui, propriamente, além do fundamento jurídico, o fundamento ético profundo dos direitos fundamentais. Na dignidade humana, na verdade, pode-se fundar a própria igualdade, a liberdade, a segurança e a solidariedade, entre outros valores centrais no tocante aos direitos fundamentais.[(383)]

Nesse sentido, não é à toa que já no Preâmbulo da Declaração Universal dos Direitos Humanos (1948) é afirmado que o reconhecimento da dignidade inerente a todos os membros da família humana e dos seus direitos iguais e inalienáveis constitui o fundamento da liberdade, da justiça e da paz no mundo. No art. 1º da Declaração é preceituado que todos os seres humanos nascem livres e iguais em dignidade e em direitos, sendo dotados de razão e

---

(382) MELLO. Celso Antônio Bandeira de. *Conteúdo jurídico do princípio da igualdade*. 3. ed. São Paulo: Malheiros, 1993. p. 21 e s.

(383) Algumas das ideias aqui desenvolvidas constam parcialmente de artigo já publicado. VECCHI, Ipojucan Demétrius; GARCIA, Marcos Leite; PILAU SOBRINHO, Liton Lanes. O princípio da dignidade humana e suas projeções no âmbito laboral: possibilidades e limites. Revista Seqüência — Estudos Jurídicos e Políticos, v. 41, n. 85, 2020. O texto pode ser consultado no endereço eletrônico: <https://doi.org/10.5007/2177-7055.2020v41n85p249>.

consciência, devem agir uns com os outros com espírito de fraternidade. Essas mesmas ideias são reafirmadas nos Preâmbulos do Pacto de Direitos Civis Políticos e Pacto de Direitos Econômicos, Sociais e Culturais (ambos de 1966).

Assentado nestas premissas, cabe analisar o princípio da dignidade da pessoa humana e a sua centralidade para os direitos fundamentais como princípio que embasa uma concepção integral de tais direitos.

Talvez um dos erros mais comuns nas análises socioeconômicas, políticas e jurídicas, é aquele que se consubstancia na adoção de uma postura que se apega a um termo, uma palavra, uma locução, desconectada de sua origem histórica, de seu contexto, dando-lhe um caráter de eternidade, deixando-se, assim, de se verificar e analisar o caráter específico que um referido termo, palavra ou locução representa em cada formação social. Com a ideia de dignidade humana, não é diferente.

Como tudo que é humano é marcado pela historicidade, também a noção de dignidade humana não pode escapar desse crivo histórico. A ideia de dignidade humana surgiu no processo de transformações socais e históricas que marcam a humanidade e aparece no campo jurídico apenas na modernidade.

Íñigo de Miguel Beriain(384) afirma que a origem da palavra dignidade provém do sânscrito, proveniente da raiz *dec*, com o sentido de conveniente, adequado, conforme a algo ou alguém. Posteriormente, tendo sido adotada pelas línguas latinas, à referida palavra foi acrescentado o sufixo *mus*, formando o vocábulo *decmus*, acabando por derivar em *dignus* e *dignidade*. Segundo o autor, a palavra "dignidade" tinha duas conotações, dois sentidos. Numa primeira conotação, a palavra dignidade era utilizada no sentido de reconhecer um aspecto diferenciado, superior, a alguém em razão de sua posição social, a um cargo político, eclesiástico ou honorífico. Assim, em todas estas situações, a ideia de dignidade estava atrelada a algo externo à própria pessoa, estando associada às circunstâncias sociais, políticas, econômicas, que lhe conferiam uma distinção em relação aos demais. Junto a este primeiro sentido, surgiu outro, especialmente a partir da filosofia estoica e do cristianismo, que jungiu a ideia de dignidade ao campo do ser (da pessoa), no sentido de considerar a pessoa humana como centro do cosmos (estoicismo) ou como criada à imagem e semelhança de Deus (cristianismo). Sustenta o autor, que após um certo colapso dessa concepção durante a Idade Média, com o Renascimento, a ideia de dignidade assume caráter de grande importância na discussão da filosofia, muito embora sempre estando vinculada a ideia de dignidade com uma razão teológica (em razão de ser o homem criado à imagem e semelhança de Deus). E, então, conclui o autor:

> Será, sin embargo, el siglo XVIII el que vislumbrará la definitiva ascensión de la dignidad humana al olimpo de los conceptos más utilizados em el mundo filosófico. Así, ya en fragmentos deThomasius o Wolff se incluyen muchos de

(384) DE MIGUEL BERIAIN, Íñigo. *Consideraciones sobre el concepto de dignidad humana*, p. 189-193. Disponível em: <https://pt.scribd.com/document/317254603/ConsideracionesSobreElConceptoDeDignidadHumana-pdf>.

> los caracteres propios de la idea de dignidad humana. Será, no obstante, el genio de Kant el que dotará al concepto de uma nueva dimensión, moldeando sus antigos rasgos con otros incorporados por éle impulsándolo desta manera hacia la posición de privilegio que ahora ocupa. A Kant se deben, entre otras, la idea de que lo digno es aquello que no tiene precio, o que la humanidade e sen sí misma uma dignidad, pensamientos que vienen a convertir a la dignidad en una idea clave dentro de su sistema moral. Posteriormente, la noción de dignidad influirá sobremanera en los trabajos de, entre otros, Jean Jacques Rousseau o Fichte, para luego, ya a finales del siglo, entrar a formar parte de las recopilaciones de los enciclopedistas franceses y de las declaraciones de derechos propias del período histórico en cuestión. Más adelante, la influencia del concepto de dignidad se dejará sentir, incluso, dentro de las filas del movimiento marxista, ya sea a través de la idea compartida por la línea habitual de pensamiento de dicha corriente, que considera la alienación laboral como el reverso de la dignidad humana, o por médio de la variante escenificada en la obra de Bloch, quien defiende la tesis de que el derecho natural, reducido, eso sí, casi exclusivamente al postulado de la defensa de la dignidad humana, ha sido durante siglos el auténtico referente de la defensa de los derechos humanos.

Como se pode perceber, a ideia de dignidade humana sofreu profundas alterações em seu sentido ao longo do processo histórico e das alterações socioeconômicas, políticas e jurídicas, não sendo possível falar de um conceito transhistórico de dignidade, igualando a noção moderna de dignidade humana ao seu sentido original clássico ou mesmo aquele do medievo.

Como sustenta Eduardo Ramalho Rabenhorst[385], a noção de dignidade, como também a própria ideia de humanidade, não se fazem presentes no pensamento clássico. Aliás, segundo o autor, a ideia mesma de "gênero humano" só se delineia de forma mais nítida na modernidade. Sustenta que no mundo antigo a ideia de dignidade estava vinculada à honra, ao mérito, a uma função, posição social ou ofício desempenhado por alguém. Fundando em Jean-François Mattei, Rabenhorst afirma:

> Conforme observa Jean-François Mattei (2005), no mundo antigo a dignidade está vinculada à honra. Trata-se de um mérito ligado a uma função, posição social ou ofício. Quando os gregos empregam as palavras *hoi anthropoi* (os homens) — escreve o filósofo francês — eles estão se referindo ao conjunto dos homens e não à essência de uma humanidade distinta de suas raízes linguísticas, políticas ou geográficas. Complementa tal afirmação Jean-Frédéric Poisson (2204), ao sublinhar que as diversas palavras gregas que expressam a ideia de dignidade derivam da raiz "axio" e evocam sempre a ideia de um valor particular (o vocábulo "axioma", por exemplo, designa o peso, valor, prestígio

(385) RABENHORST, Eduardo Ramalho. O valor da pessoa humana e o valor da natureza. In: ALMEIDA FILHO, Agassiz; MELGARÉ, Plínio. *Dignidade da pessoa humana:* fundamentos e critérios interpretativos. São Paulo: Malheiros, 2010. p. 25-28.

ou qualidade de algo). O mesmo ocorre com o adjetivo latino "dignus" que também se refere às qualidades particulares de um indivíduo que suscitam estima, prestígio ou mérito. A propósito, alerta Garcia Moreno (1997), a palavra latina *dignitas* tem um caráter nitidamente aristocrático. Pertencer à nobreza romana, desempenhar um cargo político ou ter antepassados ilustres é o que confere dignidade aos indivíduos. Mesmo em Cícero, o termo *dignitas* guarda esse sentido de excelência, grandeza ou eminência, ainda que o ilustre pensador romano tenha se aproximado do conceito cristão de dignidade ao afirmar que o valor do homem decorre de suas semelhanças com os deuses, principalmente no que concerne à capacidade de discernir o justo do injusto.

Dessa forma, somente no trânsito à modernidade, como sustenta Peces-Barba,(386) é que a reflexão sobre a dignidade humana no campo da filosofia do direito se torna plena, tendo por suporte a ideia do homem como centro do mundo e centrado no mundo, estando tal concepção marcada pelo antropocentrismo e laicização e não mais por um aspecto predominantemente teológico.

Marcos Garcia Leite,(387) na esteira do pensamento de Peces-Barba, sustenta que é no trânsito à modernidade, em meio às transformações socioeconômicas e políticas que marcam a passagem do medievo para o mundo moderno, que o sentido moderno de dignidade humana se constituiu como ideia fonte para o desenvolvimento da filosofia dos direitos fundamentais. Afirma o autor:

> Ao longo do período em questão é quando se formará a filosofia dos direitos fundamentais, assim chamada pelo professor Peces-Barba, como aproximação moderna da dignidade humana, em meio das feições características das mudanças que se influem e se entrelaçam. Estas se dariam resumidamente nos campos da economia, da política e da mudança de mentalidade. A profunda mudança na situação econômica com o surgimento e progressivo amadurecimento do capitalismo e com o crescente protagonismo da burguesia, favorecerá a mentalidade individualista diante da visão do homem em estamentos. No campo político o pluralismo do poder será substituído pelo Estado como forma de poder racional centralizado e burocratizado. O Estado é soberano, na construção doutrinal que se inicia com Jean Bodin, ou seja, o Estado não reconhece superior e tem o monopólio no uso da força legítima. Seu crescente poder como Estado absoluto, a utilização do Direito como *intrumentum regni*, exigirão como antítese, para garantir ao indivíduo um espaço pessoal, a reclamação de uns direitos. Mas, o Estado absoluto é uma etapa imprescindível. Seu esforço de centralização, de robustecimento de uma soberania unitária e indivisível, sua consideração do indivíduo abstrato, o

(386) PECES-BARBA MARTÍNEZ, Gregorio. *Reflexiones sobre la evolución histórica y el concepto de dignidad humana*, p. 23-24. Disponível em: <https://core.ac.uk/download/pdf/30043286.pdf>.

(387) GARCIA, Marcos Leite. *O processo de formação do ideal dos Direitos Fundamentais: alguns aspectos da gênese do conceito*, p. 6-7. Disponível em: <http://www.publicadireito.com.br/conpedi/manaus/arquivos/anais/XIVCongresso/052.pdf>.

homo juridicus como destinatário das normas, criará as condições necessárias para o aparecimento dos direitos fundamentais positivados exatamente com as revoluções liberais contrárias ao Estado absoluto.

Assim, desenvolvida no campo da filosofia no trânsito à modernidade, é que a noção de dignidade humana vai se constituir como ideia motriz da construção da filosofia dos direitos fundamentais. Dessa forma, em sua origem, a noção de dignidade humana não é uma noção jurídica, mas, sim, filosófica que acaba por adentrar no campo do direito. Com efeito, Peces-Barba[388] afirma:

> En su origen, dignidad humana no es un concepto jurídico como puede serlo el derecho subjetivo, el deber jurídico o el delito, ni tampoco político como Democracia o Parlamento, sino más bien una construcción de la Filosofia para expresar el valor intrínseco de la persona derivado de una serie de rasgos de identificación que la hacen única e irrepetible, que es el centro del mundo y que está centrada en el mundo. La persona es un fin que ella misma decide sometiéndose a la regla, que no tiene precio y que no puede ser utilizada como medio, por todas las posibilidades que encierra su condición, que suponen esa idea de dignidad humana en el punto de partida. Estamos ante un deber ser fundante que explica los fines de la ética pública política y jurídica, al servicio de ese deber ser. Por eso, la dignidad no es um rasgo o una cualidad de la persona que genera principios y derechos, sino un proyecto que debe realizarse y conquistarse.

Portanto, a ideia de dignidade humana como atributo de todos e de cada um dos seres humanos, centrada no "valor absoluto" de cada indivíduo do gênero humano e em igual medida reconhecida a cada um (e eis sua ligação radical com a ideia de igualdade), é uma construção social e histórica surgida no trânsito à modernidade, distinguindo-se radicalmente do sentido que se dava à dignidade nas sociedades antigas e medievais, estando atrelada ao campo da filosofia moral e, posteriormente, aparecendo no campo da filosofia jurídica.

Entende-se que, muito embora inspiradora de toda a construção moderna da filosofia dos direitos fundamentais, a ideia de dignidade humana só adentra definitivamente no campo propriamente jurídico por meio da pressão social exercida pelo movimento social dos trabalhadores. Com efeito, conforme lembra Peter Häberle,[389] foi o movimento trabalhista que se inspirando nas especulações filosóficas sobre a dignidade humana, construiu a ponte entre essas e a prática jurídica concreta. Afirma o autor:

> Na metade do século XIX a dignidade humana se tornou "ideia-motriz política do movimento trabalhista": Lassalle exige a melhoria das condições

(388) PECES-BARBA MARTÍNEZ, Gregorio. *Reflexiones sobre la evolución histórica y el concepto de dignidad humana.* Disponível em: <https://core.ac.uk/download/pdf/30043286.pdf>, p. 27.

(389) HÄBERLE, Peter. A dignidade humana como fundamento da comunidade estatal. In: SARLET, Ingo Wolfgang (Org.). *Dimensões da dignidade* — ensaios de filosofia do direito e direito constitucional. Porto Alegre: Livraria do Advogado. 2005. p. 117-118.

materiais das classes trabalhadoras e que se lhes proporcione uma existência verdadeiramente digna; Proudhon dá um passo adiante, ao incluir a dignidade da pessoa na ideia de justiça. Com isso, o pensamento da dignidade humana abriu-se a uma nova dimensão, a do Direito e da justiça, transitando do reino do "pensamento puro" para a prática jurídica.

Interessante notar que também no Brasil foi no campo dos direitos sociais e, em especial, nos direitos ligados ao trabalho que o princípio da dignidade da pessoa humana foi primeiramente positivado no campo constitucional. Com efeito, a Constituição Federal de 1934, em seu Título IV que tratava da Ordem Econômica e Social, previu no seu art. 115 que a "ordem econômica deve ser organizada conforme os princípios da justiça e as necessidades da vida nacional, de modo que possibilite a todos existência digna". Logo após, nos arts. 120 e 121, previu, respectivamente, direitos coletivos e individuais dos trabalhadores, clareando a íntima ligação entre os direitos ligados ao trabalho e o princípio da dignidade humana.(390)

Assim, a noção de dignidade humana, inspiradora da construção da filosofia dos direitos fundamentais, ideal da burguesia em sua fase revolucionária diante das formas sociais do medievo, em relação recíproca com o ideal de igualdade (em sua feição substancial), acabou por se tornar a bandeira de luta do movimento social dos trabalhadores, tendo adentrado no campo da prática jurídica como postulação concreta de melhores e dignas condições de trabalho e, somente depois, expandiu seu campo de incidência para além das relações de trabalho subordinado.

No processo de seu desenvolvimento prático e teórico no campo do direito, o valor/princípio da dignidade humana se espraiou intensamente por todos os campos do direito, destacando-se o campo dos direitos humanos proclamados em âmbito internacional, como é o caso exemplar da Declaração Universal dos Direitos Humanos de 1948. Além disso, adentrou nos ordenamentos jurídicos de vários países, como é o caso do Brasil, em especial, com o disposto no art. 1º, III, bem como no *caput* do art. 170, ambos da Constituição Federal de 1988. Não é despiciendo lembrar ainda que só com a Constituição Federal de 1988 é que o princípio da dignidade humana é positivado como princípio geral fundamental e estruturante de toda a sociedade, da ordem jurídica e do Estado.

Como já referido, a ideia de dignidade humana foi desenvolvida no campo da filosofia moral e só posteriormente adentrou no mundo jurídico. No campo da filosofia, pode-se afirmar que foi Immanuel Kant quem formulou uma noção de dignidade humana que serve de base da noção jurídica hoje dominante.

Para Kant a ideia de dignidade está ligada ao homem como ser racional que, por sua vontade, obedece às leis que ele próprio institui. Segundo Kant, a moralidade consiste na

(390) ALVARENGA, Rúbia Zanotelli. A constitucionalização dos direitos sociais trabalhistas nas constituições brasileiras. *Revista Fórum Trabalhista*, n. 22, Belo Horizonte, Fórum, jul./set. 2016, p. 74; VAZ, Jose Eduardo Parlato Fonseca. *Análise histórica dos direitos trabalhistas nas Constituições Brasileiras*, p. 7-8. Disponível em: <lelivros.love>; POLLETTI, Ronaldo. *Constituições Brasileiras:* volume III, 1934. 3. ed. Brasília: Senado Federal, Subsecretaria de Edições Técnicas, 2012. p. 134; BRASIL. *Constituição Federal Brasileira de 1934*. Disponível em: <http://www.planalto.gov.br/ccivil_03/Constituicao/Constituicao34.htm>.

legislação que possibilita o reino dos fins. Assim, ela (legislação) deve se encontrar em todo ser racional e deve prover de sua vontade, segundo o princípio que impõe que se deve "agir somente segundo uma máxima tal que possa ser erigida como lei universal". Quanto à ideia de dignidade mesma, Kant(391) afirma:

> No reino dos fins tudo tem um preço ou uma dignidade. Uma coisa que tem um preço pode ser substituída por qualquer outra coisa equivalente; pelo contrário, o que está acima de todo preço e, por conseguinte, o que não admite equivalente, é o que tem uma dignidade. Tudo o que se refere às inclinações e necessidades gerais do homem tem um preço de mercadoria; o que, embora não pressuponha uma necessidade, é conforme a um certo gosto, isto é, à satisfação que nos advém de um simples jogo, mesmo destituído de finalidade, de nossas faculdades intelectuais, tem um preço de sentimento; mas o que constitui a só condição capaz de fazer que alguma coisa seja um fim em si, isso não tem apenas simples valor relativo, isto é, um preço, mas sim um valor intrínseco, uma dignidade. Ora, a moralidade é a única condição capaz de fazer um ser racional ser um fim em si, pois só mediante ela é possível ser um membro legislador no reino dos fins. Pelo que, a moralidade, bem como a humanidade, enquanto capaz de moralidade, são as únicas coisas que possuem dignidade.

Em especial, a partir da construção kantiana, a doutrina jurídica lapidou a noção de dignidade humana, erigindo-a em valor central na construção da teoria dos direitos fundamentais,(392) além de princípio fundamental dos ordenamentos jurídicos hodiernos.

Com perceptível influência da posição kantiana, um dos autores que se debruçou sobre a ideia de dignidade humana no campo jurídico foi Günther Dürig. Referido autor desenvolveu a chamada "fórmula objeto", que acabou por ser encampada e consagrada pela Corte Constitucional Alemã. Segundo a referida fórmula, sempre que uma pessoa humana for tratada como mero objeto (coisificação da pessoa humana) ou, ainda, sendo totalmente desprezada ou desconsiderada, ignorando-se suas necessidades básicas (*nadificação* da pessoa humana), sua dignidade humana estaria sendo ferida.(393)

Eusebio Fernández Garcia(394) ao empregar os termos "valor" e "princípio" como intercambiáveis, aduz que a noção dignidade humana se apresenta como o valor de cada pessoa com relação ao respeito básico à sua condição humana, impedindo que sua vida, ou integridade

(391) KANT, Immanuel. *Fundamentação da metafísica dos costumes*, p. 25-26. Texto Disponível em: <http://www.consciencia.org/kantfundamentacao.shtml/print/>.

(392) Pérez Luño afirma que a "condición axiológica de los derechos humanos no se agota en su dependência del concepto general de justicia, se prolonga en la determinación de su contenido ligado a los valores de la dignidad, la libertad y la igualdad. PÉREZ LUÑO, Antonio Enrique. *Derechos humanos, estado de derecho y constitucion*, p. 572-573.

(393) Sobre o assunto ver GONÇALVES, Rogério Magnus Varela. A dignidade da pessoa humana e o direito à vida. In: ALMEIDA FILHO, Agassiz; MELGARÉ, Plínio. *Dignidade da pessoa humana:* fundamentos e critérios interpretativos. São Paulo: Malheiros, 2010. p. 452.

(394) GARCIA, Eusebio Fernández. *Dignidad humana y cidadania cosmopolita*. Madrid: Dykinson, 2001. p. 12, 17, 19-20. Em sentido contrário e em posição que não parece correta, Ana Paula Costa Barbosa sustenta que o princípio da dignidade humana se funda nos valores da liberdade e da igualdade. BARBOSA, Ana Paula Costa. A fundamentação do princípio da dignidade humana. In: TORRES, Ricardo Lobo. *A legitimação dos direitos humanos*. Rio de Janeiro: Renovar, 2002, p. 95.

seja substituída por qualquer outro valor social. O autor sustenta que a dignidade é o valor fonte de outros valores, como a autonomia, segurança, liberdade e igualdade, os quais fundamentam os distintos tipos de direitos humanos. Então, sustenta:

> Cuando KANT, en la *Fundamentación de la metafísica de las costumbres*, mantiene que "lo que halla por encima de todo precio, y por tanto no admite nada equivalente, tiene una dignidade" y que "La autonomia es, así, pues, el fundamento de la dignidade de la naturaleza humana y de toda naturaleza racional", estaba reforzando ese enlace dignidad-derechos, puesto que la autonomía de los seres humanos significa la expresión de su mayoría de edad. Desde este momento histórico que es también el de las Declaraciones de derechos americana y francesas del útlimo cuarto del siglo XVIII, hasta la actualidad, se interpretará, creo que corretamente, la dignidade humana no solamente como lo más valioso, lo que no tiene precio, lo que exige un respeto inmediato, sino también como el derecho a tener derechos. Por tanto, respetar la dignidade de los seres humanos equivale a reconocerles ciertos derechos. Si el reconocimento de los derechos humanos es el médio de garantizar la realización de una vida digna, su falta de recononocimiento significa vivir por debajo de la exigencia de esa viga digna.

Em linha semelhante está a posição de Peces-Barba ao afirmar que a dignidade humana é, hodiernamente, um referente do pensamento moral, político e jurídico, não propriamente como princípio ou valor, como sustenta Fernández Garcia, mas como critério fundante[(395)] dos valores, dos princípios e dos direitos. Peces-Barba afirma:[(396)]

> La dignidad humana en la modernidad y también en este siglo XXI aparece en un contexto intelectual que arranca del tránsito a la modernidad, que ha superado avatares históricos y confrontaciones intelectuales y que se sitúa en lo que llamo el proceso de humanización y de racionalización que acompañan a la persona y a la sociedad en los diversos procesos de liberación, que conducen a la primera a la mayoría de edad y a la segunda a una organización bien ordenada que contribuye al desarrollo de las dimensiones de esa dignidad. La dignidad de la persona y la dignidad de la humanidad son dos aspectos de una misma mentalidad, la del antropocentrismo y de la laicidad, dos coordenadas que encuadran todo el proceso.

(395) Sobre essa diferença de pensamento em relação a Peces-Barba, por seu turno, afirma Fernández Garcia: "Creo que no me sitúo lejos de Gregorio PECES-BARBA, cuando ha indicado, sobre la conexión entre la dignidade humana y los valores superiores de nuestro ordenamento jurídico constitucional (art. 1.1 de la C.E.), que "la dignidade humana es el fundamento y la razón de la necesidad de esos valores superiores, es la raíz última de todo, y creo que su inclusión entre los valores superiores no es metodologicamente correcta, puesto que estós son los caminhos para ser real y efectiva la dignidade humana." GARCIA, Eusebio Fernández. *Dignidad humana y cidadania cosmopolita*, p. 20.

(396) PECES-BARBA MARTÍNEZ, Gregorio. *Reflexiones sobre la evolución histórica y el concepto de dignidad humana*, p. 25.

Antonio-Luis Martínez Pujalte(397) sustenta que o que diferencia os seres humanos dos demais seres não humanos, e onde, então, está radicada a dignidade humana, é na capacidade de entender e de querer e, como consequência, na capacidade de conhecer a moralidade dos atos e atuar de acordo. Em suma, a dignidade humana tem sua raiz na potencialidade que o ser humano tem de ser autoconsciente e livre. O autor afirma:

> La dignidade humana se identifica con la condición de persona, como pone de relieve Kant, quien utiliza precisamente los términos "dignidade" (Würde) y "personalidade" (Persönlichkeit) como sinónimos. Por su parte, el profesor canadiense William Conklin, tratando de indagar el sentido da la expresión "respeto a la persona" que subyace a la teoría de los derechos humanos, escribe que "la humanidade común a todas las personas es su potencialidade", pues "cada persona es una potencialidad aberta en el processo de llegar a ser.

Por seu turno, Ingo Wolfgang Sarlet,(398) seguindo os passos de Kant e Dürig, defende que a dignidade humana é uma qualidade ínsita à cada pessoa humana e que a distingue dos demais seres, razão pela qual todo indivíduo é merecedor de igual respeito e consideração por parte de todos. O autor assim define a dignidade da pessoa humana:

> Assim sendo, temos por dignidade da pessoa humana a qualidade intrínseca e distintiva de cada ser humano que o faz merecedor do mesmo respeito e consideração por parte do Estado e da comunidade, implicando, neste sentido, um complexo de direitos e deveres fundamentais que assegurem a pessoa tanto contra todo e qualquer ato de cunho degradante e desumano, como venham a lhe garantir as condições existenciais mínimas para uma vida saudável, além de propiciar e promover sua participação ativa e co-responsável nos destinos da própria existência e da vida em comunhão com os demais seres humanos.

Tendo em conta a Declaração Universal dos Direitos Humanos, a qual recolhendo inspirações de diversas correntes filosóficas prevê em seu art. 1º que todos os seres humanos nascem livres e iguais em dignidade e em direitos e, assim, dotados de razão e de consciência devem agir uns para com os outros em espírito de fraternidade, Jorge Miranda, ao mesmo tempo em que chama a atenção para a igualdade entre os seres humanos por serem dotados de razão e consciência, indica algumas diretrizes básicas para a compreensão da dignidade humana. Com efeito, Jorge Miranda(399) afirma:

> a) A dignidade da pessoa humana reporta-se a todas e cada uma das pessoas e é a dignidade da pessoa individual e concreta; b) A dignidade é da pessoa enquanto

(397) MARTÍNEZ-PUJALTE, Antonio-Luis. Los derechos humanos como derechos inalienables. In: BALLESTEROS, Jesús. *Derechos humanos:* concepto, fundamentos, sujetos. Madrid: Tecnos, 1992. p. 91-93.

(398) SARLET, Ingo Wolfgang. *Dignidade da pessoa humana e direitos fundamentais na Constituição Federal de 1988.* Porto Alegre: Livraria do Advogado, 2001. p. 57 e s.

(399) MIRANDA, Jorge. *A Constituição e a dignidade da pessoa humana.* Didaskalia, 1999. p. 475-476. Disponível em Veritati — Repositório Institucional da Universidade Católica Portuguesa. Endereço eletrônico: <http://hdl.handle.net/10400.14/18404>.

> homem e enquanto mulher; c) Cada pessoa vive em relação comunitária, o que implica o reconhecimento por cada pessoa de igual dignidade das demais pessoas; d) Cada pessoa vive em relação comunitária, mas a dignidade que possui é dela mesma, e não da situação em si; e) O primado da pessoa é o do ser, não o do ter, a liberdade prevalece sobre a propriedade; f) Só a dignidade justifica a procura da qualidade de vida; g) A protecção da dignidade das pessoas está para além da cidadania portuguesa e postula uma visão universalista da atribuição dos direitos; h) A dignidade pressupõe a autonomia vital da pessoa, a sua autodeterminação relativamente ao Estado, às demais entidades públicas e às outras pessoas.

Seguindo tais diretrizes, Maria Rosynete Oliveira de Lima[(400)] acrescenta:

> A dignidade da pessoa humana é uma categoria axiológica aberta, a ser "preenchida" pelos aplicadores da norma no momento de sua concretização (José Joaquim Gomes Canotilho, 1995:225). Portanto, é preciso levar em conta as exigências básicas do ser humano em concreto, indispensáveis para dar-lhe uma existência digna, bem como para proporcionar-lhe as condições de desenvolvimento das suas potencialidades.

Levando em conta todas estas contribuições da doutrina sobre o valor/princípio[(401)] da dignidade da pessoa humana, é possível tentar delinear algumas das consequências prático-jurídicas de sua previsão no ordenamento jurídico constitucional brasileiro.

No direito brasileiro vigente, a dignidade humana é prevista como princípio fundamental constitucional no inc. III do art. 1º da CF de 1988, configurando-se como uma das chaves de interpretação de todo o ordenamento jurídico vigente. Com efeito, todo o ordenamento jurídico brasileiro deve ser interpretado a partir dos princípios fundamentais que "abrem a ordem jurídica nacional", os quais estão previstos no primeiro Título da CF de 1988, entre os quais, o princípio da dignidade da pessoa humana tem caráter destacado.[(402)]

O princípio também está previsto no art. 170, *caput*, da CF de 1988, como um princípio impositivo da ordem econômica, ou seja, princípio a ser observado pela atividade econômica, dispositivo que determina que toda a atividade econômica tem como fim garantir "vida digna",[(403)] aliás seguindo a tradição aberta pela Constituição Federal de 1934, conforme já referido.

---

(400) LIMA, Maria Rosynete Oliveira de. *Devido processo legal.* Porto Alegre: Sérgio Antônio Fabris, 1999. p. 213-214.

(401) Na presente obra, os vocábulos "valor" e "princípio" são tomados como intercambiáveis.

(402) Robert Alexy distingue diante da "norma" que prevê a dignidade humana, a "regra" de dignidade e o "princípio" da dignidade. A regra de dignidade, uma vez definida sua aplicação, é impostergável. Por outro lado, muito embora entenda possível o sopesamento do princípio da dignidade humana frente a outros princípios constitucionais, Alexy afirma que existe um âmbito praticamente inafastável da dignidade humana, ou seja, que o princípio da dignidade humana se encontra num patamar diferenciado frente aos demais princípios. ALEXY, Robert. *Teoria dos direitos fundamentais.* São Paulo: Malheiros, 2008. p. 114.

(403) Ver neste sentido GRAU, Eros Roberto. *A ordem econômica na Constituição de 1988.* 7. ed. São Paulo: Malheiros, 2002. p. 238 e s.

Além disso, o princípio da dignidade da pessoa humana é a fonte primordial dos direitos humanos fundamentais, estabelecendo também o limite absoluto às restrições a esses direitos (núcleo essencial em dignidade), pois é indisponível e inalienável.[404] O princípio da dignidade se irradia por toda a sociedade, ou seja, este princípio atua não só nas relações entre Estado e indivíduo, mas nas relações interindividuais também.

A consagração do princípio da dignidade da pessoa humana é o reconhecimento de que a ordem jurídica existe para a pessoa humana concreta, para sua defesa e desenvolvimento integral.[405] Assim, caracteriza-se como princípio que serve de base sólida para a construção de um sistema jurídico que aspire a um mínimo de legitimidade.[406]

Esse princípio estabelece um grau de proteção e autonomia da pessoa humana frente ao Estado e aos demais sujeitos jurídicos, em especial, os dotados de poder (social, político, jurídico), além de impor a satisfação de condições mínimas de existência capazes de permitir ao ser humano realmente viver e não só sobreviver. Na verdade, não é possível descrever todas as esferas e consequências que podem advir de sua previsão no direito positivo, pois sua normatividade se expande de acordo com os contextos sociais ao longo do tempo.

Dessa forma, também a partir do princípio da dignidade da pessoa humana entra em foco o tema do chamado "mínimo existencial". Na lição de Lorenzetti[407], o mínimo

---

(404) Nesse sentido, é interessante salientar a necessidade contemporânea de retomar a noção de inalienabilidade dos direitos fundamentais no sentido expresso por Martínez-Pujalte, que afirma: "En efecto, ahora de lo que se trata no es tanto de defender los derechos frente al Estado, como en el caso de la 'libertad de los modernos', o derechos de la primera generación, sino de defenderlos frente al mercado, e incluso frente a la propia voluntad individual del sujeto de los mismos. A mi juicio, la reivindicación de la inalienabilidad como nota esencial de los derechos humanos resulta de una radical importancia. Se trata en definitiva de, frente a la escisión entre derecho y deber característica de la tradición moderna, recuperar nuevamente la dimensión del deber como íntimamente ligada a la titularidad del derecho; de sustituir la noción puramente voluntarista y 'judicialista' de los derechos humanos que predomina en el positivismo jurídico – para el que los derechos humanos aparecen ante todo como títulos de acción judicial o pretensiones ejercitables ante los Tribunales por el sujeto de los mismos: como *claims* — por una noción más completa, que permita contemplar la auténtica dimensión moral de los derechos: bienes de la persona que ésta se ve obligado a respetar, y no sólo facultado a exigir su respeto". MARTÍNEZ-PUJALTE. Antonio-Luis. Los derechos humanos como derechos inalienables. In: BALLESTEROS, Jesús (Ed.). *Derechos Humanos*. Madrid: Tecnos, 1992. p. 86.

(405) É importante fazer um esclarecimento. Nos atuais ordenamentos jurídicos de cariz democrático, o indivíduo ao qual se reconhece dignidade e direitos fundamentais não é o indivíduo isolado das concepções clássicas que criaram o imaginário de um indivíduo isolado, pré-social, abstrato, que estabelecia um pacto com os demais para a defesa de direitos naturais. Na vida real, aliás, esse indivíduo jamais existiu. Pelo contrário, o indivíduo considerado hodiernamente, ao qual se reconhecem dignidade e direitos é o indivíduo concreto, na teia de suas relações sociais e integrado socialmente, portanto, à uma pessoa humana. Sobre tal tema, ver ABRANTES, José João. *Contrato de trabalho e direitos fundamentais*. Coimbra: Coimbra Editora, 2005. p. 29.

(406) Ver sobre isso TEPEDINO, Gustavo. *Temas de direito civil*, p. 67.

(407) LORENZETTI, Ricardo Luis. *Fundamentos do Direito Privado*. São Paulo: RT, 1998. p. 328. Sobre o mínimo existencial, cabe lembrar também o texto de Ana Paula de Barcellos que trata da temática percorrendo o pensamento de Rawls, Walzer e Alexy mostrando que, mesmo partindo de ponto de vista diversos existe uma confluência dos autores no tocante ao tema. BARCELLOS, Ana Paula de. O mínimo existencial e algumas fundamentações: John Rawls, Michael Walzer e Robert Alexy. In: TORRES, Ricardo Lobo (Org.). *Legitimação dos direitos humanos*. Rio de Janeiro-São Paulo: Renovar, 2002. p. 11 e s. Interessante ainda a posição de David Bilchitz que, defendendo a justiça social e a efetividade dos direitos econômicos e sociais, sustenta a necessidade da garantia do conteúdo mínimo essencial desses direitos como forma de enfrentamento das profundas desigualdades que afligem o mundo como um todo.

existencial se caracteriza como os bens fundamentais que são descobertos pela indagação de quais condições sociais são necessárias para tornar possível que as pessoas realizem sua ideia do bem e desenvolvam e exerçam suas capacidades morais. Esses bens, continua o autor, são aqueles de que o indivíduo necessita para conseguir desenvolver-se minimamente na sociedade, abrangendo liberdade, trabalho, moradia, educação, saúde. Portanto, são bens que correspondem à própria qualidade humana, cabendo ao direito e à organização social e econômica, que devem servir aos homens, garantir esses bens para que se possa realmente falar em pessoa humana. Em virtude disso, tais bens fundamentais são um mínimo social, uma base que corresponde ao bom funcionamento da organização humana e que permite a ela continuar sendo chamada desta maneira. Portanto, existe a tendência de construção de um piso mínimo de direitos básicos, fundamentais, direitos subjetivos que são oponíveis frente ao Estado, mas também frente aos demais indivíduos e entidades privadas.

Além disso, cabe salientar que o sentido de autonomia da pessoa humana que decorre da dignidade humana não deve ser entendido em sentido individualista, pois a concepção de dignidade humana implica individualidades que coexistem com outras individualidades. Pessoa humana autônoma não significa uma pessoa isolada, mas, sim, um indivíduo integrante de uma sociedade e que está em relação com outras pessoas. Aliás, nesse sentido, afirma Luiz Fernando Barzotto:(408)

> Desse modo, a pessoa está para a natureza humana como o todo para a parte. A pessoa é o homem singular e concreto, portanto, a natureza humana (racionalidade, sociabilidade, etc.), com seus acidentes (idade, inteligência, etc.), unidos existencialmente. "Humano" designa uma classe ou um gênero, um grupo, a espécie. Pessoa designa "algum homem" e, portanto, um existente. [...] Ao passo que o elemento individualidade, existência em si, aplicada à pessoa, seja intuitivo, o segundo elemento da ideia de pessoa, a alteridade, é insólita, por sua oposição ao individualismo moderno. Contudo, a ideia de alteridade, ou o caráter relacional do ser humano é central... A pessoa é um ser em relação ou um ser com outrem... Isso significa que não há pessoa anteriormente à relação com outra pessoa: "A experiência do outro é tão originária quanto a experiência de si". Não há uma percepção de si como pessoa e, posteriormente, a percepção do outro como pessoa. Somente na relação alguém é pessoa.

Exatamente nessa linha, Jorge Miranda(409) sustenta que a dignidade da pessoa não se refere a um ser ideal e abstrato, mas ao ser humano concreto, insubstituível e irrepetível. O autor lembra uma passagem de Mia Couto, em que o personagem João Passarinho é inquirido sobre sua raça e ao questionamento responde "a minha raça sou eu, João Passarinho".

BILCHITZ, David. *Pobreza y derechos humanos:* la justificación y efectivazación de los derechos socioeconómicos. Madrid: Marcial Pons, 2017. p. 350-351.

(408) BARZOTTO, Luiz Fernando. Pessoa e reconhecimento – uma análise estrutural da dignidade da pessoa humana. In: ALMEIDA FILHO, Agassiz; MELGARÉ, Plínio. *Dignidade da pessoa humana:* fundamentos e critérios interpretativos. São Paulo: Malheiros, 2010. p. 45-46.

(409) MIRANDA, Jorge. *A Constituição e a dignidade da pessoa humana*, p. 476-479.

Convidado a se explicar, o personagem afirma que a "pessoa é uma humanidade individual", sendo cada homem uma raça. No entanto, retoma Jorge Miranda, cada pessoa tem de ser compreendida em relação com as demais, pois a dignidade de cada pessoa pressupõe a de todos os outros. Nesse sentido, todos estão vinculados à dignidade, não só o Estado como todos os demais indivíduos e entidades privadas.

Juntamente com isso, outra questão que não parece demasiado distinguir e salientar em tempos neoliberais, é que a dignidade da pessoa humana se aplica ao indivíduo humano, às "pessoas físicas/naturais", não sendo estendível às "pessoas jurídicas" públicas ou privadas, situação que muitas vezes parece não ficar muito clara. Um exemplo importante dessa temática é a atribuição, sem maiores reflexões, de direitos fundamentais às pessoas jurídicas.

Com efeito, José Carlos Vieira de Andrade é enfático em defender um cuidado extremo na atribuição de direitos fundamentais às pessoas jurídicas. O autor adverte que é perigoso estender demasiadamente os direitos humanos fundamentais às pessoas coletivas, pois essas apenas analogicamente podem ser consideradas titulares desses direitos como direitos atípicos. Afirma ainda que, nesses casos, não se trataria de verdadeiros direitos subjetivos, mas de garantias institucionais, já que os direitos humanos fundamentais têm como verdadeiro titular a pessoa humana(410).

No mesmo sentido, no campo da filosofia crítica, Hinkelammert sustenta que os direitos humanos estão fundados na dignidade da pessoa humana, o que só cabe às "pessoas naturais", não às "pessoas jurídicas". Afirma o autor(411):

> Si hoy tenemos que decidir sobre instituciones a partir de los derechos humanos, tenemos que tener claro que las instituciones no tienen derechos humanos, sino que están sometidas al criterio de los derechos humanos.(...) Sin embargo, el derecho humano consiste en derechos que corresponden al ser humano como ser corporal integral y que incluye el derecho de vivir. Expresado en el lenguaje jurídico, se trata de derechos de personas naturales, a diferencia de las personas jurídicas. Las personas jurídicas no tienen derechos humanos, porque no son seres humanos, solamente las personas naturales los tienen. Las grandes sociedades anónimas son personas jurídicas, como tales no pueden tener ninguna clase de derechos humanos. Las personas jurídicas no tienen derechos humanos, solamente las personas naturales los tienen.

Robert Alexy(412) também tem posição semelhante, afirmando que os direitos fundamentais são essencialmente direitos dos "indivíduos" e sempre que se admite a sua extensão a grupos, organizações ou pessoas jurídicas, é porque tal reconhecimento favorece a posição de indivíduos.

---

(410) ANDRADE, José Carlos Vieira de. *Os direitos fundamentais na Constituição Portuguesa de 1976*. Coimbra: Almedina. p. 183.

(411) HINKELAMMERT, Franz. *Lo indispensable es inútil:* hacia una espirutualidad de la liberación. San José, Costa Rica: Arlekín, 2012. p. 105-107. Disponível em: <http://www.pensamientocritico.info/libros/libros-de-franz-hinkelammert.html>.

(412) ALEXY, Robert. *Tres escritos sobre los derechos fundamentales y la teoría de los principios*, p. 25-26.

Assim, entende-se que tendo por baliza o princípio da dignidade da pessoa humana é possível avaliar, com o adequado "espírito crítico", até que ponto cada sociedade (aqui envolvendo o Estado e a chamada "sociedade civil"), num determinado momento histórico, realmente está tratando a cada pessoa humana, a cada indivíduo social,(413) como um fim e não como um meio; como um sujeito dotado de eticidade que põe e julga os fins,(414) bem como até que ponto suas necessidades(415) estão sendo satisfeitas ou inviabilizadas pela estrutura social. Em resumo: até que ponto lhe é possível viver como humano que possa aspirar e efetivar o desenvolvimento integral de sua humanidade.

No campo das relações de trabalho, foco do livro, por sua vez, é evidente que tanto o princípio da igualdade, como o princípio da dignidade humana tem repercussões de monta, o que será posteriormente tratado quando se abordar a questão dos direitos dos trabalhadores como direitos fundamentais.

Assim, após terem sido abordados os princípios que dão sustentação aos direitos fundamentais (igualdade e dignidade humana), passar-se-á à análise dos direitos fundamentais sociais como verdadeiros direitos fundamentais, em pé de igualdade ou até mesmo como condição de real exercício dos direitos fundamentais civis e políticos.

2.3. Os direitos fundamentais sociais como direitos fundamentais

Segundo a concepção doutrinária que sustenta as argumentações dessa obra, é imprescindível a positivação dos direitos para que os mesmos desempenhem integralmente a sua eficácia jurídica e social.(416) Nessa linha, portanto, é sempre importante salientar o papel que as constituições têm para que os direitos sejam alçados ao patamar de direitos fundamentais dotados de toda sua potencialidade.

Nessa linha, talvez uma das questões centrais a serem tomadas como pressuposto é o papel que as constituições e que os direitos fundamentais têm na estruturação de um patamar mínimo de civilidade no atual estádio de organização das sociedades capitalistas existentes.

---

(413) Como bem lembra Marx, a pessoa humana só se vê e se reconhece em seu semelhante. MARX, Karl. *O capital:* crítica da economia política. Livro I, p. 74, nota 18. Além disso, com *finesse* crítica, Marx afirma: "O homem, no sentido mais literal, é um zoon politikon (animal político — grego — N.E.), não somente um animal sociável, mas também um animal que não se pode isolar senão dentro da sociedade". MARX, Karl. *Contribuição à crítica da economia política.* São Paulo: Expressão Popular, 2008. p. 239.

(414) Sobre tal temática, afirma Dussel: "...Como afirmaba Kant, la persona no es un medio; pero, más allá de Kant, no es tampoco un fin, sino que es un sujeto ético que 'pone' (y 'juzga') los fines"'. DUSSEL, Enrique. *Ética da liberación en la edad de la globalización y de la exclusión*, p. 491, nota 358.

(415) Não se deve perder de vista que as "necessidades" não são apenas físicas, orgânicas, mas também sociais, históricas, culturais. Sobre isso, ver MARX, Karl. *Grundrisse:* manuscritos econômicos de 1857-1858, p. 222; MARX, Karl. *O capital:* crítica da economia política. Livro I, p. 57, 64 e 201.

(416) O que não significa que as pretensões morais justificadas, ainda que não positivadas, quando reivindicadas por grupos ou indivíduos na sua prática social, não sejam importantes mecanismos para a crítica e a oxigenação do próprio direito positivo. Assim, podem funcionar como alavancas para a propulsão ou como mecanismos de correção do direito positivo.

Sobre isso, entende-se que Ferrajoli[(417)] faz uma afirmação que vai ao âmago da questão. O autor afirma que a dignidade, a igualdade, as liberdades, enfim, os direitos fundamentais como um todo, não são valores objetivos acima de controvérsias, mas, sim, opções civilizatórias difíceis e controversas. Segundo o autor, é por isso que tais valores são supraordenados em constituições rígidas, às quais estão acima dos demais poderes, justamente naqueles momentos, que chama de "felizes", referindo-se ao processo constituinte. Com efeito, nesses momentos felizes em que se tem por mote assegurar a convivência pacífica, os indivíduos e grupos em disputa, numa espécie de armistício, deixam de lado os próprios interesses, já que os referidos valores não são compartilhados por todos. E continua:

> Puesto que el papel de las constituciones non consiste em reflejar los valores de todos: se así fuera, tendríamos constituciones de mínimos y practicamente superfluas. Su papel reside en la estipulación de valores o principios como cláusulas del pacto social de convivencia, incluso contra las opiniones de las contingentes mayorías. Y su legitimación depende, non del hecho de que sean queridas por todos, sino del hecho de que garanticen a todos.

Afirmar que a legitimidade das constituições e dos direitos fundamentais está na garantia que brindam a todos, inclusive àqueles que não compartilham com tais direitos, ao que se entende, é capturar a essência da questão. Os direitos fundamentais não são fruto de um consenso universal e unânime, mas, sim, são constitutivos de um padrão de civilidade básica na sociedade hodierna, de dignidade e de igualdade, que garantem e se aplicam a todos, inclusive aqueles que discordam de tais direitos. Em certas circunstâncias, a própria discordância só se torna possível em razão de tais direitos. No entanto, isso não significa que não seja necessário estabelecer interdições, já que acima de certos patamares a tolerância aos intolerantes pode destruir todo o aparato de garantia.

Tendo estas ideias por pressuposto, cabe analisar se aos direitos sociais, em geral, pode-se atribuir o mesmo grau de fundamentalidade reconhecido aos direitos civis e políticos, visto que este tema é um dos mais recorrentes nos debates não só políticos, mas também jurídicos. Assim, o tema será abordado em nível mais geral e, posteriormente, com relação ao ordenamento jurídico brasileiro.

Os direitos fundamentais, fruto de lutas históricas frente ao poder (*lato senso*) e na busca pelo reconhecimento de dignidade e igualdade, giram em torno de necessidades que, a cada momento histórico, são tidas como impostergáveis para garantir uma vida digna e igual. Para que essas necessidades básicas possam ser satisfeitas, em cada situação sócio-histórica se fazem imprescindíveis que novos direitos sejam conquistados e efetivados.

Pode-se afirmar, portanto, que os direitos fundamentais têm por objeto necessidades radicais que devem ser satisfeitas para que se evite ou minore um dano ou sofrimento, os

(417) FERRAJOLI, Luigi. *Manifiesto por la igualdad*, p. 63.

quais restariam operando sem o atendimento das mesmas. Nesse sentido, María José Añón Roig[(418)] conceitua as necessidades como:

> De acuerdo con el examen que he llevado a cabo entendo que una necesidad es una situación o estado de dependência, predicado siempre de una persona que tiene un carácter insoslayable, puesto que experimenta un sufimiento o un daño grave, y dicha situación va a mantenerse exactamente en las mismas condiciones, porque no existe una alternativa racional y prática que no sea su satisfación, realización ou cumplimiento. La idea de sufimiento o daño concurre, pues, junto com os rasgos indicados, insoslayabilidad y ausencia de una situación alternativa o impossibilidad de una situción futura sustitutoria acorde com una previsión lo más realista posible. Como ya he señalado, estos elementos han de ser ponderados conjuntamente y es su intersección la que permite a la ideia de que estamos en presencia de un bien no negociable o de una situción en circunstancias no negociables que no apuntan a ninguna outra alternativa real.

Por outro lado, como afirmam Hinkelammert e Mora Jiménez,[(419)] o ser humano não tem necessidades específicas, dadas de uma vez e para sempre, pois mesmo sendo um ser natural, em primeira instância, não é determinado a priori. Assim, enquanto ser natural, corporal e vivente, o ser humano não tem necessidades especificadas abstratamente, mas, sim, é um sujeito necessitado. As necessidades específicas são resultados da própria história humana, sendo assim socialmente condicionadas. E prosseguem os autores:

> Como ser necessitado el ser humano tiene, ante todo, que integrarse en un circuito natural de la vida y debe hacerlo desde su propia vida humana. Por eso, el ser humano no trabaja o produce (metabolismo socio-natural) para satisfacer sus necesidades, sino que, a partir de un proceso histórico, se va determinando en necesidades específicas la necesidad fundamental: su integración en el circuito natural de la vida. Así, la historia humana es un proceso de especificación de necesidades (y de satisfactores), lo que siempre va unido al proceso de producción, ya que éste se tiene que orientar por las posibilidades de producir (estadio y desarrollo de las fuerzas productivas). Si las necesidades son históricamente determinadas y si éstas son producidas junto con el proceso de producción, una economía cuyo criterio de racionalidad sea la reproducción de la vida, no se puede fundar, en última instancia, en las necesidades (siempre específicas). Se necesita un criterio (anterior) para el propio desarrollo de las necesidades, que según nuestra tesis no puede ser otro que la reproducción de la vida humana inserta en el circuito natural de la vida.

(418) ROIG, María José Añón. *Necesidades y derechos:* un ensayo de fundamentación. Madrid: Centro de Estudios Constitucionales, 1994. p. 193.

(419) HINKELAMMERT, Franz J.; JIMÉNEZ, Henri Mora. *Economía, vida humana y bien común:* reflexiones sobre economía crítica, p. 18-19. Disponível em: <http://repositorio.uca.edu.sv/jspui/handle/11674/979>.

É importante ter isso em conta, pois essa questão está ligada ao tema das várias gerações de direitos fundamentais. Como os direitos fundamentais vão sendo postulados e reivindicados ao longo do processo histórico da modernidade como "trunfos frente ao poder", na busca pelo atendimento das necessidades radicais que viabilizem a produção e a reprodução de uma vida digna, a cada momento histórico as lutas sociais buscaram implementar certos direitos como resposta às agruras que lhes eram contemporâneas. Assim, ao longo do processo histórico esses direitos foram surgindo e se afirmando em blocos, ligados a determinados direitos tidos como impostergáveis para a proteção da pessoa humana em dadas circunstâncias.

Em razão disso, os direitos fundamentais têm sido classificados em várias gerações de direitos, cada uma representando uma gama de conquistas históricas. A classificação mais generalizada desses direitos é aquela que vislumbra três gerações de direitos fundamentais, correlacionadas com a tríade presente no lema da Revolução Francesa, ou seja, "liberdade, igualdade e fraternidade", esta última sendo lida hodiernamente como "solidariedade".(420) Assim, na primeira geração, mais diretamente embasados na ideia de liberdade, estão os direitos civis e políticos; na segunda geração, estreitamente vinculados ao valor igualdade, estão os direitos econômicos, sociais e culturais e na terceira geração, vinculados à solidariedade, estão os direitos relativos às demandas transnacionais de paz, desenvolvimento e meio ambiente.

No entanto, tendo em vista o caráter expansionista, bem como a especificação histórica desses direitos, existe a postulação de uma série de novos direitos que vão se configurando como necessários para o pleno desenvolvimento da pessoa humana, o que leva a que autores defendam a existência de outras gerações, como os direitos ligados às questões de bioética, biotecnologia, engenharia genética (quarta geração) e ainda os direitos ligados às demandas das tecnologias de informação (internet), ciberespaço e realidade virtual (quinta geração).(421) Muito embora a necessidade de ampliar a proteção dos direitos a essas novas exigências que se apresentam para uma vida dotada de dignidade, entende-se que esses últimos direitos indicados estão integrados como novíssimos direitos de terceira geração,(422) não havendo razão para se alargar a tríade geracional.

É sabido da existência da discussão sobre a terminologia utilizada na classificação supra referida, razão pela qual alguns autores preferem utilizar a expressão "dimensão" e não "geração", sob o argumento de que a palavra geração poderia sugerir a ideia equivocada de superação, de substituição de uma geração por outra, quando na verdade esses grupos de

(420) MARSHALL, T. H. *Cidadania, classe social e* status. Rio de Janeiro, Zahar, 1967. p. 63 e s.; BINENBOJM, Gustavo. Direitos humanos e justiça social: as ideias de liberdade e igualdade no final do século XX. In: TORRES, Ricardo Lobo (Org.). *Legitimação dos direitos humanos.* Rio de Janeiro: Renovar, 2002. p. 226.

(421) BONAVIDES, Paulo. *Curso de direito constitucional.* 12. ed. São Paulo: Malheiros. 2002, p. 516; OLIVEIRA JUNIOR, José Alcebíades. *Teoria jurídica e novos direitos.* Rio de Janeiro: Lumen Juris, 2000. p. 99-100.

(422) Ver sobre isso GARCIA, Marcos Leite. *Reflexões sobre o fenômeno dos "novos" direitos fundamentais e as demandas transnacionais*, p. 111-112. Disponível em: <https://online.unisc.br/seer/index.php/direito/issue/view/93>.

direitos são complementares e indivisíveis.(423) Muito embora se mostre adequada a preocupação, entende-se que a expressão "gerações", desde que devidamente entendida no sentido de que não existe superação de uma geração pela outra, mas, sim, integração, complementaridade, indivisibilidade e até redimensionamento de uma conjuntamente com as outras, não é inadequado utilizar a expressão já consagrada.(424)

Assim, essa distinção entre várias gerações não pode ter o sentido de estabelecer fronteiras rígidas e intransponíveis entre essas, mas, sim, na linha do pensamento de complementaridade, unidade, cumulatividade e indivisibilidade dos direitos fundamentais, enfocar a necessidade de proteção integral desses direitos.(425) Tanto é assim que o aparecimento de novas gerações de direitos fundamentais não tem o papel de aniquilar as gerações anteriores, mas, certamente, pode ter o papel de redefini-las, ou melhor, de mudar o sentido que apresentavam, incorporando novas possibilidades de sentido.(426)

O que não pode se perder de vista é que, aceita a ideia de gerações de direitos fundamentais, tais gerações jamais podem ser entendidas de forma isolada ou, o que é pior, como se uma delas (a primeira) fosse hierarquicamente ou axiologicamente superior às demais. Eis um tema extremamente relevante, em especial, quando se trata de situações de colisão de direitos fundamentais ou, ainda, em momentos de crise, quando certas correntes políticas e concepções jurídicas defendem a supremacia de certos direitos frente aos demais, cindindo a sua unidade de conteúdo.

Pelo contrário, os direitos fundamentais devem ser entendidos segundo as diretrizes da universalidade, indivisibilidade e complementaridade. Nessa linha, Flavia Piovesan(427)

---

(423) Nesse sentido ver SARLET, Ingo Wolfgang. *A eficácia dos direitos fundamentais.* 2. ed. Porto Alegre: Livraria do Advogado, 2001. 49.

(424) GARCIA, Marcos Leite. *Reflexões sobre o fenômeno dos "novos" direitos fundamentais e as demandas transnacionais*, p. 111-112. Aliás, com propriedade, muito embora também utilize o termo "geração", o autor afirma (p. 123): "Pensamos que melhor que as expressões gerações ou dimensões (como leciona Ingo Sarlet) seria melhor utilizar a expressão grupos históricos de direitos fundamentais ou, ainda, somente grupos de direitos fundamentais. Grupos estes resultantes das linhas de evolução dos direitos fundamentais e de seus respectivos valores da trilogia da Revolução Francesa: processo de positivação – liberdade; processo de generalização – igualdade; processo de especificação – fraternidade no sentido contemporâneo de solidariedade."

(425) SARLET, Ingo Wolfgang. *A eficácia dos direitos fundamentais*, p. 49-50, STRECK, Lênio Luiz. *La jurisdicción constitucional y las posibilidades de concretización de los derechos fundamentales-sociales*, p. 24-25. Disponível em: <www.leniostreck.com.br>; FREITAS, Juarez. O intérprete e o poder de dar vida à Constituição. In: GRAU, Eros Roberto; GUERRA FILHO, Willis Santiago (Orgs.). *Direito constitucional* — Estudos em homenagem a Paulo Bonavides. 1. ed. São Paulo: Malheiros, 2003. p. 242; CARRION, Eduardo Kroeff Machado. *Apontamentos de direito constitucional.* Porto Alegre: Livraria do Advogado, 1997. p. 54 e s.

(426) Sobre isso ver PÉREZ LUÑO, Antonio Enrique. *Derechos humanos, estado de direito y constitución*, p. 585-587; ANDRADE, José Carlos Vieira de. *Os direitos fundamentais na Constituição Portuguesa de 1976*, p. 54 e BOLZAN DE MORAIS, José Luis. *As crises do estado e da constituição e a transformação espacial dos direitos humanos.* Porto Alegre: Livraria do Advogado, 2002. p. 62, nota 54.

(427) PIOVESAN, Flavia. Direitos humanos, o princípio da dignidade humana e a Constituição Brasileira de 1988. In: (Neo) Constitucionalismo — ontem, os códigos, hoje as constituições. *Revista do Instituto de Hermenêutica Jurídica*, Porto Alegre, Instituto de Hermenêutica Jurídica, 2004, p. 81 e 85. No mesmo sentido: CANÇADO TRINDADE, Antônio Augusto. *Tratado de direito internacional dos direitos humanos.* Vol. I, Porto Alegre: Sergio Antonio Fabris, 1997. p. 24-25; BINENBOJM, Gustavo. Os direitos econômicos, sociais e culturais e o processo democrático. In: ORTIZ, Maria

sustenta a universalidade e indivisibilidade dos direitos fundamentais, visto que a sua proteção integral é condição para o respeito de todos esses direitos, já que são intimamente correlacionados e interdependentes. Como exemplo, pode-se dizer que a proteção dos direitos civis e políticos é condição para a observância dos direitos sociais e econômicos, e vice-versa. Com efeito, a concepção contemporânea desses direitos, marcados pelos processos de universalização e internacionalização, estão pautados pelo prisma de sua indivisibilidade.

Aliás, a Declaração de Viena de 1993,[(428)] não deixa espaço para dúvidas no tocante à matéria, já que em seu item 5 assentou:

> 5. Todos os direitos humanos são universais, indivisíveis interdependentes e inter-relacionados. A comunidade internacional deve tratar os direitos humanos de forma global, justa e eqüitativa, em pé de igualdade e com a mesma ênfase. Embora particularidades nacionais e regionais devam ser levadas em consideração, assim como diversos contextos históricos, culturais e religiosos, é dever dos Estados promover e proteger todos os direitos humanos e liberdades fundamentais, sejam quais forem seus sistemas políticos, econômicos e culturais.

Feitas estas considerações gerais necessárias, cumpre chamar a atenção para uma outra questão vinculada que abre um outro viés na abordagem. Com efeito, as leituras geracionais podem incorrer no equívoco de entender que as lutas por direitos se deram de forma fragmentada, que não houve um certo caráter unitário nas reivindicações desde o princípio, muito embora, evidentemente, que certas necessidades só foram surgindo com o avanço do processo histórico social e que assim provocaram a reivindicação de novos direitos.

Entende-se que esse aspecto é importante, pois um apego demasiado à leitura geracional, em especial, numa visão mais estanque, pode turvar o olhar para o caráter complexo e multidimensional da realidade das sociedades humanas, impedindo visualizar que as lutas sociais são travadas por indivíduos, classes e grupos diversos, cada qual buscando efetivar e alcançar a satisfação de certas necessidades que são percebidas como imprescindíveis.

Para exemplificar, cabe lembrar que enquanto a burguesia nascente lutava pelas "liberdades clássicas", as classes populares (trabalhadores e outros grupos vulneráveis), lutavam não só por essas liberdades, mas também pelas condições materiais necessárias para torná-las efetivas. Assim, muito embora, em geral, esses direitos tenham sido consagrados por textos normativos formais em momentos diversos, as lutas sociais reivindicativas por estas pretensões morais justificadas já vinham se dando conjuntamente e, em certas e determinadas circunstâncias, chegaram a emergir e foram, expressa e formalmente previstas, em textos normativos e na prática política e social.

Elena Rodrigues (Org.). *Justiça Social:* uma questão de direito. Rio de Janeiro: DP&A, 2004. p. 15-16; ARANGO, Rodolfo. Constitucionalismo, Estado Social de Direito e realização integral dos direitos. In: ORTIZ, Maria Elena Rodrigues (Org.). *Justiça Social:* uma questão de direito. Rio de Janeiro: DP&A, 2004. p. 30.

(428) ONU. *Declaração de Viena.* Declaração final e plano de ação. Conferência Mundial sobre os Direitos Humanos. Viena, 1993. Disponível em: <http://www.direitoshumanos.usp. br/index.php/Sistema-Global.-Declara%C3%A7%-C3%B5es-e-Tratados-Internacionais-de-Prote%C3%A7%C3%A3o/declaracao-e-programa-de-acao-de-viena.html>.

Essa parece ser a posição de Gerardo Pisarello,[(429)] o qual contesta as leituras geracionais clássicas, em especial, às relativas aos direitos fundamentais sociais, segundo as quais tais direitos seriam direitos tardios que só surgiram após a consolidação dos direitos civis e políticos. O autor sustenta que existe toda uma rica "pré-história" de políticas e instituições dirigidas a resolver situações de pobreza e segurança material (ajuda aos pobres, distribuição de terra, direitos participativos).[(430)] O autor refere as experiências, mesmo que sumamente transitórias, da Constituição democrática jacobina de 1793, do ciclo revolucionário iniciado em 1848, da Comuna de Paris de 1871, mostrando o entrelaçamento de temas e reivindicações. Então afirma:

> De ese modo, aunque desde un punto de vista formal los derechos sociales sólo adquirieron una presencia generalizada en el constitucionalismo de la segunda pós-guerra del siglo XX, es posible rescatar outra historia más compleja, que arroja conclusiones diferentes a las tradicionalmente extraídas de las lecturas generacionales. Así, pueden rastrearse situaciones de cooriginalidad en las que la expansión de derechos sociales se reividicó de manera simultânea a la extensión de derechos civiles y políticos y a la restricción, por el contrario, de los derechos patrimoniales y de las liberdades constractuales. En esos contextos, los derechos sociales fueron vistos como un requisito indispensable para dar contenido material a los derechos civiles y políticos, al tiempo que estos últimos actuaron como instrumentos indispensables para asegurar los derechos sociales.

Portanto, pelo menos é possível sustentar que a história é muito mais complexa do que geralmente apresentado, havendo reivindicações e a previsão de direitos que poderiam ser chamados de "sociais" contemporaneamente à positivação dos direitos civis e políticos. Assim, até a precedência histórica destes últimos não é tão cristalina como geralmente apresentada.

Dito isso, pode-se afirmar que, hodiernamente, observando-se os ordenamentos jurídicos dos Estados contemporâneos, bem como o ordenamento jurídico internacional dos direitos humanos (de que é exemplo a própria Declaração Universal dos Direitos Humanos de 1948, em especial, arts. 22 a 26, e de forma ainda mais específica o Pacto de Direitos Econômicos, Sociais e Culturais de 1966), não pode existir dúvidas de que os direitos fundamentais sociais são direitos fundamentais na mesma medida que as demais gerações de direitos. Aliás, embasados nos critérios supra indicados de fundamentação dos direitos fundamentais, ou seja, os princípios da dignidade humana e da igualdade, é praticamente insustentável retirar de tais direitos dita qualificação.

---

(429) PISARELLO, Gerardo. *Los derechos sociales y sus garantias:* elementos para una reconstrución. Madrid: Trotta, 2007. p. 19-25. Em sentido mais limitado, mas referindo os direitos sociais na Constituição jacobina de 1793, ver CARRION, Eduardo Kroeff Machado. *Apontamentos de direito constitucional*, p. 54.

(430) É interessante aqui lembrar Karl Polany que recupera a história da assistência aos pobres na Inglaterra, cabendo lembrar, em especial e apenas como exemplo, a Speenhamland Law de 1795, a qual garantia o "direito de viver". POLANY, Karl. *A grande transformação: as origens de nossa época.* Rio de Janeiro: Compus, 2000. p. 108 e s.

Abordando o tema de quais direitos estariam sob a qualificação de direitos fundamentais sociais, estabelecendo um parâmetro adequado para estabelecer bases mínimas para a discussão, Víctor Abramovich y Christian Courtis(431) afirmam que entendem por direitos fundamentais sociais:

> [...] el catálogo de derechos establecidos en el Pacto Internacional de Derechos Económicos, Sociales y Culturales (PIDESC), v. gr.,derecho al trabajo, derechos laborales individuales y colectivos, incluyendo el derecho de huelga, derecho a la seguridad social, derecho a la protección de la familia, derecho a un nivel de vida adecuado, incluyendo alimentación, vestido y vivienda, derecho a la salud, derecho a la educación, derecho a participar de la vida cultural.

Pérez Luño(432) afirma que os direitos fundamentais sociais se caracterizam como direitos individuais das pessoas que estão numa determinada situação concreta na sociedade. O autor distingue entre um sentido objetivo e outro subjetivo desses direitos, o que, aliás, aplica-se para os direitos fundamentais em geral. No sentido objetivo, afirma que os direitos fundamentais sociais podem ser entendidos como o conjunto de normas por meio das quais o Estado leva a cabo sua função equilibradora e moderadora das desigualdades sociais. Já em seu aspecto subjetivo, tais direitos podem ser entendidos como as faculdades dos indivíduos e dos grupos a participar dos benefícios da vida social, o que se traduziria em determinados direitos e prestações, diretas e indiretas, por parte dos poderes públicos. Cumpre lembrar, no entanto, que Pérez Luño não cai numa visão reducionista dos direitos fundamentais sociais, no sentido de que seriam apenas exercidos em face do Estado. O autor salienta que em muitas situações o Estado não realiza diretamente as obrigações provenientes de tais direitos, mas às impõe a sujeitos privados. Esse é o caso, por exemplo, dos direitos dos trabalhadores que devem ser respeitados e implementados pelos empregadores. Falando dos direitos fundamentais, como um todo, e dos direitos sociais, em especial, o autor afirma:

> [...] los derechos fundamentales no limitan su esfera de aplicación a las relaciones entre el Estado y los particulares, sino que pueden dar lugar a preceptos jurídicos aplicables en el seno de las relaciones entre personas privadas, cuando sea necesario estabelecer un equilíbrio entre situaciones marcadamente desiguales.

Por sua vez, Ferrajoli(433) sustenta que os direitos fundamentais sociais são direitos de sobrevivência. O autor sustenta que tais direitos são o fruto da "política desde baixo", consequência das lutas de classe, na qual socialistas e comunistas, muito embora visando objetivos de alternativas ao sistema capitalista, tiveram o mérito de trazer os grupos excluídos, em especial, os trabalhadores para dentro da luta política. Como afirma o autor, os direitos

(431) ABRAMOVICH, Víctor; COURTIS, Christian. Apuntes sobre la exigibilidad judicial de los derechos sociales. In: COURTIS, Christian; SANTAMARIA, Ramiro Ávila (Eds.). *La protección judicial de los derechos sociales*. Quito: Ministerio de Justicia y Derechos Humanos, 2009. p. 3.

(432) PÉREZ LUÑO, Antonio Enrique. *Derechos humanos, estado de derecho y constitucion*, p. 84, 92-94.

(433) FERRAJOLI, Luigi. *Constitucionalismo más allá del Estado*, p. 12, 33, 62-63.

fundamentais e suas garantias não caem do alto, pois são fruto de lutas sociais e políticas que rompem o véu da normalidade que cobre as opressões e discriminações. O autor sustenta que os direitos fundamentais, em especial, os sociais, são comprovadamente fatores de desenvolvimento não apenas civil, mas também econômico. Assim, a garantia de direitos fundamentais sociais entendidos como direitos vitais reconhecidos a todos, o que seria possível com a imposição fiscal realmente progressiva, na proposta do autor, seria um elemento central para a melhoria da própria economia.

Muito embora seja de extrema importância o posicionamento da doutrina em âmbito global na classificação dos direitos sociais como fundamentais, uma questão importante que deve ser levada em conta nessa configuração, é o cuidado que se deve ter em simplesmente transplantar doutrinas sem levar em conta o sistema jurídico positivo. Em razão disso, cumpre verificar a qualificação dos direitos sociais no direito positivo brasileiro.

Sobre isso, Andreas J. Krell[434] além de chamar a atenção para o cuidado com o "transplante de teorias", afirma que segundo todas as regras de interpretação, no Brasil, diante do Texto Constitucional de 1988 não pode existir qualquer dúvida sobre a configuração dos direitos sociais como fundamentais com todas as consequências jurídicas dessa configuração. Aliás, sustenta que as tentativas de relativizar tais direitos ou retirar-lhes o caráter de fundamentalidade, não somente é errado, mas também perigoso.

No mesmo sentido, Ingo Wolfgang Sarlet,[435] chama a atenção para várias das inovações que a CF de 1988 implementou em matéria de direitos fundamentais.[436] Além do extenso rol de direitos fundamentais, abarcando os de primeira, segunda e terceira gerações (dimensões na linguagem do autor), bem como a possibilidade de incorporação e reconhecimento de outros direitos fundamentais em razão da cláusula aberta prevista no § 2º do art. 5º da CF de 1988, o autor também aponta:

> Entre las innovaciones, se destaca la situación topográfica de los derechos fundamentales, positivados al inicio de la Constitución, poco después del preámbulo y los principios fundamentales, que, además de traducirse en un mayor rigor lógico, en la medida en que los derechos fundamentales constituyen un parámetro hermenéutico y valores superiores a toda el ordenamiento constitucional y jurídico, también se encuentra acorde con la mejor tradición del constitucionalismo en la esfera de los derechos fundamentales. Además de ello, la propia utilización de la terminología "derechos y garantías fundamentales" constituye una novedad, ya que en las Constituciones anteriores se acostumbraba

---

(434) KRELL, Andreas J. *Direitos sociais e controle judicial no Brasil e na Alemanha:* os (des)caminhos de um direito constitucional "comparado". Porto Alegre: Sergio Antonio Fabris, 2002. p. 42 e 49.

(435) SARLET, Ingo W. *La eficacia de los derechos fundamentales:* una teoría general desde la perspectiva constitucional. Lima: Palestra, 2019. p. 86 e s.

(436) Muito embora saliente o perfil liberal-conservador da Constituição Federal de 1988, Carrion chama a atenção para os avanços em direitos populares, mostrando o caráter compromissório da Constituição de 1988. Em especial, o autor chama a atenção para os avanços daquilo que denomina "Constituição Social", na qual os direitos fundamentais sociais são centrais. CARRION, Eduardo Kroeff Machado. *Apontamentos de direito constitucional*, p. 111 e s.

utilizar la denominación "derechos y garantías individuales", desde hace mucho superada y manifiestamente anacrónica, además de discordante en relación con la evolución reciente en el ámbito del derecho constitucional e internacional. La acogida de los derechos sociales fundamentales en un capítulo propio del catálogo de derechos fundamentales resalta, a su vez, de forma indiscutible su condición de auténticos derechos fundamentales, ya que en las Cartas anteriores los derechos sociales se encontraban positivados en el capítulo del ordenamiento económico y social, siéndoles, al menos en principio y salvo algunas excepciones, reconocidas un carácter meramente programático. Tal vez la innovación más significativa haya sido la del art. 5º, § 1º, de la CF, de acuerdo con el cual las normas definidoras de los derechos y garantías fundamentales tienen aplicabilidad inmediata, excluyendo, en principio, el carácter programático de estos preceptos, si bien no existe consenso sobre el alcance de este dispositivo. En cualquier caso, se consagró el status jurídico diferenciado y reforzado de los derechos fundamentales en la Constitución vigente. Esta mayor protección otorgada a los derechos fundamentales se manifiesta, además, mediante la inclusión de éstos en el rol de las "cláusulas pétreas" (o "garantías de eternidad") del art. 60, § 4, de la CF, impidiendo la supresión y erosión de los preceptos relativos a los derechos fundamentales por la acción del poder constituyente derivado.

Da mesma forma, focando no tema dos direitos fundamentais sociais tal como positivados na Constituição de 1988, Vicente Barreto(437) salienta que já no preâmbulo da Constituição existe uma clara opção no sentido de igualação dos direitos sociais aos direitos civis e políticos, aliás, sendo aqueles postos em primeira mão. De outra banda, ao listar os direitos sociais nos arts. 6º a 11, a Constituição incorporou-os expressamente dentro do seu Título I, que trata dos direitos fundamentais. Dessa forma, sustenta que a Constituição Federal de 1988 trilhou um novo paradigma em matéria de direitos fundamentais, igualando os direitos fundamentais sociais aos direitos civis e políticos. O autor sustenta que tanto os direitos civis e políticos como os direitos sociais derivam, em última instância, do princípio da dignidade humana, sendo essa a sua base comum, bem como o seu objetivo.

Assim, do ponto de vista do direito constitucional positivo brasileiro não parece que possam restar dúvidas sobre a caracterização dos direitos sociais como direitos fundamentais. Aliás, cumpre enfatizar que em vários pontos a Constituição Federal de 1988 deu especial ênfase aos direitos sociais.

Com efeito, já no Preâmbulo(438) fica explícita a ideia de que a instituição do Estado Democrático de Direito é destinada a assegurar o exercício dos direitos sociais e civis, havendo

(437) BARRETO, Vicente. Reflexões sobre os direitos sociais. In: SARLET, Ingo Wolfgang (Org.). *Direitos fundamentais sociais:* Estudos de Direito Constitucional, Internacional e Comparado. Rio de Janeiro: Renovar, 2003. p. 107-108 e 131.

(438) Muito embora existam discussões sobre a força normativa do preâmbulo constitucional, não se pode negar que deve ser reconhecido ao mesmo, pelo menos, o caráter de diretriz hermenêutica. Com efeito, Barcellos e Barroso

uma precedência no enunciado do texto aos direitos sociais. Isso não significa uma precedência hierárquica, mas a clara opção constitucional por um Estado Democrático e Social de Direito, além de uma lembrança das enormes desigualdades sociais que marcam a sociedade brasileira.

Aliás, discorrendo sobre o papel que os direitos fundamentais sociais assumem nos Estados Democráticos de Direito, Streck[(439)] afirma:

> É possível sustentar, desse modo, que o Estado Democrático de Direito, previsto nos preâmbulos de várias Constituições, tem a pretensão de proporcionar um regime político que objetiva abranger o máximo possível de democracia e de Estado de Direito no conjunto das suas recíprocas implicações substantivas e adjetivas (Jorge Miranda). A forma e a própria previsão de procedimentos cedem considerável espaço para a realização dos direitos fundamentais sociais. Tais direitos substantivos fazem parte do núcleo político da Constituição, que aponta para o resgate das promessas de igualdade, justiça social, realização dos direitos fundamentais. Dito de outro modo, da materialidade do texto constitucional extrai-se que o Estado Democrático de Direito, na esteira do constitucionalismo do segundo pós-guerra, consagra o princípio da democracia econômica, social e cultural, mediante os seguintes pressupostos deontológicos: a) constitui uma imposição constitucional dirigida aos órgãos de direção política e da administração para que desenvolvam atividades econômicas conformadoras e transformadoras no domínio econômico, social e cultural, de modo a evoluir-se para uma sociedade democrática cada vez mais conforme aos objetivos da democracia social; b) representa uma autorização constitucional para que o legislador e os demais órgãos adotem medidas que visem a alcançar, sob a ótica da justiça constitucional, nas vestes de uma justiça social; c) implica a proibição de retrocesso social, cláusula que está implícita na principiologia do Estado social constitucional; d) perfila-se como elemento de interpretação, obrigando o legislador, a administração e os tribunais a considerá-lo como elemento vinculado da interpretação das normas a partir do comando do princípio da democracia econômica, social e cultural; e) impõe-se como fundamento de pretensões jurídicas aos cidadãos, pelos menos nos casos de defesa das condições mínimas de existência.

---

sustentam: "Como já referido, o preâmbulo ostenta a mesma origem das demais previsões constitucionais, não sendo consistente a posição de lhe negar, em caráter geral, qualquer valor jurídico, sobretudo em razão da unidade da Constituição. Esta conclusão, entretanto, não resulta em autonomia do preâmbulo, que deve ser entendido como vetor interpretativo – e em alguma medida de integração — das normas constitucionais, não detendo, portanto, a mesma eficácia das demais previsões contidas na Carta. Por estar fora do corpo da Constituição – no qual se concentram as decisões constitucionais explícitas —, o preâmbulo valeria, sobretudo, como pauta hermenêutica." BARCELLOS, Ana Paula de; BARROSO, Luís Roberto. *Comentários à Constituição do Brasil.* Coordenação científica: J. J. Gomes Canotilho, Gilmar Ferreira Mendes, Ingo Wolfgang Sarlet, Lenio Luiz Streck. Coordenação Executiva: Léo Ferreira Leoncy. 2. ed. Coimbra: Almedina, 2018. p. 256.

(439) STRECK, Lenio Luiz. *Jurisdição constitucional e decisão jurídica.* São Paulo: Revista dos Tribunais, 2013. p. 44-45.

Nessa mesma trilha, no art. 1º da CF de 1988, além de estar prevista a dignidade humana como fundamento da sociedade, do ordenamento e da República (inciso III), também são expressamente previstos, como fundamentos da República, o valor social do trabalho e da livre iniciativa (inciso IV), sinalizando o caráter compromissório da Constituição. No art. 3º, por seu turno, estão previstos como objetivos da República a busca pela construção de uma sociedade livre, justa e solidária, bem como a redução de desigualdades sociais e erradicação da pobreza, além da vedação de discriminações. No art. 4º, inciso II, está previsto como critério de atuação da República nas relações internacionais, o respeito pelos direitos humanos, sem qualquer limitação, ou seja, englobando todas as gerações de direitos.

Afora estes indicativos dos contornos da opção constitucional, o Título II da CF de 1988, que trata dos Direitos e Garantias Fundamentais, expressamente engloba as várias gerações de direitos.

Com efeito, no Capítulo I do Título II da CF/88 estão previstos os Direitos e Deveres Individuais e Coletivos, onde estão previstos direitos de primeira e até de terceira geração (proteção do consumidor, por exemplo). No Capítulo III do Título II, estão previstos os direitos fundamentais ligados à nacionalidade e nos Capítulos IV e V do referido Título, os direitos políticos, cabendo enquadrar todos estes capítulos dentro dos direitos de primeira geração.

Por sua vez, no Capítulo II do Título II da CF/88 estão tratados os Direitos Sociais, com um leque de direitos previstos nos arts. 6º a 11. No art. 6º são expressamente nominados os direitos fundamentais sociais à educação, à saúde, à alimentação, ao trabalho, à moradia, ao transporte, ao lazer, à segurança, à previdência social, à proteção à maternidade e à infância, bem como à assistência aos desamparados. No art. 7º, por seu turno, estão previstos os direitos fundamentais dos trabalhadores; no art. 8º direitos ligados às liberdades sindicais; no art. 9º o direito de greve é reconhecido como fundamental; no art. 10 o princípio de participação tripartite nos debates público (em questões trabalhistas e previdenciárias) é previsto e no art. 11 está prevista a participação e representação dos trabalhadores nas empresas.

Assim, diante dessa expressiva positivação de direitos fundamentais sociais, do ponto de vista do direito positivo brasileiro, é insustentável não se reconhecer o caráter de fundamentalidade de tais direitos.

No entanto, muito embora a ampla aceitação da doutrina e do direito positivo, em nível internacional e nacional, da qualificação dos direitos sociais como fundamentais, existem contestações ou, pelo menos, posições que enfraquecem ou minoram a fundamentalidade desses direitos. Em razão disso, passar-se-á em revista alguns argumentos geralmente utilizados para negar o papel de fundamentais aos direitos sociais ou, pelo menos, reduzir e minorar o seu caráter de fundamentalidade.[440]

---

(440) Em especial, são justamente as doutrinas neoliberais, já tratadas no primeiro capítulo do livro e que serão novamente abordadas, as principais subscritoras das contestações mais veementes ao caráter de fundamentalidade dos direitos sociais. Sobre isso, ver PISARELLO, Gerardo. *Los derechos sociales y sus garantias:* elementos para una reconstrución. Madrid: Trotta, 2007, p. 11 e s.

A análise será concentrada nas principais objeções que, muito embora sejam arguidas em relação aos direitos sociais fundamentais como um todo, podem mais diretamente envolver também os direitos fundamentais dos trabalhadores. Assim, será objeto de análise as seguintes objeções: a) os direitos fundamentais sociais não são direitos individuais, mas de grupos, colocando-os em patamar hierárquico inferior aos direitos de primeira geração; b) os direitos fundamentais sociais demandam sempre ações positivas para a sua satisfação, envolvendo custos elevados, o que não ocorre com os direitos de primeira geração.

Quanto à primeira objeção, Dominique Rosseau(441) afirma que certas correntes doutrinárias defendem uma ruptura filosófica e política entre os direitos de primeira geração e os segunda e terceira gerações. Assim, somente seriam verdadeiros direitos humanos os de primeira geração, pois somente eles teriam o indivíduo como titular dotado da capacidade de efetivá-los. Como os direitos fundamentais visam proteger o indivíduo, direitos que não visem a proteção do indivíduo não seriam propriamente direitos fundamentais. Desta forma, os direitos de segunda e terceira gerações, por seu turno, seriam falsos direitos, pois teriam como titulares os grupos — como a classe trabalhadora, por exemplo — e não indivíduos. Dito isso, o autor critica tais posturas que estabelecem hierarquias entre as gerações de direitos por serem jurídica e filosoficamente inconsequentes. O autor lembra que o Conselho Constitucional Francês nunca reconheceu e nem estabeleceu qualquer hierarquia formal ou material entre esses direitos. Com efeito, para o autor, todos os direitos fundamentais são relacionais, pois estabelecem espaços de liberdade nas relações entre os indivíduos, razão pela qual devem ser vistos como um todo coerente e universalizável.

Ferrajoli(442) não deixa dúvidas sobre o caráter de "direitos individuais" dos direitos fundamentais sociais. O autor afirma que tais direitos não são meros postulados éticos que estejam ao alvedrio da política. São direitos individuais e ao mesmo tempo universais, cuja satisfação impõe leis de efetivação gerais e abstratas devidamente acompanhadas de suas garantias. No mesmo sentido, Alexy(443) sustenta que os direitos fundamentais são sempre, na sua essência, direitos de indivíduos. O autor sustenta que mesmo quando esses direitos são reconhecidos a certos grupos ou organizações, tal se dá em razão de que este reconhecimento acaba por favorecer a indivíduos.

Talvez de forma mais precisa, evitando interpretações equivocadas, Gerardo Pisarello(444) chama a atenção para o fato de que, no plano estrutural e teórico, tanto os direitos

(441) ROSSEAU, Dominique. *Radicalizar a democracia:* proposições para uma refundação. São Leopoldo: Unisinos, 2019. p. 64-65.

(442) FERRAJOLI, Luigi. *Manifiesto por la igualdad*, p. 105.

(443) ALEXY, Robert. *Tres escritos sobre los derechos fundamentales y la teoría de los princípios*. Bogotá: Universidad Externado de Colombia, p. 25-26. Ver em sentido semelhante: MORALES, Leticia. *Derechos sociales constitucionales y democracia*. Madrid: Marcial Pons. 2015, p. 65-66. No mesmo sentido, ARANGO, Rodolfo. *El concepto de derechos sociales fundamentales*. Colômbia: Legis, 2005. p. 59 e s.

(444) PISARELLO, Gerardo. *Los derechos sociales y sus garantias:* elementos para una reconstrución, p. 72-74. Claro que aqui, por "indivíduo" deve ser reconhecido o indivíduo real em suas relações e condições materiais de vida. Como já referido anteriormente, o indivíduo deve ser entendido na teia de suas relações, ou seja, como pessoa. Com base em Marx e Engels, Enoque Feitosa afirma que uma visão adequada e historicamente situada dos direitos humanos: "só

civis e políticos, como os direitos sociais, protegem bens jurídicos que são, a uma só vez, individuais e coletivos e cuja violação pode envolver a proteção e reparação a um indivíduo ou a grupos. O autor se contrapõe ao mito liberal de que os direitos possam ser concebidos de forma exclusivamente individual, como se o indivíduo não estivesse sempre em relação com outros indivíduos e como se pudesse exercer direitos fora da sociedade. Tanto os direitos civis e políticos podem ser exercidos coletivamente, como os direitos sociais têm expressão pessoal e individual.

Junto a isso, como salienta Rodolfo Arango,(445) pode-se afirmar que não é correta a ideia de que os direitos fundamentais sociais são direitos de classe, só beneficiando certos sujeitos, por exemplo os trabalhadores. Por essa visão distorcida, somente quem pertencesse a tais grupos é que seriam titulares dos direitos sociais, os quais não valeriam como direitos universais, de todos. E o autor segue:

> Esta tesis fue rechazada convincentemente por Luzius Willdhaber con el siguiente argumento: "Los derechos sociales fundamentales buscan asegurar un estándar mínimo y por eso benefician poíencialmente a todos. La dignidad de cada individuo exige que este se pueda educar, alimentar y mantener saludable. (...) Los derechos sociales fundamentales deben facilitarle a la sociedad una convivencia armoniosa. Pretenden — de igual manera que la libertad personal — satisfacer al orden social también en el sentido de permitirle al individuo el dominio de un espacio vital mínimo y un estatuto social. La etología o estudio del comportamiento en animales nos enseña que, de lo contrario, las agresiones apenas se pueden evitar.

Enfim, nas palavras de Pisarello,(446) não existe qualquer caráter de superioridade axiológica entre os direitos civis e políticos e os direitos sociais, sustentando que ambos se fundamentam na mesma raiz valorativa, ou seja, na ideia de igual dignidade. Dessa forma, vistos em sua interdependência, coexistência e indivisibilidade, os direitos sociais atuam como verdadeiros pressupostos para o exercício dos direitos civis e políticos.

---

adquire potencial heurístico se e na medida em que reconhecer os indivíduos reais, sua ação e suas condições materiais de vida, tanto as já existentes como as resultantes de sua ação, pressupostos só constatáveis por via empírica, o que não quer dizer que não possam ser abstraídos por necessidades metódicas". Compreender o fenômeno jurídico demanda perceber que o ponto de partida não pode se limitar ao indivíduo isolado, ou seja, o sujeito imaginado pela concepção liberal das revoluções burguesas do século XIX. Ver o sujeito de direito como indivíduo - é assim na concepção liberal - e não como resultado histórico, constitui-se num erro metodológico de imaginar uma suposta produção desse indivíduo fora da coletividade. Não se constitui, numa sólida compreensão do âmbito jurídico, àquelas que ignoram (ou ocultam), como as diversas formas de relações de produção criam suas próprias formas de relações jurídicas e que, por via reflexa, também ignoram a possibilidade de o direito se expressar como direito da força e mais: que tal forma não apenas se coaduna com um Estado de Direito como não lhe é conflitiva. FEITOSA, Enoque. Para a superação das concepções abstratas e formalistas da forma jurídica. In: BELLO, Enzo (Org.). *Ensaios críticos sobre direitos humanos e constitucionalismo* [recurso eletrônico] - Dados eletrônicos. Caxias do Sul, RS: Educs, 2012. p. 30-31.

(445) ARANGO, Rodolfo. *El concepto de derechos sociales fundamentales*. Colômbia: Legis, 2005. p. 69. Em sentido semelhante, ver PISARELLO, Gerardo. *Los derechos sociales y sus garantias: elementos para una reconstrución*, p. 75.

(446) PISARELLO, Gerardo. *Los derechos sociales y sus garantias:* elementos para una reconstrución, p. 39 e s.

Portanto, não se sustenta a objeção analisada, visto que os direitos fundamentais sociais, como quaisquer dos direitos fundamentais, são direitos de indivíduos sociais, que estão em relação e que provém de uma concepção histórica e social pautada pela igualdade e dignidade humanas. Muito embora o exercício de alguns direitos possa se dar de forma coletiva, isso não afasta o seu caráter protetivo da pessoa humana em sua irrepetível unidade.

Com isso, cabe analisar a segunda objeção referida, ou seja, a de que os direitos fundamentais sociais sempre envolvem ações positivas e custosas por parte do Estado e da sociedade, o que não ocorreria com relação aos direitos civis e políticos.

Víctor Abramovich y Christian Courtis(447) sustentam que a distinção entre os direitos civis e os direitos sociais, ao contrário do que sustentam as doutrinas neoliberais (os autores citam especificamente Friedrich von Hayek, qualificando tal doutrina como "tradicional"), não é tão simples ou taxativa. Com efeito, em crítica às posições neoliberais, os autores afirmam que os partidários da referida doutrina apontam como a principal diferença entre tais direitos a distinção entre obrigações negativas e positivas. Para a corrente tradicional (neoliberal), os direitos civis se caracterizam por exigir apenas obrigações negativas do Estado, ou seja, por exemplo, abster-se de matar, torturar, impor censuras, violar a correspondência ou se imiscuir na propriedade privada. Já os direitos socais, segundo a mesma corrente, exigiriam obrigações positivas, como prestações de saúde, educação ou moradia. Desta forma, para a doutrina tradicional (neoliberal), como os direitos civis exigem meras abstenções do Estado, isso não envolveria o uso de fundos e o eventual controle judicial de condutas se limitaria à anulação dos atos realizados em violação à abstenção. Por outro lado, argumentando contra os direitos sociais, mesmo que expressamente reconhecidos constitucionalmente, a visão neoliberal sustenta que, como esses direitos envolvem obrigações positivas, seu cumprimento depende de fundos públicos vultosos e, assim, o poder judiciário não poderia impor ao Estado o cumprimento de condutas de dar ou fazer. Para Abramovich e Courtis essas distinções são frágeis, pois todos os direitos, sejam civis, políticos, sociais, econômicos, culturais, têm custo e exigem obrigações positivas e negativas. Os autores afirmam:

> Los derechos civiles no se agotan en obligaciones de abstención por parte del Estado: exigen conductas positivas, tales como la reglamentación — destinada a definir el alcance y las restricciones de los derechos —, la actividad administrativa de regulación, el ejercicio del poder de policía, la protección frente a las interferencias ilícitas del propio Estado y de otros particulares, la eventual imposición de condenas por parte del Poder Judicial en caso de vulneración, la promoción del acceso al bien que constituye el objeto del derecho. Baste repasar mentalmente la gran cantidad de recursos que destina el Estado a la protección del derecho de propiedad: a ello se destina gran parte de la actividad de la justicia civil y penal, gran parte de la tarea policial, los registros de la propiedad inmueble, automotor y otros registros especiales,

(447) ABRAMOVICH, Víctor; COURTIS, Christian. Apuntes sobre la exigibilidad judicial de los derechos sociales. In: COURTIS, Christian; SANTAMARÍA, Ramiro Ávila (Eds.). *La protección judicial de los derechos sociales*. Quito: Ministerio de Justicia y Derechos Humanos, 2009. p. 4-6.

> los servicios de catastro, la fijación y control de zonificación y uso del suelo, etcétera. En sentido simétrico, los derechos sociales tampoco se agotan en obligaciones positivas: al igual que en el caso de los derechos civiles, cuando los titulares hayan ya accedido al bien que constituye el objeto de esos derechos — salud, vivienda, educación, seguridad social — el Estado tiene la obligación de abstenerse de realizar conductas que lo afecten. Otros derechos sociales, sin embargo — en especial aquellos caracterizados por regir aun en las relaciones entre particulares —, difícilmente puedan conceptualizarse de modo adecuado sólo como derechos prestacionales: piénsese en el derecho de huelga, o en el derecho a a negociación colectiva. Estos derechos requieren expresamente abstenciones del Estado: no interferir en la huelga, no interferir en las tratativas ni en el resultado de la negociación. Todo derecho, entonces, requiere para su efectividad obligaciones positivas y negativas.

Na mesma linha, Miguel Carbonell[(448)] sustenta que tal como os direitos sociais, também os direitos de liberdade requerem, para que possam ter relevância prática e não permanecer apenas como desejos contidos nos textos constitucionais, de atuações positivas (prestacionais) e não apenas abstenções por parte do Estado, importando em custos econômicos de monta. Assim, a satisfação de tais direitos tem que conjugar tanto obrigações de não fazer como obrigações de fazer, não só omissões como também ações. Dito isso, o autor lembra:

> Por otro lado, hay sectores de los derechos sociales que entrañan libertades en sentido estricto, como por ejemplo el derecho de huelga o la libertad sindical, que frente a las autoridades generan obligaciones de no hacer, de abstención y de respeto (además de obligaciones de tutela, como en el caso de todos los derechos); en una situación parecida se encuentran aquellos derechos de los trabajadores que no requieren prima facie de prestaciones del Estado para poder ser realizados, como el derecho a un día de descanso semanal, la limitación de la jornada laboral o el derecho a las vacaciones.

Cass R. Sunstein[(449)] analisa o equívoco em que muitos incorrem em fazer uma distinção estanque entre supostos direitos negativos (direitos contra a interferência estatal) e direitos positivos (direitos de receber ajuda estatal). O autor, então, foca em dois direitos tidos como centrais para a economia de mercado, ou seja, o direito de propriedade e a liberdade contratual. Salienta que sem o Estado não haveria direito de propriedade, pois este depende da atuação estatal e das leis. Sem leis que o protejam e sem força policial, por exemplo, tal direito não existiria. O autor afirma, categoricamente, que o governo está implicado em

---

(448) CARBONELL, Miguel. Eficacia de la Constitución y derechos sociales: esbozo de algunos problemas. In: COURTIS, Christian; SANTAMARÍA, Ramiro Ávila (Eds.). *La protección judicial de los derechos sociales*. Quito: Ministerio de Justicia y Derechos Humanos, 2009. p. 71-72.

(449) SUNSTEIN, Cass R. *Las cuentas pendientes del soño americano: por qué los derechos sociales y económicos son más necesarios que nunca*. Ciudad Autónoma de Buenos Aires: Siglo Veintiuno, 2018. p. 207 e s.

tudo o que as pessoas têm, visto que a propriedade depende da regulamentação e da proteção estatal. O mesmo se aplica à liberdade contratual, pois para que os mercados livres funcionem existe a necessidade de regulamentação estatal e também da atuação de garantia do Estado para que as obrigações sejam cumpridas pelos devedores, sob pena da interferência dos tribunais e também da polícia. Dessa forma, o suposto direito negativo relativo à liberdade de contratar exige a atuação de um Estado forte, eficiente e que garanta as obrigações. O mesmo se aplica às liberdades ditas negativas, como a liberdade de expressão, que exige, por exemplo, que ruas e parques estejam abertos, com custos elevados, sendo a atuação estatal necessária e imprescindível. O próprio direito básico de não ser torturado ou sofrer abuso policial também necessita da fiscalização e atuação estatal. O autor exemplifica, ainda, com o sistema de justiça, o devido processo legal e os meios inerentes, que exigem uma série de medidas estatais positivas e de alto custo.[450] Em síntese, o autor sustenta que a proteção dos "direitos negativos" pressupõe a atuação positiva e custosa do Estado.

Leticia Morales[451] aponta que não é correto incidir na velha afirmação de que os direitos civis e políticos corresponderiam a meras abstenções do sujeito obrigado e assim não teriam custos e de que, por outro lado, os direitos sociais corresponderiam a prestações positivas implicando em custos altíssimos para a sua satisfação. A autora aponta apenas como exemplos da insustentabilidade de tal critério, que o direito ao voto implica uma série de medidas positivas (prestacionais) e custosas, enquanto o direito de liberdade sindical implica abstenções sem custos elevados. A autora lembra que todos os direitos implicam em custos, regulações e proteção por parte do Estado, sendo bancados com fundos públicos.

Por seu turno, Ingo Wolfgang Sarlet,[452] ao analisar as afirmações de que os direitos de segunda geração (dimensão para o autor), importariam sempre em prestações positivas por parte do Estado, deixa claro que esta posição não se sustenta, pois vários desses direitos implicam, na verdade, abstenções. O autor afirma:

> En la esfera de los derechos de la segunda dimensión, hay que atender a la circunstancia de que éstos no engloban solo derechos de carácter positivo, sino también las denominadas "libertades sociales", de lo que dan cuenta los ejemplos de la libertad de sindicalización, del derecho a la huelga y el reconocimiento de derechos fundamentales a los trabajadores, como el derecho a vacaciones y el

(450) Uma questão que merece uma lembrança é que mesmo as prestações que pareçam ser puramente normativas não deixam de ser igualmente fáticas. Com efeito, Flavio Galdino esclarece que a própria prestação normativa "tem por pressupostos uma série de fatos — como a criação e operação permanente das normas — levados a efeitos por corpos de agentes públicos quase sempre muito bem remunerados e sediados em estruturas deveras dispendiosas, e que consomem grande parte dos recursos estatais. Assim sendo, também os direitos de defesa... referidos por alguns, equivocadamente, s.m.j, como totalmente negativos, demandam prestação estatal positiva permanente, sendo igualmente positivos." GALDINO, Flavio. O custo dos direitos. In: TORRES, Ricardo Lobo (Org.). *A legitimação dos direitos humanos*. Rio de Janeiro: Renovar, 2002. p. 212.

(451) MORALES, Leticia. *Derechos sociales constitucionales y democracia*. Madrid: Marcial Pons, 2015. p. 79-81 e 89 e s.

(452) SARLET, Ingo W. *La eficacia de los derechos fundamentales:* una teoría general desde la perspectiva constitucional, p. 63.

descanso semanal remunerado, la garantía de un salario mínimo, la limitación de la jornada de trabajo, sólo por citar algunos de los más representativos. La segunda dimensión de los derechos fundamentales abarca, por lo tanto, mucho más que los derechos de carácter prestacional, de acuerdo con lo que aún plantea parte de la doctrina, sin que el carácter "positivo" pueda considerarse como el marco distintivo de esta nueva fase en la evolución derechos fundamentales. Sin embargo, cabe señalar que, a ejemplo de los derechos de la primera dimensión, también los derechos sociales (tomados en el sentido amplio antes citados) se refieren a la persona individual, no pudiendo ser confundidos con los derechos colectivos y/o difusos de la tercera dimensión. La utilización de la expresión "social" está justificada, entre otros aspectos que no nos corresponde profundizar en este momento, en la circunstancia que los derechos de la segunda dimensión pueden considerarse una densificación del principio de justicia social, además de corresponder a las reivindicaciones de las clases menos favorecidas, de modo especial de la clase obrera, a modo de compensación, en virtud de la extrema desigualdad que caracterizaba (y, en cierto modo, aún caracteriza) las relaciones con la clase empleadora, notoriamente poseedora, en mayor o menor grado, de poder económico.

Não se deve esquecer ainda em complemento a tais ideias, que muitos dos direitos fundamentais sociais, na verdade, não tem como sujeito passivo o Estado, mas, sim, particulares, o que também joga por terra o argumento de que todos estes direitos implicam atuações fáticas e positivas do Estado com custos para o mesmo. Com efeito, como afirma Gerardo Pisarello,(453) na maioria dos casos, realmente os direitos sociais têm como sujeito o passivo o Estado (seja o legislador, o executivo ou o judiciário). No entanto, o autor lembra que vários particulares ou agentes privados também são sujeitos passivos de tais direitos, como é o caso dos empregadores, dos prestadores de serviços médicos e educacionais, que estão vinculados à tais direitos, seja por expressa determinação constitucional, seja pela incidência de preceitos como a vedação de discriminação, a vedação do abuso de direito e a observância da boa-fé.

Basta pensar nos vários direitos fundamentais sociais reconhecidos aos trabalhadores que exigem, no máximo, a regulamentação legal por parte do Estado, sem qualquer outro tipo de prestação positiva que não seja a atuação fiscalizatória ou atuação judicial para seu respeito, situações que ocorrem para quaisquer direitos. Além disso, tais direitos, via de regra, não têm como sujeito passivo o Estado, mas particulares que estão a eles obrigados.

Assim, ao que se entende, descartadas as objeções apontadas, seja do ponto de vista do direito internacional ou direito positivo pátrio, evidencia-se o caráter de fundamentalidade dos direitos fundamentais sociais, cabendo, então, nesse momento, abordar a originalidade do tratamento dos direitos dos trabalhadores, em especial, pela CF de 1988, tema que será tratado a seguir.

---

(453) PISARELLO, Gerardo. *Los derechos sociales y sus garantias: elementos para una reconstrución*, p. 71.

2.4. A originalidade do tratamento dos direitos dos trabalhadores na Constituição Federal de 1988: os direitos dos trabalhadores como direitos sociais fundamentais

Os direitos fundamentais sociais dos trabalhadores têm um tratamento peculiar no texto da Constituição Federal de 1988, visto que é a primeira vez na história constitucional brasileira que tais direitos são expressamente reconhecidos como fundamentais por um texto constitucional. Essa situação se evidencia ao se analisar os textos constitucionais anteriores em comparação com o texto da CF de 1988.

Mesmo que perfunctoriamente, cabe fazer menção aos textos constitucionais anteriores. Com efeito, é possível afirmar que, como é comum aos demais direitos fundamentais, também o processo de positivação dos direitos dos trabalhadores em cada um dos textos constitucionais que tiverem vigência no Brasil, retrata o "espírito" de sua época com relação às condições socioeconômicas, políticas e jurídicas e a respectiva correlação de forças entre os grupos sociais.(454)

Na Constituição Imperial de 1824, que foi outorgada, não havia qualquer previsão de direitos reconhecidos aos trabalhadores, somente havendo previsão, de forma genérica, ao princípio da liberdade de trabalho (art. 179, XXIV). Ora, não é difícil relacionar esse posicionamento constitucional ao fato de que o Brasil era um país de produção tipicamente rural e baseada no trabalhado escravo, conforme já apontado no primeiro capítulo desta obra. Assim, sequer havia um movimento de trabalhadores assalariados efetivamente ativo. Pode-se dizer ainda, que o texto constitucional exprimia a inspiração liberal individualista, de viés econômico, que o inspirou.

Já na Constituição Republicana de 1891, embora sem que tenha havido alterações ao viés ideológico liberal econômico da Constituição anterior, o contexto socioeconômico tinha sofrido alterações significativas, pois, em especial, a escravidão tinha sido formalmente abolida. Dessa forma, outras formas de prestação de trabalho foram estabelecidas, como, por exemplo, o amplo uso do trabalho dos imigrantes em regime de colonato, não havendo ainda uma forte organização da classe proletária. Dessa forma, no texto da Constituição, em seu Título IV, Seção II, onde se encontra a chamada "Declaração de Direitos", no art. 72, § 8º, havia a previsão do direito de associação e no seu § 24 era prevista a liberdade de profissão. Nenhum direito especificamente destinado aos trabalhadores foi previsto.

Por sua vez, quando da edição da Constituição Federal de 1934, o contexto socioeconômico brasileiro havia sofrido alterações significativas. Com efeito, com a chamada "Revolução de 1930", o Brasil deu passos em direção a um processo mais sistemático de industrialização,

(454) Cumpre referir que, nesse tema, será parcialmente referido texto já publicado de autoria do doutorando, em especial, VECCHI, Ipojucan Demétrius. *Direito material do trabalho*. vol. 1. Curitiba: Juruá, 2016. p. 212 e s. Ver também: ALVARENGA, Rúbia Zanotelli. A constitucionalização dos direitos sociais trabalhistas nas constituições brasileiras. *Revista Fórum Trabalhista*, n. 22. Belo Horizonte: Fórum, jul./set. 2016; FONSECA VAZ, Jose Eduardo Parlato. *Análise histórica dos direitos trabalhistas nas constituições brasileiras. E.book*. Disponível em: <http://lelivros.love/>; CONCEIÇÃO, Lourivaldo da. *Curso de direitos fundamentais*. Campina Grande: EDUEPB, 2016. p. 223 e s. e 580 e s.; FILHO, Napoleão Casado. *Direitos humanos fundamentais*. São Paulo: Saraiva, 2012. p. 54 e s.

coexistindo com elementos de burocratização/modernização estatal e com estruturas ainda tipicamente rurais.

Conforme já descrito no primeiro capítulo, nos grandes centros urbanos de então, havia um movimento de trabalhadores relativamente organizado, o qual viabilizou a pressão pelo reconhecimento dos chamados "direitos trabalhistas". Somado a isso deve ser registrada a pressão internacional, representada pela assinatura do Tratado de Versalhes de 1919, o qual estabelecia padrões mínimos de direitos trabalhistas a serem implementados para a participação no mercado internacional. Por fim, cumpre registrar a influência do chamado "constitucionalismo social" representado pela Constituição Mexicana (Querétaro) de 1917 e pela Constituição Alemã de 1919 que, juntamente com a Constituição Soviética de 1924, previam direitos sociais, em especial, dirigidos aos trabalhadores.

Assim, a Constituição Brasileira de 1934, de vida efêmera e de eficácia quase nula, se apresentou como a primeira Constituição "social" do Brasil. No seu título III, estava prevista a chamada "Declaração de Direitos", subdividido em capítulos. No Capítulo I estavam previstos os direitos políticos (arts. 106 a 112); no Capítulo II, os clássicos direitos e garantias individuais (arts. 113 e 114). Todavia, só no Título IV, que tratava da Ordem Econômica e Social é que estavam previstos, entre outros, os direitos concernentes aos trabalhadores (em especial, arts. 121 a 123). No entanto, muito embora os direitos dos trabalhadores tenham sido albergados no texto constitucional de 1934, os mesmos não estavam positivados no título destinado à "Declaração dos Direitos", não sendo considerados como direitos fundamentais e nem estando no leque das cláusulas pétreas previstas no art. 178 do texto constitucional de então.

Como já dito, de vida efêmera, envolta num momento de muitas turbulências socioeconômicas e políticas, a Constituição Federal de 1934 praticamente não teve aplicação, sendo que o término de sua vigência formal se encerra numa ditadura, vindo a lume a Constituição outorgada de 1937, também chamada de "Polaca". Diante do autoritarismo vigente, o movimento sindical brasileiro de cariz mais radical foi sufocado, juntamente com as vozes de oposição. Também na Constituição Federal de 1937, os direitos ligados aos trabalhadores estavam albergados dentro da chamada "Ordem Econômica", em especial, nos arts. 136 a 139 do texto constitucional, não estando no mesmo patamar dos direitos fundamentais formalmente reconhecidos (direitos políticos e direitos e garantias individuais, previstos, respectivamente, nos arts. 115 a 121 e 122 a 123 do texto constitucional). Aliás, cumpre lembrar que é na vigência da Constituição de 1937 que é promulgada a CLT (Consolidação das Leis do Trabalho), de forte cariz fascista no plano do direito coletivo (Carta Del Lavoro italiana), o que não se aplica aos tópicos do direito individual do trabalho.

Com a queda de Getúlio Vargas e o término do Estado Novo, houve uma redemocratização de cariz liberal no Brasil, sendo fruto desse projeto a Constituição de 1946. Nessa Constituição também os direitos ligados ao trabalho, muito embora previstos, não foram formalmente alçados ao papel de fundamentais. No seu Título IV, estava a Declaração de Direitos, cujo Capítulo I tratava dos direitos ligados à nacionalidade e cidadania (direitos políticos), e o Capítulo II tratava dos clássicos direitos e garantias individuais (arts. 141 a 144). Novamente, somente no Título V, relativo à Ordem Econômica e Social — nos arts. 145, 157 a 159, foram previstos os direitos ligados ao trabalho.

Com o golpe de Estado civil-militar de 1964 e uma nova derrocada para uma ditadura, no contexto de um país já razoavelmente industrializado, veio a lume, a "autoproclamada" como promulgada, Constituição de 1967 que, em seu Título II (da "Declaração de Direitos"), previu no Capítulo I os direitos ligados à nacionalidade; já no Capítulo II, os direitos políticos e, no Capítulo IV, os clássicos direitos e garantias individuais. Novamente, somente no Título III, que tratava "Da ordem Econômica e Social", em seu art. 157 e, especialmente, nos arts. 158 e 159, é que foram previstos os direitos ligados aos trabalhadores. Como já era tradição a partir da Constituição de 1934, o texto de 1967, muito embora tenha previsto os direitos ligados ao trabalho, não os reconheceu como direitos fundamentais.

Após o aprofundamento do regime ditatorial, com a edição do Ato Institucional n. 5 em 1968, em seguida foi outorgada a Emenda Constitucional 1 de 1969, tratada como uma nova Carta Constitucional, a qual, em seu Título II (da "Declaração de Direitos"), em seu Capítulo I, previa os direitos de nacionalidade; já no Capítulo II, os direitos políticos e, no Capítulo IV, os clássicos direitos e garantias individuais. Somente no Título III, que tratava "Da Ordem Econômica e Social", art. 160 e, especialmente, arts. 165 e 166, é que foram previstos os direitos ligados aos trabalhadores, novamente, sem serem reconhecidos como direitos fundamentais.

Após 21 anos de regime ditatorial, a insustentabilidade política, econômica e social abalou o regime de exceção, instaurando-se o processo de redemocratização da sociedade e do Estado brasileiro. Houve uma ampla mobilização social, primeiramente na tentativa de restabelecimento das eleições diretas, o que acabou sendo frustrado pela derrota da Proposta de Emenda Constitucional n. 5 de 02 de março de 1983 (Emenda Constitucional Dante de Oliveira), redundando em novas eleições indiretas. No entanto, na sequência, houve a instalação do processo constituinte para a formulação de uma nova Carta Constitucional.

Certamente, nunca houve tanta participação e veiculação de aspirações populares num processo constituinte no Brasil, podendo se afirmar a singularidade desse momento histórico,(455) redundando, inclusive, numa demasiada euforia, como se a nova Constituição pudesse, num passe de mágica, resolver problemas históricos estruturais da sociedade brasileira. Muito embora a significativa participação da sociedade civil no processo constituinte, isso não significou, no entanto, que as aspirações sociais tenham tido pleno reconhecimento no texto constitucional aprovado, muito embora inegáveis avanços civilizatórios, aliás, sendo exemplo disso a proclamação de um amplo rol de direitos fundamentais.(456)

---

(455) LEDUR, José Felipe. A Constituição de 1988 e seus sistema especial de direitos fundamentais do trabalho. *Revista do Tribunal Superior do Trabalho*, vol. 77, n. 3, São Paulo, Lex Magister, jul./set. 2011, p. 154.

(456) CARRION, Eduardo Kroeff Machado. *Apontamentos de direito constitucional*, p. 111 e s.; CASTRO, Antonio Escosteguy (*et al*). *Política da constituinte*. Porto Alegre: Mercado Aberto, 1985. p. 20 e s. Paulo Bonavides escreve: "A Constituinte de 1987-1988, justamente por haver sido a primeira em professar abertamente a legitimação de sua tarefa pelos vínculos estabelecidos com os direitos fundamentais da dimensão objetiva, sem embargo de criar uma carta

É nesse contexto que emergiu a chamada "Constituição Cidadã", a Constituição Federal de 1988 (CF de 1988), uma constituição de cunho compromissório e democrático-social (o que pode ser percebido já no seu preâmbulo e nos seus primeiros quatro artigos, já tratados) e com a previsão de um rol generoso de direitos fundamentais, rol este apenas exemplificativo (conforme os parágrafos 2º e 3º do art. 5º da CF de 1988).

Aliás, quanto a isso deve ser chamada a atenção para o disposto no art. 1º, IV, da CF de 1988, o qual evidencia, definitivamente, seu caráter democrático-social ao prever, como fundamentos da República, os valores sociais do trabalho e da livre iniciativa, numa clara tentativa de compromisso entre o capital e o trabalho. Sobre tal dispositivo, é importante chamar a atenção para a posição de Cláudio Mascarenhas Brandão:(457)

> A Carta de 1988 apontou um novo rumo ao encimar os princípios fundamentais no portal de suas disposições, seguindo a trilha deixada pelas Constituições de países como a Itália, que reconhece o trabalho como um dos seus fundamentos, assegura o dever de torná-lo efetivo e proclama a sua função social (arts. 1º e 4º). Não se tratou de uma mera alteração de natureza topológica. Ao contrário, a mudança na disposição introdutória do texto constitucional fincou de modo definitivo a opção política de estabelecer tratamento privilegiado ao trabalho como elemento integrante do próprio conceito de dignidade humana e fundamentador do desenvolvimento da atividade econômica. Isso representou um compromisso inafastável com a valorização do ser humano e com a legitimação do Estado Democrático de Direito. A valorização do trabalho e da livre-iniciativa assim como o seu caráter social foram elevados ao patamar dos princípios políticos constitucionalmente conformadores ou princípios constitucionais fundamentais, que se caracterizam por explicitar as valorações políticas fundamentais do legislador constituinte, condensar as opções políticas nucleares e refletir a ideologia dominante da Constituição.

Quanto aos direitos dos trabalhadores, especificamente e como corolário natural da concretização dos princípios fundamentais, pela primeira vez na história constitucional brasileira é que tais direitos foram positivados no texto constitucional como direitos fundamentais.

O texto constitucional de 1988 expressamente reconhece como direitos fundamentais sociais específicos dos trabalhadores, ou seja, que tem pertinência direta aos trabalhadores, os direitos fundamentais sociais previstos nos arts. 6º (direito ao trabalho), 7º ao 11 (direitos individuais e coletivos) e 227, § 3º, incisos I e II (direitos fundamentais específicos dos

---

do compromisso e da transação, e sobretudo da transição, foi sem dúvida de todas as nossas constituintes derivadas – acima, portanto, das que promulgaram as Cartas de 1934 e 1946 – aquela que mais avançou na direção de um Estado social, edificado sobre os alicerces da positividade jurídica." BONAVIDES, Paulo. *Comentários à Constituição do Brasil*. Coordenação científica: J. J. Gomes Canotilho, Gilmar Ferreira Mendes, Ingo Wolfgang Sarlet, Lenio Luiz Streck. Coordenação Executiva: Léo Ferreira Leoncy. 2. ed. Coimbra: Almedina, 2018. p. 198.

(457) BRANDÃO, Cláudio Mascarenhas. *Comentários à Constituição do Brasil*. Coordenação científica: J. J. Gomes Canotilho, Gilmar Ferreira Mendes, Ingo Wolfgang Sarlet, Lenio Luiz Streck. Coordenação Executiva: Léo Ferreira Leoncy. 2. ed. Coimbra: Almedina, 2018. p. 295-296.

trabalhadores menores). Assim, esses direitos ganharam um patamar hierárquico, no ordenamento jurídico constitucional vigente, que jamais lhes tinha sido reconhecido na história constitucional brasileira.

Além disso, por força do disposto nos §§ 2º e 3º do art. 5º, bem como do próprio *caput* do art. 7º, todos da CF de 1988, os direitos fundamentais sociais dos trabalhadores não se esgotam no rol previsto expressamente na Constituição Federal, mas também alcançam os direitos implícitos que decorrem do regime[(458)] e princípios constitucionais, bem como os direitos previstos em tratados internacionais.[(459)]

Some-se a isso que, além dos direitos específicos dos trabalhadores, acima indicados, não se pode desconsiderar que também são reconhecidos aos trabalhadores no âmbito laboral os direitos fundamentais "inespecíficos", que são aqueles direitos que o trabalhador tem como cidadão que faz parte de uma determinada sociedade (liberdade de expressão, intimidade, própria imagem, honra, liberdade religiosa, direito ao devido processo legal, como exemplos), envolvendo a questão da "eficácia dos direitos fundamentais em relações privadas" ou também chamada de "eficácia horizontal dos direitos fundamentais"[(460)].

Com efeito, os trabalhadores não podem ser despidos de seus direitos de primeira geração, aqueles que são reconhecidos a toda e qualquer pessoa humana, enquanto figuram na posição de empregados. Nesta temática, duas ideias básicas são primordiais para a defesa dessa incidência em relações de emprego: a existência de relações assimétricas de poder no

(458) Segundo José Afonso da Silva o regime político é um complexo estrutural de princípios e forças políticas que configuram determinada concepção do Estado e da sociedade, e que inspiram seu ordenamento jurídico. SILVA, José Afonso da. *Curso de direito constitucional positivo*. 13. ed. São Paulo: Malheiros, 1997. p. 125.

(459) Ver SARLET, Ingo W. *La eficacia de los derechos fundamentales:* una teoría general desde la perspectiva constitucional, p. 102 e s. Em outro texto, Sarlet afirma: "Todavia, não há como deixar de considerar que a noção de direitos implícitos, em sentido amplo, inclui os direitos decorrentes do 'regime' e dos 'princípios' consagrados pela nossa Constituição. Aqui, conforme demonstrado alhures, exercendo plenamente sua competência criativa, o intérprete atua na 'construção jurisprudencial do direito', revelando os direitos fundamentais que se encontram em estado latente na nossa Carta e que podem ser deduzidos diretamente do regime (democracia social) nela consagrado e dos princípios fundamentais que informam a ordem constitucional (arts. 1º a 4º). Nesta esfera, os limites são traçados pelo próprio alcance e significado do regime e dos princípios, bem como pelos direitos fundamentais positivados na Constituição formal, eis que não há como admitir-se a hipótese de direito decorrente (implícito) contrário a direito fundamental expresso". SARLET, Ingo Wolfgang. Valor de alçada e limitação do acesso ao duplo grau de jurisdição: problematização em nível constitucional, à luz de um conceito material de direitos fundamentais. In: AUGUSTIN, Sérgio (Org.). *Doutrina jurídica brasileira*. Caxias do Sul: Plenum, 2001. CD-ROM. Cumpre enfatizar, que atualmente o STF atribui aos direitos humanos previstos em tratados internacionais ratificados pelo Brasil, mas que não passaram pelo procedimento do § 3º do art. 5º da CF de 1988, o caráter de normas "supralegais", ou seja, abaixo da Constituição, mas acima das leis infraconstitucionais. Tal matéria foi discutida nos julgamentos dos Recursos Extraordinários (RE) ns. 349.703 e 466.343 e no *Habeas Corpus* (HC) n. 87.585, nos quais se discutiu a prisão civil do depositário infiel. Essa posição restou consagrada na Súmula vinculante 25 sobre a questão, com o seguinte teor: "STF Súmula Vinculante n. 25 – É ilícita a prisão civil de depositário infiel, qualquer que seja a modalidade do depósito".

(460) Ver ESCARTÍN, Ignacio García-Perrote. Ley, convenio colectivo, contrato de trabajo y derechos fundamentales del trabajador. *Revista de Derecho Social*, Espanha, Editorial Bomarzo, 1998, p. 37 e s.; ABRANTES, João José. *Contrato de trabalho e direitos fundamentais*. Coimbra: Coimbra Editora, 2005. p. 60 e s.; HÄBERLE, Peter. A dignidade humana com fundamento da comunidade estatal. In: SARLET, Ingo Wolfgang (Org.). *Dimensões da dignidade* — ensaios de filosofia do direito e direito constitucional. Porto Alegre: Livraria do Advogado, 2005. p. 117-118.

âmbito privado e o princípio da dignidade humana. Esses fundamentos justificam a intensificação da incidência desses direitos nas relações privadas, em geral, e nas relações de trabalho subordinado, em especial.[461]

Feita esta primeira aproximação, cabe agora aprofundar o debate sobre a previsão dos direitos trabalhadores como direitos fundamentais, bem como explorar a fundamentação, os limites e as consequências prático-jurídicas desse reconhecimento, temas que serão tratados na sequência.

2.4.1. Os direitos dos trabalhadores como direitos fundamentais: titulares e fundamentação

Conforme já sustentado, um direito fundamental se caracteriza, em especial, por ser uma pretensão moral fundamentada, ao mesmo tempo que reconhecida e positivada pelo direito em posição hierárquica superior, bem como que tenha condições de efetividade. Cabe assim demonstrar que os direitos fundamentais sociais específicos dos trabalhadores cumprem todos estes pressupostos, em especial, com relação ao primeiro critério (pretensão moral fundamentada), pois em relação ao segundo (positividade constitucional) e terceiro (efetividade) não parece ser cabível contestação, visto a expressa previsão constitucional desses direitos, já indicada acima, bem como a gama infindável de relações de emprego existentes e com incidência desses direitos.

No entanto, antes que se adentre na questão, preliminarmente cumpre esclarecer quais são os trabalhadores considerados titulares desses direitos. Com efeito, o entendimento que predomina é no sentido de que os direitos sociais fundamentais dos trabalhadores são dirigidos, especificamente, para os trabalhadores subordinados inseridos nas relações de emprego. Dessa forma, nem todos os trabalhadores são destinatários dos direitos sociais fundamentais previstos, em especial, no art. 7º da CF de 1988. Muito embora existam posições que defendem a extensão desses direitos aos demais trabalhadores, não são as prevalecentes.

Nesse sentido, José Felipe Ledur[462] sustenta a extensão dos direitos fundamentais previstos no art. 7º da CF de 1988, mesmo que não de forma integral, para todos os trabalhadores e não somente para os empregados. Para o autor, quem mobiliza energia laboral em favor de outrem tendo por fim auferir a contraprestação necessária para o sustento pessoal e familiar deveria ser alcançado pela proteção prevista no *caput* do art. 7º da Constituição. Assim, não somente os trabalhadores inseridos em relações de emprego (prestando serviços pessoais, não eventuais, mediante remuneração e subordinação) seriam destinatários de tais

---

(461) Ver nesse sentido, UBILLOS, Juan María Bilbao. ¿En que medida vinculan a los particulares los derechos fundamentales? In: SARLET, Ingo Wolfgang (Org.). *Constituição, direitos fundamentais e direito privado*. Porto Alegre: Livraria do Advogado, 2003. p. 334. Sobre a fundamentação da eficácia horizontal tendo em conta o princípio da dignidade humana ver SARLET, Ingo Wolfgang. *Dignidade da pessoa humana e direitos fundamentais na Constituição Federal de 1988*. Porto Alegre: Livraria do Advogado, 2001. p. 109-110.

(462) LEDUR, José Felipe. *A Constituição de 1988 e seus sistema especial de direitos fundamentais do trabalho*, p. 167-168. Texto Disponível em: <https://juslaboris.tst.jus.br/bitstream/handle/20.500.12178/26996/008_ledur.pdf?sequence=4&isAllowed=y>.

direitos, mas também todos os trabalhadores inseridos em relações de trabalho, mesmo sem subordinação. No entanto, o autor sustenta que seria necessário delimitar quais dos direitos previstos deveriam ser aplicados nas relações de trabalho *lato senso*.

Já Mauricio Godinho Delgado,(463) muito embora reconheça o "carisma" da ideia de extensão dos direitos fundamentais a todos os tipos de relações de trabalho, entende que ela deve ser tomada com cuidado. Segundo o autor, a extensão dos direitos fundamentais a todos os trabalhadores, mesmo não empregados, poderia servir para agregar força à tendência de desregulamentação/flexibilização trabalhista. Para o autor, várias experiências de extensão dos direitos dos trabalhadores, ao contrário de realmente alargar a incidência desses direitos, acabaram pulverizando os mesmos. Então o autor sustenta:

> Nesses vários experimentos, têm-se atenuado o enquadramento da clássica relação de emprego, criando-se situações supostamente novas de contratação trabalhista, com direitos mais restritos do que os tradicionalmente assentados. Não se desconhece que as situações especialmente reguladas são, efetivamente, empregatícias; porém, mediante artifícios normativos, confere-se a elas tratamento jurídico menos favorável. [...] Postas essas ressalvas, não se pode desconsiderar a real existência de relações de trabalho subordinadas, mas que, efetivamente, não se enquadram no tipo jurídico do labor empregatício — e que, por isso, situam-se fora do Direito do Trabalho e de seu patamar civilizatório básico. Relações vivenciadas por prestadores de serviços destituídos da força competitiva dos autônomos clássicos acima mencionados — o que torna tais trabalhadores reais hipossuficientes —, ao mesmo tempo em que apartados do ramo jurídico trabalhista de proteção (o que os segrega a constrangedor limbo jurídico). O caso brasileiro típico corresponde aos trabalhadores eventuais (não exatamente os portuários-avulsos, que, tradicionalmente, em virtude de sua alta organização político-sindical, conquistaram o manto normativo próprio do Direito do Trabalho). No tocante aos efetivos trabalhadores eventuais (ao lado de certa fração hipossuficiente dos autônomos), é possível imaginar-se a construção de um processo extensivo dos direitos fundamentais trabalhistas, embora evidentemente adequados à especificidade de tais relações laborativas.

Diante deste debate, não se pode esquecer que a própria Constituição Federal em seu art. 7º, inciso XXXIV, por exemplo, estendeu os mesmos direitos dos trabalhadores empregados aos trabalhadores avulsos (portuários e não portuários, situações regradas pelas Leis ns. 12.815/2013 e 12.023/2009, respectivamente), o que poderia ser entendido como um caminho a ser adotado. Outro exemplo, é o caso da Lei n. 12.690, de 19.04.2012, a qual submete à sua regulamentação as cooperativas de trabalho, que também estendeu boa parte dos direitos dos trabalhadores aos cooperativados.

---

(463) DELGADO, Mauricio Godinho. *Direitos fundamentais na relação de trabalho*, p. 18-19 e 33 e s. Texto Disponível em: <http://sisbib.emnuvens.com.br/direitosegarantias/article/view/40/38>.

Muito embora esse pareça ser o melhor caminho, estendendo a aplicação dos direitos fundamentais aos trabalhadores em geral e, assim, inclusive, ao que se entende, inviabilizando as tentativas furtivas de "fugas do direito do trabalho", entende-se que isso dependeria de regulamentação legal a ser efetivada e ponderada em cada situação.

Claro que a necessidade de regulamentação legal não deveria significar deixar ao legislador uma margem arbitrária de exclusões do campo da proteção ao trabalho, como sustenta Leonardo Vieira Wandeli,(464) visto que, mesmo que a definição da relação de emprego, na qual incidem como um todo os direitos previstos no art. 7º da CF de 1988, tenha por base dispositivos infraconstitucionais, essa definição tem caráter materialmente constitucional. O autor lembra decisão do Tribunal Constitucional Espanhol (STC 227/1998), o qual entendeu que, muito embora a definição de trabalho por conta alheia não esteja expressa na Constituição, o legislador não tem plena disponibilidade para sua caracterização ou descaracterização, pois:

> "[...] eso no significa que el legislador tenga libertad plena para declarar no laboral una prestación de servicios determinada, sino que esta acción que debe llevar a cabo el legislador está vinculada por las notas caracterizadoras de la relación laboral y la comparación com las categorías o supuestos incluídos y excluídos de la tutela que presta el ordenamiento jurídico-laboral. Una vez que el legislador incorpora determinados criterios para definir la prestación de trabajo que cae en el ámbito regulado por el derecho laboral — como los contenidos en el art. 1.1 ET — y, partiendo de aquellos, ha acotado las relaciones contractuales que van a ser reguladas conforme a las finalidades y principios de tal ordenamiento, "no puede excluir del ámbito así configurado y de los derechos de él derivados a grupos de trabajadores o a determinados tipos de prestaciones en función de un criterio que, por injustificado o irrazonable, resulte constitucionalmente inaceptable por contrario al principio de igualdad."

No entanto, conforme já dito, a doutrina dominante entende que os direitos sociais fundamentais específicos dos trabalhadores previstos na CF de 1988, aplicam-se diretamente aos trabalhadores empregados, ou seja, aos trabalhadores inseridos numa relação de emprego.(465) Retratando a doutrina, praticamente unânime, Alexandre de Moraes(466) assim se posiciona:

---

(464) WANDELLI, Leonardo Vieira. *O direito do trabalho como direito humano fundamental:* elementos para sua fundamentação e concretização, p. 373-374. Texto Disponível em: <https://acervodigital.ufpr.br/bitstream/handle/1884/20912/o%20direito%20ao%20trabalho%20como%20direito%20humana%20e%20fundamental(leonardo%20wandelli).pdf?sequence=1&isAllowed=y>.

(465) De uma forma geral, tendo por base os arts. 2º, 3º e 442 da CLT (relação de emprego urbana) e os arts. 2º, 3º e 4º da Lei n. 5.889/1973 (relação de emprego rural), pode-se afirmar que a relação de emprego é a relação jurídica obrigacional pela qual o empregado (sempre pessoa física) presta ou se obriga a prestar serviços de natureza não eventual, pessoal, com intuito de remuneração e subordinada (sob dependência) ao empregador (que pode ser pessoa física, jurídica ou até entes despersonalizados), o qual dirige a prestação dos serviços ou a obrigação de prestar os serviços e o remunera em virtude do trabalho feito e, em certas circunstâncias, pela simples obrigação de prestar trabalho. No caso dos empregados domésticos, o art. 1º da Lei Complementar n. 150/2015 prevê que para que se configure a relação de emprego não basta a não eventualidade, sendo necessária a continuidade (trabalho em mais do que duas vezes por semana), juntamente com os demais elementos acima indicados. No entanto, o trabalho doméstico é prestado para pessoa ou família e sem finalidade lucrativa. Sobre estes conceitos ver VECCHI, Ipojucan Demétrius. *Direito material do trabalho.* 2. ed. Curitiba: Juruá, 2016. p. 385, 393 e 395.

(466) MORAES, Alexandre. *Direito constitucional.* 13. ed. São Paulo: Atlas, 2003. p. 201. No mesmo sentido, ver DELGADO, Mauricio Godinho. *Direitos fundamentais na relação de trabalho*, p. 18-19. Disponível em: <http://sisbib.emnuvens.

> Direitos sociais são direitos fundamentais do homem, caracterizando-se como verdadeiras liberdades positivas, de observância obrigatória em um Estado Social de Direito, tendo por finalidade a melhoria de condições de vida aos hipossuficientes, visando à concretização da igualdade social, e são consagrados como fundamentos do Estado democrático, pelo art. 1º, IV, da Constituição Federal. Como ressaltam Canotilho e Vital Moreira, "a individualização de uma categoria de direitos e garantias dos trabalhadores, ao lado dos de caráter pessoal e político, reveste um particular significado constitucional, do ponto em que ela traduz o abandono de uma concepção tradicional dos direitos, liberdades e garantias como direitos do homem ou do cidadão genéricos e abstractos, fazendo intervir também o trabalhador (exactamente: o trabalhador subordinado) como titular de direitos de igual dignidade". O trabalhador subordinado será, para efeitos constitucionais de proteção do art. 7º, o empregado, ou seja, aquele que mantiver algum vínculo de emprego.

Assim, assentada a questão sobre os trabalhadores que são considerados titulares dos direitos fundamentais previstos constitucionalmente, especialmente no art. 7º da CF de 1988, cumpre agora analisar se esses direitos realmente devem ser considerados direitos fundamentais segundo os critérios aqui sustentados.

No tocante à fundamentação dos direitos fundamentais, ou seja, a base principiológica que os sustentam, a posição adotada é a de que tal tarefa cabe aos princípios da dignidade da pessoa humana e da igualdade. Assim, é importante verificar se tais princípios também estão na base de fundamentação dos direitos fundamentais sociais específicos dos trabalhadores.

No campo das relações de trabalho, os princípios da dignidade da pessoa humana e da igualdade se expressam por meio do princípio, ou nesta ótica, o subprincípio da proteção.(467) No entanto, a ideia de dignidade humana sintetizada como a exigência do ser humano ser tratado como um fim em si, impedindo a sua objetificação, coisificação, parece sofrer sérias limitações, o mesmo podendo ser dito do princípio da igualdade.

Nas relações de trabalho subordinado, a pessoa do trabalhador está inserida numa relação estrutural socioeconômica e jurídica em que se encontra em posição de subordinação/ depedência em relação ao outro polo desta relação (o patrão/empregador). Como a força de trabalho está em potência na própria corporalidade viva do trabalhador, não existe como comandar e adquirir esta força de trabalho desconectada da pessoa humana que a porta, ou seja,

---

com.br/direitosegarantias/article/view/40/38>, p. 18-19; ROMITA, Arion Sayão. *Direitos dos trabalhadores:* direitos fundamentais? Disponível em: <http://www.editoramagister.com/doutrina_27182340_DIREITOS_DOS_TRABALHADORES_DIREITOS_FUNDAMENTAIS.aspx>.

(467) Sobre a questão ver: RODRIGUES, Américo Plá. *Princípios de direito do trabalho.* São Paulo: LTr, 1978. p. 27; GENRO, Tarso. *Direito individual do trabalho*, p. 75 e s.; CAMINO, Carmen. *Direito individual do trabalho.* 3. ed. Porto Alegre: Síntese, 2003. p. 96-97; DELGADO, Mauricio Godinho. *Curso de direito do trabalho.* 7. ed. São Paulo: LTr, 2008. p. 197 e s.; DELGADO, Mauricio Godinho; DELGADO, Gabriela Neves. *A Reforma Trabalhista no Brasil.* São Paulo: LTr, 2017. p. 69 e s.; ABRANTES, José João. *Contrato de trabalho e direitos fundamentais*, p. 36 e s.; ESPADA, Cinthia Maria da Fonseca. *O princípio protetor do empregado e a efetividade da dignidade da pessoa humana.* São Paulo: LTr, 2008. p. 96; HÄBERLE, Peter. *A dignidade humana com fundamento da comunidade estatal*, p. 113.

para poder utilizar a força de trabalho, inevitavelmente, o tomador de trabalho deve utilizar como meio a pessoa que o presta.

Se essa situação for observada com rigor, este é um limite estrututal que o modo de produção dominante (capitalista) impõe às ideias da dignidade humana e de igualdade no campo das relações laborais, aspecto que será abordado posteriormente, o que não afasta a importância central de tais princípios na forma social vigente.

Conforme já indicado, o princípio/subprincípio da proteção, nuclear no campo laboral, tem como propósito promover a dignidade e diminuir a desigualdade material entre patrões e empregados por meio de compensações jurídicas. Assim, o princípio da proteção impõe a busca pela efetivação, nos limites do modo de produção dominante, da dignidade humana e da igualdade substancial entre partes de uma relação estrutural e contratualmente desigual. Dessa forma, é a materialização, projeção, concretização, no campo das relações de trabalho subordinado, dos princípios da dignidade da pessoa humana e da igualdade. Isso não significa que tais princípios não tenham projeção direta nas relações de trabalho, mas, sim, que ganham densidade normativa com a atuação do princípio da proteção, o qual, por outro lado, ganha um alto grau de legitimidade ético-jurídica ao estar fundado na dignidade humana e na igualdade.

Nesse sentido, Cinthia Maria da Fonseca Espada(468) sustenta que a incidência do princípio da dignidade da pessoa humana no âmbito laboral implica a necessidade de proteção dos trabalhadores tanto contra atos que atentem contra sua dignidade, como também para a garantia de condições de trabalho saudáveis e a promoção de sua inclusão social. Assim, o núcleo do princípio da proteção se funda e tem por finalidade a promoção da dignidade dos trabalhadores, bem como em estabelecer tratamento protetivo para promoção da igualdade substancial entre partes que se encontram em desigualdade fática. Portanto, essa proteção que visa a igualdade substancial, é meio de promoção da dignidade.

Abordando o tratamento dado pela jurisprudência dos Tribunais alemães sobre a incidência da dignidade humana nas relações de emprego, Peter Häberle(469) afirma que a jurisprudência federal trabalhista, a partir da irradiação do princípio da dignidade humana previsto no art. 1º da Lei Fundamental sobre as relações de emprego, estabelece a proteção da personalidade do empregado no âmbito laboral, impondo os deveres de proteção e assistência que abarca igualmente o empregador e não somente o Estado. Dessa forma, tanto no âmbito das relações individuais, como das relações coletivas de trabalho, o princípio da dignidade humana atua como limite e conformador dessas relações.

Portanto, as possibilidades de incidência dos princípios da dignidade humana e da igualdade no campo das relações laborais é vastíssimo, indicando que esses princípios, também fundamentam os direitos reconhecidos aos trabalhadores. Para fins de comprovar essa

(468) ESPADA, Cinthia Maria da Fonseca. *O princípio protetor do empregado e a efetividade da dignidade da pessoa humana*. São Paulo: LTr, 2008. p. 96.

(469) HÄBERLE, Peter. A dignidade humana com fundamento da comunidade estatal. In: SARLET, Ingo Wolfgang (Org.). *Dimensões da dignidade* — ensaios de filosofia do direito e direito constitucional, p. 113.

afirmação, de uma forma geral, cabe analisar se os direitos previstos na Constituição Federal de 1988, especialmente em seus arts. 7º, 8º e 9º, além de estarem positivados, podem ser consideradas pretensões morais fundamentadas nesses princípios.

Como um critério de sustentação dessa posição, parece bastante razoável recorrer ao âmbito do Direito Internacional dos Direitos Humanos, verificando algumas das mais importantes normativas internacionais e o tratamento dado aos direitos fundamentais sociais dos trabalhadores.

Assim, o primeiro documento internacional a ser lembrado é a Declaração Universal dos Direitos Humanos da Organização das Nações Unidade (1948).(470) Ao expressar os fundamentos que embasam os direitos previstos, a Declaração afirma que o reconhecimento da dignidade inerente a todos os membros da família humana e de seus direitos iguais e inalienáveis constitui o fundamento da liberdade, da justiça e da paz.

Então, em seu art. 23º a Declaração reconhece uma série de direitos humanos especificamente destinados aos trabalhadores, prevendo, em seu inciso 1 o direito ao trabalho e à sua livre escolha, o direito a condições de trabalho equitativas e satisfatórias e a proteção frente ao desemprego. Em seguida, no inciso 2 explicita uma concretização do princípio da igualdade, prevendo a vedação de discriminação e a igualdade salarial por trabalho igual. Já em seu inciso III expressamente reconhece o vínculo entre remuneração equitativa e satisfatória e a dignidade humana, pois prevê que essa remuneração deve permitir a quem trabalha e à sua família uma existência digna, sem afastar outros meios de proteção social. Ainda, em seu inciso IV prevê a liberdade fundamental de criação e filiação às entidades sindicais. Por sua vez, em seu art. 24º a Declaração prevê como direitos humanos o direito ao repouso e, especialmente, o direito a uma limitação razoável da duração do trabalho e a férias periódicas pagas.

Outro texto internacional fundamental que embasa a posição aqui sustentada é o Pacto de Direitos Econômicos, Sociais e Culturais (1966)(471) o qual, de certa maneira, especifica os direitos humanos previstos na Declaração Universal no seu âmbito de abrangência. Com efeito, em seu art. 6º, inciso I, o Pacto reconhece o direito à liberdade de trabalho e de livre escolha do trabalho. No inciso II prevê o direito à formação técnica e profissional como forma de garantir o livre desenvolvimento dos trabalhadores.

Por sua vez, no art. 7º o Pacto prevê o direito de toda pessoa de gozar de condições de trabalho justas e favoráveis, englobando uma remuneração que proporcione, no mínimo, salário equitativo e igual por trabalhado igual, sem distinção, especialmente vedando a discriminação por gênero e, ainda, que esse salário garanta uma existência decente para os trabalhadores e suas famílias. Em seguida, é previsto o direito à segurança e higiene no trabalho.

(470) ONU. *Declaração Universal dos Direitos Humanos*. Disponível em: <https://nacoesunidas.org/wp-content/uploads/2018/10/DUDH.pdf>.

(471) BRASIL. *Decreto n. 591, de 6 de julho de 1992*. Atos Internacionais. Pacto Internacional sobre Direitos Econômicos, Sociais e Culturais. Promulgação. Disponível em: <http://www.planalto.gov.br/ccivil_03/decreto/1990-1994/d0591.htm>.

Posteriormente, é previsto o direito à igual oportunidade de promoção, vedando tratamentos discriminatórios. Por fim, no referido artigo é previsto o direito ao descanso, lazer, a limitação razoável das horas de trabalho, as férias periódicas e remuneradas, bem como a remuneração de feriados.

Já no seu art. 8º o Pacto prevê os direitos ligados às liberdades sindicais, prevendo o direito a fundar sindicatos, o direito de filiação aos mesmos, bem como prevendo a liberdade e a autonomia sindicais. Prevê ainda, expressamente, a ampla liberdade associativa para as entidades sindicais em nível nacional e internacional, bem como prevê a proteção do direito de greve.

No campo do direito internacional, cabe destacar ainda a Declaração da OIT Sobre os Princípios e Direitos Fundamentais no Trabalho de 1998,(472) a qual tem por pressuposto tanto o princípio da dignidade humana como também o princípio da igualdade. Tal declaração proclama quatro direitos fundamentais básicos dos trabalhadores: a) a liberdade sindical e o reconhecimento efetivo do direito de negociação coletiva; b) a eliminação de todas as formas de trabalho forçado ou obrigatório; c) a abolição efetiva do trabalho infantil; e d) a eliminação da discriminação em matéria de emprego e ocupação. A íntima vinculação de tais direitos com a dignidade humana é solar.

A liberdade sindical e o reconhecimento das negociações coletivas, tem a função de garantir um patamar de maior força e equilíbrio aos trabalhadores nas suas tratativas, compensando sua debilidade individual, ficando evidenciado o objetivo de proteção à dignidade dos trabalhadores, bem como reconhecendo e reforçando a sua autonomia por meio dos entes coletivos obreiros.

Com relação à eliminação do trabalho forçado ou obrigatório, o vínculo com os princípios da dignidade humana e da igualdade é ainda mais evidente, pois essas formas de trabalho coisificam o ser humano, degradando a sua condição de pessoa e reduzindo as vítimas, absolutamente, à condição de coisas, de objetos. Além disso, atingem a igualdade de tratamento devida a cada pessoa humana.

Outrossim, a vinculação da eliminação do trabalho infantil com a dignidade humana e a igualdade também é evidente, pois o trabalho infantil agride frontalmente a possibilidade do livre desenvolvimento da personalidade de crianças e adolescentes que, ainda em fase de amadurecimento são cerceados em suas possibilidades de um desenvolvimento amplo de suas capacidades e potencialidades. Estas medidas cerceiam, de saída, a igualdade de oportunidades das crianças submetidas a esse tipo de violência.

Por fim, no tocante à eliminação de todas as formas de discriminação, o vínculo efetivo com os princípios da igualdade e da dignidade humana é fortíssimo, pois aqui se trata de garantir o igual respeito e consideração que toda pessoa humana deve ter garantida em razão de integrar o gênero humano.

---

(472) OIT. *Declaração da OIT sobre os princípios e direitos fundamentais no trabalho*. Assinada em 09 de junho de 1998. Disponível em: <https://www.ilo.org/public/english/standards/declaration/declaration_portuguese.pdf>.

Verificando os textos internacionais acima indicados, os quais se embasam, em especial, nos princípios da dignidade humana e da igualdade, entende-se não poderem haver dúvidas de que os direitos sociais específicos dos trabalhadores previstos na Constituição Federal de 1988 são não apenas formalmente, mas também materialmente fundamentais.

Diante do exposto, não causa espanto que mesmo diante do ordenamento português que, pelo menos formalmente não garante aos direitos sociais, entre eles os dos trabalhadores, a mesma posição dos demais direitos e garantias fundamentais,[(473)] que Jorge Miranda[(474)] seja expresso em afirmar que a dignidade humana, ou seja, o valor reconhecido a cada pessoa conduz e explica os vários direitos e garantias fundamentais dos trabalhadores, entre eles as garantais especiais dos salários, a proteção frente as incapacidades e desemprego e outras garantias consideradas sociais. Na mesma linha, José João Abrantes[(475)] falando sobre o ordenamento português, sustenta que os direitos específicos dos trabalhadores têm o mesmo regime constitucional que os demais direitos e garantias fundamentais.

Assim, não se sustentam posições como a de Arion Sayão Romita, o qual, também partindo dos princípios da igualdade e da dignidade humana como fundamentos dos direitos fundamentais dos trabalhadores, faz uma leitura restritiva dos direitos previstos na CF de 1988. Com efeito, o autor sustenta que nem todos os direitos reconhecidos aos trabalhadores pela CF de 1988 seriam direitos fundamentais, pois muitos seriam apenas "direitos básicos", não dotados de fundamentalidade. Assim, Romita[(476)] sustenta que somente seriam direitos fundamentais:

Forçoso, portanto, reconhecer que são veículos de direitos fundamentais dos trabalhadores os seguintes incisos do art. 7º: XXXIII, que fixa idade mínima da admissão ao exercício do trabalho; XXX, XXXI, XXXII e XXXIV, que vedam diferença de salários, tratamento desigual dispensado a portadores de deficiência, distinção entre categorias de trabalhadores e distinção entre trabalhadores com vínculo empregatício permanente e trabalhadores avulsos, respectivamente, todos a consagrarem o princípio de não discriminação; IV, que se refere a salário mínimo; XXII, que prevê a redução dos riscos inerentes ao trabalho por meio de normas de saúde, higiene e segurança; I e XXI, que preconizam a proteção da relação de emprego contra a despedida injustificada (arbitrária ou sem justa causa) e aviso prévio proporcional ao tempo de serviço, respectivamente; XIII e XIV, que fixam limites à duração da jornada normal de trabalho; e XV e XVII, que consagram o repouso semanal remunerado e as férias, respectivamente.

Portanto, em sentido oposto à visão restritiva acima indicada, é muito mais coerente com o previsto na CF de 1988, que todos os direitos reconhecidos aos trabalhadores pela

(473) Ver sobre isso: SARLET, Ingo Wolfgang. *Direitos sociais no Estado Democrático de Direito (parte 1)*. Disponível em: <https://www.conjur.com.br/2016-jul-15/direitos-fundamentais-direitos-sociais-estado-democratico-direito--parte>.

(474) MIRANDA, Jorge. *A Constituição e a dignidade da pessoa humana*, p. 477 e s.

(475) ABRANTES, José João. *Contrato de trabalho e direitos fundamentais*, p. 52.

(476) ROMITA, Arion Sayão. *Direitos dos trabalhadores: direitos fundamentais?* Disponível em: <http://www.editoramagister.com/doutrina_27182340_DIREITOS_DOS_TRABALHADORES_DIREITOS_FUNDAMENTAIS.aspx>, p. 21.>

CF de 1988 sejam efetivamente considerados como direitos fundamentais, pois, do ponto de vista material, são fundados na dignidade humana e na igualdade, bem como, do ponto de vista formal, estarem expressamente reconhecidos no texto constitucional como fundamentais. Aliás, as cláusulas de abertura previstas constitucionalmente (como o § 2º do art. 5º e o próprio *caput* do art. 7º, ambos da CF de 1988), permitem sustentar que outros direitos podem ser acrescidos ao rol já expresso como direitos fundamentais.

Com efeito, como afirma Marcelo José Ferlin D´ambroso,[(477)] uma visão fundada nos direitos humanos que supere o mero contratualismo, a qual está em consonância com os tratados internacionais de direitos humanos e de acordo com o texto constitucional brasileiro, deve proceder a uma leitura expansiva dos direitos fundamentais dos trabalhadores, os quais, portanto, além de abranger os já expressamente previstos constitucionalmente, fique aberta a novas dimensões que visem a proteção da posição dos trabalhadores nas relações de trabalho subordinadas.

No mesmo sentido, a posição de Mauricio Godinho Delgado,[(478)] que afirma:

> Os direitos fundamentais do trabalho estão dados também pelos tratados e convenções internacionais subscritos pelo Brasil, "[...] naquilo que não reduzam o patamar de garantias asseguradas internamente no próprio pais" (art. 5º, § 2º, CF/88). Tais direitos fundamentais do trabalho também constam, evidentemente, da legislação heterônoma estatal, a qual completa o padrão mínimo de civilidade nas relações de poder e de riqueza inerentes à grande maioria do mercado laborativo próprio ao capitalismo (*caput* do art. 7º, CF/88).

Tendo em conta o tratamento original que a Constituição Federal de 1988 deu aos direitos específicos dos trabalhadores, a qual, aliás, está em linha com o tratamento reconhecido a esses direitos nos tratados internacionais de direitos humanos, bem como tendo em conta a fundamentação desses direitos com base nos princípios da dignidade humana e da igualdade, não pode restar dúvidas do seu caráter de fundamentalidade formal e material em nosso ordenamento jurídico.

Nessa linha, diante do reconhecimento dos direitos dos trabalhadores como direitos fundamentais, uma série de consequências prático-jurídicas devem ser pensadas e tornadas efetivas no processo de compreensão/aplicação desses direitos fundamentais, conforme será tratado a seguir.

2.4.1.1. Consequências prático-jurídicas do reconhecimento dos direitos dos trabalhadores como direitos fundamentais

Diante da conclusão antes exposta, no sentido de que os direitos dos trabalhadores foram expressamente reconhecidos como direitos fundamentais, tendo sido elevados ao patamar mais

---

(477) D'AMBROSO, Marcelo José Ferlin. *Direitos humanos e direito do trabalho:* uma conexão para a dignidade. Belo Horizonte: RTM, 2019. p. 93 e s.

(478) DELGADO, Mauricio Godinho. *Direitos fundamentais na relação de trabalho*. Disponível em: <http://sisbib.emnuvens.com.br/direitosegarantias/article/view/40/38>, p. 28.

alto do sistema constitucional vigente, é impostergável retirar dessa classificação consequências prático-jurídicas.

Como os direitos dos trabalhadores foram reconhecidos como direitos fundamentais, impõe-se que no processo de sua compreensão/aplicação/regulamentação certas diretrizes sejam observadas, tais como: a) na interpretação e aplicação dos direitos fundamentais se deve buscar a interpretação que os torne o mais eficazes possível; b) a vinculação permanente do legislador na proteção e desenvolvimento de tais direitos; c) a garantia reforçada frente a supressão de tais direitos ("cláusulas pétreas"); d) a restrição às possíveis limitações à tais direitos; e) a interpretação mais favorável e a proibição de retrocesso social.(479)

Preliminarmente, uma das primeiras consequências prático-jurídicas do reconhecimento dos direitos dos trabalhadores como direitos fundamentais é a imposição teórica e normativa no sentido de proporcionar a maior eficácia possível a esses direitos.(480) Pérez Luño(481) ao falar do clássico postulado do *favor libertatis,* atualiza o seu sentido para a sua efetivação no contexto de um Estado democrático e social fundado na dignidade humana e que visa fazer reais e efetivas as liberdades e a igualdade. Então afirma:

> Tal decisión, lógica en un Estado de Derecho que se define como social y democrático, impone una interpretación de los derechos fundamentales que los contemple no sólo como esferas subjetivas de libertad, sino como elementos constitutivos de un sistema unitario de libertades "patrimonio común de los cuidadanos individual y colectivamente", cuya extensión y eficacia máximas aparecen como la irrenunciable meta a alcanzar.

Portanto, cabe ao intérprete/aplicador e também ao legislador, buscar conferir a máxima efetividade/eficácia possível aos direitos fundamentais dos trabalhadores, impedindo a erosão de tais direitos pela legislação infraconstitucional.

Cumpre ainda, tendo por base essa diretriz, compreender que esses direitos devem guiar os operadores jurídicos como padrões de reinterpretação de todo o arcabouço jurídico trabalhista (infraconstitucional), numa verdadeira interpretação conforme aos direitos fundamentais e à Constituição Federal de 1988.

Além disso, na interpretação/aplicação desses direitos, cabe viabilizar a interpretação mais favorável, sabendo-se que a previsão constitucional de tais direitos é apenas o piso mínimo, não o teto normativo, aspecto que será retomado no próximo capítulo.

---

(479) Cumpre advertir que os efeitos descritos nesta letra "e" serão objeto de desenvolvimento acurado no próximo capítulo, razão pela qual são aqui são apenas mencionados.

(480) CANOTILHO, José Joaquim Gomes. *Direito constitucional e teoria da constituição*, p. 1224; Sarlet, Ingo Wolfgang. *La eficacia de los derechos fundamentales.* Una teoría desde la perspectiva constitucional, p. 161, 276, 381; ALEXY, Robert. *Tres escritos sobre los derechos fundamentales y la teoría de los principios*, p. 82; ÁVILA SANTAMARÍA, Ramiro. *Los derechos y sus garantías:* ensayos críticos. 1. reimp. Quito: Corte Constitucional para el Período de Transición, 2012. p. 81 e s.

(481) PÉREZ, LUÑO, António Henrique. *Derechos humanos, estado de derecho y constitucion*, p. 316.

Esse postulado básico de compreensão do papel dos direitos fundamentais, abre um leque de desenvolvimentos interpretativos no campo dos direitos fundamentais dos trabalhadores no sentido de assegurá-los contra interpretações que os aviltem, diminuam a sua eficácia ou lhes restrinjam o campo de aplicação.

Outra consequência central do reconhecimento dos direitos dos trabalhadores como direitos fundamentais é que essa caracterização impõe a vinculação permanente do legislador no sentido de proteger, dar eficácia e efetividade a tais direitos sempre que haja a necessidade de intervenção legislativa. Com efeito, como é clássico no campo dos direitos fundamentais, o Estado está vinculado de forma premente a tais direitos, o que se aplica, em especial, ao legislador.

Ora, sendo esses direitos integrantes das decisões político-jurídicas fundamentais da República, como verdadeiros alicerces do edifício constitucional, não é possível ao legislador dispor de tais direitos, sob pena de inverter toda a hierarquia normativa constitucional e corromper o exercício do poder. Cabe ao legislativo não só se abster de editar normas que venham na contramão dos direitos fundamentais, sob pena de inconstitucionalidade por ação, mas, também, tem o dever de editar normas que sejam necessárias para a efetiva aplicação e efetividade de tais direitos, sob pena de inconstitucionalidade por omissão.

Outrossim, relevantíssimo efeito jurídico que decorre do reconhecimento dos direitos dos trabalhadores como direitos fundamentais, é que tais direitos são tão importantes que estão sob a tutela reforçada das chamadas "cláusulas pétreas", ou seja, não podem ser objeto de atentado que tenda a esvaziá-los, nos termos do disposto no inciso IV do § 4º do art. 60 da Constituição Federal.

Diante da literalidade do referido inciso, o qual prevê como cláusulas pétreas os "direitos e garantias individuais", emerge a discussão referente a se os direitos fundamentais sociais, entre eles os dos trabalhadores, estão ou não protegidos como cláusulas pétreas.

Sobre isso, conforme já referido, todos os direitos fundamentais são propriamente direitos de indivíduos, já que fundados na igual dignidade de cada pessoa humana e direcionados à sua proteção e promoção. Assim, esse aspecto ontológico de tais direitos, pode ser arguido como um primeiro argumento a afastar uma interpretação restritiva que exclui os direitos fundamentais sociais, em geral, e dos trabalhadores, em especial, dessa proteção acentuada.

Além disso, como afirma Paulo Bonavides,(482) a concretização dos direitos sociais se faz imprescindível para que se alcance o atendimento do prescrito pelos princípios básicos previstos no Título I da Constituição Federal, estando, assim, tais direitos enquadrados na proteção das cláusulas pétreas previstas na Constituição Federal.

---

(482) BONAVIDES, Paulo. *Curso de direito constitucional*, p. 594-595.

De outra banda, Ingo Wolfgang Sarlet e Rodrigo Brandão(483) sustentam que uma interpretação literal do referido dispositivo é de todo despropositada. Os autores afirmam:

> Todavia, parece-nos correta a doutrina majoritária ao salientar que o constituinte de 1988 conferiu o status de cláusulas pétreas aos direitos fundamentais de primeira, segunda e terceira "dimensão", sejam eles direitos de defesa ou prestacionais. Isto porque o sistema constitucional de proteção dos direitos fundamentais, cuja eficácia reforçada se revela na aplicabilidade imediata das normas definidoras de direitos e garantias fundamentais (art. 5, § 1º), bem como na sua proteção reforçada quanto a ação erosiva do constituinte-reformador (art. 60, § 4º, IV), caracteriza-se pela unicidade. Com efeito, de uma leitura sistêmica da Constituição de 1988 não se verifica hierarquia ou destaque conferido aos direitos de defesa em detrimento dos direitos prestacionais, ou de direitos de uma dimensão em prejuízo das demais. Ao contrário, percebe-se uma fina sintonia entre o constituinte de 1988 e a tese da indivisibilidade e a interdependência das gerações de direitos fundamentais, a qual vem gozando de primazia no direito internacional dos direitos humanos.

Muito embora não exista no Supremo Tribunal Federal uma posição definitiva assentada sobre tal questão, já houveram manifestações do Tribunal reconhecendo aos direitos sociais a proteção como cláusulas pétreas, como é o caso da posição adotada na ADI n. 939, julgada em 15.12.1993, que reconheceu que as cláusulas pétreas não se restringem aos clássicos direitos de primeira geração.

Cabe citar ainda o que consta na ADI-MC n. 1.946, julgada em 20.04.1999, quando o STF, por unanimidade, declarou que cabia a averiguação da constitucionalidade da Emenda Constitucional 20/98, tendo em vista a alegação de que a mesma ofendia as cláusulas pétreas (art. 60, § 4º, da Constituição). Ainda, por unanimidade, o Tribunal deu interpretação conforme ao art. 14 da referida Emenda, para deixar expresso que a citada disposição não se aplica à licença-maternidade a que se refere o art. 7º, inc. XVIII, da CF de 1988.

Portanto, os direitos fundamentais dos trabalhadores fazem parte do núcleo duro da Constituição Federal, não estando à disposição do legislador ordinário e nem do legislador constituinte derivado, estando protegidos da abolição frente as maiorias legislativas qualificadas (Emendas Constitucionais).

---

(483) SARLET, Ingo Wolfgang; BRANDÃO, Rodrigo. *Comentários à Constituição do Brasil.* Coordenação científica: J. J. Gomes Canotilho, Gilmar Ferreira Mendes, Ingo Wolfgang Sarlet, Lenio Luiz Streck. Coordenação Executiva: Léo Ferreira Leoncy. 2. ed. Coimbra: Almedina, 2018. p. 2.166-2.167. Nesse sentido ver: SARLET, Ingo Wolfgang. *La eficacia de los derechos fundamentales.* Una teoría desde la perspectiva constitucional, *op. cit.*, p. 560 e s.; DALLEGRAVE NETO, José Affonso. *Inovações na legislação trabalhista* — aplicação e análise crítica, 2000. p. 55 e 87; MARTINS, Ives Gandra da Silva. A influência da Constituição Portuguesa sobre as normas imodificáveis da Constituição Brasileira. In: AUGUSTIN, Sérgio (Org.). *Doutrina Jurídica Brasileira* (CD-ROM). Caxias do Sul: Plenum, 2001; MOREIRA, Eduardo Ribeiro. *Direito Constitucional Atual.* Rio de Janeiro: Elsevier, 2012. p. 319-322; TAVARES, André Ramos. *Curso de direito constitucional.* 10. ed. São Paulo: Saraiva, 2012. p. 79-80; MORAES, Alexandre. *Direito Constitucional.* 13. ed. São Paulo: Atlas, 2003. p. 332-333.

Por fim, cabe analisar a questão relativa às "restrições às limitações aos direitos fundamentais". Com efeito, como os direitos dos trabalhadores são direitos fundamentais, as limitações a tais direitos, sempre que constitucionalmente possíveis, devem ser interpretadas de forma restritiva e não ampliativa.[(484)]

Faz parte da doutrina corrente afirmar que os direitos fundamentais não são absolutos, pois sempre passíveis de restrições. Muito embora tal afirmação seja correta na maioria dos casos, não parece que seja possível sustentar sua aplicação generalizada. Basta pensar em alguns exemplos para se verificar que tal posição apresenta problemas. Não existe como relativizar, sem implicar em violação frontal, a proibição de tortura (art. 5º, III, da CF de 1988), ou a vedação de configuração de crime ou pena sem lei anterior (art. 5º, XXXIX, da CF de 1988) ou, ainda, a vedação de trabalho (válido/regular) de menor de 18 anos em local insalubre ou perigoso (art. 7º, XXXIII, da CF de 1988). Esses exemplos mostram a incorreção da afirmação generalista sobre a relatividade dos direitos.

No entanto, a grande parte dos direitos fundamentais está sujeita a restrições/limitações. Assim, tomando-se cuidado com a advertência acima feita, pode-se concordar em linhas gerais com Sarlet[(485)] quando afirma:

> Ponto de partida deverá ser a constatação de que nenhum direito fundamental consagrado na Constituição se encontra imune a restrições, mesmo que se trate de direito que não se encontra sob a reserva (simples ou qualificada) de lei, isto é, que não pode ser objeto de restrições pelo legislador ordinário. De acordo com a mais moderna doutrina, a noção de limites é inerente à natureza das liberdades, mesmo das consagradas e garantidas pelas normas de direitos fundamentais. Todo e qualquer direito fundamental contém limites denominados de imanentes, decorrentes da ordem constitucional. Via de regra, são apontadas duas espécies de limites imanentes: a) a existência de uma colisão entre direitos fundamentais; ou b) entre estes e outros valores constitucionais. No mais, nos casos em que incide a reserva legal, a restrição é viável apenas através de lei ou com base em lei.

Com efeito, no geral, os direitos fundamentais não estão imunes a restrições, pois existem limitações expressamente previstas no próprio texto constitucional, bem como outras que são intrínsecas/imanentes, como é o caso da colisão entre direitos fundamentais ou de tais direitos com outros valores constitucionais dignos de tutela.

No entanto, e isso é o que o que realmente tem de ser salientado, é que mesmo as restrições que, a princípio, em abstrato se mostrem constitucionalmente adequadas, para que

(484) Essas questões serão retomadas no próximo capítulo, quando da análise dos princípios da norma mais favorável e da proibição de retrocesso social.

(485) SARLET, Ingo Wolgang. Valor de alçada e limitação do acesso ao duplo grau de jurisdição: problematização em nível constitucional, à luz de um conceito material de direitos fundamentais. In: AUGUSTIN, Sérgio (Org.). *Doutrina jurídica brasileira*. Caxias do Sul: Plenum, 2001. CD-ROM.

realmente sejam válidas deverão passar pelo teste de proporcionalidade/razoabilidade, observando-se, ainda, a preservação do núcleo essencial do direito fundamental em questão.(486)

Sendo os direitos dos trabalhadores considerados como fundamentais, estão protegidos até contra emendas constitucionais que tendam para sua abolição (cláusulas pétreas). Dessa forma, essa proteção deve ser ainda mais acentuada frente a qualquer norma infraconstitucional ou norma provinda da autonomia privada coletiva (negociação coletiva), que jamais poderão restringir um direito fundamental de forma desproporcional (adequação, exigibilidade e proporcionalidade em sentido estrito) ou afetar o seu núcleo essencial.

Muito embora seja possível distinguir proporcionalidade e razoabilidade, pode-se dizer que esses dois princípios têm uma relação inextrincável. A razoabilidade implica a noção de limites além dos quais alguma medida se torna insustentável, irracional, imoderada, tendo em vista os padrões vigentes numa dada sociedade e num certo padrão de desenvolvimento cultural (lato senso), implicando tanto a vedação de medidas absurdas ou profundamente iníquas (de flagrante injustiça), isso tanto na formulação como também na aplicação do direito. Por seu turno, a proporcionalidade traduz a ideia de relação de justa medida entre meios e fins buscados, expressando-se por meio de três elementos parciais (que devem ser avaliados conjuntamente), ou seja, para que uma medida seja considerada proporcional deve ser adequada (pertinente, apta para alcançar o resultado), necessária (indispensável, não havendo outra que cause menores danos) e balanceada (proporcional em sentido estrito, ponderada) entre os meios e os fins juridicamente visados. A proporcionalidade é um princípio/postulado jurídico impostergável na solução dos conflitos entre princípios jurídicos e entre direitos fundamentais, seja na sua feição de vedação de excessos ou de vedação de proteção deficiente. Assim, a razoabilidade/proporcionalidade são mecanismos jurídicos imprescindíveis para a otimização e concordância prática em ordenamentos jurídicos marcados pelo pluralismo de valores, princípios e direitos fundamentais.(487)

Por sua vez, no tocante ao "núcleo essencial" dos direitos fundamentais, pode-se dizer que, numa fórmula sintética, é viável afirmar que o núcleo essencial de um direito é o seu cerne, aquilo que o caracteriza e o distingue de outros direitos. Resultado de um processo

---

(486) Sobre a questão das restrições legítimas aos direitos fundamentais e os testes necessários para sua validação, podem ser indicados: BARROSO, Luís Roberto. *Interpretação e aplicação da Constituição*. 3. ed. São Paulo: Saraiva, 1999. p. 228; STEINMETZ, Wilson Antônio. *Colisão de direitos fundamentais e princípio da proporcionalidade*. Porto Alegre: Livraria do Advogado, 2001. p. 37-38 e nota 515 da p. 163; CORRÊA, Luciane Amaral. O princípio da proporcionalidade e a quebra do sigilo bancário e do sigilo fiscal nos processos de execução. In: SARLET, Ingo Wolfgang (Org.). *A constituição concretizada* — construindo pontes com o público e o privado. Porto Alegre: Livraria do Advogado, 2000. p. 202, nota 70 e p. 203; ALEXY, Robert. *Teoria dos derechos fundamentales*, p. 286 e s.

(487) Sobre tais questões ver: LIMA, Maria Rosynete Oliveira. *Devido processo legal*, p. 287; BARROSO, Luís Roberto. *Princípios da razoabilidade e da proporcionalidade*. Disponível em: <www2.uerj.br/~direito/publicações>; BONAVIDES, Paulo. *Curso de direito constitucional*, p. 360 e s.; CORRÊA, Luciane Amaral. O princípio da proporcionalidade e quebra do sigilo bancário e do sigilo fiscal nos processos de execução. In: SARLET, Ingo Wolfgang (Org.). *A Constituição concretizada* — construindo pontes com o público e o privado. Porto Alegre: Livraria do Advogado, 2000. p. 199; LOPES, Ana Maria D'Ávila. *Os direitos fundamentais como limites ao poder de legislar*. Porto Alegre: Sergio Antonio Fabris, 2001. p. 195 e s.; ALEXY, Robert. *Teoría de los derechos fundamentales*, p. 89-90, nota 32; PECES-BARBA MARTÍNEZ, Gregorio. *Lecciones de derechos fundamentales*, p. 313-314.

de interpretação que deve levar em conta o sistema jurídico no qual o direito está previsto, o núcleo essencial é o "núcleo de certeza de um direito".(488) Como afirma Pérez Luño,(489) o núcleo essencial impõe a obrigação de salvaguarda do direito instituído, segundo a normativa constitucional e as condições histórico-sociais que formam o contexto dos direitos e liberdades. Dessa forma, a noção de núcleo essencial tem por objetivo vedar a erosão de um direito, a sua descaracterização, sendo, assim, uma trava de proteção frente as limitações/restrições aos direitos fundamentais.

Para exemplificar no campo dos direitos fundamentais dos trabalhadores, poderia ser pensado em uma norma (legal ou convencional) que autorizasse que o direito de férias anuais remuneradas, em regra de trinta dias, pudesse ser fracionado em trinta vezes durante o ano. Essa norma afetaria o próprio núcleo essencial do direito, pois descaracterizaria o direito de férias, transformando-o num conjunto de folgas. Tal situação implicaria a inconstitucionalidade da norma autorizativa em questão.

Portanto, se mesmo uma emenda constitucional não pode alterar a conformação básica que um direito fundamental social possui, aquilo que o caracteriza, que o torna identificável e reconhecido como tal, pois a sua desconfiguração ou amesquinhamento ofende a Constituição,(490) o mesmo se aplica ainda com mais razão àquelas que provém de outras fontes normativas.

Dessa forma, as restrições/limitações aos direitos fundamentais, sejam elas advindas de emendas constitucionais, leis infraconstitucionais, normas coletivas (acordos coletivos ou convenções coletivas de trabalho) ou negociações individuais, não podem simplesmente restringir desproporcionalmente ou aniquilar com um direito fundamental, pois devem passar pelos testes de proporcionalidade/razoabilidade, bem como deve ficar preservado o seu núcleo essencial.(491) Caso contrário, a medida restritiva/limitativa incorrerá em inconstitucionalidade.

Cumpre enfatizar, por fim, que os testes indicados devem ser aplicados mesmo nos casos onde a própria Constituição possibilitou a restrição/limitação/flexibilização dos direitos fundamentais dos trabalhadores, pois isso não significa um "cheque em branco".

Interessante citar a posição adotada por Luigi Ferrajoli(492) com relação à constitucionalização do trabalho na Constituição Italiana devido ao fato de que, assim como no Brasil,

---

(488) PECES-BARBA MARTÍNEZ, Gregorio. *Lecciones de derechos fundamentales*, p. 312-313.

(489) PÉREZ LUÑO, Antonio Enrique. *Los derechos fundamentales*, p. 74-75.

(490) Cabe lembrar que o STF já se posicionou sobre isso, podendo ser indicadas as decisões proferidas pelo STF na ADIMC – 2.381/RS/2001 – Rel. Sepúlveda Pertence, bem como na ADIMC – 2.024/DF – Rel. Sepúlveda Pertence. BRASIL. Supremo Tribunal Federal. *ADIMC – 2.381/RS/2001*. Disponível em: <http://www.stf.jus.br/>; BRASIL. Supremo Tribunal Federal. *ADIMC – 2.024/DF*. Disponível em: <http://www.stf.jus.br/>.

(491) José João Abrantes defende que os critérios de aferição da proporcionalidade e do núcleo essencial dos direitos fundamentais se aplicam a quaisquer restrições ou limitações apostas aos direitos fundamentais, provenham do Estado ou de particulares (seja em contratos ou mesmo em normas provenientes de negociação coletiva). ABRANTES, João José. *Contrato de trabalho e direitos fundamentais*, p. 233-234.

(492) FERRAJOLI, Luigi. *Manifiesto por la igualdad*, p. 149 e s.

aquela constituição reconhece o caráter de fundamentalidade dos direitos dos trabalhadores e, ainda, prevê, tal como a brasileira, que o trabalho é fundamento da República. A partir destas premissas, Ferrajoli sustenta que os direitos dos trabalhadores ganharam outro patamar, deixando de ter apenas um caráter patrimonial e privatista e passando a ter caráter público, no sentido de que, como nas relações de trabalho estão em jogo direitos fundamentais da pessoa, estes direitos têm o caráter de inviolabilidade, inalienabilidade, indisponibilidade e, assim, devem estar, como regra, subtraídos à lógica do mercado e, portanto, às flexibilizações e precarizações.

Portanto, no momento em que os direitos dos trabalhadores foram alçados ao patamar de direitos fundamentais, todas estas consequências prático-jurídicas acima indicadas são impositivas, visto que decorrem do caráter hierárquico e *sui generis* que emanam da fundamentalidade reconhecida.

Do ponto de vista do processo civilizacional, parece que não deveria haver dúvidas razoáveis do avanço institucional que esse reconhecimento provoca ou deveria provocar. Mas será que esse avanço não contém em si barreiras intransponíveis no modo de sociometabolismo vigente? Com efeito, é possível realmente falar de igual dignidade humana, ou seja, de cada ser humano ser tratado como fim e não como meio numa relação na qual o indivíduo passa a ser meio de produção subordinado/dependente em uma estrutura socioeconômica que não lhe pertence? Eis a questão que será tratada em seguida.

2.4.1.2. Os limites estruturais para a plena incidência da dignidade humana e da igualdade nas relações de trabalho subordinadas

Conforme foi sustentado no presente capítulo, os princípios da dignidade humana e da igualdade são os princípios centrais sobre os quais se fundam os direitos fundamentais como um todo e os direitos dos trabalhadores em especial.[(493)]

O sentido do princípio da dignidade humana, hodiernamente, é profundamente marcado pelo pensamento kantiano, podendo a dignidade ser sintetizada como a qualidade que é reconhecida a todo e a cada ser humano de, pelo só fato de pertencer ao gênero humano, dever ser tratado e considerado como um fim em si. Dessa forma, essa qualidade intrínseca e distintiva deveria impedir a sua objetificação, coisificação, enfim, a sua degradação/desconsideração/objetificação como indivíduo.

Por seu turno, atualmente o sentido que se dá ao princípio da igualdade implica a superação de sua consideração meramente abstrata, formal, que não leva em conta os indivíduos concretos em suas relações reais. Pelo contrário, impõe a sua consideração concreta, substancial, possibilitando aos indivíduos iguais oportunidades, valorização social, impedindo discriminações e visando a eliminação das desigualdades econômicas.

(493) Algumas das ideias aqui desenvolvidas constam parcialmente de artigo já publicado. VECCHI, Ipojucan Demétrius; GARCIA, Marcos Leite; PILAU SOBRINHO, Liton Lanes. O princípio da dignidade humana e suas projeções no âmbito laboral: possibilidades e limites. *Revista Seqüência – Estudos Jurídicos e Políticos*, v. 41, n. 85, 2020. O texto pode ser consultado no endereço eletrônico: <https://doi.org/10.5007/2177-7055.2020v41n85p249>.

Ora, como esses princípios são a base dos direitos fundamentais, é realmente possivel que todos os efeitos que deveriam decorrer de sua incidência realmente se deem nas relações de trabalho nas quais a pessoa do trabalhador está inserida numa relação socioeconômica em posição de subordinação/depedência em relação ao outro polo desta relação (o patrão/empregador)? Realmente a incidência dos direitos fundamentais constitucionalmente previstos é suficiente para dotar tais relações, que são assimétricas na sua forma estrutural, da igual dignidade que se atribui aos seres humanos?

Entende-se que a forma que estrutura o modelo social dominante implica, em geral, na normalização das relações de trabalho nos moldes capitalistas, naturalizando tal forma de trabalho, a qual se introjeta nos sujeitos assujeitados e socializados nesse modo de produção (*lato senso*) e no imaginário social, obnubilando e, não raro, afastando esses questionamentos como despropositados.

As relações de trabalho assimétricas são imprescindíveis para o modo de produção do capital, sejam elas formalizadas como relações de emprego ou "fantasiadas" em formas jurídicas supostamente como autônomas, muito embora sua dependência estrutural ao capital, de que são exemplos as atuais situações de "uberização". O capital não "vive" sem a sucção de força de trabalho. Eis sua contradição central, pois ao mesmo tempo que os imperativos do sistema expulsam trabalho vivo pelo aumento do trabalho objetivado (maquinário, *lato senso*), aspecto que será abordado no próximo capítulo, não pode haver capital sem a tomada de força de trabalho.

Como a força de trabalho está em potência na própria corporalidade viva do trabalhador, afinal de contas, a força de trabalho em ação nada mais é do que o dispêndio de energia humana (como dispêndio de cérebro, músculos, mãos, etc, humanos),[(494)] de vida humana, não existe como comandar e adquirir esta força de trabalho desconectada da pessoa humana que a porta, ou seja, para poder utilizar a força de trabalho, inevitavelmente é necessário utilizar como meio a pessoa viva que o presta.

Assim, estando a relação de trabalho subordinada marcada tanto por uma desigualdade estrutural, como também pelo uso da pessoa do trabalhador como meio em favor de fins que lhe são alheios, cabe, no mínimo, questionar se isso não representa um limite estrututal que o modo de produção dominante impõe tanto à ideia da dignidade humana, como à de igualdade substancial nestas relações.

Chamando a atenção para as especificidades do contrato de trabalho, Alain Supiot[(495)] afirma que num sistema jurídico que regula os contratos, o qual é balizado pelos princípios da liberdade e da igualdade individual, a sujeição contratual da vontade de um indivíduo à de outro é uma fonte inevitável de antinomias. Para isso, sequer existe necessidade de mostrar a desigualdade de fato (econômica) das partes no contrato, sempre lembrada no campo laboral. Para o autor, basta comparar, em um nível puramente legal, o que a subordinação implica e o

(494) MARX, Karl. *O capital:* crítica da economia política. V. 1, p. 65, 66, 94-96.

(495) SUPIOT, Alain. *Critique du droit do travail*. Paris: PUF, 2011. p. 167.

que a teoria dos contratos exige, para que se possa medir os paradoxos de uma subordinação livremente consentida. E mais adiante, o autor afirma[(496)] que "no contrato civil, a vontade se compromete; no contrato de trabalho, ela se submete. O compromisso manifesta liberdade, a submissão a nega".

Hugo Sinzheimer,[(497)] em sentido semelhante, afirma que a dependência (subordinação) é o grande problema do Direito do Trabalho, pois a relação que liga o trabalhador e o empresário (patrão, empregador), não se apresenta como uma simples relação obrigacional, mas é uma relação de poder. Assim, o autor afirma que a situação de dependência do trabalhador faz desta relação uma relação jurídica de poder, apartando-a das simples relações obrigacionais. Como sustenta o autor, nenhum credor pode dar ordens ao devedor, mas ninguém duvida que o empregador dá ordens ao trabalhador e que este tem dever de obedecer. E continua:

> Esa sumisión aclara que en el mundo del trabajo el empresario no sólo tiene un derecho como acreedor, a la manera obligacional, sino un derecho de poder, de carácter jurídico personal. Pensemos en la apropiación directa del producto del trabajo del obrero, por el empresario. ¿Cómo se puede explicar esta atribución al empresario del producto del trabajo? Desde luego, no cabe una explicación obligacional. [...] El trabajo dependiente no es un trabajo que el trabajador se preste a sí mismo y a la colectividad. La dependencia supone un trabajo que se presta a una persona privada. En el trabajo dependiente, el hombre que trabaja está mediatizado. Está alienado de sí y del todo. El trabajo, que en el estado natural del hombre es una función social o individual, en el estado de dependencia es una función ajena y función de un ajeno.

Por sua vez, Otto von Gierke[(498)] chega a afirmar que o contrato de trabalho coincide, em seu conteúdo, com a noção de contrato do mais velho direito alemão pelo fato de que fundamenta uma relação pessoal de senhorio, pois obriga uma parte a uma atividade pessoal em benefício das necessidades e fins da parte contrária, pondo as partes em relação de servidor e senhor. Afirma que o fato de a legislação moderna não usar tais denominações, não significa que a questão tenha desaparecido do direito e da vida. E continua:

> La relación de señorío, naturalmente, puede ser de muy diversa consistencia y duración. De todos modos, no falta nunca. Y crece en extensión y firmeza en la medida en que el servicio aceptado constituye un contenido vital profesional del mismo, porque absorbe en forma total o principalmente la actividad productiva del obligado.

É possível afirmar que o autor faz uma aproximação das relações de trabalho modernas com a situação da servidão o que, se sob certos aspectos é totalmente incabível, já que o

---

(496) SUPIOT, Alain. *Critique du dorit do travail*, p. 177.

(497) SINZHEIMER, Hugo. La esencia del derecho del trabajo. In: SINZHEIMER, Hugo. *Crisis económica y derecho del trabajo;* cinco estudios sobre la problemática humana y conceptual del derecho del trabajo. Madrid: IELSS, 1984. p. 67 y s., esp. p. 75/76.

(498) GIERKE, Otto von. *Las raíces del contrato de servicios*. Madrid: Civitas, 1982. p. 37-38.

trabalhador moderno, sob o capital, é um trabalhador livre e o servo não, sob outros, lança luz sobre certos aspectos que permanecem nessas relações de dominação/exploração, de que a relação de trabalho moderna é exemplo.

Aliás, a contradição existente entre o trabalho assalariado (no caso dos serviçais domésticos, trabalhadores assalariados) e a dignidade humana em sua mais ampla expressão, não passou despercebida para o próprio Kant, o que não significa que o autor não tenha se rendido e tentado justificar tal situação. Com efeito, para tentar compatibilizar e "resolver" tal contradição, Kant criou uma categoria especial de direito, o chamado "*ius realiter personale*", no qual o trabalhador era, em parte, tratado como se fosse uma coisa, embora mantivesse, em outros aspectos, sua personalidade, sendo uma espécie de híbrido.

Com efeito, na "Seção III" da Doutrina do Direito, Kant(499) tratou daquilo que denominou "direito misto" ou "direito real pessoal" (*ius realiter personale).* Segundo Kant, esse direito é o da posse de um objeto exterior como se fosse uma coisa, mas de seu uso como de uma pessoa. Três tipos de relações seriam possíveis aqui: a "aquisição" pelo homem de uma mulher; a "aquisição" de filhos pelo casal e a "aquisição" pela família de servos. No entanto, Kant salientava que se estas coisas são passíveis de aquisição, não são de alienação, e o direito do possuidor é eminentemente pessoal. Tratando especificamente das relações que se davam entre o senhor e os servos (trabalhadores assalariados domésticos), relação que reconhecia não ser de igualdade, mas de obediência, Kant afirmava:

> Os servidores ou criados formam parte, neste estado de coisas, do Seu do amo da casa, ainda em virtude de direito real, pelo que respeita à forma (o estado de posse); porque o amo pode, caso seu criado fuja, fazê-lo retornar ao seu poder por sua única e própria vontade; porém quanto à matéria, isto é, quando ao uso, aos serviços que dele se possa obter, não poderá nunca exercer ato de proprietário (dominus servi), porque o servidor somente está submetido ao seu poder por um contrato, e um contrato no qual uma das partes renunciara a sua liberdade inteira em proveito alheio, cessando, por conseguinte, de ser uma pessoa, e não tendo, pelo mesmo, nenhum dever de observar o contrato, é uma contradição. Tal contrato é, pois, nulo e de nenhum efeito. Não nos compete aqui falar do direito de propriedade sobre o que perdeu sua personalidade por seus crimes. O contrato de um amo sobre a liberdade de um servidor não pode, portanto, ser de tal natureza que o obrigado possa fazer degenerar o uso da liberdade do outro em abuso. Não só o amo tem o direito de julgar com respeito a este uso, como também o criado. Este nunca pode ser reduzido à servidão. Não pode, portanto, comprometer-se por toda sua vida, mas somente por um tempo determinado; e durante este tempo uma das partes contratantes pode despedir a outra. [...] Nisto, como nos dois títulos que precedem, vê-se que há um direito pessoal-real (o do amo sobre os criados), visto que estes podem ser reduzidos ao poder daquele e reivindicados como sua coisa exterior contra todo

(499) KANT, Emmanuel. *Doutrina do direito.* São Paulo: Ícone, 1993. p. 104.

possuidor, mesmo antes que seja necessário examinar as razões que pudessem ter tido para fugir e o direito que lhes assista.

Não se deve esquecer que, como lembra Celso Naoto Kashiura Jr.,[(500)] Kant estava historicamente situado no momento de transição das relações feudais de produção para relações propriamente capitalistas (burguesas). Além disso, geograficamente, Kant estava na Prússia, uma região na qual ainda as relações capitalistas estavam mescladas com relações feudais, atrasada em relação à Inglaterra, muito embora o trabalho assalariado já se fizesse presente. O autor afirma que, na verdade, as contradições do pensamento kantiano não são senão as contradições realmente existentes na realidade. Muito embora Kant faça a defesa do sistema nascente, não lhe escapou a intuição, a percepção da assimetria e da negação dos desdobramentos da ideia de dignidade diante das contradições inerentes às relações capitalistas burguesas. Afirma o autor:

> Se, como propõe Tosel, o direito é, na formulação de Kant, como um centauro, o meio do caminho entre a pureza ideal da moralidade e a exterioridade empírica, o criado doméstico submetido ao *ius realiter personale* expressa com máxima evidência essa condição de ser híbrido. Meio coisa e meio homem, traz na sua cabeça a forma racional da liberdade, mas o seu corpo é o de uma besta. Kant procura, ao seu modo, elevá-lo à condição de sujeito livre, mas não pode negar a sua coisificação perante o senhor. Não pode dissimular, mesmo sob a forma da personalidade jurídica, a desigualdade de ambos. [...] A formulação kantiana tende, assim, a ratificar simultaneamente a circulação mercantil livre — na forma da universalidade dos livres proprietários, frente aos quais não pode haver *res nullius* — e elementos residuais de uma produção senhorial presa à terra — na forma de uma coisificação do trabalhador que perpetua explicitamente, embora de maneira atenuada, o mando do senhor.

Confrontado com esta contradição entre a dignidade e as relações de trabalho assalariado, Dussel afirma que nas relações de trabalho próprias do modo de produção capitalista ocorre uma inversão ética estrutural, ou seja, o fim (o ser humano dotado de igual dignidade) se torna meio e esse meio (valorização da riqueza capitalista) se torna fim. Com efeito, afirma Dussel:[(501)]

> La "fuente creadora del valor" (persona digna y que pone los fines) queda fundada en su producto (como su mediación): se trata de una "inversión". La valorización del valor es el "ser" y el "fundamento" de un sistema que vive de la vida del obrero, es una ontología totalizada. El proceso del trabajo se manifiesta en el interior de la produción capitalista con respecto al proceso de valorización, situando a este último como fin, y a sí mesmo [al trabajo] sólo como medio. Marx se refiere explícitamente a Kant, la persona del trabajador es colocada

(500) KASHIURA JR., Celso Naoto. *Sujeito de direito e capitalismo*. São Paulo: Outras Expressões; Dobra Universitária: 2014. p. 73, 82 e s., 143-144.

(501) DUSSEL, Enrique. *Ética da liberación en la edad de la globalización y de la exclusión*, p. 322.

> como medio, y el medio (el proceso de valorización del capital), como fin. Es la inversión que se expresa en el fenómeno del fetichismo. [...] Esta inversión, esta negación ética primera, esencial para la reproducción del capital como tal, y en la que consiste la relación social de dominación, se cumple en el proceso de la "subsunción" [...].(502)

Subsumido, formal e materialmente ao capital, o trabalhador se encontra numa relação fetichista, ou seja, as criações humanas passam a dominar os seus criadores. O objeto, o capital (valor em busca de valorização), transmuta-se no verdadeiro sujeito (automático), enquanto os verdadeiros sujeitos humanos, nada mais são do que meios (híbridos Kantianos) para a valorização do capital. Como afirma Mário Duayer:(503)

> O mais-valor, nesse sentido, é expressão historicamente específica dessa capacidade, dessa potência humana, autonomizada em relação aos seres humanos reduzidos a meros trabalhadores, potência que deveio riqueza que opera como um "sujeito automático" sob a forma de capital. Riqueza sempre crescente e crescentemente estranhada.

Bernard Edelman, por seu turno, chama a atenção para a aporia da "forma sujeito", pela qual se reconhece à pessoa humana a sua dignidade, ao mesmo tempo em que a transforma em objeto. Os trabalhadores são reconhecidos como sujeitos livres e iguais, juridicamente dotados de dignidade, para que possam livremente se autovenderem no mercado. Afirma Edelman:(504)

> A Forma sujeito de direito é aporética, isto é, põe um problema que não pode resolver. Se o homem é para ele mesmo o seu próprio capital, a circulação deste capital supõe que ele possa dispor dele em nome (ao preço) dele próprio, isto é, em nome do mesmo capital que o constitui. Podemos resumir esta aporia: o homem deve ser simultaneamente sujeito e objeto de direito. A estrutura da forma sujeito de direito analisa-se então como decomposição mercantil do homem em sujeito/atributos.

Não se quer com isso afirmar a falta de importância dos princípios da dignidade humana e da igualdade e, consequentemente, dos direitos fundamentais dos trabalhadores, mas, sim, abordar os limites estruturais que o modo de produção do capital impõe aos mesmos. Também não significa desconhecer que exista a possibilidade de trabalhos e de tratamentos mais ou menos dignos (basta pensar no trabalho precarizado, de crianças em tenra idade ou em situação análoga à de escravo), mais ou menos iguais (discriminação feminina ou racial

---

(502) DUSSEL, Enrique. *Ética da liberación en la edad de la globalización y de la exclusión*, p. 322.

(503) DUAYER, Mário. Apresentação. In: MARX, Karl. *Grundrisse:* manuscritos econômicos de 1857-1858: esboços da crítica da economia política, p. 26. Na verdade este processo de estranhamento/alienação/fetichização é tão totalitário que os próprios capitalistas são "personificações" do capital, ou seja, também estão embrenhados e de certa forma compelidos à dinâmica de valorização sem fim, sob pena de deixarem de serem capitalistas, muito embora colham os melhores frutos do sistema. Esse aspecto será desenvolvido posteriormente.

(504) EDELMAN, Bernard. *O direito captado pela fotografia:* elementos para uma teoria marxista do direito. Coimbra: Centelha, 1976. p. 94.

no trabalho). Ocorre que, sob os auspícios do metabolismo social do capital, a dignidade humana e a igualdade substancial ficam restritos aos limites do sistema, não podendo desempenhar e desenvolver todas as suas potencialidades.

Como sustenta Juan Ramón Capella,(505) o limite da socialização sob o capitalismo está no fato de que nesse sistema os indivíduos são postos como meios de valorização do capital, pois os investimentos são voltados para o lucro (quantidade) a ser apropriado de forma privada, não para o atendimento qualitativo das necessidades humanas. O autor afirma:

> A socialização capitalista, a reunião em cooperação objetiva das pessoas, que suscita esse modo econômico de produção, cuja eficácia em abstrato é indiscutível, tem, pois, o limite de não dispor de mecanismos que façam das pessoas *fins em si mesmos e entre si mesmos*, que sejam *invioláveis* pelo processo de socialização da produção. Conseqüência: para uma socialização pós-capitalista, onde isto não ocorra, é necessário diferenciar os mecanismos contábeis da racionalidade ou eficiência da cooperação produtiva — projetos e planos públicos, mercados de ajuste, etc. — dos mecanismos de decisão acerca da produção e de distribuição do produto (material e espiritual) sem os quais uma pessoa não pode ser considerada fim em si mesma. No capitalismo, os mecanismos e sujeitos sociais que controlam a eficiência econômica são os mesmos que decidem a produção e determinam a distribuição. Diferenciar ambas as questões é tarefa de formas de organização social efetivamente emancipatórias.

Intenta-se, portanto, chamar a atenção para essas contradições, para os limites estruturais de um sistema que impõe como fim em si o aumento da riqueza abstrata, pautada por uma lógica quantitativa e não qualitativa, em que as necessidades humanas e o próprio ser humano são postos apenas como condição para a valorização do valor.

Portanto, para a realização mais efetiva da ideia de dignidade humana e de igualdade nas relações sociais em geral, e nas de trabalho, em especial, seria necessária a construção de outras formas de convívio social, possíveis e viáveis, nas quais as condições de produção, distribuição e consumo fossem pautadas pelo controle social dos indivíduos associados, bem como nas quais o valor de uso (riqueza material, pautada pelas reais necessidades humanas autonomamente escolhidas), prevalecesse sobre o valor (riqueza capitalista).

Após a análise feita até aqui, cumpre agora dar atenção ao problema proposto para a presente obra e para as hipóteses de solução do mesmo. Assim, serão abordados, em suma, os temas relativos à reforma trabalhista brasileira e a previsão do "negociado sobre o legislado"; as eventuais violações que tais medidas possam implicar aos princípios da norma mais favorável e ao princípio da proibição de retrocesso social; a questão da especificidade da riqueza capitalista (o "valor") e a explosiva contradição em processo que se desenvolve às costas dos sujeitos assujeitados ao sistema do capital, bem como as possíveis soluções para os graves problemas que serão expostos.

---

(505) CAPELLA, Juan Ramón. *Os cidadãos servos*. Porto Alegre: Sergio Antonio Fabris, 1998. p. 82.

Capítulo 3

Reformas Neoliberais, Princípios Constitucionais e Reestruturação Social

No primeiro capítulo desta obra foi procedida a análise das profundas alterações ocorridas nas formas de prestação de trabalho e nas sociedades ao longo da história em razão das alterações nos modos de produção dominantes em cada momento histórico. Foi dado foco especial no modo de produção capitalista e suas consequências no campo das relações de trabalho e, ao fim, na reestruturação produtiva provocada pela terceira revolução industrial combinada com a "revolução conservadora" neoliberal.

Em contraponto, no segundo capítulo foi centrado o foco no aparecimento, no trânsito à modernidade, de uma resposta aos excessos de poder: os direitos fundamentais. Foi analisado o surgimento, fundamentação e desenvolvimento desses direitos, bem como foi dado ênfase aos direitos fundamentais sociais, em especial, os dos trabalhadores. Foi assinalada sua fundamentação nos princípios da dignidade humana e igualdade, seu reconhecimento, formal e material, como direitos fundamentais sociais na Constituição Federal de 1988 e os limites que a estrutura das relações capitalistas de produção impõe na plena observância da dignidade e da igualdade.

Após isso, no presente capítulo serão abordadas as questões centrais da presente obra. Num primeiro momento será feita uma análise dos aspectos gerais da "Reforma Trabalhista" brasileira (Lei n. 13.467/2017), com foco nas suas justificativas, fundamentos, contexto em que se operou, bem como nos efeitos socioeconômicos já manifestados.

Posteriormente, serão analisadas algumas das mudanças gerais operadas pela Reforma Trabalhista no arcabouço legal que regula as relações de emprego no Brasil para, então, focar no chamado "negociado como legislado" como verdadeira cláusula aberta para a precarização das relações laborais.

Posteriormente, entrarão no foco de análise os princípios da proibição de retrocesso social e da norma mais favorável como "bloco de proteção" necessário, mas talvez insuficiente, frente as flexibilizações selvagens. Será procedida a análise dogmática sobre tais princípios, abarcando os seus conceitos, positivação e critérios de aplicação, efetuando-se o confronto analítico entre as alterações promovidas pela Reforma Trabalhista, em especial o "negociado sobre o legislado", diante da possível violação de tais princípios.

Com isso, entrar-se-á numa questão fulcral que é a análise de um tema, em geral, ignorado pelas análises que abordam as alterações que vem se operando no mundo, tanto do ponto de vista socioeconômico, como também político e jurídico, com forte impacto nas relações laborais. Com efeito, será abordada a especificidade da riqueza capitalista (o "valor") e a explosiva contradição em processo que se desenvolve às costas dos sujeitos assujeitados ao sistema do capital.

Em razão disso, serão pensadas alternativas à "forma mercadoria" que domina as relações sociais e laborais na sociedade atual, analisando certas propostas que se fazem presente nos debates atuais (como a renda básica) e propondo alternativas mais "radicais".

3.1. Linhas mestras da nova regulação das relações de trabalho sob a ótica das políticas neoliberais no Brasil

Tendo em conta a proposta de desenvolvimento da análise dos temas que são objeto da presente obra, num primeiro momento caberá conformar os aspectos gerais da chamada "Reforma Trabalhista" operada no Brasil. Assim, caberá enfocar as justificativas dadas para sua implementação, o contexto socioeconômico em que se operou e os resultados já manifestados.

3.1.1. A Reforma Trabalhista: questões gerais

Recentemente no Brasil, num processo de reforma legislativa relâmpago, foi aprovada a Lei n. 13.467, de 13 de julho de 2017, também conhecida como "Reforma Trabalhista". A referida lei alterou profundamente o arcabouço legal até então existente, no caso, a Consolidação das Leis do Trabalho (CLT), afetando tanto a regulação das relações individuais de trabalho, como também o campo das relações coletivas de trabalho, além de aspectos relativos ao direito processual do trabalho.

Vários foram os argumentos utilizados para justificar a Reforma Trabalhista, tais como: reduzir a interferência estatal no campo das relações de emprego, permitindo a flexibilização de direitos por meio de negociação (individual e coletiva); modernizar a legislação do trabalho, adaptando-a às novas realidades tecnológicas; fortalecer o papel dos sindicatos na regulação laboral; eliminar a insegurança jurídica no campo laboral, limitando o papel do Judiciário Trabalhista; reduzir o chamado "custo Brasil", que também seria impactado pelos custos dos direitos sociais trabalhistas. Enfim, várias medidas que serviriam a um objetivo principal, enfrentar o desemprego, gerando muitos postos de trabalho.

Aliás, não se deve descurar que, conforme já indicado no primeiro capítulo deste livro, o desemprego denominado como "estrutural" passou a ser considerado como um fenômeno presente no mundo do trabalho em nível global. Além disso, como também já demonstrado, a prevalência das políticas neoliberais trouxe, como uma de suas diretrizes políticas a serem implementadas pelos Estados, a flexibilização e a redução de direitos sociais, em especial, trabalhistas e previdenciários, com o argumento de que a redução de direitos ampliaria os postos de trabalho. Portanto, conforme é possível perceber dos objetivos acima indicados, a Reforma Trabalhista operada está enquadrada dentro da ótica neoliberal.

Com efeito, entre os principais argumentos utilizados para defender a aprovação da Reforma Trabalhista foi o da "modernização" do aparato legal que regula as relações de trabalho, adaptando-o aos avanços tecnológicos e propiciando uma maior flexibilidade do mercado de trabalho, com o que se favoreceria a geração de empregos, aspecto fundamental para o crescimento econômico.(506)

Nesse sentido, por exemplo, Luiz Carlos Amorim Robortella,(507) entusiasta das alterações e que sintetiza os argumentos usados em prol da reforma, analisando a reforma brasileira em comparação com as encaminhadas na França, Itália e Espanha, afirma que o desemprego e o trabalho informal teriam se voltado contra a rigidez da forma de legislar tradicional. Como as leis só priorizariam os empregados formais, a pior das flexibilidades seria a informalidade. Assim, por exemplo, a prevalência do negociado sobre o legislado, nos limites constitucionais, seria uma forma de valorizar a negociação e afastar a filosofia protecionista que seria autoritária. O autor sustenta, então, que a empresa não deve ser local de conflito, pois gera renda e qualidade de vida não só para os proprietários, mas também para os trabalhadores, não devendo haver prioridade na proteção dos trabalhadores. A preservação das empresas e o desenvolvimento econômico também deveriam ser observados. Em suma, o direito do trabalho, supostamente super protetivo dos trabalhadores, deveria se transformar para também proteger os empregos e as empresas.

Dessa forma, algumas ideias básicas foram amplamente divulgadas e sobre as mesmas é que se procurou construir a Reforma Trabalhista: a) flexibilizar a legislação do trabalho é condição para gerar emprego e aumentar a produtividade; b) a legislação é rígida e atrasada, necessitando ser "modernizada"; c) com salários mais baixos, mais empregos serão gerados e d) a legislação laboral é a razão do Brasil ser campeão na judicialização dos conflitos trabalhistas, o que contribui para gerar mais insegurança jurídica e afugentar investimentos.(508)

Portanto, a Reforma Trabalhista operada no Brasil em 2017 não foi um fenômeno isolado, mas faz parte de um amplo movimento de reformas legislativas do mundo do trabalho ocorridas em diversos países, que já vêm sendo implementadas a décadas. Aliás, cumpre lembrar que no próprio ano de 2017, antes da aprovação da Lei n. 13.467/2017 (Reforma

---

(506) Esses argumentos foram amplamente utilizados e reproduzidos pela imprensa, a qual teve um papel muito importante no convencimento da opinião pública de que a Reforma Trabalhista seria uma espécie de panaceia para resolver o problema do desemprego no Brasil. Como exemplo dessa linha, pode-se citar a seguinte referência: VALOR ECONÔMICO. *Reforma trabalhista vai gerar 6 milhões de empregos, diz Meirelles.* Disponível em: <https://valor.globo.com/politica/noticia/2017/10/30/reforma-trabalhista-vai-gerar-6-milhoes-de-empregos-diz-meirelles.ghtml>. Muito embora, pouco tempo depois, esse potencial começasse a ser relativizado pelas mesmas fontes: *EXAME. Meirelles projeta 6 milhões de empregos com reforma trabalhista.* Disponível em: <https://exame.com/economia/meirelles-projeta-6-milhoes-de-empregos-com-reforma-trabalhista/>.

(507) ROBORTELLA, Luiz Carlos Amorim. Modernas reformas laborais. Redução do intervencionismo estatal. Aumento do poder de gestão do empregador. *Revista do TST*, São Paulo: Lex Magister, vol. 84, n. 3, jul./set. 2018, p. 89 e s.

(508) Ver sobre o assunto BIAVASCHI, Magda Barros; COELHO, Elaine D'Ávila; DROPPA, Alisson; PERNÍAS, Tomás Rigoletto. O impacto de algumas reformas trabalhistas na regulação e nas instituições públicas do trabalho em diálogo comparado. In: *Dimensões críticas da Reforma Trabalhista no Brasil.* Organizadores: José Dari Krein, Denis Maracci Gimenez, Anselmo Luis dos Santos. Campinas: Curt Nimuendajú, 2018, p. 215 e s. Os autores enfrentam tais questões, demonstrando a falácia de tais afirmações.

Trabalhista), foi aprovada a Lei n. 13.429/2017, a chamada "Lei das Terceirizações", a qual, por si só, já representou uma profunda alteração na legislação laboral, em especial, ao permitir a terceirização de todas e quaisquer atividades das empresas.(509) Junto a isso, não se deve descurar que no Brasil, pelo menos de forma mais intensa, desde a década de 1990 já vinham sendo implementadas uma série de alterações legislativas pontuais de caráter flexibilizante.(510)

Dentro deste contexto mundial de reformas de cariz neoliberal, não surpreende que, já em 2005, um levantamento realizado pela ONU constatava uma realidade: "a globalização faz mal aos pobres e acentua as desigualdades entre povos e pessoas". O relatório da ONU apontava que 15% da população mundial se beneficiava de 80% da produção mundial, assim os 20% mais ricos respondiam por 86% do consumo mundial, enquanto os 20% mais pobres não conseguiam consumir 1% do que era produzido. A ONU, então, concluía que a globalização não tinha sido controlada e apontava as três principais causas diretas do problema: a) concentração crescente da renda planetária e estagnação dos níveis de pobreza em patamares inaceitáveis; b) deterioração das regras de funcionamento e proteção do mercado de trabalho e c) a forma como se tem dado a liberalização comercial e financeira. Sobre a questão do mercado de trabalho, o Relatório afirmava que as desregulamentações e flexibilizações do mercado de trabalho contribuíram fortemente para o aumento da desigualdade, causando erosão salarial, redução de postos de trabalho e causando uma epidemia de informalidade e precariedade.(511) De lá para cá, a situação se intensificou, especialmente, após a crise de 2008.

---

(509) Aliás, a pressão pelas reformas flexibilizantes é tanta que o próprio Supremo Tribunal Federal já vem cumprindo um papel significativo na flexibilização de direitos laborais. Com efeito, cumpre lembrar que o Tribunal validou a terceirização irrestrita no julgamento da ADPF n. 324 (Rel. Ministro Luis Roberto Barroso) e RE n. 958.252 (Rel. Ministro Luiz Fux), inclusive para casos anteriores à Lei n. 13.429/2017, sob o argumento da aplicação do princípio da livre iniciativa e, por mais paradoxal que seja, da valorização do trabalho. Os argumentos da geração de empregos e redução da informalidade, também foram manejados para justificar a posição. Ficou assentada a seguinte tese de repercussão geral: "É lícita a terceirização ou qualquer outra forma de divisão do trabalho em pessoas jurídicas distintas, independentemente do objeto social das empresas envolvidas, mantida a responsabilidade subsidiária da empresa contratante." Posteriormente, o STF reafirmou essa jurisprudência no julgamento das Ações Diretas de Inconstitucionalidade (ADIs) ns. 5.686 e 5.695, que tiveram como Relator o Ministro Gilmar Mendes, nas quais se julgou constitucional a Lei n. 13.429/2017. As decisões podem ser conferidas no endereço eletrônico do Supremo Tribunal Federal. BRASIL. Supremo Tribunal Federal. *ADI n. 5.686*. Disponível em: <www.stf.jus.br>; BRASIL. Supremo Tribunal Federal. *ADI n. 5.695*. Disponível em: <www.stf.jus.br>.

(510) É possível indicar, apenas de forma exemplificativa, como medidas legislativas pontuais flexibilizantes da legislação do trabalho que já tinham sido adotadas anteriormente no Brasil: a alteração do § 2º do art. 59 da CLT, prevendo a compensação anual da jornada de trabalho, também conhecido como "banco de horas"; a previsão pelo art. 58-A da CLT do trabalho em regime parcial; a Lei n. 9.601/98 que aumentou a possibilidade de contratos por prazo determinado; a previsão do art. 476-A da CLT, que permite a suspensão do contrato de trabalho sem ônus para o empregador, para fins de capacitação do empregado com dinheiro do FAT (Fundo de Amparo ao Trabalhador); o parágrafo único do art. 442 da CLT sobre cooperativas de trabalho, que possibilitou uma ampla gama de fraudes trabalhistas. Cabe lembrar ainda, que já em 2001 havia o projeto de Lei n. 5483/2001, retirado do Congresso em 2003, que previa a alteração do art. 618 da CLT, permitindo que o negociado prevalecesse sobre o legislado, o que acabou sendo implementado, em termos diversos, pela atual Reforma Trabalhista.

(511) Esta matéria pode ser acessada em: APRENDIZ, Portal. *Globalização acentua as diferenças no mundo*. Disponível em: <https://portal.aprendiz.uol.com.br/content/globalizacao-acentua-as-diferencas-no-mundo>.

Segundo Rigoletto e Páez,[(512)] existem duas principais linhas de argumentação que sustentaram as reformas trabalhistas que ocorreram em vários países, ficando claro que esses mesmos argumentos serviram para justificar a Reforma Trabalhista ocorrida no Brasil, o que mostra que estão inseridas dentro do mesmo padrão ideológico. A primeira linha argumentativa sustenta que a regulação do mercado de trabalho apenas serviria como forma de desencorajar a criação de empregos, aumentando o desemprego. Já a segunda, afirma que a flexibilidade nas leis de despedida promoveria a produtividade, facilitando a troca de trabalhadores menos produtivos para a contratação de outros mais produtivos. Junto a isso, também se sustentou que a suposta "rigidez" das leis trabalhistas estimularia a segmentação do mercado de trabalho. No entanto, ao analisar os resultados de reformas na legislação trabalhista da Alemanha, Reino Unido, Itália, Espanha, México e do Chile, os autores concluem em sentido diametralmente oposto a tais argumentos.

Rigoletto e Páez apontam que todas estas experiências estudadas, que reduziram a proteção ao emprego não propiciaram benefícios econômicos, pois além de não apresentarem aspectos positivos, acabaram por viabilizar o aumento do trabalho precário e ainda uma maior segmentação do mercado de trabalho. Assim, houve a deterioração das condições de trabalho, pois se reduziram as oportunidades de se encontrar empregos seguros, decentes e com remuneração razoável. Dessa forma, os autores concluem, categoricamente, que a retirada de direitos e de proteção do mercado de trabalho não redundou em aumento do nível de empregos, não gerou crescimento econômico e nem diminuiu a precariedade ocupacional.

Com efeito, no Brasil, vários autores procuraram chamar a atenção para os profundos problemas que a Reforma Trabalhista trazia em seu bojo, ao flexibilizar ainda mais um mercado de trabalho já marcado pela precariedade e informalidade.

Mauricio Godinho Delgado e Gabriela Neves Delgado,[(513)] por exemplo, sustentam que a Reforma Trabalhista acabou por propiciar o aprofundamento da desigualdade. Segundo os autores, profundamente dissociada das diretrizes constitucionais previstas na CF de 1988, a reforma aprovada atentou contra o conceito constitucional de direitos fundamentais da pessoa humana no campo justrabalhista e da compreensão constitucional do Direito como instrumento de civilização, instituindo múltiplos mecanismos em direção oposta aos ditames constitucionais.

No mesmo sentido, Valdete Souto Severo e Jorge Luiz Souto Maior,[(514)] por sua vez, sustentam que ao contrário de cumprir com os seus objetivos declarados (segurança jurídica,

---

(512) RIGOLETTO, Tomás; PÁEZ, Carlos Salas. As experiências internacionais de flexibilização das leis trabalhistas. In: KREIN, José Dari; GIMENEZ, Denis Maracci, SANTOS, Anselmo Luis dos (Orgs.). *Dimensões críticas da Reforma Trabalhista no Brasil*. Campinas: Curt Nimuendajú, 2018, p. 186 e s.

(513) DELGADO, Mauricio Godinho; DELGADO, Gabriela Neves. *A Reforma Trabalhista no Brasil:* com os comentários à Lei n. 13.467/2017. São Paulo: LTr, 2017. p. 39 e s. No geral, também apontando num sentido regressivo da reforma, ver: SILVA, Homero Batista Mateus da. *CLT comentada* [livro eletrônico]. 2. ed. São Paulo: Thomson Reuters Brasil, 2019. p. 267 e seguintes – negociado sobre o legislado.

(514) SEVERO, Valdete Souto; SOUTO MAIOR, Jorge Luiz. *Manual da Reforma Trabalhista:* pontos e contrapontos. Org.: Afonso Paciléo Neto, Sarah Hakim. São Paulo (SP): Sensus, 2017. p. 17. Biavaschi também vê na reforma aprovada o

geração de empregos, não eliminação de direitos, flexibilização como forma de melhoria para os trabalhadores, modernização da legislação e fortalecimento sindical), a Reforma Trabalhista teve como objetivos reais a fragilização dos trabalhadores, com a retirada de direitos históricos e dificultando a defesa dos mesmos judicialmente.

Por sua vez, Marcio Pochmann,(515) falando do contexto em que aprovada a Reforma Trabalhista, bem como do seu sentido, afirma:

> A dependência crescente da produção e exportação de produtos primários, em meio ao esvaziamento da indústria, coloca no setor de serviços sob a dominância do rentismo financeiro o novo ordenamento do trabalho. Ou seja, a redução crescente do custo do trabalho como elemento da competição capitalista. A queda no custo do trabalho industrial no Brasil tem sido tão intensa que possibilitou desde 2016 a ser inferior ao do chinês. Sinal de que o conservadorismo da pauta patronal encontra-se em vigor, colocando em segundo plano a opção pela modernidade dos investimentos no progresso técnico e da redistribuição dos ganhos de produtividade para todos. Com isso, a volta da velha e conhecida condição nacional assentada na desigualdade extrema. A normalidade histórica restabelecida pelo regime político de democracia de aparência, da economia dependente do exterior e da exclusão dos pobres do orçamento público.

Nesse entrechoque de posições, favoráveis e contrárias à reforma operada, necessário se faz tomar um contato com alguns dados, os quais permitem contextualizar melhor a situação do mercado de trabalho brasileiro antes da Reforma Trabalhista de 2017 e os resultados mais imediatos já conhecidos após sua vigência. Não se trata de exaurir a análise de dados, mas, sim, procurar esboçar um suporte fático mínimo sobre o qual seja possível discutir, de forma mais objetiva, as alterações legais promovidas e seus efeitos no mundo laboral.

Como um dos principais argumentos utilizados na defesa da Reforma Trabalhista foi o da geração de empregos, sem adentrar na questão da qualidade desses empregos, não se pode esquecer que o Brasil teve uma geração significativa de empregos mesmo com a legislação trabalhista anterior à reforma. Por sua vez, tão logo o crescimento econômico sofreu solavancos, o desemprego passou a subir, sugerindo a frágil vinculação entre arcabouço legal e geração de empregos.

Com efeito, os dados disponíveis permitem afirmar que a geração de empregos é mais dependente dos níveis de crescimento econômico do que, propriamente, do arcabouço

---

enfraquecimento da imperatividade das normas trabalhistas que visavam estabelecer padrões mínimos de civilidade, de distribuição de renda e limitando a sua brutal concentração. BIAVASCHI, Magda Barros. A Reforma Trabalhista no Brasil em tempos de acirramento das desigualdades sociais à ação de um capitalismo "sem peias". In: MELO, Raimundo Simão de; ROCHA, Cláudio Jannotti da (Coorda.). *Constitucionalismo, Trabalho, Seguridade Social e as Reformas Trabalhista e Previdenciária*. São Paulo/Brasília: LTr/FAPDF, 2017. p. 120-128.

(515) POCHMANN, Marcio. O fim do trabalho como se conhece no Brasil. *Revista do TST*, São Paulo, Lex Magister, vol. 83, n. 4, out./dez. 2017, p. 280-281.

legal que regula as relações de trabalho. Com efeito, mesmo com uma legislação que foi denominada de rígida pelos defensores da Reforma Trabalhista, durante o período de 2002 até 2014, período no qual houve índices maiores de crescimento econômico, foram geradas no país 19,8 milhões de ocupações adicionais, com uma variação positiva de 25%. Por outro lado, com a crise econômica a partir de 2015, apesar da legislação tachada de rígida, a mesma não foi capaz de impedir a desocupação, o que indica que o índice de emprego está muito mais vinculado ao crescimento ou não da economia do que com a legislação laboral.(516) Aliás, quanto mais frágeis os vínculos laborais, especialmente aqueles atípicos, sem proteção legal (seja em razão de fraudes, seja em razão de mecanismos de fuga do marco regulatório trabalhista — uberização, pejoticação, etc.), mais facilmente são atingidos pelos efeitos das crises econômicas.(517)

Esmiuçando melhor os dados, avaliando-se os últimos dez anos, sempre atentando para os dados do último trimestre de cada ano, o PIB (produto interno bruto) brasileiro registrou os seguintes índices: 2010 +7,5%; 2011 +4,0%; 2012 +1,9%; 2013 +3,0%; 2014 +0,5%; 2015 –3,5%; 2016 –3,3%; 2017 +1,3%; 2018 +1,3%; 2019 +1,1%. Mudando um pouco o enfoque, tendo em vista uma situação excepcional que é a pandemia do Covid-19, já no início de 2020, o primeiro trimestre encerrou com um PIB de apenas 0,9% positivo, mesmo antes do impacto direto da pandemia. Com o impacto da pandemia, especialmente a partir do segundo trimestre de 2020, o PIB despencou para –2,2%.(518) Ao final de 2020, o PIB brasileiro teve uma queda de –4,1%, o pior índice da série histórica iniciada em 1996.(519)

Além disso, estudos recentes realizados com foco na relação entre a flexibilização de direitos e a criação de empregos demonstram que, ao contrário do propalado aumento de

---

(516) MANZANO, Marcelo; CALDEIRA, Christian Duarte. Dinâmica recente do mercado de trabalho brasileiro ainda nos marcos da CLT. In: KREIN, José Dari; GIMENEZ, Denis Maracci, SANTOS, Anselmo Luis dos (Orgs.). *Dimensões críticas da Reforma Trabalhista no Brasil.* Campinas: Curt Nimuendajú, 2018. p. 77, 93-94.

(517) KREIN, José Dari; ABÍLIO, Ludmila; FREITAS, Paula; BORSARI, Pietro; CRUZ, Reginaldo. Flexibilização das relações de trabalho: insegurança para os trabalhadores. In: KREIN, José Dari; GIMENEZ, Denis Maracci, SANTOS, Anselmo Luis dos (Orgs.). *Dimensões críticas da Reforma Trabalhista no Brasil.* Campinas: Curt Nimuendajú, 2018. p. 99, 101, 105, 107 e 108.

(518) Os dados podem ser conferidos em: IBGE. *Sistema de Contas Nacionais Trimestrais — SCNT.* Disponível em: <https://www.ibge.gov.br/estatisticas/economicas/contas-nacionais/9300-contas-nacionais-trimestrais.html?=&t=series-historicas&utm_source=landing&utm_medium=explica&utm_campaign=pib#evolucao-taxa>. Uma questão que merece ser lembrada é a proposta de orçamento aprovada para o ano de 2021 com uma redução drástica do orçamento do IBGE (Instituto Brasileiro de Geografia e Estatística). Com efeito, houve um corte de 90% do orçamento previsto, colocando em xeque a própria realização do senso. Sem os dados levantados pelo Instituto muitas informações fundamentais para uma análise da situação socioeconômica brasileira ficarão prejudicados. Cabe a pergunta: essa política é fruto de um erro ou é uma deliberada "cortina de fumaça"? Ver a notícia em: IBGE. *Nota sobre votação do Orçamento 2021.* Disponível em: <https://www.ibge.gov.br/novo-portal-destaques.html?destaque=30375>.

(519) Os dados podem ser conferidos em: IBGE, Agência. *PIB cai 4,1% em 2020 e fecha o ano em R$ 7,4 trilhões.* Disponível em: <https://agenciadenoticias.ibge.gov.br/agencia-sala-de-imprensa/2013-agencia-de-noticias/releases/30165-pib-cai-4-1-em-2020-e-fecha-o-ano-em-r-7-4-trilhoes>.

emprego em razão da flexibilização, as medidas flexibilizantes podem, inclusive, aumentar o nível de desemprego. Além disso, não existem evidências de que eventuais elevações do nível de emprego tenham relação com a flexibilização. No entanto, o que é certo é que a flexibilização redunda na precarização dos eventuais empregos gerados.(520)

Estudos mais antigos já demonstravam a mesma realidade, como foi o amplo estudo feito por Oscar Ermida Uriarte ainda na década de 1990. O autor analisou as experiências flexibilizantes até então ocorridas no Brasil, Argentina, Uruguai, Chile, Equador, Peru, Colômbia e Espanha, e tinha comprovado que haviam resultado em maior desemprego.(521) Na verdade, como bem frisou Uriarte,(522) a regulação jurídica da relação de trabalho não é responsável pelo desemprego e nem a flexibilização é o remédio para tal mal, pois a resposta está no sistema econômico propulsor da destruição de empregos via tecnologia e no interesse economicista em manter o desemprego funcional. Então, o autor concluía:

A solução não pode ser uma progressiva degradação das condições de trabalho, porque seria suicida e porque, além disso, nenhum empregador contrata trabalhador que não precisa, só porque é mais "barato", e nenhum empregador deixa de contratar trabalhador de que precisa porque é um pouco mais "caro".

Voltando aos dados brasileiros, ao se comparar os índices referentes ao PIB, acima indicados, com os índices relativos à taxa de desemprego, o argumento sobre a vinculação mais direta entre crescimento econômico e geração de empregos ganha força.

---

(520) ORGANIZAÇÃO INTERNACIONAL DO TRABALHO — OIT. *Perspectivas sociais e de emprego no mundo:* mudança nas modalidades de emprego, p. 6. Disponível em: <https://www.ilo.org/wcmsp5/groups/public/---dgreports/---dcomm/---publ/documents/publication/wcms_369023.pdf>; SILVA, Sandro Pereira. *A estratégia argumentativa da Reforma Trabalhista no Brasil à luz de dados internacionais*, p. 101 e s. Disponível em: <repositorio.ipea.gov.br/bitstream/11058/8390/1/bnt_64_estratégia.pdf>; JANON, Renato da Fonseca. *Reforma Trabalhista:* reduzir direitos não gera emprego. Disponível em: <http://www.justificando.com/2016/09/19/reforma-trabalhista-reduzir-direitos-nao-gera-emprego/>.; MOTA, Camilla Veras. *Após 2008, flexibilização do trabalho vira regra em vários países.* Disponível em: <https://www.valor.com.br/brasil/4958276/apos-2008-flexibilizacao-do-trabalho-vira-regra-em-varios-paises>.

(521) URIARTE, Oscar Ermida. *Flexibilização no direito do trabalho:* a experiência latino-americana. Disponível em: <http://www.tst.jus.br/home?p_p_id=15&p_p_lifecycle=0&p_p_state=maximized&p_p_mode=view&_15_struts_action=%2Fjournal%2Fview_article&_15_groupId=10157&_15_articleId=223223&_15_version=1.0>. Ver também: URIARTE, Oscar Ermida. *A flexibilidade*, p. 56-58.

(522) URIARTE, Oscar Ermida. *A flexibilidade*, p. 55, 56 e 59. Cumpre lembrar que o processo de desindustrialização, que já vinha ocorrendo, se acentuou recentemente com a saída do Brasil de grandes indústrias multinacionais como a Ford. A Reforma Trabalhista, sugerida como se fosse a panaceia para os males do Brasil no campo do trabalho, mais uma vez não implicou qualquer solução para o problema. Entende-se que tais fatos vem corroborar a posição aqui sustentada. Conferir as notícias em: AMORIM, Daniela; DURÃO, Mariana; CHIARA, Márcia De Chiara. *Ao menos 17 fábricas fecharam por dia nos últimos cinco anos.* Disponível em: <https://www.terra.com.br/economia/ao-menos-17-fabricas-fecharam-por-dia-nos-ultimos-cinco-anos,63adc60afd29e4fec6f74454a9b7a085og2p23a0.html>; SORIMA NETO, João; ALMEIDA, Cássia. *País perdeu uma multinacional a cada três meses desde 2018, da indústria ao varejo.* Disponível em: <https://oglobo.globo.com/economia/pais-perdeu-uma-multinacional-cada-tres-meses-desde-2018-da-industria-ao-varejo-24842415>; REIS, Alessandro. *Ford anuncia fim da produção de veículos no Brasil e fechamento de fábricas.* Disponível em: <https://www.uol.com.br/carros/noticias/redacao/2021/01/11/ford-anuncia-fim-da-producao-de-veiculos-no-brasil-ao-fechar-3-fabricas.htm>.

Com efeito, em 2010 a taxa média de desemprego ficou em 6,7%;[(523)] em 2011 a taxa média de desemprego ficou em 6,0%,[(524)] em 2012 a taxa média de desemprego ficou em 5,5%,[(525)] em 2013 a taxa média de desemprego ficou em 4,3%;[(526)] em 2014 a taxa média de desemprego foi de 4,8%;[(527)] em 2015 a taxa de desemprego subiu para 8,5%;[(528)] no final de 2016 o desemprego alcançou 12%;[(529)] já ao final do ano de 2017, com uma levíssima melhora no crescimento econômico, a taxa de desemprego ficou em 11,8%;[(530)] ao final de 2018 a taxa de desemprego ficou 11,6%;[(531)] no final de 2019 a taxa do desemprego chegou a 11%, sendo puxada para baixo pela geração de postos de trabalho informais (41,1% da força de trabalho).[(532)]

Com o fraco crescimento econômico em 2020, ainda no primeiro trimestre, antes do impacto da pandemia de Covid-19, o Brasil apresentou um crescimento do desemprego que chegou a 12,2%.[(533)] Com o impacto da pandemia sobre o crescimento econômico, o desemprego disparou no Brasil, chegando a 14,6% ao final do terceiro trimestre de 2020.[(534)] A taxa

(523) Os dados completos podem ser conferidos em: *G1*. Agência EFE. *Taxa de desemprego no Brasil em 2010 fica em 6,7%, a menor em 8 anos*. Disponível em: <http://g1.globo.com/mundo/noticia/2011/01/taxa-de-desemprego-no-brasil-em-2010-fica-em-67-a-menor-em-8-anos.html>.

(524) Os dados completos podem ser conferidos em: *VEJA*, Pedro Ladeira. *Taxa de desemprego no Brasil fechou 2011 com média de 6% (oficial)*. Disponível em: <https://veja.abril.com.br/economia/taxa-de-desemprego-no-brasil-fechou-2011-com-media-de-6-oficial/>.

(525) Os dados podem ser conferidos em: *VALOR ECONÔMICO*. *Desemprego médio em 2012 é o mais baixo desde 2003, diz IBGE*. Disponível em: <https://valor.globo.com/brasil/noticia/2013/01/31/desemprego-medio-em-2012-e-o-mais-baixo-desde-2003-diz-ibge.ghtml>.

(526) Os dados podem ser conferidos em: *Agência BRASIL*. *Desemprego em 2013 é o menor dos últimos 11 anos*. Disponível em: <https://agenciabrasil.ebc.com.br/economia/noticia/2014-01/denise-desemprego-fecha-2013-com-menor-media-anual-da-serie-historica>.

(527) Os dados podem ser conferidos em: *G1*. *Brasil encerra 2014 com a menor taxa de desemprego já registrada*. Disponível em: <http://g1.globo.com/jornal-da-globo/noticia/2015/01/brasil-encerra-2014-com-menor-taxa-de-desemprego-ja-registrada.html>.

(528) Os dados podem ser conferidos em: *VALOR ECONÔMICO*. *Taxa de desemprego alcança 8,5% em 2015, a mais alta em três anos*. Disponível em: <https://valor.globo.com/brasil/noticia/2016/03/15/taxa-de-desemprego-alcanca-85-em-2015-a-mais-alta-em-tres-anos.ghtml>.

(529) Os dados podem ser conferidos em: *G1*. Anay Cury. *Desemprego fica em 12% no 4º trimestre de 2016 e atinge 12,3 milhões*. Disponível em: <https://g1.globo.com/economia/noticia/desemprego-fica-em-12-no-4-trimestre-de-2016.ghtml>.

(530) Os dados podem ser conferidos em: ADVFN. *Pesquisa Nacional por Amostra de Domicílios (Pnad) em 2017*. Disponível em: <https://br.advfn.com/indicadores/pnad/2017>.

(531) Os dados podem ser conferidos em: *VALOR ECONÔMICO*. *Desemprego no Brasil atinge mais de 12 milhões no fim de 2018*. Disponível em: <https://valor.globo.com/brasil/noticia/2019/01/31/desemprego-no-brasil-atinge-mais-de-12-milhoes-no-fim-de-2018.ghtml>.

(532) Os dados podem ser conferidos em: *CANAL 121*. *Desemprego recua para 11% no final de 2019, mas ainda atinge 11,6 milhões*. Disponível em: <https://www.canal121.com.br/noticia/10126/desemprego-recua-e-brasil-encerra-2019-com-11-6-milhoes-sem-ocupacao>.

(533) Os dados podem ser conferidos em: *EXAME*. Lugia Tuon. *Desemprego sobe para 12,2% no 1º trimestre e atinge 12,9 milhões, diz IBGE*. Disponível em: <https://exame.com/economia/brasil-tem-desemprego-de-122-no-primeiro-trimestre-diz-ibge/>.

(534) Os dados podem ser conferidos em: *UOL*. *Taxa de desemprego passa de 13,3% para 14,6% no terceiro trimestre*. Disponível em: <https://noticias.uol.com.br/ultimas-noticias/agencia-brasil/2020/11/27/taxa-de-desemprego-passa-de-133-para-146-no-terceiro-trimestre.htm>.

média anual de desemprego de 2020 fechou em 13,5% (13,4 milhões de pessoas), a pior já registrada desde o início da série histórica em 2012.(535)

Fazendo uma leitura de tais dados, parece muito mais plausível vincular o aumento ou diminuição das taxas de desemprego ao desempenho da economia e não ao papel da regulação jurídica do trabalho. Portanto, parece bastante frágil o argumento utilizado para a aprovação da Reforma Trabalhista de que a mesma seria fundamental para a geração de empregos, pois os dados disponíveis não permitem, de forma alguma, dizer que a geração de empregos prometida pela reforma tenha sido alcançada (mesmo antes do choque pandêmico da Covid-19).

Cabe analisar também outro dos argumentos utilizados para o convencimento público sobre a necessidade da Reforma Trabalhista, qual seja, o de que o custo da força de trabalho no Brasil seria relativamente elevado, enfraquecendo a capacidade de concorrência do país no mercado mundial.

Ao que se entende, este é um dos mais fracos argumentos em prol da defesa da reforma da legislação do trabalho no Brasil, pois o mercado de trabalho brasileiro é historicamente marcado por baixos salários e por desigualdades salariais.

Com efeito, o mercado de trabalho brasileiro sempre foi caracterizado por baixos salários, precárias condições de trabalho e por desigualdade salarial. Basta pensar que em 2017, ano da aprovação da Reforma Trabalhista, o salário médio no Brasil ficava em torno de R$ 2.200,00 e, pelo menos, 72,5% dos trabalhadores ganhavam menos do que o salário médio.(536)

Segundo dados publicados em fevereiro de 2017, portanto, ainda antes da Reforma Trabalhista, dados estes apurados pelo Euromonitor e publicados pelo Financial Times, o salário médio do trabalhador chinês, na indústria, tinha triplicado entre 2005 e 2016, chegando em 2016 à US$ 3,60 a hora. Nesse período, o salário hora do trabalhador brasileiro na indústria tinha caído de US$ 2,90 a hora para US$ 2,70 a hora. Por sua vez, em piores condições, os trabalhadores mexicanos, no período, tiveram uma redução do salário de US$ 2,20 a hora para US$ 2,10 a hora.(537)

Para se ter uma ideia da situação, o economista Waldir Quadros, analisando os dados da Pnad Contínua de 2018 (Pesquisa Nacional por Amostra de Domicílios, publicados pelo

(535) Os dados podem ser conferidos em: *UOL. Desemprego bate recorde no Brasil em 2020 e atinge 13,4 milhões de pessoas.* Disponível em: <https://economia.uol.com.br/empregos-e-carreiras/noticias/redacao/2021/02/26/desemprego---pnad-continua---dezembro-2020.htm>.

(536) KREIN, José Dari; ABÍLIO, Ludmila; FREITAS, Paula; BORSARI, Pietro; CRUZ, Reginaldo. Flexibilização das relações de trabalho: insegurança para os trabalhadores. In: *Dimensões críticas da Reforma Trabalhista no Brasil.* Organizadores: José Dari Krein, Denis Maracci Gimenez, Anselmo Luis dos Santos. Campinas: Curt Nimuendajú, 2018. p. 116-117. Ver também a publicação: PNAD. IGBE. *Rendimento de todas as fontes 2017.* Disponível em: <https://biblioteca.ibge.gov.br/visualizacao/livros/liv101559_informativo.pdf>.

(537) Ver a reprodução da matéria em: VALOR ECONÔMICO. *Salário médio da indústria da China supera o do Brasil e do México.* Disponível em: <https://valor.globo.com/mundo/noticia/2017/02/26/salario-medio-da-industria-da-china-supera-o-do-brasil-e-do-mexico.ghtml>.

Instituto Brasileiro de Geografia e Estatística — IBGE), mostrou que no último trimestre de 2018 cerca de 80% dos ocupados eram classificados em alguma das categorias de pobres: 40% na camada 'superior dos pobres', 27% na camada dos 'pobres' e 13% na camada dos 'miseráveis'". Em termos de renda, os da camada "superior dos pobres" tinham uma renda média mensal de R$ 1.700,00, os "pobres" recebiam R$ 920,00 mensais e os "miseráveis", R$ 310,00 mensais.(538)

Quanto à desigualdade salarial, conforme dados publicados pelo IBGE,(539) no ano de 2017 os 10% da população com os maiores rendimentos detinham 43,3% da massa de rendimentos do país, enquanto a parcela dos 10% com os menores rendimentos detinha apenas 0,7% desta massa. As pessoas que faziam parte do 1% da população brasileira com os maiores rendimentos recebiam, em média, R$ 27.213,00 mensais, valor superior em 36,1 vezes em relação ao rendimento médio dos 50% da população com os menores rendimentos, os quais ganhavam em média R$ 754,00 mensais.

No ano de 2018, segundo os dados da PNADC (Pesquisa Nacional por Amostragem de Domicílios Contínua – IBGE), a renda média mensal de 60% dos trabalhadores brasileiros (o que equivalia a cerca de 54 milhões de trabalhadores com carteira assinada ou na informalidade) foi menor que um salário mínimo (R$ 954,00 no período). O rendimento médio real mensal recebido por esses trabalhadores, classificados como os 60% da população com os menores rendimentos, foi de R$ 928 no ano de 2018, equivalente a apenas 40% da renda média de todos os trabalhadores ocupados, a qual foi estimada em R$ 2.234 mensais.(540)

Portanto, fica difícil sustentar que o custo do trabalho no Brasil seja um fator impeditivo da geração de empregos ou que trave o crescimento econômico, pois os valores salariais pagos, mesmo antes da Reforma Trabalhista já mostravam um mercado de trabalho marcado pelos baixos salários e por uma desigualdade salarial gritante. Pensar em reduções salariais tendo por base valores salariais, em geral, já tão baixos, significa empurrar milhões de pessoas para patamares que beiram a miséria.

Muito próximo do argumento de que os custos salariais no Brasil seriam elevados, aliás, irmanado com ele, está o de que "muitos direitos" reconhecidos aos trabalhadores dificultam ou impedem a criação de empregos e que, assim, postos de trabalho com menos ou sem direitos, facilitariam a criação de empregos.

No entanto, há posições que refutam essa interpretação sobre a relação entre direitos e nível de emprego, tanto por razões lógicas, quanto históricas. Elas apontam que, a) por mais

---

(538) QUADROS, Waldir. *Entrevista especial: "É assustadora a bomba-relógio que temos pela frente". 80% dos trabalhadores brasileiros são pobres e vivem com renda de até 1.700 reais.* Disponível em: <http://www.ihu.unisinos.br/590032-80-dos-trabalhadores-brasileiros-sao-pobres-e-vivem-com-renda-de-ate-1-700-reais-e-assustadora-a-bomba-relogio-que-temos-pela-frente-entrevista-especial-com-waldir-quadros>.

(539) Ver os dados em: IBGE. PNAD *Contínua: 10% da população concentravam quase metade da massa de rendimentos do país em 2017.* Disponível em: <https://agenciadenoticias.ibge.gov.br/agencia-sala-de-imprensa/2013-agencia-de-noticias/releases/20843-pnad-continua-10-da-populacao-concentravam-quase-metade-da-massa-de-rendimentos-do-pais-em-2017>.

(540) Ver os dados em: *ÉPOCA*. Época Negócios. *Renda média de mais da metade dos brasileiros é inferir a um salário mínimo.* Disponível em: <https://epocanegocios.globo.com/Brasil/noticia/2019/10/renda-media-de-mais-da-metade-dos-brasileiros-e-inferior-um-salario-minimo.html>.

que se cortem custos do trabalho, pode não haver demanda por mais produtos e, portanto, não ocorrerem contratações; b) cortes podem ou não aumentar o lucro (as vendas podem cair com uma redução de demanda); c) mesmo que o lucro cresça, este pode ou não virar investimentos (se a demanda não aumenta, qual a razão de investir?); d) cortes de direitos podem piorar a situação, pois trabalhadores tendem a consumir parcela proporcionalmente maior dos seus ganhos, de modo que a transferência de renda para os empresários pode reduzir a demanda agregada da economia e a própria produção e o emprego.(541)

Somado a isso, também deve ser considerado que postos de trabalho sem direitos, como é o caso dos informais, acentuam a precarização do mercado laboral. Para se ter uma ideia, dados de 2017 mostravam que os trabalhadores do setor privado, com carteira assinada, tinham ganhos superiores em 77% em relação aos sem carteira e superiores em 33,4% em relação aos trabalhadores por conta própria.(542) Como já indicado acima, a retirada de direitos não apontou para nenhum aumento significativo de postos de trabalho, mas somente acentuou a desigualdade.

Um exemplo paradigmático de tal situação é o caso dos entregadores ciclistas por aplicativo de São Paulo. Em pesquisa feita com base em dados de 2019, José Dari Krein e Roberto Véras de Oliveira(543) analisaram o perfil desses trabalhadores, o qual mostra que trabalham muito e ganham muito pouco. O salário médio mensal é de R$ 936,00 (inferior ao salário vigente em 2019), sendo a jornada diária média de trabalho de 9 horas e 24 minutos. Segundo os autores, a Reforma Trabalhista possibilita que essas situações possam se disseminar, pois tem por mote viabilizar negócios e flexibilizar normas de proteção, deixando o trabalhador à mercê de sua própria sorte no mercado. Não é à toa, segundo os autores, que a desigualdade social tem crescido continuadamente.

Anselmo Luis Santos e Denis Maracci Gimenez(544) sustentam que a Reforma Trabalhista brasileira não deu solução satisfatória para problemas centrais do desenvolvimento brasileiro num cenário mundial globalizado de extrema competitividade, de financeirização, de revolução tecnológica e de uma nova divisão internacional do trabalho. Nesse cenário, os autores sustentam que os países que tiveram maior sucesso em sua inserção no mercado global, foram os que desenvolveram políticas públicas de absorção de tecnologia, adensamento de cadeias industriais, buscaram um padrão de desenvolvimento industrial para a exportação de manufaturados, com políticas de financiamento e grandes investimentos em infraestrutura

---

(541) FILGUEIRAS, Vitor Araújo. As promessas da Reforma Trabalhista: combate ao desemprego e redução da informalidade. In: *Reforma Trabalhista no Brasil:* promessas e realidade. Organizadores: José Dari Krein, Roberto Véras de Oliveira, Vitor Araújo Filgueiras. Campinas: Curt Nimuendajú, 2019. p. 22.

(542) FILGUEIRAS, Vitor; BISPO, Bruna; COUTINHO, Pablo. A Reforma Trabalhista como reforço a tendências recentes no mercado de trabalho. In: *Dimensões críticas da Reforma Trabalhista no Brasil.* Organizadores: José Dari Krein, Denis Maracci Gimenez, Anselmo Luis dos Santos. Campinas: Curt Nimuendajú, 2018. p. 150.

(543) KREIN, José Dari; OLIVEIRA, Roberto Véras de. Os impactos da Reforma nas condições de trabalho. In: *Reforma Trabalhista no Brasil:* promessas e realidade. Organizadores: José Dari Krein, Roberto Véras de Oliveira, Vitor Araújo Filgueiras. Campinas: Curt Nimuendajú, 2019. p. 136-137.

(544) SANTOS, Anselmo Luis; GIMENEZ, Denis Maracci. Desenvolvimento, competitividade e a Reforma Trabalhista. In: *Dimensões críticas da Reforma Trabalhista no Brasil.* Organizadores: José Dari Krein, Denis Maracci Gimenez, Anselmo Luis dos Santos. Campinas: Curt Nimuendajú, 2018. p. 40-62.

e logística. Para os autores, a Reforma Trabalhista brasileira, no entanto, trilha um caminho diferente, visando a inserção do Brasil nas cadeias globais de valor fundada na produção de bens salariais, como alimentos, bebidas, têxteis, calçados e outros, setores produtivos caracterizados como menos dinâmicos e tecnologicamente precários, de uso intensivo de mão de obra, estabelecendo uma concorrência predatória ("competitividade espúria") com países como Bangladesh, Vietnã, Indonésia, Paquistão, entre outros, articulados ao poder produtivo concentrado na China, que rebaixaria ainda mais as condições sociais do Brasil, colocando em xeque a organização econômica, social e o próprio mercado interno.

Assim, num país historicamente marcado por um mercado de trabalho desorganizado e flexível, a aposta da Reforma Trabalhista para Santos e Gimenez, trilha o caminho da regressividade, pois impõe a necessidade de radicalização de uma estratégia de "competitividade espúria" que coloca em risco a sociedade e os direitos básicos de cidadania previstos constitucionalmente.

Com efeito, esta situação já se faz sentir, muito embora o pouco tempo de aprovação da reforma legislativa. Segundo demonstram Krein e Oliveira,[(545)] em estudo sobre o impacto da Reforma Trabalhista nas condições de trabalho, após a aprovação da reforma o salário real dos novos contratados apresentou uma tendência de rebaixamento, inclusive com taxas negativas em abril, maio e junho de 2019, demonstrando que a flexibilização das normas trabalhistas, em um cenário de crise, tende a rebaixar ainda mais os salários. Somado a isso, os autores apontam que as novas modalidades de contratação (como o trabalho intermitente e o trabalho parcial), também tendem a rebaixar os valores salariais.[(546)] Por exemplo, o trabalho intermitente, que teve participação significativa na parca geração de empregos entre 2017 e 2019, além de apresentar valores salariais significativamente abaixo dos trabalhadores com contratos mais estáveis (chegando em alguns casos em até 60% a menos), apresentaram, na quase totalidade dos casos estudados, em valores inferiores ao salário mínimo. Some-se a isso outra questão central. Com as várias alterações promovidas no regime de limitação da jornada de trabalho, flexibilizando os seus limites, surgiu uma verdadeira polarização na extensão da jornada de trabalho, impondo a uma parcela dos trabalhadores cargas horárias habituais acima de 48h semanais e, por outro lado, jornadas de trabalho de apenas 14h para outros (com redução drástica de salários). Os autores citam o caso de professores universitários do setor privado de São Paulo, em que uma entrevistada trabalhou 60 horas semanais em um semestre e 4 horas em outro. Tais situações colocam os trabalhadores diante de condições extremamente precárias e de total falta de segurança quanto à previsão de seus ganhos.

(545) KREIN, José Dari; OLIVEIRA, Roberto Véras de. Os impactos da Reforma nas condições de trabalho. In: *Reforma Trabalhista no Brasil:* promessas e realidade. Organizadores: José Dari Krein, Roberto Véras de Oliveira, Vitor Araújo Filgueiras. Campinas: Curt Nimuendajú, 2019. p. 132 e s.

(546) Ver sobre isso, no mesmo sentido MEIRELES, Edilton. Impactos da Reforma Trabalhista brasileira: dois anos depois. *Revista dos Tribunais*, São Paulo, vol. 1.010/2019, p. 138-139. Com efeito, em meados de 2019 boa parte dos postos de trabalho gerados eram intermitentes ou parciais, implicando a baixa qualidade dos empregos gerados. Ver os dados em: MOTA, Camilla Veras. *BBC News Brasil* em São Paulo. *Trabalho sem salário fixo e com jornada reduzida avança e já representa 12% das novas vagas formais.* Disponível em: <https://www.terra.com.br/noticias/brasil/trabalho-sem-salario-fixo-e-com-jornada-reduzida-avanca-e-ja-representa-12-das-novas-vagas-formais,3f60bb4d233b4f59ccbc679b6c86c2395izsb31y.html>.

Cumpre enfatizar ainda outros dados sobre o trabalho intermitente, tido como uma forma contratual capaz de "formalizar" e gerar empregos, visto que são exemplares da precarização: no ano de 2019, 22% dos vínculos intermitentes não geraram qualquer trabalho ou renda, pois apesar de contratados os trabalhadores não trabalharam e nem receberam remuneração; 52% dos vínculos intermitentes ativos não registraram qualquer atividade no mês de dezembro de 2019; no mês de dezembro de 2019 a remuneração paga aos intermitentes foi inferior ao salário mínimo em 44% dos vínculos que registraram trabalho; ao final de 2019 a remuneração mensal média dos vínculos intermitentes foi de apenas R$ 637,00, ou seja, o equivalente a 64% do valor vigente do salário mínimo; o número de contratos intermitentes correspondeu a 0,13% do estoque de empregos formais em 2018, alcançando 0,33% em 2019 e 0,44% no começo de 2020. Portanto, tais contratos, mesmo que formalizados, ficaram "engavetados" e quando geraram trabalho, o valor remuneratório foi extremamente baixo.[547]

Por fim, também outra das promessas da Reforma Trabalhista era o fortalecimento dos sindicatos para que pudessem atuar de forma mais livre, auscultando os interesses das categorias de trabalhadores, o que também não parece ter ocorrido, pois os dados disponíveis indicam o contrário.

Conforme estudo feito por Andreia Galvão,[548] o impacto da Reforma Trabalhista no campo das fontes de financiamento das entidades sindicais foi significativo. Por exemplo, as alterações promovidas pela Lei n. 13.467/2017, especialmente, nos arts. 578, 579 e 582 da CLT, tornaram facultativo o recolhimento do imposto sindical (contribuição sindical), antes obrigatório, afetando uma das principais fontes de arrecadação das entidades sindicais. Conforme dados divulgados pelo Governo Federal, a contribuição sindical caiu 90% entre abril de 2017 e abril de 2018, passando, apenas no caso do montante destinado às centrais, de cerca de R$ 150 milhões para cerca de R$ 15 milhões. Segundo a autora, muito embora tal situação possa forçar possibilidades de reinvenção do sindicalismo, não existem dúvidas que a própria sobrevivência dos sindicatos está ameaçada por razões de ordem financeira, ao que se soma a desestruturação do mercado de trabalho (desemprego, informalidade, por exemplos) e a crise econômica.

Outro dado que mostra o enfraquecimento das entidades sindicais de trabalhadores é a redução significativa e em expansão do número de trabalhadores sindicalizados. Entre 2016, um ano antes da Reforma Trabalhista e 2019, dois anos após a reforma, o Brasil perdeu três milhões de trabalhadores sindicalizados, caindo de 13.502.000 para 10.567.000. Portanto, se antes da reforma já havia um baixo índice de sindicalização, o mesmo vem caindo ainda mais após a Reforma Trabalhista.[549]

---

(547) DIEESE (Departamento Intersindical de Estatística e Estudos Socioeconômicos). Contratos intermitentes continuam na gaveta. Disponível em: <https://www.dieese.org.br/boletimempregoempauta/2020/boletimEmpregoEmPauta17>.

(548) GALVÃO, Andreia. Reforma Trabalhista: efeitos e perspectivas para os sindicatos. In: *Reforma Trabalhista no Brasil:* promessas e realidade. Organizadores: José Dari Krein, Roberto Véras de Oliveira, Vitor Araújo Filgueiras. Campinas: Curt Nimuendajú, 2019. p. 215 e 223.

(549) Ver os dados em: *CARTA CAPITAL. Após reforma trabalhista, Brasil perde 3 milhões de sindicalizados, diz IBGE.* Disponível em: <https://www.cartacapital.com.br/sociedade/apos-reforma-trabalhista-brasil-perde-3-milhoes-de-sindicalizados-diz-ibge/>.

Portanto, todos os dados disponíveis não permitem concluir que a Reforma Trabalhista tenha conseguido melhorar o ambiente laboral no Brasil.[(550)] Pelo contrário, tudo indica uma piora quantitativa e qualitativa do mercado laboral, precarizando ainda mais as condições de trabalho.

Após esta contextualização geral sobre o processo da Reforma Trabalhista, alcançando períodos imediatamente anteriores e posteriores à alteração legislativa, cumpre agora indicar algumas das principais alterações promovidas, em especial, a que é objeto mais direto desse estudo: a questão do "negociado sobre o legislado" como "cheque em branco" para o aprofundamento da precarização laboral.

3.1.2. As mudanças operadas pela Reforma Trabalhista

Feito um panorama geral do contexto da Reforma Trabalhista e seus efeitos manifestados até o momento, cumpre agora analisar algumas das alterações paradigmáticas da nova regulação legal das relações de emprego. Não se objetiva analisar cada uma das mudanças operadas pela Reforma Trabalhista, mas, sim, em especial, analisar uma alteração que parece chave, um "portal", pois é uma alteração que permite outras alterações gerais. Com efeito, far-se-á a análise mais específica das alterações positivadas nos arts. 611-A, 611-B e no parágrafo único do art. 444, todos da CLT, ou seja, a viabilização do "negociado sobre o legislado".

No entanto, para se ter uma noção do amplo alcance das modificações legais operadas, parece ser imprescindível, pelo menos, apontar sumariamente algumas das principais mudanças legislativas, o que será feito em torno de dois eixos que são centrais para a regulação das relações de emprego: a questão salarial e a questão da limitação da jornada de trabalho, a qual é estreitamente vinculada ao tema da saúde e segurança no trabalho.

Com efeito, as alterações legislativas patrocinadas pela Lei n. 13.467/2017 foram amplas e profundas, abarcando um grande espectro da estrutura legal trabalhista até então vigente (alteração de mais de 200 artigos da CLT). Houve alterações que abarcaram todos os eixos centrais e históricos de lutas por direitos e de regulação no campo do trabalho, ou seja, as questões ligadas à remuneração, aos limites da jornada de trabalho e às condições de saúde e segurança no meio laboral. Além disso, foram criados mecanismos de "afastamento ou fuga do direito do trabalho", bem como mecanismos de soluções de conflitos laborais sem a intervenção judicial.

Como exemplos de enfraquecimento da proteção laboral no tocante à remuneração, podem ser indicadas as alterações promovidas pela Reforma Trabalhista no art. 457 da CLT, que retiraram a natureza salarial de várias parcelas. Esse tipo de alteração é interessante, pois pode passar despercebida para os leigos, visto que a parcela, em si, pode continuar sendo paga normalmente e, mesmo assim, produzirá redução de outros direitos.

---

(550) Ver os dados constante de matéria recente sobre os resultados da Reforma Trabalhista. *CARTA CAPITAL. A reforma trabalhista completa 4 anos sem cumprir suas promessas.* Disponível em: <https://www.cartacapital.com.br/economia/a-reforma-trabalhista-completa-4-anos-sem-cumprir-suas-promessas/>.

Com efeito, quando uma parcela trabalhista tem caráter salarial, ou seja, quando é reconhecida juridicamente como pagamento de natureza salarial, tal situação faz com que essa parcela seja dotada de um "efeito multiplicador", pois passa a servir de base de cálculo para outras parcelas, repercutindo, assim, nos valores de outras parcelas laborais. Um pagamento salarial repercute no cálculo do repouso semanal remunerado, no 13º salário, nas férias com 1/3, no FGTS (Fundo de Garantia do Tempo de Serviço), nas horas extras, por exemplos.

Dessa forma, ao se retirar a natureza jurídica salarial de uma parcela, mesmo ela continuando a ser paga, não terá esse efeito multiplicador. Apesar de mantido o seu pagamento, ela não mais servirá de base de cálculo para outras parcelas, causando impactos de redução dos ganhos salariais.

O § 2º do art. 457 da CLT é exemplar desse modelo de reduzir direitos pela mudança da natureza jurídica do pagamento. O dispositivo prevê que as importâncias, mesmo que pagas com habitualidade, a título de ajuda de custo, auxílio-alimentação (salvo se pago em dinheiro), diárias para viagem, prêmios e abonos não integram a remuneração do empregado, não se incorporam ao contrato de trabalho e não constituem base de incidência de qualquer encargo trabalhista e previdenciário.

Com essa alteração, parcelas que antes tinham ou poderiam ter natureza salarial, como diárias, prêmios, abonos e auxílio-alimentação, tiveram alterada a sua natureza jurídica, deixando de serem consideradas parcelas de natureza jurídica salarial e, assim, perdendo seu efeito multiplicador.

No tocante aos limites da jornada, por sua vez, as alterações promovidas pela Reforma Trabalhista são incontáveis, podendo ser indicadas, apenas como exemplos, as alterações sofridas nos arts. 4º e 58 da CLT, suprimindo certos períodos de tempo que antes eram considerados como tempo à disposição do empregador (e assim deviam ser pagos), bem como a flexibilização ainda mais profunda dos mecanismos de compensação de jornada, operada pela previsão dos arts. 59-A e 59-B da CLT.

Com efeito, o § 2º do art. 4 da CLT, com redação pela Lei n. 13.467/2017, exclui do tempo à disposição ao empregador várias atividades que antes eram consideradas como tempo à disposição, entre elas, apenas como exemplos, os tempos gastos pelos trabalhadores em higiene pessoal no local de trabalho, bem como o tempo gasto na troca de uniformes, quando não houver obrigatoriedade de troca na empresa.

Só para se ter ideia, a questão da higiene pessoal antes do início do trabalho é obrigatória em uma série de atividades, como nos frigoríficos, estando agora excluídas do tempo à disposição e, portanto, da jornada de trabalho dos trabalhadores que não mais serão remunerados por esses períodos de tempo.

Por incrível que pareça, são renovadas velhas práticas de "mordiscar" o tempo de trabalho dos trabalhadores, suprimindo ou prorrogando a jornada de trabalho em "pequenos minutos". Referindo-se aos relatórios dos inspetores de fábrica ingleses, Marx(551) cita o relato que o inspetor de fábrica Mr. L. Horner fez sobre o assunto nas fábricas inglesas ainda no decorrer da primeira revolução industrial:

> Fraudulentamente, o fabricante começa o trabalho um quarto de hora antes das 6 da manhã, com variações para mais ou para menos, e encerra um quarto de hora depois das 6 da tarde, com variações para mais ou para menos. Corta 5 minutos tanto no começo como no fim da meia hora nominalmente destinada à primeira refeição, e 10 minutos tanto no começo como no fim da hora reservada para o almoço. Aos sábados, trabalha-se um quarto de hora depois das 2 horas da tarde, ora mais, ora menos. Assim, ganha o fabricante: [...] Ou seja, 5 horas e 40 minutos por semana, o que, multiplicado por 50 semanas, pondo-se de lado as semanas para feriados ou interrupções ocasionais, dá um produto de 27 dias de trabalho. [...] A esses pequenos furtos de tempo destinado às refeições e ao descanso do trabalhador chamam os inspetores de 'surripiar minutos´, 'escamotear minutos´, ou, na expressão apropriada dos trabalhadores, 'beliscar e mordiscar o tempo das refeições´. Nessa atmosfera, não é nenhum segredo a formação da mais-valia por meio de trabalho excedente. 'Se o senhor me permite', disse-me um respeitável fabricante, 'ultrapassar diariamente o tempo normal de trabalho em 10 minutos, o senhor colocará anualmente em meu bolso 1.000 libras esterlinas´. Átomos de tempo são os elementos do lucro.

As alterações mencionadas comprovam que a lógica do capital permanece exatamente a mesma, "átomos de tempo são os elementos do lucro", como sempre no sistema do capital. O ser humano fica subsumido sob a pressão do tempo, aspecto que será retomado mais adiante.

Seguindo na amostragem de tantas outras medidas flexibilizantes dos limites da jornada de trabalho, podem ser indicadas ainda: a) o disposto no § 2º do art. 58 da CLT, o qual afasta do tempo à disposição os períodos de tempo em que o trabalhador se desloca para o trabalho em qualquer tipo de transporte (inclusive o fornecido pelo empregador), mesmo sendo a empresa localizada em local de difícil acesso ou não servida por transporte público, acabando com o chamado horário *"in itinere"*; b) o disposto no art. 59-A da CLT o qual prevê, até mesmo por acordo individual, a possibilidade de jornadas de trabalho de doze horas de trabalho seguidas por trinta e seis de descanso, podendo os intervalos no período serem disponibilizados aos trabalhadores ou meramente indenizados; c) também pode ser citado o art. 59-B da CLT, o qual torna ainda mais flexível o mecanismo de compensação de jornada de trabalho, permitindo a compensação por acordo individual e até mesmo tácito, bem como, a permissão, mesmo em regime de compensação, da realização habitual de horas extras, o que configura uma verdadeira contradição com a própria finalidade do instituto da compensação.

Todas estas medidas implicam, de uma forma ou outra, a extensão das jornadas de trabalho, precarizando os limites da jornada por meio de vários mecanismos jurídicos que viabilizam aos empregadores administrar com ampla margem de manobra o tempo de trabalho dos trabalhadores.

---

(551) MARX, Karl. *O capital:* crítica da economia política. Livro I., p. 279, 281-282.

Ainda muito estreitamente relacionada com a questão da flexibilização dos limites da jornada de trabalho e, além disso, aprofundando o padrão de precarização das condições de trabalho, pode ser citada a disciplina dada pela Reforma Trabalhista para os casos de prorrogação da jornada de trabalho em locais insalubres.

Com efeito, em locais onde as condições de trabalho expõem os trabalhadores a situações de labor prejudiciais à sua saúde (art. 189 da CLT), como uma das concretizações do disposto no art. 7º, inciso XXII, da CF de 1988 (direito fundamental à proteção contra riscos à saúde e segurança no ambiente laboral), o art. 60, *caput*, da CLT, prevê que a prorrogação de jornada de trabalho nas atividades insalubres deve estar sujeita à licença prévia das autoridades competentes em higiene do trabalho, mediante a realização de perícias técnicas que afiram se eventual prorrogação não poderia agravar a saúde dos trabalhadores.

Em sentido diametralmente oposto à tais medidas de preocupação com a saúde e segurança dos trabalhadores, o parágrafo único do art. 60 da CLT, acrescido pela Lei n. 13.467/217, prevê que são excetuadas da exigência de licença prévia o sistema de horário de doze horas de trabalho por trinta e seis de descanso. Por sua vez, o art. 611-A, inciso XIII, da CLT, prevê que por meio de negociação coletiva, é possível a prorrogação de jornada em ambientes insalubres, sem licença prévia das autoridades competentes. Somado a isso, depois de prever no inciso XVII do art. 611-B que normas de higiene, saúde e segurança não podem ser objeto de negociação "*in pejus*", o parágrafo único do mesmo art. 611-B, em disposição teratológica, prevê que regras sobre duração do trabalho e intervalo não são consideras como de saúde, higiene e segurança.

Nessa questão, a Reforma Trabalhista não afeta apenas questões que possam ser restritas a aspectos econômicos, mas atinge esferas existenciais atinentes à vida e saúde dos trabalhadores. Essa alteração apresenta tal nível de retrocesso que fica difícil não ver nisso a total desconsideração pela própria integridade física e vida dos trabalhadores expostos à tais condições de trabalho.

Aliás, tomando tal medida legislativa sob olhar crítico, Lenio Luiz Streck assim se manifestou:(552)

> Com efeito, a Reforma é cheia de surpresas. Chegou à exótica previsão de que duração do trabalho e intervalos não consubstanciariam normas de saúde, higiene e segurança do trabalho para fins de definição do que seria objeto ilícito a fim de chancelar a supressão ou a redução de direitos (CLT pós-Reforma, art. 611-B, parágrafo único). Como assim, jornada e intervalos não dizem respeito à saúde, à higiene e à segurança do trabalho? Hein? Quer dizer que o sujeito trabalhar por mais tempo e sem intervalo não tem qualquer relação com tais perspectivas? Tais perguntas são meramente retóricas, obviamente. A despeito do caráter esdrúxulo de tal dispositivo, sua consagração pela Reforma

---

(552) STRECK, Lenio Luiz. *E o filósofo perguntou:* por que americanos não vem curtir nossa CLT? Disponível em: <https://www.conjur.com.br/2017-nov-16/senso-incomum-filosofo-perguntou-americanos-nao-vem-curtir-nossa-clt>.

é academicamente produtiva...! Com efeito, podemos aqui exercer a jurisdição constitucional sob a ótica do bloco de constitucionalidade de que falei na coluna anterior. O Brasil integra a Organização Internacional do Trabalho, a famosa OIT. A Convenção n. 155 da referida Organização trata sobre a segurança e a saúde dos trabalhadores e o meio ambiente de trabalho. Foi incorporada ao Brasil, conforme Decreto n. 1.254/92. Nos arts. 4º e 5º, prevê expressamente que o "tempo de trabalho" deve integrar uma política nacional coerente em matéria de segurança e saúde dos trabalhadores e o meio ambiente de trabalho. Inconstitucional, pois, aquela previsão da Reforma.

Ora, a limitação do tempo de trabalho e os intervalos estão, inexoravelmente, implicados com a higidez física e mental dos trabalhadores, aspectos que do ponto de vista do direito desembocam nos direitos fundamentais à saúde (art. 6º da CF/88) e à redução dos riscos inerentes ao trabalho por meio de normas de saúde, higiene e segurança (art. 7º, inciso XXII, da CF/88).

Não é à toa que em seus estudos a OIT salienta esta relação direta entre saúde e segurança do trabalho e limites da jornada de trabalho:(553)

> Preservar a saúde do trabalhador e a segurança do local de trabalho é o mais fundamental dos objetivos subjacentes às políticas de duração do trabalho e tem sido, desde o início, um dos propósitos centrais das medidas que tratam das jornadas longas.

Com efeito, a Convenção n. 155 da OIT(554) preceitua no art. 4, item 1 que todos os Estados que ratifiquem a Convenção deverão, por meio de amplo debate trilateral, pôr em prática e reexaminar periodicamente a política nacional em matéria de segurança, saúde e meio ambiente de trabalho, tendo por objetivo prevenir acidentes e danos à saúde que forem consequência do trabalho, reduzindo, assim, os riscos inerentes ao meio ambiente do trabalho. Por sua vez, o artigo 5, letra b, da Convenção estabelece que entre as esferas que devem ser observadas para a preservação da saúde e segurança e o meio ambiente laboral está:

> [...] b) relações existentes entre os componentes materiais do trabalho e as pessoas que o executam ou supervisionam, e adaptação do maquinário, dos equipamentos, do tempo de trabalho, da organização do trabalho e das operações e processos às capacidades físicas e mentais dos trabalhadores; [...].

Não parece difícil perceber que todas estas medidas legislativas expressam, de forma solar, o caráter precarizante da Reforma Trabalhista, implicando um esvaziamento da regulação infraconstitucional necessária para a efetivação e garantia de direitos fundamentais.

---

(553) LEE, Sangheon; MACCANN, Deirdre; MESSENGER, Jon C. *Duração do trabalho em todo o mundo:* tendências de jornadas de trabalho, legislação e política numa perspectiva global comparada. Secretaria Internacional de Trabalho – Brasília: OIT, 2009. p. 149. Disponível em: <http://www.oitbrasil.org.br/sites/default/files/topic/work_hours/pub/duracao_trabalho_284.pdf>.

(554) Esta Convenção Internacional foi ratificada pelo Brasil em 18 de maio de 1992. O texto da Convenção está disponível em: OIT. *Convenção n. 155.* Disponível em: <https://www.ilo.org/brasilia/convencoes/lang--pt/index.htm>.

É cediço que os direitos fundamentais, não raramente, precisam de desenvolvimentos legislativos para que possam realmente ser efetivados na vida das pessoas e fica claro que a Reforma Trabalhista, muito embora pareça não atingir diretamente os direitos fundamentais previstos na Constituição Federal de 1988, promove a sua erosão ao solapar a teia legislativa necessária à eficácia jurídica e social desses direitos.

Antes de se adentrar nos aspectos relativos ao "negociado sobre o legislado", que é o tema de fundo sobre a reforma, cabe ainda mencionar os mecanismos de "fuga do direito do trabalho" como, por exemplo, o que foi previsto no art. 442-B da CLT, o qual viabiliza um mecanismo legal de contratação de trabalhadores sem a condição legal de "empregado" e, assim, sem a proteção dos direitos fundamentais sociais dos trabalhadores previstos na CF/88. Referido dispositivo pode servir como uma forma de contratação de trabalhadores que, muito embora vendam a sua força de trabalho em troca de um pagamento, sob o epíteto de "autônomos", fiquem afastados da proteção constitucional que é dada aos trabalhadores com vínculo de emprego.

Portanto, por qualquer ótica que se queira analisar tais dispositivos, uma análise honesta não permite dizer que os mesmos tenham preservado direitos ou que, ainda pior, não tenham efetivamente retirado ou precarizado direitos.

Evidencia-se assim, que a Reforma Trabalhista é bastante permissiva e, aliás, impulsiona mecanismos legais de precarização de direitos fundamentais laborais, aspecto este que se torna ainda mais saliente nas medidas que preveem o "negociado sobre o legislado".

3.1.3. O "negociado sobre o legislado": situação exemplar de cláusula aberta de precarização

Conforme já mencionado, o foco principal da abordagem da obra quanto à Reforma Trabalhista é a questão do chamado "negociado sobre o legislado", temática que será agora analisada.(555) Com efeito, as previsões legais que preveem que o objeto de negociação coletiva, em especial, se sobreponha sobre a legislação estatal, mesmo que *in pejus*, ou seja, flexibilizando direitos laborais, foi um dos argumentos mais difundidos para justificar e legitimar a Reforma Trabalhista.

Segundo a linha de argumentação utilizada para a aprovação da Lei n. 13.467/2017, as alterações promovidas, especialmente, nos arts. 611-A, 611-B, 620 e parágrafo único do art. 444, todos da CLT, serviriam como mecanismos para flexibilizar e adaptar a legislação laboral, viabilizando uma melhor regulação das relações de trabalho e abrindo espaço para a preservação e geração de empregos. Além disso, não implicariam redução de direitos fundamentais, pois estes estariam preservados.

---

(555) Cumpre esclarecer que no presente item não será discutida a constitucionalidade ou não destas alterações, salvo quando seja absolutamente necessário para sustentar os argumentos expositivos. O presente item serve como base de apoio para a posterior análise da Reforma Trabalhista sob a ótica dos princípios da proibição de retrocesso social e da norma mais favorável.

Ocorre que essas alterações abrem as portas para um processo de precarização crescente das relações de trabalho, respaldando a possibilidade de medidas regressivas no campo laboral, às quais estão na contramão da proteção dos direitos fundamentais sociais e dos princípios da proibição de retrocesso social e da norma mais favorável, aspecto que será aprofundado posteriormente.

A CF de 1988, em seu art. 7º, inciso XXVI, estabelece entre os direitos fundamentais dos trabalhadores o reconhecimento das convenções e acordos coletivos. Assim, a ordem constitucional vigente reconhece o direito fundamental à negociação coletiva e a seus frutos: os acordos coletivos de trabalho e as convenções coletivas de trabalho.

A Convenção n. 154 da OIT (ratificada pelo Brasil), em seu art. 2º define o que se entende por negociação coletiva, nestes termos:(556)

> Artigo 2 — Para efeito da presente Convenção, a expressão 'negociação coletiva' compreende todas as negociações que tenham lugar entre, de uma parte, um empregador, um grupo de empregadores ou uma organização ou várias organizações de empregadores, e, de outra parte, uma ou várias organizações de trabalhadores, com fim de:
>
> a) fixar as condições de trabalho e emprego; ou
>
> b) regular as relações entre empregadores e trabalhadores; ou
>
> c) regular as relações entre os empregadores ou suas organizações e uma ou várias organizações de trabalhadores, ou alcançar todos estes objetivos de uma só vez.

Não se deve desconhecer que, historicamente, os trabalhadores só conseguiram se alçar ao papel de verdadeiros sujeitos políticos, coletivamente, por meio de suas agremiações, forçando o reconhecimento de seus direitos. Assim, a negociação coletiva, até certo ponto, é um mecanismo que supre a insuficiência do contrato individual de trabalho, tendo em vista o fato de que o trabalhador, sozinho, em virtude da subordinação/dependência em que está estruturalmente inserido no contrato individual, não tem condições de discutir as condições de trabalho em um nível de mínima paridade com o empregador. Assim, a negociação coletiva minimizaria essa desigualdade estrutural.

Dito isso, o art. 611, *caput*, da CLT dispõe que a convenção coletiva de trabalho é um acordo, de caráter normativo, pelo qual dois ou mais sindicatos representativos de categorias econômicas e profissionais estipulam condições de trabalho aplicáveis, no âmbito das respectivas representações, às relações individuais de trabalho.(557)

Assim, a convenção coletiva de trabalho é um acordo entre sindicato de trabalhadores e sindicato de empregadores (ou entre federações e/ou confederações de trabalhadores e empregadores, quando não existam sindicatos ou estes as autorizem expressamente), como ato de manifestação da autonomia privada coletiva, o qual possui caráter normativo, visto que

(556) O texto da Convenção pode ser consultado em: OIT. *C154 – Fomento à Negociação Coletiva.* Disponível em: <https://www.ilo.org/brasilia/convencoes/WCMS_236162/lang--pt/index.htm>.

(557) Por sua vez, o § 2º do art. 611 da CLT prevê que as federações e, na falta destas, as confederações representativas de categorias econômicas ou profissionais poderão celebrar convenções coletivas de trabalho para reger as relações das categorias a elas vinculadas, inorganizadas em sindicatos, no âmbito de suas representações.

incide sobre todos os representados integrantes das respectivas categorias e não apenas aos seus sócios, criando condições de trabalho que serão automaticamente aplicáveis aos contratos de trabalho individuais.(558)

Dessa forma, ressalvadas as categorias diferenciadas,(559) as convenções coletivas de trabalho alcançam todos os integrantes das categorias acordantes, tendo sua incidência normativa obrigatória em todos os contratos individuais de trabalho dos integrantes das categorias acordantes.

Por seu turno, o § 1º do art. 611 da CLT dispõe que é facultado aos sindicatos representativos de categorias profissionais celebrar acordos coletivos com uma ou mais empresas da correspondente categoria econômica, que estipulem condições de trabalho, aplicáveis no âmbito da empresa ou das empresas acordantes às respectivas relações de trabalho.

Assim, os acordos coletivos de trabalho são mais restritos do que as convenções coletivas de trabalho, pois não alcançam todas as categorias acordantes, somente incidindo nas relações de emprego das empresas que participaram da negociação com a entidade sindical dos trabalhadores.(560)

Dessa forma, enquanto nas convenções coletivas as partes acordantes são entidades sindicais de trabalhadores (categoria profissional) e de empregadores (categoria econômica), nos acordos coletivos estão, de um lado, entidades sindicais de trabalhadores e do outro uma ou mais empresas e não as entidades sindicais que as representam.

Dessa forma, pode-se dizer que a negociação coletiva se consubstancia em um processo dialógico de formação consensual de normas e condições de trabalho, que visam solucionar as questões surgidas entre os grupos profissionais e econômicos, baseados no poder normativo dos grupos e em sua autonomia privada coletiva. O processo dialógico de negociação coletiva é fonte de elaboração de normas e condições de trabalho, consagrando o pluralismo das fontes de produção de direito, reconhecendo a capacidade dos grupos sociais de formularem as normas que regerão suas relações, sendo seus frutos os acordos coletivos e as convenções coletivas de trabalho.

Ao reconhecer esse direito fundamental dos trabalhadores, a CF de 1988, portanto, reconhece expressamente o pluralismo jurídico no âmbito laboral e a possibilidade dos grupos,

---

(558) Ver em sentido semelhante BEZERRA LEITE, Carlos Henrique. *Curso de direito do trabalho*. 6. ed. São Paulo: Saraiva, 2015. p. 665.

(559) Sobre as categorias diferenciadas, afirma Bezerra Leite: "A única ressalva é a dos trabalhadores integrantes de categorias profissionais diferenciadas, como: médicos, dentistas, engenheiros, motoristas, etc., pois estes, geralmente, não se enquadram no âmbito de representação do sindicato que negociou. A rigor, aos trabalhadores das categorias profissionais diferenciadas serão aplicadas as normas coletivas elaboradas com a participação dos respectivos sindicatos das categorias profissionais diferenciadas, independentemente da área econômica em que se insira a empresa para a qual trabalham. O TST, no entanto, editou a Súmula n. 374, que prevê que o empregador integrante de categoria profissional diferenciada não tem o direito de haver de seu empregador vantagens previstas em instrumento coletivo no qual a empresa não foi representada por órgão de classe de sua categoria." BEZERRA LEITE, Carlos Henrique. *Curso de direito do trabalho*, *op. cit.*, p. 665.

(560) Excetuada a hipótese do art. 617 da CLT quando é possível aos próprios trabalhadores encaminhar a negociação, em caso de negativa da entidade sindical.

por meio da negociação coletiva, criarem verdadeiras normas jurídicas que serão aplicáveis nos respectivos âmbitos que, a princípio, deveriam servir para a melhoria da condição social dos trabalhadores (conforme a parte final do art. 7º, *caput*, da CF de 1988, aspecto que será retomado adiante).

Ocorre que, da mesma forma, a própria CF de 1988 prevê hipóteses em que, por meio de negociação coletiva, é possível flexibilizar direitos fundamentais dos trabalhadores. Com efeito, o inciso VI do art. 7º da CF de 1988 prevê o direito à irredutibilidade salarial, mas permite a redução mediante acordos coletivos ou convenção coletiva de trabalho; da mesma forma, os incisos XIII e XIV do art. 7º, os quais permitem, por meio de negociação coletiva, flexibilizar os limites da jornada de trabalho (compensação horária e aumento da jornada no trabalho em turnos ininterruptos de revezamento).

Assim, a Reforma Trabalhista assumiu uma linha interpretativa segundo a qual as hipóteses de flexibilização trazidas pelo art. 7º da CF de 1988 são meramente exemplificativas, ou seja, passíveis de serem expandidas.(561) Além disso, aprofundou tal visão, permitindo até a negociação individual para a flexibilização de direitos.

Foi exatamente isso o que restou previsto nos arts. 611-A, 611-B, 620 e parágrafo único do 444, todos da CLT, com a redação dada pela Lei n. 13.467/2017. Os três primeiros artigos tratando de hipóteses de flexibilização por meio de negociação coletiva e o último tratando da possibilidade de flexibilização por meio de negociação individual. Assim, o foco da análise será a própria concepção que subjaz a esses dispositivos, uma espécie de "microssistema legal permissivo de precarizações". Por outro lado, a averiguação de alguns dos vários incisos previstos nos arts. 611-A e 611-B, especificamente, só será operada na medida em que sirvam para exemplificar o caráter precarizador das medidas legais aprovadas.

Assim, o art. 611-A da CLT,(562) com a redação dada pela Lei n. 13.467/2017, prevê, de forma geral, o chamado "negociado sobre o legislado". Segundo o *caput* do artigo, a convenção

(561) Ao contrário que será sustentado mais adiante na presente obra.

(562) O art. 611-A da CLT tem a seguinte redação: "Art. 611-A. A convenção coletiva e o acordo coletivo de trabalho têm prevalência sobre a lei quando, entre outros, dispuserem sobre: I – pacto quanto à jornada de trabalho, observados os limites constitucionais; II – banco de horas anual; III – intervalo intrajornada, respeitado o limite mínimo de trinta minutos para jornadas superiores a seis horas; IV – adesão ao Programa Seguro-Emprego (PSE), de que trata a Lei n. 13.189, de 19 de novembro de 2015; V – plano de cargos, salários e funções compatíveis com a condição pessoal do empregado, bem como identificação dos cargos que se enquadram como funções de confiança; VI – regulamento empresarial; VII – representante dos trabalhadores no local de trabalho; VIII – teletrabalho, regime de sobreaviso, e trabalho intermitente; IX – remuneração por produtividade, incluídas as gorjetas percebidas pelo empregado, e remuneração por desempenho individual; X – modalidade de registro de jornada de trabalho; XI – troca do dia de feriado; XII – enquadramento do grau de insalubridade; XIII – prorrogação de jornada em ambientes insalubres, sem licença prévia das autoridades competentes do Ministério do Trabalho; XIV – prêmios de incentivo em bens ou serviços, eventualmente concedidos em programas de incentivo; XV – participação nos lucros ou resultados da empresa. § 1º No exame da convenção coletiva ou do acordo coletivo de trabalho, a Justiça do Trabalho observará o disposto no § 3º do art. 8º desta Consolidação. § 2º A inexistência de expressa indicação de contrapartidas recíprocas em convenção coletiva ou acordo coletivo de trabalho não ensejará sua nulidade por não caracterizar um vício do negócio jurídico. § 3º Se for pactuada cláusula que reduza o salário ou a jornada, a convenção coletiva ou o acordo coletivo de trabalho deverão prever a proteção dos empregados contra dispensa imotivada durante o prazo de vigência do instrumento coletivo. § 4º Na hipótese de procedência de ação anulatória de cláusula de convenção coletiva ou de acordo coletivo de trabalho, quando houver a cláusula compensatória, esta deverá ser igualmente anulada, sem repetição do indébito.

coletiva e o acordo coletivo de trabalho têm prevalência sobre a lei quando, *entre outros*, dispuserem sobre os direitos que constam dos seus vários incisos.

Além de estar previsto expressamente um amplo leque de direitos laborais suscetíveis de serem reduzidos ou até suprimidos (negociação *in pejus*), o *caput* do art. 611-A deixa claro que não somente os direitos laborais nominados estão sujeitos a serem objeto de negociação *in pejus*, pois viabiliza que outros direitos laborais, não expressamente nominados, também possam ser objeto de negociação precarizante. A expressão prevista no *caput* do artigo, *entre outros*, não dá margem a dúvidas sobre a concepção que o anima.

Dessa forma, na ótica da Reforma Trabalhista a possibilidade de regressividade é geral, pois tendo o artigo caráter meramente exemplificativo, não se resumem aos direitos expressamente previstos as situações que podem ser objeto de negociação coletiva ou acordo coletivo de trabalho *in pejus*. O leque de precarização está aberto, sem sequer haver a preocupação de exigir que tais instrumentos de negociação coletiva indiquem eventuais contrapartidas para a redução ou a supressão dos direitos que sejam objeto de negociação. Aliás, fica viabilizada a própria renúncia aos direitos e não apenas a transação de direitos, o que mostra o caráter verdadeiramente agressivo e regressivo da reforma.

Por outro lado, o art. 611-B da CLT,[(563)] numa tentativa de dar um verniz de constitucionalidade a essas disposições, dispõe em seu *caput* que constituem objeto ilícito de convenção coletiva ou acordo coletivo de trabalho, *exclusivamente*, a supressão ou a redução dos direitos ali elencados.

---

(563) O art. 611-B da CLT tem a seguinte redação: "Art. 611-B. Constituem objeto ilícito de convenção coletiva ou de acordo coletivo de trabalho, exclusivamente, a supressão ou a redução dos seguintes direitos: I - normas de identificação profissional, inclusive as anotações na Carteira de Trabalho e Previdência Social; II - seguro-desemprego, em caso de desemprego involuntário; III - valor dos depósitos mensais e da indenização rescisória do Fundo de Garantia do Tempo de Serviço (FGTS); IV - salário mínimo; V - valor nominal do décimo terceiro salário; VI - remuneração do trabalho noturno superior à do diurno; VII - proteção do salário na forma da lei, constituindo crime sua retenção dolosa; VIII - salário-família; IX - repouso semanal remunerado; X - remuneração do serviço extraordinário superior, no mínimo, em 50% (cinquenta por cento) à do normal; XI - número de dias de férias devidas ao empregado; XII - gozo de férias anuais remuneradas com, pelo menos, um terço a mais do que o salário normal; XIII - licença-maternidade com a duração mínima de cento e vinte dias; XIV - licença-paternidade nos termos fixados em lei; XV - proteção do mercado de trabalho da mulher, mediante incentivos específicos, nos termos da lei; XVI - aviso prévio proporcional ao tempo de serviço, sendo no mínimo de trinta dias, nos termos da lei; XVII - normas de saúde, higiene e segurança do trabalho previstas em lei ou em normas regulamentadoras do Ministério do Trabalho; XVIII - adicional de remuneração para as atividades penosas, insalubres ou perigosas; XIX - aposentadoria; XX - seguro contra acidentes de trabalho, a cargo do empregador; XXI - ação, quanto aos créditos resultantes das relações de trabalho, com prazo prescricional de cinco anos para os trabalhadores urbanos e rurais, até o limite de dois anos após a extinção do contrato de trabalho; XXII - proibição de qualquer discriminação no tocante a salário e critérios de admissão do trabalhador com deficiência; XXIII - proibição de trabalho noturno, perigoso ou insalubre a menores de dezoito anos e de qualquer trabalho a menores de dezesseis anos, salvo na condição de aprendiz, a partir de quatorze anos; XXIV - medidas de proteção legal de crianças e adolescentes; XXV - igualdade de direitos entre o trabalhador com vínculo empregatício permanente e o trabalhador avulso; XXVI - liberdade de associação profissional ou sindical do trabalhador, inclusive o direito de não sofrer, sem sua expressa e prévia anuência, qualquer cobrança ou desconto salarial estabelecidos em convenção coletiva ou acordo coletivo de trabalho; XXVII - direito de greve, competindo aos trabalhadores decidir sobre a oportunidade de exercê-lo e sobre os interesses que devam por meio dele defender; XXVIII - definição legal sobre os serviços ou atividades essenciais e disposições legais sobre o atendimento das necessidades inadiáveis da comunidade em caso de greve; XXIX - tributos e outros créditos de terceiros; XXX - as disposições previstas nos arts. 373-A, 390, 392, 392-A, 394, 394-A, 395, 396 e 400 desta Consolidação. Parágrafo único. Regras sobre duração do trabalho e intervalos não são consideradas como normas de saúde, higiene e segurança do trabalho para os fins do disposto neste artigo.

O "microssistema legislativo" de precarização de normas laborais por meio de negociação, criado pela Reforma Trabalhista, ganha assim mais uma peça. Quando são tratados os direitos que estariam protegidos frente a reduções ou supressões, esses direitos são previstos de forma taxativa (*caput* do art. 611-B), ou seja, somente os direitos previstos no próprio dispositivo estariam imunes às negociações precarizantes. Por outro lado, a contrário senso, todos os demais direitos estariam suscetíveis à supressão ou redução (*caput* do art. 611-A).

Cabe registrar ainda, que no art. 611-B ainda é efetuada o que pode ser chamado de "reprodução manipulada" dos direitos fundamentais previstos no art. 7º da CF de 1988 e que estariam protegidos frente a precarizações. Com efeito, ao mesmo tempo que o dispositivo parece proteger tais direitos, viabiliza a flexibilização dos mesmos. Exemplo disso, é a suposta proteção ao décimo terceiro salário (inciso V), pois a mesma se resume ao seu valor nominal, permitindo a flexibilização dos dispositivos legais que fixam os prazos de pagamento. Outro exemplo, é o caso do adicional noturno (inciso VI), pois ao mesmo tempo que estabelece que a hora noturna deve ser paga em valor superior à do diurno, permite a redução dos adicionais previstos legalmente.

Além disso, quando o art. 611-B faz expressa referência a alguns direitos laborais infraconstitucionais (como, por exemplo, algumas regras de proteção às mulheres no mercado de trabalho), que não estariam sujeitos à flexibilização, devido ao caráter taxativo do dispositivo, nos termos do seu *caput* (*exclusivamente*), afasta a possibilidade de questionamento quanto ao caráter de ordem pública e, portanto, de serem infensos à negociação, de outros direitos não expressamente nomeados.[564]

Somado a tais dispositivos, como uma das peças do "microssistema precarizante" previsto pela Reforma Trabalhista, o art. 620 da CLT sofreu uma alteração radical, pois esse dispositivo previa, no âmbito infraconstitucional, o princípio da norma mais favorável. Com efeito, na sua redação anterior, o art.620 da CLT previa que as condições estabelecidas em convenção coletiva quando mais favoráveis, prevaleciam sobre as estipuladas em acordo coletivo. Na redação dada pela Lei n. 13.467/2017, o art. 620 prevê que as condições estabelecidas em acordo coletivo de trabalho *sempre* prevalecerão sobre as estipuladas em convenção coletiva de trabalho, ou seja, mesmo quando menos favoráveis.

Como última peça do sistema de precarização viabilizado pela concepção legal do "negociado sobre o legislado", a Reforma Trabalhista foi ainda mais longe na abertura das possibilidades de flexibilização dos direitos dos trabalhadores. Com efeito, o parágrafo único do art. 444 da CLT[565] prevê que para os trabalhadores que tenham diploma de nível

(564) Aliás, a tentativa de limitar a possibilidade de questionamentos às negociações coletivas precarizantes salta aos olhos ao se ler outro dispositivo inserido pela reforma, ou seja, o § 3º do art. 8º da CLT segundo o qual no exame de negociação coletiva o judiciário trabalhista deve se ater exclusivamente a analisar os elementos essenciais do negócio jurídico e devendo se pautar pelo "princípio da intervenção mínima na autonomia da vontade coletiva".

(565) O art. 444 da CLT tem a seguinte redação: "art. 444 – As relações contratuais de trabalho podem ser objeto de livre estipulação das partes interessadas em tudo quanto não contravenha às disposições de proteção ao trabalho, aos contratos coletivos que lhes sejam aplicáveis e às decisões das autoridades competentes. Parágrafo único. A livre estipulação a que se refere o *caput* deste artigo aplica-se às hipóteses previstas no art. 611-A desta Consolidação, com a mesma eficácia legal e preponderância sobre os instrumentos coletivos, no caso de empregado portador

superior e que percebam salário mensal igual ou superior a duas vezes o limite máximo de benefícios do Regime Geral de Previdência Social é possível negociar com o empregador, mediante *acordo individual e in pejus*, em todas as hipóteses previstas no art. 611-A da CLT (dispositivo com redação da Reforma Trabalhista), ao mesmo tempo em que prevê a preponderância desse acordo individual sobre os instrumentos coletivos.

Assim, na concepção legal aprovada pela Lei n. 13.467/2017, o fato de um trabalhador ter curso superior e um salário mais elevado, torna-o capaz de negociar individualmente, em pé de igualdade com o empregador, como se a estrutura desigual do contrato de trabalho não se fizesse presente.

Ora, entende-se que o caráter paradigmático do "negociado sobre o legislado", como mecanismo legal viabilizador da precarização, dá-se em razão do fato de que os dispositivos supracitados, não só flexibilizam especificamente certos direitos expressamente referidos, mas também "abrem as portas" para a ampla possibilidade de flexibilização de outros direitos. Na verdade, é dado um "cheque em branco" para que negociações coletivas e até mesmo individuais, fragilizem direitos laborais.

A negociação coletiva e, em certas condições as negociações individuais, acabam tornando possível que certos direitos fundamentais laborais possam ser amplamente restringidos, especialmente, ao tornar viável a flexibilização das normas infraconstitucionais que regulam a sua incidência.

Além dessa ampla possibilidade de flexibilização que a própria concepção do "negociado sobre o legislado" incorpora, por si só, ao ordenamento jurídico nacional, não parece despiciendo chamar a atenção para algumas das possibilidades de flexibilização expressamente previstas, pois permitem visualizar melhor o "espírito" da Reforma Trabalhista.

Apenas em caráter exemplificativo, pode-se indicar o que está previsto no inciso XII do art. 611-A da CLT, o qual prevê a possibilidade, por meio de negociação, de que seja alterado o grau de enquadramento de insalubridade.

Não parece haver dúvidas de que quando se está tratando de insalubridade (aquilo que não é salubre, aquilo que afeta a saúde),[(566)] está em jogo o direito fundamental à saúde e segurança dos trabalhadores (art. 6º c/c art. 7º, XXII, ambos da CF de 1988). Também não parece que se possa ter dúvidas razoáveis, de que matérias atinentes à saúde e segurança sejam da mais alta relevância jurídica, pois tratam de direitos indisponíveis atinentes à esfera existencial dos indivíduos, entrando em foco o próprio princípio da dignidade humana (art. 1º, III, da CF de 1988).

Ora, o art. 192 da CLT prevê três graus de insalubridade, ou seja, o grau mínimo (10%), o grau médio (20%) e o grau máximo (40%), que se caracterizam em razão do tipo de

---

de diploma de nível superior e que perceba salário mensal igual ou superior a duas vezes o limite máximo dos benefícios do Regime Geral de Previdência Social.

(566) Nos termos do previsto no art. 189 e 190, ambos da CLT combinados com as disposições contidas na Norma Regulamentar n. 15 da Portaria MTE n. 3.214/1978.

atividade ou das condições de trabalho que exponham os trabalhadores à agentes noviços à sua saúde acima dos limites de tolerância, os quais são fixados levando em conta a natureza e intensidade do agente, bem como o tempo de exposição do trabalhador.

Assim, pelo que está disciplinado no inciso XII do art. 611-A da CLT, é possível por negociação coletiva[567] que situações que são caracterizados pela legislação regulamentar como de insalubridade em grau máximo, por exemplo, sejam negocialmente fixadas como de grau mínimo.

Outra situação, intimamente ligada com a acima tratada, é o inciso XIII do art. 611-A da CLT, o qual permite, por negociação, a prorrogação de jornada de trabalho em ambientes insalubres, já referida, que também demonstra que mesmo questões de saúde e segurança no trabalho foram desconsideradas pela Reforma Trabalhista.

Aliás, basta um olhar um pouco mais atento para os dispositivos inseridos na CLT pela Lei n. 13.467/2017 para ficar evidente que, em muitas situações, mesmo quando a legislação dá uma aparência de proteção, na verdade está permitindo a restrição aos direitos laborais.

Como já analisado, o art. 611-B da CLT prevê os direitos que não seriam passíveis de negociação, estando supostamente protegidos frente a negociação *in pejus*. No entanto, quando se atenta para certos incisos do referido artigo, além dos que já foram acima referidos, percebe-se que isso é aparente. Além das situações já citadas, outro exemplo, é o inciso XI do artigo que prevê que o número de dias de férias devidas ao empregado não é passível de negociação. No entanto, não veda a negociação sobre a época do pagamento[568] viabilizando, por exemplo, que o trabalhador saia de férias sem receber seu pagamento. Não precisa dizer que isso pode inviabilizar o próprio gozo das férias.

Como se não bastassem os ataques promovidos aos direitos dos trabalhadores pela Reforma Trabalhista, o pior é que o processo de flexibilização de direitos dos trabalhadores parece não ter fim. Com efeito, basta um agravamento da crise econômica e são os direitos dos trabalhadores que entram na "linha de tiro", inclusive com a chancela do Supremo Tribunal Federal.

Bastou um aprofundamento da crise estrutural em razão da pandemia do Covid-19, para que a negociação coletiva como instrumento de flexibilização de direitos fosse considerada "muito rígida" e, assim, afastada de forma geral, permitindo-se a prevalência do negociado sobre o legislado por acordos individuais.[569]

---

(567) E nos casos do parágrafo único do art. 444, por negociação individual.

(568) O art. 145 da CLT prevê que tal pagamento teria que se dar até dois dias antes do início das férias.

(569) Além disso, não só no Brasil existe a aposta em contratos mais precários ("trabalho moderno") como suposta solução para a acentuação da crise provocada pelo Covid-19. Ver sobre isso a matéria sobre contratação temporária na Alemanha em: MIGALHAS. *Alemanha aposta no trabalho temporário para recuperar economia*. Disponível em: <https://migalhas.uol.com.br/quentes/337949/alemanha-aposta-no-trabalho-temporario-para-recuperar-economia>. No Brasil, por seu turno, o Governo Federal demonstra a intenção de continuar a flexibilizar direitos dos trabalhadores, visando instituir, por decreto o "Programa Permanente de Consolidação, Simplificação e Desburocratização de Normas Trabalhistas e o Prêmio Nacional Trabalhista". Ver a notícia a denúncia da Associação Nacional dos Magistrados Trabalhistas em: ANAMATRA. *Decreto do governo prevê "simplificação" de regras trabalhistas; entenda*. Disponível em:

Com efeito, as Medidas Provisórias 927 e 936, ambas de 2020, permitiram a flexibilização de direitos fundamentais laborais por negociação individual e até mesmo por atos unilaterais do empregador, sendo ambas chanceladas, na sua quase integralidade, por decisões do STF e pelo Congresso Nacional.

A MP n. 927, que acabou perdendo vigência por não ter sido votada pelo Congresso Nacional, permitiu que por meio de decisões unilaterais do empregador e, também, por meio de acordos individuais, fossem afetados uma série de direitos laborais (como férias, troca de dia de feriados, limite de jornada de trabalho, teletrabalho, etc.). A referida MP n. 927 foi questionada no Supremo Tribunal Federal por meio da Ação Direta de Inconstitucionalidade (ADI) n. 6.342, tendo a liminar sido negada pelo Relator Min. Marco Aurélio. Na decisão sobre a não concessão da liminar, o plenário do STF apenas afastou os arts. 29 (que impunha a demonstração especifica de nexo causal para caracterizar como ocupacionais as contaminações por Covid-19) e o 31 (que restringia a possibilidade de fiscalização de ilícitos trabalhistas), sendo mantido o restante da Medida Provisória.(570)

Já a MP n. 936/2020, convertida na Lei n. 14.020/2020, instituiu o chamado "Programa Emergencial de Manutenção do Emprego e Renda". Assim, além de prever o Benefício Emergencial e a suspensão do contrato de trabalho, viabilizou a redução de salário e jornada de trabalho por meio de acordo individual entre empregadores e trabalhadores.

Muito embora o inciso VI do art. 7º da CF de 1988 seja expresso em só permitir a redução salarial por meio de negociação coletiva, o plenário do STF manteve a MP n. 936/2020, admitindo a suspensão do contrato e a redução de salário e jornada por meio de acordo individual, independentemente de anuência das entidades sindicais. O relator para o acórdão, Ministro Alexandre de Moraes, no que foi acompanhado pela maioria do Tribunal, sustentou que as medidas deveriam ser aceitas em razão do momento excepcional, afirmando ser razoável a previsão de acordo individual e que a exigência de atuação sindical poderia gerar insegurança jurídica e aumentar o desemprego, razão pela qual não haveria contraposição de interesses entre empregadores e trabalhadores, pois as medidas visavam preservar empregos.(571)

Como parece restar evidenciado, os mesmos argumentos utilizados para a aprovação da Reforma Trabalhista, reaparecem diante do aprofundamento da crise pela pandemia e servem para justificar a precarização dos direitos dos trabalhadores.(572)

<https://www.anamatra.org.br/imprensa/anamatra-na-midia/30799-decreto-do-governo-preve-simplificacao-de-regras-trabalhistas,entenda?highlight=WyJkZWNyZXRvliwiJ2RlY3JldG8nll0=>.

(570) BRASIL. Supremo Tribunal Federal. *ADI n. 6.342.* Disponível em: <http://portal.stf.jus.br/processos/detalhe.asp?incidente=5880968>.

(571) Os dados podem ser conferidos em: BRASIL. Supremo Tribunal Federal. *ADI n. 6.363.* Disponível em: <http://portal.stf.jus.br/processos/detalhe.asp?incidente=5886604>. Não parece despiciendo lembrar que, mesmo em casos de estado de defesa ou de sítio (arts. 136 e s), a Constituição Federal de 1988 não permite flexibilizar o seu art. 7º que prevê os principais direitos fundamentais sociais específicos dos trabalhadores.

(572) Da mesma forma, pode-se dizer que exatamente o mesmo espírito precarizante, sob o argumento de geração de empregos (que não seriam gerados), é o que inspirou a Medida Provisória n. 1.045/2021 que tramitou no Congresso Nacional e que tinha potencial de produzir mais um atentado aos direitos dos trabalhadores. Após aprovada na Câmara dos deputados, felizmente a MP foi rejeitada e arquivada no Senado Federal. Ver sobre a MP n. 1.045/2021 a matéria da Associação Nacional dos Magistrados Trabalhista. *MP n. 10.45/21:* Anamatra alerta para

Diante de todos estes dados, alterações legislativas e decisões judiciais, parece bastante plausível afirmar que a análise de Zygmunt Bauman(573) se realiza de forma lapidar na realidade que está sendo moldada segundo a lógica econômica dominante. Afirma o autor:

> O mercado de trabalho é rígido demais; precisa tornar-se flexível, quer dizer, mais dócil e maleável, fácil de moldar, cortar e enrolar, sem apresentar resistência ao que quer que se faça com ele. [...] Como muitos valores da linha de frente, a ideia de "flexibilidade" esconde a sua natureza de relação social, o fato de que demanda a redistribuição de poder e implica uma intenção de expropriar o poder de resistência daqueles cuja "rigidez" está a ponto de ser superada. [...] os empregos surgem e somem assim que aparecem, são fragmentados e eliminados sem aviso prévio, como as mudanças nas regras do jogo de contratação e demissão — e pouco podem fazer os empregados ou os que buscam emprego para parar essa gangorra. E assim, para satisfazer os padrões de flexibilidade estabelecidos para eles por aqueles que fazem e desfazem as regras — ser "flexíveis" aos olhos dos investidores —, as agruras dos "fornecedores de mão de obra" devem ser tão duras e inflexíveis quanto possível — com efeito, o contrário mesmo de "flexíveis": sua liberdade de escolha, de aceitar ou recusar, quanto mais de impor as suas regras do jogo, deve ser cortada até o osso.

Assim, todo o exposto evidencia a direção das medidas legislativas que vem sendo adotadas e a posição que o próprio STF tem tomado, pois a cada vez que a crise estrutural, combinada com outros eventos cíclicos, se aprofunda, novas ondas regressivas afetam os direitos fundamentais dos trabalhadores numa aparente erosão sem fim.

3.2. Necessário, mas insuficiente: os princípios da proibição de retrocesso social e da norma mais favorável como diretrizes constitucionais na interpretação dos direitos fundamentais dos trabalhadores — Aspectos gerais

Esboçadas as linhas gerais sobre o contexto em que se deu a Reforma Trabalhista, a situação geral do mercado de trabalho posterior à sua implementação, bem como indicadas as alterações paradigmáticas implementadas, em especial, aquilo que se convencionou chamar de "negociado sobre o legislado", cabe agora analisar se tais alterações são compatíveis com os princípios da proibição de retrocesso social e da norma mais favorável.

No momento em que certos direitos são reconhecidos como direitos fundamentais, entre outras diretrizes interpretativas para a sua proteção frente as interpretações ou atuações erosivas, entram em cena os princípios da proibição de retrocesso social (também denominado como princípio da não regressividade) e o da norma mais favorável. Conforme já sustentado no segundo capítulo, não existe dúvida razoável de que os direitos dos trabalhadores foram alçados pela Constituição Federal de 1988 ao patamar de direitos fundamentais.

---

permanência de dispositivos que precarizam direitos trabalhistas em texto aprovado pela Câmara. Disponível em: <https://www.anamatra.org.br/imprensa/noticias/31262-mp-1045-21-anamatra-alerta-para-permanencia-de-dispositivos-que-precarizam-direitos-trabalhistas-em-texto-aprovado-pela-camara>. Ver sobre tal questão Central Única dos Trabalhadores. *Confira 15 direitos fundamentais que a MP n. 1.045 tira dos trabalhadores.* Disponível em: <https://www.cut.org.br/noticias/confira-15-direitos-fundamentais-que-a-mp-1045-tira-dos-trabalhadores-e598>.

(573) BAUMAN, Zygmunt. *Globalização:* as conseqüências humanas. Rio de Janeiro: Jorge Zahar, 1999. p. 112-113.

Dessa forma, os princípios da proibição de retrocesso social e o da norma mais favorável são critérios necessários para a aferição da constitucionalidade de eventuais alterações que possam erodir os direitos fundamentais sociais dos trabalhadores.

No direito brasileiro, em especial, no campo dos direitos fundamentais dos trabalhadores, cabe defender uma simbiose mais estrita entre o princípio da proibição de retrocesso social e o princípio da norma mais favorável, ambos princípios hermenêuticos básicos no campo dos direitos fundamentais.

Assim, entende-se que é imprescindível um escrutínio estrito das alterações legislativas em curso no âmbito laboral, em especial, as alterações inauguradas pela chamada Reforma Trabalhista (Lei n. 13.467/2017) no tocante ao "negociado sobre o legislado" sob o ponto de vista dos princípios da proibição de retrocesso social e da norma mais favorável. Isso se dá, em especial, visto que tal mecanismo abre as portas para um possível e provável processo de erosão contínua dos direitos fundamentais dos trabalhadores.

Impõe-se, portanto, que se afirme a necessidade de uma espécie de bloqueio às medidas precarizantes, de "nem um passo para trás", pois a precariedade das condições de trabalho no Brasil já alcançou um patamar perigoso.

Não é possível desconsiderar que os direitos fundamentais, como componentes básicos das constituições "rígidas", constituem-se em critérios basilares na própria produção do direito, bem como em sua interpretação/aplicação. Aliás, comentando sobre a superação do modelo puramente formal de controle sobre a produção do próprio direito, Ferrajoli[(574)] lembra que nos modelos constitucionais hodiernos, existe a vinculação formal e material aos preceitos constitucionais, em especial, aos princípios fundamentais e aos direitos fundamentais. Afirma o autor:

> [...] el sistema de las normas sobre la produción de normas — habitualmente establecido, en nuestros ordenamientos, con rango constitucional — no se compone sólo de normas formales sobre la competencia o sobre los procedimentos de formación de las leyes. Incluye también normas sustanciales, como el principio de igualdad y los derechos fundamentales, que de modo diverso limitan y vinculan ao poder legislativo excluyendo o imponiéndole determinados contenidos. Así, una norma — por ejemplo, una ley que viola el principio constitucional de igualdad — por más que tenga existencia formal o vigência, puede muy bien ser inválida y como tal susceptible de anulación

(574) FERRAJOLI, Luigi. *Derechos y garantias:* la ley del más débil, p. 20-21-22. Aliás, em outro texto, abordando a "constituição" como ordem normativa e vinculante que edifica e aponta no sentido de um projeto político e jurídico, Ferrajoli afirma: "Lo que llamamos constitución consiste precisamente en este sistema de reglas, substanciales y formales, que tiene por destinatários a los titulares del poder. Bajo esta perspectiva, las constituciones no representan sólo el complemento del Estado de derecho a través da extesión del principio de legalidade para todos los poderes, incluso al legislativo, también son un programa político para el futuro: la imposición a todos os poderes de imperativos negativos e positivos como su fuente de legitimación, pero también, y diría, sobre todo, de deslegitimación. Constituyen, por así decir, unas utopias de derecho positivo, que en cuanto nunca realizables perfectamente, establecen, sin embargo, en cuanto derecho sobre el derecho, las perspectivas de transformación del derecho mismo en direción de la igualdad en los derechos fundamentales." FERRAJOLI, Luigi. *El garantismo y la filosofia del derecho.* Bogotá: Universidad Externado de Colombia, 2001. p. 171.

> por contraste con uma norma sustancial sobre su produción. [...] Todos os derechos fundamentales — no sólo los derechos sociales y las obrigaciones positivas que imponen al Estado, sino también los derechos de liberdad y los correspondientes deberes negativos que limitan sus intervenciones – equivalen a vínculos de sustância y no de forma, que condicionan la validez sustancial de las normas producidas y expresan, al mismo tempo, lo fines a que está orientado esse moderno artifício que es el Estado constitucional de derecho.

Justamente em razão desse desenho institucional que, como afirma Peces-Barba[575], existe uma garantia interpretativa "desde os direitos fundamentais", ou seja, nas palavras do autor:

> [...] la interpretación de todas las normas dentro de nuestro Ordenamiento deberá hacerse en conformidade con los derechos fundamentales, es decir en el sentido más favorable para su efectividad. Así, estos se convierten el limite y guia de la interpretación.

Pérez Luño,[576] por seu turno, chama a atenção para o fato de que o princípio interpretativo *in dubio pro libertate*, não pode mais ser entendido de forma restritiva, como se fosse destinado a proteger apenas os direitos individuais dirigidos a manter o *status quo* econômico e social, pois tem uma extensão de maior medida, alcançando o conjunto dos direitos fundamentais que decorrem da decisão básica de reconhecer e tutelar a dignidade da pessoa humana (com o seu corolário intrínseco: o livre desenvolvimento da personalidade) e os direitos fundamentais. O autor afirma:

> Tal decisión, lógica en um Estado de Derecho que se define como social y democrático, impone una interpretación de los derechos fundamentales que los contemple no sólo como esferas subjetivas de libertad, sino como elementos constitutivos de un sistema unitário de libertades "patrimonio común de los ciudadanos individual y colectivamente", cuya extensión y eficacia máximas aparecen como la irrencunciable meta a alcanzar.

Entende-se que esse efeito hermenêutico dos direitos fundamentais ganha ainda maior importância em ordenamentos jurídicos como o brasileiro, alicerçado na Constituição Federal de 1988, pois a ordem constitucional positiva princípios fundamentais (arts. 1º ao 4º), além de uma ampla gama de direitos fundamentais (em especial, nos arts. 5º ao 17), os quais são elementos centrais na compreensão do ordenamento jurídico vigente com um caráter principial.[577]

(575) PECES-BARBA MARTÍNEZ, Gregorio. *Curso de derechos fundamentales:* teoría general, *op. cit.*, p. 511.

(576) PÉREZ LUÑO, Antonio Enrique. *Derechos humanos, estado de derecho y constitución*. 8. ed. Madrid: Tecnos, 2003. p. 316.

(577) Sobre o caráter "principial" dos direitos fundamentais ver: ALEXY, Robert. *Teoría de los derechos fundamentales*. Madrid: Centro de Estudios Constitucionales, 2001. p. 89-90, nota 32; CANOTILHO, J. J. Gomes. *Direito constitucional e teoria da constituição*, p. 1258.

É por isso que, nessa linha interpretativa, faz-se importante a advertência de Gilberto Bercovici[(578)] quando afirma:

> O acerto ou não da jurisdição constitucional está na manutenção da coerência essencial de sua interpretação com os princípios fundamentais da Constituição, atualizando-os conjunturalmente, mas sem manipular o texto contrariamente aos seus fins. [...] O elevado grau de abertura dos princípios constitucionais permite que sejam adaptados, pela interpretação, às mudanças históricas. Contudo, existe um significado ou conteúdo mínimo que não é alterável mediante interpretação. A abertura dos dispositivos constitucionais não significa ausência de significados mínimos, ao menos em sentido histórico e linguístico, que não podem ser dispostos por maiorias conjunturais. Desta forma, não se pode utilizar a realidade econômica ou social de um momento dado como critério para que não sejam aplicados os princípios constitucionais. A linguagem constitucional não é tão aberta de modo a permitir significados ou sentidos contrários ao sentido literal do texto. E, por isso, o limite intransponível de toda e qualquer interpretação é o texto constitucional.

É dentro desse enfoque que ganha importância central a análise dos dois princípios básicos de hermenêutica dos direitos fundamentais, em geral, e dos direitos fundamentais sociais dos trabalhadores, em especial, que são os princípios fundamentais da proibição de retrocesso social e o princípio da norma mais favorável.

Assim, num primeiro momento, será abordado o princípio da proibição de retrocesso social e, posteriormente, o princípio da norma mais favorável para, então, sob a lente dos mesmos avaliar as alterações promovidas pela Reforma Trabalhista, especialmente, o chamado "negociado sobre o legislado".

3.2.1. Princípio da proibição de retrocesso social: noções gerais

Conforme já foi asseverado, quando certos direitos são reconhecidos como direitos fundamentais pela ordem jurídica constitucional (ou em pactos/tratados/convenções de direito internacional),[(579)] o princípio da proibição de retrocesso social (ou da não regressividade) deve atuar como baliza hermenêutica necessária para a sua proteção frente as interpretações ou atuações erosivas.

Em momentos de crise (socioeconômica, política, institucional), esse princípio jurídico fundamental tem ainda maior relevância, a fim de evitar a corrosão de patamares civilizatórios mínimos, que tornam possível uma sociedade minimamente democrática, diante de possíveis normas regressivas que possam ser aprovadas por maiorias parlamentares eventuais.

---

(578) BERCOVICI, Gilberto. *Desigualdades regionais, estado e constituição.* São Paulo: Max Limonad, 2003. p. 308.

(579) Muito embora não se desconheça as diferenciações e a problemática que resulta da posição hoje dominante no Supremo Tribunal Federal (STF) sobre o *locus* hierárquico dos Tratados Internacionais de direitos humanos no âmbito da legislação interna, ou seja, tendo hierarquia constitucional — se processados segundo o § 3º do art. 5º da CF — e com hierarquia supralegal — se não for observado o referido procedimento —, adota-se aqui um sentido amplo de positivação, pois, de qualquer forma, esses Tratados terão posição hierárquica superior à legislação infraconstitucional.

O princípio da proibição de retrocesso social é um princípio consagrado tanto no plano do direito internacional dos direitos humanos, como também do direito constitucional em matéria de direitos fundamentais, especialmente os direitos fundamentais sociais, muito embora não esteja limitado a estes.(580) Em razão disso, as considerações sobre o referido princípio serão feitas a partir desses dois *locus*, sem preocupação de separá-los, muito embora sendo indicados os fundamentos jurídicos de cada visão.

A proibição de retrocesso social está intimamente ligada à ideia de segurança jurídica, bem como com o princípio da dignidade humana, pois como os direitos fundamentais estão fundados na dignidade (e na igualdade), sua proteção requer a proteção não só frente a medidas retroativas que atinjam direitos subjetivos (já protegidas pelos clássicos institutos do direito adquirido, do ato jurídico perfeito e da coisa julgada), mas também frente a medidas regressivas que atinjam o próprio direito objetivo.(581)

Ingo Wolfgang Sarlet(582) afirma que a problemática da proibição de retrocesso social guarda íntima ligação com a ideia de "segurança jurídica" que, por sua vez, é intrínseca a um verdadeiro Estado de Direito, pois este deve ser um "Estado de segurança jurídica". Segundo o autor, a segurança jurídica vem sendo considerada pela moderna doutrina constitucional como um princípio fundamental estruturante do Estado de Direito, implicando um direito geral de segurança e proteção à pessoa humana frente a atos do poder público e de outros particulares, especialmente quando o Estado de Direito se configura como "Democrático". Para o autor, a proteção dos direitos fundamentais, os quais decorrem, em maior ou menor grau, do princípio da dignidade humana, faz parte do conteúdo mínimo da segurança jurídica exigível em um Estado Democrático de Direito. O autor afirma:

> En cuanto al alcance de la seguridade jurídica, la dignidad de la persona humana no exige sólo una protección frente a actos de cuño retroactivo (esto,

(580) Nesse sentido, cabe lembrar a posição assentada no Acórdão 509/02, proferido pelo Tribunal Constitucional Português, no qual foi discutida a constitucionalidade de um diploma legal que restringia o alcance de prestações sociais (rendimento mínimo garantido). Na referida decisão, o Tribunal faz menção do posicionamento do Conselho Constitucional francês, o qual assentou que esse princípio se aplica não somente aos chamados "direitos econômicos e sociais", como também às chamadas "liberdades públicas", alcançando, assim, todos os direitos fundamentais. O acórdão pode ser consultado em: PORTUGAL. Tribunal Constitucional. *Acórdão 509/02*. Disponível em: <www.tribunalconstitucional.pt>.

(581) Sobre isso ver, SARLET, Ingo Wolfgang. La prohibición de retrocesso en los derechos sociales fundamentales en Brasil: algunas notas sobre desafio de la supervivência de los derechos sociales en um contexto de crisis. In: *Ni un passo atrás:* la prohibición de regresividad en matéria de derechos sociales. Compilado por Christina Courtis. 1. ed. Buenos Aires: Del Puerto, 2006. p. 329-334; PISARELLO, Gerardo. Derechos sociales y principio de no regresividad en España. In: *Ni un passo atrás: la prohibición de regresividad en matéria de derechos sociales.* Compilado por Christina Courtis. 1. ed. Buenos Aires: Del Puerto, 2006. p. 318-320; CANOTILHO, José Joaquim Gomes. *Constituição dirigente e vinculação do legislador:* contribuição para a compreensão das normas constitucionais programáticas. Coimbra: Coimbra, 1994. p. 413-414; ABRAMOVICH, Víctor; COURTIS, Christian. *Hacia la exigibilidade de los derechos económicos, sociales y culturales. Estándares internacionales y critérios de aplicación ante los tribunales locales*, p. 40-41. Disponível em: <http://www.oda-alc.org/documentos/1366995147.pdf>.

(582) SARLET, Ingo Wolfgang. *La prohibición de retrocesso en los derechos sociales fundamentales en Brasil:* algunas notas sobre desafio de la supervivência de los derechos sociales en um contexto de crisis, p. 329-332. No mesmo sentido, Pisarelo também mostra que a doutrina vincula a proibição de retrocesso social (não regressividade — na linguagem do autor) com o princípio da segurança jurídica. PISARELLO, Gerardo. *Derechos sociales y principio de no regresividad en España.* p. 318-320.

> claro, cuando esté en juego una efectiva o potencial violación de la dignidad en alguna de sus manifestaciones), sino que incluye — esta es la tesis que sustentaremos — una protección contra las medidas regresivas, aunque no puedan considerarse propiamente como retroactivas, ya que no afectan derechos adquiridos, actos jurídicos perfectos o la cosa juzgada. Basta recordar aquí la posibilidad de que el legislador, sea por medio de una reforma constitucional, sea por una reforma en el plano legislativo, suprima determinados contenidos de la Constitución o revoque normas legales destinadas a la reglamentación de disposiciones constitucionales, en especial en materia de derechos sociales, aunque lo haga con efectos meramente prospectivos.

José Joaquim Gomes Canotilho(583) afirma que não apenas do ponto de vista político é importante que a proibição de retrocesso social seja imposta como um limite ao legislador, mas também sob o ponto de vista jurídico-constitucional, para evitar que o retrocesso viole arbitrariamente as imposições ou o programa constitucional. Essa posição é uma consequência que deriva do princípio da confiança no legislador e da própria "justiça" do sistema, muito embora o autor prefira falar da força dirigente irradiante das normas constitucionais diretivas e da constitucionalização (pelo menos material) dos preceitos legais concretizadores.

Sustenta Canotilho que, nas suas relações com o direito constitucional, as normas infraconstitucionais não devem se limitar a servir apenas como meio ou instrumento auxiliar na interpretação dos conceitos constitucionais, devendo apresentar também uma função caracterizante (concretizante). Defende uma "osmose recíproca" entre a constituição e as normas infraconstitucionais, o que significa que a mediação do âmbito normativo-constitucional, legislativamente operada, passa a constituir um elemento material do programa normativo constitucional, o que leva ao aprofundamento de sentido dos princípios e normas constitucionais dirigentes.

Por seu turno, abordando a noção de "não regressividade" a partir do Pacto de Direitos Econômicos Sociais e Culturais, o que de forma alguma impede sua transferência para o âmbito do direito constitucional interno em razão de sua plena compatibilidade e vigência no direito brasileiro, Víctor Abramovich e Christian Courtis(584) afirmam:

> La obligación de no regresividad constituye justamente uno de los parámetros de juicio de las medidas adoptadas por el Estado en materia de derechos económicos, sociales y culturales que resulta directamente aplicable por el Poder Judicial. Desde el punto de vista conceptual, la obligación de no regresividad constituye una limitación que la Constitución y los tratados de derechos humanos pertinentes imponen sobre los Poderes Legislativo y Ejecutivo a las posibilidades de reglamentación de los derechos económicos, sociales y

(583) CANOTILHO, José Joaquim Gomes. *Constituição dirigente e vinculação do legislador:* contribuição para a compreensão das normas constitucionais programáticas. Coimbra: Coimbra Editora, 1994. p. 413-414.

(584) ABRAMOVICH, Víctor; COURTIS, Christian. *Hacia la exigibilidade de los derechos económicos, sociales y culturales. Estándares internacionales y critérios de aplicación ante los tribunales locales*, p. 40-41.

> culturales. La obligación veda al legislador y al titular del poder reglamentario toda reglamentación que derogue o reduzca el nivel de los derechos económicos, sociales y culturales de los que goza la población. Desde el punto de vista del ciudadano, la obligación constituye una garantía de mantenimiento de los derechos económicos, sociales y culturales de los que goza desde la adopción del PIDESC, y de su nivel de goce, a partir de dicha adopción y de toda mejora que hayan experimentado desde entonces. Se trata de una garantía sustancial, es decir, de una garantía que tiende a proteger el contenido de los derechos vigentes al momento de la adopción de la obligación internacional, y el nivel de goce alcanzado cada vez que el Estado, en cumplimiento de su obligación de progresividad, haya producido una mejora.

Assim, como observa Ingo Wolfgang Sarlet, a questão central plantada pelo princípio da proibição de retrocesso social implica na sindicância para verificar se os poderes constituídos tem a possibilidade de disposição em relação aos direitos fundamentais já implementados e, se o tem, em que limite, mesmo que isso não implique a violação das clássicas garantais frente a retroatividade (ato jurídico perfeito, direito adquirido e coisa julgada). Afirma o autor:[(585)]

> En suma, la cuestión central planteada en el contexto específico de la prohibición de retroceso es la de saber si y hasta qué punto puede el legislador lnfraconstítucíonal (así como los demás órganos estatales, en su caso) volver atrás en lo que se refiere a la implementación de los derechos sociales fundamentales, así como de los objetivos establecidos por el constituyente — por ejemplo, en el artículo 3 de la Constitución de 1988 — en el ámbito de las normas de cuño programático (o impositivo, si se prefiere esa terminología), aun cuando no lo haga con efectos retroactivos o cuando no esté en juego una alteración del texto constitucional.

Aliás, uma definição precisa do núcleo essencial do princípio da proibição de retrocesso social é dado na decisão proferida pelo Tribunal Constitucional Português, no clássico acórdão n. 39/84,[(586)] em que o Tribunal assenta a seguinte noção:

> [...] a partir do momento em que o Estado cumpre (total ou parcialmente) as tarefas constitucionalmente impostas para realizar um direito social, o respeito constitucional deste, deixa de consistir (ou deixa de constituir apenas) numa obrigação positiva, para se transformar ou passar também a ser uma obrigação negativa. O Estado, que estava obrigado a actuar para dar satisfação ao direito social, passa a estar obrigado a abster-se de atentar contra a realização dada ao direito social. [...]

Portanto, o princípio da proibição de retrocesso social se apresenta como um mecanismo de proteção dos direitos fundamentais, em especial, dos direitos fundamentais econômicos, sociais e culturais, embora não se reduza a estes, que visa proteger um dado patamar de concretização de tais direitos, impedindo a sua erosão em razão da atuação dos poderes

(585) SARLET, Ingo Wolfgang. *La prohibición de retrocesso en los derechos sociales fundamentales en Brasil:* algunas notas sobre desafio de la supervivência de los derechos sociales en um contexto de crisis, p. 333-334.

(586) O acórdão pode ser consultado em: PORTUGAL. Tribunal Constitucional. *Acórdão 39/84.* Disponível em: <www.tribunalconstitucional.pt>.

constituídos. Esse princípio opera como uma proteção ao próprio direito objetivo, ou seja, às prescrições normativas que preveem os direitos fundamentais e seus desdobramentos concretizantes na legislação infraconstitucional.

Segundo Christian Courtis,(587) pode-se falar em dois tipos de proibição de retrocesso (não regressividade): a de "resultados" ou a "normativa".(588) Afirma o autor:

> Por un lado, es posible aplicar la noción de regresividad a los *resultados de una política pública (regresividad de resultados)*. En este sentido, la política pública desarrollada por el Estado es regresiva cuando sus resultados hayan empeorado en relación con los de un punto de partida temporalmente anterior elegido como parâmetro. Esta aplicación de la noción de regresividad requiere, por ende, indicadores o referencias empíricas. [...] Por otro lado, la noción de regresividad puede aplicarse a normas jurídicas: es decir, se refiere *a la extensión de los derechos concedidos por una norma (reqresividad normativa)*. En este sentido -no empírico sino normativo-, para determinar que una norma es regresiva, es necesario compararla com la norma que ésta ha modificado o sustituido, y evaluar si la norma posterior suprime, limita o restringe derechos o beneficios concedidos por la anterior.

Não há dúvidas que, muito embora possível o tratamento da questão da proibição de retrocesso social sob a ótica dos "resultados", esse tipo de abordagem implica uma pesquisa empírica, no sentido de levantamento dos dados relativos à determinadas políticas públicas anteriores e posteriores a uma dada mudança normativa, não se podendo desconhecer que isso pode dificultar, em alguma medida, a sua efetivação em nível de proteção jurisdicional. Já a análise sob a ótica "normativa" é de aplicação menos complexa, pois questiona o grau de proteção normativo na comparação entre dois textos normativos sob o ponto de vista estritamente jurídico, estando, assim, mais afeito aos padrões tradicionais e consolidados da jurisdição, bastando a comparação do grau de proteção e efetivação dado a um direito nos textos normativos sindicados.

Assentadas estas ideias gerais, verdadeiros conceitos operativos, cabe agora analisar se o princípio da proibição de retrocesso social realmente encontra base de positividade no direito brasileiro.

3.2.1.1. O princípio da proibição de retrocesso social e sua previsão no direito brasileiro

Antes de mais nada, para averiguar se o princípio da proibição de retrocesso social está positivado no ordenamento jurídico brasileiro, cumpre que sejam estabelecidas algumas premissas.

(587) COURTIS, Christian. La prohibición de regressidad en matéria de derechos sociales: apuentes introductorios. In: *Ni un passo atrás:* la prohibición de regresividad en matéria de derechos sociales. Compilado por Christina Courtis. 1. ed. Buenos Aires: Del Puerto, 2006. p. 3-4.

(588) Saliente-se, desde já, que se entende que tais critérios também podem ser estendidos ao princípio da norma mais favorável, ou seja, para se averiguar se uma norma é ou não favorável, pode-se também ser analisados os resultados fáticos de sua aplicação, como também essa análise pode se dar apenas no aspecto normativo.

Em primeiro lugar, cumpre lembrar que já no preâmbulo da Constituição Federal de 1988, existe o reconhecimento do déficit histórico de desigualdades socioeconômicas na sociedade brasileira, especialmente no que tange ao acesso e a efetividade dos direitos fundamentais sociais, tanto que esses são os primeiros a serem nominados no texto. Com efeito, é expressamente previsto que a Assembleia Constituinte tem por objetivo instituir um Estado Democrático de Direito destinado a assegurar o exercício dos direitos sociais e individuais, além de outros valores impostergáveis.

Em segundo lugar, cumpre lembrar que a Constituição Federal expressamente institui um Estado Democrático de Direito (art. 1º), fundado na dignidade humana (art. 1º, III), na cidadania (art. 1º, II) e nos valores sociais do trabalho e da livre iniciativa (art. 1º, IV), implicando assim que mesmo o regime de produção capitalista deve estar pautado por uma "função social" (art. 170). Além disso, impõe que o Brasil seja pautado em suas relações internacionais pela prevalência dos direitos humanos (art. 4º, I), o que, por coerência, implica também a prevalência interna dessa diretriz.

Em terceiro lugar, a Constituição Federal estabelece um verdadeiro projeto de civilização, prevendo uma série de objetivos a serem alcançados e buscados pelo Estado e pela sociedade civil, em especial, no sentido de construir uma sociedade livre, justa e solidária, sem preconceitos, desenvolvida como um todo e que vise a erradicação da pobreza, da marginalização e das desigualdades sociais (art. 3º), ficando evidenciada, assim, em combinação com o art. 1º, que se trata de um projeto político, socioeconômico e jurídico próprio de um Estado Democrático e Social de Direito.

Em quarto lugar, a Constituição Federal além de prever um rol significativo de direitos individuais (civis), também prevê um leque de direitos fundamentais sociais, deixando em aberto esse catálogo para ser integrado por outros direitos que decorram dos princípios albergados no próprio texto constitucional ou que promanem dos tratados de direitos humanos (art. 5º, §§ 2º e 3º), indicando claramente a opção constitucional em construir um Estado e uma sociedade pautados pela dignidade humana e os direitos fundamentais em sentido integral.

Dito isso, e numa linha compatível com o que está acima sustentado, cumpre lembrar o significado da fundação de um Estado Democrático de Direito nas palavras de Lenio Luiz Streck:(589)

Tais valores substantivos fazem parte do núcleo político da Constituição, que aponta para o resgate das promessas de igualdade, justiça social, realização dos direitos fundamentais. Dito de outro modo, da materialidade do texto constitucional extrai-se que o Estado Democrático de Direito, na esteira do constitucionalismo do pós-guerra, consagra o princípio da democracia econômica, social e cultural, mediante os seguintes pressupostos deontológicos: a) constitui uma imposição constitucional dirigida aos órgãos de direção política e da administração para que desenvolvam atividades econômicas conformadoras e transformadoras do

(589) STRECK, Lenio Luiz. *Jurisdição constitucional e hermenêutica:* uma nova crítica do direito. Porto Alegre: Livraria do Advogado, 2002. p. 32-34.

domínio econômico, social e cultural, de modo a evoluir-se para uma sociedade democrática cada vez mais conforme aos objetivos da democracia social; b) representa uma autorização constitucional para que o legislador e os demais órgãos adotem medidas que visem a alcançar, sob a ótica da justiça constitucional, nas vestes de uma justiça social; c) implica a proibição de retrocesso social, cláusula que está implícita na principiologia do Estado social constitucional; d) perfila-se como elemento de interpretação, obrigando o legislador, a administração e os tribunais a considerá-lo como elemento vinculado da interpretação das normas a partir do comando do princípio da democracia econômica, social e cultural; e) impõe-se como fundamento de pretensões jurídicas aos cidadãos, pelo menos nos casos de defesa das condições mínimas de existência.

Estabelecidas estas premissas, que demonstram a "ideologia" positivada no texto constitucional, pode-se afirmar que tanto na doutrina como na jurisprudência está atestada a positivação do princípio da proibição de retrocesso social no direito constitucional brasileiro.

Ingo Wolfgang Sarlet indica alguns dos principais fundamentos que levam à admissão da positivação do princípio da proibição de retrocesso social no ordenamento jurídico brasileiro. Afirma o autor:[590]

> Así, la prohibición de retroceso asume (como creo ha sido suficientemente fundamentado) rasgos de verdadero principio constitucional fundamental implícito, que puede ser reconducido tanto al principio del Estado de derecho (en el ámbito de la protección de la confianza y de la estabilidad de las relaciones jurídicas inherentes a la seguridad jurídica), como al principio del Estado social, en su condición de garantía del mantenimiento de los grados mínimos de seguridad social alcanzados, siendo, por otro lado, corolario de la máxima eficacia y efectividad de las normas de derechos sociales fundamentales y del derecho a la seguridad jurídica, así como de la propia dignidad de la persona humana. Si se toma en cuenta que la prohibición de retroceso social, por no tratarse de una regla general y absoluta, sino de un principio, no admite solución basada sobre la "lógica de todo o nada" (en el sentido de las en señanzas de Dworkin. Alexy y determinadas reducciones en el ámbito de las conquistas sociales a nivel infraconstitucional, está prohibida, desde luego, su supresión pura y simple. En efecto, vale reproducir, en este contexto, la opinión de Gomes Canotilho, quien sostiene que el núcleo esencial de los derechos sociales ya realizado y efectivizado por el legislador se encuentra constitucionalmente garantizado contra medidas estatales que, en la práctica, resulten en la anulación, derogación o aniquilación pura y simple de ese núcleo esencial, de tal suerte que la libertad de configuración del legislador y la auto-reversibilidad inherente encuentran limitaciones en el núcleo esencial ya realizado.

(590) SARLET, Ingo Wolfgang. *La prohibición de retrocesso en los derechos sociales fundamentales en Brasil:* algunas notas sobre desafio de la supervivência de los derechos sociales en um contexto de crisis, p. 350-351.

Como afirma Streck,(591) a Constituição não tem somente a tarefa de apontar para o futuro, mas igualmente, a relevante função de proteger os direitos já conquistados. Desse modo, mediante a utilização da principiologia constitucional, plasmada de forma explícita ou implícita, é possível combater as alterações feitas por maiorias políticas eventuais, que, legislando na contramão da programaticidade constitucional, atuam na tentativa ou na retirada efetiva de conquistas da sociedade e é justamente aqui, acrescente-se, onde o princípio da proibição de retrocesso social se apresenta como de suma importância.

Diante das premissas já expostas e do posicionamento da doutrina, é possível afirmar a vigência do princípio da proibição de retrocesso social no ordenamento jurídico brasileiro como um princípio implícito ao próprio texto constitucional. Os dispositivos acima indicados, indicam de forma solar que o princípio em comento decorre do regime democrático e social adotado pela Constituição brasileira vigente, sendo um princípio constitucional fundamental implícito (§ 2º do art. 5º da CF de 1988).

Além disso, de outro lado, cumpre enfatizar, que o direito brasileiro mantém em aberto o catálogo de direitos fundamentais, não só com base nos princípios reconhecidos no próprio ordenamento, mas também em razão dos tratados internacionais de que o Brasil seja parte (art. 5º, §§ 2º e 3º, da CF de 1988).

Dessa forma, deve ser lembrado que o Brasil é signatário de vários pactos e tratados internacionais que positivam o princípio da proibição de retrocesso social. Podem ser citados como exemplos especiais o Pacto de Direitos Econômicos, Sociais e Culturais(592) e o Pacto de São José da Costa Riba (Convenção Americana sobre Direitos Humanos).(593)

No Pacto de Direitos Econômicos, Sociais e Culturais (PIDESC), o princípio da proibição de retrocesso social (decorrência da ideia de progressividade), foi expressamente previsto no art. 2.1.:

> Art. 2º
>
> 1. Cada Estado Parte do presente Pacto compromete-se a adotar medidas, tanto por esforço próprio como pela assistência e cooperação internacionais, principalmente nos planos econômico e técnico, até o máximo de seus recursos disponíveis, que visem a assegurar, progressivamente, por todos os meios apropriados, o pleno exercício dos direitos reconhecidos no presente Pacto, incluindo, em particular, a adoção de medidas legislativas.

Já no Pacto de São José da Costa Rica, em seu capítulo III (Direitos Econômicos, Sociais e Culturais), o art. 26 trata do "desenvolvimento progressivo", tendo o referido artigo o seguinte teor:

> Art. 26. Desenvolvimento progressivo
>
> Os Estados Partes comprometem-se a adotar providências, tanto no âmbito interno como mediante cooperação internacional, especialmente econômica e técnica, a fim de conseguir

---

(591) STRECK, Lenio Luiz. *Hermenêutica jurídica e(m) crise*, p. 257. Em outra obra, Streck vai afirmar que o princípio da proibição de retrocesso social deve servir de "piso hermenêutico para novas conquistas." STRECK, Lenio Luiz. *Jurisdição constitucional e hermenêutica* — uma nova crítica do direito, p. 32-34 e 552.

(592) Ver Decreto da Presidência da República n. 591, de 06 de julho de 1992.

(593) Ver Decreto da Presidência da República n. 678, de 06 de novembro de 1992.

progressivamente a plena efetividade dos direitos que decorrem das normas econômicas, sociais e sobre educação, ciência e cultura, constantes da Carta da Organização dos Estados Americanos, reformada pelo Protocolo de Buenos Aires, na medida dos recursos disponíveis, por via legislativa ou por outros meios apropriados.

Como se pode constatar, em ambos os textos internacionais, ratificados pelo Brasil, está prevista a obrigação da "progressividade", o que implica, a proibição de retrocesso social (ou não regressividade). Nesse sentido, comentando sobre o sentido da "progressividade" previsto no PIDESC (aplicável por extensão à Convenção Americana), Courtis afirma:(594)

> De esta obligación estatal de implementación progressiva de los derechos económicos, sociales y culturales, pueden extraerse algunas obligaciones concretas. La obligación mínima assumida por el Estado al respecto es la obligación de *no regressividad*, es decir, la prohibición de adoptar políticas y medidas, y por ende, de sancionar normas jurídicas, que empeoren la situación de los derechos económicos, sociales y culturales de los que gozaba la población al momento de adoptado el tratado internacional respectivo, o bien en cada mejora "progressiva". Dado que el Estado se obliga a mejorar la situación de estos derechos, simultaneamente assume la proibición de reducir los niveles de proteción de los derechos vigentes, o, en su caso, de derrogar los derechos ya existentes. La obligación assumida por el Estado es ampliatoria, de modo que la derogación o reducción de los derechos vigentes contradisse claramente el compromisso internacional asumido.

Entende-se, assim, que tanto do ponto de vista do direito constitucional interno (*estrito senso*), como em razão dos tratados internacionais ratificados pelo Brasil (naquilo que tem se chamado de "bloco de constitucionalidade" — §§ 2º e 3º do art. 5º da CF de 1988), é possível afirmar que o princípio da proibição de retrocesso social está positivado no ordenamento jurídico brasileiro, servindo como verdadeiro patamar/piso hermenêutico a guiar a atuação dos poderes competentes em matéria normativa/interpretativa no tocante aos direitos fundamentais e sua concretização.

Além disso, além do reconhecimento da positividade de tal princípio por parte da doutrina, cumpre referir ainda, que o princípio da proibição de retrocesso social tem amplo reconhecimento na jurisprudência brasileira, em especial, nas decisões do STF, podendo ser citados como exemplos os seguintes casos: ARE n. 639.337 (sobre direito à educação); ARE 745745 (sobre direitos à saúde e assistência social); RE n. 646.721 (sobre impossibilidade de diferenciação do regime sucessório entre cônjuges e companheiros); ADI n. 4.066 (sobre o direito à saúde e segurança dos trabalhadores); ARE n. 727.864 (direito à saúde); ADI n. 4.350 (sobre critérios de pagamento do seguro DPVAT); AI n. 598.212 (direito de acesso à orientação jurídica e assistência judiciária gratuita); ADC n. 29 (direitos políticos); STA n. 223 (direito à segurança pública).(595) Como se percebe, além de reconhecer a positivação

---

(594) COURTIS, Christian. *La prohibición de regressidad en matéria de derechos sociales:* apuentes introductorios, p. 9-10.

(595) Todas as decisões citadas podem ser conferidas no endereço eletrônico: <www.stf.jus.br>.

do princípio no ordenamento jurídico pátrio, o STF estende sua aplicação para além do campo dos direitos fundamentais sociais, englobando a totalidade dos direitos fundamentais, conforme o que já foi acima sustentado.

Portanto, não parece poder existir dúvidas razoáveis sobre a positivação do princípio da proibição de retrocesso social no âmbito do direito brasileiro. Assim, cumpre analisar algumas diretrizes interpretativas que balizam a aplicação do princípio da proibição de retrocesso social e dão critérios para sua concretização como importante mecanismo de proteção e garantia aos direitos fundamentais.

3.2.1.2. Algumas balizas para a aplicação do princípio da proibição de retrocesso social

Para um correto manejo do princípio da proibição de retrocesso social é necessário abordar alguns critérios que têm sido apontados na doutrina para a concretização do princípio. Serão abordados dois temas que são entendidos como centrais: a) a análise da proporcionalidade/razoabilidade e a preservação do núcleo essencial dos direitos fundamentais no manejo do princípio da proibição de retrocesso social; b) a inversão do ônus da prova para fins de aplicação do princípio da proibição de retrocesso social.

Com efeito, afirmar que o princípio da proibição de retrocesso social é um princípio positivado no ordenamento jurídico nacional não significa, de forma alguma, a impossibilidade absoluta de alterações legislativas e adaptações normativas no âmbito dos direitos fundamentais e de suas concretizações infraconstitucionais, o que acabaria por provocar o engessamento do direito e uma restrição demasiada à atuação do Poder Legislativo.

Partindo da ideia de que tanto os princípios como as regras têm normatividade, embora de tipo diverso, adverte Sarlet:[(596)]

> Tomándose en cuenta que la prohibición de retroceso social, por no tratarse de la regla general y absoluta, pero, sí, de un principio que no admite una solución basada en la "lógica del todo o nada" (en la estela de las lecciones de Dworkin, Alexy y Canotilho), aceptando deerminadas reducciones en el ámbito de las conquistas sociales a nivel infraconstitucional, se encuentra prohibida, desde luego y por evidente, su supresión pura y simple. En efecto, aquí cabe reproducir la lección de Gomes Canotilho, al sostener que el núcleo esencial de los derechos sociales ya realizado y hecho efectivo por el legislador se encuentra constitucionalmente garantizado contra medidas estatales que, en la práctica, resulten en la anulación, derogación o aniquilación pura y simple de ese núcleo esencial, de suerte tal que la libertad de conformación del legislador y la inherente autorreversibilidad encuentran limitación en el núcleo esencial ya realizado.

(596) SARLET, Ingo W. *La eficacia de los derechos fundamentales:* una teoría general desde la perspectiva constitucional, p. 593-594.

Assim, a concretização do princípio da proibição de retrocesso social tem contatos significativos com a questão relativa às "restrições aos direitos fundamentais", ou seja, também sendo necessário para sua concretização o manejo do princípio da proporcionalidade/razoabilidade, bem como a preservação do núcleo essencial dos direitos.

Ora, as restrições aos direitos fundamentais, nos casos em que sejam admitidas (pela própria Constituição ou em conflitos entre esses direitos e outros postulados normativos albergados constitucionalmente), sejam elas advindas de emendas constitucionais, leis infraconstitucionais (ou outros instrumentos normativos, como é, por exemplo, o caso da negociação coletiva no âmbito laboral)[(597)], não podem afetar desmesuradamente e nem simplesmente aniquilar com o direito fundamental restringido, pois devem passar pelos testes de proporcionalidade/razoabilidade, bem como deve ficar preservado o núcleo essencial do direito fundamental. Caso não respeitados esses testes, a restrição é considerada inconstitucional.[(598)]

Da mesma forma, esses postulados interpretativos/concretizantes, também servem de balizas no caso da incidência do princípio da proibição de retrocesso social.

Sarlet[(599)] afirma que na CF de 1988 foi consagrada uma série de direitos sociais, os quais são caracterizados como fundamentais e estão ao abrigo das chamadas "cláusulas pétreas" e do princípio da proteção da confiança. Assim, conclui que muito embora tenha vigência no ordenamento brasileiro o princípio da proibição de retrocesso social, a vedação de retrocesso não pode assumir feições absolutas. Assinala o autor que, para se averiguar a amplitude e intensidade da proteção derivada da proibição de retrocesso social, devem ser observadas as especificidades do caso concreto, não podendo se estabelecer normas gerais sobre o assunto. Sustenta ainda que, para tal análise, é paradigmática a utilização do princípio da proporcionalidade. Segundo o autor, o princípio da proporcionalidade serve para aferir a

---

(597) Sobre isso ver a posição de Abrantes, que defende que os critérios de aferição da proporcionalidade e do núcleo essencial dos direitos fundamentais se aplicam a quaisquer restrições ou limitações apostas aos direitos fundamentais, provenham do Estado ou de particulares. ABRANTES, João José. *Contrato de trabalho e direitos fundamentais*, p. 233-234.

(598) Ver sobre tais questões, entre outros, a posição de Wilson Antônio Steinmetz que, ao comentar sobre as restrições legislativas aos direitos fundamentais, faz as seguintes considerações: "a) Em hipótese alguma, o legislador poderá restringir direitos fundamentais sem que haja autorização constitucional ou em qualquer hipótese em que a restrição for contrária à Constituição ou nela não encontrar justificação. Toda restrição apenas será válida se de alguma maneira justificada constitucionalmente... b) As restrições indiretamente constitucionais são limites impostos ao âmbito de proteção dos direitos fundamentais mediante lei pelo legislador. São limites externos, desde fora desses direitos afetados. Portanto, nessa hipótese, o legislador atua com eficácia constitutiva... c) Enfatize-se que as restrições de direitos fundamentais são objeto de controles formal (competência, procedimento, forma) e material (princípio da proporcionalidade e proteção do núcleo essencial). d) A restrição é uma necessidade que se impõe em razão da unidade da Constituição e da harmonização dos direitos e bens por ela protegidos. Daí falar-se do princípio da excepcionalidade da restrição. Admitir a restrição como regra implicaria a relativização total dos direitos fundamentais e, por conseguinte, a destruição da própria Constituição. A restrição de direito fundamental tem sua origem na Constituição (porque ela tem de autorizar) e a ela as normas de mandato e proibição, que limitam o âmbito de proteção e sujeitam o titular do direito fundamental, devem se reconduzir, nela encontrando sua justificação formal e material". STEINMETZ, Wilson Antônio. *Colisão de Direito Fundamentais e princípio da proporcionalidade*. Porto Alegre: Livraria do Advogado, 2001. p. 37-38.

(599) SARLET, Ingo Wolfgang. O Estado social de direito, a proibição de retrocesso e a garantia fundamental da propriedade. In: AUGUSTIN, Sérgio (Org.). *Doutrina Jurídica Brasileira*. Caxias do Sul: Plenum, 2001. CD-ROM.

legitimidade não só das leis restritivas de direitos fundamentais, mas, também, para o exame da constitucionalidade da ação erosiva do legislador infraconstitucional que tenha por objetivo a implementação de mudanças e cortes no âmbito dos direitos fundamentais sociais.

Em sentido semelhante também se posicionam Abramovich e Courtis,[600] que afirmam:

> [...] la obligación de no regresividad implica un control "agravado" del debido proceso sustantivo: de acuerdo a la concepción tradicional de la razonabilidad, el parámetro al que quedaban sujetos el legislador y el Poder Ejecutivo se vinculaba exclusivamente criterios de racionalidad –por ejemplo, la no afectación de la sustancia del derecho, el análisis de la relación medio/fin que propone la norma, el análisis de proporcionalidad, etcétera–. Evidentemente, un mismo derecho puede ser pasible de varias reglamentaciones razonables, de modo que el principio de razonabilidad excluía las reglamentaciones irrazonables, pero permitía que el legislador o el Poder Ejecutivo escogieran dentro de las opciones razonables, la más conveniente de acuerdo a su apreciación política. La obligación de no regresividad agrega a las limitaciones vinculadas con la racionalidad, otras limitaciones vinculadas con criterios de evolución temporal o histórica: aún siendo racional, la reglamentación propuesta por el legislador o por el Poder Ejecutivo no puede empeorar la situación de reglamentación del derecho vigente, desde el punto de vista del alcance y amplitud de su goce. De modo que, dentro de las opciones de reglamentación posibles, los poderes políticos tienen en principio vedado elegir supuestos de reglamentación irrazonable y, además, elegir supuestos de reglamentación que importen un retroceso en la situación de goce de los derechos económicos, sociales y culturales vigentes.

Portanto, o princípio da proibição de retrocesso social não significa o "engessamento" da legislação em matéria de direitos fundamentais, mas, sim, constitui uma espécie de "controle estrito" (reforçado) das possibilidades de alteração da legislação quando possam implicar retrocessos sociais.

É importante salientar que não só a proporcionalidade/razoabilidade devem ser observadas, mas a preservação do núcleo essencial dos direitos. Uma alteração legislativa que desmantele ou permita desmantelar a proteção dada ao cerne de um direito fundamental, mesmo que, supostamente, respeite o critério de proporcionalidade, estaria afetando o seu núcleo essencial, o que é inadmissível, pois o núcleo essencial é uma barreira instransponível para o legislador.

Além disso, outra temática importante na apreciação do princípio da proibição de retrocesso social diz respeito ao ônus da prova sobre o eventual retrocesso. O ônus da prova sobre a ocorrência de retrocesso social cabe a quem o alega? Ou cabe a quem promove as alterações legislativas no âmbito dos direitos fundamentais provar que as mesmas não são regressivas?

---

(600) ABRAMOVICH, Víctor; COURTIS, Christian. *Hacia la exigibilidade de los derechos económicos, sociales y culturales.* Estándares internacionales y critérios de aplicación ante los tribunales locales, p. 41.

Preliminarmente, é necessário lembrar que nos Estados hodiernos, organizados conforme Constituições rígidas, as quais resguardam, em especial, os direitos fundamentais (por exemplo, as chamadas "cláusulas pétreas" na Constituição Federal Brasileira de 1988), a "presunção de legitimidade das leis" fica, no mínimo, relativizada, diante do omnipresente controle de constitucionalidade. Com efeito, nos Estados constitucionais de direito, como adverte Ferrajoli:

> Es necesario, pues, que se rechace la "presunción de regularidade jurídica" del ordenamento, que constituye una suerte de postulado del paleo-iuspositivismo preconstitucional. Que más bien se asuma, como tema privilegiado de investigación y análisis crítico, el *derecho ilegítimo* y el exercício ilegítimo de los poderes normativos. Y que se tome nota, por fin, de lo que es hoy una característica estructural y empírica — el defecto, pero también, com aparente paradoja, el mayor valor — de los estados constitucionales de derecho: la virtual ilegitimidade del derecho vigente a causa de la divergência entre normatividade e efectividad, entre deber ser y ser del derecho, em tanto que él mismo se encuentra sometido al derecho y, por consiguiente, la dimensión sustancial y no sólo formal de la validez de las normas, dependiente no ya sólo de la forma en la cual son producidas, sino también de su contenido.

Dessa forma, não existe nada de demasiado estranho em inverter o ônus da prova em casos de possível regressão, visto que diante do controle sobre a própria produção do direito, não existe garantia de imunidade à normativa produzida quando ela atenta contra, em especial, os princípios fundamentais e os direitos fundamentais que são o "fundamento e ápice" do ordenamento jurídico.

Abramovich e Courtis[601] sustentam que na concreção do princípio da proibição de retrocesso social é imperiosa a técnica da inversão do ônus da prova. Com efeito, os autores sustentam que diante de uma lei regressiva se estabelece uma presunção de sua inconstitucionalidade (invalidez), implicando a transferência ao Estado da carga argumentativa a favor da racionalidade/legitimidade da legislação proposta. Assim, bastaria a quem demanda a nulidade da alteração legislativa mostrar que o grau de proteção oferecido pela nova legislação constitui um retrocesso a respeito da normativa anterior. Com isso, é estabelecida uma presunção de invalidez da hipotética novel normativa e, então, caberia ao Estado provar que apesar de regressiva a normativa superveniente seria justificável para a proteção de outros direitos. Salientam ainda que esse ônus da prova é agravado, pois diante de qualquer dúvida sobre a regressividade, a mesma deve ser reconhecida.

Portanto, em matéria do ônus da prova, deve haver uma postura que facilite o manejo do princípio da proibição de retrocesso social, ao mesmo tempo que imponha aos responsáveis pela possível regressão a responsabilidade de provar sua inexistência ou as compensações

(601) ABRAMOVICH, Víctor; COURTIS, Christian. *Hacia la exigibilidade de los derechos económicos, sociales y culturales.* Estándares internacionales y critérios de aplicación ante los tribunales locales, p. 45-46. Disponível em: <http://www.oda-alc.org/documentos/1366995147>.

efetivas pela sua ocorrência, no sentido de sua necessidade para a melhoria da efetividade do conjunto dos direitos fundamentais.

Cabe lembrar ainda, que Abramovich e Courtis sustentam que na interpretação dos direitos sociais deve primar uma orientação no sentido de favorecer a vigência da normativa de direitos sociais que tenha maior alcance. Afirmam:[(602)]

> En el caso de la prohibición de regresividad, se somete a escrutinio estricto a la norma posterior que pretende limitar la extensión del derecho. En cuanto a las posibilidades probatorias, tampoco puede el Estado argumentar acerca de la racionalidad de la legislación propuesta sobre cualquier base. La OG n. 3 del Comité de Derechos Económicos, Sociales y Culturales fija los términos del posible marco argumentativo del Estado: la medida regresiva "deberá ser justificada plenamente por referencia a la totalidad de los derechos previstos en el Pacto y en el contexto del aprovechamiento pleno del máximo de los recursos de que se dispone". Esto significa que el Estado sólo puede justificar la regresividad de una medida demostrando que la legislación que propone, pese a implicar retrocesos en algún derecho, implica un avance teniendo en cuenta la totalidad de los derechos previstos en el Pacto. Esta limitación resulta sumamente importante, ya que el Estado no puede utilizar argumentos generales de política pública, disciplina fiscal o referirse a otros logros financieros o económicos, sino que debe señalar concretamente qué otros derechos previstos en el Pacto (es decir, derechos económicos, sociales y culturales, y no cualquier otro derecho) se vieron favorecidos por la medida. Como se ha dicho, en caso de duda, habrá que estar en contra de la validez de la ley, ya que la demostración concreta de retroceso en el goce de un derecho hecha por el demandante no logró ser conmovida por el intento del Estado de probar que la medida ha mejorado el goce de otros derechos previstos en el Pacto. En el caso en que el Estado argumente a favor de la racionalidad de la ley, el juez deberá realizar lo que la doctrina constitucional alemana denomina ponderación de derechos, aunque en el caso la posibilidad de ponderación queda limitada estrictamente al campo de los derechos económicos, sociales y culturales, excluyendo a cualquier otro.

Tais aportes da doutrina, no plano do direito internacional dos direitos humanos, parecem plenamente aplicáveis ao direito interno brasileiro, servindo como diretrizes para uma adequada interpretação/aplicação do princípio da proibição do retrocesso social, pois o mesmo está positivado no ordenamento jurídico pátrio tanto em virtude das próprias previsões constitucionais estatuídas na Constituição Federal de 1988, como em virtude da adesão do Brasil a tratados internacionais de direitos humanos, como, por exemplos, o PIDESC e a Convenção Americana.

---

(602) ABRAMOVICH, Víctor; COURTIS, Christian. *Hacia la exigibilidade de los derechos económicos, sociales y culturales.* Estándares internacionales y critérios de aplicación ante los tribunales locales, p. 48.

Assim, após estes aportes, cumpre agora analisar o princípio da norma mais favorável, outro princípio de extrema relevância no tema para a efetividade prática e proteção dos direitos fundamentais, formando aquilo que se está denominando de "bloco de proteção", uma barreira principiológica frente as atuações erosivas em matéria de direitos fundamentais.

3.2.2. *Um "bloco de proteção": a conjugação do princípio da proibição de retrocesso social com o princípio da norma mais favorável*

Como já sustentado, os princípios da proibição de retrocesso social e da norma mais favorável constituem um "bloco de proteção" frente as atuações erosivas em face dos direitos fundamentais. Cumpre, assim, abordar o princípio da norma mais favorável.

O princípio da norma mais favorável também se constitui como uma barreira protetiva dos direitos fundamentais, impondo, quando da presença de concorrências normativas (exuberância de normas para um caso), que a norma mais favorável ao titular dos direitos fundamentais seja a escolhida para reger a situação. Além disso, entende-se que esse princípio também funciona como uma diretriz para a criação de novas normas (criação de direito), pois vincula os poderes estatais (ou outros poderes que tenham competências normativas) no sentido de que eventuais novas normativas melhorem a condição de proteção dos direitos fundamentais.

Assim, o princípio da norma mais favorável, na esteira das Constituições do "pós-guerra", em especial, as ditas "dirigentes" (como é o caso da Constituição Federal de 1988), estabelece um *modus* operativo e interpretativo, que deverá ser seguido não só pelo Poder Judiciário, mas, também, pelos Poderes Executivo e Legislativo (eficácia vertical), bem como alcançando os particulares (eficácia horizontal), quando da interpretação/aplicação/criação das normas de direitos fundamentais.

No plano internacional, o princípio da norma mais favorável está previsto/positivado em vários textos normativos internacionais da maior importância, podendo ser citados apenas como exemplos os seguintes: no art. 5º, § 2º, do Pacto Internacional dos Direitos Civis e Políticos de 1966;[(603)] no art. 5º, § 2º, do Pacto Internacional dos Direitos Econômicos, Sociais e Culturais de 1966; no art. 29 da Convenção Americana de Direitos Humanos de 1969 (Pacto San José da Costa Rica), entre outros.

Antônio Augusto Cançado Trintade[(604)] é enfático em afirmar que o direito internacional e o direito interno dos Estados, no tocante aos direitos humanos, atuam em constante interação para assegurar a proteção mais eficaz ao ser humano. Assim, o autor defende a "primazia da norma mais favorável à vítima" em caso de conflitos entre o direito internacional e o direito interno, pois isso minimiza os conflitos entre os instrumentos normativos,

(603) Ver o Decreto da Presidência da República n. 592, de 06 de julho de 1992. Sobre os outros textos normativos, já foram indicados os respectivos Decretos acima.

(604) Sobre o princípio da norma mais favorável no cenário do direito internacional dos direitos humanos ver CANÇADO TRINDADE, Antônio Augusto. *Tratado de direito internacional dos direitos humanos.* 1. ed. Porto Alegre: Sérgio Antônio Fabris, 1997. p. 22; 434-436. No mesmo sentido ver PIOVESAN, Flávia. *Direitos humanos e o direito constitucional internacional.* 3. ed. São Paulo: Max Limonad, 1997. p. 121 e s.

melhorando sua coordenação, tendo em vista o objetivo da eficácia máxima na proteção dos seres humanos. O autor afirma:

> No presente domínio de proteção, não mais há pretensão de primazia do direito internacional ou do direito interno, como ocorria na polêmica clássica e superada entre monistas e dualistas. No presente contexto, a primazia é da norma mais favorável às vítimas, que melhor as proteja, seja ela norma de direito internacional ou de direito interno.

Canotilho,[(605)] ao comentar as previsões normativas da Carta de Direitos Fundamentais da União Europeia, também aponta o princípio da norma mais favorável ("melhor tutela") como princípio elementar de hermenêutica no âmbito dos direitos fundamentais. O autor afirma:

> Este princípio reafirma um princípio básico da interpretação em sede de direitos fundamentais: nenhuma disposição da carta deve ser interpretada no sentido de reduzir o nível de proteção dos direitos fundamentais asseguração pela Convenção Europeia dos Direitos do Homem e pelas Constituições dos Estados-Membros (art. 53º). No entanto, se a Carta de Direitos Fundamentais garantir uma proteção mais extensa ou mais ampla (ou seja, melhor tutela) ela terá preferência de aplicação relativamente às normas correspondentes da Convenção Europeia e das Constituições dos Estados-Membros.

Por sua vez, no plano do direito interno, entende-se que esse princípio está positivado no art. 4º, II, da CF de 1988, ao prever que o Brasil deve pautar suas relações internacionais (o que, por questão de coerência, implica também a sua vigência interna) pela prevalência dos direitos humanos. Além disso, o princípio da norma mais favorável se encontra no "espírito" do § 2º do art. 5º da CF de 1988, o qual, além de deixar em aberto o catálogo de direitos fundamentais aplicáveis no âmbito interno, direciona seu sentido normativo em alargar o espectro de proteção da pessoa humana, papel central dos direitos fundamentais. Além disso, no tocante aos direitos fundamentais dos trabalhadores, a CF de 1988 é explícita em prever o princípio da norma mais favorável ao final do *caput* do art. 7º, no qual consta: "São direitos dos trabalhadores urbanos e rurais, *além de outros que visem à melhoria de sua condição social* [...]".

Não parece difícil constatar que, especificamente, no campo dos direitos fundamentais dos trabalhadores, o princípio hermenêutico do campo dos direitos fundamentais, qual seja, o princípio da norma mais favorável, é expressamente positivado, tendo a CF de 1988 alçado um princípio do Direito do Trabalho "clássico" (que estava positivado na redação do art. 620 da CLT anterior à Reforma Trabalhista)[(606)] ao patamar de princípio fundamental constitucional. Ocorre que, com sua elevação ao patamar de princípio constitucional fundamental,

(605) CANOTILHO, J. J. Gomes. *Direito constitucional e teoria da constituição*. 7. ed. Coimbra: Almedina, 2003. p. 526.

(606) A redação de tal dispositivo antes da Lei n. 13.467/2017 era: "Art. 620. As condições estabelecidas em Convenção quando mais favoráveis, prevalecerão sobre as estipuladas em Acordo".

entende-se que esse princípio ganhou também uma feição mais ampla e impositiva, conforme será exposto abaixo.

Dentro da análise do princípio da proteção, naquilo que o autor denominava de "regra da norma mais favorável", Américo Plá Rodriguez[(607)] sustentava que o Direito do Trabalho tem como uma de suas características principais que as suas normas fixem padrões mínimos de proteção, determinando o piso de direitos e condições de trabalho, não o seu teto. Portanto, nada impediria a edição de normas que previssem a melhoria das condições de trabalho, favorecendo a condição social dos trabalhadores. Dessa forma, a norma mais favorável tornaria inoperante a norma menos favorável, sendo aquela a que deveria incidir no campo laboral.

Ao analisar a consagração desse princípio no texto constitucional de 1988, Tarso Genro[(608)] aduz que o art. 7º, *caput*, da CF de 1988 estabelece um indicativo sobre o caminho a ser seguido para resolver conflitos interpretativos/aplicativos. Para o autor, esse dispositivo, além de assentar que as leis podem prever mais direitos do que os expressos na Constituição, serve como determinação normativa para a superação de qualquer subjetividade do intérprete ao determinar que a lei visa à melhoria das condições de vida dos trabalhadores.

Interessante ainda, no tocante aos direitos fundamentais dos trabalhadores, fazer o registro da pertinente conjugação, feita por Ingo Wolfgang Sarlet e Rodrigo Goldschmid,[(609)] do princípio da norma mais favorável previsto no *caput* do art. 7º da CF de 1988 com o disposto nos §§ 2º e 3º do art. 5º da CF de 1988. A partir dessa "combinação" os autores demonstram a abertura do catálogo de direitos fundamentais dos trabalhadores na CF de 1988. Com efeito, afirmam:

> Já se teve ocasião de verificar que a norma contida no art. 7º, *caput*, da CF, consagra, em sinergia com o art. 5º, §§ 2º e 3º, da CF, uma assim chamada "cláusula especial de abertura material", especial porquanto aplicada especificamente às relações de trabalho. Muito embora já bastassem tais preceitos constitucionais, o constituinte acabou, ainda que de modo indireto, reforçando tal perspectiva (a do cunho inclusivo dos direitos fundamentais dos trabalhadores) em outras passagens do texto constitucional. Assim, por exemplo, no art. 170, CF, que trata da ordem econômica, afirma-se que esta é fundada na valorização do trabalho humano. No art. 193, CF, já na seara da ordem social, prescreveu o constituinte que esta tem como base o primado do trabalho. Por sua vez, o art. 205, enuncia que a educação, direito de todos e dever do Estado e da família, visa ao pleno desenvolvimento da pessoa e sua qualificação para o trabalho, etc. Mas o certo é que com base no art. 7º, *caput*, CF, é possível sustentar que, a despeito do amplo elenco de posições jurídicas ali consagradas (sem prejuízo

(607) RODRIGUEZ, Américo Plá. *Princípios de Direito do Trabalho*. 3. ed. São Paulo: LTr, 2000. p. 51-52.

(608) GENRO, Tarso. *Direito individual do trabalho*, p. 85.

(609) SARLET, Ingo Wolfgang; RODRIGO, Goldschmid. A assim chamada abertura material do catálogo de direitos fundamentais: uma proposta de aplicação às relações de trabalho no Brasil. *Revista de direitos fundamentais e democracia*, Curitiba, UniBrasil, vol. 17, n. 17, jan./jun. 2015, p. 28-29.

do disposto nos arts. 8º a 11, CF), o rol em questão não é taxativo, ao contrário, é meramente exemplificativo, isso porque o *caput* do preceito expressamente abre o catálogo para agregar, materialmente no seu bojo, "outros" direitos "que visem à melhoria de sua" (leia-se: do trabalhador) "condição social".

Ora, conforme já afirmado acima, entende-se que ao alçar o princípio da norma mais favorável ao patamar de princípio fundamental constitucional, o art. 7º da CF de 1988 não apenas estabeleceu uma diretriz para dirimir situações de conflito entre várias normas aplicáveis a uma situação (no sentido do que estava previsto na redação do art. 620 da CLT, anterior à Reforma Trabalhista).

Com efeito, entende-se que a CF de 1988 foi além, pois estabeleceu uma diretriz não só para a interpretação/aplicação do direito, mas também uma diretriz para a criação de direito, a qual impõe que as hipóteses de flexibilização previstas no próprio art. 7º (incisos VI, XIII e XIV) sejam entendidas como situações excepcionais.

Essa é a ótica sob a qual deve ser discutida a flexibilização/desregulamentação dos direitos fundamentais em geral e, especialmente, dos direitos fundamentais dos trabalhadores, razão pela qual a discussão deixa de ser de mera conveniência e passa a ser de legitimidade constitucional. No entanto, conforme será abordado mais adiante quando da análise da Reforma Trabalhista sob a ótica dos princípios da norma mais favorável e da proibição de retrocesso social, não é esse o caminho trilhado pelas alterações legislativas já feitas e em curso e nem pela jurisprudência que vem se constituindo no Supremo Tribunal Federal, prenhes do ideário neoliberal.

Apesar disso, e já chamando a atenção para a falta de coerência e integridade da sua própria jurisprudência (art. 926 do CPC),[(610)] no campo jurisprudencial, o princípio da norma mais favorável é reconhecido na jurisprudência do Supremo Tribunal Federal[(611)] em matéria de hermenêutica de direitos fundamentais em geral. Nesse sentido, pode ser citada a decisão proferida no RMS32732 AgR/DF (concurso público — pessoas portadoras de deficiência). Também pode ser citada a ADI n. 4.066/DF (proibição de uso do amianto crisotila — matéria que envolve trabalho e saúde). Aliás, na referida ADI n. 4.066, em seu voto, o Min. Celso de Mello, invocando a posição já sustentada pelo STF, afirma que em matéria de direitos humanos, como são qualificados os direitos sociais, o Poder Judiciário deve fazer incidir, em sua atividade hermenêutica, o princípio da norma mais favorável.

Aliás, em decisão que envolvia direitos fundamentais em matéria penal, em acórdão anterior à Súmula Vinculante n. 25,[(612)] no HC n. 96.772/SP do STF que teve como relator o Min. Celso de Mello, o princípio da norma mais favorável foi expressamente reconhecido

(610) Esse aspecto será melhor analisado adiante.

(611) Todas as decisões citadas podem ser consultadas no endereço eletrônico do Supremo Tribunal Federal. Disponível em: <www.stf.jus.br>

(612) A súmula vinculante 25 do STF prevê: "É ilícita a prisão civil de depositário infiel, qualquer que seja a modalidade de depósito." BRASIL. Supremo Tribunal Federal. *Súmula Vinculante n. 25.* Disponível em: <http://www.stf.jus.br/portal/jurisprudencia/menuSumario.asp?sumula=1268&termo=>.

como critério de hermenêutica dos direitos fundamentais. É interessante citar a ementa da decisão que explicita a posição adotada:

> EMENTA: *Habeas corpus*. Prisão civil. Depositário judicial. Revogação da Súmula n. 619/STF. A questão da infidelidade depositária. Convenção americana de direitos humanos (art. 7º, n. 7). Natureza constitucional ou caráter de supralegalidade dos tratados internacionais de direitos humanos? Pedido deferido. Ilegitimidade jurídica da decretação da prisão civil do depositário infiel, ainda que se cuide de depositário judicial. – Não mais subsiste, no sistema normativo brasileiro, a prisão civil por infidelidade depositária, independentemente da modalidade de depósito, trate-se de depósito voluntário (convencional) ou cuide-se de depósito necessário, como o é o depósito judicial. Precedentes. Revogação da Súmula n. 619/STF. **Tratados internacionais de direitos humanos: As suas relações com o direito interno brasileiro e a questão de sua posição hierárquica.** – A Convenção Americana sobre Direitos Humanos (Art. 7º, n. 7). Caráter subordinante dos tratados internacionais em matéria de direitos humanos e o sistema de proteção dos direitos básicos da pessoa humana. – Relações entre o direito interno brasileiro e as convenções internacionais de direitos humanos (CF, art. 5º e §§ 2º e 3º). Precedentes. – Posição hierárquica dos tratados internacionais de direitos humanos no ordenamento positivo interno do Brasil: natureza constitucional ou caráter de supralegalidade? – Entendimento do relator, Min. CELSO DE MELLO, que atribui hierarquia constitucional às convenções internacionais em matéria de direitos humanos. **A interpretação judicial como instrumento de mutação informal da constituição.** – A questão dos processos informais de mutação constitucional e o papel do Poder Judiciário: a interpretação judicial como instrumento juridicamente idôneo de mudança informal da Constituição. A legitimidade da adequação, mediante interpretação do Poder Judiciário, da própria Constituição da República, se e quando imperioso compatibilizá-la, mediante exegese atualizadora, com as novas exigências, necessidades e transformações resultantes dos processos sociais, econômicos e políticos que caracterizam, em seus múltiplos e complexos aspectos, a sociedade contemporânea. **Hermenêutica e Direitos Humanos: A norma mais favorável como critério que deve reger a interpretação do poder judiciário.** – Os magistrados e Tribunais, no exercício de sua atividade interpretativa, especialmente no âmbito dos tratados internacionais de direitos humanos, devem observar um princípio hermenêutico básico (tal como aquele proclamado no Art. 29 da Convenção Americana de Direitos Humanos), consistente em atribuir primazia à norma que se revele mais favorável à pessoa humana, em ordem a dispensar-lhe a mais ampla proteção jurídica. – O Poder Judiciário, nesse processo hermenêutico que prestigia o critério da norma mais favorável (que tanto pode ser aquela prevista no tratado internacional como a que se acha positivada no próprio direito interno do Estado), deverá extrair a máxima eficácia das declarações internacionais e das proclamações constitucionais de direitos, como forma de viabilizar o acesso dos indivíduos e dos grupos sociais, notadamente os mais vulneráveis, a sistemas institucionalizados de proteção aos direitos fundamentais da pessoa humana, sob pena de a liberdade, a tolerância e o respeito à alteridade humana tornarem-se palavras vãs. – Aplicação, ao caso, do Art. 7º, n. 7, c/c o Art. 29, ambos da Convenção Americana de Direitos Humanos (Pacto de São José da Costa Rica): um caso típico de primazia da regra mais favorável à proteção efetiva do ser humano."

Dessa forma, o princípio da norma mais favorável também constitui um princípio elementar de hermenêutica no campo dos direitos fundamentais que, juntamente com o princípio da proibição de retrocesso social, deve servir como "barreira ativa" contra as atuações erosivas frente aos direitos fundamentais e de sua concretização infraconstitucional.

Courtis(613) enfatiza a vinculação entre o princípio da norma mais favorável e o princípio da proibição de retrocesso social, muito embora seus papéis diversos. Afirma o autor:

> Ahora bien, ¿cuándo puede afirmarse que una norma que reglamenta o implementa un derecho social es regresiva respecto de otra? Lo será en principio, partiendo de la definición del art. 2 del PIDESC, cuando el grado de efectividad del derecho social reglamentado por la norma impugnada resulte menor al que había alcanzado en el derecho interno antes de la sanción de esa norma. Esto es, cuando la norma impugnada limite, restrinja o reduzca la extensión o el sentido de un derecho social, o le imponga a su ejercicio condiciones que con anterioridad no debían sortearse. En definitiva el juicio que el impugnante de la norma deberá proponer es de tipo comparativo, debiendo poner en evidencia de modo concreto y categórico que la norma impugnada es menos favorable para el titular del derecho. En cuanto a las reglas o parámetros para realizar tal comparación, consideramos que sería acertado recurrir por analogía a los criterios utilizados en el derecho laboral para discernir la articulación entre normas, partiendo de la primacía del régimen o norma más favorable para el trabajador. La apelación a tales procedimientos, de arraigada tradición en el ámbito del derecho social, operará solamente como método posible de comparación entre las normas, sin ignorar las claras diferencias entre una y otra situación y la distinta finalidad que se persigue. En el caso del derecho laboral los criterios de comparación determinan un orden de prelación de las normas. En nuestro caso sólo permitirán acreditar que en principio el Estado ha violado la prohibición de regresividad en la tutela jurídica de un derecho social, trasladándole la carga de demostrar la razonabilidad de la norma bajo un estándar de escrutinio estricto.

Entende-se que cabe ir além da perspectiva do autor e defender uma simbiose estrita entre os dois princípios. Com efeito, por exemplo, torna-se inaceitável que, sem qualquer tipo de compensação efetiva, possa o legislador derrogar ou aniquilar direitos previstos em normas infraconstitucionais que sejam desdobramentos necessários dos direitos fundamentais. Os direitos fundamentais como um todo, o que inclui os sociais, não têm apenas um aspecto positivo (direitos a prestações normativas e fáticas), mas também negativo (direitos de defesa), equivalente aos direitos de primeira geração, pelo qual podem ser tutelados frente a um ato ofensivo,(614) aspecto que é reforçado pelo princípio da proibição de retrocesso social atuando em conjunto com o princípio da norma mais favorável.

---

(613) COURTIS, Christian. La prohibición de regressidad en matéria de derechos sociales: apuentes introductorios. In: *Ni un passo atrás:* la prohibición de regresividad en matéria de derechos sociales. Compilado por Christina Courtis. 1. ed. Buenos Aires: Del Puerto, 2006. p. 48-49.

(614) SARLET, Ingo Wolfgang. *A eficácia dos direitos fundamentais*, p. 124 e s.; SARLET, Ingo Wolfgang. O direito fundamental à moradia na constituição*:* algumas anotações a respeito de seu contexto, conteúdo e possível eficácia. *Revista de Direito do Consumidor*, São Paulo, RT, n. 46, 2003, p. 193 e s.; CANÇADO TRINDADE, Antônio Augusto. *Tratado de direito internacional dos direitos humanos*, p. 22; 434-436. No mesmo sentido ver PIOVESAN, Flávia. *Direitos humanos e o direito constitucional internacional.* 3. ed. São Paulo: Max Limonad, 1997. p. 121 e s.; SARLET, Ingo Wolfgang; RODRIGO, Goldschmid. *A assim chamada abertura material do catálogo de direitos fundamentais:* uma proposta de aplicação às relações de trabalho no Brasil, p. 28-29; CANOTILHO, J. J. Gomes. *Direito constitucional e teoria da Constituição*, p. 526.

Aliás, muito embora tratando a questão sob o ponto de vista de eventuais conflitos normativos entre preceitos previstos em normas internacionais e normas internas, Mauricio Godinho Delgado e Gabriela Neves Delgado[(615)] também defendem uma mais próxima interação entre os princípios da norma mais favorável e o da proibição de retrocesso social. Afirmam:

> Como os tratados e as convenções internacionais sobre direitos individuais e sociais trabalhistas têm indiscutível natureza jurídica de direitos humanos, em situação de conflito entre preceitos internacionais ratificados (convenções da OIT, por exemplo) e preceitos legais internos, prevalecerão o princípio da norma mais favorável ao trabalhador e o princípio da vedação do retrocesso como vetores obrigatórios para a fixação dos critérios de interpretação e de solução do conflito normativo posto.

Aliás, cumpre dar destaque à decisão proferida pelo STF na ADI n. 5.938,[(616)] tendo como relator o Min. Alexandre de Moraes, a qual teve como tema a inconstitucionalidade de alterações promovidas pela Reforma Trabalhista (art. 394-A, II e III, da CLT), que possibilitavam a exposição de trabalhadoras gestantes e lactantes às condições insalubres de trabalho. Na fundamentação da decisão, o princípio da proibição de retrocesso social foi invocado como esteio da decisão, no sentido de que as alterações promovidas pela Reforma Trabalhista retrocediam na proteção legal já concretizada pela legislação infraconstitucional. Por seu turno, na própria ementa da decisão foi invocada a diretriz da norma mais favorável:

> EMENTA: DIREITOS SOCIAIS. REFORMA TRABALHISTA. PROTEÇÃO CONSTITUCIONAL À MATERNIDADE. PROTEÇÃO DO MERCADO DE TRABALHO DA MULHER. DIREITO À SEGURANÇA NO EMPREGO. DIREITO À VIDA E À SAÚDE DA CRIANÇA. GARANTIA CONTRA A EXPOSIÇÃO DE GESTANTES E LACTANTES A ATIVIDADES INSALUBRES. 1. O conjunto dos Direitos sociais foi consagrado constitucionalmente como uma das espécies de direitos fundamentais, caracterizando-se como verdadeiras liberdades positivas, de observância obrigatória em um Estado Social de Direito, *tendo por finalidade a melhoria das condições de vida aos hipossuficientes*, visando à concretização da igualdade social, e são consagrados como fundamentos do Estado Democrático, pelo art. 1º, IV, da Constituição Federal. [...] (grifo nosso)

Assim, no direito brasileiro e para o campo dos direitos fundamentais dos trabalhadores, em especial, cabe defender uma simbiose estrita entre o princípio da proibição de retrocesso social e o princípio da norma mais favorável, que também é um princípio hermenêutico básico no campo dos direitos fundamentais, em especial, dos trabalhadores. Com isso, torna-se inaceitável que, sem qualquer tipo de compensação efetiva, possa o legislador derrogar ou aniquilar direitos previstos em normas infraconstitucionais que sejam desdobramentos necessários dos direitos fundamentais.

(615) DELGADO, Mauricio Godinho; DELGADO, Gabriela Neves. *A Reforma Trabalhista no Brasil:* com os comentários à Lei n. 13.467/2017, p. 72.

(616) O acórdão pode ser conferido no endereço eletrônico do Supremo Tribunal Federal. BRASIL. Supremo Tribunal Federal. *ADI n. 5.938*. Disponível em: <https://portal.stf.jus.br/processos/detalhe.asp?incidente=5447065>

3.2.2.1. Balizas que informam o princípio da norma mais favorável

As mesmas balizas necessárias para uma adequada concreção do princípio da proibição de retrocesso, já analisadas, também se aplicam ao princípio da norma mais favorável. Por se tratar de um princípio, também na incidência do princípio da norma mais favorável, a proporcionalidade/razoabilidade e a preservação do núcleo essencial dos direitos, bem como a inversão do ônus da prova nas alegações de violação do mesmo, são diretrizes comuns a ambos os princípios referidos.

No entanto, com relação ao princípio da norma mais favorável, especificamente, cabe a análise de teorias (critérios) que têm sido indicadas na doutrina, com reflexos jurisprudenciais, para se definir o que se entende como a "norma mais favorável". São três as teorias (critérios) que são citadas: teoria da acumulação, cúmulo ou soma; teoria do conglobamento e a teoria da incindibilidade dos institutos jurídicos.

A teoria da acumulação, cúmulo ou soma, sustenta que, diante da concorrência de normas diversas candidatas a serem aplicadas a um caso, cabe ao intérprete/aplicador buscar a soma das vantagens conferidas aos trabalhadores nos diversos textos normativos a serem aplicados. Assim, a norma mais favorável será o resultado da adição das vantagens previstas nos vários textos normativos concorrentes, recolhendo o que há de mais favorável em cada instrumento normativo, cumulando todos direitos e vantagens conferidas.(617)

Já a teoria do conglobamento, que tem a preferência no âmbito da jurisprudência laboral,(618) entende que para se apurar qual a norma mais favorável e que deve prevalecer num eventual conflito de textos normativos, é necessário optar pelo conjunto, pelo todo, de um determinado texto normativo, desprezando-se integralmente o texto afastado. Dessa forma, aplica-se um ou outro texto normativo integralmente (em seu conjunto), observado o que for mais favorável em seu todo.(619) Este critério parte da perspectiva de que cada texto normativo tem um conteúdo unitário que deve ser respeitado, não sendo viável aplicar outros preceitos de outros textos normativos que não foram considerados quando da elaboração daquele.(620)

Por fim, pode ser citada a teoria da incindibilidade dos institutos jurídicos, também denominada de eclética ou orgânica.(621) Conforme sustenta José Afonso Dallegrave Neto,(622) defensor de tal posição, segundo esta teoria é possível tomar disposições de textos normativos distintos, desde que se refiram a temas diferentes, ou seja, institutos jurídicos diversos.

---

(617) Martinez, Luciano. *Curso de direito do trabalho:* relações individuais, sindicais e coletivas do trabalho. 7. ed. São Paulo: Saraiva, 2016. p. 166 e s.

(618) Apenas como exemplo dessa linha jurisprudencial dominante, ver a decisão proferida pelo Tribunal Superior do Trabalho (TST) no AIRR – 100112-03.2017.5.01.0042, decisão que pode ser conferida em: BRASIL. Tribunal Superior do Trabalho. *AIRR – 100112-03.2017.5.01.0042.* Disponível em: <www.tst.jus.br>.

(619) Ver CAMINO, Carmen. *Direito individual do trabalho*, p. 123.

(620) Ver RUPRECHT, Alfredo J. *Os princípios do direito do trabalho.* São Paulo: LTr, 1995. p. 26.

(621) Neste sentido CAMINO, Carmen. *Direito individual do trabalho*, p. 123; RUPRECHT, Alfredo J. *Os princípios do direito do trabalho*, p. 25.

(622) DALLEGRAVE NETO, José Affonso. Inovações na legislação trabalhista — aplicação e análise crítica, p. 46-47.

Assim, segundo tal critério, em eventual conflito de textos normativos, a norma mais favorável pode resultar da combinação dos vários textos normativos, desde que essa combinação se circunscreva a um determinado instituto jurídico. Assim, permite-se a acumulação de várias fontes normativas, observando-se a integralidade de cada instituto jurídico. É possível somar vantagens de textos normativos diversos sobre institutos jurídicos diferentes, pois os institutos não podem ser cindidos.(623)

Apresentadas as teorias ou critérios doutrinários para incidência do princípio da norma mais favorável, faz-se necessário levantar algumas ressalvas às posições prevalentes.

Entende-se(624) que a doutrina e a jurisprudência pensam esses critérios partindo de um ponto de vista incorreto. Com efeito, tais critérios são pensados como se os direitos dos trabalhadores fossem meros direitos trabalhistas e não tivessem sido, em grande parte, alçados ao patamar de direitos fundamentais (formal e materialmente). Assim, a doutrina, em regra, não vislumbra o princípio da norma mais favorável como um princípio reitor da criação, aplicação e interpretação dos direitos fundamentais laborais, mas, sim, apenas um critério de solução de conflitos no âmbito de direitos meramente laborais.

No entanto, no momento que o princípio da norma mais favorável é reconhecido como diretriz fundamental de criação, interpretação e aplicação dos direitos fundamentais, tanto no plano constitucional interno, como no plano internacional, conforme já sustentado, algumas ponderações se fazem necessárias.

Entende-se que quando o intérprete/aplicador estiver diante de textos normativos que preveem direitos fundamentais e que eventualmente possam entrar em conflito, tendo um dos textos normativos a aptidão para revogar o outro (seja pela cronologia, especialidade ou hierarquia), sempre deverá prevalecer no conflito as previsões normativas mais favoráveis (aos trabalhadores), observando-se o critério da acumulação, cúmulo ou soma. Nesses casos, dever-se-á levar em conta o que ambos os textos preveem, cumulando-se os direitos previstos, até porque o texto normativo menos favorável será tido como revogado ou, no mínimo, ineficaz. Aliás, esse parece ter sido o que o STF decidiu no tocante à prisão civil do depositário infiel (já referido acima), no confronto entre a CF de 1988, o ordenamento infraconstitucional e o Pacto de São José da Costa Rica.

Por outro lado, quando o intérprete/aplicador estiver frente a textos normativos que não têm a aptidão de revogação de outro, como se dá com as convenções e acordos coletivos de trabalho, ou seja, quando o previsto em uma convenção coletiva entra em conflito com o previsto em um acordo coletivo, entende-se que o critério mais adequado é o da incindibilidade dos institutos. Portanto, soluções diferenciadas para problemas diferenciados.

---

(623) Cumpre registrar que a Lei n. 7.064/1982, com as alterações promovidas pela Lei n. 1.962/2009, que trata da situação dos trabalhadores contratados ou transferidos para trabalhar no exterior, em seu art. 3º, inciso II, acolhe essa teoria.

(624) Esta posição consta, parcialmente, em VECCHI, Ipojucan Demétrius. *Direito material do trabalho:* noções introdutórias, relação de emprego e contrato de trabalho. Vol. I. 2. ed. Curitiba: Juruá, 2016. p. 189 e s.

Muito embora a especificidade destes temas, não parece desprezível assentar balizas argumentativas firmes para evitar subjetivismos e garantir a coerência e integridade na interpretação/aplicação do direito.

Munidos dos conceitos operativos chaves sobre os princípios da proibição de retrocesso social e da norma mais favorável, bem como dos critérios de aplicação de tais princípios, torna-se imprescindível o escrutínio das alterações legislativas que permitiram, de forma geral, o chamado "negociado sobre o legislado" na Reforma Trabalhista brasileira.

3.2.3. O negociado sobre o legislado e a violação dos princípios da proibição de retrocesso social e da norma mais favorável

Após terem sido abordados o contexto e os efeitos já manifestados da Reforma Trabalhista, bem como algumas das modificações operadas pela mesma na legislação laboral, em especial, as que positivaram o chamado "negociado sobre o legislado"; bem como terem sido analisados os princípios da proibição de retrocesso social e da norma mais favorável, cabe agora confrontar as alterações promovidas e ditos princípios. Optou-se por fazer esse confronto centrado no "negociado sobre o legislado", pois esta alteração viabiliza o processo de flexibilização progressivo da legislação laboral, é como um campo aberto para que novas precarizações das condições de trabalho avancem.

Conforme já sustentado, os princípios da proibição de retrocesso social e da norma mais favorável devem atuar, já que positivados no ordenamento jurídico constitucional (e internacional), como um verdadeiro bloco de proteção frente a possíveis flexibilizações de direitos fundamentais laborais. Por outro lado, também já foi abordado, que para averiguar se uma determinada alteração legislativa atinge ou não esses princípios, a análise pode se dar tanto do ponto de vista dos resultados operados na realidade socioeconômica (dados disponíveis), como também sob o ponto de vista estritamente normativo (comparando os textos normativos entre si).

No caso da sindicância se uma determinada alteração legislativa viola os princípios da proibição de retrocesso e da norma mais favorável sob o ponto de vista dos resultados operados na realidade socioeconômica, a mesma terá que operar com base em dados empíricos, abordando os efeitos que uma alteração legislativa provocou, no caso, nas condições laborais.

De forma geral, a verificação da violação de tais princípios a partir do critério dos resultados operados na realidade socioeconômica pode ser de maior dificuldade em sua aplicabilidade, pois existe uma série de variáveis e eventual falta de dados que podem comprometer uma análise mais segura, abrindo o flanco para questionamentos sobre a regressividade ou não e/ou se os efeitos de mudanças legislativas são benéficos ou não. Apesar disso, no caso da Reforma Trabalhista brasileira, pode-se dizer que os resultados são tão cristalinos que evidenciam a violação dos princípios da proibição de retrocesso social e da norma mais favorável sem maiores dificuldades.

No item "3.1." deste capítulo foi abordado o contexto em que se deu a Reforma Trabalhista no Brasil, ou seja, num mercado de trabalho já deprimido pela crise, historicamente marcado por desigualdades salariais, por um enorme percentual de trabalhadores com baixos salários, baixa sindicalização e com alta informalidade.

Apesar de um patamar já bastante precário de condições laborais, o que os dados disponíveis sobre emprego, renda, informalidade e sindicalização apontaram foi que após a Reforma Trabalhista houve a piora generalizada das condições laborais, fortemente afetada pelo fraquíssimo desempenho econômico que contou com o "valioso" auxílio de vários mecanismos legais para a precarização das condições laborais.

O desemprego cresceu, mesmo antes da Pandemia da Covid-19, sendo que após esta, verdadeiramente, explodiu. A desigualdade salarial se aprofundou. Os ganhos salariais reais também sofreram um baque. A informalidade continua em patamares altíssimos, quando não se aprofunda. A sindicalização, por seu turno, caiu ainda mais. Todos os dados, sem exceção, mostraram uma piora generalizada do mercado de trabalho brasileiro.

Com relação especificamente ao "negociado sobre o legislado", o qual foi proposto como um mecanismo de valorização da negociação coletiva, de fortalecimento das entidades sindicais e de maior maleabilidade da legislação que permitiria melhorias gerais no mercado de trabalho, além dos dados já analisados que mostram exatamente o contrário, é interessante ainda apontar mais alguns números.

Em pesquisa realizada no final de 2018,(625) ficou demonstrada a grande dificuldade que as entidades sindicais tiveram para finalizar as negociações coletivas. Aliás, muitas negociações sequer avançaram, diante do ambiente hostil e de pautas patronais de negociação extremamente agressivas às condições de trabalho. Entre as propostas patronais mais comuns, destacou-se a aplicação da novel legislação e a supressão da necessidade de homologação das rescisões nos sindicatos,(626) a previsão de jornadas 12*x*36, o parcelamento das férias em três vezes e o acordo individual para o banco de horas. Em 41,2% das negociações houve perda de direitos e em 55% delas não houve a conquista de nenhum direito. Para 59,5% das entidades sindicais, as negociações coletivas resultaram em piora nas condições de trabalho, bem como na dificuldade de mobilização dos trabalhadores por medo do desemprego. Cabe destacar ainda:

> [...] Os dados presentes no Sistema Mediador sobre as negociações coletivas dos sindicatos, independente de Central Sindical, apontam que "houve

---

(625) Os dados estão disponíveis em: CNTS. *Dificuldade nas negociações coletivas e precarização do trabalho são as marcas do primeiro ano com Reforma Trabalhista.* Disponível em: <http://www.cntsscut.org.br/ponto-de-vista/artigos/500/dificuldade-nas-negociacoes-coletivas-e-precarizacao-do-trabalho-sao-as-marcas-do-primeiro-ano-com-reforma-trabalhista>.

(626) Várias denúncias de fraudes no pagamento de verbas rescisórias, especialmente de trabalhadores de baixa renda e de pouca escolaridade, têm sido feitas após as alterações promovidas pela Reforma Trabalhista que revogou a necessidade de os sindicatos de trabalhadores homologarem os documentos rescisórios. Ver a matéria em: ATUAL, Rede Brasil. *Trabalhador fica desprotegido na hora da demissão sem homologação no sindicato.* Disponível em: <https://www.redebrasilatual.com.br/trabalho/2018/07/sem-homologacao-nos-sindicatos-trabalhador-fica-desprotegido-na-hora-da-demissao/>; ver ainda a reportagem sobre o assunto em: BRASIL, *CSB. Vejam os riscos por trás do enfraquecimento e exclusão dos sindicatos nas relações trabalhistas.* Disponível em: <https://www.youtube.com/watch?v=M0fLQy7NFo8>.

> uma queda de –28,9% no número de instrumentos coletivos registrados no período de janeiro a julho de 2018, comparado com igual período de 2017. Enquanto os ACTs apresentaram queda de –28,4% no período de janeiro a julho de 2018, comparando com 2017. As CCTs apresentaram uma queda ainda mais expressiva, com –37% de registros em 2018 quando comparamos com os primeiros sete meses do ano em 2017". [...] A pesquisa do DIEESE detectou ser unanimidade entre os dirigentes sindicais a opinião de que há hoje uma maior dificuldade nas negociações coletivas. O fim da ultratividade e o negociado sobre o legislado são os pontos que mais dificultaram neste processo. Outro destaque é a própria fragilidade financeira dos sindicatos causada pelo fim do imposto sindical obrigatório. Dificuldade de recursos que não atinge as entidades patronais que não foram afetadas pela Reforma Trabalhista. Isto acentua a diferença de correlação de forças na hora de negociar. Diga-se de passagem, que o financiamento sindical é tema proibido pelos patrões nas negociações com os trabalhadores. [...]

Comprovando isso, especialmente em virtude da previsão geral do "negociado sobre o legislado" pela Reforma Trabalhista, já em 2108 o Brasil passou a integrar a lista dos países violadores de direitos laborais da Organização Internacional do Trabalho (OIT). Os Peritos da OIT apontaram a violação da Convenção n. 98 da OIT (sobre direito de sindicalização e de negociação coletiva), ratificada pelo Brasil. No entanto, naquele momento, o Brasil acabou conseguindo a exclusão da "lista suja", sob a alegação de que a Reforma Trabalhista ainda estava sendo implementada.(627)

Entretanto, em 2019, na Conferência Internacional do Trabalho da OIT (no ano do centenário da organização), ao analisar o disposto nos arts. 611-A, 611-B, 620 e parágrafo único do art. 444, todos da CLT, conforme redação dada pela Reforma Trabalhista, a Comissão de Peritos da OIT sobre aplicação de convenções internacionais e recomendações(628) voltou a inserir o Brasil na "lista suja" de violadores de direitos laborais. A comissão de peritos concluiu:

> [...] Habida cuenta de lo señalado anteriormente, la Comisión recuerda que considera que, si bien pueden ser compatibles con el Convenio disposiciones legislativas de ámbito específico, relativas a determinados aspectos de las condiciones de trabajo, que prevean de forma circunscrita y motivada su derogabilidad por medio de la negociación colectiva, en cambio, una disposición que establezca la derogabilidad general de la legislación laboral por medio de la negociación colectiva sería contraria al objetivo de promoción de la negociación colectiva libre y voluntaria prevista por el artículo 4 del

(627) Ver a notícia em: *MIGALHAS. Brasil volta à lista de violações de Direito Trabalhista da OIT.* Disponível em: <https://m.migalhas.com.br/quentes/304289/brasil-volta-a-lista-de-violacoes-de-direito-trabalhista-da-oit>.

(628) OIT. *Aplicación de las normas internacionales del trabajo, 2019.* Informe de la Comisión de Expertos en Aplicación de Convenios y Recomendaciones. Disponível em: <https://www.ilo.org/wcmsp5/groups/public/---ed_norm/---relconf/documents/meetingdocument/wcms_670148.pdf>.

Convenio. Señalando la importancia de obtener, en la medida de lo posible, un acuerdo tripartito sobre las reglas básicas de la negociación colectiva, la Comisión pide, por consiguiente al Gobierno que adopte, en consulta con los interlocutores sociales representativos, las medidas necesarias para revisar los artículos 611-A y 611-B de la CLT a fin de enmarcar de manera más precisa las situaciones en las que las cláusulas sobre excepciones a la legislación podrían negociarse así como el alcance de estas últimas. La Comisión pide al Gobierno que proporcione información sobre todo avance a este respecto. La Comisión pide asimismo al Gobierno que comunique información detallada en relación con la evolución del número de convenios y acuerdos colectivos concluidos en el país, así como en relación con el número, el contenido y el alcance de las cláusulas derogatorias a la legislación incluidas en dichos acuerdos y convenios. [...] La Comisión toma nota de que en relación con el artículo 444 de la CLT el Gobierno señala que: i) esta disposición concierne a un porcentaje muy reducido de trabajadores (alrededor del 2 por ciento de la población activa) que disponen de la autonomía suficiente para defender adecuadamente sus derechos en el marco de una negociación individual; ii) la situación de dichos trabajadores no es generalmente contemplada por los convenios colectivos; iii) los trabajadores cubiertos por el artículo 444 de la CLT continúan disfrutando de la garantía de los derechos fundamentales enumerados en el artículo 611-B de la CLT, y iv) el artículo 4 del Convenio no prohíbe que los contratos individuales de trabajo puedan establecer excepciones al contenido de los convenios colectivos de trabajo. A este respecto, la Comisión recuerda que la obligación de promover la negociación colectiva establecida en el artículo 4 del Convenio requiere que los convenios colectivos aplicables al empleador no puedan ser derogados por la negociación individual de las cláusulas del contrato de trabajo, en el entendido de que los contratos de trabajo siempre pueden prever condiciones de trabajo y de empleo más favorables. La Comisión recuerda que, por otra parte, este principio se expresa explícitamente en el párrafo 3 de la Recomendación sobre los contratos colectivos, 1951 (núm. 91). Señalando que los mecanismos de negociación colectiva pueden tomar en cuenta las necesidades e intereses específicos de categorías diferentes de trabajadores, que pueden, si así lo desean, ser representadas por sus propias organizaciones, la Comisión recuerda que el presente Convenio es plenamente aplicable a los trabajadores cubiertos por el artículo 444 de la CLT en la medida en que, en virtud de sus artículos 5 y 6, sólo pueden excluirse de su campo de aplicación las fuerzas armadas y la policía (artículo 5) y los funcionarios públicos en la administración del Estado (artículo 6). Por consiguiente, la Comisión pide de nuevo al Gobierno que adopte, previa consulta con los interlocutores sociales representativos interesados, las medidas necesarias para garantizar la conformidad del artículo 444 de la CLT con el Convenio. Asimismo, la Comisión solicita al Gobierno que transmita información sobre todos los avances que se produzcan a este respecto. [...]

Como fica manifestado na declaração dos Peritos da OIT, as disposições da Reforma Trabalhista atinentes ao "negociado sobre o legislado" acabam por dificultar e restringir o próprio direito de negociação coletiva, clareando que uma possibilidade generalizada de redução de direitos mediante negociação coletiva acaba funcionando como uma barreira à própria negociação coletiva.[(629)]

Não à toa, em 2019, pela primeira vez na história, o Brasil restou incluso na triste lista dos dez piores países do mundo para a classe trabalhadora, conforme foi divulgado pelo Índice Global de Direitos,[(630)] conforme alerta apresentado em audiência pública na Comissão de Direitos Humanos (CDH), por Rogerio Silva, representante do Sindicato Nacional dos Auditores-Fiscais do Trabalho.[(631)]

Cabe salientar ainda, que em 2020, a OIT voltou a reafirmar essa posição, pedindo que o Governo brasileiro revisasse os artigos da CLT que preveem, de forma generalizada e *in pejus*, o negociado sobre o legislado.[(632)]

Diante desses dados, cumpre destacar ainda que um dos critérios de aplicação dos princípios da proibição de retrocesso social e da norma mais favorável é o da inversão do ônus da prova. Conforme já afirmado, segundo esse critério cabe a quem promove as alterações legislativas que possam afetar os direitos provar que as mesmas não são regressivas ou que piorem as condições laborais. Ora, ao que se evidencia, não existem quaisquer dados disponíveis que demonstrem a melhoria das condições laborais. Muito pelo contrário, pois os dados disponíveis apontam para uma piora significativa das condições laborais, tanto que levou a OIT a inserir o Brasil na listagem dos países que descumprem normas laborais.

Assim, todos os dados disponíveis não parecem permitir outra conclusão que não seja a de que a Reforma Trabalhista com um todo, e a previsão do "negociado sobre o legislado", em particular, promoveram, sob o ponto de vista dos resultados socioeconômicos produzidos, a regressividade social e a piora das condições sociais e laborais dos trabalhadores.

No entanto, como a análise dos princípios da proibição de retrocesso social e da norma mais favorável também tem como critério, aliás preferencial sob o ponto de vista da dogmática jurídica, o do confronto normativo entre os textos normativos (legislação anterior e posterior), cabe também avaliar o "negociado sobre o legislado" sob este viés.

Sob o critério estritamente normativo, conforme já apontado no item "3.1.3" deste capítulo, a Reforma Trabalhista ao prever o negociado sobre o legislado (arts. 611-A, 611-B,

---

(629) Não há nada de estranho no resultado da Reforma, pois uma das principais metas políticas dos neoliberais é a atomização, ou seja, a destruição do poder de negociação do movimento de trabalhadores. Ver MASON, Paul. *Postcapitalismo:* hacia um nuevo futuro. *ePub* base r1.2. Okulto, 2016, p. 162-163.

(630) ITUC. *ITUC Global Rights Index 2019.* Disponível em: <https://www.ituc-csi.org/ituc-global-rights-index-2019?lang=en>, p. 23 e s.

(631) Ver a notícia em: SENADO. Redação. *Brasil está entre os piores países do mundo para trabalhador, aponta debate.* Disponível em: <https://www12.senado.leg.br/noticias/materias/2019/06/24/brasil-esta-entre-os-piores-paises-do-mundo-para-trabalhador-aponta-debate>.

(632) OIT. *Aplicación de las normas internacionales del trabajo, 2020.* Disponível em: <https://www.ilo.org/wcmsp5/groups/public/---ed_norm/---relconf/documents/meetingdocument/wcms_736217.pdf>, p. 111 e s.

parágrafo único, 444 e 620, todos da CLT), explicitamente trilhou e viabilizou um caminho aberto para a precarização.

Quando é analisado se, em especial, o "negociado sobre o legislado" apresenta legitimidade constitucional sob o ângulo dos princípios da proibição de retrocesso social e da norma mais favorável, utilizando-se do critério do confronto entre os textos normativos anteriores e posteriores à Reforma Trabalhista, a resposta resta praticamente automática, até parecendo que a análise é meramente retórica. No entanto, é justamente essa facilidade de perceber a regressividade das medidas que torna chocante a total desconsideração pelos princípios da proibição de retrocesso social e da norma mais favorável.

Os dispositivos legais que tratam do "negociado sobre o legislado" permitem uma redução geral de direitos, sem qualquer compensação, sem estabelecer critérios de proporcionalidade, razoabilidade e de preservação do núcleo essencial dos direitos.(633) Além disso, não existem quaisquer dados que apontem que a possibilidade generalizada de redução de direitos tenha resultado em melhoria das condições gerais de trabalho no Brasil. Muito pelo contrário! Conforme já assinalado, todos os dados apontam para uma piora nas condições laborais.

Na ótica adotada pela Reforma Trabalhista, a possibilidade de regressividade é geral, pois o dispositivo que permite a redução de direitos legalmente previstos tem caráter meramente exemplificativo (art. 611-A), estabelecendo uma cláusula aberta para que a negociação coletiva (ou até individual, no caso do parágrafo único do art. 444) possa afastar os direitos previstos na legislação estatal. Assim, o leque de possibilidades de flexibilização/precarização de direitos está aberto, sem sequer haver a preocupação de exigir que tais instrumentos de negociação coletiva indiquem eventuais contrapartidas para a redução ou a supressão dos direitos que sejam objeto de negociação. Assim, é viabilizada a própria renúncia a direitos e não apenas a transação de direitos.

Por seu turno, quando a Reforma Trabalhista estabelece vedações ao negociado sobre o legislado (art. 611-B), tal vedação é prevista com caráter de cláusula taxativa, evidenciando a violação central do princípio da norma mais favorável. Pela concepção da Reforma Trabalhista, quando são tratados os direitos que estariam protegidos frente a reduções ou supressões, esses direitos são determinados de forma taxativa, ou seja, somente os direitos previstos no próprio dispositivo estariam imunes a negociações precarizantes. Por outro lado, todos os demais direitos estariam suscetíveis à supressão ou redução.

Assim, entende-se que a previsão generalizada do "negociado sobre o legislado", mostra-se constitucionalmente (e convencionalmente) ilegítima, quando analisada sob o viés dos princípios da proibição de retrocesso social e da norma mais favorável, por quaisquer dos critérios que se avalie.

---

(633) Analisando o direito português, mas em lição plenamente compatível com o ordenamento jurídico brasileiro, Abrantes defende que os critérios de aferição da proporcionalidade e do núcleo essencial dos direitos fundamentais se aplicam a quaisquer restrições ou limitações apostas aos direitos fundamentais, provenham do Estado ou de particulares, o que, portanto, alcança também as negociações individuais e coletivas. ABRANTES, João José. *Contrato de trabalho e direitos fundamentais*, p. 233-234.

Apesar disso, essa não parece ser a posição que vem sendo adotada pelo Supremo Tribunal Federal — STF, muito embora o Tribunal já tenha reconhecido a positivação constitucional dos princípios da proibição de retrocesso social e da norma mais favorável, conforme já abordado. Ocorre que, em matéria laboral, o Tribunal, ultimamente, tem ignorado a sua própria jurisprudência.

Assim, o STF não vem cumprindo a sua função de "guardião constitucional" em matéria laboral, pois tem promovido e validado medidas que enfraquecem o arcabouço normativo de proteção aos direitos fundamentais dos trabalhadores. Com efeito, o STF tem implementado uma verdadeira guinada no próprio teor do Estado Democrático e Social de Direito fundado pela CF de 1988, conforme já analisado no capítulo II desta obra, sequer observando o seu dever de coerência e integridade (art. 926 do CPC).(634) Julgando segundo concepções alheias à "moralidade institucional" que embasa o Estado Democrático de Direito brasileiro, várias decisões do STF têm implementado uma opção ideológica (e, de forte subjetividade) que não se coaduna com a moral institucional definida pelos valores institucionais previstos no preâmbulo da CF de 1988 (inclusive com a prioridade dos direitos sociais), nos princípios fundamentais estabelecidos nos arts. 1º a 4º da CF de 1988 (especialmente, a igualdade substancial, a dignidade humana e o valor social do trabalho, entre outros), bem como pelo conjunto dos direitos fundamentais.

Basta verificar algumas decisões recentes tomadas pelo STF para que se possa perceber que a ideologia neoliberal, em matéria laboral, tem dominado as decisões do Tribunal, o qual vem ignorando, olimpicamente, os princípios da proibição de retrocesso social e da norma mais favorável.

Nas ações diretas de inconstitucionalidade (ADIs ns. 5.686 e 5.695)(635) que analisaram a constitucionalidade da Lei de Terceirizações (Lei n. 13.429/2017), consta do voto do relator do acórdão, Ministro Gilmar Mendes:

> [...] Nelson Rodrigues já dizia que "subdesenvolvimento não se improvisa; é fruto de séculos". Os dilemas que hoje o mercado nos impõe, e que exige que reflitamos a respeito do nosso modelo de direitos sociais, nomeadamente os trabalhistas, são fruto de uma cultura paternalista que se

(634) Sobre a base teórica da exigência legal de coerência e integridade ver STRECK, Lenio Luiz. *Verdade e consenso:* constituição, hermenêutica e teorias discursivas. 4. ed. São Paulo: Saraiva, p. 61, 118, 240, 266 e 313; STRECK, Lenio Luiz. *Jurisdição constitucional e decisão jurídica.* São Paulo: Revista dos Tribunais, 2013. p. 318; próprio DWORKIN, Ronald. *Domínio da vida:* aborto, eutanásia e liberdades individuais. São Paulo: Martins Fontes, 2003. p. 203 e s.; ARANGO, Rodolfo. *?Hay respuestas correctas en el derecho?* Santafé de Bogotá: Siglo del Hombre Editores, 1999. p. 11 e s. Conforme Leonel Severo Rocha, as ideias de coerência e integridade são centrais no pensamento de Ronald Dworkin, afirmando que Dworkin "entende que o direito sempre proporciona uma 'boa resposta', já que o juiz ao julgar escreve a continuidade de uma história. Neste sentido, Dworkin coloca a célebre metáfora do romance escrito em continuidade, apontando o problema da 'narração'. A 'boa resposta' seria aquela que resolvesse melhor à dupla exigência que se impõem ao juiz, ou seja, fazer com que a decisão se harmonize o melhor possível com a jurisprudência anterior e ao mesmo tempo a atualize (justifique) conforme a moral política da comunidade". ROCHA, Leonel Severo. *Introdução à teoria do sistema autopoiético do direito.* Porto Alegre: Livraria do Advogado, 2005. p. 24-25.

(635) A decisão pode ser conferida em: BRASIL. Supremo Tribunal Federal. *ADI n. 5.686.* Disponível em: <http://portal.stf.jus.br/processos/detalhe.asp?incidente=5165589>.

desenvolveu há décadas. O Direito do Trabalho brasileiro baseia-se em uma premissa de contraposição entre empregador e empregado; na prática, uma perspectiva marxista de luta entre classes. Essa dicotomia é um clássico do chamado conflito distributivo. Segundo Thomas Piketty, em seu "O Capital no Século XXI", "Já nas sociedades tradicionais, a tensão entre proprietário e camponês, entre aquele que possuía a terra e aquele que a cultivava, entre aquele que recebia os lucros e aquele que os possibilitava, estava no cerne da desigualdade social e de todas as revoltas e rebeliões. A Revolução Industrial parece ter exacerbado o conflito entre o capital e o trabalho, talvez por terem surgido formas de produção mais intensivas no uso de capital (máquinas, recursos naturais etc.) do que no passado ou talvez, também, porque as esperanças de uma divisão mais justa e de uma ordem social mais democrática foram derrubadas". (*e-book*) Disso resulta uma demonização do capital, uma ideologia que impregnou até mesmo a feitura do texto constitucional brasileiro nessa matéria. Como destacou Roberto Campos: "A cultura que permeia o texto constitucional é nitidamente antiempresarial. Decretam-se as conquistas sociais que, nos países desenvolvidos, resultam de negociação concretas no mercado, refletindo o avanço da produtividade e o ritmo do crescimento econômico. A simples expressão conquista social implica uma relação adversária, e não complementar, entre a empresa e o trabalhador. Elencam-se 34 direitos para o trabalhador, e nenhum dever. Nem sequer o dever de trabalhar, pois é praticamente irrestrito o direito de greve, mesmo nos serviços públicos. Obviamente, ninguém teve coragem para incluir, entre os 'direitos fundamentais', o direito do empresário de administrar livremente sua empresa". (Roberto Campos, A utopia social, A lanterna na popa, v. II, p. 1205) O contexto é, portanto, de um desequilíbrio entre posições jurídicas que não mais se sustenta, pois a própria premissa de submissão da mão de obra ao capital merece ser revista.[...] (grifo acrescentado)

Na ADI n. 6.363 (relator o Ministro Alexandre de Moraes),(636) na qual se analisou liminar sobre a constitucionalidade da MP n. 963/2020 (convertida na Lei n. 14.020/2017) e na qual foi validada a previsão de negociação individual para redução de salários, em seu voto o Ministro Luis Roberto Barroso afirmou:

> [...] O Supremo Tribunal Federal, como sabemos, julga ações em uma grande variedade de ramos do Direito. Para mim, costumo estabelecer quais valores e grandes princípios inspiram minha visão daquele ramo do Direito. Gostaria de declinar aqui os princípios e valores que pautam minhas convicções na interpretação do Direito Constitucional do Trabalho. Em primeiro lugar, penso que é princípio essencial assegurar o respeito aos direitos constitucionais trabalhistas materialmente fundamentais. As principais garantias constitucionais do trabalhador incluem segurança no trabalho, salário mínimo capaz de atender às necessidades previstas na própria Constituição, repouso remunerado, férias e garantias contra o desemprego. O segundo princípio que norteia minha visão no Direito do Trabalho é a necessidade de preservar o emprego e aumentar a empregabilidade. Em segundo lugar, formalizar o trabalho, removendo os obstáculos que levam à informalidade. Em terceiro, melhorar a qualidade geral dos sindicatos, que considero devam ter papel importante nas relações de trabalho. Em quarto, desonerar a folha de salários, o que ajuda tanto na empregabilidade quanto na redução da informalidade. E em quinto, acabar com a imprevisibilidade do custo das relações de trabalho. O imenso volume que ainda existe de litígios trabalhistas no Brasil faz com que o empregador, ao contratar, não seja capaz de avaliar o custo daquela contratação. Ele só vai saber disso verdadeiramente depois que termina a relação de trabalho e a Justiça do Trabalho se pronuncia. Esse é o conjunto de princípios e valores que norteiam a linha que pretendo seguir neste julgamento. (grifo acrescentado)

(636) A decisão pode ser conferida em: BRASIL. Supremo Tribunal Federal. *ADI n. 6.363*. Disponível em: <http://portal.stf.jus.br/processos/detalhe.asp?incidente=5886604>.

Em algumas oportunidades que o Tribunal já analisou questões relativas ao "negociado sobre o legislado" antes da Reforma Trabalhista, o STF tem indicado que entende legítimas tais medidas, sendo que as posições dominantes sequer mencionam os princípios da proibição de retrocesso social e da norma mais favorável. Tudo indica que após a Reforma Trabalhista, tais posições ganhem ainda mais força.

No RE n. 590.415,[637] que teve como relator o Ministro Luis Roberto Barroso, o STF abordou a validade de negociação coletiva para quitação de direitos por plano de dispensa imotivada. Consta na ementa da decisão:

> Ementa: DIREITO DO TRABALHO. ACORDO COLETIVO. PLANO DE DISPENSA INCENTIVADA. VALIDADE E EFEITOS. 1. Plano de dispensa incentivada aprovado em acordo coletivo que contou com ampla participação dos empregados. Previsão de vantagens aos trabalhadores, bem como quitação de toda e qualquer parcela decorrente de relação de emprego. Faculdade do empregado de optar ou não pelo plano. 2. Validade da quitação ampla. Não incidência, na hipótese, do art. 477, § 2º da Consolidação das Leis do Trabalho, que restringe a eficácia liberatória da quitação aos valores e às parcelas discriminadas no termo de rescisão exclusivamente. 3. No âmbito do direito coletivo do trabalho não se verifica a mesma situação de assimetria de poder presente nas relações individuais de trabalho. Como consequência, a autonomia coletiva da vontade não se encontra sujeita aos mesmos limites que a autonomia individual. 4. A Constituição de 1988, em seu art. 7º, XXVI, prestigiou a autonomia coletiva da vontade e a autocomposição dos conflitos trabalhistas, acompanhando a tendência mundial ao crescente reconhecimento dos mecanismos de negociação coletiva, retratada na Convenção n. 98/1949 e na Convenção n. 154/1981 da Organização Internacional do Trabalho. O reconhecimento dos acordos e convenções coletivas permite que os trabalhadores contribuam para a formulação das normas que regerão a sua própria vida. 5. Os planos de dispensa incentivada permitem reduzir as repercussões sociais das dispensas, assegurando àqueles que optam por seu desligamento da empresa condições econômicas mais vantajosas do que aquelas que decorreriam do mero desligamento por decisão do empregador. É importante, por isso, assegurar a credibilidade de tais planos, a fim de preservar a sua função protetiva e de não desestimular o seu uso. 7. Provimento do recurso extraordinário. Afirmação, em repercussão geral, da seguinte tese: "A transação extrajudicial que importa rescisão do contrato de trabalho, em razão de adesão voluntária do empregado a plano de dispensa incentivada, enseja quitação ampla e irrestrita de todas as parcelas objeto do contrato de emprego, caso essa condição tenha constado expressamente do acordo coletivo que aprovou o plano, bem como dos demais instrumentos celebrados com o empregado".

Cabe lembrar ainda, que no ARE n. 1.121.633,[638] ainda não julgado e que tem como relator originário o Ministro Gilmar Mendes, está sendo discutida a validade de negociação coletiva que disponha sobre limitação ou redução de direitos laborais. Esse recurso é objeto de repercussão geral (Tema 1.046 do STF), sendo que o relator já votou no sentido "de reconhecer a validade de convenção ou acordo coletivo, ainda que disponha de redução de direito trabalhista".

---

(637) A decisão pode ser conferida em: BRASIL. Supremo Tribunal Federal. *Recurso Extraordinário n. 590.415.* Disponível em: <http://portal.stf.jus.br/processos/downloadPeca.asp?id=306937669&ext=.pdf>.

(638) BRASIL. Supremo Tribunal Federal. *ARE n. 1.121.633.* Disponível em: <http://portal.stf.jus.br/processos/detalhe.asp?incidente=5415427>.

Entende-se que estas decisões entram em plena colisão com a própria estrutura do Estado Democrático e Social de Direito fundado pela Constituição Federal de 1988 e tentam imprimir uma mutação constitucional ilegítima, pois desconsideram a opção constitucional em considerar os direitos dos trabalhadores como fundamentais, bem como ignoram os vetores hermenêuticos da proibição de retrocesso social e da norma mais favorável.

Dessa forma, frente a previsão de prevalência do "negociado sobre o legislado", positivada na Reforma Trabalhista, entende-se que é constitucionalmente legítimo afirmar a necessidade de se defender, numa metáfora, uma espécie de "movimento de resistência constitucional" e inscrever em sua bandeira "nem um passo para trás", pois a precariedade das condições de trabalho no Brasil já alcançou um patamar bastante elevado.

Os princípios da proibição de retrocesso social e o da norma mais favorável são diretrizes hermenêuticas impostergáveis para a proteção dos direitos fundamentais, em especial, dos direitos fundamentais sociais, em razão de eventuais políticas normativas regressivas. Como decisões político-jurídico centrais, os direitos fundamentais e sua eventual concretização em nível infraconstitucional, não podem ficar à mercê de eventuais políticas regressivas que venham afetar um patamar social de civilidade já alcançado.

Os princípios da proibição de retrocesso social e o da norma mais favorável, positivados no ordenamento jurídico brasileiro, atuando em conjunto, devem servir como barreira protetiva em prol dos direitos fundamentais dos trabalhadores frente a atuação de políticas regressivas em matéria de direitos fundamentais, especialmente em momentos de crise.

No entanto, diante do avanço do sistema do capital na sua busca sem fim pelo "valor", uma espécie de "corrida de esteira", implementando todas as formas de mecanismos poupadores de trabalho em busca do acréscimo exponencial da produtividade, viabilizada pela utilização do "intelecto geral" na onda da terceira revolução industrial, talvez seja insuficiente apenas a defesa dos direitos já conquistados e do marco institucional existente.

É possível que no momento atual, ao mesmo tempo que se tenha que "fincar o pé" e não retroceder em matéria de direitos, seja necessário pensar alternativas para o campo do trabalho. No entanto, para que as alternativas se mostrem realmente eficientes, é imprescindível entender a especificidade da riqueza capitalista (o "valor"), pois sem isso é possível que as alternativas sejam apenas cortinas de fumaça.

3.3. A especificidade da riqueza capitalista e a "contradição em processo": explicitação da contradição explosiva

Uma questão central para pensar alternativas ao quadro social nada promissor aqui apresentado, é a relativa à especificidade da riqueza capitalista, em razão da contradição explosiva inerente ao processo de reprodução do capital. No entanto, tal questão geralmente é negligenciada pelas análises correntes. Na ótica aqui desenvolvida, a retirada de direitos, a precarização do trabalho, a degradação ambiental e o asselvajamento das sociedades da mercadoria em razão de crises são, realmente, os prognósticos que se evidenciam diante da lógica interna do sistema do capital, especialmente diante de sua crise estrutural. Quanto mais a crise avança, mais as eventuais conquistas civilizatórias são vistas como barreiras insuportáveis para o sistema.

Assim, à saída, cumpre esclarecer que a base teórica que sustenta esta análise é a chamada "teoria do valor marxiana", a qual, evidentemente, não faz parte da teoria econômica neoclássica,(639) pois esta última reduziu o valor ao preço e matematizou os modelos econômicos de forma funcional.(640) Por sua vez, a teoria do valor é uma teoria explicativa da forma de constituição, do desenvolvimento e das contradições do sistema capitalista. Muito embora seja expulsa pela porta, insiste em entrar pela janela, às "espaldas dos agentes socioeconômicos", visto que explica a essência do modo de produção vigente, pois foca a base real de constituição desse modo de produção, não se cingindo a apreciar os movimentos superficiais de mercado.

Muito embora, não seja aferível pelos dados estatísticos usuais de mercado, que servem, quando muito, como indícios formais das relações entre os dados empíricos e as relações de valor,(641) a teoria do valor é imprescindível para a compreensão do modo de produção capitalista.(642) Com efeito, como afirma Paul Mattick:(643)

> La ley del valor subyace bajo las relaciones de mercado y precios en el mismo sentido en que el capital total es un hecho sin ser un dato y la plusvalía total una magnitud real, si bien desconocida, y ello a pesar de que ni el valor ni la plusvalía son fenómenos diretamente observables o mensurables. Aunque las mercancías

(639) Pode-se dizer que a teoria econômica mais utilizada para o entendimento funcional do sistema da economia capitalista, hodiernamente, é a chamada teoria neoclássica/subjetiva, que abandonou a categoria do "valor trabalho" e observa apenas os "preços" e sua flutuação nas relações de mercado. A teoria da utilidade marginal é a teoria que constitui a manifestação mais propagada das teorias neoclássicas. Paul Mason explica essa teoria: "Lo que elaboraron a partir de ahí fue la llamada teoría de la utilidad marginal, según la cual nada tiene un valor intrínseco más allá de lo que un comprador esté dispuesto a pagar por ello en un momento dado. Léon Walras, uno de los fundadores del marginalismo, lo recalcaba así: «Los precios de venta de los productos se determinan en el mercado [...] en virtud de su utilidad y su cantidad. No hay otras condiciones que considerar, pues estas son ya de por sí condiciones necesarias y suficientes». [...] Por «marginal» se entiende simplemente que todo el valor reside en la «porción adicional» de producto que se quiera comprar, no en el total que se haya producido del mismo." MASON, Paul. *Postcapitalismo:* hacia um nuevo futuro. *ePub* base r1.2. Okulto, 2016, p. 259-260.

(640) KURZ, Robert. *Entrevista à Revista IHU On-Line*. p. 3-5. Disponível em: <http://www.obeco-online.org/rkurz306.htm>.

(641) Tendo em conta que as relações de valor constituem a essência e se referem ao capital social total e, por outro lado, de que as manifestações no mercado são a aparência e se referem aos capitais individuais, os dados estatísticos que pululam nas análises correntes do mercado (PIB, taxa de lucro, desemprego, etc.) são meros indícios formais, apenas indiretamente expressando as relações de valor. Como afirma Kurz: "A relação entre a estatística e o movimento real de valorização é indireta, não podendo em caso algum ser expressa em dados empíricos, mas apenas ser tornada acessível por indícios". KURZ, Robert. *Dinheiro sem valor:* linhas gerais para uma transformação da crítica da economia política, p. 183. No mesmo sentido e aplicando esta análise ao caso brasileiro da bolha de commodities, ver PITTA, Fábio. *O crescimento e a crise da economia brasileira no século XXI como crise da sociedade do trabalho:* bolha das commodities, capital fictício e crítica do valor-dissociação, p. 46. Texto publicado na *Revista Sinal de Menos*, n. 14, vol. 1, maio 2020. Disponível em: <https://sinaldemenos.org/2020/05/18/sinal-de-menos-14-vol-1/>.

(642) Paul Mason afirma que a teoria do valor: "Pertenece a una categoría de ideas que Einstein calificó de «teorías de principios»; esto es: teorías cuyo propósito es captar la esencia de la realidad en una proposición simple, que puede estar alejada de la experiencia cotidiana. Einstein escribió que el objeto de la ciencia es captar la conexión entre todos los datos de la experiencia «en su totalidad» a través del «uso de los mínimos conceptos y relaciones primarios». Señaló, además, que cuanto más claros y unificados lógicamente estuvieran esos conceptos primarios, más divorciados de los datos se encontrarían." MASON, Paul. *Postcapitalismo:* hacia um nuevo futuro, p. 254.

(643) Mattick, Paul. *Crisis y teoría de la crisis*. Edição Digital: Círculo Internacional de Comunistas Antibolcheviques, p. 113.

> no revelen las cantidades de trabajo necesario y plustrabajo incorporadas a ellas, su producción testifica que el trabajo y el plustrabajo han entrado a formar parte de sus precios. Marx no intentó localizar el contenido en tiempo de trabajo de las mercancías en sus precios. Para él, la producción capitalista solamente es posible sobre la base de relaciones de precios que difieran de las relaciones de valor, pero por esa razón verificó que la teoría del valor-trabajo era la clave para entender el mundo capitalista real, la formación de sus precios y su desarrollo. Respecto a las relaciones de cambio, el valor no constituye una, categoría empíricamente observable, sino explicatoria. Y en cuanto tal no deja de ser um fenómeno real; se impone, no por en sus propios términos, sino en términos de precios precisamente porque la sociedad capitalista descansa en relaciones de valor. Estas relaciones, cuya fuente no está en el proceso físico de producción sino en las relaciones sociales bajo las cuales esa producción tiene lugar, no será reconocible, por esa misma razón, en las mercancías individuales ni en cualquier esfera o rama concreta de la producción, sino solamente en el hecho de la existencia del capitalismo como sistema social de producción y en su expansión o contracción según los casos.

Assim, baseado na teoria do valor (ou melhor, na sua crítica), abandonando-se a mera superfície dos fenômenos e focando nos processos ontológicos ao sistema do capital que se processam lógica e historicamente, o avanço dessa lógica histórica imanente ao sistema é marcado por uma contradição central e explosiva: a busca desenfreada pelo valor, imposta pela concorrência,(644) leva o capital a poupar cada vez mais trabalho vivo, no entanto, o capital não é tal sem trabalho vivo abstrato e produtivo. A riqueza especificamente capitalista, que é o valor, só é gerada pelo trabalho abstrato (vivo e produtivo), mas esse trabalho é cada vez mais supérfluo para a produção de riqueza real (produtos, serviços, etc.), visto o avanço das forças produtivas (ciência e a tecnologia aplicadas na produção — "*general intelect*").(645)

---

(644) Sobre o papel da concorrência para o capital, Marx explica: "A livre concorrência é o desenvolvimento real do capital. (...) O domínio do capital é o pressuposto da livre concorrência, exactamente como o despotismo romano dos césares era o pressuposto do livre 'direito privado' romano. (...) Nenhuma categoria da economia burguesa, nem mesmo a primeira, como, por exemplo, a determinação do valor, se torna efectiva, a não ser pela livre concorrência; isto é, pelo processo efectivo do capital, que aparece como interacção recíproca dos capitais e de todas as outras relações de produção e comércio determinadas pelo capital. Daí, por outro lado, a sandice que significa considerar a livre concorrência como o desenvolvimento último da liberdade humana; e a negação da livre concorrência = a negação da liberdade individual e da produção social fundada na liberdade individual. Trata-se, de facto, somente do desenvolvimento livre sobre uma base tacanha — a base da dominação do capital." MARX, Karl. *Grundrisse:* Manuscritos econômicos de 1857-1858. Esboços da crítica da economia política. São Paulo: Boitempo; Rio de Janeiro: UFRJ, 2011. p. 873-874.

(645) Nos Grundrisse, Marx introduz o conceito de "*general intellect*" (intelecto coletivo), mostrando que com o avanço da ciência e da tecnologia a produção depende cada vez mais do desenvolvimento do conhecimento coletivo. Afirma: "A natureza não constrói máquinas nem locomotivas, ferrovias, telégrafos elétricos, máquinas de fiar automáticas, etc. Elas são produtos da indústria humana; material natural transformado em órgãos da vontade humana sobre a natureza ou de sua atividade na natureza. Elas são *órgãos do cérebro humano criados pela mão humana*; força do saber objetivada. O desenvolvimento do capital fixo indica até que ponto o saber social geral, conhecimento, deveio *força produtiva imediata* e, em consequência, até que ponto as próprias condições do processo vital da sociedade ficaram sob o controle do intelecto geral e foram reorganizadas em conformidade com ele. Até que ponto as forças produtivas da sociedade são produzidas, não só na forma do saber, mas como órgãos imediatos da práxis social; do processo real da vida." MARX, Karl. *Grundrisse:* Manuscritos econômicos de 1857-1858. Esboços da crítica da economia política, p. 944.

Diante dessa contradição original e ínsita ao sistema do capital, não é à toa a imposição de "ondas" de precarização no tocante às normas jurídicas que tratam dos direitos fundamentais sociais, em especial, dos trabalhadores, como tentativa fadada ao insucesso de barrar a dinâmica de desvalorização do valor e manter em pé o sistema. Entende-se que o impacto dessa lógica tende a colocar em xeque tudo o que até hoje foi objeto do trato jurídico na matéria. Sem essa aparente guinada na argumentação aqui desenvolvida, saindo do campo do direito para o campo da crítica da economia política, entende-se que o problema proposto na obra resultaria apenas tangenciado.

É importante salientar que, como já foi sustentado e resultará evidenciado na argumentação desenvolvida, entende-se que o neoliberalismo não é, propriamente, a causa de todos os problemas que afetam o mundo do trabalho, mas, sim, o efeito das contradições internas do capital em crise estrutural. É uma tentativa de resposta agressiva do sistema para a sua crise estrutural.

Nesse sentido, Anselm Jappe[(646)] sustenta que o neoliberalismo não é o resultado de uma espécie de conspiração mundial, mas o resultado das contradições da lógica do sistema do capital em crise. Para o autor, é evidente que a globalização neoliberal foi posta em marcha de forma planejada e com objetivos precisos, mas essa estratégia só foi bem-sucedida por ter sido capaz de extrair as consequências do declínio da fase fordista-keynesiana. Assim, a vontade política não fez mais do que dar execução às leis do sistema do capital num momento em que a riqueza propriamente capitalista (o "valor") já apresentava deficiências estruturais.

Assim, a investigação sobre a natureza específica da riqueza capitalista é fundamental para a compreensão dos desafios que se apresentam no horizonte social, tornando possível entender as razões últimas que põem em risco os padrões básicos de civilidade já conquistados, ao mesmo tempo que permite pensar e avaliar se as alternativas que tem sido propostas podem ser efetivas.[(647)]

Em sua obra "O Capital: crítica da economia política", Karl Marx, entre outros temas, investiga o que significa a riqueza de uma época específica: a riqueza capitalista! Uma das perguntas que moveu o autor foi justamente aquela que buscava identificar o que é a riqueza no modo de produção do capital. Para responder à essa questão, usando de seu método de

---

(646) JAPPE, Anselm. *As aventuras da mercadoria:* para uma nova crítica do valor. Lisboa: Antígona, 2006. p. 246-247. Na mesma linha, PITTA, Fábio. *O crescimento e a crise da economia brasileira no século XXI como crise da sociedade do trabalho:* bolha das *commodities*, capital fictício e crítica do valor-dissociação, p. 97-98. Aliás, o próprio Milton Friedman admitiu que as ideias neoliberais se tornaram dominantes em função da crise que se apresentava. Segundo Rutger Bregman, em tom de aprovação, Friedman atuou no sentido de difundir amplamente suas ideias e da sociedade de Mont Pélerin, muito embora as propostas neoliberais ainda fossem totalmente ignoradas pela política econômica até então dominante. Então o autor cita o próprio Friedmann que afirmou: "Solamente una crisis (real o percibida) produce un cambio de verdad — explicó Friedman —. Cuando esa crisis se produce, las medidas que se toman dependen de las ideas que existen alrededor." BREGMAN, Rutger. *Utopía para realistas:* a favor da renta básica universal, la semana laboral de 15h y un mundo sin fronteras. Barcelona: Salamandra, 2016. p. 203.

(647) Como é o caso, por exemplo, de uma renda básica universal como antídoto ao desemprego em massa e à exclusão social, o que será tratado no próximo item desse capítulo.

investigação de descenso/ascenso,[(648)] Marx partiu do "átomo" da sociedade capitalista: "a mercadoria". A partir desta categoria básica, Marx foi desvendando inúmeros enigmas, descobrindo que na mercadoria se fazem presentes um valor de uso, um valor de troca e o valor.

Marx afirma que a riqueza das sociedades onde vigora o modo de produção capitalista surge (aparece) como uma grandiosa acumulação de mercadorias. Assim, a mercadoria, isoladamente, é considerada a forma elementar dessa riqueza, sendo que toda a mercadoria deve satisfazer necessidades humanas, sejam elas do "estômago ou da fantasia".[(649)]

As mercadorias se apresentam, imediatamente, numa dualidade: são valores de uso e valores de troca. Como afirma Marx,[(650)] a utilidade de uma coisa é o que faz dela um valor-de-uso, o qual é determinado pelas propriedades materialmente inerentes à mercadoria, só existindo por meio delas, não sendo algo aéreo. Assim, o valor de uso da mercadoria, que se realiza com sua utilização ou pelo seu consumo, não depende da quantidade de trabalho empregado para obter as suas qualidades e possíveis benefícios. Dessa forma, afirma Marx que os "valores de uso constituem o conteúdo material da riqueza, qualquer que seja a forma social dela." E, posteriormente concluiu que, na sociedade capitalista: "os valores-de-uso são, ao mesmo tempo, os veículos materiais do valor-de-troca."

Por sua vez, quanto ao valor-de-troca, Marx[(651)] afirma que esse se revela numa relação quantitativa entre valores de uso diferentes, na proporção em que se trocam e em relações que se alteram no tempo e no espaço, parecendo algo casual e puramente relativo, pois qualquer mercadoria pode ser trocada por outras nas mais diversas proporções. Assim, continua Marx, esses valores devem ser permutáveis e iguais entre si, daí deduzindo que os valores de troca vigentes na mercadoria expressam um significado igual, são a forma de manifestação de uma substância. Essa substância, outrossim, não pode ser uma qualidade natural, química, física, mas sim algo que sobra quando se prescinde do valor-de-uso das mercadorias. Então Marx[(652)] afirma:

> Se prescindirmos do valor-de-uso da mercadoria, só lhe resta ainda uma propriedade, a de ser produto do trabalho. Mas, então, o produto do trabalho já terá passado por uma transmutação. Pondo de lado seu valor-de-uso, abstraímos, também, das formas e elementos materiais que fazem dele um valor-de-uso.

(648) Como afirma David Harvey, Marx utilizou a capacidade de abstração como método de investigação/análise/pesquisa/estudo das ciências sociais. Assim, partindo da realidade bruta, tal qual se apresenta à experimentação cotidiana, Marx submeteu essa realidade a uma crítica precisa e rigorosa até descobrir os conceitos mais simples, muito embora centrais, que estruturam e indicam como a realidade funciona (descenso). Uma vez munido desses conceitos, na verdade, descrições fundamentais dos fenômenos, Marx fez o caminho inverso (ascenso), de retorno à superfície, esclarecendo e mostrando quanto a aparência do mundo pode ser enganadora. Por sua vez, na apresentação dos resultados da pesquisa, Marx partiu do conceito mais simples (porém, poderoso), até voltar à realidade prosaica, mas agora já capaz de iluminar e compreender essa realidade de acordo com suas determinações mais substanciais ("argumento em cebola"). HARVEY, David. *Para entender O Capital*. Livro I. São Paulo: Boitempo, 2013, p. 17-18.

(649) MARX, Karl. *O Capital:* crítica da economia política. Livro 1, p. 57.

(650) *Ibidem*, p. 58.

(651) *Ibidem*, p. 58-59.

(652) *Ibidem*, p. 60.

> Ele não é mais mesa, casa, fio ou qualquer outra coisa útil. Sumiram todas as suas qualidades materiais. Também não é mais o produto do trabalho do marceneiro, do pedreiro, do fiandeiro ou de qualquer outra forma de trabalho produtivo. Ao desaparecer o caráter útil dos produtos do trabalho, também desaparece o caráter útil dos trabalhos neles corporificados; desvanecem-se, portanto, as diferentes formas de trabalho concreto, elas não mais se distinguem umas das outras, mas reduzem-se, todas, a uma única espécie de trabalho, o trabalho humano abstrato. [...] Esses produtos passam a representar apenas a força de trabalho humana gasta em sua produção, o trabalho humano que neles se armazenou. Como configuração dessa substância social que lhes é comum, são valores, valores-mercadorias. Na própria relação de permuta das mercadorias, seu valor-de-troca revela-se, de todo, independente do seu valor-de-uso [...]. O que se evidencia comum na relação de permuta ou no valor-de-troca é, portanto, o valor das mercadorias." Assim, o valor-de-troca é a forma de expressar-se ou de se manifestar do valor.

Assim, o valor-de-troca é a forma de se expressar ou de se manifestar do "valor". Marx(653) prossegue afirmando que um bem (valor de uso) só possui "valor", porque nele está corporificado, materializado, trabalho humano abstrato (como dispêndio de nervos, cérebro, sangue, músculos, ossos, enfim, tempo de vida humana), o qual tem a sua grandeza medida por meio da quantidade da "substância criadora de valor" nele contida, ou seja, do trabalho (abstrato — como pura queima de energia laboral/vital). Por sua vez, a quantidade de trabalho é medida pelo tempo de sua duração e o tempo de trabalho por frações do tempo, como hora, dia, etc. (tempo abstrato).

Dessa forma, no sistema do capital, o trabalho abstrato é a "substância do valor", sendo a sua fonte criadora única. Como afirma Marx,(654) desconsiderando-se o caráter útil ou o desígnio da atividade produtiva, o trabalho se apresenta apenas como dispêndio de força humana de trabalho. Assim, o trabalho humano abstrato é simplesmente dispêndio humano produtivo de cérebro, músculos, nervos, mãos, etc. Posteriormente, Marx afirma:

> "Todo o trabalho é, de um lado, dispêndio de força humana de trabalho, no sentido fisiológico, e, nessa qualidade de trabalho humano igual ou abstrato, cria o valor das mercadorias. Todo o trabalho, por outro lado, é dispêndio de força humana de trabalho, sob forma especial, para um determinado fim, e, nessa qualidade de trabalho útil e concreto, produz valores de uso."

Portanto, Karl Marx foi descortinando as sutilezas que se escondem atrás da aparente simplicidade da "forma mercadoria",(655) esclarecendo, ainda, que o conceito propriamente

(653) MARX, Karl. *O Capital:* crítica da economia política. Livro 1, p. 60.

(654) *Ibidem*, p. 66-68.

(655) "Forma" é aqui entendida como espécie de "fôrma social", como molde em que se devem processar as relações sociais. Os seres humanos por meio de suas práticas sociais acabam por criar, muitas vezes inconscientemente, mecanismos (também sociais) que passam a ditar como estas mesmas práticas deverão se estabelecer e desenvolver. As formas sociais podem ser caracterizadas como relações objetivadas, exteriores e reificadas em relação aos

econômico de "valor" não ocorria entre os antigos (sociedades pré-capitalistas), pertencendo completamente à economia moderna "porque é a expressão mais abstrata do próprio capital e da produção baseada nele. No conceito de valor é revelado seu segredo".(656)

Assim, conforme se pretende esclarecer ao longo da argumentação, a riqueza propriamente capitalista não é uma riqueza "real" (alimentos, casas, máquinas, livros, etc.), mas uma riqueza abstrata, cristalização de trabalho humano abstrato, ou seja, a riqueza propriamente capitalista é o valor, o qual se expressa no dinheiro.(657) Como riqueza abstrata com caráter quantitativo e não qualitativo, a busca pela riqueza capitalista proporciona um mecanismo de esteira (*treadmill effect)*, um fim em si que subjuga toda a sociedade (e a natureza) ao seu fetiche, onde a vida das pessoas e seu habitat são avaliados segundo critérios econômicos, de rentabilidade. Assim, é necessário penetrar ainda mais nos seus segredos e tentar esclarecer o que é essa riqueza abstrata, quantitativa. É preciso esclarecer o que é o "valor".

O valor, pelo menos num primeiro momento, é uma qualidade social da mercadoria, consistente no seu poder de compra (poder de intercambiar-se, uma propriedade adjetiva). Esse poder de compra, por sua vez, é determinado pela quantidade de trabalho abstrato socialmente necessário para sua produção-reprodução (trabalho abstrato como "geleia" geral de trabalho humano).(658)

Essa qualidade reconhecida às coisas (produtos do trabalho), como já dito, é específica, historicamente, da sociedade mercantil (capitalista). Quando algo é produto do trabalho humano (muito embora posteriormente, a partir da generalização das relações mercantis, até aquilo que não é fruto do trabalho passa a ter um preço — expressão monetária do valor) esse produto destinado a outros, encaminhado ao mercado, é mercadoria e está potencialmente

---

indivíduos, em que a ligação social dos indivíduos se manifesta obnubilada, disfarçada e não transparente. Como afirma Alysson Leandro Mascaro: "A apropriação do capital, a venda da força de trabalho, o dinheiro, a mercadoria, o valor são formas constituídas pelas interações sociais dos indivíduos, mas são maiores que seus atos isolados ou sua vontade ou consciência. Formas sociais são modos relacionais constituintes das interações sociais, objetificando-as. Trata-se de um processo de mútua imbricação: as formas sociais advêm das relações sociais, mas acabam por ser suas balizas necessárias." MASCARO, Alysson Leandro. *Estado e forma política.* São Paulo: Boitempo, 2013. p. 17-18. Ver também EDELMAN, Bernard. *O direito captado pela fotografia:* elementos para uma teoria marxista do direito. Coimbra: Centelha, 1976. p. 19-20; MÁRKUS, György. *Marxismo e antropologia:* o conceito de "essência humana" na filosofia de Marx. São Paulo: Expressão Popular. 2015, p. 59; PACHUKANIS, Evguiéni B. *Teoria geral do direito e marxismo.* São Paulo: 2017. p. 60 e s.; HIRSCH, Joachim. *Teoria materialista do estado.* Rio de Janeiro: Revan, 2010, p. 30.

(656) MARX, Karl. *Grundrisse:* manuscritos econômicos de 1857-1858: esboços da crítica da economia política, p. 1.072-1.073.

(657) O dinheiro é a "mercadoria rainha" destacada socialmente do conjunto das demais mercadorias, servindo como equivalente geral, com validade social, na qual todas as mercadorias representam os seus valores. Assume a forma de equivalente geral por estar destacada como equivalente de todas as demais mercadorias. Quando essa função se fixa numa mercadoria, esta assume então a forma social de equivalente geral, tornando-se a mercadoria-dinheiro, funcionando como dinheiro. Assim, tem como funções sociais ser medida do valor, meio de circulação, meio de pagamento, meio de reserva de valor. Só do ponto de vista do mercado global, que o dinheiro adquire plenamente o caráter de mercadoria "cujo corpo é simultaneamente a encarnação social imediata do trabalho humano abstrato". MARX, Karl. *O Capital:* crítica da economia política. Livro 1, p. 91-172.

(658) MARX, Karl. *O Capital:* crítica da economia política. Livro 1, p. 609; MARX, Karl. *O Capital:* crítica da economia política. Vol. 6. Rio de Janeiro: Civilização Brasileira. Livro III, 2008. p. 1.077-1.078; CARCANHOLO, Reinaldo. *Capital:* essência e aparência. Vol. 1. São Paulo: Expressão Popular, 2011. p. 13 e s.; CARCANHOLO, Reinaldo. *Capital:* essência e aparência. Vol. 2. São Paulo: Expressão Popular, 2013, p. 74 e s.; KURZ, Robert. *Dinheiro sem valor:* linhas gerais para uma transformação da crítica da economia política, p. 69-70.

prenhe de valor. O valor é a cristalização de trabalho humano abstrato.[(659)] Assim, o valor não é uma propriedade física, não tem materialidade física, mas é objetivo (abstrato, mas objetivo, como a gravidade). O capital, por sua vez, é em sua essência puramente valor, um valor desenvolvido, capaz de criar mais valor, de se reproduzir e acumular (substantivação do valor — processo dialético em desenvolvimento em que o capital se torna realidade substantiva — o próprio "sujeito automático").[(660)]

Ao abordar a questão do valor, Enrique Dussel, como não poderia deixar de ser, tem a clareza de que está presente em Marx, pelo menos, uma bidimensionalidade do real, o qual é constituído pela essência (o ontológico — o ser — só perceptível a partir da análise da totalidade) e pela aparência (o ôntico — o fenômeno — a parte daquilo que é percebido no dia a dia das relações mercantis; o prosaico, que de forma alguma é um engano mas, sim, como as coisas e os fenômenos se mostram em sua imediaticidade).[(661)] Com efeito, destrinchando as várias categorias marxianas e acrescendo outras, Dussel[(662)] afirma:

> No capitalismo, os produtos têm uma dupla "posição" ontológica: por uma parte, são produtos e, por outra, se produzem para outros como mercadorias. O "ser" do produto (o produto como produto), nós o denominamos "produtualidade" (palavra que Marx não usou). O "ser" da mercadoria como mercadoria é a "intercambialidade". Como é evidente, produzir uma mercadoria é produzi-la para outro. O "para outro" como essência do produto inclui uma "relação social". O valor enquanto tal, o valor como valor, então, não é apenas um trabalho objetivado (como veremos), mas, ainda, um trabalho objetivado para outro (de um ponto de vista subjetivo). De um ponto de vista objetivo, o valor é o caráter do produto enquanto para outro. A "produtualidade" do produto (o fato de ser efeito de um trabalho) e a sua "intercambialidade" (o fato de ser para outro) distinguem o puro valor, ou o valor em sua pureza e universalidade, do valor de uso (ou determinação útil da coisa) ou do valor de troca ("expressão" do puro valor ou sua efetivação real, ôntica, fenomênica). O puro valor é a essência última do capital. O capital é simplesmente valor, mas como tal (como puro valor) não aparece nem pode aparecer jamais no mundo fenomênico. O valor não é uma forma ou modo de aparição do capital: é o próprio capital em sua invisibilidade profunda, fundamental, essencial. As "formas de aparição" do

---

(659) CARCANHOLO, Reinaldo. *Capital:* essência e aparência. Vol. 1, p. 36.

(660) Como afirma Marx, no seu processo de autovalorização o valor "passa constantemente de uma forma a outra, sem se perder nesse movimento, e, com isso, transforma-se no sujeito automático do processo." MARX, Karl. *O capital:* crítica da economia política. Livro I, p. 263-264.

(661) Sobre isso: CARCANHOLO, Reinaldo A. *Capital:* essência e aparência. Vol. 1. São Paulo: Expressão Popular, 2011. p. 30, nota 4; JAPPE, Anselm. *As aventuras da mercadoria:* para uma nova crítica do valor. Lisboa: Antígona, 2006. p. 30. Em obra coletiva, Carcanholo e Sabadini salientam: "Debemos recordar que, conforme se deduce de los capítulos XXI y XXII del primer libro de El Capital, el punto de vista del acto individual y aislado corresponde a la apariencia y el punto de vista de la reproducción y de la totalidad corresponde a la esencia. Además, es indispensable reafirmar que la apariencia es una de las dos dimensiones de la realidad no es falsa, que no se trata de un engaño del observador; ella es tan real como la esencia." CARCANHOLO, Reinaldo; SABADINI, Mauricio. Capital Ficticio y Ganancias Ficticias. In: Consuelo Silva Flores; Claudio Lara Cortés: Coordinadores. *La Crisis Global y el Capital Ficticio.* Santiago: CLACSO, 2013. p. 89.

(662) DUSSEL, Enrique. *A produção teórica de Marx:* um comentário aos Grundrisse. São Paulo: Expressão Popular, 2012. p. 125-126.

capital, podem ser o dinheiro, a mercadoria, o produto, etc. como capital. [...] De outro modo e como síntese: o valor puro ou em sua forma universal e abstrata é a "produtualidade-intercambiável" ou a "intercambialidade-produzida" do produto-mercadoria do modo de produção capitalista. A indissolubilidade da "produtualidade" e da "intercambialidade" é própria e única do produto do modo de produção burguês. Em civilizações e situações anteriores, os produtos tinham o caráter de portar a sua "produtualidade" (o produto como produto) e, às vezes, eram ainda produzidos como mercadorias (na China, na Índia, na Grécia, no México asteca, no Peru inca, etc.), mas este não era o caráter indissolúvel de todos os produtos, e sim de alguns.(663)

Seguindo no esclarecimento desse conceito fundamental do sistema do capital, embora tão enigmático, em forma extremamente didática, mas não menos profunda, David Harvey(664) afirma:

> Marx define o valor como *tempo de trabalho socialmente necessário*. O tempo de trabalho que gasto fabricando bens para outros comprarem e usarem é uma relação social. Como tal, ela é, assim como a gravidade, uma força imaterial, mas objetiva. Não importa quanto eu disseque uma camisa, jamais encontrarei nela átomos de valor, da mesma forma como jamais poderei dissecar uma pedra e encontrar nela átomos de gravidade. Tanto a gravidade quanto o valor são relações imateriais que têm consequências materiais objetivas. [...] O materialismo histórico reconhece a importância desses poderes imateriais, porém objetivos.

Então, prosseguindo em sua análise, Harvey(665) salienta que esses fenômenos sociais imateriais, porém objetivos, com consequências práticas, precisam de uma materialização representativa, ou melhor, uma representação material:

> Descrevemos noções como poder, influência, crença, status, lealdade e solidariedade social em termos imateriais. O valor, para Marx, é precisamente

(663) Muito embora o acerto geral da posição de Dussel, não parece correto afirmar a existência da "mercadoria" em modos de produção não capitalistas, pois a mercadoria é, propriamente, uma categoria da modernidade.

(664) HARVEY, David. *A loucura da razão econômica:* Marx e o capital no século XXI. São Paulo: Boitempo, 2018. p. 18-19.

(665) HARVEY, David. *A loucura da razão econômica:* Marx e o capital no século XXI, p. 19. Por razões semelhantes aos esclarecimentos feitos por Harvey, cumpre também esclarecer que para Marx o valor não é idêntico ao preço. São categorias diferentes, pertencentes a planos de análise diversos. O valor é uma categoria ontológica, da essência do capital; já o preço é a sua manifestação ôntica, no plano das relações no mercado. Como afirma Anselm Jappe: "O valor não tem existência empírica e não é susceptível de ser medido no caso particular, porque as relações efectivas são infinitamente mais complexas do que os nossos exemplos elementares – por exemplo, no valor de cada mercadoria entram quase sempre os valores de outras mercadorias que concorreram para a respectiva produção. Na composição do preço, distinto do valor, entram também a oferta e a procura, para além de outros factores. Contudo, os preços gravitam sempre em torno dos valores, que em última instância os determinam. A realidade superficial constituída pelos preços «cobre com um véu» a realidade fundamental constituída pelos valores, mas sem a invalidar minimamente. A ciência económica burguesa moderna ocupa-se exclusivamente dos preços, consequentemente de uma simples forma fenoménica; para essa ciência, a categoria do valor é uma especulação filosófica inútil sobre uma hipotética «coisa em si». JAPPE, Anselm. *As aventuras da mercadoria:* para uma nova crítica do valor. Lisboa: Antígona, 2006. p. 69, nota de rodapé 7. Muito embora sem tanta clareza, ver também MASON, Paul. *Postcapitalismo:* hacia um nuevo futuro. *ePub* base r1.2. Okulto, 2016, p. 101-102; 247 e 254.

> um conceito desse tipo. "[E]lementos materiais não convertem o capital em capital", escreve ele. Pelo contrário, eles relembram que o "capital, de um lado, é valor, portanto, algo imaterial, indiferente ante a sua existência material". Dada essa condição, surge uma necessidade gritante de algum tipo de representação material — algo que se possa tocar, segurar e mensurar – do que seja o valor. Essa necessidade é satisfeita pela existência do dinheiro como expressão ou representação do valor. O valor é a relação social, e todas as relações sociais escapam à investigação material direta. O dinheiro é a representação e expressão dessa relação social.

Como enfatiza Robert Kurz,[666] Marx demonstrou que o "valor abstrato", como riqueza especificamente capitalista e enquanto princípio social do moderno sistema de fetiche do capital, contém um momento transcendental, pois não pode ser apreendido como tal e de forma empírica. No entanto, ainda assim é uma abstração real, pois não está presente apenas nas ideias ou no espírito humano, surgindo de modo físico-empírico sob a forma do dinheiro. O caráter de fetiche (criação humana que domina os seus criadores), faz com que se apresente como um poder em processo francamente autonomizado, no qual o caráter de ser um "artefato" humano se desvanece. Isso ocorre em razão "de não ser uma mera representação simbólica, mas uma instância que intervém de modo diretamente visível e sensível, embora não deixe de ser impessoal."

Com efeito, o capital tem o "atributo da agência" pois, como salienta Moishe Postone,[667] o capital é uma forma social subjetiva-objetiva, automovente, que tem uma lógica própria,

---

(666) KURZ, Robert. *Dinheiro sem valor:* linhas gerais para uma transformação da crítica da economia política, p. 69-70.

(667) POSTONE, Moishe. *Tempo, trabalho e dominação social*, p. 308. Em outro texto, Postone reafirma essa análise: "O indicador de tais relações, de acordo com Marx, é a categoria do valor – que também é historicamente específica. Marx distingue de maneira explícita o valor da riqueza material, que é medida pela quantidade produzida e é uma função do conhecimento, da organização social e das condições naturais, além do trabalho. O valor, a forma dominante de riqueza no capitalismo, é constituído unicamente pelo dispêndio de *tempo* de trabalho socialmente necessário. (À diferença da riqueza material, que é mediada por relações sociais explícitas, o valor é uma forma de riqueza automediada). Nessa estrutura, o que caracteriza fundamentalmente o capitalismo é uma forma de mediação historicamente específica, aparentemente objetiva [*quasi-objective*], que é constituída por modos determinados de prática social e, ademais, torna-se aparentemente independente [*quasi-independent*] das pessoas envolvidas nessas práticas. O resultado é uma forma de dominação historicamente nova que sujeita as pessoas a imperativos e coerções estruturais, impessoais, crescentemente racionalizados e que não podem ser adequadamente apreendidos em termos de dominação de classe ou, de modo mais geral, em termos de dominação por grupamentos sociais ou por agências institucionais do estado e/ou da economia. Essa dominação não tem um *lócus* determinado e, apesar de constituída por formas determinadas de prática social, não aparenta ser social. Estou sugerindo que a análise marxiana da dominação abstrata é uma análise mais rigorosa e determinada do que Foucault tentou apreender com a noção de poder no mundo moderno. Ademais, ao contrário da noção foucaultiana de poder, a forma de dominação analisada por Marx é fundamentalmente dinâmica e temporal. Nesse particular, é significativa a determinação marxiana da magnitude do valor em termos do tempo de trabalho socialmente necessário, que delineia uma norma socialmente geral, abstrata, à qual a produção *tem de* se conformar. Trata-se da primeira determinação, historicamente específica, da forma abstrata de dominação intrínseca ao capitalismo: *a dominação das pessoas pelo tempo*, por uma forma historicamente específica de temporalidade — o tempo abstrato newtoniano —, tempo constituído historicamente com a forma mercadoria." POSTONE, Moische. Repensando o capitalismo e seus futuros. *Verinotio — Revista on-line de Filosofia e Ciências Humanas*, ano XI, out. 2016. n. 22, p. 82-83. Disponível em: <http://www.verinotio.org/sistema/index.php/verinotio/issue/view/27>. Ver ainda, POSTONE, Moische. Repensando a Marx (en un mundo post-marxista). In: *Lo que el trabajo esconde.* Materiales para un replanteamiento de los análisis sobre el trabajo. Organizadores: Jorge García López, Jorge Lago Blasco, Pablo Meseguer Gancedo, Alberto Riesco Sanz. Madrid: Traficantes de sueños, p. 249 e s.

semi-independente, exercendo uma compulsão para sua valorização pela extração de mais--valor, ou seja, o capital é uma espécie de "*matrix*". O autor afirma:

> O capital, então, é uma categoria de movimento, de expansão; é uma categoria dinâmica, "valor em movimento". Essa forma social é alienada, semi--independente, exerce sobre as pessoas um modo de compulsão e refreamento abstratos, e está em movimento. Consequentemente, Marx lhe confere o atributo da agência. Sua determinação inicial de capital, assim, é como valor que se autovaloriza, como a substância automovente que é sujeito. Ele descreve essa forma social subjetiva-objetiva, automovente, como um processo contínuo e incessante de autoexpansão do valor.

Em linha semelhante, Robert Kurz(668) afirma que as categorias capitalistas se apresentam de forma objetiva e numa dinâmica lógica interna própria. São fruto de ações humanas e levadas a cabo por ações humanas, mas não por ações humanas em sua intencionalidade imediata, pois estas ações humanas, num processo incontrolado, primeiramente constituíram uma *matrix*, um padrão de ação (forma), o qual se objetivou nas categorias sociais e deu lugar a uma dinâmica de contradição autonomizada. Assim, o agir posterior se realiza nestas categorias e de acordo com esta *matrix*. E continua:

> os seres humanos, sem disso estarem conscientes e sem sobre isso terem controle, põem eles próprios em movimento o motor categorial da autocontradição e do programa de colapso, até serem atingidos pelos respectivos resultados. O "sujeito automático" não é outra coisa senão o auto-movimento das categorias reais capitalistas, que foram criadas pelos seres humanos inconscientemente e que se movimentam de modo autonomizado precisamente porque os indivíduos realizam a sua vida nessas categorias, já não querem imaginar outra coisa para si e buscam a todo o custo a sua felicidade em corresponderem às exigências produzidas por esta matrix.

A tal fenômeno, Marx o denominou de "fetichismo", formas da economia capitalista autorreferenciais, pelas quais as relações humanas e as necessidades humanas são subsumidas, num processo de inversão, a um verdadeiro sistema fechado e dominado pelo fim em si da acumulação de dinheiro (a representação do valor). Como afirma Marx(669) sobre o fetichismo da mercadoria:

> O caráter misterioso da forma-mercadoria consiste, portanto, simplesmente no fato de que ela reflete aos homens os caracteres sociais de seu próprio trabalho como caracteres objetivos dos próprios produtos do trabalho, como propriedades sociais que são naturais a essas coisas e, por isso, reflete também a relação social dos produtores com o trabalho total como uma relação social entre os objetos, existente à margem dos produtores. [...] Já a forma-mercadoria e a relação de

(668) KURZ, Robert. *A substância do capital:* o trabalho abstracto como metafísica real social e o limite interno absoluto da valorização, p. 12-13. Disponível em: <http://www.obeco-online.org/rkurz226.htm>.

(669) MARX, Karl. *O capital:* crítica da economia política. Livro I, p. 207-208.

valor dos produtos do trabalho em que ela se representa não tem, ao contrário, absolutamente nada a ver com sua natureza física e com as relações materiais [*dinglichen*] que dela resultam. É apenas uma relação social determinada entre os próprios homens que aqui assume, para eles, a forma fantasmagórica de uma relação entre coisas.

Dessa forma, o fetichismo não é uma mistificação, é uma verdadeira inversão, uma projeção, visto que os homens e mulheres atribuem aos produtos de suas atividades propriedades sociais, acabando por ficarem submetidos a estas criações sociais. Assim, no fundamento do modo de produção capitalista, não está, propriamente, a dominação das pessoas por outras, mas, sim, a dominação das pessoas por estruturas sociais abstratas constituídas e mantidas pelas pessoas, visto que a reprodução social se dá segundo as formas próprias do modo de produção (trabalho abstrato, mercadoria, dinheiro, etc). Como afirma Jappe:(670)

> A transformação de trabalho abstracto em dinheiro é o único objectivo da sociedade mercantil; a produção de valores de uso, toda ela, mais não é do que um meio, um «mal necessário», em vista de uma única finalidade: no termo da operação, dispor de uma soma de dinheiro maior do que aquela de que se dispunha no início. A satisfação das necessidades deixou de ser o objectivo da produção, tendo passado a ser um aspecto secundário. A inversão entre concreto e abstracto que observámos primeiro, de maneira abstracta, nas relações entre duas mercadorias, apresenta-se agora como lei fundamental de toda uma sociedade, a nossa, na qual o concreto serve somente para alimentar a abstracção materializada: o dinheiro. Na sociedade mercantil completamente desenvolvida, ou seja, na sociedade capitalista, o dinheiro, e, portanto, também o trabalho que constitui a respectiva substância, é um fim em si mesmo. Dever-se-ia compreender agora melhor por que razão o fetichismo não é um fenómeno pertencente apenas à esfera da consciência e por que motivos ele é muito mais do que uma mistificação. Os meios de que a sociedade dispõe para alcançar os seus objectivos qualitativos transformaram-se numa potência independente, e a própria sociedade vê-se reduzida ao estatuto de meio ao serviço de um meio que se tornou finalidade. Importa somente que se trabalhe, e que se trabalhe de modo a fazer dinheiro.

Portanto, na sociedade capitalista como sociedade fetichista, os indivíduos atuam na qualidade de "personificações" do capital ou do trabalho;(671) atuam como executores da lógica do valor, são dominados, propriamente, pelas suas criações. Para os homens socializados na forma do valor, a sua própria subjetividade está submetida ao automovimento das suas criações.(672)

---

(670) JAPPE, Anselm. *As aventuras da mercadoria:* para uma nova crítica do valor, p. 61-62; 124-125.

(671) MARX, Karl. *O capital:* crítica da economia política. Livro I. São Paulo: Boitempo. 2013, p. 74, 109, 151, 163, 246, 258, 329 e 331. Foi usada esta edição, pois pareceu que a tradução, desta passagem, deixava mais clara a ideia do texto.

(672) JAPPE, Anselm. *As aventuras da mercadoria:* para uma nova crítica do valor, p. 90, 91, 92, 93, 104, 111, 112.

Isso não significa a irresponsabilidade pessoal dos indivíduos pelas suas decisões, mas, sim, que os indivíduos estão submetidos a constrangimentos sistêmicos que fogem ao seu controle. Como afirma Dominic Kloos,[(673)] quando Marx faz a associação entre a dominação abstrata da lei do valor com a noção de "sujeito automático", está a designar o paradoxo do capital e da sua mediação pelos sujeitos, ou seja, por aqueles que são sujeitos a esse processo (do latim *subjicere*). Portanto, não se trata de um determinismo da estrutura sobre os seres humanos, mas é enfatizada a relação paradoxal na qual o capital não pode funcionar sem atores conscientes (dotados de liberdade e vontade), suas personificações; no entanto, por outro, esses sujeitos têm a liberdade e vontade determinados pelo sistema, pois não podem anular os automatismos objetivamente estabelecidos pela lei do valor; é dentro do quadro predeterminado pela lei do valor que podem decidir. Então o autor afirma que, assim, "não se pode deduzir da imagem do sujeito automático que não há responsabilidade individual pelas acções das pessoas. No entanto, elas estão sujeitas a limites objetivos." Assim, estamos diante de liberdades e vontades que só podem atuar segundo os padrões da *matrix* capitalista, segundo sua lógica arrebatadora e total.

Com isso, pode-se dizer que o capital é um processo de extração, circulação e apropriação de valor. O capital é um tipo específico e histórico de relação social, não uma coisa.[(674)] Como afirma Marx[(675)] o capital é comando sobre trabalho alheio não pago, pouco importando a forma na qual o mais-valor se cristalize (lucros, juros, rendas, etc.). O segredo da autoexpansão do capital é a sua capacidade de dispor de trabalho produtivo não pago. Essa dimensão social e abstrata da riqueza propriamente capitalista, acaba por submeter a riqueza real. A lógica do fim em si quantitativo (fazer de uma certa quantia de dinheiro, mais dinheiro) se impõe.

Como sustenta Carcanholo,[(676)] para Marx a riqueza social capitalista é uma unidade contraditória de duas dimensões, ou seja, do conteúdo material (produtos e serviços) e da formal social (valor), do valor de uso e do valor. Ao longo do processo histórico de desenvolvimento do capital, a relação que se dá entre estes dois polos vai se alterando, pois na medida em que a sociedade mercantil avança e domina a reprodução social, a dimensão social (o valor) adquire cada vez mais importância em relação à riqueza real (valor de uso). Cada vez mais os produtores ficam subordinados à lógica mercantil, a lógica do dinheiro (representação ou expressão do valor), e não à materialidade/imaterialidade dos produtos/serviços, pois o valor de uso só importa na medida em que permita ganhar mais dinheiro. Se no cotidiano de nossas práticas sociais essa distinção é ignorada, numa análise crítica da sociedade capitalista, ignorar esta diferença conduz a erros graves.[(677)]

---

(673) KLOOS, Dominc. *Alternativas ao capitalismo.* Em teste: a economia do bem comum, p. 15-16. Disponível em: <http://www.obeco-online.org/dominic_kloos.pdf>.

(674) MARX, Karl. *O Capital:* crítica da economia política. Livro 3, p. 1.077-1.078.

(675) MARX, Karl. *O Capital:* crítica da economia política. Livro 1, p. 609.

(676) CARCANHOLO, Reinaldo. *Capital:* essência e aparência. Vol. 2, p. 74 e seguintes.

(677) ORTLIEB, Claus Peter. *Uma contradição entre matéria e forma:* sobre a importância da produção de mais-valia relativa para a dinâmica de crise final, p. 1-4. Disponível em: <http://o-beco-pt.blogspot.com/2010/06/claus-peter-ortlieb-uma-contradicao.html>.

Portanto, nas sociedades em que vigora o modo de produção capitalista (praticamente a totalidade mundial), a riqueza que realmente importa para a reprodução dessas sociedades é a riqueza capitalista, ou seja, o valor, o qual somente é criado pelo trabalho humano vivo.(678) A produção de qualquer mercadoria (material, imaterial ou os serviços), está submetida à lógica do fim em si de fazer do valor, mais valor. Toda a reprodução social, todo atendimento às necessidades humanas, mesmo as mais básicas, é aferido por este critério totalizador. A viabilidade ou não de qualquer empreendimento, mesmo que imprescindível (produção de vacinas na pandemia do Covid-19, por exemplo), tem que passar pelo critério estrito da rentabilidade e da acumulação.

No entanto, ocorre que nem todo o trabalho vivo cria valor, mas somente o trabalho vivo produtivo. Assim, nem todo o trabalho vivo, mesmo que necessário, é produtivo para o capital, somente sendo assim considerado aquele que gera mais-valor. Muito embora no sistema capitalista toda e qualquer atividade que estiver num contexto de valorização do dinheiro ou que seja realizada em troca de pagamento seja, formalmente, trabalho abstrato, isso não significa que seja trabalho abstrato em sentido substancial. Substancialmente, só é trabalho abstrato válido aquele dispêndio de energia vital que impulsione a reprodução capitalista, que valorize o capital, ou seja, que seja produtivo para o capital, que gere mais-valor.(679)

Com efeito, ao abordar o conceito de trabalho produtivo, ou seja, trabalho que valoriza o capital, Marx(680) afirma:

> A produção capitalista não é apenas produção de mercadoria, mas essencialmente produção de mais-valor. O trabalhador produz não para si, mas para o capital. Não basta, por isso, que ele produza em geral. Ele tem de produzir mais-valor. Só é produtivo o trabalhador que produz mais-valor para o capitalista ou serve à autovalorização do capital. Se nos for permitido escolher um exemplo fora da esfera da produção material, diremos que um mestre-escola é um trabalhador produtivo se não se limita a trabalhar a cabeça das crianças, mas exige trabalho de si mesmo até o esgotamento, a fim de enriquecer o patrão. Que este último tenha investido seu capital numa fábrica de ensino, em vez de numa fábrica de salsichas, é algo que não altera em nada a relação. Assim, o conceito de trabalhador produtivo não implica de modo nenhum apenas uma relação entre atividade e efeito útil, entre trabalhador e produto do trabalho, mas também uma relação de produção especificamente social, surgida historicamente e que cola no trabalhador o rótulo de meio direto de valorização do capital.

(678) Cabe realçar que somente o trabalho vivo (pessoas vivas laborando) conserva e cria valor (capital variável), já as máquinas, equipamentos, matérias-primas (capital constante), não criam valor, apenas transferem o valor que possuem conforme são usados ou desgastados no processo produtivo. MARX, Karl. *O Capital:* crítica da economia política. Livro 3, p. 235 e s; JAPPE, Anselm. *As aventuras da mercadoria:* para uma nova crítica do valor, p. 83-84.

(679) KURZ, Robert. *A ascensão do dinheiro aos céus:* os limites estruturais da valorização do capital, o capitalismo de cassino e a crise financeira global, p. 62. Geografares – Revista do Programa de Pós-Graduação em Geografia e do Departamento de Geografia da UFES. Disponível em: <https://periodicos.ufes.br/geografares/issue/view/991>.

(680) MARX, Karl. *O capital:* crítica da economia política. Livro I, p. 707-708.

Assim, como afirma Jappe,(681) em Marx trabalho capitalista produtivo (material ou imaterial) é aquele que produz mais-valor passível de ser reinvestido, sendo os demais trabalhos considerados improdutivos (por mais necessários que sejam), pois apenas consomem rendimentos daqueles que os pagam. Assim, dizer que um trabalho é improdutivo não significa que não seja necessário ou até imprescindível para o capital ou mesmo para a reprodução cotidiana da vida. No entanto, a essência do capital é dada pelo trabalho abstrato produtivo e para que se possa dizer se um trabalho é ou não produtivo, a resposta não pode ser fundada num caso individual, pois depende da posição desse trabalho no processo global de reprodução (do capital global). Afirma Jappe:

> [...] as pessoas que no interior de uma empresa estão adstritas às limpezas, por exemplo, ou à contabilidade, são trabalhadores não produtivos. Constituem um mal necessário para a empresa. A organização dessas pessoas em empresas especializadas que oferecem os seus serviços às outras empresas, que deixam, portanto, de empregar trabalhadores fixos para essas tarefas, cria mais-valia para os proprietários de tais empresas de serviços e constitui o segredo daquilo a que se chama «terciarização». Mas estes lucros para os capitais particulares anulam-se ao nível do capital global (infelizmente este facto não está suficientemente desenvolvido na argumentação de Marx), no qual estas actividades representam sempre uma dedução da mais-valia realizada pelo capital produtivo. Para que um trabalho seja produtivo, é preciso que os seus produtos retornem no processo de acumulação do capital e que o seu consumo alimente a produção alargada do capital, sendo consumidos por trabalhadores produtivos ou tornando-se bens de investimento para um ciclo que produza efectivamente mais-valia. [...] a diferença entre trabalho produtivo e trabalho não produtivo não coincide com a distinção entre bens materiais e serviços, nem com a distinção entre despesas do Estado e investimentos privados. [...] Os sectores produtivos têm necessidade de numerosas actividades a montante, a jusante e ao lado do verdadeiro processo produtivo. Mas trata-se de trabalhos não produtivos e que muitas vezes não podem obedecer à lógica do valor. Em parte, estes trabalhos situam-se no interior da empresa, como as limpezas ou a contabilidade que mencionámos acima. Mas a maior parte dos «falsos encargos» encontra-se a cargo do Estado. Com os impostos e restantes rendimentos, o Estado financia tudo o que é demasiado caro, mesmo para as empresas maiores (a construção de caminhos-de-ferro é o exemplo histórico mais conhecido), ou que não pode ser organizado segundo os critérios habituais do lucro, sendo, contudo, indispensável [...] Em contrapartida, o trabalho produtivo tem que ceder ao Estado uma parte do seu lucro. [...] Desde os começos do capitalismo, os falsos encargos têm tendência para aumentar constantemente. [...] A tentativa de organizar estas actividades também sob a forma de empresas capitalistas,

(681) JAPPE, Anselm. *As aventuras da mercadoria:* para uma nova crítica do valor, p. 144-146. Em sentido semelhante: KURZ, Robert. *A ascensão do dinheiro aos céus:* os limites estruturais da valorização do capital, o capitalismo de cassino e a crise financeira global, p. 65.

típica da época neoliberal, não altera a situação ao nível do capital global e arrasta consigo o risco de fazer explodir o quadro social geral dentro do qual se desenrola a produção de valor.

Disso já se evidencia que uma gama enorme de atividades, mesmo de empregos formais (no comércio em geral, no setor financeiro, em grande parte dos serviços, na quase totalidade das atividades estatais), do ponto de vista global do capital, não são mais do que custos, são trabalhadores que não criam mais-valor e, portanto, são trabalhadores improdutivos. Por mais que tais trabalhos sejam essenciais para a reprodução social em si, para o capital são encargos a serem eliminados dentro do que for viável.

Sendo o capital, em sua essência, valor que tem a necessidade imprescindível de auto valorizar-se, é como um vampiro em sua sede infinita por mais-valor. Assim, para alcançar seu desiderato, o capital tem dois mecanismos que podem ser combinados, duas formas pelas quais é possível criar valor e mais-valor a partir do trabalho abstrato produtivo (substância do valor): o mais-valor absoluto e o mais-valor relativo.

O mais-valor absoluto é uma forma de valorização do capital que se dá pelo prolongamento da jornada de trabalho ou pela intensificação do trabalho. Na primeira modalidade, se o tempo de trabalho necessário para que os trabalhadores reproduzam o equivalente ao valor de sua força de trabalho(682) está dado em 6h, por exemplo, significa fazer com que os trabalhadores trabalhem 10h ou 12h (prolongamento da jornada), apropriando-se o capital desse trabalho excedente.(683) Já a segunda forma de mais-valor absoluto se dá pela intensificação da jornada de trabalho. Assim, determinado um certo patamar de horas de trabalho por dia (jornada de 10h, por exemplo), eleva-se o ritmo de trabalho para que os trabalhadores produzam mais valores de uso no mesmo tempo de trabalho, constituindo um dispêndio/desgaste maior da força de trabalho na mesma jornada de trabalho. Ora, o mais-valor absoluto, em qualquer de suas modalidades, encontra limites físicos/fisiológicos e sociopolíticos, impostos tanto para a preservação da vida dos trabalhadores em condições de trabalho, como por imposições da sociedade (cabe lembrar aqui as lutas históricas para limitação da jornada de trabalho). Dito isso, cabe enfatizar que o mais-valor absoluto é a base do modo de produção capitalista e ponto de partida para a produção do mais valor-relativo.

Tal como o mais valor absoluto, também o mais-valor relativo tem por base a distinção da jornada em tempo necessário (para a reprodução dos trabalhadores em certo patamar social) e o tempo excedente (apropriado pelo capital). No entanto, ao contrário do mais-valor absoluto, o qual gira em torno da intensificação ou extensão da jornada de trabalho, o mais-valor relativo já tem por base um modo de produção propriamente capitalista e o

(682) Suas necessidades vitais, dadas segundo um certo padrão social e historicamente relativas, abarcando alimentação, habitação, vestimenta, educação, transporte, etc. Aliás, interessante notar que, por exemplo, o inciso IV do art. 7º da CF de 1988, ao prever o salário mínimo, prevê uma "cesta básica" de necessidades que deveriam ser supridas.

(683) Deve ficar claro que o ponto de partida utilizado aqui é o mesmo pressuposto que Marx utilizou para demonstrar que de uma relação de igualdade no mercado (compra e venda da força de trabalho) surge uma relação de exploração na produção, ou seja, pressupõe-se que a força de trabalho é paga exatamente pelo seu valor, que os trabalhadores recebem valores salariais que correspondem às suas necessidades sociais.

revoluciona constantemente pelo aumento da produtividade do trabalho (forças produtivas que reduzem o tempo de trabalho socialmente necessário — ciência aplicada e tecnologia, mecanismos de gestão e de racionalização da produção).[684] O mais-valor relativo prolonga o tempo de trabalho excedente (apropriável pelo capital) pelo encurtamento do tempo de trabalho necessário (à reprodução da força de trabalho) por métodos que permitem produzir em menos tempo o equivalente ao salário dos trabalhadores. Com o aumento da produtividade, os custos de reprodução da força de trabalho e dos meios de produção caem, aumentando o mais-valor apropriável pelo capital sem, necessariamente, implicar em redução dos valores salariais reais e sem aumento da jornada de trabalho. O mais-valor relativo, portanto, é a forma de mais-valor própria ao modo de produção capitalista já desenvolvido.[685]

Como o mais-valor relativo é a forma de mais-valor adequada à produção capitalista mais desenvolvida, que já caminha com seus próprios pés (Marx), o avanço da produtividade do trabalho (o avanço das forças produtivas) é um imperativo imposto pela concorrência entre os capitais. Aquilo que era um acaso nos modos de produção anteriores, torna-se o motor dinâmico do sistema. Assim, tendo em conta que o valor (e o mais-valor) é produzido de acordo com o tempo de trabalho socialmente necessário[686] para a produção de determinada mercadoria, o aumento da produtividade do trabalho confere às empresas que atingiram um patamar mais elevado nesse quesito a possibilidade de abocanhar uma fatia maior do mais-valor total produzido. Não é difícil perceber que, nessa situação, tem-se aqui um mecanismo de aceleração que pode muito bem ser descrito como uma "corrida na esteira".

Claus Peter Ortlieb[687] afirma:

> A tendência de aumento da produtividade do trabalho é uma das leis imanentes da produção capitalista, uma vez que cada empresa individual que consegue, através da introdução de uma técnica nova, aumentar a produtividade da sua força de trabalho acima da média actual pode vender a sua mercadoria com um lucro extra. O que tem como resultado que a nova técnica se generaliza, sob a pressão da concorrência, e o lucro extra desaparece novamente, reduzindo-se o preço da mercadoria correspondente. Se esta se inscrever no âmbito dos

(684) Segundo Claus Peter Ortlieb, fala-se na ótica do capital de um aumento de produtividade "quando no mesmo tempo de trabalho pode ser produzido um maior *output* material, ou - o que é o mesmo - quando a mesma quantidade material de mercadorias pode ser produzida com menor aplicação de trabalho, reduzindo-se assim a sua magnitude de valor. A produtividade é, portanto, a proporção entre a quantidade de bens materiais e o tempo de trabalho necessário à sua produção. Para compreender a produtividade e a sua evolução é, por isso, imperativo distinguir entre as dimensões de valor e riqueza material." ORTLIEB, Claus Peter. *Uma contradição entre matéria e forma:* sobre a importância da produção de mais-valia relativa para a dinâmica de crise final, p. 3. Disponível em: <http://o-beco-pt.blogspot.com/2010/06/claus-peter-ortlieb-uma-contradicao.html>.

(685) Sobre estas questões relativas ao mais-valor absoluto e relativo ver MARX, Karl. *O capital:* crítica da economia política. Livro I, p. 577 e s.; CARCANHOLO, Reinaldo. *Capital:* essência e aparência. Vol. 1, p. 137 e s.

(686) Com efeito, Marx deixa claro que o valor é criado quando se observa o padrão, a média social de tempo que, segundo as condições de produtividade vigentes, deve ser observada para a produção de mercadorias. MARX, Karl. *O capital:* crítica da economia política. Livro I, p. 311 e s.

(687) ORTLIEB, Claus Peter. *Uma contradição entre matéria e forma:* sobre a importância da produção de mais-valia relativa para a dinâmica de crise final, p. 6. Disponível em: <http://o-beco-pt.blogspot.com/2010/06/claus-peter-ortlieb-uma-contradicao.html>.

alimentos necessários à reprodução da força de trabalho, influindo assim de forma determinante no valor da força de trabalho, o seu embaratecimento acarreta também o embaratecimento da força de trabalho.

Portanto, a "lei" do aumento da produtividade do trabalho, imposta pela concorrência, decorre do fato de que, no modo de produção capitalista a busca pelo lucro é vital. No entanto, os sujeitos econômicos (empresas, corporações, etc.) não se apropriam do valor segundo a sua produção particular/individual de valor e mais-valor,[(688)] razão pela qual a produção e apropriação de valor diferem, existindo transferências de valor. Aquelas empresas que detém maior produtividade (maior composição orgânica: maior proporção de ciência e tecnologia aplicados na produção em comparação com aplicação de trabalho vivo) podem "vender mais barato" e, assim, muito embora possam produzir menos valor, tem a capacidade de se apropriarem de mais-valor no mercado do que as empresas menos produtivas. Além disso, as empresas que compõem as frações mercantil e financeira do capital, mesmo sem produzir valor, apropriam-se de mais-valor de acordo com a grandeza de seu capital, puncionando o valor produzido pelo capital produtivo. Como todo o desenvolvimento do modo de produção capitalista está marcado por contradições, aqueles que produzem menos valor são os que, no mercado, podem se apropriar de fatias maiores do mais-valor total produzido. Ou ainda, aqueles que sequer produzem valor, podem se apropriar de grande parte do mais-valor. A parte dos vencedores na concorrência cresce em prejuízo dos perdedores, tanto dentro das economias nacionais, como também no mercado mundial.[(689)]

Como afirma Kurz,[(690)] o capital individual empresarial não se apropria no mercado do mais-valor criado no processo produtivo sob seu comando, mas, sim, apenas a parte da produção de valor (por meio do preço realizável no mercado) que corresponde ao padrão social de produtividade. Da mesma forma, isso também acontece com as economias nacionais, pois

(688) Como afirma Jappe: "Não se pode «tocar» o valor ou medi-lo empiricamente em cada caso concreto: o valor de uma mercadoria não é determinado pelo trabalho que um indivíduo despendeu efectivamente e concretamente para a produzir. O valor do seu produto, e, portanto, também daquilo que ele recebe em troca, é antes determinado como parte da massa global do trabalho social. Essa parte é regulada pelo tempo de trabalho necessário na média social — dependendo, pois, do estado da produtividade, mas, também pelo tempo que a sociedade no seu todo tem que empregar para satisfazer as diferentes necessidades sociais; se os produtores consagram demasiado tempo a um certo ramo da produção, o valor dos produtos desse ramo baixa. Mas o valor encontra-se também submetido a transformações contínuas: só o mercado faz com que se compreenda se a quantidade de trabalho empregue foi justa ou se terá sido demasiado grande. Isso pode acontecer por o produtor não ter atingido o padrão de produtividade em vigor (padrão que hoje em dia é mundial), ou por acontecer que ao nível social uma quantidade excessiva de trabalho haja sido empregue no domínio em causa, o que se traduz num número de produtos demasiado grande em relação à procura. São dois factores cujo impacto é difícil de prever por parte dos produtores. Contudo, tal não significa que seja a troca ou o mercado a determinar o valor de uma mercadoria; nas condições capitalistas, o valor - como veremos depois com maior rigor — é já determinado dentro da produção, mesmo se é verdade que ele se revela na circulação." JAPPE, Anselm. *As aventuras da mercadoria:* para uma nova critica do valor, p. 56.

(689) Ver MARX, Karl. *O capital:* crítica da economia política. Livro 3, p. 207-212; KURZ, Robert. *O colapso da modernização:* da derrocada do socialismo de caserna à crise da economia mundial. Rio de Janeiro: Paz e Terra, 1993. p. 77-81 e 206-210; DUSSEL, Enrique. El Marx del "segundo siclo". In: *O capital e o Capital.* Diego Ecker, Nilva Rosin (Organizadores). Passo Fundo: IFIBE, 2019. p. 36, 52-53; CARCANHOLO, Reinaldo. *Capital:* essência e aparência. Vol. 2, p. 139 e s.

(690) KURZ, Robert. *A ascensão do dinheiro aos céus:* os limites estruturais da valorização do capital, o capitalismo de cassino e a crise financeira global, p. 68-70. Ver também KURZ, Robert. *O colapso da modernização:* da derrocada do socialismo de caserna à crise da economia mundial, p. 131-132.

os países não conseguem obter no mercado mundial uma massa de valor que corresponda ao dispêndio nacional de trabalho vivo, mas apenas a parte da produção global de valor correspondente à sua produtividade. Assim, como já indicado, aqui se dá o paradoxo de que aqueles que detém maior produtividade, mesmo produzindo menos valor, se apropriam de maior magnitude de valor. Nas produções de mercadorias regionalizadas (artesanato, pequena produção de mercadorias, oficinas de reparação), esse padrão de produtividade não atuava plenamente, porém, com o avanço histórico das economias nacionais, passou a ter vigência uma produtividade social média, que se torna um ditame para as empresas. Como o sistema está em constante movimento, segundo o autor, quando plenamente formado o mercado mundial, o padrão de produtividade deixar de ser uma média e passa a ser o dos países mais desenvolvidos. O autor explica:

> A causa é simples: uma média social só pode desenvolver-se na base de uma *contemporaneidade histórica*, ou seja, no âmbito de economias nacionais historicamente maduras, cujos setores produtivos se originaram num nível comum, e podem assim, no processo constante de cientificização (aumento de intensidade de capital, etc.), elaborar um parâmetro comum de produtividade. A situação é diversa quando sistemas industriais com diversos níveis históricos de desenvolvimento entram em contato sem filtros. Em vez da formação de um novo nível médio, o que ocorre é a aniquilação e a liquidação da produção não contemporânea e pouco produtiva.

Não se pode jamais perder de vista que o capital não reconhece limites, transpõe as suas contradições como se fossem apenas barreiras a serem ultrapassadas, no entanto, essas contradições novamente se apresentam em grau superior.[(691)] Portanto, a luta concorrencial entre capitais de composição orgânica diferentes acaba favorecendo aqueles que detém maior produtividade, o que, por outro lado, não necessariamente vai provocar um aumento da produção de valor, pois isso só se torna possível se o mais-valor relativo (resultante do aumento de produtividade, em especial, quando baixa o valor da força de trabalho pelo barateamento dos bens necessários à reprodução dos trabalhadores) puder ser acrescido pela expansão dos mercados e utilização de mais força de trabalho produtiva. Com efeito, como afirma Marx:[(692)]

> Um *quantum* maior de valor de uso representa em si e por si maior riqueza material, dois casacos mais que um. Com dois casacos podem vestir-se duas pessoas, com um casaco, somente uma pessoa etc. Entretanto, à crescente massa de riqueza material pode corresponder um decréscimo simultâneo da grandeza de valor. Esse movimento contraditório origina-se do duplo carácter do trabalho. Força produtiva é sempre, naturalmente, força produtiva de trabalho útil concreto, e determina, de facto, apenas o grau de eficácia de uma atividade produtiva adequada a um fim, num espaço de tempo dado. O trabalho útil torna-se, portanto, uma fonte mais rica ou mais pobre de

(691) MARX, Karl. *Grundrisse:* Manuscritos econômicos de 1857-1858. Esboços da crítica da economia política, p. 544.
(692) MARX, Karl. *O capital:* crítica da economia política. Livro I. Vol I, p. 68.

produtos, na proporção direta do aumento ou queda de sua força produtiva. Pelo contrário, uma mudança da força produtiva, em si e por si, não afeta de modo algum o trabalho representado no valor. Como a força produtiva pertence à forma concreta útil do trabalho, já não pode esta, naturalmente, afetar o trabalho, tão logo se faça abstração da sua forma concreta útil. O mesmo trabalho proporciona, portanto, nos mesmos espaços de tempo, sempre a mesma magnitude de valor, qualquer que seja a mudança da força produtiva. Mas ele fornece, no mesmo espaço de tempo, quantidades diferentes de valores de uso; mais, quando a força produtiva sobe, e menos, quando ela cai. A mesma variação da força produtiva que aumenta a fecundidade do trabalho e, portanto, a massa de valores de uso por ela fornecida, diminui, assim, a grandeza de valor dessa massa global aumentada, quando encurta a soma do tempo de trabalho necessário à sua produção. E vice-versa."

Assim, diante do avanço contínuo e irreversível da produtividade,[(693)] para que seja mantida a dinâmica de acumulação, a qual é imprescindível para o capital (o capital cresce ou morre), também se faz necessário a contínua abertura de novos ramos de produção e outros mercados geográficos que demandem o acréscimo de utilização de trabalho abstrato vivo e produtivo. Dessa forma, o decréscimo de força de trabalho dispensada pelo aumento de produtividade pode ser compensado com o aumento de força de trabalho sendo utilizada em outros ramos e novos mercados. Durante toda a fase do capitalismo fordista/keynesiano, muito embora o avanço da produtividade, foram abertas novas linhas de produção (automóveis, eletrodomésticos, etc.) e espaços geográficos para a expansão do sistema do capital, os quais demandaram um crescimento absoluto do uso de trabalho vivo produtivo. No entanto, essa situação começou a se alterar com o esgotamento dessa expansão e o advento da terceira revolução industrial (da microeletrônica).

Nessa linha, Robert Kurz[(694)] afirma que o capitalismo é caracterizado pela busca incessante de valorização do valor, aparecendo (se expressando) como o fim-em-si de transformar dinheiro em mais dinheiro. Para ser válido como valor, o trabalho abstrato gasto no processo produtivo e representado nas mercadorias tem que corresponder ao padrão de produtividade vigente, imposto pela coerção muda da concorrência. Quanto maior a produtividade, menor a quantidade de valor em cada mercadoria. Ora, com a criação de um verdadeiro mercado mundial, o padrão de produtividade que passou a prevalecer foi o dos países capitalistas centrais, o que impôs aos países periféricos, na tentativa de se manter à tona no mercado, a brutal exploração e desgaste de sua força de trabalho. Ao longo do processo histórico de expansão do capitalismo, o padrão da produtividade foi avançando e por volta de 1970 as indústrias fordistas atingiram seu nível de saturação. A partir daí, a terceira revolução industrial

(693) KURZ, Robert. *O colapso da modernização:* da derrocada do socialismo de caserna à crise da economia mundial, p. 163.

(694) KURZ, Robert. *A desvalorização do valor*, p. 1. Disponível em: <http://www.obeco-online.org/rkurz199.htm>. KURZ, Robert. *O mito da produtividade:* desenvolvimento tecnológico, racionalização e desemprego. p. 2-3. Disponível em: <http://www.obeco-online.org/rkurz1.htm>.

da microeletrônica alterou drasticamente o cenário, pois pela primeira vez na história da modernidade, uma nova tecnologia tornou possível economizar mais trabalho produtivo (em termos absolutos) do que o necessário para a expansão dos mercados. A capacidade de racionalização inerente à revolução da microeletrônica provocou o desemprego estrutural que se espalhou nos principais ramos da indústria mundial, redundando também na queda da produção válida de valor. Dito isso, o autor continua:

> Juntamente com a substância do valor cai também o poder de compra, pois este é apenas um momento daquela. Na terceira revolução industrial a equação já não dá certo: ao desemprego global em massa corresponde a desvalorização interna das mercadorias. Com uma dose de substância do valor tornada homeopática, os produtos já são autenticamente apenas bens naturais; pelo que só artificialmente podem ser forçados à forma do preço em dinheiro. O dinheiro, porém, como "equivalente geral", não é senão a mercadoria destacada como mercadoria do rei. Em última instância, a função do dinheiro como "meio de conservação do valor" requer uma substância de valor própria. Ao longo da história foram os metais nobres que desempenharam essa função, porque representavam "trabalho abstracto" de modo particularmente condensado. Mas, apesar da acelerada circulação do dinheiro, já nem todo o ouro do mundo podia representar a crescente massa de mercadorias. No século XX o dinheiro foi desacoplado da substância do valor dos metais nobres; o último fio foi cortado em 1973, quando se rompeu a ligação ao ouro do dinheiro mundial dólar. A garantia apenas jurídico-estatal do dinheiro ficou, todavia, frágil. Daí as crescentes inflações e crises do dinheiro e da moeda. Atrás do dólar está hoje apenas a máquina militar dos USA; atrás do euro não há nada; a maioria das outras moedas de qualquer forma já caiu. [...] À desvalorização da força de trabalho corresponde a desvalorização das mercadorias e esta leva à desvalorização do dinheiro.(695)

(695) Sobre a desvalorização do próprio dinheiro em razão do esvaecimento de sua substância de valor, Boaventura Antunes afirma: "o valor resultante do trabalho prestado em termos socialmente válidos é representado no conjunto das mercadorias e no equivalente universal que é o dinheiro. O dinheiro tem de conter um valor material, que até à I Guerra Mundial era o ouro. Já então isso era difícil e hoje não há ouro no planeta para representar em termos práticos a enorme quantidade de bens e serviços produzidos. As duas guerras mundiais do século XX não resolveram o problema, mas apenas estabeleceram um pacto em Bretton Woods: dólar convertível em ouro e moedas indexadas ao dólar. Desde 1973, com a suspensão da convertibilidade do dólar em ouro, vivemos num pós-sistema monetário, em que o dólar melhor ou pior vem desempenhando a função de moeda mundial (não por força do ouro em stock, mas pela força militar da última super-potência, como porto seguro para qualquer investimento). Criou-se assim o célebre déficit gémeo dos EUA, que importam de todo o mundo pagando com títulos de dívida: o qual déficit, ironicamente, tem mantido aparentemente em funcionamento o sistema mundial nessa base insustentável. [...] O prolongado curso do crédito sacado sobre um futuro longínquo — primeiro o crédito estatal nas economias de guerra, depois o crédito geral e universal ao investimento, à produção e ao consumo, através de um baile de máscara transnacional de derivados do dinheiro cada vez mais incríveis — este curso prolongado deu azo ao positivismo dos factos que pretende pôr a ridículo a teoria do valor baseado no trabalho, invocando que o dinheiro (ou qualquer coisa) vale o que o mercado der por ela. O que não deixa de ser empiricamente verdade. O pior é que essa verdade é tão instável como o referido valor de mercado e de repente desaparecem no céu financeiro milhares de milhões, que de facto eram fictícios, [...]. Ora a substância do capital só pode ser o trabalho socialmente válido. Se as mercadorias são produzidas em processos tendencialmente automatizados elas não têm quase nenhum valor globalmente. Se o dinheiro é emitido sem ser à proporção dessa aplicação de trabalho socialmente válido ele também não tem valor. De

Dessa forma, a terceira revolução industrial (da microeletrônica/informática) fez avançar de tal modo a produtividade que, a partir dela a relação entre produtividade e o uso do trabalho abstrato produtivo incarnado no valor se tornou cada vez mais delgada.(696) Os indícios fenomênicos da crise estrutural passam a fazer parte do cotidiano do mundo contemporâneo: como desemprego estrutural; como precarização das condições de trabalho; como desigualdade social em alta; como baixo crescimento; como a decadência das camadas médias da sociedade; como a explosão dos preços dos derivativos negociados nos mercados financeiros (preços fictícios) e o alto endividamento das famílias e Estados (dívidas públicas e privadas alcançando mais do que três vezes o PIB mundial), além do asselvajamento generalizado da sociedade (que regride nos padrões de civilidade).(697)

A partir da terceira revolução industrial é possível dizer que a "intuição marxiana" do capital como a contradição em processo se faz presente no cotidiano histórico, situação que tende a se aprofundar em razão do avanço da IA (inteligência artificial), da implementação da internet das coisas, robótica, etc.

Com efeito, Marx percebeu com base na análise crítica da lógica contraditória imanente e caracterizante do sistema do capital, ainda muito antes de que essa contradição já se apresentasse na realidade histórica cotidiana, que o capital é a contradição em processo. Com isso, a análise marxiana antecipou, logicamente, aquilo que se tornou realidade histórica. Afirmou Marx:(698)

> O próprio capital é a contradição em processo, pois tende a reduzir o tempo de trabalho a um mínimo, enquanto põe, por outro lado, o tempo de trabalho como única medida e fonte de riqueza. (...) Assim, por um lado, evoca para a vida todos os poderes da ciência e da natureza, assim como da combinação e do intercâmbio social para fazer com que a criação da riqueza seja (relativamente) independente do tempo de trabalho empregado nela. Por outro lado, pretende medir estas gigantescas forças sociais, assim criadas, pelo tempo de trabalho, e as conter nos limites exigidos para manter como valor o valor já criado.

---

notar que o valor das mercadorias e do dinheiro é apurado globalmente no processo de concorrência universal: aí é que se apropriam do valor produzido os vencedores, que por ironia são os que menos contribuíram para a produção do valor global pela adição de trabalho socialmente válido. Um processo realmente contingente e irracional em si, que nunca pode bater certo." ANTUNES, Boaventura. *Dinheiro:* da crítica social à crítica categorial, p. 3. Disponível em: <http://www.obeco-online.org/boaventura_antunes.htm>. Ver também KURZ, Robert. *Dinheiro sem valor:* linhas gerais para uma transformação da crítica da economia política, p. 318 e s. Assim, embora inviáveis na ótica do aqui sustentado, não é à toa que recentemente tenham surgido propostas de volta ao padrão ouro, conforme pode ser consultado nas matérias disponíveis em: SPUTNIK. *Regresso ao padrão ouro:* será que sistema monetário existente terminará em breve? Disponível em: <https://br.sputniknews.com/economia/2019040713629109-regresso-padrao-ouro-fim-sistema-monetario-existente/>; *VEJA*, Redação. *Nova ordem econômica:* o lastro do ouro é relançado. Disponível em: <https://veja.abril.com.br/economia/nova-ordem-economica-o-lastro-do-ouro-e-relancado/>.

(696) JAPPE, Anselm. *As aventuras da mercadoria:* para uma nova critica do valor, p. 147.

(697) PITTA, Fábio. *O crescimento e a crise da economia brasileira no século XXI como crise da sociedade do trabalho:* bolha das commodities, capital fictício e crítica do valor-dissociação, p. 84-85; MASON, Paul. *Postcapitalismo:* hacia um nuevo futuro, p. 33; STREECK, Wolfgang. *Tempo comprado:* a crise adiada do capitalismo democrático. São Paulo: Boitempo, 2018. p. 25 e s.

(698) MARX, Karl. *Grundrisse:* Manuscritos econômicos de 1857-1858. Esboços da crítica da economia política, p. 943-944.

Seguindo expressamente a indicação marxiana, Moische Postone(699) afirma que o crescimento econômico no capitalismo não é apenas marcado por crises, mas a sua própria forma é problemática, pois não visa o aumento de bens, mas de mais-valor, sendo moldado pelo próprio capital. E continua:

> Porém o capital é contraditório. O impulso para contínuos aumentos de produtividade leva à crescente importância da ciência e da tecnologia na produção. Em conseqüência, essa acumulação de conhecimento social geral torna o valor e o trabalho proletário crescentemente anacrônicos. Por seu turno, isso cria a possibilidade de reduções social-gerais de larga escala no tempo de trabalho e de mudanças fundamentais na natureza e na organização social do trabalho. Porém, porque a dialética do valor e do valor de uso reconstitui o valor e a necessidade do trabalho proletário, tais possibilidades não são realizadas no capitalismo. (Essa contradição entre o potencial gerado pelo sistema baseado no valor e sua realidade indica que, para Marx, a abolição do capitalismo não implicaria a autorealização do proletariado, mas sua autoabolição). A dinâmica histórica do capitalismo aponta progressivamente, por conseguinte, para além da necessidade de trabalho proletário, ao mesmo tempo em que reconstitui essa mesma necessidade. Em termos gerais, tal dinâmica gera a possibilidade de uma organização diferente da vida social e, não obstante, impede que esta possibilidade seja realizada. Marx também desenvolve esse argumento ao tratar da acumulação, no qual sustenta que o impulso do capitalismo para a crescente produtividade dá origem a uma tendência secular em direção ao aumento da proporção da ciência e da tecnologia objetivadas em relação ao trabalho vivo. Uma conseqüência de longo prazo dessa tendência é que cada vez menos trabalho é requerido para níveis mais elevados de produtividade baseados em novos processos produtivos. [...] O capítulo de Marx sobre a acumulação deve ser lido como o ponto máximo de seu argumento de que a tendência secular do capital no sentido de pressionar por aumentos contínuos na produtividade consiste em dar origem a um aparato produtivo tecnologicamente sofisticado que torna a produção de riqueza material essencialmente independente do valor, ou seja, do dispêndio de tempo de trabalho humano direto, ao mesmo tempo em que reconstitui o valor como fundamento do sistema.

É por isso que são corretas as análises que afirmam que, com o advento da terceira revolução industrial, o sistema do capital ingressa em uma crise diferenciada, não mais as rotineiras crises cíclicas, sempre circunscritas a um aspecto parcial do sistema, mas numa crise estrutural que afeta a totalidade do complexo social e de suas relações.(700)

---

(699) POSTONE. Moische. Repensando o capitalismo e seus futuros. *Verinotio — Revista on line de filosofia e ciências sociais*, vol. 22, out. 2016, p. 84-86.

(700) Ver o conceito de crise estrutural em MÉSZÁROS, István. *Para além do capital:* rumo a uma teoria da transição, p. 795 e s.

Tomasz Konics[(701)] afirma que a crise que se evidencia no capitalismo tardio é fruto da contradição central do capital que está sendo processada. No seu ciclo de busca infinita de valorização o capital tenta livrar-se de sua própria substância: o trabalho assalariado produtivo. O autor afirma que o capital é um processo abstrato de valorização pelo qual, com a transformação de tudo em mercadoria e dinheiro, cada vez mais é acumulado trabalho morto (máquinas, equipamentos, etc.). Assim, a crise fundamental do capital, mediada pelo mercado e imposta pela concorrência, é resultante do sistema reduzir o trabalho assalariado na produção. Para o autor, desde a revolução da microeletrônica, já não são gerados postos de trabalho produtivos que compensem o fechamento de postos de trabalho que a racionalização industrial provocou. Assim, o neoliberalismo é a reação do sistema, uma "fuga para frente" baseada na privação dos direitos dos trabalhadores, desregulamentação dos mercados financeiros e globalização da montanha de dívidas por meio dos circuitos deficitários.

Na mesma linha, Norbert Trenkle[(702)] afirma que o processo de crise fundamental se dá em razão de que o capital precisa colocar em movimento a maior quantidade possível de força de trabalho para sua valorização, mas, no entanto, coagido pela concorrência e na busca pelo valor, é pressionado a aumentar a produtividade e eliminar trabalho vivo. Por muito tempo, essa contradição foi resolvida pela expansão do capital (novos ramos e expansão geográfica). No entanto, a partir da revolução da microeletrônica esse mecanismo de compensação foi se esvaindo, visto que a racionalização do processo produtivo foi a tal ponto que, nos setores chaves da produção mundial, requer-se cada vez menos trabalho vivo para uma produção de riqueza material crescente. De forma absoluta, mais trabalho produtivo é tornado supérfluo a cada expansão em comparação com o que é posto em movimento. Em razão disso, ocorre uma redução da massa de valor produzida, colocando em xeque a valorização do capital, o que abre as portas para que a crise sistêmica se instale.

A queda tendencial da taxa de lucros (expressão na superfície do mercado da já fraca produção de valor) que passou a afetar o sistema do capital especialmente nos países centrais ainda na década de 1970, levou o capital a buscar a financeirização e a precarização laboral como respostas à crise estrutural imanente que ainda engatinhava.[(703)]

Dessa forma, como já indicado, o neoliberalismo não é, pura e simplesmente, uma maquinação orquestrada para a retirada de direitos, a destruição do Estado Social, a prevalência da lex mercatória, etc. Na verdade, é algo muito pior, pois se fosse apenas uma orquestração puramente subjetiva, com a retirada de cena dos "orquestradores" a solução para a crise adviria como consequência natural. Na verdade, o neoliberalismo é uma resposta

(701) KONICZ, Tomasz. As origens da crise econômica atual: visão geral das causas sistêmicas e do curso histórico da crise do sistema mundial do capitalismo tardio. *Margem Esquerda*, Revista da Boitempo 35. São Paulo: Boitempo, 2020. p. 35-36.

(702) TRENKLE, Norbert. *Miséria informalizada:* sobre a relação entre o setor informal e a moderna produção mercantil. *Margem Esquerda*, Revista da Boitempo 35. São Paulo: Boitempo, 2020. p. 41.

(703) PITTA, Fábio. *O crescimento e a crise da economia brasileira no século XXI como crise da sociedade do trabalho:* bolha das commodities, capital fictício e crítica do valor-dissociação, p. 75.

reativa e agressiva do sistema à sua própria crise estrutural na tentativa de se manter em funcionamento, o que, como não poderia deixar de ser num sistema marcado pela contradição, acaba por aprofundar a própria crise.(704)

Robert Kurz(705) também aponta para o caráter central/estrutural da crise atual do sistema produtor de mercadorias. Afirma que com frequência é dito que a causa das crises é gerada pela falta de poder de compra, inviabilizando a realização de ganhos. Ocorre que a falta de poder de compra se dá justamente porque o avanço da produtividade (ciência e tecnologia na produção), imposto pela concorrência no mercado mundial, tornou supérflua demasiada força de trabalho produtiva que é a fonte do valor (e do mais-valor). Isso é um problema para o próprio sistema e não somente para os trabalhadores tornados supérfluos. Tal situação que surgiu historicamente com a terceira revolução industrial da microeletrônica, acabou por suprimir o mecanismo histórico de compensação fordista do mais-valor relativo. Por esse mecanismo, a diminuição de valor por mercadoria era compensada pelo aumento da massa de mais-valor em razão da utilização de mais força de trabalho produtiva em novas linhas de mercadorias e novos mercados. Com o emperramento desse mecanismo, não somente o trabalho é desvalorizado, mas também as mercadorias, pois representam menos trabalho abstrato em sua produção. Com menos valor para ser distribuído, surgem capacidades de produção excedentárias que não podem se realizar e, então, quebras, falências, desindustrialização, acabam por acarretar também a desvalorização do capital produtivo real e do capital como um todo. Assim, também para o autor, o sistema do capital buscou responder à crise apelando para as bolhas de endividamento e financiamentos que pareciam ter a capacidade de produzir valor infindável mesmo sem a utilização de força de trabalho produtiva. Isso, no entanto, redundou em crashes financeiros e crises de dívida que demandaram que os bancos centrais tivessem que vir em socorro, criando dinheiro do nada e sugando títulos podres.

No entanto, como o sistema considera qualquer limite como simples barreira a ser ultrapassada, as contradições que parecem ter sido equacionadas, surgem em grau ainda maior. Assim, não é preciso salientar o potencial inflacionário e de desvalorização geral que tal situação representa. Com efeito, diante da crise estrutural, o que fez o capital e suas personificações? Hipotecaram o futuro na tentativa de manter o sistema!

A financeirização da economia, tendo por base a desregulamentação do mercado financeiro mundial e o predomínio do capital financeiro e especulativo, ínsitos ao modelo neoliberal, embora aprofundem a crise, são consequência e não causa da mesma. É importante esclarecer o papel do capital financeiro, pois nele o fetichismo do sistema alcança seu

(704) Em sentido próximo Mészáros afirma: "O que é ainda mais importante realçar, nesse sentido, é que o reforço brutal dos principais dogmas do neoliberalismo praticamente por toda a parte [...] não foi, de forma alguma, a manifestação de uma revitalização irresistível do capital, dando-lhe saúde para assegurar-se permanentemente em direção ao futuro. Pelo contrário, foi provocado pelo aparecimento da crise estrutural da expansão do capital sustentável. Em resposta à crise estrutural qualitativamente nova, só era possível assumir uma postura ainda mais agressiva. Desse modo, ao longo de sua evolução, nas últimas três décadas, o capital teve de pôr de lado as 'concessões' do Estado de bem-estar-social, anteriormente concedidas aos trabalhadores." MÉSZÁROS, Itsván. *A crise estrutural do capital*. 2. ed. São Paulo: Boitempo, 2011. p. 105.

(705) KURZ, Robert. *Desvalorização dupla*, p. 1. Disponível em: <http://www.obeco-online.org/rkurz402.htm>; KURZ, Robert. *Entrevista à Revista IHU On-Line*, p. 3-5. Disponível em: <http://www.obeco-online.org/rkurz306.htm>.

maior grau, visto que parece cortar a relação entre o capital e o trabalho abstrato, permitindo a criação de valor sem necessidade de trabalho.

Marx tratou do capital portador de juros (financeiro) como uma das formas do capital, também composto pelo capital mercantil e o capital industrial. No capital portador de juros os detentores de dinheiro, por meio de mecanismos jurídicos, disponibilizam essas somas a outros capitalistas (ou consumidores) e, depois de certo tempo recebem de volta essas somas acrescidas. Nessa situação o dinheiro, autonomizado, torna-se capital. Nessa forma, do ponto de vista dos capitalistas portadores de dinheiro, não existe contato com a produção (que fica por conta dos capitalistas funcionantes – capital produtivo) e nem com a força de trabalho. Parece, assim, que o dinheiro tem a capacidade milagrosa de produzir, por si só, mais dinheiro na forma de juros. De fato, na superfície do mercado é isso mesmo que ocorre.

Aliás, se o capital portador de juros pode realmente favorecer a acumulação da produção capitalista, também não deve ser desconsiderado que tem um apetite insaciável, a ponto de Marx chamá-lo "Moloch" (o deus que exigia o sacrifício de crianças). No entanto, Marx advertia que é um disparate pensar ser viável que numa sociedade capitalista fosse possível generalizar a situação de todos viverem de juros sem haver efetivo uso de capital produtivo (e, assim, de força de trabalho viva). Além disso, outro aspecto que foi salientado por Marx é que o capital portador de juros, ao facilitar os negócios, também abre as portas para a especulação e o que chamou de "capital fictício".(706)

De forma esclarecedora, Virgínia Fontes,(707) analisando o capital portador de juros (o capital financeiro), afirma:

> [...] Os juros, ou a remuneração do capital que se converte em mercadoria, correspondem a uma parcela do mais-valor extraído por outros capitalistas, cuja atividade destina-se a extrair sobretrabalho. Os juros são uma parte do lucro produzido: a parte do lucro que lhe paga chama-se juro, o que, portanto, nada mais é que um nome particular, uma rubrica particular para uma parte do lucro, a qual o capital em funcionamento, em vez de pôr no próprio bolso, tem de pagar ao proprietário do capital. (MARX, 1985, p. 256). [...] O valor de uso do capital portador de juros (ou capital que imagina se manter permanentemente sob forma monetária) é o de ser utilizado como capital, impulsionando a produção de valor através do *capitalista funcionante*, termo empregado por Marx para designar a personificação do capital que produz o mais-valor, ao realizar o percurso d-m-d': *fungierenden Kapitalisten.* O proprietário de capital monetário exige do capitalista funcionante crescente eficácia nessa extração, de maneira a remunerar tanto o próprio capital funcionante como o capital monetário, ou, ainda, o capital tornado mercadoria. [...] O movimento de separação entre a propriedade e a gestão (processo que assegura a extração de

(706) MARX, Karl. *O capital:* crítica da economia política. Livro 3, p. 453 e s.

(707) FONTES, Virginia. *O Brasil e o Capital-Imperialismo.* Teoria e História. 2 ed. Rio de Janeiro: 2010. p. 23-26. Disponível em: <http://resistir.info/livros/brasil_capital_imperialismo.pdf>.

> mais-valor) se evidencia através da imposição, pela magnitude da propriedade do capital monetário, da extrema intensificação dessa extração. O capital monetário converte seus mutuários em agentes funcionantes para a extração de mais-valor: mesmo quando se concede crédito a um homem sem fortuna — industrial ou comerciante — isso ocorre confiando que ele agirá como capitalista: com o capital emprestado, se apropriará de trabalho não pago. Ele recebe crédito na condição de capitalista em potencial. (ROSDOLSKY, 2001, p. 324). [...] Na perspectiva da reprodução do capital portador de juros, como detentor de *recursos sociais de produção sob forma monetária*, todo o processo subsequente não lhe interessa e, portanto, a atividade *específica* da extração de sobretrabalho não lhe diz respeito. Seu problema é assegurar a venda do capital monetário, tendo como contrapartida sua reprodução ampliada. O capital funcionante permanente é, pois, fundamental, uma vez que a especulação, a fraude ou o saque, outras tantas atividades a que se dirige o capital monetário, se limitam a puncionar, sem produzir ampliada e regularmente mais valor. Essa representação, referenciada no ponto de vista do capital monetário, implica um fetiche potencializado, ao espelhar a experiência imediata dos proprietários de capital monetário para o conjunto da vida social. Se a existência de grandes proprietários de massas monetárias é real, se a imagem que constroem lhes corresponde, sua generalização é unilateral, descolada do substrato efetivo do conjunto da vida social que lhes dá existência. [...]

Assim, segundo Carcanholo e Sabadini,[(708)] o capital a juros eleva à potência o caráter fetichista do capital, pois aparece como fonte autônoma de ganhos, como se não houvesse necessidade de conexão com o trabalho produtivo. Com o desenvolvimento do sistema de crédito, essa forma de capital ganha enorme importância para o sistema do capital, pois financia a produção, o consumo e acelera a circulação do capital mediante a apropriação de parte do mais-valor produzido pelo capital produtivo.

Embora na sua época o capital financeiro ainda não tivesse o grau de desenvolvimento atual, conforme já indicado acima, Marx esclareceu a sua tendência especulativa, bem como o fato de que grande parte desse capital ser "fictício". Ao tratar do "capital fictício", Marx salienta que com o desenvolvimento do capital portador de juros e do sistema de crédito, o capital parece poder se multiplicar duas, três vezes "em virtude das diferentes formas em que o mesmo capital ou o mesmo título de crédito se apresenta em diferentes mãos. A maior parte deste "capital-dinheiro" é puramente fictícia".[(709)] Como formas de capital fictício, Marx refere os títulos negociáveis, as ações das empresas e os títulos da dívida pública.

Apenas para exemplificar e entender esse conceito, tome-se as ações das empresas que representam uma riqueza contada duas vezes: o valor do patrimônio da empresa e o valor das

(708) CARCANHOLO, Reinaldo; SABADINI, Mauricio. Capital Ficticio y Ganancias Ficticias. In: Consuelo Silva Flores; Claudio Lara Cortés: Coordinadores. *La Crisis Global y el Capital Ficticio*. Santiago: CLACSO, 2013. p. 77 e s.

(709) MARX, Karl. *O capital:* crítica da economia política. Livro 3, p. 622-623.

ações em si. Some-se a isso que, em certas situações, em virtude de valorização meramente especulativa, as ações podem se valorizar sem qualquer correspondência com o patrimônio real da empresa, não tendo nenhum capital real que lhes dê substância. É importante salientar, na linha da bidimensionalidade do real, que do ponto de vista individual esse capital fictício realmente funciona como capital e enriquece o seu proprietário, no entanto, do ponto de vista global, apenas puncionou a produção real de valor (de outros capitais individuais) ou simplesmente pode significar apenas "fumaça" (como foi o caso dos *subprimes*, dos derivativos como duplicatas das mercadorias-imóveis da crise de 2008).(710)

Com efeito, o caso dos derivativos podres (*subprime*) da crise de 2008, serve para demonstrar que ao se dizer que um capital ou lucros sejam fictícios, isso não significa afirmar que não possam aparecer no mercado como efetivos e, inclusive, mobilizar capital real por certo tempo. O caráter fictício só se revela após o término do processo especulativo, quando a bolha estoura e resta constatado que a suposta geração de valor também era fictícia.(711) Portanto, muito embora o capital e os lucros fictícios atuem no mercado e possam representar riqueza individual para seus portadores, no plano global do capital, essas "fumaças de valor" não são validadas e quando a bolha estoura a reprodução social capitalista sofre seus efeitos.(712)

Segundo Carcanholo e Sabadini,(713) no atual estágio do desenvolvimento do sistema do capital, o capital fictício alcançou o predomínio sobre o capital produtivo. Nesse cenário, os autores afirmam que a atual fase é marcada pelo domínio do que chamam "capital especulativo parasitário". Para os autores, os ganhos fictícios e o capital fictício (fortemente especulativos), só se tornaram possíveis pelo aprofundamento da exploração da força de trabalho mundial, sejam de trabalhadores assalariados ou não assalariados. Isso teria se dado

---

(710) MARX, Karl. *O capital:* crítica da economia política. Livro 3, p. 621 e s.; CARCANHOLO, Reinaldo; SABADINI, Mauricio. *Capital Ficticio y Ganancias Ficticias*, p. 77 e s.

(711) PITTA, Fábio. *O crescimento e a crise da economia brasileira no século XXI como crise da sociedade do trabalho:* bolha das commodities, capital fictício e crítica do valor-dissociação, p. 96-97.

(712) David Harvey aborda a questão do funcionamento do capital fictício (que chama de "antivalor"), para a criação de valor e absorção de mão de obra. Muito embora, o autor não associe, na linha aqui defendida, que a criação de valor puramente fundada em dívidas (financiando a produção e financiando o consumo), ou seja, com base em capital puramente fictício, mais cedo ou mais tarde explode como qualquer bolha financeira, é interessante trazer os números por ele levantados. Com efeito, Harvey traz alguns dados que mostram o papel da China para a superação (na verdade, tempo comprado, pois baseado em empréstimo/financiamento/dívidas) da crise de 2008: a) o consumo de cimento dos EUA de 1900-1999 foi 4,5 milhões de toneladas. O consumo Chinês entre 2011-2013 foi de 6,5 milhões de toneladas; b) foram criadas cidades inteiras com infraestrutura correspondente que estão desocupadas (cidades fantasmas); c) em 2007 a China não tinha nenhum quilômetro de ferrovias de alta velocidade. Em 2015, já tinham sido construídos 20.000km de ferrovias desse tipo. O autor lembra ainda, o papel que a importação de commodities brasileiras e a cessação da mesma, provocaram por aqui. Por outro lado, a dívida chinesa quadruplicou entre 2007-2015, sendo em 2016 na ordem de 250% do PIB. HARVEY, David. *A loucura da razão econômica:* Marx e o capital no século XXI. São Paulo: Boitempo, 2018. p. 179 a 183. Assim, tudo indica que a suposta criação real de valor não passa de "tempo comprado", mais uma bolha especulativa que tem que ser continuamente inflada até o estouro. Nesse sentido, Kurz afirma: "É lógico que a reprodução capitalista, mais cedo ou mais tarde, será reconduzida à sua base real, através de uma violenta contração das massas de dinheiro sem substância. [...] Em outras palavras, a liquidez fictícia, criada sem um fundamento na produção de capital, será desvalorizada de uma forma ou de outra, mais cedo ou mais tarde." KURZ, Robert. *A ascensão do dinheiro aos céus:* os limites estruturais da valorização do capital, o capitalismo de cassino e a crise financeira global, p. 94. Em sentido semelhante ver MANCE, Euclides André. 150 anos de O Capital. In: *O capital e o Capital.* Diego Ecker, Nilva Rosin (Organizadores). Passo Fundo: IFIBE, 2019. p. 98-99.

(713) CARCANHOLO, Reinaldo; SABADINI, Mauricio. *Capital Ficticio y Ganancias Ficticias*, p. 83, 98-100.

tanto pelo aumento da tomada de mais-valor relativo (aplicação de tecnologia), como do mais-valor absoluto (intensificação e extensão das jornadas de trabalho) e, ainda, pela superexploração (redução de salários diretos e indiretos), além do incremento da miséria dos trabalhadores não assalariados. Para os autores, uma reviravolta da situação, com a volta de predomínio do capital produtivo, só seria possível com o aprofundamento ainda mais radical desses processos de exploração.

Em linha algo diversa, entende-se que a crise estrutural afetou a produção do próprio valor, na linha sustentada por Anselm Jappe[(714)] que afirma que o avanço da necessidade de crédito para a produção, inicialmente, está diretamente ligado ao aumento do capital constante (máquinas, equipamentos, etc), devido ao aumento da produtividade. Por exemplo, os custos para a abertura de uma vaga de trabalho produtivo aumentam de forma geométrica com o avanço da produtividade. Assim, as empresas precisam de crédito, pois os custos de produção ultrapassam suas capacidades financeiras. Essa situação mudou de figura a partir do momento em que a acumulação real, apesar de todos os créditos, estagnou. A partir de então, o recurso ao crédito serve para estimular uma acumulação inexistente e a produção real passou a ser um apêndice do capital fictício, ou seja, o capital fictício tornou-se o verdadeiro motor do crescimento. Os ganhos realizados com operações financeiras puramente especulativas tornaram-se um elemento indispensável nas finanças das empresas e dos Estados, gerando circuitos internacionais do défice. Para o autor, a economia real não progrediria melhor se fossem abolidos os «excessos» especulativos, mas deixaria simplesmente de funcionar tão logo lhe fossem retiradas as muletas da especulação.[(715)]

No mesmo sentido, Claus Peter Ortlieb[(716)] salienta que no atual estágio do sistema do capital a valorização do valor sequer seria possível sem o capital financeiro, tendo em conta os custos atuais de produção. Assim, o capital financeiro é o "lubrificante" do sistema, mas

---

(714) JAPPE, Anselm. *As aventuras da mercadoria:* para uma nova crítica do valor, p. 148 e s.

(715) Como afirma Fábio Pitta, na situação atual, a inflação dos títulos de propriedade nos mercados de comercialização de dinheiro (financeiros) passa a definir os preços das mercadorias a nível mundial e a capacidade de investimentos de uma empresa e de consumo da sociedade em geral. O autor sustenta: "Enquanto tais preços estão altos, como é o caso de momentos de bolhas de dívidas e financeiras, as empresas (e a sociedade em geral) podem adquirir dívidas sobre tais preços, investir no desenvolvimento das forças produtivas e aumentar a composição orgânica de seus capitais, os quais apenas podem simular ficticiamente valorizar o valor enquanto tais preços continuam a subir e a realização das mercadorias também é simulada por meio também do endividamento da sociedade. No momento de alta da bolha o endividamento das empresas (e da sociedade), medido em relação aos preços dos títulos de propriedade, parece relativamente baixo e sua simulação de adimplência pode continua a ocorrer. Quando a bolha financeira estoura e os preços dos títulos de propriedade declinam as empresas não conseguem novos créditos para simular a realização de sua produção e pagamento das dívidas anteriores, as famílias reduzem o consumo, o que aparece socialmente como crise de subconsumo, embora isso seja apenas uma consequência do estouro da bolha e não o cerne desta. Por um tempo, em razão do alto endividamento das empresas, na verdade estas continuam a tentar expandir sua produção, mesmo em condições financeiras "piores" do que as do momento anterior, o que continua a inundar o mercado com mercadorias que não mais se realizam, agravando o fenômeno de crise econômica." PITTA, Fábio. *O crescimento e a crise da economia brasileira no século XXI como crise da sociedade do trabalho:* bolha das commodities, capital fictício e crítica do valor-dissociação, p. 64-65.

(716) ORTLIEB, Claus Peter. *Uma contradição entre matéria e forma:* sobre a importância da produção de mais-valia relativa para a dinâmica de crise final, p. 15. Disponível em: <http://o-beco-pt.blogspot.com/2010/06/claus-peter-ortlieb-uma-contradicao.html>.

não o seu "combustível", pois essa função somente é desempenhada pela força de trabalho viva e produtiva. E continua:

> Portanto, é óbvio que a valorização do valor não começou a falhar porque o capital foge deliberadamente para o sector financeiro, antes pelo contrário: como a valorização do capital começou a falhar há várias décadas, o capital foge para o sector financeiro, com os seus rendimentos superiores, embora fictícios do ponto de vista do conjunto da economia. Esta fuga funciona — no sentido de um *deficit spending* keynesiano global e contra qualquer ideologia neoliberal — em primeiro lugar adiando a crise; sendo que, quanto mais tempo isto funcionar, tanto maior será a explosão com que a crise há de prevalecer no final. A ideia, surgida da fantasia da virtualidade pós-moderna, de um capitalismo que em qualquer caso seria propulsionado a longo prazo por um sector financeiro saído dos seus limites, já não confrontado com a produção de mais-valia real, é pelo menos tão bizarra como a ideia de uma produção de mais-valia sem trabalho, simplesmente através da "força produtiva ciência".

Também Tomasz Konics,(717) na linha da crítica à sociedade do valor, afirma que o sistema financeiro, principal motor do neoliberalismo, não pode funcionar por muito tempo, pois na esfera puramente financeira, não se explora força de trabalho formadora de valor. Assim, a economia é movida por bolhas financeiras, até porque o sistema alcançou um patamar altíssimo de produtividade para os seus próprios pressupostos de funcionamento. Afirma o autor:

> Em resumo: os excessos do mercado financeiro nas últimas décadas são resultado e não causa da crise sistêmica do capital. As causas se encontram nas contradições da produção de mercadorias, que por impulso de racionalização tornam o trabalho assalariado cada vez mais supérfluo através de impulsos de racionalização: o sistema mundial capitalista há muito se tornou produtivo demais para si mesmo.

Assim, conforme já indicado anteriormente, cabe perceber que a crise estrutural não é fruto do neoliberalismo, mas o neoliberalismo é fruto da crise estrutural. Evidentemente, que o neoliberalismo necessitou para ser implementado de uma política levada a cabo pelos mercados e pelos Estados e pelos teóricos dessa visão. No entanto, como já dito, isso foi possível em razão da própria crise estrutural. A depredação que incide sobre as condições de trabalho e vida dos trabalhadores no mundo inteiro e, mais fortemente, sobre os dos países retardatários, é o resultado do desenvolvimento da lógica interna contraditória do sistema do capital, do seu DNA, daquilo que o caracteriza. Por outro lado, uma volta ao passado, numa espécie de regressão a um padrão fordista/keynesiano, diante do avanço impetuoso da produtividade, é pouco viável ou sequer possível.

---

(717) KONICZ, Tomasz. *As origens da crise econômica atual:* visão geral das causas sistêmicas e do curso histórico da crise do sistema mundial do capitalismo tardio, p. 36-39.

Norbert Trenkle[718] adverte que o fato de existirem cada vez mais pessoas necessitadas de vender sua força de trabalho ou exercer atividades voltadas ao mercado, não contradiz a tendência de decréscimo na produção de valor por três razões. Primeiramente, se existem pessoas (ambulantes) vendendo chicletes ou latas de refrigerante ou algum serviço barato, de fato existe um circuito mercadoria-dinheiro, mas sem valorização do capital e, portanto, sem acumulação capitalista. Esses circuitos são de segunda ou terceira ordem e, por várias mediações de mercado, são dependentes do funcionamento da produção globalizada do mercado mundial e precisam, pelo menos, de pequenos influxos de dinheiro e mercadoria dele provenientes. Se isso cessa, são excluídos, citando como exemplo, amplas áreas do território Africano com seres humanos abandonados à própria sorte. Em segundo lugar, desde a bancarrota do fordismo, cada vez mais a valorização do capital não tem uma dinâmica de acumulação sustentável, mas cada vez mais é dependente da injeção de capital fictício (especulação e créditos). Essa foi a forma pela qual se evitou, temporariamente, que a crise se instalasse nos principais centros de valorização. Assim, grande parte da produção de mercadorias, mesmo quando formalmente criadora de valores, está baseada em déficit (dívidas a descoberto) e dependente da criação de valor futuro, que pode não ocorrer. Foi exatamente isso que proporcionou a mudança para o setor terciário na economia, saudada no plano superficial como a sociedade de serviços. Essa montanha de déficit, de capital fictício, vem sendo solapada pelas sucessivas crises (2008, por exemplo), não estourando de vez em razão da intervenção estatal, também baseada em déficit e que não pode ser sustentado para sempre. Em terceiro lugar, os empregados e subcontratados precários que produzem direta ou indiretamente para as corporações não afastam o diagnóstico, pois essa massa de trabalhadores precarizados é o reverso da aplicação avançada da ciência na produção. Afirma:

> Trabalho precário em massa e alta tecnologia complementam-se no contexto das estratégias globalizadas das corporações, mas a dinâmica está sempre do lado do desenvolvimento da força produtiva. O abismo entre os dois segmentos é, portanto, cada vez maior, com o padrão de produtividade crescendo constantemente e a quantidade de valor representada em uma hora de trabalho caindo progressivamente. Se na Europa, por exemplo, uma confecção altamente automatizada produz milhares de peças por hora, uma costureira numa favela chega talvez a três ou quatro peças por dia, o que está muito acima do padrão de tempo de trabalho socialmente necessário estabelecido pela fábrica *hich-tech*. Isso significa que seu trabalho representa uma quantidade quase desprezível de valor em relação ao padrão de produtividade vigente. Por isso, as longas jornadas de trabalho da força de trabalho precarizada não representam uma grande massa de valor e, portanto, não podem servir de base para um novo impulso autônomo da acumulação de capital — mesmo que, naturalmente, aumentem os lucros das empresas individuais e das cadeias comerciais envolvidas. Não compensam a eliminação de força de trabalho pelo capital nos segmentos mais

(718) TRENKLE, Norbert. *Miséria informalizada:* sobre a relação entre o setor informal e a moderna produção mercantil. Margem Esquerda. Revista da Boitempo 35. São Paulo: Boitempo, 2020. p. 42-45.

avançados da produção do mercado mundial, são apenas outra forma pela qual se expressa esse processo de eliminação. Embora esse tipo de exploração, no sentido da teoria neoliberal, substitua o capital dispendioso pelo trabalho barato, ele não amplia a valorização do capital no nível da sociedade como um todo, não neutraliza o processo de crise secular baseado na diminuição da massa de valor em escala global, sendo apenas uma das suas formas de desenvolvimento. [...] os empregados e empregadas sofrem uma pressão crescente para que se ofereçam por ainda menos dinheiro e condições de trabalho ainda piores. Isso não ocorre apenas em razão do aumento da concorrência mundial, mas, acima de tudo, porque é a única maneira de competir ao menos temporariamente com os segmentos de alta tecnologia de produção.

Com efeito, a própria crise estrutural e a busca desesperada pelo lucro, imposta pela concorrência, impele o padrão de produtividade(719) para patamares cada vez mais elevados, chegando ao ponto de colocar em xeque grande parte dos empregos em geral(720) que, como já dito, já não significam propriamente trabalhos produtivos no sentido capitalista.

Cabe aqui aliás, abrir um parêntesis para verificar uma análise interessante que, muito embora perceba o impacto que a lei do avanço da produtividade provoca no sistema do capital, acaba por ter um caráter apologético e não se dá conta do potencial destrutivo da crise estrutural. Entende-se que o autor (Jeremy Rifkin) não compreende que no sistema do capital, com suas contradições internas imanentes, as forças produtivas são também forças destrutivas.

Com efeito, partindo de uma posição oposta à teoria do valor marxiana, visto se basear na teoria neoclássica e, ainda, numa posição que vê positivamente as alterações em curso provocadas pela Terceira Revolução Industrial e a implementação da Internet das Coisas (viabilizadas pelo chamado "5G" — padrão de tecnologia de 5ª geração para as redes móveis e de banda larga), Jeremy Rifkin(721) também vê no futuro próximo o encolhimento/supressão do trabalho assalariado e do próprio mercado.

Rifkin sustenta que nos aproximamos de um mundo com produtividade máxima, onde uma tecnologia altamente produtiva fará a maior parte do trabalho pesado, criando uma sociedade mais próxima da abundância do que da escassez. As necessidades materiais básicas, assim, poderiam ser satisfeitas a um custo marginal próximo a zero ou mesmo serem gratuitas. Segundo o autor, as TICs (tecnologias de informação e comunicação), a informática,

(719) Moische Postone é enfático ao indicar que a busca pelo valor provoca o avanço incessante da produtividade (*treadmill effect* — efeito de esteira). POSTONE, Moische. *Tempo, trabalho e dominação social*, p. 332 e s.

(720) As notícias e prognósticos de substituição de empregos por tecnologia fazem parte do dia a dia dos noticiários. O "susto" vem acompanhado da utilização de vários lenitivos para acalmar a opinião pública e com conselhos/receitas que devem ser cultivados pelos sujeitos de mercado, tais como: ter capacidade de adaptação, investir no seu "capital humano" com educação, etc. Nesse sentido ver: TRINDADE, Rodrigo. *A máquina no lugar do homem.* Disponível em: <https://economia.uol.com.br/noticias/bbc/2018/12/20/as-profissoes-ameacadas-pelos-avancos-tecnologicos.htm>.

(721) RIFKIN, Jeremy. *La sociedade de coste marginal cero:* el internet de las cosas, el procomún colaborativo y el eclipse del capitalismo. Editor digital: casc *ePub*, p. 11, 133-135 e 255 e s. Disponível em: <www.lectulandia.com>.

a automatização, o Big Data, os algoritmos e a Inteligência Artificial (AI)[722] que conformam a internet das coisas (que torna possível expandir a conexão não só entre pessoas, mas também em dispositivos sensores, robôs, drones, eletrodomésticos, sistemas de iluminação, etc.) estão reduzindo muito rapidamente os custos marginais de produtos e serviços, aproximando tal custo a zero. Assim, sustenta que até meados do século XXI, uma tecnologia inteligente supervisionada por pequenos grupos de profissionais terá em suas mãos a maior parte da atividade econômica. Segundo o autor, o aumento de produtividade provocados por estas tecnologias inteligentes tende a reduzir drasticamente a necessidade de trabalho humano, com a substituição de trabalhadores assalariados por esta tecnologia, o que alterará o sistema capitalista, dado que o capital e empregos se alimentam dos mercados. Segundo o autor, a médio e longo prazo, uma proporção cada vez maior do emprego terá passado do mercado ao que chama de "procomún" onde consumidores/produtores com acesso gratuito a várias tecnologias (como impressoras 3D) fabricarão seus próprios bens. Nessa situação, sustenta que com custos marginais próximos a zero, os bens materiais e serviços, já não mais escassos, seriam gratuitos, pondo em xeque os preços de mercado e o próprio capitalismo. Uma sociedade de abundância, livre de preços e da escassez.

É fato que as mercadorias tem perdido valor, não pelos motivos indicados pelo autor, mas, sim, por estar escasseando o próprio trabalho vivo produtivo em razão do aumento de produtividade. No entanto, não se deve esquecer que o sistema do capital força os produtos e serviços sem valor ou somente com doses homeopáticas de valor, à forma mercadoria, mesmo que isso seja feito de maneira artificial/violenta (como, por exemplo, os novos "cercamentos" como a propriedade intelectual).

Dessa forma, a probabilidade que o simples avanço tecnológico possa conduzir a humanidade, em paz, ao melhor dos mundos é mais improvável do que a barbárie que a luta pelo valor em falta pode provocar. É mais provável uma sociedade distópica, uma espécie de "Mad Max" em que sujeitos da mercadoria sem dinheiro disputam ferozmente os restos da sociedade mercantil, do que o paraíso. A violência estatal, a violência generalizada de grupos paramilitares e/ou tribais em territórios com populações já abandonados por falta de rentabilidade, o xenofobismo, o neonazismo, o neofascismo, o racismo e a desigualdade social que

---

(722) Interessante lembrar o sentido apologético e ideológico que marcam a utilização da "IA" como uma espécie de solução total. Claus Peter Ortlieb afirma: "não se pode entender de outro modo que termos como "inteligência artificial" ou "fórmula universal" sejam usados não apenas para fins de autopromoção e de obtenção de fundos para pesquisa, mas também em sentido enfático, como se fossem entendidos literalmente, como se as máquinas matemáticas pudessem ser realmente inteligentes e assim possuir consciência, ou como se tivéssemos o mundo "sob controlo" logo que se tivéssemos uma fórmula para ele. O método das ciências naturais matemáticas é pensado aqui como sendo ilimitado: não haveria nenhuma pergunta que não fôssemos capazes de responder com ele em algum momento, nem nenhum problema que lhe fosse inacessível. Não ser capaz de ver os limites do seu próprio instrumento - aqui o das ciências exactas, ou seja, a modelação matemática — é um sinal seguro da inconsciência com que ele é usado. Dada a óbvia impossibilidade de poder resolver os grandes problemas da humanidade apenas por meios científicos, seria bastante apropriada uma certa modéstia, que - no sentido da palavra socrática "não creio saber o que não sei" (Platão 1994, 18) - só pode resultar de uma consciência auto-reflexiva do próprio pensar e agir." ORTLIEB, Claus Peter. *Ilusão matemática*, p. 14-15. Disponível em: <http://www.obeco-online.org/claus_ortlieb19.pdf>.

simplesmente cancela/interdita vastas áreas do globo e grande parte da população mundial, estão aí para demonstrar.(723)

Muito embora pareça não captar a potência que a análise do valor como riqueza capitalista poderia incorporar em sua própria crítica, mas, mesmo assim, percebendo os efeitos da contradição central do capital em curso, Slavoj Zizek(724) salienta o caráter autoritário e "artificial" de que tem que abrir mão o sistema na tentativa de se perpetuar. Afirma:

> El problema aquí es más profundo de lo que puede parecer: una de las características clave del capitalismo contemporáneo es la privatización del propio (lo que Marx llamó) «intelecto general»; esto es lo que se encuentra en el centro de la lucha en torno a la «propiedad intelectual». Dentro de este marco ya no es posible la explotación em el clásico sentido marxista, por lo que tiene que ser impuesta por directas medidas legales, es decir, por una fuerza no económica. Por eso, cada vez más, se necesita de la autoridad directa para imponer las (arbitrarias) condiciones legales para extraer uma renta, unas condiciones que ya no son «espontáneamente» generadas por el mercado. Quizá ahí reside la «contradicción» fundamental del «posmoderno» capitalismo contemporáneo: aunque su lógica sea desreguladora, «antiestatal», nómada, desterritorializadora, etc., su tendencia clave a «convertir el beneficio en renta» señala hacia um fortalecimiento del Estado, cuya función reguladora se está volviendo cada vez más omnipresente.

Com efeito, embora seja possível, por meio dos avanços de produtividade, desde que não mais voltados para o fim em si abstrato da acumulação, abrir a possibilidade de um

---

(723) Falando sobre os cenários possíveis do futuro, Max Neef indica três cenários possíveis. O primeiro, de uma de destruição total ou parcial da espécie humana (destruição mutuamente garantida), por uma hecatombe nuclear, ambiental ou outras. O terceiro cenário, seria uma transição de um mundo de competição econômica e ganância, para um mundo pautado pela partilha e solidariedade (solidariedade mutuamente assegurada). Quanto ao segundo cenário, indica: "é a barbarização do mundo; um modo de transformar a humanidade em bárbaros. [...] É interessante perceber que este cenário tem aparecido cada vez mais, durante a última década. É o tipo de atmosfera de Mad Max, que os australianos descreveram tão brilhantemente em seus filmes. Muitos de seus sintomas já são encontrados em atitudes mentais e na criação atual de áreas isoladas para os muito ricos, que não querem ser contaminados ao ver, ouvir ou ter qualquer coisa a ver com a pobreza. Uma parte deste cenário será o reaparecimento de regimes repressivos, cooperando com as bolhas ricas e impondo maior miséria para os pobres." MAX-NEEF. Manfred A. *Desenvolvimento à escala humana:* concepção, aplicação e reflexões posteriores. Blumenau: Edifurb, 2012. p. 105.

(724) ZIZEK, Slavoj. *Viviendo en el final de los tiempos.* Madrid: Akal, 2012. p. 454. Franco Berardi Bifo, por exemplo, reconhece o enorme potencial que a internet teria para uma vida melhor, ao mesmo tempo que percebe os problemas do seu submetimento à lógica mercantil. Afirma que existem processos de colonização econômica na rede, com a privatização de produtos do saber coletivo e das vias de trânsito de informações, autênticos cercamentos do ciberespaço, bem como a redução da comunicação de rede de uso cultural e seu direcionamento predominante para atividades empresariais lucrativas (comércio eletrônico, bancos, serviços financeiros, intranet empresarial, etc). Assim, afirma o autor: "Los saberes adquiridos por medio de procedimientos plenamente sociales son privatizados y sometidos a formas de patente y de *copyright* que limitan su uso social, causando perjuicios a los individuos y peligros para la humanidad." BIFO, Franco Berardi. *La fábrica de la infelicidad:* nuevas formas de trabajo y movimento global. Madrid: Traficantes de sueños, 2003. p. 99, 116, 119 e 139. Em sentido semelhante, Paul Mason indica a contradição que existe entre a possibilidade de bens e informações abundantes e gratuitos "con un sistema de monopolios, bancos y Gobiernos empeñados en mantener el carácter privado, escaso y comercial de las cosas." MASON, Paul. *Postcapitalismo:* hacia um nuevo futuro, p. 21.

mundo diverso, isso só seria possível com uma transformação radical (uma verdadeira reestruturação revolucionária), não somente nas forças produtivas, mas também nas relações de produção liberadas da forma totalitária da mercadoria.(725)

Como o capital é um sistema totalizante,(726) outro aspecto que não é possível deixar de pelo menos fazer menção é o tocante à degradação ambiental. Entende-se que, a partir da distinção entre riqueza material e riqueza capitalista, é possível pensar esse tema de forma verdadeiramente crítica. Assim como a dilapidação da força de trabalho viva (de tempo de vida humana) é vista pelo capital como sua prerrogativa, a forma de tratamento do sistema com relação à natureza também está ditada pelas necessidades do próprio sistema.

Como a riqueza capitalista é o valor e não a riqueza material capaz de atender as necessidades humanas socialmente definidas em liberdade, juntamente com a dilapidação do trabalho humano (pai da riqueza — Marx), também é dilapidada a natureza (a terra — mãe da riqueza — Marx). A crise ambiental faz parte da crise estrutural do capital, pois a própria natureza é posta forçosamente na forma mercadoria (pela precificação da natureza e sua apropriação privada) ou descartada. Em uma passagem que merece ser reproduzida, Marx(727) afirmou que a produção capitalista apenas desenvolvia a "técnica e a combinação do processo de produção social, enquanto simultaneamente socava as fontes originais de toda a riqueza: a terra e o trabalhador."

Com efeito, Moishe Postone(728) extrai da contradição entre riqueza material e riqueza na forma do valor uma conclusão que merece reflexão. O autor afirma:

> Deixando de lado considerações sobre eventuais limites ou barreiras à acumulação de capital, uma das consequências implícitas nessa dinâmica particular — maior crescimento da riqueza material do que da mais-valia conseguida — é acelerar a

(725) Jacob Gorender afirma: "Creio que o mercado desaparecerá. A tecnologia levará a isso na medida em que ela vai reduzindo cada vez mais a necessidade da contribuição do trabalho para a criação de uma certa quantidade de produtos. Então, a necessidade da diminuição da jornada de trabalho, que hoje os trabalhadores não conseguem obter porque estão desfigurados e desagregados pela revolução tecnológica, com o tempo levará cada vez mais à queda do valor agregado em cada processo produtivo, até um ponto em que este valor será tão próximo do zero que será desprezível. Nesse momento, ou perto dele, a lei do valor poderá ser desconsiderada e, nesse caso, também o mercado desaparece. Isto foi previsto por Marx, está nos Grundrisse, mas é um processo muito demorado. Embora acelerado agora pela revolução tecnológica, mas, para chegar ao ponto de anular a lei do valor, ainda vai uma distância enorme." GORENDER, Jacob. *A atualidade de O Capital*, p. 15-16. Disponível em: <https://revistas.pucsp. br/ls/article/view/18788/13972>.

(726) Tanto é assim que tudo aquilo que não pode ser estritamente submetido à lógica da mercadoria, é subalternizado. Roswitha Scholz acentua que somente na modernidade capitalista vai se configurar uma total dissociação entre as esferas da produção (onde impera a lógica do capital no sentido de "valorização em si"), reservada ao masculino, e a esfera da reprodução (cuidado com a casa, as crianças, os doentes e as qualidades com isso associadas, sensibilidade, solicitude, amor, sensualidade), reservada ao feminino. Numa relação dialética com o valor (esfera da mercadoria e do mercado), essa dissociação, como o outro necessário da esfera da produção, como aquilo que não pode ser subsumido sob a lógica do lucro, da competitividade, do "poupar tempo", da concorrência, é subalternizado. Dessa forma, por esse "defeito ambivalente e estrutural", no momento que as mulheres entram no mercado (no âmbito masculino), já entram rebaixadas. SCHOLZ, Roswitha. *O sexo do capitalismo*, p. 5-40. Disponível em: <http://www.obeco-online.org/roswitha_scholz6.htm>.

(727) MARX, Karl. *O capital:* crítica da economia política. Livro 1, p. 571.

(728) POSTONE, Moishe. *Tempo, trabalho e dominação social*, p. 360. Na mesma linha: JAPPE, Anselm. *As aventuras da mercadoria:* para uma nova crítica do valor, p. 137-138, 139.

destruição do ambiente. Segundo Marx, resulta da relação entre produtividade, riqueza material e mais-valia que a contínua expansão desta última tem consequências cada vez mais nefastas para a natureza e para os seres humanos.

Na mesma linha, Kurz(729) sustenta que o capital é um sistema fundado na dilapidação e combustão da força de trabalho humana viva e da natureza, levando tal situação ao limite diante de sua cegueira tanto à sociedade como à natureza. Afirma:

Na verdade, hoje o capitalismo pressiona o "limite interno" (Marx) e o colapso energético da sua dupla e contraditória cultura de combustão. A hipertrofiada maquinaria morta imposta pela concorrência não pode constituir qualquer substância de "riqueza abstracta", porque esta baseia-se unicamente na energia humana reificada. No fim de contas, ao criar desemprego em massa, subemprego e precarização tecnológicos, o capital destrói a sua própria substância, o que aparece, por outro lado, como crise financeira e desvalorização do dinheiro. Ao mesmo tempo, o movimento desencadeado de fim em si mesmo esgota aceleradamente as reservas de energia fóssil, provocando uma catástrofe ambiental e climática. Acresce que a forma material do sistema mecânico é cega perante todos os conteúdos da sociedade e da natureza. [...]

É por isso que Claus Peter Ortlieb(730) é enfático em afirmar que a própria forma da riqueza capitalista impõe que o suporte desta riqueza seja considerado como de importância secundária. Se esse suporte forem bens naturais, terão que ser submetidos ao fim em si da riqueza abstrata. Afirma:

> O capital precisa de riqueza material como suporte do valor, que como tal é indispensável e, em termos quantitativos, mesmo em medida crescente. O capital é, porém, indiferente à riqueza material [...] pois a preservação da riqueza material é, em relação à necessidade de acumulação de capital, na melhor das hipóteses secundária ou, dito de outra forma: se a sua destruição servir a valorização do valor, ela será destruída. [...] A questão não é, portanto, se o ambiente será destruído por causa da valorização do valor, mas, quando muito, até que ponto o será. E aqui o crescimento da produtividade desempenha um papel totalmente pernicioso, na medida em que — como produção de mais-valia relativa — continua ligado ao valor, como forma dominante de riqueza, porque a realização da mesma massa de mais-valia exige um output material cada vez

---

(729) KURZ, Robert. *Robótica e trabalho:* os pesadelos da consciência reificada, p. 1-2. Disponível em: <http://www.obeco-online.org/rkurz376.htm>.

(730) ORTLIEB, Claus Peter. *Uma contradição entre matéria e forma:* sobre a importância da produção de mais-valia relativa para a dinâmica de crise final, p. 14. Disponível em: <http://o-beco-pt.blogspot.com/2010/06/claus-peter-ortlieb-uma-contradicao.html>. Em sentido semelhante Dussel afirma: "Lo que destruye la vida en la tierra no es la tecnología antiecológica, sino la racionalidade de la competencia del capital que exige a cada capital, rama o nación desarrollar la tecnología aunque según el critério del aumento de la tasa de ganancia y no como defensa de la vida en la tierra. Muchos ecologistas creen que la tecnología es el mal anti-ecológico, y nos descubren que la mala tecnología anti-ecológica es el resultado de la racionalidad de la competencia que no tiene a la vida como objetivo ni fundamento sino solo o aumento do capital. El origen del mal es el capital mismo en su esencia." DUSSEL, Enrique. El Marx del "segundo siglo". In: *O capital e o Capital*. Diego Ecker, Nilva Rosin (Organizadores). Passo Fundo: IFIBE, 2019. p. 35-36.

> maior e uma utilização de recursos ainda maior: à transição das antigas para as novas técnicas, com a finalidade de reduzir o tempo de trabalho necessário, sucede geralmente que o trabalho humano é substituído por máquinas, ou por elas acelerado.

Portanto, ao se desvendar a natureza da riqueza capitalista, torna-se possível pensar além das formas do capital, permitindo que seja elucidado o caráter contraditório e explosivo do evolver histórico do capitalismo e do desenvolvimento de sua contradição explosiva. Assim, não parece possível mais desconsiderar que essa contradição, que se torna realidade em nosso cotidiano histórico, necessita de respostas que fujam da lógica do próprio sistema, pois dentro desta os prognósticos não parecem animadores.

Diante do cenário que se apresenta parece ser necessário tentar evitar todo e qualquer retrocesso, mas tendo presente que uma volta ao mundo dos "30 anos gloriosos" do sistema do capital produtivo, relativamente inclusivo e com uma relativa preocupação com o bem-estar social, é impossível.

Em relação às reformas flexibilizantes/precarizantes no campo do trabalho, portanto, é necessário o seu questionamento sob a ótica dos princípios da proibição de retrocesso social e da norma mais favorável, na tentativa de impedir retrocessos, mas, ao mesmo tempo, diante do avanço cego da lógica contraditória do capital, também é necessário pensar verdadeiras alternativas, sob pena de que os efeitos colaterais do fim em si da riqueza abstrata joguem por terra conquistas humanas básicas.

De acordo com estas premissas é que será analisada criticamente a proposta de renda básica universal como resposta à exclusão social, bem como serão propostas algumas ideias mínimas para a constituição de uma sociedade que não esteja subsumida à lógica mercantil.

3.4. A necessidade de alternativas: renda básica ou reestruturação social?

Pretende-se no presente tópico, partindo das premissas sustentadas, avaliar e propor algumas medidas que parecem ser necessárias diante do momento de crise estrutural que põe em xeque a sociabilidade hodierna. Num primeiro momento, será abordada criticamente a proposta de "renda básica" e, posteriormente, serão apontadas as balizas que são entendidas como impostergáveis para uma nova dinâmica social fundada na dignidade humana e na igualdade social.

3.4.1. Análise crítica renda básica universal

Não se pretende fazer uma investigação pormenorizada sobre a proposta de renda básica universal, o que demandaria uma obra específica. O que se quer avaliar é se a renda básica universal é uma alternativa real e efetiva frente ao avanço cego da lógica contraditória do capital no momento histórico em que a "contradição explosiva" está amadurecida. É a partir desta premissa, que será avaliada criticamente a proposta de renda básica universal.

Já faz algum tempo que ideias e propostas em torno de uma renda básica universal têm aparecido no debate público com o propósito de defesa deste instituto como um mecanismo de enfrentamento da pobreza crescente, da desigualdade socioeconômica galopante, do desemprego estrutural e da precariedade. Com a crise provocada pela Covid-19 o tema ganhou muita visibilidade, mesmo que sob a ótica de uma renda básica universal "emergencial" postulada pela própria ONU, tendo em conta os graves efeitos socioeconômicos da pandemia.[731] Muito embora a renda básica universal, propriamente dita, não seja concebida como medida meramente emergencial, mas, sim, como um direito social, a crise pandêmica jogou luz na ideia.

Cumpre também esclarecer que, conforme Phillipe Van Parijs e Yannick Vanderborght,[732] existem programas de renda mínima defendidos por vários espectros políticos, desde liberais, socialistas e igualitaristas. No entanto, existem várias diferenças entre as propostas, envolvendo a forma de financiamento, a idade a partir da qual se deve receber, a quantidade a receber, o cancelamento ou não de outras transferências. Tendo em conta isso, o foco será dado para a proposta de renda básica universal, visto que mais abrangente, bem como por ser defendida como um novo direito humano.

Far-se-á, portanto, uma análise da ideia de renda básica universal garantida abordando os seus mais longínquos precedentes históricos, seu conceito, fundamentos, objetivos e temas correlatos para, posteriormente, proceder à crítica segundo os pressupostos anteriormente referidos.

Phillipe Van Parijs e Yannick Vanderborght[733] apontam para a história relativamente longínqua da ideia de uma renda garantida, indicando vários precedentes históricos da mesma. Os autores sustentam que a ideia da garantia de uma renda mínima aparece, primeiramente,

---

(731) ISONI, Ananda T. Renda básica universal: um debate necessário. In: *Quarentena:* reflexões sobre a pandemia e depois / Anjuli Tostes, Hugo Melo Filho. 1.ed. Bauru: Canal 6, 2020. p. 15-16.

(732) PARIJS, Phillipe Van; VANDERBORGHT, Yannick. *La renta básica.* Ariel Economía. *eBook*, p. 32-33. Entre as propostas de programas de renda cabe referir a posição de Milton Friedman que, ao falar sobre o problema da pobreza, propõe o chamado "imposto de renda negativo" que é uma versão neoliberal dos programas de renda (focado nos mecanismos de mercado e propondo a extinção de direitos sociais), o que se evidencia por si só das palavras do autor: "Duas coisas parecem claras. Primeiro, se o objetivo é mitigar a pobreza, deveríamos ter um programa destinado a ajudar o pobre. [...] O programa, portanto, deve ser estabelecido para ajudar as pessoas como pessoas – não como membros de uma certa ocupação ou de um certo grupo de idade ou de um certo grupo de nível de salário ou de organizações trabalhistas ou industriais. É este o erro básico dos programas para as fazendas, dos benefícios gerais para a velhice, das leis do salário mínimo, das tarifas, do licenciamento para profissões, e assim por diante. Segundo, o programa deveria, tanto quanto possível, uma vez que opera através do mercado, não distorcer o mercado nem impedir seu funcionamento. É este o erro dos preços subsidiados do salário mínimo, das tarifas e de outras tantas medidas. O procedimento mais recomendável em bases puramente mecânicas seria o imposto de renda negativo. Temos atualmente uma isenção de 600 dólares por pessoa em termos de imposto de renda federal (mais um mínimo de 10% de dedução uniforme). Se um indivíduo receber renda de 100 dólares em excesso, após o cálculo da isenção e da dedução, pagará certo imposto. De acordo com nossa proposta, se a renda for menos 100 dólares, isto é, 100 dólares abaixo da isenção mais a dedução, terá que pagar um imposto negativo, isto é, receber subsídio. Se a taxa do subsídio for. digamos, 50%, receberá 50 dólares. Se não tiver nenhuma renda e, para efeitos de simplicidade, nenhuma dedução, e a taxa for constante, receberá 300 dólares. Poderá receber mais do que isso, se tiver deduções, por exemplo, por despesas médicas, de modo que sua renda menos as deduções já seja negativa mesmo antes da subtração da isenção. As porcentagens do subsídio poderiam, evidentemente, ser graduadas da mesma forma que as do imposto de renda. Deste modo, seria possível estabelecer um nível abaixo do qual nenhuma renda se poderia situar. Neste exemplo, 300 dólares por pessoa. O nível preciso dependeria de quanto a comunidade estivesse disposta a permitir." FRIEDMAN, Milton. *Capitalismo e liberdade*, p. 193 e s. Texto Disponível em: LeLivros.site.

(733) PARIJS, Phillipe Van; VANDERBORGHT, Yannick. *La renta básica*, p. 41e s. Nesse sentido ver SUPLICY, Eduardo Matarazzo. *Renda de cidadania:* a saída é pela porta. São Paulo: Cortez, 2002. p. 41 e s.

no texto da obra "Utopia" de Thomas Morus.(734) Posteriormente, um amigo de Morus, o bispo Johannes Ludovicus Vives, um humanista catalão de origem judaica e professor em Lovaina, detalhou melhor a ideia na obra "De Subventione Pauperum". Para Vives, tendo por base a obrigação cristã/judaica da caridade, deveria ser garantida uma renda somente aos necessitados que não pudessem trabalhar, pois os demais pobres que tivessem tal condição deveriam buscar sustento com o trabalho. Defendia que a assistência deveria ser pública, mas coletada mediante as ofertas livremente dadas pelos cidadãos.(735)

Outra experiência digna de nota, devido à sua implementação social, também lembrada por Van Parijs e Vanderborght(736) é o chamado "sistema de Speenhamland" (as "Poor Laws" inglesas). Os autores citam que em 1795 o município de Speen, ao sul da Inglaterra, instituiu um direito a um subsídio em dinheiro para todos os necessitados domiciliados em seu território. Diante da miséria que se espraiava, os magistrados locais determinaram às paróquias concederem subsídios aos pobres, mesmo que fossem trabalhadores assalariados (para estes na forma de complementos aos seus salários), a fim de que fosse garantido um certo patamar mínimo no atendimento das necessidades de subsistência. Pelo temor de tumultos e revoltas provocados pela fome, essas leis acabaram se generalizando entre 1795-1834, impondo aos municípios que concedessem aos indigentes uma prestação em espécie, cabendo aos beneficiários, que fossem capazes, trabalhar em troca do benefício, inclusive, se fosse o caso, em "workhouses" criadas para tal fim.(737)

(734) Em uma passagem de Utopia, Thomas Morus escreve: "Na Utopia, ao contrário, onde tudo pertence a todos, não pode faltar nada a ninguém, desde que os celeiros públicos estão cheios. A fortuna do Estado nunca é injustamente distribuída naquele país; não se vêm nem pobres nem mendigos, e ainda que ninguém tenha nada de seu, no entretanto todo mundo é rico. Existe, na realidade, mais bela riqueza do que viver alegre e tranquilo, sem inquietações nem cuidados? Existe sorte mais feliz do que não tremer pela existência, não ser azoinado pelos pedidos e queixas da esposa, não temer a pobreza para seu filho, não apoquentar-se pelo dote da filha; mas estar sempre seguro e certo da existência e do bem-estar, seu e dos seus, mulher, filhos, netos, bisnetos, até à mais longínqua posteridade de que poderia orgulhar-se um fidalgo? A república utopiana garante essas vantagens aos que, inválidos hoje, outrora trabalharam tão bem quanto os cidadãos ativos aptos a trabalhar. Gostaria de ver alguém, aqui, que ousasse comparar esta justiça à justiça das outras nações. Eu, de mim, estou pronto a morrer se me mostrarem nas outras nações o menor sinal de equidade e justiça." MORUS, Thomas. *Utopia*. eBooksBrasil.com. Fonte Digital: <www.jahr.org>, 2001, p. 200.

(735) Na apresentação da obra de Juan Luis Vives, o editor Rachel Marks salienta o desejo de Vives de eliminar a pobreza da cidade de Bruges em 1526, tendo encaminhado comunicação à Câmara Municipal e ao Senado da cidade. Fala ainda da ligação entre Vives e Thomas Morus que trabalharam nos primeiros estatutos incorporados ao Poor Law de 1601. Aliás, é muito interessante as várias vantagens que Vives aponta relativas a uma sociedade em que não haja pobreza extrema e que os necessitados sejam aparados por prestações públicas, tais como: a honra de um estado onde não se veem miseráveis; diminuição da criminalidade; a paz que reina onde todos estão providos; a concórdia entre ricos e pobres; a segurança, agradabilidade e salubridade das cidades; o ganho do estado, com cidadãos cumpridores das leis e úteis para a nação. VIVES, Juan Luis. *On assistance to the poor.* Canadá: University of Toronto Press, 1999. p. 64 e s.

(736) PARIJS, Phillipe Van; VANDERBORGHT, Yannick. *La renta básica*, p. 43 e s.

(737) Não há que se descuidar, por outro lado, do papel que a Poor Law e as workhouses cumpriam na "regulação do mercado de trabalho". Conforme indicou Marx, em certas épocas de produção febril nas quais havia falta de mão de obra, os fabricantes propuseram aos Comissários da Lei dos Pobres que deslocassem a população para pô-los a trabalhar. E, ainda, aduz: "Em 1860, depois que os agentes e subagentes do comércio de carne [humana] varreram os distritos agrícolas quase sem resultado, uma delegação de fabricantes dirigiu-se ao sr. Villiers, presidente do *Poor Law Board* [Conselho da Lei dos Pobres], com a solicitação de que se voltasse a permitir o fornecimento de crianças pobres e órfãs saídas das *workhouses*." MARX, Karl. *O capital:* crítica da economia política. Livro I, p. 430-431.

Os autores também citam como antecedente histórico a implantação da previdência social na Alemanha em 1883 por Otto von Bismarck, a qual tinha como objetivo político conter o movimento socialista. Muito embora tal medida estabelecesse prestações de assistência estritamente vinculadas com o status salarial, os autores esclarecem que um sistema previdenciário não afasta a questão da renda mínima. Então, os autores lembram outras experiências:(738)

> Ésta retornó al primer plano en la estela del célebre informe *Social Insurance and Allied Services* (1942) preparado bajo la dirección de William Beveridge. Con la National Assistance Act de 1948, Gran Bretaña se dota de un verdadero sistema de renta mínima en metálico, garantizada, sin límite de tiempo, a todos los hogares y a un nivel suficiente para cubrir sus necesidades de subsistencia, lo que venía a completar un sistema nacional reforzado y unificado de subsidios familiares y de seguros contra la enfermedad, la invalidez, el paro involuntario y la vejez. En el transcurso de la segunda mitad del siglo XX , mecanismos análogos, más o menos generales y generosos, serán creados en otras partes de Europa, donde se va reconociendo progresivamente la insuficiencia de una protección social basada exclusivamente en los sistemas de seguros.

Pode-se dizer que, atualmente, muito embora já positivada em algumas legislações (como a brasileira), a renda básica pode ser caracterizada como um direito humano emergente, conforme sustenta Daniel Raventós(739) ao lembrar a chamada "Declaração de Monterrey" (Declaração Universal de Direitos Humanos Emergentes).(740) Com efeito, Raventós afirma:

A principios de noviembre del año 2007, en el marco del Fórum de las Culturas que se celebró en la ciudad mexicana de Monterrey, se aprobó una declaración titulada *Declaración universal de derechos humanos emergentes*. Esta declaración era, en realidad, la continuación, después de amplios y, en mi opinión, muy oportunos retoques y aclaraciones, de una primera que ya se había realizado en Barcelona tres años antes, enseptiembre de 2004, también en el marco del Fórum de las Culturas. En el tercer punto del primer artículo puede leerse: "El derecho a la renta básica o ingreso ciudadano universal, que asegura a toda persona, con independencia de su edad, sexo, orientación sexual, estado civil o condición laboral, el derecho a vivir en condiciones materiales de dignidad. A tal fin, se reconoce el derecho a un ingreso monetario y incondicional periódico sufragado con reformas fiscales y a cargo de los presupuestos del Estado, como derecho de ciudadanía, a cada miembro residente de la sociedad, independentemente de sus otras fuentes de renta, que sea adecuado para permitirle cubrir sus necesidades básicas".

---

(738) PARIJS, Phillipe Van; VANDERBORGHT, Yannick. *La renta básica*, p. 45.

(739) RAVENTÓS, Daniel. La renta básica como derecho humano emergente y ante la crisis económica actual. In: *Desafios actuales de los dererchos humanos:* la renta básica y el futuro del Estado social. María Eugenia Rodrígues Palop, Ignacio Campoy Cervera, José Luis Rey Pérez (Editores). Madrid: Dykinson, 2010. p. 95-96.

(740) A Declaração de Monterrey pode ser consultada em: CULTURAS, Fórum Universal de las. *Declaração de Monterrey*. Declaración Universal De Derechos Humanos Emergentes. Disponível em: <https://catedraunescodh.unam.mx/catedra/CONACYT/04_Docentes_UdeO_ubicar_el_de_alumnos/Contenidos/Lecturas%20obligatorias/M.5_cont_3_DUDHE.pdf>. México: nov. 2007.

Van Parijs e Vanderborght[(741)] sustentam que a renda básica está fundada nos ideais da Revolução Francesa (igualdade, liberdade, fraternidade), no sentido de um aparato institucional que garante o pleno exercício da cidadania. Aliás, Carolina Raquel Duarte de Mello Justo[(742)] sustenta que a renda básica é um direito de cidadania, pois amplia a inserção social das pessoas para além de aspectos meramente formais e ao ser uma alternativa à inserção cidadã pelo trabalho numa sociedade, como a brasileira, que conta com grande parte de sua força de trabalho na informalidade.

José A. Noguera[(743)] afirma que a renda básica deve ser entendida como pilar de uma estratégia de bem-estar social de longo prazo, estando fundada no direito individual à máxima liberdade real sustentável em quaisquer situações "haya desempleo o pleno empleo, decida lo que decida el pueblo, de forma republicana o no, sea cual sea el nivel de capacidades básicas que tenga la población".

Por sua vez, Ferrajoli,[(744)] defensor da medida, afirma que o que denomina "renda básica garantida" é decorrência do direito à vida, bem como da igualdade substancial e da dignidade pessoal. Para o autor, a fundamentação ético-política da renda básica garantida universal se estriba no direito à vida. Por outro lado, a fundamentação propriamente jurídica é fundada nos princípios da dignidade humana, na igualdade e na solidariedade, previstos na Constituição Italiana (como estão de igual forma presentes na CF de 1988). O autor ainda cita a Declaração Universal dos Direitos Humanos e os Pactos de 1966 sobre Direitos Econômicos, Sociais e Culturais, nos quais está previsto o direito de todos a um padrão de vida adequado que assegure a cada um e sua família condições dignas de vida.

Dessa forma, como direito humano emergente, um direito de cidadania, a renda básica está fundamentada no princípio da igualdade substancial, na dignidade humana, no direito à vida, na liberdade republicana[(745)] e na solidariedade.

Feitas estas considerações iniciais, cumpre agora estabelecer o conceito e a estrutura central da "renda básica universal". A "Basic Income Earth Network (BIEN)", que é uma organização que agrupa grande parte dos coletivos e pessoas que pelo mundo defendem a proposta da renda básica, define-a como:

> un ingreso pagado por el estado, como derecho de ciudadanía, a cada miembro de pleno derecho o residente de la sociedad incluso si no quiere trabajar de

---

(741) PARIJS, Phillipe Van; VANDERBORGHT, Yannick. *La renta básica*, p. 6-30.

(742) MELLO JUSTO, Carolina Raquel Duarte de. Direito à Renda Básica de cidadania: um marco na história brasileira, p. 15. In: *IHU on-line, Revista do Insituto Humanitas Unisinos*, n. 333. Disponível em: <http://www.ihuonline.unisinos.br/edicao/333>.

(743) NOGUERA, José A. La renta básica y la crisis del empleo: cuatro tesis a contracorriente. In: *Desafios actuales de los dererchos humanos:* la renta básica y el futuro del Estado social. María Eugenia Rodrígues Palop, Ignacio Campoy Cervera, José Luis Rey Pérez (Editores). Madrid: Dykinson, 2010. p. 140.

(744) FERRAJOLI, Luigi. *Manifiesto por la igualdad*, p. 167e s.

(745) Daniel Raventós sustenta que a renda básica deve estar combinada com uma renda máxima, impedindo profundas desigualdades na sociedade, como forma de se garantir uma "liberdade republicana". Para o autor, a liberdade real e republicana deve garantir a todos um padrão básico de vida, bem como impedir as profundas desigualdades de renda. RAVENTÓS, Daniel. *Renda básica e renda máxima, propostas verdadeiramente republicanas contra os grandes poderes privados.* Entrevista especial com Daniel Raventós. Disponível em: <http://www.ihu.unisinos.br/159-noticias/entrevistas/593694-renda-basica-e-renda-maxima-propostas-verdadeiramente-republicanas-contra-os-grandes-poderes-privados-entrevista-especial-com-daniel-raventos>.

> forma remunerada, sin tomar en consideración si es rico o pobre o, dicho de otra forma, independientemente de cuáles puedan ser las otras posibles fuentes de renta, y sin importar con quien conviva. En menos palabras: uma renta básica es uma asignación monetaria pública incondicional a toda a población.[746]

Em linha muito semelhante, Van Parijs e Vanderborght,[747] que são membros ativos da Basic Income Earth Network (BIEN), definem a renda básica como um direito de cidadania. Afirmam que a renda básica universal é um:

> derecho de ciudadanía que se materializa en una prestación monetaria universal, individual e incondicional y permanente. La novedad más importante, frente a otras propuestas, es que la reciben individuos (no las unidades familiares) y todos los individuos, con independencia de su situación (desempleo, edad, salud, etc.). Algo bastante natural si se entiende como un derecho y aparece, como en las líneas anteriores, vinculada a conceptos como libertad, autonomía y autogobierno. [...] Por «renta básica» entendemos aquí un ingresso conferido por una comunidad política a todos sus miembros, sobre una base individual, sin control de recursos ni exigencia de contrapartida.

Eduardo Matarazzo Suplicy,[748] autor da lei brasileira sobre a renda básica, sustenta que a renda básica é uma renda paga por uma comunidade (vila, município, estado, país, conjunto de países, todo o planeta) a todos os seus membros individualmente, não importando a sua origem, raça, sexo, idade, condição civil ou socioeconômica, podendo ser exigido um tempo de residência para a sua concessão. Este direito não está condicionado à situação financeira ou a qualquer exigência de trabalho, sendo paga a todos, razão pela qual é afastado o estigma ou preconceito em razão de seu recebimento. Pode ser paga em dinheiro ou na forma de bens e serviços e é complementar, por não substituir ou afastar as transferências na forma de bens e serviços existentes (educação e saúde públicas, por exemplo). É paga de forma regular, mensal ou anual (como no Alasca) e financiada de modo específico e vinculado, sendo paga com base nas receitas públicas de diversas fontes, tendo em conta a capacidade contributiva. Dessa forma, a renda básica é um direito de todas as pessoas participarem da riqueza da nação como um direito inalienável da pessoa humana.[749]

Tal como os demais direitos sociais prestacionais, em geral, a renda básica é financiada pelo poder público por meio de tributação (podendo ser por vários mecanismos fiscais, tais como: impostos gerais ou específicos; taxas ecológicas; taxa Tobin sobre movimentos de capitais especulativos; taxação pelo uso da terra ou recursos naturais, como é o caso do fundo

---

(746) A definição pode ser encontrada no endereço eletrônico da organização: <www.redrentabasica.org>. Cabe lembrar que no Brasil também a organização tem um ramo, podendo ser indicado o endereço eletrônico: <http://rendabasica.com.br/sobre-a-renda-basica/quem-somos/>. RENDA BÁSICA. *Quem somos*. Disponível em: <http://rendabasica.com.br/sobre-a-renda-basica/quem-somos/>.

(747) PARIJS, Phillipe Van; VANDERBORGHT, Yannick. *La renta básica*, p. 31-32 e 41.

(748) SUPLICY, Eduardo Matarazzo. *Renda de cidadania:* a saída é pela porta, p. 91-93.

(749) SUPLICY. Eduardo. Renda Básica de Cidadania: uma luta pela dignidade e liberdade, p. 12. In: *Revista IHU on-line. Revista do Insituto Humanitas Unisinos*, n. 333. Disponível em: <http://www.ihuonline.unisinos.br/edicao/333>.

provenientes de royalties do petróleo como no Alasca). Por outro lado, a renda básica é concedida individualmente sem se levar em consideração a situação socioeconômica do beneficiário e sem qualquer contrapartida.(750)

Dessa forma, a renda básica se distingue de outros benefícios sociais como os programas de renda mínima (como o Bolsa Família). Conforme a organização "Basic Income Earth Network (BIEN)":(751)

> Las dos grandes diferencias de la renta básica con las prestaciones monetarias públicas habituales de los Estados de Bienestar son: 1) la incondicionalidad de la primera y la condicionalidade (a uma situación: pobreza, discapacidad, desempleo...) de las segundas, y 2) la universalidad de la renta básica y la focalización em determinados colectivos de las segundas. El Ingresso Mínimo Vital es un ejemplo claro de subsidio condicionado y muy focalizado para extremamente pobres, que contrasta de forma evidente con la incondicionalidad y universalidad de la renta básica.

Com efeito, Ferrajoli(752) afirma ser possível distinguir dois tipos de renda garantida: uma que é concedida somente aos necessitados e mediante a comprovação dessa situação e, a outra, como renda universal, reconhecida a todos como objeto de um direito fundamental, sendo sustentada por adequados mecanismos fiscais. Este último modelo é o defendido pelo autor. Ferrajoli sustenta, então, que deveria ser garantida uma renda básica universal a todos os maiores de idade, independentemente de sua condição de necessidade ou não, sem qualquer condicionamento ou contraprestação. Tal renda não deveria ser muito alta, para não desencorajar a busca por ocupação e nem tão baixa que não possa proporcionar uma vida decorosa. Por outro lado, por meio de mecanismos de exação fiscal, recuperar-se-ia tal renda dos que não necessitem. Assim, toda pessoa maior teria direito à renda básica garantida, sendo desconectada do trabalho, devida sem condicionamentos ou contraprestações, atribuída a todos em garantia da dignidade pessoal. Para Ferrajoli, tal situação não afastaria os demais direitos fundamentais sociais, devendo ser combinada, inclusive, com o reforço dos direitos dos trabalhadores. O autor sustenta que tal medida seria fundamental para enfrentar a desigualdade social em crescimento.(753)

Carolina Raquel Duarte de Mello Justo(754) aponta para a importância de se distinguir a renda mínima e a renda básica, muito embora não sejam concepções opostas. A renda

---

(750) PARIJS, Phillipe Van; VANDERBORGHT, Yannick. *La renta básica*, p. 72 e s.

(751) Ver sobre isso em: BÁSICA, Red Renta. *Red Renta Básica*. Disponível em: <http://www.redrentabasica.org/rb/>.

(752) FERRAJOLI, Luigi. *Manifiesto por la igualdad*, p. 167 e s.

(753) Cumpre lembrar que um dos grandes estudiosos atuais da desigualdade, Thomas Piketti, não é um grande entusiasta da renda de cidadania/básica e universal, pois entende que, embora as vantagens sutis que possa ter: "Tudo o que a renda de cidadania pode fazer contra a existência de "armadilhas de pobreza" pode ser empreendido da mesma maneira por meio dos instrumentos institucionais existentes, em vez de substituir toda a redistribuição por uma transferência universal." PIKETTI, Thomas. *La economía de las desigualdades:* cómo implementar una redistribución justa y eficaz de la riqueza. 1. ed. Buenos Aires: Siglo Veintiuno, 2015. p. 178-179.

(754) MELLO JUSTO, Carolina Raquel Duarte de. Direito à Renda Básica de cidadania: um marco na história brasileira, p. 15. In: *IHU on-line. Revista do Insituto Humanitas Unisinos*, n. 333. Disponível em: <http://www.ihuonline.unisinos.br/edicao/333>.

mínima é uma espécie de benefício emergencial, de caráter compensatório, atribuído às famílias e cidadãos em situação de extrema pobreza e vulnerabilidade. Assim, via de regra, é defendido que seja focalizada em populações mais pobres, sendo distribuída por apenas um período curto de tempo e num valor realmente mínimo a fim de não desestimular o trabalho, cabendo, inclusive, a cobrança de alguma forma de contrapartida por parte do beneficiário. Já a renda básica não é uma política emergencial, pois o benefício é universal, sendo distribuído a todos os cidadãos, sem condicionalidade ou contrapartida. Além disso, o valor do benefício não se restringe a um mínimo, devendo atender as necessidades básicas de acordo com o padrão de cada sociedade.

Dito isso, cumpre lembrar que no Brasil ainda em 2004 foi aprovada e sancionada a Lei n. 10.835/2004 que instituiu, a partir do ano de 2005, a chamada "renda básica de cidadania". Segundo o art. 1º da Lei, a renda básica de cidadania é um direito de todos os brasileiros residentes no País, bem como dos estrangeiros residentes há pelo menos cinco anos no Brasil, de receberem anualmente um benefício monetário, independentemente de sua condição socioeconômica. O art. 1º, em seu § 3º, prevê a possibilidade do pagamento ser em parcelas iguais e mensais.

A lei previu o benefício como individual, devendo ser igual para todos e suficiente para o atendimento das despesas mínimas de cada pessoa com alimentação, educação e saúde, sendo o valor do benefício fixado pelo Poder Executivo, levando em conta o grau de desenvolvimento do País e as possibilidades orçamentárias de acordo com a Lei de Responsabilidade Fiscal (§ 2º do art. 1º c/c art. 2º).

O art. 1º, em seu § 1º da Lei prevê o escalonamento na instituição da renda básica de cidadania, segundo critérios a serem estabelecidos pelo Poder Executivo, dando-se prioridade para as camadas mais necessitadas da população. O benefício não sofrerá incidência do imposto de renda, pois deve ser considerado renda não tributável (§ 4º do art. 1º da Lei).

Como se pode perceber, vários dos caracteres indicados pela doutrina no tocante à renda básica foram albergados na lei brasileira. No entanto, o direito ficou condicionado à regulamentação pelo Poder Executivo, observada a disponibilidade de recursos de acordo com a responsabilidade fiscal, bem como ficou estabelecida a prioridade dos mais necessitados na sua implementação. Problema é que até o presente momento a lei não saiu efetivamente do papel, pois não houve a sua regulamentação pelo Poder Executivo. Apenas o Bolsa Família, como seu ponto inicial, é que foi implementado.(755)

Cumpre salientar que, diante da inércia do Poder Executivo em regulamentar a matéria, foi ajuizado no Supremo Tribunal Federal (STF) um Mandado de Injunção (MI n. 7.300/DF),(756) pela Defensoria Pública da União. Com efeito, a Defensoria ingressou com o mandado de injunção em favor de um homem que recebe o Bolsa Família, com o

(755) Ver ISONI, Ananda T. Renda básica universal: um debate necessário. In: *Quarentena:* reflexões sobre a pandemia e depois / Anjuli Tostes, Hugo Melo Filho. 1. ed. Bauru: Canal 6, 2020. p. 17; SCALIONI, Alessandra. A Renda Básica de Cidadania e seus impactos na vida dos trabalhadores, p. 17. In: *IHU on-line. Revista do Insituto Humanitas Unisinos*, n. 333. Disponível em: <http://www.ihuonline.unisinos.br/edicao/333>.

(756) Sobre o andamento do processo em: BRASIL. Supremo Tribunal Federal. *MI n. 7.300*. Disponível em: <http://portal.stf.jus.br/processos/detalhe.asp?incidente=5886456>.

pedido para que o STF regulamentasse a Lei n. 10.835/2004 em razão da inércia do Poder Executivo. Em 27 de abril de 2021, em seu plenário virtual (acórdão publicado no DJE de 23.08.2021) o Tribunal decidiu:

> Vistos, relatados e discutidos estes autos, acordam os Ministros do Supremo Tribunal Federal, em Sessão Plenária, sob a presidência do Senhor Ministro Luiz Fux, na conformidade da ata de julgamento e das notas taquigráficas, por maioria de votos, conceder parcialmente a ordem injuncional, para: i) determinar ao Presidente da República que, nos termos do art. 8º, I, da Lei n. 13.300/2016, implemente, "no exercício fiscal seguinte ao da conclusão do julgamento do mérito (2022)", a fixação do valor disposto no art. 2º da Lei n. 10.835/2004 para o estrato da população brasileira em situação de vulnerabilidade socioeconômica (extrema pobreza e pobreza — renda per capita inferior a R$ 89,00 e R$ 178,00, respectivamente — Decreto n. 5.209/2004), devendo adotar todas as medidas legais cabíveis, inclusive alterando o PPA, além de previsão na LDO e na LOA de 2022; e ii) realizar apelo aos Poderes Legislativo e Executivo para que adotem as medidas administrativas e/ou legislativas necessárias à atualização dos valores dos benefícios básico e variáveis do programa Bolsa Família (Lei n. 10.836/2004), isolada ou conjuntamente, e, ainda, para que aprimorem os programas sociais de transferência de renda atualmente em vigor, mormente a Lei n. 10.835/2004, unificandoos, se possível, nos termos do voto do Redator para o acórdão.

Embora fosse possível saudar a decisão no tocante à atualização dos valores dos benefícios do programa Bolsa Família, a mesma acaba por enfraquecer a renda básica universal e todas as vantagens que poderia representar, praticamente aniquilando a ideia de uma renda básica universal.

Aspectos de cariz orçamentário, predominantemente, foram decisivos para a posição adotada pelo Tribunal. Aliás, no voto do Ministro Gilmar Mendes,(757) relator para o acórdão, restou consignado que o Estado não poderia ser o segurador universal e distribuir renda para todos, independentemente de sua condição socioeconômica. Nesse sentido, tal decisão, além de ofender os princípios que sustentam a instituição de uma renda básica universal, acaba por viabilizar que se atire uma pá de cal sobre a regulação dada a esse direito no Brasil.

Na verdade, das poucas experiências de renda básica já efetivamente implementadas de forma geral, a única verdadeiramente consolidada no mundo é o caso do Alasca.

Van Parijs e Vanderborght(758) lembram que em 1976 foi criado no Alasca o "Alaska Permanent Fund" por meio de uma emenda à Constituição daquele Estado Norte-Americano.

---

(757) Sobre o voto do Relator no processo em: BRASIL. Supremo Tribunal Federal. *MI n. 7.300*. Disponível em: <http://portal.stf.jus.br/processos/downloadPeca.asp?id=15347414189&ext=.pdf>.

(758) PARIJS, Phillipe Van; VANDERBORGHT, Yannick. *La renta básica*, p. 64 e s. Sobre o fundo do Alasca ver também SUPLICY, Eduardo Matarazzo. *Renda de cidadania:* a saída é pela porta, p. 86 e s. Como já dito acima, a pandemia gerou muita curiosidade sobre a renda básica. Num editorial de 24 de agosto de 2020 da Carta Maior, assinado por Matthew Rozsa, consta alguns dados atuais sobre o Fundo do Alasca: "O Fundo Permanente do Alasca foi criado em 1976 para investir uma parte das receitas do petróleo nas gerações futuras", disse Stephen Nuñez, pesquisador-chefe sobre renda garantida no Instituto Jain da Família, ao Salon por e-mail. "Em 1982, eles começaram a pagar o Dividendo do Fundo Permanente do Alasca anualmente a todos os residentes permanentes do Alasca (incluindo crianças)." Ele disse que, embora o valor varie ano a ano, um pagamento de US$ 1.000 a US$ 1.250 é o valor habitual." A matéria pode ser conferida em: MAIOR, Carta. *Renda básica universal nos EUA e o caso do Alasca*. Disponível em: <https://www.cartamaior.com.br/?/Editoria/Pelo-Mundo/Renda-basica-universal-nos-EUA-e-o-caso-do-Alasca/6/48538>.

Com isso, foi previsto um benefício anual a todo o residente no estado, em proporção ao número de anos de residência. Tal critério foi questionado e considerado inconstitucional pela Suprema Corte Americana, por ser considerado discriminatório com os imigrantes procedentes de outros estados. Após a decisão da Corte Suprema, houve alterações legislativas e foi superada a inconstitucionalidade. Os autores afirmam:

> Modificada para superar este obstáculo, se transforma y logra finalmente la introducción de una verdadera renta básica (Alaska Permanent Fund Corporation, 1988). Desde el momento en que el programa entra en vigor, en 1982, todas las personas que hayan residido legalmente en Alaska por lo menos durante seis meses — en la actualidad, alrededor de 650.000 — reciben cada año un dividendo igual, sean cuales sean su edad y la duración de su residencia en el Estado. Este dividendo corresponde a una parte del rendimiento medio, a lo largo de los cinco años precedentes, del fondo permanente constituido a partir de los ingresos de la explotación del petróleo. [...] El importe del subsidio ha pasado de alrededor de 300 dólares por persona y año durante los primeros años a más de 2.000 dólares en 2000, lo que ha hecho de Alaska el Estado más igualitario de Estados Unidos. Posteriormente ha descendido como consecuencia de la incertidumbre asociada a la coyuntura bursátil (920 dólares en 2004).

Discorrendo sobre o assunto, Ângela Vasconcelos(759) considera a experiência do Alasca muito positiva, pois integra os cidadãos ao lhes reconhecer um dividendo pela riqueza produzida. A autora clarifica que a renda básica não significa um projeto socialista e sim um direito típico do Estado Social, tanto que a proposta alimenta a reprodução do capital. Assim, a renda básica é uma espécie de dividendo social.

Após esses delineamentos gerais, cumpre agora que sejam apresentados os argumentos que procuram analisar e indicar as vantagens da instituição de uma renda básica universal, dando-se destaque às vantagens que uma renda básica traria para os trabalhadores.

Ferrajoli(760) aponta para uma série de consequências positivas da implantação de um programa de renda básica universal em comparação com os programas de renda mínima condicionada: a) estaria baseado na igualdade e universalidade dos direitos fundamentais; b) evitaria injustiças como a seletividade imperfeita; c) retiraria o caráter caritativo/assistencial evitando discriminações; d) sendo devida por força legal, evitaria uma série de gastos burocráticos;(761) e) assegurando mínimos vitais, impediria a máxima exploração da força de

(759) VASCONCELOS, Ângela. Renda mínima e renda básica de cidadania: direitos do cidadão, p. 27. *IHU on-line. Revista do Insituto Humanitas Unisinos*, n. 333. Disponível em: <http://www.ihuonline.unisinos.br/edicao/333>.

(760) FERRAJOLI, Luigi. *Manifiesto por la igualdad*, p. 167 e s.

(761) Suplicy sustenta que: "com uma tecnologia informatizada e eficiente de coleta de impostos e pagamento de transferências, é provável que os custos sejam mais baixos em um sistema universal em que todos saibam previamente que serão beneficiados. É perfeitamente possível caminharmos gradualmente dos diversos desenhos de programas de renda mínima e seguridade social, como os programas de renda mínima associadas à educação e outros programas de transferência hoje vigentes no Brasil e em outros países, para a renda básica universal, de maneira a assegurar a todas as pessoas o direito inalienável de participar da riqueza da nação e ter o suficiente para as suas necessidades vitais." SUPLICY, Eduardo Matarazzo. *Renda de cidadania:* a saída é pela porta, p. 94.

trabalho dos trabalhadores, reforçando seu poder contratual; f) favoreceria os mais fracos (jovens e mulheres), libertando-os de vínculos domésticos;(762) por fim, g) seria uma forma justa de redistribuição de riqueza, já que o mercado capitalista distribui a riqueza nacional favorecendo poucos.(763)

Focando diretamente nos efeitos que um programa de renda básica universal traria para o mercado de trabalho, Daniel Raventós(764) entende que a renda básica universal não suprime o poder de domínio do empresário nas relações laborais e nem transforma estas em relações igualitárias (o poder empresarial permanece), no entanto, reduz esse poder ao fortalecer o poder de negociação dos trabalhadores. Mesmo com a renda básica o sistema capitalista permaneceria, no entanto, como os trabalhadores teriam sua existência garantida, teriam maior força de negociação e até de se negar a aceitar péssimas condições laborais. Dessa forma, a renda básica "desmercantilizaria" parcialmente a força de trabalho, pois ao garantir uma renda independente do trabalho, permitiria "a liberdade de não ser empregado".

Em outro texto, Raventós(765) reforça que a renda básica universal não substituiria os direitos dos trabalhadores, pois cumpriria o papel de reforçar a capacidade de negociação dos mesmos. Afirma:

> La renta básica podría cumplir un papel muy importante en la recomposición del interés colectivo y en las luchas de resistencia de la clase trabajadora, tanto para quienes cuentan con representación sindical organizada como para quienes están mal librados a una lucha personal. La renta básica no es una alternativa sustitutiva del salario y no debilita la defensa de los intereses colectivos de la clase trabajadora, sino que aparece como un instrumento que fortalece la posición de toda la fuerza del trabajo, tanto en el mismo puesto de empleo como en la propia búsqueda de ocupación. La renta básica permitiría unificar la lucha de la clase trabajadora en torno a un derecho universal que beneficiaría a buena parte de la ciudadanía, no importa cuál fuera la situación de su actividad laboral específica, al tiempo que posibilitaría la resistencia a los ajustes sobre las condiciones de trabajo o sobre el propio nivel de empleo. Además, la renta básica supondría em caso de huelgas, como en otras ocasiones

(762) No mesmo sentido, Parijs e Vanderborgth sustentam que a: "renta básica mejora la situación de los cónyuges más vulnerables al concederles, sea cual sea la renta global del hogar, una renta propia asegurada sin discontinuidad en caso de ruptura." PARIJS, Phillipe Van; VANDERBORGHT, Yannick. *La renta básica*, p. 104.

(763) Ladislau Dowbor sustenta que diante da situação explosiva em termos de desigualdade no mundo, além de uma melhor distribuição de empregos e redução da jornada de trabalho viabilizada pelas novas tecnologias, faz-se também necessário articular tanto uma renda básica universal como o acesso a políticas de saúde, educação, segurança e semelhantes, como forma de gerenciar as tensões entre a era fabril e a sociedade do conhecimento. DOWBOR, Ladislau. *O capitalismo se desloca:* novas arquiteturas sociais. São Paulo: SESC-São Paulo, 2020. p. 170.

(764) RAVENTÓS, Daniel. Renda básica e o sonho da liberdade, p. 5-7. *IHU on-line. Revista do Insituto Humanitas Unisinos*, n. 333. Disponível em: <http://www.ihuonline.unisinos.br/edicao/333>. Ver também neste sentido SUPLICY, Eduardo Matarazzo. *Renda de cidadania:* a saída é pela porta. São Paulo: Cortez, 2002. p. 94.

(765) RAVENTÓS, Daniel. La renta básica como derecho humano emergente y ante la crisis económica actual. In: *Desafios actuales de los derechos humanos:* la renta básica y el futuro del Estado social. María Eugenia Rodrígues Palop, Ignacio Campoy Cervera, José Luis Rey Pérez (Eds.). Madrid: Dykinson, 2010. p. 101-102.

he comentado, una especie de caja de resistencia incondicional, cuyos efectos para el fortalecimento del poder de negociación de trabajadoras y trabajadores son fáciles de evaluar.

Para Van Parijs e Vanderborght(766) a renda básica confere um mínimo de liberdade econômica aos beneficiários. Assim, ao conferir aos trabalhadores a segurança de gozar de uma renda garantida, a renda básica faz com que a saída do mercado de trabalho se torne menos arriscada, conferindo a cada trabalhador um aumento de seu poder de negociação. Os autores indicam que o mesmo ocorre com o poder de negociação coletiva, afirmando que para se perceber isso basta imaginar "la diferencia que supone una renta básica significativa, en términos de correlaciones de fuerzas, en caso de huelgas de larga duración, para darse cuenta de ello."

Por outro lado, a doutrina costuma indicar ainda a questão do desemprego estrutural provocado pelo aumento de produtividade (avanço das forças produtivas), como um motivo fundamental para defender, entre outras medidas, a instituição de uma renda básica universal. Assim, esta funcionaria também como um mecanismo central para o direito do trabalho na atualidade.(767)

Rutger Bregman(768) sustenta que o desemprego estrutural provocado pelo avanço tecnológico é um motivo fundamental para que se instaure uma renda básica universal combinada com a redução da jornada de trabalho. O autor afirma:

> Los habitantes de la tierra de la abundancia también tienen muy buenas razones para temer por sus trabajos ante el vertiginoso desarrollo de robots que conducen, leen, hablan, escriben y — lo más importante — calculan. «El papel del ser humano como factor más importante en la producción está condenado a disminuir — escribió en 1983 Wassily Leontief, laureado con el Nobel —, del mismo modo que el papel del caballo en la producción agrícola primero disminuyó y luego desapareció debido a la introducción del tractor.» Los robots. Se han convertido en uno de los argumentos más sólidos a favor de una semana laboral más corta y una renta básica universal. De hecho, si las tendencias actuales se mantienen, en realidad sólo existe otra alternativa: desempleo estructural y desigualdad creciente. [...] La razón principal es simple: el trabajo escasea cada vez más. Los avances tecnológicos están poniendo a los habitantes de la tierra de la abundancia em competición directa no sólo con

(766) PARIJS, Phillipe Van; VANDERBORGHT, Yannick. *La renta básica*. Ariel Economía. *Ebook*, p. 138 e 172.

(767) Nesse sentido, Van Parijs e Vanderborght afirmam: "Dado que el aumento inexorable de la productividad conlleva ineluctablemente una rarefacción del trabajo remunerado, a menudo se propone una renta incondicional decente como compensación para la creciente proporción de la población que no logra — y ya no logrará jamás — encontrar un empleo y como reconocimiento del valor de un espectro más amplio de actividades. [...] Para muchos otros partidarios de la renta básica y de medidas próximas a ella, en cambio, ni la una ni las otras constituyen una alternativa al derecho al trabajo, sino más bien una contribución esencial a su realización en las circunstancias actuales." PARIJS, Phillipe Van; VANDERBORGHT, Yannick. *La renta básica*, p. 107.

(768) BREGMAN, Rutger. *Utopía para realistas:* a favor da renta básica universal, la semana laboral de 15h y un mundo sin fronteras. Barcelona: Salamandra, 2016. p. 146-47, 153.

> las máquinas, sino con miles de millones de trabajadores de todo el mundo. [...] En la actualidad, los observadores de tendencias y los tecnoprofetas de Silicon Valley ya no son los únicos aprensivos. Académicos de la Universidad de Oxford calculan que al menos el 47% de todos los empleos de Estados Unidos y el 54% de los de Europa corren un alto riesgo de ser usurpados por máquinas. Y no dentro de un centenar de años, sino en los próximos veinte.

Por sua vez, Ferrajoli[(769)] chama a atenção para o fato de que a situação do homem civilizado fá-lo depender cada vez mais da integração social para atender suas necessidades básicas. Consciente dos avanços de produtividade (tecnologias de informática e eletrônicas), o autor reconhece tal situação como uma tendência irreversível e destinada a se aprofundar. Com isso, aponta para a substituição de trabalho vivo por tais tecnologias na produção, fazendo referência à pesquisa da McKiney 2016 que indicou que em dez anos 49% dos empregos existentes serão substituídos por máquinas e técnicas digitais. Assim, para o autor, na situação atual não basta querer trabalhar, pois o trabalho se tornou escasso. Afirma que está em curso uma revolução produtiva que tem como efeito um desemprego estrutural e crescente, razão pela qual políticas adequadas de emprego poderiam frear tal situação, mas não a eliminar. O autor aponta como medidas necessárias para o enfrentamento da questão: a redução da jornada de trabalho, a efetiva redução dos preços, novas formas de organização sindical e a socialização da riqueza combinada à solidariedade social que garanta a sobrevivência independe do trabalho. Para Ferrajoli tais medidas combinadas com uma renda básica universal garantiriam aos trabalhadores melhores condições para resistir à exploração patronal e à ameaça do desemprego, bem como reforçariam o poder contratual dos trabalhadores para reconquistar direitos e garantias que a flexibilidade e precariedade têm afetado. Para o autor, a renda básica universal também resgataria o trabalho da sua condição de mera mercadoria no mercado, reforçando a dimensão do trabalho como autodeterminação e desenvolvimento da pessoa, como expressão de suas capacidades e fator de desenvolvimento pessoal e social, como "manifestação vital" (aqui Ferrajoli cita expressamente Marx).

Assim, é possível concluir que a instituição de uma renda básica universal, na manifestação da doutrina de caráter democrático e humanista, é uma medida necessária para que, além de garantir um patamar digno de vida a todos os componentes de uma sociedade, também reforçaria o poder contratual, individual e coletivo, dos trabalhadores para negociar, em melhores condições, sua força de trabalho. Assim, com estas considerações que delineiam a estrutura fundamental da renda básica universal, cabe agora proceder à análise crítica da proposta a partir da crítica da sociedade fundada no valor, ou seja, da crítica à riqueza propriamente capitalista.

Conforme fica evidenciado das manifestações da doutrina que defende a instituição de uma renda básica universal, a questão da especificidade da riqueza capitalista não é levada em conta nas análises. Assim, entende-se que a desconsideração ou o desconhecimento desta crítica, oculta os limites da proposta de renda básica universal, sem que isso

(769) FERRAJOLI, Luigi. *Manifiesto por la igualdad*, p. 167-183.

signifique menosprezo pela proposta ou que a mesma não necessite ser implementada em caráter transitório e urgente.

Ora, não se pode perder de vista que as "rendas" se fundam no mais-valor; sem produção de mais-valor não pode existir renda a ser distribuída, salvo se forem rendas fundadas em capital fictício. No entanto, como já demonstrado, sempre que uma dinâmica se funda em capital fictício, mais cedo ou mais tarde, acaba elevando a crise à potência ainda mais explosiva. Acontece que a renda básica universal pressupõe um funcionamento adequado do sistema capitalista e, assim, está fundada numa exploração do trabalho que pode, inclusive, tender a ser aprofundada (no mesmo país ou em outras áreas geográficas).[770]

Como já dito anteriormente, o capital é um processo de extração, circulação e apropriação de valor, sendo um tipo específico e histórico de relação social.[771] Como afirma Marx,[772] o capital é comando sobre trabalho alheio não pago, pouco importa a forma na qual o mais-valor se cristalize e se distribua (lucros, juros, rendas, dividendos, tributos em geral, etc.).[773] Assim, o segredo da autoexpansão do capital é a sua capacidade de dispor de trabalho produtivo não pago.

Portanto, as rendas no modo de produção capitalista são uma das formas em que o mais-valor socialmente produzido é distribuído neste tipo específico de sociedade. Assim, mesmo a renda básica universal não pode fugir desta lógica imanente ao sistema e, portanto, também está sujeita à necessidade de que o valor e o mais-valor sejam produzidos para poderem ser distribuídos.

Da mesma forma, as fontes de financiamento da renda básica universal, sejam os tributos, como os impostos e taxas (punções sobre o mais-valor que são apropriados pelo Estado) ou mesmo a renda retirada de empreendimentos como a exploração de petróleo (na qual se baseia a experiência pioneira do Alaska), nada mais são do que formas de distribuição do mais-valor (que é seu fundamento). Portanto, tanto a renda básica universal, como suas fontes de financiamento estão, em última instância, fundadas no valor.

---

(770) Além das muitas manifestações da doutrina acima indicadas, deixando claro que a renda básica universal é uma proposta que não altera a natureza capitalista da sociedade, cabe ser lembrada a manifestação de Xavier Fontcuberta Estrada, pois trata especificamente da permanência das relações de trabalho tipicamente capitalistas. Embora, evidentemente, o autor não defenda um aprofundamento da exploração, tal situação não pode ser descartada diante da lógica imanente do sistema. O autor afirma: "Cada vez que algún cargo público ha manifestado un sincero interés por la posibilidad de poner en marcha una RB, no ha tardado mucho en surgir la duda y el miedo a poner en peligro el sistema económico como tal, a que el coste de la propuesta sea tan grande en términos agregados que pueda llevar a un colapso de la economía entera. Sin embargo, la evidencia de que disponemos, aunque sea poca, indica claramente que eso no va a ocurrir. No va a haber una retirada massiva del mercado laboral, ni una espiral recesiva, y si la implementación de la RB se diseña inteligentemente (de forma que reemplace adecuadamente la actual maraña de subsidios y ayudas diversas), aún es más difícil que ocurra." ESTRADA, Xavier Fontcuberta. ¿Y el día después?: la viabilidade económica a médio plazo de uma renta básica. In: *Desafios actuales de los dererchos humanos:* la renta básica y el futuro del Estado social. María Eugenia Rodrígues Palop, Ignacio Campoy Cervera, José Luis Rey Pérez (Eds.). Madrid: Dykinson, 2010.

(771) MARX, Karl. *O Capital:* crítica da economia política. Livro 3, p. 1.077-1.078.

(772) MARX, Karl. *O Capital:* crítica da economia política. Livro 1, p. 609.

(773) Isso fica muito claro em MARX, Karl. *O capital:* crítica da economia política. Livro III, p. 71 e 238.

As propostas de renda básica universal visam aumentar o poder de compra da população, desvinculando essa capacidade aquisitiva de qualquer contraprestação. Assim, as propostas de renda básica pressupõem que a falta de poder de compra decorre apenas de uma má distribuição dos recursos sociais. O problema, no entanto, é de se além de uma má distribuição dos recursos, a falta do poder de compra se dar em razão de estar ocorrendo a escassa produção de mais-valor pela maturação da contradição explosiva do sistema.

Anselm Jappe,[(774)] abordando exatamente esta questão em tom jocoso, aponta para as contradições que as soluções baseadas meramente em medidas redistributivas apresentam se as relações de produção em si não são alteradas. Afirma:

> Para acreditar que há quantidades enormes de dinheiro para «redistribuir», é preciso supor que as somas fictícias criadas pela especulação são de facto «numerário». O Estado não pode auxiliar economicamente o sector do não trabalho — mesmo que quisesse fazê-lo a não ser na medida em que haja ainda processos de valorização bem sucedidos que produzam dinheiro «válido». Ora isto só é possível em circunstâncias em que a economia nacional em questão — que tem que criar a base susceptível de ser taxada que permita ao Estado financiar as suas intervenções — resista à concorrência cada vez mais feroz nos mercados mundiais. Dito de outro modo, todas as propostas feitas nos países mais ricos no sentido de uma redistribuição monetária em favor dos sectores não «rentáveis» — ou seja, para alimentar «bocas inúteis» — pressupõem sempre tacitamente que estas economias mantenham a sua posição de economias ganhadoras em detrimento do resto do mundo.

Entende-se que quando a análise da realidade tem por pressuposto as categorias teóricas que explicam o próprio modo de produção capitalista, torna-se possível perceber os limites das experiências sociais. Assim, devido ao fato de que a experiência de renda básica universal do Alaska é exemplar, por ser o único sistema de renda básica já consolidado, faz-se necessário clarear um pouco mais a categoria "renda", pois a fonte de financiamento da renda básica universal do Alaska, como já dito, é um fundo financeiro que tem por base a exploração de petróleo.

Ao discorrer sobre a renda da terra, Marx[(775)] clarifica que a renda capitalista é a forma distributiva pela qual cabe ao proprietário, por ter o monopólio sobre os recursos naturais, o direito de abocanhar uma parte do mais-valor socialmente produzido. Aduz ainda, que essa categoria pode ser aplicada não somente à renda da terra propriamente dita, mas também à extração mineral (como a extração de carvão, na época do autor e hoje na exploração de petróleo).[(776)]

---

(774) JAPPE, Anselm. *As aventuras da mercadoria:* para uma nova crítica do valor, p. 256. Em sentido semelhante, SALZ, Günther. *Alternativas ao Capitalismo Em Teste:* Rendimento Básico Incondicional, p. 7. Disponível em: <http://www.obeco-online.org/gunther_salz.htm>.

(775) MARX, Karl. *O capital:* crítica da economia política. Livro III, p. 823 e s.

(776) Ver sobre isso CARCANHOLO, Reinaldo. *Capital:* essência e aparência. Vol. 2, p. 159 e s.

O nome de "renda" é dado ao "rendimento que deriva da mera propriedade, ou seja, é rentista todo aquele que tem direito a uma parcela do valor socialmente produzido pelo mero fato de ser proprietário", como afirma Leda Maria Paulani,[(777)] que salienta a importância de resgatar a teoria da renda de Marx para esclarecer o fundamento das várias manifestações fenomênicas caracterizadoras da atual etapa do capitalismo, ou seja, para mostrar que o seu fundamento está no trabalho não pago. Assim, afirma a autora, por mais que o conhecimento tenha crescido de importância no processo produtivo, que as marcas e patentes ganhem prioridade, que a finança pareça dispensar a produção efetiva de valor, todas estas manifestações tem seu fundamento na extração de mais-valor.

Virginia Fontes,[(778)] por seu turno, chama a atenção para o rentismo, seu poder de fetiche e sua ligação com a exploração de mais-valor ao afirmar:

> O rentismo — viver de rendas — é a idealização da existência para tais grupos, a quimera do capital, apresentada como miragem ideológica para outros setores sociais, que nele veem o ideal da boa vida, onde o dinheiro geraria, por si só, mais dinheiro. Porém, na escala internacional, o rentismo proprietário somente pode subsistir se impulsionar e aprofundar formas de extração de mais-valor ferozes, aproveitando-se de todas as brechas e aprendendo a lidar com situações nacionais díspares, estimulando e impulsionando todas as modalidades lucrativas, de qualquer procedência (investimentos mercantis, produtivos de mais valor na indústria ou nos serviços, bancários, financeiros não bancários, especulativos, etc.), em qualquer escala e em qualquer local. O formato da vida social parece tornar-se ditado pela centralidade do capital portador de juros.

Desconhecer ou ignorar o fundamento da renda, portanto, pode levar a soluções fantasiosas. Aliás, no tocante ao "Alaska Permanent Fund", que embasa a experiência do Alaska, não se pode esquecer que é um fundo financeiro que atua no mercado internacional de capitais, sendo dependente da lógica especulativa das bolsas globais, além de ser impulsionado pelas receitas do petróleo. O sucesso do fundo depende da extração de renda petrolífera e do seu bom desempenho no mercado global de capitais fictícios, ou melhor, o bom desempenho do fundo e o patamar da distribuição da renda básica universal do Alaska dependem, mesmo que indiretamente, da queima de energia humana (na exploração de trabalho) e da queima de energia fóssil (exploração da natureza). Parece pouco crível que experiências como essas possam ser generalizadas sem acarretar ainda mais exploração brutal do trabalho e da natureza.

---

(777) PAULANI, Leda Maria. Acumulação e rentismo*:* resgatando a teoria da renda de Marx para pensar o capitalismo contemporâneo. In: *Revista de Economia Política*, vol. 36, n. 3 (144), p. 514-535, jul./set. 2016, p. 518 e 534. Disponível em: <https://doi.org/10.1590/0101-31572016v36n03a04>. No mesmo sentido, CARIO, Silvio Antonio Ferraz; BUZANEL, Edemar J. *Notas sobre a teoria marxista da renda da terra*, p. 33 e 45. Disponível em: <https://r.search.yahoo.com/_ylt=AwrE1xFIoylgX6gA6GHz6Qt.;_ylu=Y29sbwNiZjEEcG9zAzEEdnRpZAMEc2VjA3Ny/RV=2/RE=1613370312/RO=10/RU=https%3a%2f%2fperiodicos.ufsc.br%2findex.php%2frevistacfh%2farticle%2fviewFile%2f23542%2f21198/RK=2/RS=Wacvycw1q4WhZsf_v9tBCddQF18->.

(778) FONTES, Virginia. *O Brasil e o Capital-Imperialismo.* Teoria e História, p. 202. Disponível em: <http://resistir.info/livros/brasil_capital_imperialismo.pdf>.

Analisando as propostas de renda básica universal ("rendimento básico incondicional" para o autor) a partir da crítica do valor, Günther Salz[(779)] salienta que tais propostas não ultrapassam a imanência do sistema do capital, permanecendo presas no nível da distribuição dos processos econômicos e ignorando as relações de produção, bem como a ligação entre Estado e mercado. O autor afirma:

> Um rendimento básico geral não seria incondicional em nenhuma economia. Antes de mais, tem de ser sempre criado um mais-produto, se se quiser ou tiver de alimentar "não trabalhadores" — tanto ricos como pobres. Em condições capitalistas, qualquer rendimento pressupõe uma bem sucedida produção de mais-valia e sua realização no mercado. A produção de mais-valia pressupõe trabalho (assalariado), ou seja, exploração e dependência. A "liberdade" dos beneficiários do rendimento básico exige assim a falta de liberdade dos trabalhadores assalariados. A obrigação de trabalhar só seria abolida para aqueles que querem viver com um rendimento básico (de preferência elevado), mas não para aqueles que teriam de o financiar. [...] Em princípio, não é possível criar um oásis de liberdade no meio do deserto do capital. [...]

Assim, entende-se que as propostas de renda básica universal ignoram a questão da crise estrutural do capital, do amadurecimento de sua contradição explosiva, o que é grave, pois fundam a renda básica universal sobre a valorização do valor que está fundada na exploração de energia humana combinada com os recursos naturais.

Embora em perspectiva diversa da aqui defendida, conforme será mais adiante abordado, José Eustáquio Diniz Alves[(780)] faz algumas advertências interessantes sobre as utopias tecnológicas e seu potencial para gerar distopias. Ao falar sobre os robôs, a revolução 4.0 e as propostas de renda básica, o autor afirma:

Mas as promessas do progresso e do desenvolvimento ilimitado das forças produtivas não se sustentam na economia real que é um subsistema da ecologia. Nem mesmo no Alasca, e muito menos nos EUA como um todo, há esta possibilidade de o aumento da produtividade gerar uma renda capaz de sustentar uma população ociosa. [...] A Quarta Revolução Tecnológica pode naufragar no estouro da bolha financeira e nas dificuldades da dívida pública e do déficit fiscal que podem colocar um pesado fardo sobre os trabalhadores, secando as fontes de transferência de renda. A utopia de um mundo onde os humanos fiquem livre do trabalho e os robôs sejam os provedores do bem-estar social pode evoluir para um pesadelo distópico. Além do filme A Odisseia no Espaço, Hollywood filmou a saga Matrix, que se passa em um tempo futuro onde os seres humanos se tornaram apenas ovoides dominados por máquinas. Na mesma linha de conflitos entre os homens e as máquinas, filmou a saga do Exterminador do Futuro, onde as máquinas decidem pela extinção da raça humana e pela

---

(779) SALZ, Günther. *Alternativas ao Capitalismo Em Teste:* Rendimento Básico Incondicional, p. 5-7. Disponível em: <http://www.obeco-online.org/gunther_salz.htm>.

(780) ALVES, José Eustáquio Diniz. *Robôs, revolução 4.0 e renda básica de cidadania.* Disponível em: <http://www.ihu.unisinos.br/186-noticias/noticias-2017/569579-robos-revolucao-4-0-e-renda-basica-de-cidadania-artigo-de-jose-eustaquio-diniz-alves>.

destruição da civilização. Sem esquecer o filme Blade Runner, onde humanos caçadores de Androides, vivem em um ambiente sombrio, sob uma constante chuva negra que cai sob um ecossistema devastado.

Muito embora a crítica feita pelo autor seja correta ao falar das utopias tecnológicas, uma questão central que não é abordada é que as máquinas não criam valor,(781) razão pela qual não poderia haver uma sociedade capitalista, salvo em crise estrutural, sem a produção de valor. Aliás, conforme já foi abordado, o aumento da produtividade no seu avanço histórico e irreversível, pode socavar a própria produção de valor. Além disso, muito embora seja evidente que a tecnologia não é neutra, não pode ser considerada um problema em si. O problema é que, praticamente, a totalidade das tecnologias são desenvolvidas visando a reprodução em escala ampliada do próprio sistema do capital. Assim, em regra, o critério para o desenvolvimento das tecnologias não é, em primeira mão, o atendimento das necessidades humanas, mas, sim, o seu critério é a rentabilidade capitalista.(782)

Importa salientar que a crise que trouxe à ordem do dia as discussões sobre a renda básica universal não é uma simples crise cíclica do capitalismo, mas a crise estrutural do capital como contradição em processo, ou seja, é a crise que se manifesta pela contradição explosiva do capital que socava os seus próprios fundamentos: a terra e os trabalhadores. Como afirma Günther Salz:(783)

> Se, no decurso da terceira revolução industrial da microelectrónica e da quarta revolução industrial (Indústria 4.0), está a ser eliminado mais trabalho produtivo do que é criado de novo, a contradição lógica torna-se historicamente madura. O capital esbarra simultaneamente no seu limite interno (valor) e no seu limite externo (natureza). Pois, com o aumento da utilização de máquinas, por um lado, a produtividade e assim a produção material é aumentada, mas, por outro lado, a massa de mais-valia contida nas mercadorias é reduzida. Porém, como ao capital é precisamente esta que importa, têm de ser produzidas ainda mais mercadorias para compensar a perda de valor. Mas isto significa ainda mais consumo de recursos e uma maior racionalização. Deste modo obsessivo-compulsivo, o capital socava autodestrutivamente os fundamentos de "toda a riqueza: a terra e o trabalhador" (Marx, ...). E isto também não pode ficar sem

---

(781) Cumpre lembrar que mesmo os robôs, por mais sofisticados que sejam, são máquinas e como tais são capazes de produzir bens materiais ou imateriais, mas não produzem valor. A produção de valor é um atributo exclusivo do trabalho vivo e produtivo. Isso indica a inviabilidade de fundar o financiamento da renda básica sobre a taxação de robôs proposta por alguns defensores da renda básica universal. Para uma crítica dessa proposta ver SALZ, Günther. *Alternativas ao Capitalismo Em Teste:* Rendimento Básico Incondicional, p. 7. Disponível em: <http://www.obeco-online.org/gunther_salz.htm>.

(782) No entanto, como o sistema do capital se reproduz em contradições crescentes, o avanço da tecnologia e da produtividade socavam as bases do próprio sistema. Sobre a questão da tecnologia e as amarras do sistema, David Harvey afirma: "Sobre esse ponto, permanece firme o *insight* marxista básico: o problema da política emancipatória é liberar as imensas forças produtivas de suas amarras sociais e políticas, em suma, da dominação do capital e de uma forma particularmente nefasta de certo aparato estatal de mentalidade imperial e cada vez mais autoritário. Esta tarefa não poderia ser mais clara." HARVEY, David. *A loucura da razão econômica:* Marx e o capital no século XXI. São Paulo: Boitempo, 2018. p. 127.

(783) SALZ, Günther. *Alternativas ao Capitalismo Em Teste:* Rendimento Básico Incondicional, p. 8.

consequências para o dinheiro. Como é que a segurança deve ser assegurada pelo dinheiro, considerando que o "dinheiro", como expressão mais abstracta do valor, é afectado pela diminuição da substância de valor, que é o "trabalho", tanto como o Estado? Sinais visíveis deste declínio são a dívida pública e a fuga para os mercados financeiros, com as suas bolhas de dinheiro sem valor, bem como a propagação do trabalho precário, e dos Estados em desintegração, com as suas economias de pilhagem e formas despóticas-autoritárias de governo, que supostamente podem controlar tudo, só que definitivamente não a abolição da contradição em processo.

Assim, fazendo a relação entre o dinheiro, a mercadoria e o trabalho abstrato produtivo, o mesmo Günther Salz,(784) diante das propostas de renda básica universal, interroga sobre a ideia de que seja possível emancipar os indivíduos com base na forma fetichista do dinheiro. Salienta que o dinheiro não é apenas um meio de troca ou pagamento, mas, sim, a manifestação do valor, sendo a mais universal das mercadorias. Para o autor, o alfa-ômega do capital é fazer de dinheiro, mais dinheiro, sendo o trabalho humano (abstrato e produtivo) o meio decisivo para este fim-em-si irracional, pois sem trabalho abstrato e produtivo (de acordo com a produtividade social) não há valor e nem dinheiro válido. Então afirma:

> Na abstracção "dinheiro", estão contidas todas as relações capitalistas de produção e de fetiche, como poder independente e estranho sobre os seus criadores, como relações de coisas que determinam as relações das pessoas, como ilusão sobre as relações salariais enquanto troca supostamente justa e igual, como riqueza abstracta em pobreza concreta, como dinheiro a tornar-se independente do trabalho, como crises financeiras que ninguém queria, como concorrência universal e como destruição ambiental que é obviamente imparável. Só através da abstracção ingenuamente inconsciente destas relações fetichistas é que o dinheiro pode aparecer como remédio para a libertação do jugo do trabalho assalariado, ou mesmo para a auto-realização. Mas, como faz parte da essência do dinheiro, enquanto expressão mais abstracta e mais geral do valor, tornar invisível a ligação à produção e ao mercado, ele é adequado para criar ilusões e enganos sobre a realidade.

Dessa forma, analisando a proposta de renda básica universal a partir da crítica do valor, pode-se chegar a algumas conclusões que não parecem que mereçam ser desconsideradas.

As propostas de renda básica universal não questionam propriamente o sistema de fetiche do capital, tentam torná-lo menos desigual e mais humano, não percebendo, assim, os limites imanentes de tais propostas. De igual maneira, por ignorarem a especificidade da riqueza capitalista, partem de falsos pressupostos, pois entendem, primeiro, que uma maior quantidade de riqueza real significa maior riqueza capitalista e, segundo, que o problema é apenas de má distribuição da riqueza produzida. Acontece que, a riqueza capitalista é o valor e no atual estágio do desenvolvimento das forças produtivas/destrutivas do capital, em

(784) SALZ, Günther. *Alternativas ao Capitalismo em Teste:* Rendimento Básico Incondicional, p. 7.

crise estrutural, a questão que se apresenta não é apenas de má distribuição, mas da própria produção minguada de mais-valor.

Outra crítica que deve ser considerada quanto às propostas de renda básica universal é a sua visão das relações de trabalho. Com efeito, não fazem uma oposição consistente da submissão das pessoas à lógica mercantil, pois as relações de trabalho devem continuar a se dar segundo a lógica da mercadoria, já que, na melhor das hipóteses, somente *parcialmente* a força de trabalho seria "desmercantilizada". Ora, isso significa que para o programa ser efetivo, teria que continuar a ser sugado o mais-valor produzido por uma força de trabalho suficientemente ampla.

Em suma, as propostas de renda básica, por não ultrapassarem a imanência do sistema do capital, requerem tanto a queima de energia viva humana, como também a exploração desmedida da natureza.(785)

Deve ficar claro que a crítica aqui desenvolvida não desconhece que diante da gravidade da situação da grande maioria da população mundial impactada pela concentração de riqueza (patrimonial e de renda), as propostas de renda básica universal possam ser mecanismos a serem implementados de forma transitória e urgente, conforme será abordado no item posterior. O problema é quando, diante de uma crise estrutural do sistema do capital, uma solução que só pode ser transitória é vista como uma forma de efetiva emancipação social e panaceia da dignidade e igualdade social.

Diante da crise estrutural e do potencial explosivo da contradição em processo, já tantas vezes referidas, é necessário que sejam pensadas verdadeiras alternativas que indiquem e apontem para uma forma diferente organização social para além do capital, não obstante os enormes desafios para superar o peso inercial estrutural do sistema e o possível fracasso da empreitada.

3.4.2. Diretrizes para uma reestruturação social

À guisa de conclusão, sem qualquer soberba intelectual, ao se falar em balizas para uma reestruturação social radical, de forma alguma se quer propor receitas prontas e acabadas para serem impostas ou implementadas. Não se trata de uma formulação que, como o mito do Leito de Procusto, quer fazer com que a realidade se encaixe nas proposições teóricas.

No entanto, entende-se que o "calvário/purgatório" da reflexão teórica se impõe como condição de possibilidade para uma transformação social radical que permita que a humanidade possa viver e se reproduzir, em metabolismo com a natureza, de forma digna e igual.

Evidentemente que a tarefa de tornar possível um mundo onde sejamos socialmente iguais, humanamente diferentes e plenamente livres, conforme a célebre frase de Rosa Luxemburgo, é uma utopia, palavra usada no sentido de um lugar que ainda não existe, mas que

(785) Muito embora a forma de financiamento aplicada no Alaska (queima de energia fóssil altamente poluente como base de financiamento do programa) não seja a única proposta de financiamento da renda básica universal, não se pode desconsiderar que o aumento sem fim da produção de mercadorias e, assim, do consumo de recursos naturais, por si só, implica em desconsideração pela natureza.

pode ser constituído, muito embora não se deva desconhecer a grandiosidade e dificuldade da tarefa.

Diante dos enormes problemas que assolam a realidade do mundo do trabalho, afetando assim a maior parte da humanidade e toda a sociabilidade do capital, pois fundada no trabalho abstrato, é necessário pensar alternativas que abram novos horizontes, sabendo que seria necessário um longo percurso para se chegar à efetivação das possíveis e difíceis alternativas.

Dessa forma, as tarefas que se fazem necessárias não podem ser implementadas todas imediatamente, pois demandam uma transição de longa duração. No entanto, e o que é trágico, é que não se tem muito tempo a perder.

Assim, propõe-se classificar as tarefas a serem encaminhadas em três ordens de temporalidade: imediata, de curto prazo e de médio a longo prazo. Como ficará claro, as tarefas imediata e de curto prazo já foram tratadas anteriormente, razão pela qual serão sumariamente lembradas e enfatizadas. No tocante à de médio e longo prazo, dar-se-á uma atenção maior para traçar algumas proposições principiais e não uma receita, um programa pronto e acabado, para sua implementação.

3.4.2.1. Tarefa imediata: defesa frente a corrosão dos direitos fundamentais dos trabalhadores

Diante da corrosão que a crise estrutural do capital lança sobre o mundo do trabalho e sobre os direitos fundamentais dos trabalhadores na forma de reformas neoliberais e precarizantes, como é exemplo a Reforma Trabalhista brasileira, a tarefa imediata e impostergável é a defesa intransigente da ordem constitucional vigente, isso no caso brasileiro.

Junto a isso, em nível mundial, também é necessária a defesa dos padrões básicos de regulação do mercado de trabalho conforme as normativas propostas pela OIT, como pisos mínimos a serem observados por todos os países, além de medidas complementares.

Parece uma contradição falar em reestruturação social radical e partir da preservação do que já existe. Ocorre que, a crise estrutural e a sua "revolução conservadora" neoliberal são tão agressivas aos direitos fundamentais dos trabalhadores que, imediatamente, preservar estes direitos é quase um ato revolucionário.(786)

Conforme já abordado quando da análise da Reforma Trabalhista e da violação dos princípios da norma mais favorável e da proibição de retrocesso social, é imprescindível uma resistência constitucional frente as medidas flexibilizantes e precarizantes dos direitos fundamentais dos trabalhadores. A legislação brasileira que prevê, por exemplo, o negociado sobre o legislado, mesmo que *in pejus*, constitui uma cláusula aberta para a expansão da corrosão dos direitos fundamentais.

---

(786) Parafraseando Lenio Streck, o qual vem defendendo esta ideia publicamente. Ver, por exemplo, a entrevista em: CONJUR. *O Direito piora pois cada vez mais o Direito é aquilo que os tribunais dizem que ele é*. Disponível em: <https://www.conjur.com.br/2020-dez-01/entrevista-lenio-streck-advogado-jurista>.

Portanto, no caso brasileiro, a tarefa imediata a ser implementada é justamente a preservação dos direitos fundamentais dos trabalhadores, a sua defesa intransigente frente as medidas corrosivas, tarefa para a qual os princípios da norma mais favorável e da proibição de retrocesso social se apresentam como os meios adequados para a sua efetivação. Por outro lado, em nível global caberia, além da defesa das normativas existentes elaboradas pela OIT, também a instituição de um salário mínimo planetário que evitasse as profundas desigualdades nas condições de trabalho pelo mundo.(787)

Cabe lembrar aqui o tratamento dado por Marx(788) no capítulo VIII do Livro I de O Capital, em que o autor analisa a jornada de trabalho, dando enfoque à legislação fabril inglesa no tocante à proteção dos menores e mulheres, à higiene e educação, aos acidentes e à previsão de limites da jornada de trabalho. Ao mesmo tempo que fazia a defesa e indicava a necessidade de extensão e implementação efetivas da legislação, Marx também apontava as suas limitações, quando aduzia que a natureza do modo de produção capitalista "exclui qualquer melhoria racional que ultrapasse determinado ponto". Marx caracterizou a legislação fabril como a "primeira reação consciente e metódica da sociedade contra a forma espontaneamente desenvolvida de seu processo de produção". Com acidez e sarcasmo questionava como se poderia caracterizar melhor o sistema capitalista de produção do que se chegar ao ponto de haver a necessidade de o Estado ter de impor, de forma coativa, a adoção de simples medidas de precaução sobre limpeza e higiene.

Como a história se repete "como tragédia ou farsa,"(789) sendo essa primeira manifestação consciente da sociedade para conter o avanço desmesurado do capital o início do aparecimento dos direitos fundamentais dos trabalhadores, a farsa trágica atual é que, diante da crise estrutural, a sociedade capitalista conscientemente (?) destrói tais direitos.

Como foi sustentado, a defesa dos direitos fundamentais dos trabalhadores é, assim, "necessária, mas insuficiente". Aliás, surpreendentemente, essa ideia do "necessário, mas insuficiente" também parece surgir da seguinte passagem, na qual falando sobre as leis que fixam um limite máximo para a jornada de trabalho, Marx(790) afirmou:

> Para proteger-se contra "a serpe de seus tormentos", têm os trabalhadores de se unir e, como classe, compelir a que se promulgue uma lei que seja uma barreira social intransponível, capaz de impedi-los definitivamente de venderem a si mesmos e à sua descendência ao capital, mediante livre acordo que os condena à morte e à escravatura. O pomposo catálogo dos direitos inalienáveis do homem será, assim, substituído pela modesta Magna Carta que limita legalmente a jornada de trabalho e estabelece claramente, por fim, "quando termina o tempo que o trabalhador vende e quando começa o tempo que lhe pertence". Que transformação!

(787) Sobre esta temática ver a proposta de BIFO, Franco Berardi. *La fábrica de la infelicidad:* nuevas formas de trabajo y movimento global, p. 165 e s.

(788) MARX, Karl. *O capital:* crítica da economia política. Livro I, p. 267 e s e 545 e s.

(789) MARX, Karl. O 18 Brumário de Luís Bonaparte. In: *Obras escolhidas*, vol. 1: Karl Marx; Friedrich Engels. São Paulo: Alfa-Omega, s/d. p. 203.

(790) MARX, Karl. *O capital:* crítica da economia política. Livro I, p. 346.

Portanto, enquanto não se processa uma reestruturação radical das relações de produção, como forma de garantir um patamar de vida minimamente aceitável do ponto de vista da dignidade humana e da igualdade social, como barreira frente a "serpe de seus tormentos", a resistência constitucional à destruição dos direitos fundamentais dos trabalhadores é tarefa necessária, impostergável e imediata. Embora insuficiente.

3.4.2.2. Tarefa de curto prazo: renda básica universal

De forma coordenada e conjunta com a defesa dos direitos fundamentais dos trabalhadores também será necessária, em curto prazo, a instituição de uma renda básica universal, muito embora tal medida tenha carácter transitório. Ambas as medidas são complementares para garantir um mínimo vital tanto para os trabalhadores que ainda estão inseridos no mercado de trabalho, como também para a cada vez mais vasta população "supérflua" para o capital.

A instituição de uma renda básica universal, em caráter urgente e transitório, não se dá na suposição de que seja possível no futuro a reativação de um capitalismo "mais humano". Assim, não se defende a renda básica universal como um mecanismo passageiro até que seja possível uma nova integração das "massas humanas supérfluas" no mercado de trabalho, pois a dinâmica da crise estrutural do capital só tende a se aprofundar e provocar o asselvajamento social.

O caráter transitório da renda universal básica, na verdade, é dado pelo fato de que, como já demonstrado: a) a renda básica universal é profundamente dependente da continuação da extração de valor, da perpetuação da produção de riqueza capitalista que está em crise estrutural; b) apesar disso, supondo que seja possível suprimir a lógica do capital, durante o período de transição, que certamente levaria um tempo considerável, a renda básica universal poderia servir com um estofo para evitar a mais ignóbil barbárie social.

Como já afirmado, diante da gravidade da situação da grande maioria da população mundial impactada pela concentração de riqueza (patrimonial e de renda), a renda básica universal deve ser instituída como um mecanismo emergencial, tendo-se consciência de seus limites diante do avanço da contradição explosiva do sistema do capital.

Aliás, uma questão importantíssima a ser enfrentada para a implementação de um programa efetivo de renda básica universal é a fonte de financiamento, pois a renda básica se processa no interior da sociedade da mercadoria e, assim, está sujeita, como tudo, ao cálculo empresarial.

Como foi comentado anteriormente, não parece adequado fundar o financiamento de uma renda básica universal na exploração de recursos naturais, como é o caso do Fundo do Alaska (misto de exploração de renda e de capital financeiro especulativo). Implantar um programa de renda básica universal, de largo espectro mundial, financiado pela exploração ambiental e por capital financeiro especulativo parece bastante irracional pelas consequências potencialmente trágicas da escolha.

Por outro lado, lastrear a renda básica universal sobre um imposto progressivo sobre a renda também mostra limites dentro da própria lógica do sistema vigente, pois as desigualdades patrimoniais no mundo atual são ainda mais perniciosas do que a desigualdade de renda, aprofundando-a. É por isso que Thomas Piketty(791), estudioso da desigualdade, afirma que no capitalismo patrimonial globalizado atual deve ser pensado um modelo fiscal adaptado a essa realidade. Então propõe um imposto mundial e progressivo que incida sobre o capital, afirmando:

> El instrumento ideal sería un impuesto mundial y progresivo sobre el capital, aunado a una enorme transparencia financiera internacional. Una institución de esa naturaliza permitiría evitar una interminable espiral de desigualdad y regular eficazmente la inquietante dinámica de la concentración mundial de la riqueza. Poco importa qué instrumentos y reglamentos efectivamente se instauren, lo que importa realmente es evaluarlos con el rasero de ese sistema ideal.

A incidência de um imposto sobre o patrimônio, tendo em vista o processo de concentração e centralização da riqueza (em muito fictícia, conforme já demonstrado) que é resultado da própria dinâmica do capital em crise estrutural, parece ser um mecanismo mais adequado para servir aos propósitos transitórios e urgentes de uma renda básica universal.

Dito isso, novamente se salienta que a conjugação destas duas tarefas, a imediata, que se consubstancia na resistência constitucional frente a erosão dos direitos fundamentais dos trabalhadores e a de curto prazo, que correspondente à instituição de uma renda básica universal, embora necessárias, são insuficientes para deter e reverter o processo de asselvajamento social que se vê no horizonte da sociedade da mercadoria em crise estrutural. Cabe então, propor a tarefa de médio e longo prazo: ir para além do capital.

3.4.2.3. Tarefa de médio e longo prazo: ir para além do capital

Entende-se que o grande desafio que se apresenta para a humanidade nessa quadra histórica é compreender a dinâmica explosiva da crise da "matrix" capitalista e, ao mesmo tempo propor e implementar alternativas que vão além dessa "matrix". Sem a compreensão da natureza específica da riqueza capitalista (valor), é provável que as possíveis alternativas só risquem a tinta do sistema.

Infelizmente, para tal desafio histórico não existe uma receita pronta e acabada que seja de fácil aplicação. Muito embora as tentativas históricas que tentaram superar o sistema tenham redundado em flagrantes e estrondosos fracassos, podem servir como indicativos do que fazer, ou melhor, do que não se deve fazer para tal desiderato.

(791) PIKETTY, Thomas. *El capital en el siglo XXI*. México: Fondo de Cultura Económica, 2014. p. 378 e 420. Para que fique esclarecido, entende-se que as proposições e análises de Piketty, embora muito sérias, não fogem da lógica do capital e sequer à colocam em xeque, pois o autor trabalha com um viés de "melhoria" do sistema, com reformas e não uma reestruturação radical.

Dessa forma, o que se pode propor são apenas diretrizes principiais que vem sendo elaboradas ao longo do processo da modernidade capitalista como reflexões que buscam ir além do capital. Aliás, pensar para além do capital já é uma tarefa complexa, pois é necessário refletir para além do sistema em que se está inserido e no qual se foi socializado. Assim, se a reflexão teórica e crítica que visa avançar para além da lógica do sistema do capital já é um fardo quase insuportável, imagine-se o quão difícil será a constituição do sujeito (os indivíduos sociais) capaz de, pela práxis, ir tornando reais os princípios diretivos que direcionam para uma sociedade diversa.

Dito isso, cabe ter presente, em primeira mão, que uma nova configuração das relações de produção (*lato senso*) será imprescindível para um projeto que vá para além do capital e, para tanto, a reestruturação das relações de trabalho terá um papel central para o sucesso ou fracasso desse projeto. Não se deve perder de vista que na sociabilidade do capital o trabalho abstrato é a substância do valor e, assim, sem a superação da forma das relações de trabalho capitalistas não existe uma verdadeira alternativa ao sistema.

Como já foi enfatizado, os direitos fundamentais dos trabalhadores são conquistas históricas da classe trabalhadora num mundo constituído pela relação salarial. Ocorre que, a relação salarial traz intrínseca e inseparavelmente, a subordinação estrutural do trabalho assalariado ao capital. Assim, a relação salarial é uma das categorias centrais do sistema do capital. Dessa forma, muito embora imprescindíveis para proteger os trabalhadores frente a "serpe de seus tormentos", os direitos fundamentais dos trabalhadores amenizam os excessos de poder, mas não impedem que o fetichismo do capital prevaleça. Ora, a relação salarial é marcada por uma desigualdade estrutural, bem como pela inversão entre meios e fins, ou seja, a pessoa humana que é um fim, torna-se meio para o capital, restando vilipendiada a dignidade humana em graus diversos.

Se essas marcas caracterizam as relações de trabalho mesmo em "tempos normais", quando o sistema do capital amadurece e avança para uma crise estrutural, as características deletérias tendem a se aprofundar. Como para o capital todo limite é visto apenas como uma barreira a ser transposta (seja a vida humana ou a do planeta), os direitos fundamentais conquistados a duras penas são destruídos por flexibilizações selvagens e tornados inócuos pelo desemprego estrutural. Por outro lado, medidas paliativas como a renda básica universal, embora possam aliviar os sofrimentos, dependem do bom funcionamento do sistema e, assim, a médio prazo podem levar ao aprofundamento do processo deletério.

Como já foi explicitado anteriormente, cabe enfatizar novamente que o neoliberalismo não é simplesmente uma decisão política de lobistas do capital, é algo muito pior, pois configura uma resposta agressiva e aviltante, fadada ao insucesso, das personificações do capital à crise estrutural do sistema. Como afirma Dominic Kloos:[(792)]

> Não foi apenas a procura subjectiva do lucro e as decisões políticas de desregulamentação, liberalização, privatização e desmantelamento das

(792) KLOOS, Dominic. *Alternativas ao capitalismo.* Em teste: a economia do bem comum, p. 14.

intervenções estatais (com a famosa sociedade Mont Pèlerin como "*lobby* em *background*") que levaram as chamadas empresas multinacionais a produzir no estrangeiro. Pelo contrário, estas estavam sujeitas a coerções sistémicas, que foram consideravelmente agravadas pela crise do processo de valorização. Portanto, não é por acaso que, com a revolução microelectrónica, a concorrência se torna mais feroz e o espaço para regulamentação diminui. A consequência é o desmantelamento do Estado social e a tentativa de minimizar as barreiras ao investimento através da desregulamentação, a fim de atenuar o agravamento da crise de acumulação.

Portanto, a dificílima questão que está na mesa não é mais aquela concernente aos problemas que as crises cíclicas do capital provocavam, mas a que decorre de uma crise estrutural que, pelo desenvolvimento do processo contraditório do capital, levou o sistema a socavar a sua própria base fetichista: a riqueza abstrata (o valor). Como já enfatizado, o potencial pernicioso dessa situação é capaz de levar a humanidade à barbárie.(793)

Ora, dando-se razão à Enrique Dussel,(794) pode-se dizer que o capital é o deus profano, o deus ao que é rendido culto imolando-se em sacrifício a vida humana e toda a vida do planeta terra. É o ídolo total da morte, no qual se funda uma "economia necrofílica". Em razão disso, não é possível meras reformas, mas sim uma restruturação social radical.

Todas as experiências históricas que tentaram ir além do capitalismo (desde as experiências de cooperativas de trabalhadores, até as chamadas sociedades do "socialismo real"), mas sem superar as estruturas do capital como um todo (divisão hierárquica do trabalho, produção de mercadorias, dinheiro, Estado, etc.), acabaram se rendendo à lógica totalizadora da mercadoria e, via de regra, retrocederam em regressões estrondosas. As categorias constitutivas do sistema do capital precisam ser abolidas em conjunto, ou tal como a Hidra de Lerna da mitologia grega, as "cabeças cortadas" voltam a se constituir.

Portanto, como afirma Günther Salz,(795) tentar criar segurança e participação pela redistribuição de riqueza capitalista precária não é uma verdadeira solução para os graves problemas que estão no horizonte próximo. Está dada a hora de pensar além da forma da

---

(793) Como afirma Mészáros: "Com relação à sua determinação mais profunda, o sistema do capital é orientado para a expansão e movido pela acumulação. Essa determinação constitui, ao mesmo tempo, um dinamismo antes inimaginável e uma deficiência fatídica. Neste sentido, como sistema de controle sociometabólico, o capital é absolutamente irresistível enquanto conseguir extrair e acumular trabalho excedente — seja na forma econômica direta seja na forma basicamente política — no decurso da reprodução expandida da sociedade considerada. Entretanto, uma vez emperrado (por qualquer motivo) este processo dinâmico de expansão e acumulação, as consequências são devastadoras. Mesmo sob a "normalidade" de perturbações e bloqueios cíclicos relativamente limitados, a destruição o acompanha e as conseqüentes crises socioeconômicas e políticas podem ser enormes, como o revelam os anais do século XX, que incluem duas guerras mundiais (para não mencionar conflagrações menores). Portanto, não é muito difícil imaginar as implicações de uma crise sistêmica, verdadeiramente estrutural; ou seja, uma crise que afete o sistema do capital global não apenas em um de seus aspectos - o financeiro/monetário, por exemplo, - mas em todas as suas dimensões fundamentais, ao colocar em questão a sua viabilidade como sistema reprodutivo social". MÉSZÁROS, István. *Para além do capital:* rumo a uma teoria da transição, p. 100.

(794) DUSSEL, Enrique. El Marx del "segundo siglo". In: *O capital e o Capital*, p. 49.

(795) SALZ, Günther. *Alternativas ao Capitalismo em Teste:* Rendimento Básico Incondicional, p. 8-9.

riqueza capitalista por meio da abolição real do trabalho abstrato assalariado, do valor, da produção de mercadorias, do dinheiro, enfim, do capital e do Estado. Para além dessas abolições, como afirma o autor, por outro lado, é necessário:

> [...] ser constituído um novo contexto de existência e de significado, amigo da humanidade e solidário, que permita às pessoas continuar a viver sem danos, sem o desnecessário sofrimento socialmente causado; um novo contexto de socialização que seja transparente para cada homem e mulher, baseado na autodeterminação daqueles que precisam e são capazes de ser completados, ou seja, "indivíduos sociais" concretos, e que torne possível uma definição de objectivos de produção autónoma e social que garanta uma vida digna para todas as pessoas. Condições, então, em que a natureza também teria o seu "direito" e o ser humano não mais seria um meio para fins estranhos, sistémicos, não mais seria um ser humilhado, escravizado, abandonado, desprezível, mas "o ser supremo para o ser humano".

Numa abordagem próxima e que pode dialogar com aqui sustentada, desde que não se caia no perigo de autonomizar a economia como esfera separada das demais relações socioculturais e, assim, não se conseguir ir além das formas do capital, poderia ser dito que é preciso pensar em uma "economia para a vida" como sustentam Franz J. Hinkelammert e Henry Mora Jiménez,(796) no sentido de reformular radicalmente a economia, para que a mesma fosse pensada e posta em prática como ciência de reprodução ou sustentabilidade das condições materiais (biofísicas e socioinstitucionais) que possibilitam a vida pessoal, social e espiritual, ou seja, uma economia orientada para a reprodução da vida.

Como já asseverado, não se pretende propor nenhuma "receita" para o futuro da sociedade, razão pela qual sequer seria necessário nominar o que se propõe, mas que à falta de nome mais apropriado poderia ser chamado de "sociedade comunal". Cabe esclarecer que não é uma questão de nomes, de rótulos (socialismo, comunismo, etc.), mas sim de, diante do potencial da crise estrutural, pensar verdadeiras alternativas sem preconceitos e sem dogmas. Caberá aos indivíduos sociais, possíveis agentes da transformação revolucionária (que não implica, necessariamente, qualquer violência física) iluminados pelos princípios reitores, irem construindo os mecanismos, as instituições necessárias para esse projeto, o que somente pode se dar na práxis.

É justamente por isso que cabe lembrar as palavras de Enrique Dussel,(797) ao fazer uma crítica severa ao marxismo ortodoxo que se impôs como filosofia da história, muitas vezes impedindo o desenvolvimento do pensamento marxiano e impondo visões unilaterais. O autor afirma:

> Este determinismo trágico, unilineal, se impondrá como filosofia de la historia, cómo teoría del desarrollo de la humanidad: el "marxismo" había nacido [...]

(796) HINKELAMMERT, Franz J.; JIMÉNEZ, Henry Mora. *Economía, vida humana e bien común*, p. 6. Livro Disponível em: <https://www.pensamientocritico.info/libros/libros-de-franz-hinkelammert/espanol.html>.

(797) DUSSEL, Enrique. *El último Marx (1863-1882) y la liberación latinoamericana*. México: Siglo Veintiuno, 1990. p. 264.

poco después de la muerte de Marx. Marx tenía un sentido más complejo de la realidade y su "teoría", si la hubo, se plegaba a esa realidad, se modificaba, cambiaba, no era una "doctrina" sino un "método" abierto".

É exatamente esse o espírito que orientou esta análise, voltando ao pensamento de Marx para buscar as categorias fundantes que esclareçam o atual momento histórico, recuperando os seus *insigths* construídos a partir da análise lógica e histórica do capital, que, em vários aspectos, parecem ser mais atuais hoje do que quando de sua formulação. A capacidade de abstração marxiana fez possível ao autor antever os desdobramentos que o capital foi assumindo no seu evolver histórico. Da mesma forma, com o mesmo espírito desprovido de ortodoxia dogmática, volta-se à Marx para buscar o que seria necessário para ir além do capital, sem ficar refém de qualquer consideração que se avalie como superada.

Na sua "Crítica ao Programa de Gotha", Marx delineou aquilo que aqui se considera o princípio cardeal central que deve servir de guia para um projeto de emancipação social. Tal princípio deve servir como diretriz para um projeto de reestruturação social radical que vise alcançar uma sociedade em que a livre associação de indivíduos sociais seja capaz de colocar a produção e a distribuição dos produtos sociais ao seu serviço e para o atendimento das necessidades de todos e de cada um. Com efeito, Marx(798) afirmou:

> Na fase superior da sociedade comunista, quando houver desaparecido a subordinação escravizadora dos indivíduos à divisão do trabalho e, com ela, o contraste entre o trabalho intelectual e o trabalho manual; quando o trabalho não for somente um meio de vida, mas a primeira necessidade vital; quando, com o desenvolvimento dos indivíduos em todos os seus aspectos, crescerem também as forças produtivas e jorrarem em caudais os mananciais da riqueza coletiva, só então será possível ultrapassar-se totalmente o estreito horizonte do direito burguês e a sociedade poderá inscrever em suas bandeiras: De cada qual, segundo sua capacidade; a cada qual, segundo suas necessidades.

A diretriz orientadora central/cardeal, "de cada qual, segundo sua capacidade; a cada qual, segundo suas necessidades", ao mesmo tempo que respeita e se orienta pela ideia de tratar a cada indivíduo segundo a ideia de igualdade substancial,(799) considerando as capacidades e necessidades diversas de cada um, também implica o respeito mais profundo a cada indivíduo social como um fim em si, ou seja, à dignidade pessoal de cada pessoa humana.

Evidentemente, que entre a previsão do princípio cardeal e a sua concretização integral (se possível), existiria um longo processo, como fica claro da própria citação de Marx, no qual devem ser constituídas uma série de mediações sociais (materiais e éticas) que viabilizem a atuação do princípio reitor, que atua como diretriz e objetivo a ser alcançado.

---

(798) MARX, Karl. Observações à margem do Programa do Partido Operário Alemão. In: Karl Marx; Friedrich Engels. *Obras escolhidas*. Vol. 2. São Paulo: Alfa-Omega, s/d. p. 214-215.

(799) Ver sobre isso a análise que Mészáros faz sobre a proposta de Babeuf sobre a "igualdade nas dores e nos prazeres". MÉSZÁROS, István. *Para além do capital:* rumo a uma teoria da transição, p. 306-307. Ver também, MARX, Karl. *Observações à margem do Programa do Partido Operário Alemão*, p. 214.

Além da livre associação de indivíduos sociais, de que tratar-se-á a seguir, como mediação material/organizacional, também se faz necessária uma mediação ética, que oriente os indivíduos sociais nas suas tomadas de posição, diante do longo processo de transição entre a situação atual e a possível, mas dificílima, aproximação da diretriz orientadora cardeal.

Entende-se que para esse papel o "princípio material universal da ética", formulado por Enrique Dussel,(800) é imprescindível e dotado de potencialidade para guiar os indivíduos sociais em suas deliberações. O autor formula o princípio nos seguintes termos:

> El que actúa éticamente debe (como obligación) producir, reproducir y desarrolhar autoresponsablemente la vida concreta de cada sujeto humano, en una comunidad de vida, inevitablemente desde una "vida buena" cultural e histórica (su modo de concebir la felicidade, con una certa referencia a los valores y a una manera fundamental de comprender el ser como debe-ser, por ello con pretensión de rectitud también), que se comparte pulsional y solidariamente teniendo como referencia última a toda a humanidade, es decir, es un enunciado normativo con pretensíón de verdad prática y, además, con pretensión de universalidad.

Uma estrutura organizacional material (associação de indivíduos sociais) e a diretriz ético-material (princípio material universal da ética) atuando conjuntamente constituem uma mediação bastante plausível para que o processo de transição rumo a uma sociedade que implemente a diretriz cardeal possa ter resultados positivos.

Com essas considerações, cabe agora indicar quais as estruturas do sistema do capital que necessitariam ser abolidas para tornar possível uma sociedade reestruturada/revolucionada e, pelo menos, voltada para a concretização do princípio cardeal "de cada uma segundo suas capacidades; a cada um segundo suas necessidades".

Um dos autores que mais se dedicou a pensar uma teoria da transição, sem simplificações ou falso otimismo, foi István Mészáros,(801) o qual propôs certas diretivas para a construção de uma sociedade alternativa ("socialista", na linguagem do autor): a) a regulação pelos próprios produtores associados do processo de trabalho voltado para o atendimento de necessidades qualitativas, não por critérios quantitativos impostos pelo mercado ou pelo Estado; b) uma contabilidade social organizada de baixo para cima, visando o atendimento das necessidades socialmente eleitas; c) a mediação dos membros da comunidade pautada pela troca de atividades, ao invés da distribuição autoritária de trabalho e bens definidos pelo Estado ou pelo mercado; d) um sistema de incentivos morais e materiais, definidos pelos próprios produtores associados; e) viabilizar, efetivamente, a possível e realizável responsabilidade voluntariamente assumida por cada membro da associação por seus poderes na tomada de decisões.

---

(800) DUSSEL, Enrique. *Ética de la liberación:* en la edad de la globalización y de la exclusión, p. 140.

(801) MÉSZÁROS, Itsván. *Para além do capital:* rumo a uma teoria da transição, p. 50.

A partir de tais delineamentos é que se pensou sobre quais seriam as mediações necessárias para uma teoria crítica capaz de dar embasamento para uma reestruturação social do mundo do trabalho, o que também implicaria uma reestruturação de toda a estrutura social capitalista, pois, como já demonstrado, a mesma está assentada no trabalho abstrato. Tais mediações, muito embora possam ter tempos diversos em sua implementação, necessariamente estão co-implicadas, pois pouco adianta a resolução parcial das sérias questões postas. Ou avançam no processo de abolição do sistema do capital de forma coordenada, ou, fatalmente, regressam para o interior do sistema do capital.

Como já indicada a mediação ética (princípio material universal da ética), cabe agora abordar as mediações materiais, começando pela necessidade de que a produção/distribuição dos produtos sociais (*lato senso)* deva ser objeto da livre deliberação dos indivíduos sociais, livremente associados. Dessa forma, tanto a produção, como a distribuição, desde o início (*ante festum*), devem estar pautadas pelo atendimento das necessidades reais, observando-se nas deliberações o princípio material da ética e visando, em *ultima ratio,* a efetivação do princípio cardeal indicado.

Portanto, a primeira das mediações materiais fundamentais para trilhar no sentido descrito pelo princípio cardeal, seria a efetivação de um planejamento consciente dos próprios indivíduos sociais livremente associados e implicados na tarefa. Como afirma Robert Kurz,[(802)] uma sociedade diversa pressupõe a necessidade de um controle consciente e planejado dos indivíduos sociais sobre a sua própria reprodução material e social. Dessa forma, é plenamente resolúvel assegurar que se produzam alimentos, bebidas, roupas, apartamentos, cuidados médicos, bens culturais, enfim, bens que atendam às necessidades sociais em quantidades suficientes, desde que tais tarefas se deem apartadas e sem a intervenção da restrição irracional da riqueza abstrata e de seus critérios. O autor critica o planejamento estatal burocrático, abstratamente centralista, que marcou as experiências de "socialismo real", que não conseguiram fugir da órbita do sistema do capital, pois tais experiências configuraram um paradoxo histórico de estatização, que subsumiu os indivíduos ao "trabalho abstrato" (sempre autoritário-hierárquico), em vez de abolir as categorias capitalistas da socialização fetichista. E, então, o autor afirma:

> Um consciente planeamento social da reprodução de acordo com as necessidades sociais e os bens materiais não pode estar organizado nem de uma forma abstratamente "centralizada", nem de uma forma "descentralizada" de modo igualmente abstrato, mas vai distribuir-se pura e simplesmente por espaços diversos com alcances diversos e, na verdade, de acordo com as necessidades materiais de uma produção multiplamente escalonada de "riqueza concreta". Por exemplo, é escusado que os legumes que possam ser cultivados e consumidos a nível local sejam canalizados através de relações de encadeamento transcontinentais. Tais absurdos apenas podem surgir com base na "riqueza

(802) KURZ, Robert. *Dinheiro sem valor:* linhas gerais para uma transformação da crítica da economia política, p. 343 e 345-346.

abstrata" no contexto da racionalidade e mediação pela concorrência própria da economia empresarial. Em contrapartida, não passará pela cabeça de ninguém construir fábricas de aço por toda a parte, optando-se, neste caso, pela concentração da produção. E infraestruturas como redes de telecomunicações ou comunicações rodoviárias, ferroviárias ou fluviais só podem, de qualquer modo, ser organizadas em operações de grande envergadura.

Um planejamento consciente da produção e reprodução sociais, portanto, não estará sujeito aos critérios da racionalidade empresarial, do espírito bucaneiro de lucro, mas centrado no atendimento das necessidades sociais e da produção/distribuição de riqueza concreta (alimentos, vestimentas, bens culturais, etc.). O critério da produção/distribuição não estará submetido à riqueza abstrata, ao fim em si de fazer de dinheiro mais dinheiro, estrito critério pelo qual o atendimento de quaisquer necessidades humanas, desde um prato de comida, tem de passar para ser atendida no sistema do capital.

Quanto à questão do que se entende por "indivíduos sociais", dos quais depende uma organização consciente, livre e planejada da produção e do consumo sociais, sem estar guiados pela riqueza abstrata (valor), mas pelas necessidades sociais e para a vida de cada um e de todos, Moishe Postone[(803)] afirma que a noção marxiana do indivíduo social expressa a ideia de superação da oposição entre indivíduo e sociedade. Tal superação envolve tanto a crítica do indivíduo como "mônada", como também a crítica à submissão do indivíduo a uma espécie de coletivismo. Para tanto, segundo o autor, é necessário a supressão do trabalho abstrato (assalariado), bem como o desenvolvimento de condições materiais (forças produtivas sociais) que coloquem os indivíduos sociais como controladores das coisas, deixando de existir todo trabalho "no qual o ser humano faz o que as coisas podem fazer por ele" (Marx). Sobre a supressão da oposição entre indivíduo e sociedade, afirma:

> Para Marx, o indivíduo social representa a superação dessa oposição. Essa noção não se refere apenas a uma pessoa que trabalha comunal e altruisticamente com outras pessoas; pelo contrário, ela expressa a possibilidade de todas as pessoas existirem como seres plenos e amplamente desenvolvidos. Uma condição necessária para a realização dessa possibilidade é ser o trabalho de cada um completa e positivamente autoconstituinte de formas que correspondam à riqueza, diversidade, poder e conhecimento gerais da sociedade como um todo; o trabalho individual não seria mais a base fragmentada da riqueza da sociedade. Superar a alienação resulta não na reapropriação de uma essência que existiu antes, mas na apropriação do que foi constituído de forma alienada.

Assim, a superação do sistema do capital é uma tarefa dificílima, muito embora mais necessária do que nunca em virtude da evolução da contradição central explosiva do sistema, não parecendo ser possível meras reformas em um ponto ou outro do sistema diante de sua crise estrutural. Conforme já enfatizado, ou a "matrix" do capital é posta abaixo como um todo ou se restaura (como prova a experiência histórica dos chamados "socialismos realmente existentes").

(803) POSTONE, Moishe. *Tempo, trabalho e dominação social*, 2014. p. 48-50.

Como afirma Dominic Kloss,(804) mercado, dinheiro, trabalho, concorrência, como categorias do capital, não podem ser considerados fenômenos isolados e ser analisados fora do seu contexto na formação social capitalista, pois isso implica em equívocos. Proceder esta descontextualização faz com que a crítica fique na superfície dos fenômenos, como ocorre ao se criticar as más condições de trabalho, mas não o sistema fundado no trabalho abstrato.(805)

Por outro lado, diante das acusações de que um sistema comunal estabeleceria um coletivismo avassalador da individualidade, cabe fazer um esclarecimento. Para Marx,(806) numa sociedade que superasse a divisão social hierárquica do trabalho, os indivíduos tomariam sob seu controle as suas condições de existência e delas participariam como indivíduos. Assim, pressupondo um certo desenvolvimento das forças produtivas (que a humanidade já alcançou a tempos), a associação de indivíduos coloca sob seu controle as condições do livre desenvolvimento e do movimento deles mesmos. Ora, como fica evidente, nada mais distante de um coletivismo autoritário.

Comentando estas passagens, Mészáros(807) salienta que Marx não estava preocupado apenas com uma forma específica de dominação, a capitalista, mas, sim, estava pensando a total emancipação do indivíduo social inclusive com relação à sua própria classe. Assim, como condição para a existência de indivíduos livremente associados, indicava a imprescindibilidade da abolição da divisão hierárquica do trabalho e, assim, tanto da propriedade privada, como do próprio trabalho abstrato.

O desafio, portanto, tal qual sustenta Mészáros,(808) é a necessidade de se ir para além do capital, não apenas do capitalismo, tarefa que envolve a necessidade de superar toda e qualquer forma de sociedade hierárquica, implicando a total erradicação do capital como comando sobre o trabalho, seja esse comando personificado em sujeitos privados ou estatais.

Nessa tarefa hercúlea, extremante difícil diante do "peso inercial" do sistema do capital, juntamente com a necessidade de uma teoria crítica adequada que sirva como uma espécie de guia, sem anquilosamento/petrificação de suas proposições, também é imprescindível a existência de "sujeitos" (indivíduos sociais) que autem para colocar em prática tal projeto.

Eis um debate candente diante da fragmentação/estilhaçamento da classe trabalhadora e do desemprego estrutural que assola o mundo do trabalho, ainda mais quando a ideologia neoliberal, profundamente antisolidária, foi introjetada nas mentes dos próprios trabalhadores que muitas vezes se veem a si próprios como "empresários de si mesmos".(809)

(804) KLOOS, Dominic. *Alternativas ao capitalismo.* Em teste: a economia do bem comum, p. 11-13.

(805) Nesse sentido, interessante lembrar com Dussel, que para Marx o trabalho vivo não tem valor, tem dignidade. Portanto, como afirma Dussel, não existe salário justo, pois o trabalho vivo não tem valor, é a fonte criadora de valor e por isso é impossível que tenha um preço que se possa pagar como um salário justo, pois isto constituiria uma contradição performativa. DUSSEL, Enrique. El Marx del "segundo siglo". In: *O capital e o Capital*, p. 67.

(806) MARX, Karl; ENGELS, Friedrich. *A ideologia alemã*, p. 70-71.

(807) MÉSZÁROS, Itsván. *Para além do capital:* rumo a uma teoria da transição, p. 1.024-1.025 e 1.035.

(808) *Ibidem*, p. 721-724.

(809) Aqui cabe lembrar a crítica, parcialmente correta, de Byung-Chul Han segundo o qual os sujeitos neoliberais são "empresários de si mesmo" e que o neoliberalismo transformou o trabalhador num "empresário de si mesmo"

Apesar disso, não podemos esquecer a possibilidade daquilo que Dussel chama de "hiperpotência", daquela força em estado potencial, pela qual os destituídos e vilipendiados pelo sistema do capital podem rebelarem-se contra o fetichismo abstrato, mas real, que os subjuga. Dussel[(810)] afirma:

> Hay entonces en el trabajo vivo, en la subjetividade del trabajador, una transcendentalidad interna *anterior* y *posterior* al capital, pero aún *en el capital* la classe obrera subsumida y explotada y cada obrero guardan siempre una exterioridad o liberdad desde donde podrán rebelarse contra el capital: es una hiperpotencia siempre posible de pasar a la ación, y es a la conciencia colectiva de sos oprimidos que va dirigida toda la teoría de Marx para que le levanten en um estado de rebelión ante tal injusticia.

Entende-se que essa hiperpotência transformadora, atualmente, pode estar portada nos movimentos sociais lato senso (feministas, ambientalistas, indígenas, negros, sem-teto, sem-terra, camponeses) e também pelos trabalhadores empregados e desempregados, enfim, pela grande massa da população mundial, tanto nos países ricos como nos países pobres, que vivem uma vida pautada pela lógica da mercadoria a qual, cada vez mais, os torna indivíduos supérfluos. Evidentemente, que essa hiperpotência só se tornará ação real (práxis) e não uma explosão de barbárie, se seus portadores estiverem conscientes dos desafios e das possibilidades que se apresentam. Daí o papel que uma teoria radicalmente crítica tem a cumprir.

Da mesma forma, qualquer projeto que pretenda alterar a estrutura da sociedade atual, necessariamente tem que ser um movimento global, em rede, que tenha um plano comum, objetivos comuns e uma atuação conjunta para forçar os limites do sistema vigente.[(811)] Como afirma Dominic Kloss:[(812)]

> A partir da análise das contradições reais e da crítica a elas ligada pode formar-se um movimento social que ingressa num processo prático de revolução.

---

que se autoexplora. HAN, Byung-Chul. Psicopolítica: neoliberalismo y nuevas técnicas de poder. Barcelona: Herder, 2014, p. 9 e s. Evidentemente, que tal situação ideológica cria obstáculos sérios à mobilização desses trabalhadores em prol de uma mudança radical da sociedade. No entanto, entende-se Han erra ao dizer que em Marx não existe a possibilidade de autoexploração, esquecendo dos vários momentos do Capital onde Marx faz a crítica à autoexploração dos trabalhadores domésticos e pequenos artesãos independentes, além de outros trabalhadores que gravitavam ao redor das fábricas, sem serem propriamente assalariados, mas estando presos pelos "fios invisíveis" do capital. Além disso, e o que é mais grave, Han não compreende a especificidade da riqueza capitalista, acreditando que, por exemplo, o capital financeiro é capaz de, sem ligação efetiva com o capital produtivo, produzir mais-valor, o que, como já foi mostrado, é impossível. Some-se a isso, o fato de Han não compreender que, em Marx, a exploração se dá de forma quase-objetiva, sendo os sujeitos personificações, e o real sujeito do processo ser o próprio capital que impõe a sua lógica. Assim, uma coisa é diagnosticar uma ideologia que tomou a cabeça de muitos trabalhadores, outra é desconhecer que os fenômenos que descreve já estão dados e fundados nas categorias básicas do capital destrinchadas por Marx.

(810) DUSSEL, Enrique. El Marx del "segundo siglo". In: *O capital e o Capital*, p. 49.

(811) Embora com objetivos, ao que se entende, muito mais limitados dos que aqui propostos, mas também apontando para que se trilhe para um mundo pós-capitalista, Yanis Varoufakis defende uma Internacional Progressista que esteja munida de uma agenda comum, com um plano comum de ação e atuando em uma rede mundial. VAROUFAKIS, Yanis. *¿Qué vendrá después del capitalismo?* Ciudad Autónoma de Buenos Aires: CLACSO; Amsterdam: TNI — Transnational Institute, 2020. p. 42 e s.

(812) KLOOS, Dominc. *Alternativas ao capitalismo.* Em teste: a economia do bem comum, p. 21.

> A teoria crítica pode desenvolver critérios para isso. O resultado, porém, não existe como modelo estabelecido *a priori*, e por isso um pensamento realmente transcendente não pode ser utópico. O mundo capitalista que nós criticamos não é, ele próprio, o resultado da realização de um modelo, mas o resultado de um processo histórico de complexas mediações. Para sair para fora deste mundo, é necessária uma "contramediação" igualmente complexa, um processo histórico de transformação.

Evidentemente que qualquer movimento social que realmente esteja consciente e disposto a enfrentar o desafio de implementar o princípio cardeal já indicado, necessariamente terá que pensar e atuar além da "forma mercadoria". Toda e qualquer experiência, por mais frutífera que seja e por mais que esteja voltada para a melhoria das condições de vida das pessoas implicadas, ao ficar presa na lógica da forma da mercadoria, estará sempre sob a ameaça da "espada de Dâmocles" do sistema do capital.

A mercadoria, célula *mater* do sistema do capital, é uma forma incontrolável. Numa metáfora, poderia ser dito que a lógica da mercadoria atua tal qual uma célula cancerígena que, ao se fazer presente no corpo social, vai tomando outras células e órgãos próximos e, se não extirpada, torna-se uma metástase que invade e submete todo corpo social. O que não couber nesta forma social tende a ser desprezado e desvalorizado.

Portanto, numa sociedade diversa ("comunal"), a produção/distribuição sociais deve estar voltada para o atendimento das necessidades humanas, qualitativamente decididas, como produtos sociais e não como mercadorias. Como já tratado, a forma mercadoria em que se assenta a sociedade do capital enclausura a humanidade a um padrão de produção/distribuição/consumo em que todas as necessidades sociais estão submetidas à lógica da lucratividade, um critério meramente quantitativo e, portanto, ilimitado e totalizador. A mercadoria, material ou imaterial, é algo que é produzido para outros e lançada no mercado, pouco importa se é alimento ou granadas, com a finalidade de lucro. Esse é o seu critério, pouco importando como foi produzida, observando ou não regras laborais, ecológicas ou outras, sempre terá que passar pelo critério quantitativo ou perecer.

No entanto, e aí vem o que é ainda pior, a produção de mercadorias, para ser viável do ponto de vista do valor (riqueza capitalista), necessariamente terá que utilizar/queimar como energia produtora o trabalho vivo, também comprado como mercadoria. Ou seja, os seres humanos que trabalham têm que ser vendidos/comprados no mercado de trabalho a fim de que a sua mercadoria, a força de trabalho, possa ser queimada na produção das outras mercadorias. Como é impossível separar essa mercadoria especial, a força de trabalho, do seu portador, o mercado de trabalho nada mais é do que um mercado de compra e venda de indivíduos, pouco importando que o próprio indivíduo vá a ele se vender por necessidade ou vontade. Existe aqui uma indignidade intrínseca, ainda mais quando se sabe que as relações de trabalho se dão sob a desigualdade estrutural que configura o sistema do capital.

Dessa forma, quando a produção de valor (riqueza capitalista) entra em crise estrutural, o mercado de trabalho, já intrinsecamente despótico, nos mostra o espetáculo do sistema do capital em crise: precarizados, uberizados, terceirizados, a tempo parcial, desempregados e subutilizados, que perambulam (real ou virtualmente) pelo mercado a oferecer sua mercadoria depreciada.

Não é difícil perceber a irracionalidade do sistema, bastando para tal pensar que quaisquer produtos, mesmo os mais necessários à preservação da vida, só são produzidos sob a condição de rentabilidade (como mercadorias). Mesmo que existam condições materiais para a sua produção, se não forem lucrativos, não serão produzidos, mesmo que disso resulte a miséria e a morte.

Falando sobre o "fantasma" da mercadoria, sobre o "homem-mercadoria" e sobre a "força galvânico-química do dinheiro", Edgar de Assis Carvalho[(813)] faz uma crítica certeira, quando afirma:

> A mercadoria-homem, responsável pela desumanização material e espiritual de todo o sistema, impediu o florescimento de um sentimento de totalidade, ao alienar sentidos e práticas. Em vez de apostar na superação do fantasma da mercadoria, viu nele a única possibilidade de exercer poder, força, coerção. Não é por acaso que Marx foi buscar no *Fausto* de Goethe e no *Timon de Atenas* de Shakespeare inspirações para dissecar a essência do dinheiro. Por isso, sua "força galvânico-química" encontra-se contraditoriamente articulada ao caráter fracionário de sua realização. Ao constituir-se como fator de união e, portanto, de consenso, é também um fator de desunião, rameira e alcagüete universais de homens e povos, como pretendeu Shakespeare.

Numa possível sociedade baseada na livre associação dos indivíduos sociais, os produtos de seu metabolismo social não serão produzidos/distribuídos na forma da mercadoria, não mais serão pautados por critérios quantitativos, mas, sim, com a finalidade de atender as necessidades livremente eleitas pelos próprios indivíduos sociais associados, segundo critérios qualitativos de produção de riqueza concreta.

Isso não significa que uma sociedade que se constitua pela livre associação dos indivíduos sociais seja uma sociedade sem qualquer tipo de conflito ou onde "jorre leite e mel". No entanto, não se pode esquecer que a questão da abundância ou da carência, sempre é determinada por critérios sociais. Na sociedade do capital, como o critério de medição da riqueza (abstrata) é quantitativo, a carência campeia entre grande parte da população mundial no

(813) CARVALHO, Edgar de Assis. Prefácio. In: MORIN, Edgar. *Em busca dos fundamentos perdidos:* textos sobre o marxismo. Porto Alegre: Sulina, 2004. p. 17. Sobre o "homem-mercadoria" Erich Fromm afirma: "El hombre que se ha sometido así a sus necessidades enajenadas es "un ser *mental* y *físicamente deshumanizado. [...]* la *mercancía con conciencia de sí* y *capaz de actuar por sí mismo."* Este hombre-mercancía sólo conoce una manera de relacionarse con el mundo exterior, poseyéndolo y consumiéndolo (usándolo). Cuanto más enajenado se encuentre, más estará constituída su relación con el mundo por el sentido de poseer y de usar. "A medida que *seas* menos, que expreses menos tu propia vida, *tendrás* más, más *enajenada* estará tu vida y más economizarás de tu próprio ser enajenado." [...] citando Marx "La producción no sólo produce al hombre como *mercancía,* la *mercancía humana,* el hombre en el papel de *mercancía;* de acuerdo con este papel lo produce como un ser *mental* y físicamente *deshumanizado.* [La] inmoralidad, frustración y esclavitud de trabajadores y capitalistas.' Su producto es la *mercancía con conciencia de sí y capaz de actuar por sí misma...* la mercancía humana." FROMM, Erich. *Marx e su concepto del hombre.* México: Fondo de Cultura Económica, 1970. p. 67-68.

meio de um mar de abundância para poucos. Numa sociedade em que o critério de medição da riqueza social seja qualitativo (as necessidades sociais), a questão da abundância ou não tem outra dimensão. Evidentemente que para ser viável uma sociedade capaz de atender as necessidades sociais em nível mundial, além de as forças produtivas do trabalho precisarem ter alcançado um certo desenvolvimento, é necessário que estejam apartadas da lógica do capital.

As enormes forças produtivas já desenvolvidas e integrantes do "*general intellect*", como estão sob o domínio da riqueza abstrata, também se apresentam como forças destrutivas (tanto da humanidade, como da natureza). No entanto, não se pode desconhecer que, desatreladas do fim em si da busca de riqueza abstrata e submetidas a um controle social e qualitativamente diverso, o potencial que a ciência e a tecnologia podem apresentar para auxiliar a humanidade a se ver livre de carências básicas é, certamente, enorme.

Como sustenta Itsván Mészáros,[(814)] não basta apenas o avanço histórico das forças produtivas para determinar qual o critério para alocação do tempo dos indivíduos. Uma alocação adequada, também depende dos princípios orientadores que forem adotados para o controle sociometabólico. Afirma:

> Certamente nós somos limitados pelo grau de avanço produtivo historicamente alcançado. Mas não somos menos limitados — ao contrário, somos mais limitados e, potencialmente, até mesmo mutilados — se não elaborarmos e adotarmos os princípios orientadores apropriados de controle sociometabólico, porque isso poderia anular a realização do grau objetivamente atingido de avanço científico e outros avanços produtivos.

Assim, sem cair numa fantasia tecnológica, não parece despiciendo pensar que, desvinculadas da lógica do capital, estas forças produtivas já desenvolvidas podem ser voltadas para fins de preservação e reprodução da vida dos seres humanos e seu habitat. Não se pode desconhecer, por exemplo, o imenso potencial que as tecnologias de comunicação apresentam para o estabelecimento de canais de comunicação e esclarecimento que viabilizem aos indivíduos sociais tomarem suas decisões. Da mesma forma, não há que se desconsiderar o papel que super computadores podem ter para auxiliar o planejamento social e prever os fluxos e alocação de recursos, desde que estejam estritamente submetidos ao fim de produção de riqueza concreta, guiada para o atendimento de necessidades socialmente decididas.

Nesse sentido, Cláudio Katz[(815)] sustenta que o sistema do capital impede uma gestão adequada e socialmente proveitosa das novas tecnologias, sendo necessária a introdução de critérios cooperativos, opostos à rentabilidade empresarial, para permitir uma gestão socialmente eficiente e não danosa. Afirma, por exemplo, que as potencialidades da informatização como instrumento de bem-estar e solidariedade, somente irão emergir em uma sociedade emancipada do sistema capitalista.

---

(814) Mészáros, István. *A montanha que devemos conquistar:* reflexões acerca do Estado. 1. ed. São Paulo: Boitempo, 2015. p. 80.

(815) KATZ, Claudio. La relevancia contemporánea de Marx. In: *O capital e o Capital*. Diego Ecker, Nilva Rosin (Orgs.). Passo Fundo: IFIBE, 2019. p. 172.

Da mesma forma, Dominic Kloss[816] salienta que a satisfação das necessidades humanas, bem como a adequada utilização das capacidades humanas e recursos naturais, só é possível ocorrer de forma racional quando não estiverem mais medidas pela lógica da riqueza abstrata. Afirma:

> [...] As tentativas anticapitalistas globais poderiam acoplar-se ao nível das forças produtivas alcançadas: "Com base nestas, seria possível dirigir os meios de produção e os produtos de acordo com o seu conteúdo material e sensível, para aquilo que é necessário à sobrevivência e ao prazer. Neste contexto, seria preciso desenvolver o planeamento social. A sua tarefa seria coordenar os fluxos de recursos — os fundamentos da vida — de modo a servirem a reprodução da vida e não estarem sujeitos à lei do valor. [...] Uma sociedade que organize isto não será uma sociedade harmoniosa sem conflitos nem perdedores. No entanto, nenhum meio fetichista se interpõe mais entre os indivíduos sociais e o mundo". Nesta perspectiva, que visa um tratamento consciente e não fetichizado das coisas, poderiam ser desenvolvidos passos para a liquidação do capitalismo.

Assim, o que se quer salientar é que existem meios materiais, forças produtivas sociais capazes de viabilizar que uma sociedade que se constitua em bases socialmente cooperativas e solidárias se reproduza, desde que tais forças produtivas estejam voltadas para o atendimento das necessidades reais e sensíveis dos indivíduos sociais.

Ocorre que, para que seja possível uma sociedade de indivíduos sociais livremente associados, em condições de igualdade substancial e dignidade, além das abolições e reestruturações já indicadas, também será necessária a abolição da estrutura estatal, postulação que se apresenta como um verdadeiro tabu para o pensamento moderno. Exatamente nesse sentido, Mészáros[817] afirma:

> El estado como tal también tiene que ser erradicado totalmente y reemplazado por una modalidad cualitativamente diferente de auténtico control general autónomo de la toma de decisiones social por parte del pueblo a través de la reconstitución cualitativa del propio metabolismo social. [...] Es así porque un logro histórico de la magnitud involucrada en la toma de decisiones humana orientada lo positivo y verdaderamente autónomo, necesita de manera absoluta del basamento perdurable de la igualdad sustantiva. Eso es factible solo bajo condición de articular a plenitud el movimento de masas radical requerido, en el espíritu de una solidaridad extensible al mundo entero. Combinado con la igualdad sustantiva, que es la única base sobre la cual la necesaria crítica del Estado-Leviatán puede lograr su propósito en términos historicamente sustentables.

---

(816) KLOOS, Dominc. *Alternativas ao capitalismo.* Em teste: a economia do bem comum, p. 27-29.

(817) MÉSZÁROS, Itsván. El ciclo histórico del capital se cierra: el desafío para la salida segura. In: *El vuelo del Fénix:* El capital: lecturas críticas a 150 años de su publicación. Roger Landa (Coord.). Ciudad Autónoma de Buenos Aires: CLACSO, 2018. p. 190-191 e 208.

Com efeito, como sustenta Robert Kurz,[(818)] o planejamento social necessário para uma sociedade de indivíduos sociais livremente associados não pode se dar na referência do estado-nação, pois o Estado é criador e criatura do sistema do capital, estando inserto na lógica da riqueza abstrata. Aliás, o autor sustenta que as próprias fronteiras dos estados-nação, também abstratas, são limitações que não atendem as necessidades sociais e materiais e que sempre provocaram fricções absurdas.

Ora, conforme Mészáros,[(819)] o Estado moderno pertence à própria materialidade do sistema do capital, corporificando a dimensão coesiva do sistema. Como as unidades econômicas reprodutivas do sistema tem caráter centrífugo, a dimensão coesiva de todo sociometabolismo deve ser constituída como uma estrutura de comando político totalizadora. A prova de que o Estado faz parte da materialidade do sistema é dada pelo fato de que o Estado também está preocupado em assegurar as condições de extração do trabalho excedente, tanto como as próprias unidades reprodutivas econômicas diretas, muito embora, ofereça à sua própria maneira a sua contribuição para um bom resultado. Assim, o princípio estruturador do Estado moderno, em todas as suas formas, inclusive nas variedades "pós-capitalistas" (dos socialismos "reais"), "é o seu papel vital de garantir e proteger as condições gerais da extração da mais-valia do trabalho excedente".

Por sua vez, mesmo advogando a importância de um Estado radicalmente democrático para os países pós-coloniais ou não centrais, Enrique Dussel defende que a ideia da abolição do Estado deve ser considerada uma ideia regulativa. Afirma Dussel:[(820)]

> La tesis podría formularse de la siguiente manera: Las exigencias políticas del presente latinoamericano y mundial, ante el avance siempre avasallante de las prácticas del neoliberalismo del capitalismo globalizado determina la necesidad del fortalecimiento del Estado federal o regional — económica, cultural, militar y políticamente — de los países poscoloniales o no centrales en vías de liberación, mientras que una cierta extrema izquierda (en esto coincidente com el Estado mínimo del mismo neoliberalismo económico) proyecta la disolución del Estado de manera empírica y estratégica, lo que le lleva tácticamente a proponer cambiar el mundo desde el nivel social sin intentar políticamente ejercer el poder delegado del Estado (de un nuevo Estado), como medio de liberación nacional y popular. Sin embargo, el fortalecimiento de un Estado democrático no se opone al postulado (como idea regulativa crítica) de la disolución del Estado — si se entende bien la cuestión —. [...]
>
> Para concluir debe clarificarse el hecho de que el fortalecimento de un nuevo Estado democrático al servicio del pueblo, de las mayorías, como valla

(818) KURZ, Robert. *Dinheiro sem valor:* linhas gerais para uma transformação da crítica da economia política, p. 346.

(819) MÉSZÁROS, István. *Para além do capital:* rumo a uma teoria da transição, p. 121.

(820) DUSSEL, Enique. Fortalecimiento del Estado desde el horizonte del postulado de la disolución del Estado. In: *El vuelo del Fenix.* El Capital: lecturas críticas a 150 años de su publicación. Roger Landa (Coord.). 1. ed. Buenos Aires: CIACSO, 2018. p. 212; 224-225.

> protectora ante el Imperio militarista de turno y como gestor de la afirmación de la vida de los ciudadanos legitimamente y con eficacia instrumental, debe inspirarse en la idea regulativa o el participativas propositivas y fiscalizadoras como las representativas) deben crearse y gestionarse desde el horizonte de una participación siempre mayor de la comunidad política, el pueblo, con una representación cada vez más responsable y transparente, subjetivando las obligaciones de los ciudadanos y organizando y simplificando (electrónicamente) todas las tareas del Estado, como lugar del ejercicio delegado obediencial del poder del pueblo. Es "como si" el Estado fuera objetivamente desapareciendo, haciéndose más liviano, más transparente, más público, y subjetivamente desde una cultura ciudadana donde lo común sea considerado como lo próprio — en cuanto a la responsabilidad mutua de deberes, de derechos y de acciones cotidianas —.

Muito embora se compreenda a posição do autor, veja-se que a mesma pressupõe que seja possível a abolição parcial das estruturas estatais, o que não parece viável, pois a abolição do Estado deve ser geral. Além disso, compreende-se a preocupação diante do papel que o Estado vem desempenhando na variante neoliberal, sendo o grande implementador e garante das medidas regressivas do ponto de vista social.

Com efeito, após analisar o enfraquecimento do poder de atuação econômica dos Estados pela implementação das políticas neoliberais, Alysson Leandro Mascaro(821) sustenta que, apesar disso, os Estados não perderam o seu intrínseco papel de "plexo condensador da reprodução do capital", pois continuam a ser os conformadores e garantes da dinâmica do sistema. Aliás, como afirma o autor, o enfraquecimento econômico dos Estados anda de mãos dadas com o pleito do sistema do capital por mais segurança jurídica (para a propriedade privada e os contratos) e, assim, com o fortalecimento da atuação policial do Estado.

Dessa forma, embora seja compreensível a posição de Dussel, não parece que a mesma seja plenamente correta, pois como afirma Robert Kurz,(822) não é possível fazer uma contraposição de economia e política que suponha que tais esferas sejam mutuamente exteriores. Assim, para o autor, o Estado como categoria e como aparelho concreto representa o próprio mecanismo de tratamento político do sistema do capital "que *per se* não pode conduzir para além do fim em si da valorização do valor, não passando, pelo contrário, de uma simples função desta coacção".

Nesse sentido, Claudio Katz(823) faz uma advertência fundamental, segundo a qual não é possível, por meio da ação estatal, forjar modelos de "capitalismo humano" e quejandos. Afirma:

---

(821) MASCARO, Alysson Leandro. *Estado e a forma política*. São Paulo: Boitempo, 2013. p. 106.

(822) KURZ, Robert. *A substância do capital:* o trabalho abstrato como metafísica real social e o limite interno absoluto da valorização, p. 8. Texto Disponível em: <http://www.obeco-online.org/rkurz226.htm>.

(823) KATZ, Claudio. La relevancia contemporánea de Marx. In: *El vuelo del Fenix*. El Capital: lecturas críticas a 150 años de su publicación. Roger Landa (Coord.). 1. ed. Buenos Aires: CIACSO, 2018. p. 167.

> La principal diferencia entre ambas visiones radica en la valoración del capitalismo. La heterodoxia acepta el carácter conflictivo del sistema, pero considera que esas tensiones pueden resolverse mediante una adecuada acción estatal. Marx postuló, en cambio, que esa intervención sólo pospone (y finalmente agrava) los desequilibrios que pretende resolver. Con esse señalamiento colocó los cimientos de una tesis de gran actualidad: la imposibilidad de forjar modelos de capitalismo humano, redistributivo o regulado.

Também Dominic Kloss(824) sustenta que não basta democratizar ainda mais o Estado ou as instâncias internacionais (como a União Europeia ou a ONU), pois tais estruturas (instituições) fazem parte, são um componente necessário do sistema do capital. Como as empresas individuais produzem mercadorias em concorrência, nessa luta de "todos contra todos", no entrechoque de interesses, cabe ao Estado cumprir o papel de representante do interesse geral do processo de valorização. Assim, o Estado está plenamente vinculado à lei do valor, a uma valorização funcional, o que se expressa claramente pela sua dependência dos impostos como uma punção sobre o mais-valor produzido. Dessa forma, mercado e Estado são coimplicados, só podendo existir ou ser abolidos conjuntamente.

Portanto, por mais difícil que seja, não existe como constituir-se uma sociedade diversa, baseada na livre associação de indivíduos, sem que as instâncias hierárquicas do sistema do capital (mercado e Estado) sejam abolidas.

Mas nenhuma destas abolições reestruturantes faria sentido sem haver a abolição/reestruturação das relações de trabalho. Cabe lembrar, como já foi tantas vezes repisado, que o sistema do capital está totalmente assentado na divisão hierárquica do trabalho. A extração de mais-valor, combustível do capital e base de sustento do Estado, dá-se exatamente em função de relações de trabalho marcadas pela desigualdade estrutural e pela coisificação dos seres humanos.

Sem a abolição da relação salarial que caracteriza a sociedade capitalista, não há como organizar uma sociedade não hierárquica em que os indivíduos, em posição de igualdade substancial, possam tomar decisões sobre como, quanto e o que produzir, bem como de que maneira o produto social será distribuído para garantir e reproduzir a vida de todos com igual dignidade.

Assim, o trabalho abstrato, resultante da queima de energia humana viva (vida humana), tem que deixar de ser a base da riqueza, e as tarefas e ocupações dos indivíduos sociais deverão ser organizadas de forma não hierárquica. Haveria, então, a extinção do trabalho abstrato e a sociedade se fundaria numa organização das tarefas/ocupações que caberiam aos indivíduos sociais em seu metabolismo com a natureza.

---

(824) KLOOS, Dominc. *Alternativas ao capitalismo.* Em teste: a economia do bem comum, p. 21. Disponível em: <http://www.obeco-online.org/dominic_kloos.pdf>.

É nesse sentido, ao que se entende, o que foi sustentado por Marx no Capital:(825)

> De fato, o reino da liberdade começa onde o trabalho deixa de ser determinado por necessidade e por utilidade exteriormente imposta; por natureza, situa-se além da esfera da produção material propriamente dita. O selvagem tem de lutar com a natureza para satisfazer as necessidades, para manter e reproduzir a vida, e o mesmo tem de fazer o civilizado, sejam quais forem a forma de sociedade e o modo de produção. Acresce, desenvolvendo-se, o reino do imprescindível. É que aumentam as necessidades, mas, ao mesmo tempo, ampliam-se as forças produtivas para satisfazê-las. A liberdade nesse domínio só pode consistir nisto: o homem social, os produtores associados regulam racionalmente o intercâmbio material com a natureza, controlam-no coletivamente, sem deixar que ele seja a força cega que os domina: efetuam-no com o menor dispêndio de energias e nas condições mais adequadas e mais condignas com a natureza humana. Mas, esse esforço situar-se-á sempre no reino da necessidade. Além dele começa o desenvolvimento das forças humanas como um fim em si mesmo, o reino genuíno da liberdade, o qual só pode florescer tendo por base o reino da necessidade. E a condição fundamental desse desenvolvimento humano é a redução da jornada de trabalho.

Veja-se que fica muito claro que a questão posta não é a realização do trabalho, o auge e a realização do trabalho abstrato e da classe operária, como o marxismo ortodoxo pregou, mas, sim, a extinção do trabalho abstrato, um projeto de emancipação dos seres humanos dos fetiches por eles criados e que os dominam, entre eles, o do trabalho abstrato.(826)

Como afirma Anselm Japp,(827) a visão de Marx era a de que o trabalho proletário, como trabalho vivo, só é possível no sistema do capital, sendo a outra face do sistema. Dessa forma, a ultrapassagem do sistema do capital significa a abolição do trabalho abstrato e não seu triunfo. Tal visão não foi compreendida pelo marxismo ortodoxo.

---

(825) MARX, Karl. *O Capital:* crítica da economia política. Livro III, p. 1.083-1.084.

(826) Sobre esta passagem, Erich Fromm aduz: "Marx expresa aquí todos los elementos esenciales del socialismo. "Primero, el hombre produce en uma forma asociada, no competitiva; produce racionalmente y sin enajenación, lo que significa que la producción está bajo su control, en vez de dejarse dominar por ella como por una fuerza ciega. Esto excluye" claramente una concepción del socialismo donde el hombre sea manipulado por una burocracia, aunque esta burocracia regule toda la economía del Estado, en vez de una gran compañía. Significa que el individuo participa activamente en la planeación y en la ejecución de los planes; significa, en una palabra, la realización de la democracia política y laboral. Marx esperaba que, mediante esta nueva forma de sociedad desenajenada, el hombre pudicra hacerse independiente, pararse sobré sus propios pies y no seguir mutilado por el modo enajenado del produción y de consumo; que sería verdaderamente el dueño y creador de su propia vida y que comenzaría a hacer de la *vida* su principal ocupación, en vez de que ésta fuera la producción de los *medios* de vida. El socialismo para Marx, nunca fue como tal la realización de la vida, sino la *condición* de esa realización. Cuando el hombre haya construido una forma racional, desenajenada de sociedad, tendrá la oportunidad de comenzar con lo que es el fin de la vida: el "despliegue de las fuerzas humanas que se considera como fin en sí, el verdadero reino de la libertad"." FROMM, Erich. *Marx e su concepto del hombre*, p. 70-71.

(827) JAPPE, Anselm. *As aventuras da mercadoria:* para uma nova crítica do valor, p. 105.

Conforme Mészáros,[(828)] é necessário, portanto, superar a divisão hierárquica do trabalho (e, assim, a propriedade privada) e estabelecer uma organização social e horizontal do trabalho. Dessa forma, em uma produção comunal, o seu produto já é desde o início comunal. O trabalho e o produto não têm o caráter de mercadorias. Nessa situação, o trabalho comunal se caracteriza por uma troca de atividades, determinadas por necessidades e propósitos comunais e qualitativos. O trabalho do indivíduo é posto desde o início como trabalho social, razão pela qual, ao invés de uma divisão hierárquica do trabalho, como intercâmbio de valores de troca, aconteceria uma organização do trabalho que teria como consequência a participação do indivíduo no consumo comunal.

Ao produzir de forma associada (comunal), tanto o trabalho, ou melhor, as tarefas sociais necessárias, como seus produtos, não mais na forma de mercadorias, estariam já desde a partida não mais submetidos a critérios meramente quantitativos, mas voltados para o atendimento das necessidades socialmente definidas.

Ao falar do "direito ao trabalho", Sánchez Rubio[(829)] afirma que a sociedade capitalista o transforma numa específica forma, o trabalho assalariado como mercadoria, submetido à racionalidade instrumental, crematística e sacrifical do capitalismo. Dessa forma, segundo o autor, impede-se que se efetive toda a riqueza do conceito de trabalho, o qual necessita ser ressignificado para que outras formas de trabalho emancipador viabilizem o exercício da liberdade. Então afirma:

> El referente humano, el reconocimiento de su dignidad y una apuesta clara, comprometida y valiente a favor de su prioridad se hacen necesarias para que toda produción humana no produzca una jerarquía fetichista e idolátrica que inferioriza y aliena a quienes son los verdaderos sujetos protagonistas, los serem humanos. De lo que se trata es de construir sociedades en las que toda forma de trabajo este en función de los seres humanos y no que el trabajo, en sus distintas expresiones, y los seres humanos estén en función del capital.

É possível concordar com Sánchez Rubio, desde que sejam feitas algumas precisões que parecem ser plenamente compatíveis com seu entendimento.

A primeira, é que realmente é necessário valorizar todo o tipo de tarefa socialmente necessária, mas com a condição de abolição do trabalho assalariado e das relações de trabalho hierarquizadas, enfim, de abolição do trabalho abstrato. Deve-se ter claro que, permanecendo o trabalho assalariado, permanece o motor da sociedade do capital, muito embora tal motor esteja em plena falha pelo desenvolvimento da contradição explosiva. Não se deve desconhecer que é da natureza do sistema desvalorizar qualquer outra atividade que não caiba nos estreitos limites da valorização do valor.

---

(828) MÉSZÁROS, Itsván. *Para além do capital:* rumo a uma teoria da transição, p. 873-874.

(829) RUBIO, David Sánchez. *Derechos humanos instituyentes, pensamento crítico y praxis de liberación*, p. 239-240 e 261-262.

Cabe lembrar aqui a ideia de "dissociação" defendida por Roswitha Scholz,[830] que é exemplar sobre a questão. A autora sustenta que somente na modernidade capitalista se configurou uma total dissociação entre as esferas da produção (onde impera a lógica do capital no sentido de "valorização em si"), reservada ao masculino, e a esfera da reprodução (cuidado com a casa, as crianças, os doentes e as qualidades com isso associadas, sensibilidade, solicitude, amor, sensualidade), reservada ao feminino. Numa relação dialética com o valor (esfera da mercadoria e do mercado), essa dissociação, como o outro necessário da esfera da produção, como aquilo que não pode ser subsumido sob a lógica do lucro, da competitividade, do "poupar tempo", da concorrência, foi subalternizado e desvalorizado. Dessa forma, por esse "defeito ambivalente e estrutural", no momento que as mulheres entram no mercado (no âmbito masculino), já entram rebaixadas.

A segunda consideração é que ao invés de se falar em um "direito ao trabalho", caberia defender um "direito" de participação na produção, distribuição e consumo dos produtos comunais, de acordo com as capacidades e necessidades de cada indivíduo social.

Com isso, estar-se-ia impedindo que a esfera do trabalho se autonomizasse das outras esferas sociais, exatamente como ocorre no sistema do capital. Participar da produção e reprodução sociais, bem como do consumo comunal, não seriam aspectos diversos e estabelecidos separadamente, mas sim, seriam parte da atividade social de cada um dos indivíduos sociais visando o atendimento das necessidades livremente escolhidas.

Dito isso, também cabe, mesmo que sumariamente, ainda pensar em qual o papel que o direito tem na preservação das relações capitalistas, bem como se teria um papel numa sociedade organizada pela associação livre dos indivíduos sociais. Esse é outro tabu sobre o qual é preciso refletir.

Será que a regulação do comportamento social, que a normatividade sobre as relações estabelecidas entre os indivíduos numa sociedade baseada na sua livre associação teria que assumir a forma do direito? Será que seria o caso de indivíduos sociais exprimir as suas pretensões, aspirações, desejos e deveres em termos de direitos? Ora, ao se falar do "direito" não é possível desconsiderar algumas advertências. Por exemplo, Slavoj Zizek[831] afirma:

> O que torna o capital excepcional é a combinação única de valores de liberdade e igualdade com os fatos da exploração e da dominação: a essência da análise de Marx é que a matriz ideológico-jurídica da igualdade-liberdade não é uma simples "máscara" que esconde a dominação-exploração, mas a própria forma em que esta última é exercida.

Não à toa que Enrique Dussel[832] concorda com a crítica cítrica de Marx ao "éden dos direitos humanos" vigentes na esfera da circulação do capital, na esfera da compra e venda da força de trabalho, onde Marx dizia imperar "a liberdade, a igualdade, a propriedade

---

(830) SCHOLZ, Roswitha. *O sexo do capitalismo*, p. 5-40. Disponível em: <http://www.obeco-online.org/roswitha_scholz6.htm>.

(831) SLAVOJ, Zizek. *Primeiro como tragédia, depois como farsa*. São Paulo: Boitempo , 2011. p. 105.

(832) DUSSEL, Enrique. *El último Marx (1863-1882) y la liberación latinoamericana*. México: Siglo Veintiuno, 1990, p. 143.

e Bentham". Então, atualizando a crítica, Dussel afirma que à frase de Marx deveria serem acrescidos os nomes de Milton Friedman e John Rawls, afirmando que tanto o neoconservadorismo como o neocontratualismo "olvidan la coación que se ejerce sobre el trabajador, el trabajo vivo, quien tiene que vender su trabajo o... morirse de hambre".

Com efeito, na "Crítica ao Programa de Gotha", Marx[(833)] faz alguns questionamentos que, pelo menos, deveriam estar sempre presentes na cabeça dos juristas: "Acaso as relações econômicas são reguladas pelos conceitos jurídicos? Pelo contrário, não são as relações jurídicas que surgem das relações econômicas?" A igualdade jurídica não corresponderia à troca de equivalentes, ou seja, à lei do valor? Assim, ao pensar nas limitações da igualdade jurídica burguesa Marx continua:

> Estes defeitos, porém, são inevitáveis na primeira fase da sociedade comunista, tal como brota da sociedade capitalista, depois de um longo e doloroso parto. O direito não pode ser nunca superior à estrutura econômica nem ao desenvolvimento cultural da sociedade por ela condicionado.

Evguiéni B. Pachukanis,[(834)] a partir das indicações de Marx e Engels, foi o jurista que primeiro fez uma abordagem mais geral da forma jurídica como estritamente vinculada à forma mercadoria. Após salientar que a forma jurídica só se torna realmente efetiva na sociedade do capital, o autor também salientou que no longo processo de transição para uma sociedade "comunista", o direito ainda cumpriria um papel. E então afirma:

> Marx, portanto, concebia a transição para o comunismo desenvolvido não como uma transição para novas formas de direito, mas como a extinção da forma jurídica em geral, como uma extinção dessa herança da época burguesa que se destina a sobreviver à burguesia. Além disso, Marx revela a condição fundamental, enraizada na própria economia, da existência da forma jurídica, que é justamente a igualação dos dispêndios do trabalho segundo o princípio da troca de equivalentes, ou seja, ele descobre o profundo vínculo entre a forma do direito e a forma da mercadoria. Uma sociedade que, devido às condições de suas forças produtivas, é forçada a conservar a relação de equivalência entre o trabalho gasto e a remuneração, que ainda remotamente lembra a troca entre

---

(833) MARX, Karl. Observações à margem do Programa do Partido Operário Alemão. In: Karl Marx; Friedrich Engels. *Obras escolhidas*. Vol. 2. São Paulo: Alfa-Omega, s/d. p. 212 e 214.

(834) PACHUKANIS, Evguiéni B. *Teoria geral do direito e marxismo*. São Paulo: Boitempo, 2017. p. 78-80. Alysson Leandro Mascaro afirma: "Para Pachukanis, a forma jurídica não corresponde a um quadro de trocas tomado no seu sentido genérico, ou então a meras trocas simples. As relações jurídicas, identificadas às relações mercantis, só existem como tal a partir de um sistema generalizado de trocas, isto é, a partir de um sistema de trocas mercantis capitalistas. E a própria dialética entre troca e produção não passa despercebida para Pachukanis. A relação entre forma jurídica e forma mercantil é complexa, porque se refina e se plenifica nas próprias relações de produção. [...]. Por isso, somente quando a estrutura mercantil se torna regra geral é que também as estruturas jurídicas se generalizam. O mundo do Império Romano tinha troca simples, que não se generalizavam estruturalmente e, assim também, o direito romano continha normas quanto às trocas, mas não havia um sistema jurídico universalizado de contratos. O direito romano corresponderia a um sistema primitivo, justamente porque Roma não estava estruturada de modo mercantil capitalistas, mas, sim, de modo escravagista e que, portanto, tinha nas relações mercantis um complemento e não a regra geral. Já no capitalismo, quando tudo e todos se trocam no mercado, é a escravidão que se torna incidental." MASCARO, Alysson Leandro. *Filosofia do direito*. São Paulo: Atlas, 2010. p. 473-474.

valores e mercadorias, será forçada a conservar também a forma do direito. Apenas partindo desse momento fundamental é possível entender porque toda uma série de outras relações sociais recebe a forma jurídica. Contudo, argumentar no sentido de que os juízes e as leis devem existir para sempre, pois mesmo num estado de máxima prosperidade econômica não desaparecerão alguns crimes contra a pessoa humana etc., significa tomar momentos secundários e derivados por principais e fundamentais.

A forma jurídica, portanto, é aqui entendida como uma forma social, ou seja, como fôrma/estrutura em que as relações sociais aparecem como relações exteriores e objetivas frente aos indivíduos e aos quais estes acabam por se submeter. As formas sociais são modos relacionais que constituem as interações entre os indivíduos na sociedade, mas que se objetivam como regras/mecanismos apartados dos indivíduos. As formas sociais são criadas pelas relações sociais, mas, por fim, acabam por serem as suas balizas necessárias. Como diz Endelman:(835)

> Com efeito, as categorias jurídicas, tal como as categorias da economia burguesa, "são formas do intelecto que têm uma verdade objectiva enquanto reflectem relações sociais reais, mas estas relações não pertencem senão a esta época histórica determinada em que a produção mercantil é o modo de produção social".

Não à toa que em outra obra, ao falar sobre a greve, Endelman(836) afirma que seria absurdo considerar a greve como burguesa, mas que o direito de greve é burguês, pois a greve só adquire legalidade em certas condições, que são as mesmas que permitem a reprodução do capital. Por sua vez, quanto ao direito do trabalho, visto por tantos como um direito protetivo dos trabalhadores, o autor afirmava:

> Em suma, no "direito do trabalho", está todo o mistério do direito burguês que se transforma em seu lugar verdadeiro; a tal ponto que este "direito" pareceu por muito tempo "vil e vergonhoso", pareceu de uma raça jurídica inferior, uma imitação de direito como o operário era uma imitação de homem.

Por sua vez, Giorgio Agamben(837) faz uma crítica corrosiva ao mecanismo de funcionamento do direito, mostrando que não é cabível pensar o direito como a realização da justiça. Afirma:

Como os juristas sabem muito bem, acontece que o direito não tende, em última análise, ao estabelecimento da justiça. Nem sequer ao da verdade. Busca unicamene o julgamento. Isso fica provado para além de toda dúvida pela 'força da coisa julgada', que diz respeito também a uma sentença injusta. A produção da 'res judicata' – com a qual a sentença substitui o

(835) ENDELMAN, Bernard. *O direito captado pela fotografia*. Coimbra: Centelha, 1976. p. 23. Ver também, HIRSCH, Joachim. *Teoria materialista do Estado*. Rio de Janeiro: Revan, 2010. p. 30; MASCARO, Alysson Leandro. *Estado e forma política*. São Paulo: Boitempo, 2013. p. 21.

(836) EDELMAN, Bernard. *A legalização da classe operária*. São Paulo: Boitempo, 2016. p. 21 e 48.

(837) AGAMBEN, Giorgio. *O que resta de Auschwitz*. São Paulo: Boitempo, 2008. p. 28

verdadeiro e o justo, vale como verdadeira a despeito da sua falsidade e injustiça — é o fim último do direito. Nessa criatura híbrida, a respeito da qual não é possível dizer se é fato ou norma, o direito encontra paz: além disso ele não consegue ir.

Assim, não é possível simplesmente ignorar os "limites" do direito, bem como de seu papel estrutural/funcional para o capital. Afinal de contas, como lembra Endelman,[(838)] cabe dar-se conta de que a hegemonia burguesa é triunfante "por seu recorte social, que lhe permite governar por aparelhos interpostos. E é por isso que o direito que é o sistema de organização desses espaços, é a ideologia triunfante."

Claro que não se deve desprezar ou desconhecer o papel que os direitos humanos e fundamentais, tiveram e têm na contenção dos excessos de poder do capital. Sem a constituição destes direitos, certamente a condição de vida dos seres humanos seria muito pior. Tanto é assim, que não é possível simplesmente abrir mão desses direitos nos termos sustentados anteriormente, muito embora caiba repensar os seus fundamentos e conceitos.

Numa sociedade comunal não se faria presente o Estado, razão pela qual, por exemplo, a ideia de positividade normativa pelo reconhecimento estatal de pretensões eticamente fundadas perderia razão de ser. Da mesma forma, por exemplo no campo dos direitos laborais, não mais existindo a divisão hierárquica do trabalho, muitos dos direitos fundamentais dos trabalhadores (salário mínimo, limite de jornada, etc.) não fariam qualquer sentido.

Isso não significa, como se evidencia tanto das ideias de Marx como de Pachukanis, que todos os conflitos sociais seriam extintos mesmo numa sociedade comunal. Da mesma forma, também resta registrado no pensamento dos autores que nem toda a regulação social precisa tomar a forma jurídica moderna, pois esta é a forma que corresponde à sociedade do capital.[(839)]

Assim, a forma jurídica moderna ainda teria um papel durante a transição para uma sociedade comunal e, para além disso, mesmo numa sociedade comunal seria necessária uma normatividade básica das relações que, no entanto, não necessariamente corresponderia à uma "normatividade jurídica" como prevalecente na sociedade do capital. Caberia à associação dos indivíduos sociais, livremente, estabelecer essa normatividade comunal.

Talvez, em algum ponto próximo dessa ideia, poder-se-ia invocar o *insight* de "práxis instituinte" de que trata David Sánchez Rubio.[(840)] O autor propõe que os direitos humanos sejam permanentemente criados, revisitados, ressignificados e efetivamente implementados por uma prática social não sujeita ao padrão estatalista de direitos humanos vigente. Direcionando a ideia de práxis instituinte para os direitos humanos, que é seu foco, o autor afirma:

> Sin entrar en detalle em el sentido que Laval y Dardot quieren dar a *lo común* como institución creativa y a la vez condicionada, de cara a lo que ahora

(838) EDELMAN, Bernard. *A legalização da classe operária*. São Paulo: Boitempo, 2016. p. 148.

(839) Ver sobre essa temática NAVES, Márcio Bilharinho. *Marxismo e direito:* um estudo sobre Pachukanis. São Paulo: Boitempo, 2008. p. 114 e s.; CALDAS, Camilo Onoda. *A teoria da derivação do estado e do direito*. São Paulo: Dobra Universitária, 2015. p. 106 e s.

(840) RUBIO, David Sánchez. *Derechos humanos instituyentes, pensamento crítico y praxis de liberación*, p. 10-11.

> interessa con respecto a derechos humanos, definen *praxis instituyente* a partir de los plantiamientos de Marx e Castoriadis: los seres humanos hacen su propria historia y realizan uma actividad autotransformadora condicionada y consciente. Como actores, se procucen como sujetos *en y mediante* su acción — los hombres y mujeres se construyen, uma y outra vez sin cesar, relacionalmente, como sujetos, y es el hacer instituyente lo que posibilita a los actores sociales ser tales sujetos por auto-transformación.

Sánchez Rubio(841) salienta que o condicionamento do imaginário ocidental capitalista moderno e colonial faz difícil imaginar outras realidades desde horizontes diversos e a versão oficial estatalista dos direitos humanos (Estado e ordem jurídica estatal) expropria e sequestra a capacidade dos sujeitos sociais, barrando e congelando as lutas sociais pelo reconhecimento e ressignificação dos direitos humanos.

Ao que se entende, para uma sociedade comunal caberia pensar e considerar as experiências das comunidades de povos indígenas e outras comunidades comunais que tem uma visão relacional e comunitária da vida, expressas em uma normatividade "não jurídica". Essa normatividade "não jurídica", aliás, não poderia ser pensada como algo vigente nas franjas da normatividade jurídica estatal, pois esta deveria ser extinta. Assim, esta normatividade "não jurídica", oposta à forma jurídica moderna, seria realmente e efetivamente a normatividade existente.

Carlos Rivera Lugo,(842) partindo da cosmovisão relacional e comunitária de povos e comunidades indígenas andinos, salienta que a experiência de tais povos se embasa numa visão de que todos os seres e todas as coisas estão em relação de complementaridade. Para tais povos, a concepção de normatividade é relacional. As decisões sobre as coisas são deliberadas de forma assemblear, de forma autônoma pela comunidade, sem a submissão a um padrão europeu estatal/jurídico. Dessa forma, o autor fala de uma "normatividade societal do comum", aproximando esta ideia da "hipótese comunista". Afirma Lugo:

> La normatividad societal de lo común trasciende el ámbito limitado del derecho estadocéntrico. El derecho es algo menor que la constelación de relaciones y asociaciones que existen entre los seres humanos. No está presente en todas nuestras interacciones sociales por más que aspire a penetrarlas y controlarlas desde su racionalidad económico-jurídica. Es hora ya de que tomemos una consciencia clara de que siempre han existido otras normatividades no jurídicas, es decir, estadocéntricas, dentro de um contexto caracterizado *de facto* por una pluralidad normativa proveniente de uma constelación de fuentes materiales. En fin, no hace falta el derecho estadocéntrico para producir normas socialmente vinculantes y éticamente edificantes. Como ejemplo está el *no-derecho*. ¿Qué es el no-derecho? Es la norma societal autodeterminada y

(841) RUBIO, David Sánchez. *Derechos humanos instituyentes, pensamento crítico y praxis de liberación*, p. 191.

(842) LUGO, Carlos Rivera. El nomos de lo común. In: *Crítica Jurídica:* Nueva Época, n. 38, p. 136 e s. Disponível em: <https://www.crim.unam.mx/web/sites/default/files/9.%20El%20nomos%20de%20lo%20com%C3%BAn.pdf>.

> éticamente fundamentada en la cooperación y el bien común. Nos referimos al orden normativo vivido, sin necesidad de su formalización jurídica. Se potencia a partir de la ausencia del derecho en certo número de nuestras relaciones sociales. [...] En estas circunstancias, el no-derecho se materializa con base en el principio de autodeterminación, que incluye la libertad inalienable para rebelarse contra autoridades cuyas actuaciones ya no cuenten con el consentimiento real del pueblo por no satisfacer sus intereses y expectativas.

Na verdade, a grande questão, portanto, não é a substância, o conteúdo das normas relativas aos direitos humanos em geral, mas a própria forma na qual se apresentam. Poder-se-ia dizer, numa analogia, que não é objeto de crítica a produção dos alimentos necessários para a vida numa sociedade capitalista, mas, sim, a imposição da forma mercadoria a estes alimentos. Todas as efetivas conquistas da humanidade que foram efetivadas sob a bandeira dos direitos humanos podem inclusive se tornar muito mais efetivas sem estarem involucradas na forma jurídica moderna.

Assim, evidente que haverá algum tipo de normatividade numa sociedade comunal. O que não se pode é de, antemão, vaticinar que tal normatividade teria de ter o caráter propriamente jurídico próprio da forma jurídica moderna/estatal/capitalista. A normatividade social de uma tal sociedade não tem que necessariamente assumir a forma jurídica moderna para que a dignidade pessoal e a igualdade substancial sejam efetivadas e respeitadas.

Enfim, entende-se que a proposta de reestruturação social radical implicada na reestruturação das relações de trabalho, aqui delineada em alguns de seus elementos chave, embora de dificílima e improvável implantação, é plenamente racional e possível. Aliás, diante da crise estrutural do sistema do capital, é uma alternativa a ser pensada em contraposição à barbárie que está no horizonte.

Cabe lembrar aqui, a percuciente passagem de Slavoj Zizek,[(843)] que embora tenha posições que não são de todo compatíveis com o que foi aqui defendido, não tem receio de defender a "hipótese comunista", como forma de sociedade que dirija a humanidade para um mundo melhor. Afirma:

> O fato de que Deleuze, pouco antes de morrer, estivesse escrevendo um livro sobre Marx denota uma tendência mais ampla. No passado cristão, era comum as pessoas que haviam levado uma vida dissoluta voltarem para a segurança da Igreja na velhice e, assim, morrer reconciliadas com Deus. Acontece algo semelhante, hoje, com muitos esquerdistas anticomunistas. No fim de seus dias, voltam para o comunismo como se, depois de uma vida de traição pervertida, quisessem morrer reconciliados com a Ideia comunista. Assim como com os antigos cristãos, essas conversões tardias carregam a mesma mensagem básica: passamos a vida nos rebelando em vão contra o que, no fundo, sabíamos o tempo todo que era verdade. Assim, se até um grande anticomunista como

(843) SLAVOJ, Zizek. *Primeiro como tragédia, depois como farsa.* São Paulo: Boitempo, 2011. p. 128.

> Kravchenko pode em certo sentido voltar à sua fé, nossa mensagem, hoje, deveria ser: "Não tema, junte-se a nós, volte! Você se divertiu com o anticomunismo e está perdoado por isso — está na hora de levar a vida a sério outra vez!".

Talvez seja necessário recuperar a capacidade de imaginar, de pensar utopias e de não se render ao peso inercial do sistema do capital. Existe um verdadeiro "bloqueio de horizontes", pelo qual muitas vezes abdica-se de pensar em outro mundo, diverso, mais digno e pautado por uma igualdade substancial. Por estarem submetidos por tanto tempo ao fetiche do capital, os seres humanos já não conseguem pensar num mundo sem capital. Admitem o fim do mundo, mas não do capital. Assim, uma sociedade comunal, com relações de trabalho (na verdade, relações sociais transparentes de distribuição de tarefas e ocupações específicas) reestruturadas em sentido não hierárquico e voltadas para as necessidades sociais, parece ser uma utopia razoável.

Conclusão

Após terem sido apreciados os temas e objeto do presente livro ao longo de três capítulos, cabe agora serem expostas as conclusões gerais sobre os temas apresentados, bem como delinear as conclusões específicas sobre o problema proposto, conclusões estas sempre sujeitas a revisões e complementos.

Ao terem sido analisados os modos de produção dominantes ao longo do processo histórico, sob a orientação da bússola do materialismo histórico, no primeiro capítulo da obra foram traçadas as linhas gerais de cada um desses modos de produção que já se materializaram na história humana.

Abordando o processo histórico de constituição das sociedades a partir do enfoque do trabalho e, portanto, geralmente a contrapelo em relação à história "oficial", foi demonstrado que sempre as sociedades humanas, em suas várias formas de constituição, tiveram que estabelecer um metabolismo social entre os seres humanos entre si e a natureza e que estas relações sociais acabaram por influenciar, em última instância, toda a vida social.

Tomado por pressuposto que as alterações nos modos de produção social estão condicionadas pelo avanço das forças produtivas e pela conformação que as relações entre os seres humanos estabelecem em torno de suas condições de produção e reprodução da vida (*lato senso*), foram abordados os modos de produção das comunidades primitivas (comunismo primitivo), a escravatura, o feudalismo e, em especial, o modo de produção do capital.

Nas formações pré-capitalistas, muito embora tenha ficado evidenciado que seu desenvolvimento e superação também tiveram a forte influência do avanço das forças produtivas sociais, procurou-se trazer à luz que tal condicionamento de forma alguma representava uma camisa de força. Não houve uma sucessão obrigatória dos modos de produção, mas um processo histórico que se desenvolveu de certa forma, condicionado pelas forças produtivas, mas não determinado ferreamente pelas mesmas.

Certas condições materiais e sociais permitiram que sociedades comunistas primitivas acabassem por se transformar em sociedade escravocratas e estas em sociedades estruturadas de forma feudal. Como ficou demonstrado, tais formas de estruturação social não se deram em todas as sociedades e de forma síncrona. Basta pensar que enquanto a Europa Ocidental engatinhava nos primeiros passos do modo de produção capitalista, os povos originais na América como um todo e, no Brasil, em especial, viviam em formas de comunismo primitivo.

No entanto, a partir do momento em que se constituiu o modo de produção capitalista, surgido das entranhas do modo de produção feudal, alterações radicais ocorreram na forma de prestação do trabalho e na sua regulação. O modo de produção capitalista, centrado na forma mercadoria e, assim, no trabalho abstrato, constituiu-se conjuntamente com o Estado Moderno, transformando a força de trabalho humana em mercadoria e criando um mercado laboral.

A partir da constituição do sistema do capital, pautado pela lógica da mercadoria e do lucro, o avanço das forças produtivas, tendo em vista a necessidade de aumento de produtividade em busca de lucros extras, tornou-se um imperativo imposto pela concorrência. Esse imperativo, sob a coação muda da concorrência, tornou-se uma verdadeira "lei" do sistema do capital.

Assim, a primeira revolução industrial marcou o momento em que o sistema do capital criou uma base adequada ao seu desenvolvimento. O uso das máquinas movidas com base na energia do carvão, utilizadas para os fins capitalistas, tornaram o mundo do trabalho um verdadeiro "inferno" para os trabalhadores. As condições de trabalho que já eram precárias, tornaram-se ainda piores. Tal situação acabou por gerar a resistência dos trabalhadores e a constituição de suas organizações (seitas, clubes, associações, sindicatos, etc.) que passaram a lutar pela instituição de melhores condições de vida e por direitos laborais.

Por força das lutas instituintes laborais, combinada com o arcabouço teórico desenvolvido por vários pensadores sensíveis à causa dos trabalhadores, bem como pelo receio das classes dominantes diante de possíveis revoluções socais (socialistas/comunistas), aos poucos foi surgindo a normativa estatal para regrar as relações de trabalho, sedimentando-se, posteriormente, na criação e generalização de um ramo do direito específico: o Direito do Trabalho. Este ramo do direito nasceu marcado pela ambivalência, pois ao mesmo tempo que regula a compra e venda da força de trabalho, estabelecendo direitos aos trabalhadores, legitima o processo de exploração da força de trabalho.

No Brasil, por seu turno, antes da chegada dos portugueses, pode-se dizer que os povos originários viviam num modo de produção comunal. Com a chegada dos europeus, à fórceps as relações de trabalho passaram a ser marcadas pela colonialidade do poder, pois já no interior de um modo de produção capitalista mercantil, as populações originais foram submetidas à escravização. Posteriormente, a escravização indígena foi substituída pela escravidão negra, um moinho satânico de carne humana sendo triturada com fins de lucros, a qual perdurou por mais de trezentos anos e marcou, indelevelmente, a própria constituição da sociedade brasileira.

Após a abolição da escravatura, juntamente com uma dinâmica econômica mais heterogênea, foram se constituindo novas relações de trabalho que, no entanto, ainda não tinham uma regulação jurídica que pudesse ser caracterizada como direito laboral. Assim, somente a partir da pressão interna dos movimentos de trabalhadores que foram se organizando no Brasil e da pressão internacional (Pacto de Versalhes) é que depois de 1930 se pode falar realmente no surgimento de um direito laboral no Brasil.

Com isso, as Constituições brasileiras desde a de 1934 reconheceram direitos laborais, constitucionalizando os direitos dos trabalhadores. No entanto, somente na Constituição Federal de 1988 é que tais direitos foram alçados ao Título relativo aos direitos fundamentais, o que deveria alterar a forma como tais direitos devem ser compreendidos e tratados.

Por outro lado, em nível global, as crises do sistema do capital e a pressão social dos trabalhadores impulsionaram a mudança nas condições de regulação do trabalho e das condições gerais de vida das populações, surgindo os Estados de Bem-Estar Social e o padrão fordista keynesiano, com as suas primeiras manifestações, em especial, a partir da terceira década do século XX. Especialmente, durante os "30 anos gloriosos" essa forma de regulação socioeconômica teve relativo sucesso, especialmente nos países centrais, até que uma nova crise, estrutural, começou a se manifestar por volta dos anos 1970.

O avanço gigantesco das forças produtivas da terceira revolução industrial (da microeletrônica) colocou em xeque a regulação fordista keynesiana, aspectos daquilo que se concluiu ser uma crise estrutural, e acabaram por proporcionar o ambiente fértil para a implantação do neoliberalismo, que se tornou a forma política dominante de regulação social.

Assim, pode-se dizer que a Constituição Federal de 1988 foi pega num contrapé histórico, pois enquanto trilhou o caminho de uma ordem democrática e social, o mundo globalizado estava envolto no padrão de globalização neoliberal.

A globalização neoliberal trilhou no sentido da financeirização da economia, da privatização das estatais, da desregulação estatal do mercado, da regulação do mesmo pela *lex mercatória*, da quebra das barreiras alfandegárias, do avanço do processo de mercadorização de todos os bens, da reestruturação produtiva e da flexibilização dos direitos sociais (trabalhistas e previdenciários).

Para o campo laboral, em especial, a reestruturação produtiva neoliberal fez avançar o processo de precarização e flexibilização dos direitos dos trabalhadores, impactando fortemente o modelo de regulação fordista keynesiano até então vigente. O desemprego estrutural, o subemprego, o trabalho parcial, a informalidade (uberizados, etc.), passaram a ser as marcas muito visíveis nas relações de trabalho do mundo como um todo e, de forma mais acentuada nos países periféricos.

Com o avanço da terceira revolução industrial, a tal ponto que muitos autores defendem que já se poderia falar de uma quarta revolução industrial, os mecanismos poupadores de trabalho vivo (IA, internet das coisas, robotização, automação, etc.) vão aprofundando ainda mais as modificações radicais das condições e relações de trabalho.

Mesmo após a crise de 2008 (crise do subprime), que escancarou as contradições perigosíssimas do neoliberalismo como padrão de regulação social, as políticas neoliberais continuaram a ser o padrão de regulação social. Muito embora a crise se aprofunde, com os impactos do crescimento da desigualdade social, bem como da aceleração da implementação das novas tecnologias poupadoras de trabalho, as soluções neoliberais implicam que o mundo do trabalho se torne ainda mais hostil pelo aumento do desemprego estrutural e de formas precárias de prestação de trabalho.

Portanto, num cenário de crise estrutural do sistema do capital a que se acrescentam crises conjunturais (como a pandêmica), a resposta neoliberal, no campo do trabalho, foi a promoção de ondas flexibilizantes de direitos que se sucedem como receita de combate ao desemprego. Conforme ficou retratado, "reduzir direitos para promover o emprego" foi o lema utilizado para legitimar as alterações legislativas, tais como, a Lei n. 13.429/2017 (Lei das Terceirizações) e a Lei n. 13.467/2017 (Lei da Reforma Trabalhista), num processo de erosão dos direitos laborais que parece estar longe do fim.

Após esta contextualização socioeconômica e histórica feita no primeiro capítulo, no segundo capítulo da obra foram analisados os direitos fundamentais, expressão utilizada como intercambiável com a expressão direitos humanos, como direitos nascidos no trânsito para a modernidade e que surgiram como respostas frente aos excessos de poder, como verdadeiros "trunfos" frente ao poder (*lato senso*).

Tendo por base a ideia de que os direitos, em especial, os direitos fundamentais, são produtos históricos, a fundamentação dos mesmos foi assentada na demonstração das alterações socioeconômicas, políticas, culturais, mentais e científicas ocorridas no trânsito para a modernidade e nas lutas históricas instituintes que foram travadas para a conquista dos mesmos.

Assim, entendeu-se que para que um direito fundamental seja reconhecido como tal, é necessária a presença de uma pretensão moral justificada em torno da ideia de igual dignidade humana e a recepção da mesma no direito positivo, pois no modo de produção capitalista o direito estatal é incontornável.

Por meio da análise das linhas de evolução dos direitos fundamentais, envolvendo sua positivação, generalização, internacionalização e especificação, entendidas em sua complicação e constituição recíprocas, também foram abordadas as várias gerações dos direitos, onde foi constatada a necessidade de que tais direitos sejam vistos em sua globalidade interdependente.

Ao se investigar sobre os princípios que embasam os direitos fundamentais, entendeu-se que são dois os princípios que lastreiam esses direitos: o princípio da igualdade e o princípio da dignidade da pessoa humana. Assim, os direitos fundamentais, fruto de lutas históricas frente ao poder e na busca pelo reconhecimento de dignidade e igualdade, giram em torno das necessidades que, a cada momento histórico, são tidas como impostergáveis para garantir uma vida digna.

Com isso, demonstrou-se que não existe uma base teórica sólida para diferenciar, no tocante ao grau de fundamentalidade, entre os direitos civis e políticos e os direitos fundamentais sociais. Ambas as gerações de direitos têm a mesma fundamentalidade, pois são necessários para garantir um padrão de vida minimamente digno. Portanto, não existe precedência hierárquica entre tais gerações de direitos fundamentais, tendo restado comprovado que tanto os direitos civis e políticos como os direitos fundamentais sociais são direitos individuais e todos demandam custos públicos para torná-los efetivos.

Demonstrada a fundamentalidade dos direitos fundamentais sociais, em geral, coube verificar na mesma linha, a fundamentalidade dos direitos fundamentais sociais dos trabalhadores. Com relação a isso, entende-se que restou comprovado que tanto em nível do direito internacional dos direitos humanos, como também no direito interno (Constituição

Federal de 1988), um rol adequado de direitos dos trabalhadores são formal e materialmente direitos fundamentais, pois decorrem de pretensões morais justificadas nos princípios da igualdade e da dignidade, além de terem sido recepcionados no direito positivo.

Aliás, com relação à Constituição Federal de 1988, foi salientado que a mesma operou uma inovação muito importante no tocante ao tratamento dos direitos dos trabalhadores. Nas Constituições anteriores desde a de 1934, sempre houve a previsão de direitos trabalhistas que eram assim constitucionalizados. No entanto, somente na Constituição Federal de 1988 é que tais direitos foram expressamente reconhecidos como direitos fundamentais, havendo assim uma mudança de patamar hierárquico desses direitos.

Com base nisso, concluiu-se que diante desta caracterização, certas consequências prático-jurídicas se mostram inafastáveis, pois ao serem reconhecidos como direitos fundamentais, impõe-se que aos direitos dos trabalhadores se dê a interpretação mais favorável e que os torne mais eficazes possível; impõe-se a vinculação permanente do legislador e a proibição de retrocesso social; impõe-se a consideração de que esses direitos estão sob a cobertura das "cláusulas pétreas" e, ainda, impõe-se que as restrições à tais direitos devam passar por testes de razoabilidade/proporcionalidade, bem como que seu conteúdo essencial seja juridicamente inatacável.

No entanto, apesar de todos esses avanços institucionais/constitucionais, não se pode desconsiderar que nas relações de trabalho no modo de produção capitalista, pela própria natureza deste, existem limites à plena realização dos princípios da igualdade e da dignidade humana. Com efeito, as relações de trabalho são caracterizadas por uma desigualdade/assimetria estrutural do trabalho em relação ao capital, bem como nestas relações a pessoa humana é posta, em grau variados, como meio e não como fim. No modo de produção do capital, isso é incontornável.

Delineados estes pressupostos necessários para encaminhar o enfrentamento, propriamente, do objeto do livro , foi no terceiro capítulo que se enfrentou diretamente as questões centrais da mesma.

Assim, num primeiro momento foi feita a análise dos aspectos gerais da chamada "Reforma Trabalhista" brasileira (Lei n. 13.467/2017), onde foram abordadas as justificativas, os fundamentos e o contexto em que se deu a reforma, bem como os efeitos socioeconômicos que a mesma já provocou.

Pela análise dos dados socioeconômicos disponíveis, restou demonstrado que a Reforma Trabalhista se deu num mercado de trabalho já marcado por baixos salários, com grande informalidade, com um desemprego conjuntural e estrutural, enfim, um mercado de trabalho caracterizado pela precariedade e por profundas desigualdade salariais.

Uma das principais bandeiras arguidas para justificar a aprovação da Reforma Trabalhista era a de que uma legislação rígida, como seria a legislação celetista anterior, dificultava a criação de empregos, razão pela qual a Reforma teria um papel positivo na geração dos mesmos. Ora, todos os dados disponíveis que foram analisados, no entanto, indicam que as taxas de emprego/desemprego estão diretamente vinculadas com os avanços ou recuos do processo econômico e suas contradições, não havendo indícios de que a legislação laboral contribua ou dificulte significativamente na criação ou fechamento de vagas de empregos.

Outrossim, ao se fazer uma comparação dos dados disponíveis nos períodos anterior e posterior à Reforma Trabalhista sobre valores salariais, distribuição dos trabalhadores segundo as faixas salariais, taxa de desemprego, taxa de sindicalização, recursos financeiros arrecadados pelos sindicatos, entre outros, o que se pôde constatar foi, em geral, uma acentuação na precarização das relações de trabalho após a Reforma Trabalhista.

Com relação às alterações legais promovidas pela Reforma Trabalhista, tendo em vista que mais de 200 artigos legais foram afetados, optou-se por analisar algumas mudanças consideradas paradigmáticas como a retirada da natureza salarial de várias parcelas, o enfraquecimento das regras sobre limites da jornada laboral e outras que afetaram as regras sobre saúde e segurança no trabalho, todas marcadas por forte carga de regressividade.

No entanto, o objeto principal de análise com relação à Reforma Trabalhista foi o chamado "negociado sobre o legislado" que restou consagrado numa série de dispositivos legais que criaram um verdadeiro microssistema que viabiliza a precarização contínua de direitos fundamentais e laborais. Com efeito, concluiu-se que o caráter paradigmático do "negociado sobre o legislado", como mecanismo legal viabilizador da precarização, dá-se em razão do fato de que os dispositivos positivados pela Reforma Trabalhista (arts. 611-A, 611-B, 620 e parágrafo único do 444, todos da CLT), não só flexibilizam especificamente certos direitos expressamente referidos, mas também "abrem as portas" para a ampla possibilidade de flexibilização de outros direitos. Na verdade, é dado um "cheque em branco" para que negociações coletivas e até mesmo individuais, fragilizem e extingam direitos laborais.

Por meio de negociação coletiva e, em certas condições mesmo por meio de negociação individual, acabou-se por tornar possível que certos direitos fundamentais laborais possam ser amplamente restringidos, especialmente, ao tornar viável a flexibilização das normas infraconstitucionais que regulam a sua incidência, viabilizando não só a transação de direitos, mas a própria renúncia dos mesmos.

Portanto, é visível que a Reforma Trabalhista aprovada e posta em vigência pela Lei n. 13.467/2017 tem, irremediavelmente, um caráter neoliberal e precarizador de direitos, sendo pouco crível sua compatibilidade com o sistema de direitos fundamentais dos trabalhadores previstos na Constituição Federal de 1988. Assim, não pode haver dúvida razoável de que, a Reforma Trabalhista em geral e, em especial, o "negociado sobre o legislado" tal qual foi previsto, não são compatíveis com os padrões constitucionais.

Aliás, ficou demonstrado que a Constituição Federal de 1988 positivou implicitamente o princípio da proibição de retrocesso social e, em matéria laboral, positivou expressamente o princípio da norma mais favorável. Com isso, ao serem confrontadas as alterações promovidas pela Reforma Trabalhista com os princípios fundamentais da proibição de retrocesso social e da norma mais favorável, não restou dúvidas sobre o caráter regressivo e inconstitucional das medidas adotadas.

Com efeito, restou comprovado que tanto do ponto de vista dos resultados socioeconômicos que emergiram da Reforma Trabalhista, como também do confronto normativo entre os dispositivos anteriores e posteriores à mesma, que não é razoável entender que a previsão geral do "negociado sobre o legislado *in pejus*", como receita neoliberal para a regulação jurídica do mercado de trabalho, tal qual previsto na Reforma Trabalhista, seja compatível com os princípios fundamentais da proibição de retrocesso social e da norma mais favorável.

Assim, sustenta-se que é constitucionalmente legítimo defender, numa metáfora, a necessidade de uma espécie de "movimento de resistência constitucional", no qual constaria em sua bandeira o slogan "nem um passo para trás", pois a precariedade das condições de trabalho no Brasil já alcançou um patamar bastante profundo.

Os princípios da proibição de retrocesso social e o da norma mais favorável são diretrizes hermenêuticas impostergáveis para a proteção dos direitos fundamentais, em especial, dos direitos fundamentais sociais dos trabalhadores, em razão das políticas normativas regressivas de cariz neoliberal. Como decisões político-jurídico centrais, os direitos fundamentais e sua eventual concretização em nível infraconstitucional não podem ficar à mercê de eventuais políticas regressivas que venham a afetar um patamar social de civilidade já alcançado.

No entanto, diante do avanço do sistema do capital na sua busca sem fim pelo valor, implementando toda forma de mecanismos poupadores de trabalho pelo acréscimo exponencial da produtividade, viabilizada pela utilização do "intelecto geral" e pela terceira revolução industrial em curso, é insuficiente apenas a defesa dos direitos já conquistados e do marco institucional existente. O desemprego estrutural crescente e as várias formas de trabalho que fogem do campo do trabalho legalmente regulado, já mostram essa insuficiência.

Além disso, como ficou demonstrado, todos os direitos fundamentais têm custos e, no momento em que a máquina do capital começa a emperrar, parece bastante plausível prever que os direitos fundamentais, como trunfos frente aos excessos do sistema, sofrerão os fortes impactos da crise estrutural.

Com efeito, uma temática que geralmente é ignorada pelas análises socioeconômicas e jurídicas, em geral, é a que diz respeito à especificidade da riqueza capitalista. Esse tema é fulcral para se fazer uma análise realista e para ser possível pensar alternativas que visem uma melhoria das condições de vida social. Ignorar que a riqueza capitalista não é a mesma riqueza de outros modos de produção, faz todo o sentido para se entender os próprios limites do sistema vigente.

Ora, a dinâmica do modo de produção capitalista é pautada pela busca de lucro, que tem o seu fundamento no "valor", sendo este a forma social da riqueza capitalista. Ocorre que, pelo desenvolvimento da contradição em processo ínsita ao sistema do capital, na atual quadra histórica essa forma de riqueza se encontra envolta numa contradição explosiva.

Com efeito, Karl Marx teve um *insight*, a partir da análise crítica da lógica imanente do sistema do capital, de que "o capital é a contradição em processo". Muito antes que tal contradição já se fizesse efetiva, a partir da própria lógica do sistema, o autor percebeu que o capital tende a reduzir o tempo de trabalho vivo produtivo a um mínimo, ao mesmo tempo em que põe esse tempo de trabalho como única medida e fonte de riqueza. Assim, o capital traz à vida todos os poderes da ciência e da natureza, bem como das capacidades que provém da combinação e intercâmbio social para que a criação de riqueza efetiva (real) cada vez dependa menos do tempo de trabalho vivo gasto na produção da mesma. No entanto, o capital pretende medir essas imensas forças produtivas sociais pelo tempo de trabalho, bem como as conter nos limites exigidos para manter como valor o valor já criado.

O valor, como riqueza especificamente capitalista, caracteriza-se como a cristalização de trabalho humano abstrato (pura queima de energia humana vital), sendo a substância do capital. O valor não é algo físico, mas social, tal como o capital, que não é uma coisa, mas uma relação social. Muito embora não seja sensível, mas, sim, imaterial, o valor tem consequências objetivas e se expressa no dinheiro. Assim, a busca sem fim pelo lucro, pelo dinheiro, que move o sistema do capital, nada mais é do que a expressão da luta pelo valor e pelo mais-valor.

Ocorre que, nesta busca pelo valor, representado no dinheiro, existe uma verdadeira corrida de esteira (*treadmill effect*), em que o aumento da produtividade é um mecanismo fundamental, mas de efeito contraditório. Quanto maior é a produtividade, menor o uso de trabalho humano vivo produtivo e, assim, menor o valor agregado às mercadorias, pois somente o trabalho humano vivo é capaz de produzir valor. A produção válida de valor, por outro lado, depende do grau de produtividade social e quem consegue produzir com maior produtividade, consegue acaparar no mercado mais valor.

Na atualidade, o mercado é realmente global e, assim, o padrão de produtividade a ser alcançado para a produção válida de valor está definida por aqueles que detém maior produtividade. Assim, quem usa menos trabalho vivo, tem chances de, mesmo produzindo pouco valor, abocanhar no mercado mais valor. Os desdobramentos dessa contradição são explosivos.

Com a terceira revolução industrial (da microeletrônica) e todos os seus desdobramentos (IA, robotização, internet das coisas, etc.), a matrix capitalista ingressou numa crise estrutural, pois a mesma afeta todo o sistema de sociometabolismo do capital. Assim, o neoliberalismo é uma resposta agressiva e fadada ao insucesso para tentar manter o sistema.

A financeirização da economia e o avanço do capital fictício especulador, a reestruturação produtiva neoliberal, o desemprego estrutural, a precarização das condições de trabalho e todas as mazelas que se efetivam sobre os direitos fundamentais dos trabalhadores e as relações de trabalho, bem como a degradação ambiental e o asselvajamento das relações sociais, são as manifestações expressas da crise estrutural.

Dessa forma, diante desta contradição imanente ao sistema do capital é que se pensou buscar alternativas à tais consequências deletérias que a crise estrutural do capital e sua regulação neoliberal têm provocado na vida social da humanidade. Para tanto, é necessário pensar alternativas à "forma mercadoria" que domina as relações sociais e laborais na sociedade atual.

Em razão disso, foi analisada a proposta de renda básica universal, que ganhou muita notoriedade durante a pandemia da Covid-19, muito embora referida proposta já venha sendo trabalhada pela doutrina desde mais tempo e já tenha sido implementada de forma geral na experiência do Alaska. Também foi indicado que no Brasil a proposta de renda básica universal, embora prevista em lei, ainda não saiu efetivamente do papel.

Analisada a renda básica universal, muito embora tenha aspectos positivos, em especial, por servir para garantir um padrão de vida básico, mostrou-se que a proposta tem limitações significativas justamente por ser dependente do bom funcionamento do sistema do capital já em crise estrutural. Procurando-se desfazer ilusões, mostrou-se que as rendas se fundam na produção de valor e, assim, para que seja possível distribuir renda, a mesma tem que ser produzida pela exploração da queima de energia humana viva e, como no Alaska, também da exploração da queima de energia fóssil.

Justamente por isso, sabendo-se do peso inercial do sistema do capital e da quase proibitória tarefa de ir para além do sistema, foi defendido que existem tarefas imediatas, de curto prazo e de médio e longo prazo a serem implementadas por todos que realmente buscam um mundo que efetivamente permita que as pessoas vivam em condições de lhes garantir igual dignidade. Um mundo em que sejamos socialmente iguais, humanamente diferentes e plenamente livres (Rosa Luxemburgo) é possível, mas improvável.

Como tarefa imediata, defendeu-se que os princípios da proibição de retrocesso social e da norma mais favorável devem servir como um bloco de proteção frente as medidas regressivas que vem sendo manejadas contra os direitos fundamentais dos trabalhadores no caso brasileiro. Além disso, em nível mundial é necessário o estabelecimento de padrões básicos no mercado de trabalho a serem observados por todos segundo a normativa internacional da OIT. Junto com isso, como tarefa de curto prazo a ser implementada, também é necessário efetivar uma renda básica universal, em nível local e mundial, que sirva de estofo emergencial durante o processo de transição para uma sociedade além do capital. No entanto, deve-se ter a clareza que tais medidas tem prazo de validade diante da crise estrutural.

É por isso que se propôs uma utopia, não no sentido de algo irrealizável, mas, sim, de algo possível muito embora de dificílima execução. Propôs-se ir para além do capital, buscar uma organização social que tenha como princípio cardeal central: “de cada um segundo sua capacidade; a cada um segundo suas necessidades” (Marx). Para isso, além de mediações materiais, necessária também uma mediação ética, para a qual o princípio material da ética (Dussel) se mostra adequado.

Entre as mediações materiais, em primeira mão é necessária a constituição, em nível global, de uma livre associação dos indivíduos sociais que atuem de acordo com o princípio material da ética e que tenham como objetivo último chegar o mais próximo possível da concretização do princípio cardeal. Assim, a produção e distribuição dos produtos sociais (*lato senso*), livres da forma mercadoria, deve ser objeto da livre deliberação dos indivíduos sociais em associação, mediante um planejamento consciente de todos os que estão implicados nas tarefas. Esse planejamento consciente da produção e reprodução sociais não pode estar sujeito aos critérios da racionalidade empresarial, mas centrado no atendimento das necessidades sociais e da produção/distribuição de riqueza concreta (alimentos, vestimentas, bens culturais, etc.).

Além disso, para que tal tarefa hercúlea seja possível, uma série de abolições são necessárias, passando pela superação da forma mercadoria, do dinheiro, do Estado e da forma jurídica estatal.

Numa sociedade baseada na livre associação dos indivíduos sociais, os produtos de seu metabolismo social não serão produzidos/distribuídos na forma da mercadoria, não mais serão pautados por critérios quantitativos, mas, sim, com a finalidade de atender as necessidades livremente eleitas e planejadas, segundo critérios qualitativos de produção de riqueza concreta. Juntamente com a forma mercadoria, a forma social "dinheiro", a mercadoria rainha, a forma universal de manifestação da riqueza abstrata, também deverá ser abolida.

Além disso, para que seja possível uma sociedade de indivíduos sociais livremente associados, em condições de efetiva igualdade substancial e dignidade, além das abolições e reestruturações já indicadas, também será necessária a abolição da estrutura estatal, pois a presença de uma instância hierárquica que esteja acima dos indivíduos impediria a própria livre associação dos indivíduos sociais.

No entanto, nenhuma destas abolições reestruturantes faria sentido sem que se efetive a abolição do trabalho hierárquico e abstrato e a reestruturação das relações de trabalho. A divisão hierárquica do trabalho, a extração de valor e mais-valor como combustível do capital e base de sustento do capital e do Estado, dá-se exatamente em função de relações de trabalho marcadas pela desigualdade estrutural e pela coisificação dos seres humanos.

Sem a abolição da relação salarial que caracteriza a sociedade capitalista, não há como organizar uma sociedade não hierárquica em que os indivíduos, em posição de igualdade substancial, possam tomar decisões sobre como, quanto, quando e o que produzir, bem como de que maneira o produto social será distribuído para garantir e reproduzir a vida de todos com igual dignidade.

O trabalho abstrato, substância da riqueza capitalista (valor), resultante da queima de energia humana viva, tem que deixar de ser a base da riqueza, e as tarefas e ocupações dos indivíduos sociais deverão ser organizadas de forma não hierárquica. A abolição do trabalho hierárquico abstrato faria com que a sociedade se fundasse numa organização das tarefas/ocupações que caberiam aos indivíduos sociais em seu metabolismo com a natureza. Dessa forma, não haveria um direito ao trabalho, mas um "direito" de participação na produção, distribuição e consumo dos produtos comunais, de acordo com as capacidades e necessidades de cada indivíduo social.

Aliás, a própria forma jurídica moderna, que ainda teria um papel durante a transição para uma sociedade comunal, teria que ser abolida. Assim, teria que ser constituída uma "normatividade não jurídica comunal" voltada para a realização efetiva do princípio cardeal segundo as exigências do princípio da ética material, ambos a guiarem as decisões da associação dos indivíduos sociais livres e em igual dignidade. Para tanto, as experiências dos povos originais, poderia ser um protótipo a ser desenvolvido, evidentemente, em uma escala muito mais vasta e complexa.

Como ficou expresso, no tocante aos direitos humanos, haveria uma profunda transmutação/reestruturação de seu sentido, pois a substância de tais direitos que fossem compatíveis com uma sociedade comunal seria preservada, muito embora a forma jurídica atual teria que ser abolida. Todas as efetivas conquistas da humanidade que foram efetivadas sob a bandeira dos direitos humanos poderiam inclusive se tornar muito mais efetivas sem estarem involucradas e presas na forma jurídica moderna.

Enfim, a superação do sistema do capital é uma tarefa dificílima, muito embora mais necessária do que nunca em virtude da evolução da contradição central explosiva do sistema, não sendo possível meras reformas em um ponto ou outro do sistema em razão da crise estrutural que perpassa todas as suas partes constituintes. Ou a "matrix" do capital é posta abaixo como um todo ou se restaura.

Dessa forma, como já afirmado, faz-se necessário recuperar a capacidade de imaginar, de pensar utopias e de não se render ao peso inercial do sistema do capital. Existe um verdadeiro "bloqueio de horizontes", em razão do qual os possíveis protagonistas da reestruturação abdicam de pensar em outro mundo, diverso, mais digno e pautado por uma igualdade substancial. Por estarem submetidos por tanto tempo ao fetiche do capital, os seres humanos já não conseguem pensar num mundo sem capital. Admitem o fim do mundo, mas não do capital. Assim, uma sociedade comunal, com relações de trabalho (na verdade, relações sociais transparentes de distribuição de tarefas e ocupações específicas) reestruturadas em sentido não hierárquico e voltadas para as necessidades sociais, parece ser uma utopia razoável.

Referências das Fontes Citadas

ABRAMOVICH, Víctor; COURTIS, Christian. Apuntes sobre la exigibilidad judicial de los derechos sociales. In: *La protección judicial de los derechos sociales*. Christian Courtis y Ramiro Ávila Santamaría Editores. Quito: Ministerio de Justicia y Derechos Humanos, 2009.

______; ______. *Hacia la exigibilidade de los derechos económicos, sociales y culturales*. Estándares internacionales y critérios de aplicación ante los tribunales locales. Disponível em: <http://www.oda-alc.org/documentos/1366995147.pdf>.

ABRANTES, João José. *Contrato de trabalho e direitos fundamentais*. Coimbra: Coimbra Editora, 2005.

ADVFN. *Pesquisa Nacional por Amostra de Domicílios (Pnad) em 2017*. Disponível em: <https://br.advfn.com/indicadores/pnad/2017>.

AGAMBEN, Giorgio. *O que resta de Auschwitz*. São Paulo: Boitempo, 2008.

ALEXY, Robert. *Teoría de los derechos fundamentales*. Madrid: Centro de Estudios Constitucionales, 2001.

______. *Teoria dos direitos fundamentais*. São Paulo: Malheiros, 2008.

______. *Tres escritos sobre los derechos fundamentales y la teoría de los princípios*. Bogotá: Universidad Externado de Colombia, 2003.

ALVARENGA, Rúbia Zanotelli. A constitucionalização dos direitos sociais trabalhistas nas constituições brasileiras. *Revista Fórum Trabalhista*, n. 22, Belo Horizonte, Fórum, jul./set. 2016.

ALVES, Giovanni. *O novo (e precário) mundo do trabalho:* reestruturação produtiva e crise do sindicalismo. São Paulo: Boitempo, 2000.

ALVES, José Eustáquio Diniz. *Robôs, revolução 4.0 e renda básica de cidadania*. Disponível em: <http://www.ihu.unisinos.br/186-noticias/noticias-2017/569579-robos-revolucao-4-0-e-renda-basica-de-cidadania-artigo-de-jose-eustaquio-diniz-alves>.

AMORIM, Daniela; DURÃO, Mariana; CHIARA, Márcia De Chiara. *Ao menos 17 fábricas fecharam por dia nos últimos cinco anos*. Disponível em: <https://www.terra.com.br/economia/ao-menos-17-fabricas-fecharam-por-dia-nos-ultimos-cinco-anos,63adc60afd29e4fec6f74454a9b7a085og2p23a0.html;>.

ANAMATRA. *Decreto do governo prevê "simplificação" de regras trabalhistas; entenda*. Disponível em: <https://www.anamatra.org.br/imprensa/anamatra-na-midia/30799-decreto-do-governo-preve-simplificacao-de-regras-trabalhistas-,entenda?highlight=WyJkZWNyZXRvIiwiJ2RlY3JldG8nIl0=>.

ANDERSON, Perry. *Passagens da antiguidade ao feudalismo*. São Paulo: Brasiliense, 1994.

ANDRADE, José Carlos Vieira de. *Os direitos fundamentais na Constituição Portuguesa de 1976*. Coimbra: Almedina, 1987.

ANTUNES, Boaventura. *Dinheiro:* da crítica social à crítica categorial. Disponível em: <http://www.obeco-online.org/boaventura_antunes.htm>.

ANTUNES, Ricardo. A era da informatização e a época da informalização: riqueza e miséria do trabalho no Brasil. In: ANTUNES, Ricardo (Org.). *Riqueza e Miséria do Trabalho no Brasil.* São Paulo: Boitempo, 2006.

______. *Adeus ao trabalho?* Ensaio sobre as metamorfoses e a centralidade do mundo do trabalho. 9. ed. Campinas: Cortez, 2003.

______. *O caracol e a sua concha – Ensaios sobre a nova morfologia do trabalho.* São Paulo: Boitempo, 2005.

______. *O privilégio da servidão:* o novo proletariado de serviços na era digital. São Paulo: Boitempo, 2018.

APRENDIZ, Portal. *Globalização acentua as diferenças no mundo.* Disponível em: <https://portal.aprendiz.uol.com.br/content/globalizacao-acentua-as-diferencas-no-mundo>.

ARANGO, Rodolfo. *¿Hay respuestas correctas en el derecho?* Santafé de Bogotá: Siglo del Hombre Editores, 1999.

______. Constitucionalismo, Estado Social de Direito e realização integral dos direitos. In: *Justiça Social: uma questão de direito.* Maria Elena Rodrigues Ortiz (Org.). Rio de Janeiro: DP&A, 2004.

______. *El concepto de derechos sociales fundamentales.* Colômbia: Legis, 2005.

ASHTON, T. S. *A revolução industrial.* 6. ed. Portugal: Europa-América, s/d.

ATUAL, Rede Brasil. *Trabalhador fica desprotegido na hora da demissão sem homologação no sindicato.* Disponível em: <https://www.redebrasilatual.com.br/trabalho/2018/07/sem-homologacao-nos-sindicatos-trabalhador-fica-desprotegido-na-hora-da-demissao/>.

AVELÃS NUNES, António José. *O capitalismo é um corpo condenado a morrer!* Disponível em: <https://www.conversaafiada.com.br/economia/o-capitalismo-e-um-corpo-condenado-a-morrer>.

ÁVILA SANTAMARÍA, Ramiro. *Los derechos y sus garantías:* ensayos críticos. 1a reimp. Quito: Corte Constitucional para el Período de Transición, 2012.

BALDASSARE, Antonio. *Los derechos sociales.* Reimp. Bogotá: Universidad Externado de Colombia, 2004.

BARBOSA, Ana Paula Costa. A fundamentação do princípio da dignidade humana. In: TORRES, Ricardo Lobo. *A legitimação dos direitos humanos.* Rio de Janeiro: Renovar, 2002.

BARCELLOS, Ana Paula de. O mínimo existencial e algumas fundamentações: John Rawls, Michael Walzer e Robert Alexy. In: *Legitimação dos direitos humanos.* Organizador: Ricardo Lobo Torres. Rio de Janeiro-São Paulo: Renovar, 2002.

______; BARROSO, Luís Roberto. *Comentários à Constituição do Brasil.* Coordenação científica: J. J. Gomes Canotilho, Gilmar Ferreira Mendes, Ingo Wolfgang Sarlet, Lenio Luiz Streck. Coordenação Executiva: Léo Ferreira Leoncy. 2. ed. Coimbra: Almedina, 2018.

BARRETO, Vicente. Reflexões sobre os direitos sociais. In: *Direitos fundamentais sociais:* Estudos de Direito Constitucional, Internacional e Comparado. Ingo Wolfgang Sarlet (Org.). Rio de Janeiro: Renovar, 2003.

BARROSO, Luís Roberto. *Interpretação e aplicação da Constituição.* 3 ed. São Paulo: Saraiva, 1999.

______. *Princípios da razoabilidade e da proporcionalidade.* Disponível em: <www2.uerj.br/~direito/ publicações>.

BARZOTTO, Luiz Fernando. Pessoa e reconhecimento — uma análise estrutural da dignidade da pessoa humana. In: ALMEIDA FILHO, Agassiz; MELGARÉ, Plínio. *Dignidade da pessoa humana: fundamentos e critérios interpretativos.* São Paulo: Malheiros, 2010.

BASBAUM, Leoncio. *História sincera da república:* de 1930 a 1960. 3. ed. São Paulo: Fulgor, 1968.

BÁSICA, Red Renta. *Red Renta Básica.* Disponível em: <http://www.redrentabasica.org/rb/>.

BATALHA, Cláudio H. M. *Sociedades de trabalhadores no Rio de Janeiro do século XIX:* algumas reflexões em torno da formação da classe operária. Disponível em: <http://www.ifch.unicamp. br/ael/website-ael_publicacoes/cad-10/Artigo-2-p41.pdf>.

BAUMAN, Zygmunt. *Globalização:* as consequências humanas. Rio de Janeiro: Jorge Zahar, 1999.

______. *Modernidade líquida.* Rio de Janeiro: Jorge Zahar, 2001.

BEDSZENT, Gerd. *O poder do Estado desde o início da Idade Moderna até hoje:* O Estado-nação como parteiro e prestador de serviços para a produção de mercadorias. Disponível em: <http://www.obeco-online.org/gerd_bedszent6.htm>.

BERCOVICI, Gilberto. *Desigualdades regionais, estado e constituição.* São Paulo: Max Limonad, 2003.

BEZERRA LEITE, Carlos Henrique. *Curso de direito do trabalho.* 6 ed. São Paulo: Saraiva, 2015.

BIAVASCHI, Magda Barros. A Reforma Trabalhista no Brasil em tempos de acirramento das desigualdades sociais à ação de um capitalismo "sem peias" In: MELO, Raimundo Simão de; ROCHA, Cláudio Jannotti da (Coorda.). *Constitucionalismo, Trabalho, Seguridade Social e as Reformas Trabalhista e Previdenciária.* São Paulo/Brasília: LTr/FAPDF, 2017.

______; COELHO, Elaine D'Ávila; DROPPA, Alisson; PERNÍAS, Tomás Rigoletto. O impacto de algumas reformas trabalhistas na regulação e nas instituições públicas do trabalho em diálogo comparado. In: *Dimensões críticas da Reforma Trabalhista no Brasil.* Organizadores: José Dari Krein, Denis Maracci Gimenez, Anselmo Luis dos Santos. Campinas: Curt Nimuendajú, 2018.

BIFO, Franco Berardi. *La fábrica de la infelicidad:* nuevas formas de trabajo y movimento global. Madrid: Traficantes de sueños, 2003.

BILCHITZ, David. *Pobreza y derechos humanos:* la justificación y efectivazación de los derechos socioeconómicos. Madrid: Marcial Pons, 2017.

BINENBOJM, Gustavo. Direitos humanos e justiça social: as ideias de liberdade e igualdade no final do século XX. In: TORRES, Ricardo Lobo (Org.). *Legitimação dos direitos humanos.* Rio de Janeiro: Renovar, 2002.

BINENBOJM, Gustavo. Os direitos econômicos, sociais e culturais e o processo democrático. In: *Justiça Social:* uma questão de direito. Maria Elena Rodrigues Ortiz (Org.). Rio de Janeiro: DP&A, 2004.

BOBBIO, Norberto. *A era dos direitos.* 7. ed. São Paulo: Elsevier, 2004.

BOLZAN DE MORAIS, José Luis. *As crises do estado e da constituição e a transformação espacial dos direitos humanos.* Porto Alegre: Livraria do Advogado, 2002.

BONAVIDES, Paulo. *Comentários à Constituição do Brasil.* Coordenação científica: J. J. Gomes Canotilho, Gilmar Ferreira Mendes, Ingo Wolfgang Sarlet, Lenio Luiz Streck. Coordenação Executiva: Léo Ferreira Leoncy. 2. ed. Coimbra: Almedina, 2018.

______. *Curso de direito constitucional.* 12 ed. São Paulo: Malheiros, 2002.

______. *Teoria constitucional da democracia participativa:* por um direito constitucional de luta e resistência – por uma nova hermenêutica — por uma repolitização da legitimidade. São Paulo: Malheiros, 2001.

BRANDÃO, Cláudio Mascarenhas. *Comentários à Constituição do Brasil.* Coordenação científica: J. J. Gomes Canotilho, Gilmar Ferreira Mendes, Ingo Wolfgang Sarlet, Lenio Luiz Streck. Coordenação Executiva: Léo Ferreira Leoncy. 2. ed. Coimbra: Almedina, 2018.

BRASIL, Agência. *Desemprego em 2013 é o menor dos últimos 11 anos.* Disponível em: <https://agenciabrasil.ebc.com.br/economia/noticia/2014-01/denise-desemprego-fecha-2013-com-menor-media-anual-da-serie-historica>.

______. CSB. *Vejam os riscos por trás do enfraquecimento e exclusão dos sindicatos nas relações trabalhistas.* Disponível em: <https://www.youtube.com/watch?v=M0fLQy7NFo8>.

______. *Constituição da República dos Estados Unidos do Brasil (24 de fevereiro de 1891).* Disponível em: <http://www.planalto.gov.br/ccivil_03/constituicao/constituicao91.htm>.

______. *Constituição Federal Brasileira de 1934.* Disponível em: <http://www.planalto.gov.br/ccivil_03/Constituicao/Constituicao34.htm>.

______. *Decreto n. 591, de 6 de julho de 1992.* Atos Internacionais. Pacto Internacional sobre Direitos Econômicos, Sociais e Culturais. Promulgação. Disponível em: <http://www.planalto.gov.br/ccivil_03/decreto/1990-1994/d0591.htm>.

______. *Decreto n. 1.313, de 17 de janeiro de 1891.* Disponível em: <https://www2.camara.leg.br/legin/fed/decret/1824-1899/decreto-1313-17-janeiro-1891-498588-publicacaooriginal-1-pe.html>.

______. *Decreto n. 1.637, de 5 de janeiro de 1907.* Disponível em: <https://www2.camara.leg.br/legin/fed/decret/1900-1909/decreto-1637-5-janeiro-1907-582195-publicacaooriginal-104950-pl.html>.

______. *Decreto n. 19.770, de 19 de março de 1931.* Disponível em: <http://www.planalto.gov.br/ccivil_03/decreto/Antigos/D19770.htm>.

______. *Decreto n. 2.827, de 15 de março de 1879.* Disponível em: <https://www2.camara.leg.br/legin/fed/decret/1824-1899/decreto-2827-15-marco-1879-547285-publicacaooriginal-62001-pl.html>.

______. *Decreto n. 979, de 6 de janeiro de 1903.* Disponível em: <http://www.planalto.gov.br/ccivil_03/decreto/Antigos/D0979.htm>.

______. *Lei n. 108, de 11 de outubro de 1837.* Disponível em: <http://www.camara.gov.br/Internet/InfDoc/conteudo/colecoes/Legislacao/Legimp-23/Legimp-23._10.pdf>.

______. *Lei de 13 de setembro de 1830.* Disponível em: <http://www.camara.

______. *Lei n. 3353, de 13 de maio de 1888.* Lei Áurea. Disponível em: <http://www2.camara.gov.br/agencia/noticias/66274.html>.

______. Supremo Tribunal Federal. *ADI n. 5.686.* Disponível em: <http://portal.stf.jus.br/processos/detalhe.asp?incidente=5165589>.

______. Supremo Tribunal Federal. *ADI n. 5.695.* Disponível em: <www.stf.jus.br>.

______. Supremo Tribunal Federal. *ADI n. 5.938.* Disponível em: <https://portal.stf.jus.br/processos/detalhe.asp?incidente=5447065>.

______. Supremo Tribunal Federal. *ADI n. 6.342.* Disponível em: <http://portal.stf.jus.br/processos/detalhe.asp?incidente=5880968>.

______. Supremo Tribunal Federal. *ADI n. 6.363.* Disponível em: <http://portal.stf.jus.br/processos/detalhe.asp?incidente=5886604>.

______. Supremo Tribunal Federal. *ADIMC – 2381/RS/2001.* Disponível em: <http://www.stf.jus.br/>.

______. Supremo Tribunal Federal. *ADIMC – 2024/DF.* Disponível em: <http://www.stf.jus.br/>.

______. Supremo Tribunal Federal. *ARE n. 1.121.633.* Disponível em: <http://portal.stf.jus.br/processos/detalhe.asp?incidente=5415427>.

______. Supremo Tribunal Federal. *MI n. 7.300.* Disponível em: http://portal.stf.jus.br/processos/detalhe.asp?incidente=5886456

______. Supremo Tribunal Federal. *RE n. 658.312.* Relator Min. Dias Toffoli, Brasília, 21 de setembro de 2009. Disponível em: <http://www.stf.jus.br>.

______. Supremo Tribunal Federal. *Recurso Extraordinário n. 590.415.* Disponível em: <http://portal.stf.jus.br/processos/downloadPeca.asp?id=306937669&ext=.pdf>.

______. Supremo Tribunal Federal. *Súmula Vinculante n. 25.* Disponível em: <http://www.stf.jus.br/portal/jurisprudencia/menuSumario.asp?sumula=1268&termo=>.

______. Tribunal Superior do Trabalho. *AIRR – 100112-03.2017.5.01.0042.* Disponível em: <www.tst.jus.br>.

BREGMAN, Rutger. *Utopía para realistas:* a favor da renta básica universal, la semana laboral de 15h y un mundo sin fronteras. Barcelona: Salamandra, 2016.

CALDAS, Camilo Onoda. *A teoria da derivação do estado e do direito.* São Paulo: Dobra Universitária, 2015.

CALERA, Nicolas Maria López. *Yo, el Estado:* bases para una teoría substancializadora (não substancialista) del Estado. Madrid: Trotta, 1992.

CÂMARA, Bruno Augusto Dornelas. *Trabalho livre no Brasil oitocentista:* o regime de engajamento e as leis de locação de serviço de 1830 e 1837. Associação Nacional de História — ANPUH XXIV SIMPÓSIO NACIONAL DE HISTÓRIA — 2007. O texto pode ser consultado no endereço eletrônico. Disponível em: <http://anpuh.org/anais/wp-content/uploads/mp/pdf/ANPUH.S24.0650.pdf>.

CAMINO, Carmen. *Direito individual do trabalho.* 3. ed. Porto Alegre: Síntese, 2003.

CAMPOS. Flavio Nunes. O sistema brasileiro de relações do trabalho dos anos 70 à Constituição Federal de 1988: 15 anos de mudanças. *Revista do Tribunal Regional do Trabalho da 15ª Região*, n. 38, jan./jun. 2011.

CANAL 121. *Desemprego recua para 11% no final de 2019, mais ainda atinge 11,6 milhões.* Disponível em: <https://www.canal121.com.br/noticia/10126/desemprego-recua-e-brasil-encerra-2019-com-11-6-milhoes-sem-ocupacao>.

CANÇADO TRINDADE, Antônio Augusto. *Tratado de direito internacional dos direitos humanos.* Vol. I, Porto Alegre: Sergio Antonio Fabris, 1997.

CANOTILHO, J. J. Gomes. *Direito constitucional e teoria da constituição.* 7 ed. Coimbra: 2003.

______. *Constituição dirigente e vinculação do legislador:* contribuição para a compreensão das normas constitucionais programáticas. Coimbra: Coimbra Editora, 1994.

CAPELLA, Juan Ramón. *Fruto proibido:* uma aproximação histórico-teórica ao estudo do direito e do estado. Porto Alegre: Livraria do Advogado, 2002.

______. *Os cidadãos servos.* Porto Alegre: Sergio Antonio Fabris, 1998.

CAPITAL, Carta. *Após reforma trabalhista, Brasil perde 3 milhões de sindicalizados, diz IBGE.* Disponível em: <https://www.cartacapital.com.br/sociedade/apos-reforma-trabalhista-brasil-perde-3-milhoes-de-sindicalizados-diz-ibge/>.

CARBONELL, Miguel. Eficacia de la Constitución y derechos sociales: esbozo de algunos problemas. In: *La protección judicial de los derechos sociales.* Christian Courtis y Ramiro Ávila Santamaría Editores. Quito: Ministerio de Justicia y Derechos Humanos, 2009.

CARBONI, Florence; MAESTRI, Mário. *A linguagem escravizada:* língua, história poder e luta de classes. 3. ed. São Paulo: Expressão Popular, 2012.

CARCANHOLO, Reinaldo. *Capital:* essência e aparência. Vol. 1. São Paulo: Expressão Popular, 2011.

______. *Capital:* essência e aparência. Vol. 2. São Paulo: Expressão Popular, 2013.

______; SABADINI, Mauricio. Capital Ficticio y Ganancias Ficticias. In: Consuelo Silva Flores; Claudio Lara Cortés: Coordinadores. *La Crisis Global y el Capital Ficticio.* Santiago: CLACSO, 2013.

CARIO, Silvio Antonio Ferraz; BUZANEL, Edemar J. *Notas sobre a teoria marxista da renda da terra, p. 33 e 45.* Disponível em: <https://r.search.yahoo.com/_ylt=AwrE1xFIoylgX6gA6GHz6Qt.;_ylu=Y29sbwNiZjEEcG9zAzEEdnRpZAMEc2VjA3Ny/RV=2/RE=1613370312/RO=10/RU=https%3a%2f%2fperiodicos.ufsc.br%2findex.php%2frevistacfh%2farticle%2fviewFile%2f23542%2f21198/RK=2/RS=Wacvycw1q4WhZsf_v9tBCddQF18->.

CARONE, Edgard. *Movimento operário no Brasil (1877-1944).* 2. ed. São Paulo: Difel: 1984.

CARRION, Eduardo Kroeff Machado. *Apontamentos de direito constitucional.* Porto Alegre: Livraria do Advogado, 1997.

CARVALHO, Augusto César Leite de. *Direito individual do trabalho.* 2 ed. Rio de Janeiro: Forense, 2007.

CARVALHO, Edgar de Assis. Prefácio. In: MORIN, Edgar. *Em busca dos fundamentos perdidos:* textos sobre o marxismo. Porto Alegre: Sulina, 2004.

CASTRO, Antonio Escosteguy (*et al*). *Política da constituinte.* Porto Alegre: Mercado Aberto, 1985.

CHANCEL, Lucas. *Desigualdade global.* Disponível em: <https://temas.folha.uol.com.br/desigualdade-global/europa/globalizacao-fracassou-para-muitos-e-reacoes-podem-ser-violentas.shtml>.

CHOMSKY, Noam. *Entrevista concedida ao jornal Folha de S. Paulo.* Folha de S. Paulo, 14 out. 2008.

CNTS. *Dificuldade nas negociações coletivas e precarização do trabalho são as marcas do primeiro ano com Reforma Trabalhista.* Disponível em: <http://www.cntsscut.org.br/ponto-de-vista/artigos/500/dificuldade-nas-negociacoes-coletivas-e-precarizacao-do-trabalho-sao-as-marcas-do-primeiro-ano-com-reforma-trabalhista>.

COGGIOLA, Osvaldo. *O movimento operário nos tempos do manifesto comunista.* Disponível em: <http://www.pucsp. br/cehal/downloads/textos/ATT00599.pdf>.

COMPARATO, Fábio Konder. Ensaio sobre o juízo de constitucionalidade de políticas públicas. *Revista de Informação Legislativa*, Brasília, n. 138, 1998.

CONCEIÇÃO, Lourivaldo da. *Curso de direitos fundamentais.* Campina Grande: EDUEPB, 2016.

CONJUR. *O Direito piora pois cada vez mais o Direito é aquilo que os tribunais dizem que ele é.* Disponível em: <https://www.conjur.com.br/2020-dez-01/entrevista-lenio-streck-advogado-jurista>.

CORRÊA, Luciane Amaral. O princípio da proporcionalidade e a quebra do sigilo bancário e do sigilo fiscal nos processos de execução. In: SARLET, Ingo Wolfgang (Org.). *A constituição concretizada* — construindo pontes com o público e o privado. Porto Alegre: Livraria do Advogado, 2000.

COURTIS, Christian. La eficácia de los derechos humanos en las relaciones entre particulares. In: Ingo Wolfgang Sarlet (Org.). *Constituição, direitos fundamentais e direito privado.* 2. ed. Porto Alegre: Livraria do Advogado, 2005.

COURTIS, Christian. La prohibición de regressidad en matéria de derechos sociales: apuentes introductorios. In: *Ni un passo atrás: la prohibición de regresividad en matéria de derechos sociales.* Compilado por Christina Courtis. 1. ed. Buenos Aires: Del Puerto, 2006.

COUTINHO, Aldacy Rachid. Proteção constitucional da vida privada. In: NUNES, Antônio José Avelãs; COUTINHO, Jacinto Nelson de Miranda (Orgs.). *Diálogos Constitucionais:* Brasil/Portugal. Rio de Janeiro-São Paulo: Renovar, 2004.

CRUZ, Paulo Márcio. *Política, poder, ideologia e estado contemporâneo.* 3. ed. 1. tir. Curitiba: Juruá, 2003.

CULTURAS, Fórum Universal de las. *Declaração de Monterrey.* Declaración Universal De Derechos Humanos Emergentes. Disponível em: <https://catedraunescodh.unam.mx/catedra/CONACYT/04_Docentes_UdeO_ubicar_el_de_alumnos/Contenidos/Lecturas%20obligatorias/M.5_cont_3_DUDHE.pdf>. México: novembro de 2007.

D'AMBROSO, Marcelo José Ferlin. *Direitos humanos e direito do trabalho:* uma conexão para a dignidade. Belo Horizonte: RTM, 2019.

DAL ROSSO, Sadi. *A jornada de trabalho na sociedade:* o castigo de Prometeu. São Paulo: LTr, 1996.

DALLEGRAVE NETO. José Affonso. *Inovações na Legislação Trabalhista*. São Paulo: LTr, 2000.

DE MASI, Domenico. *O futuro do trabalho* — Fadiga e ócio na sociedade pós-industrial. Rio de Janeiro: UNB, 1999.

DE MIGUEL BERIAIN, Íñigo. *Consideraciones sobre el concepto de dignidad humana*. Texto Disponível em: <https://pt.scribd.com/document/317254603/ConsideracionesSobreElConceptoDeDignidadHumana-pdf>.

DECCA, Edgar Salvadori de. *O nascimento das fábricas*. 2. ed. São Paulo: Brasiliense, 1986.

DELGADO, Mauricio Godinho. *Curso de direito do trabalho*. 7. ed. São Paulo: LTr, 2008.

______. *Direitos fundamentais na relação de trabalho*. Texto Disponível em: <http://sisbib.emnuvens.com.br/direitosegarantias/article/view/40/38>.

______; DELGADO, Gabriela Neves. *A Reforma Trabalhista no Brasil:* com os comentários à Lei n. 13.467/2017. São Paulo: LTr, 2017.

DIEESE (Departamento Intersindical de Estatística e Estudos Socioeconômicos). *Contratos intermitentes continuam na gaveta*. Disponível em: <https://www.dieese.org.br/boletimempregoempauta/2020/boletimEmpregoEmPauta17>.

DOBB, Maurice. *A evolução do capitalismo*. 9. ed. Rio de Janeiro: LTC, 1987.

DOWBOR, Ladislau. *A era do capital improdutivo:* por que oito famílias têm mais riqueza do que a metade da população do mundo? São Paulo: Autonomia Literária, 2017.

______. *A formação do capitalismo dependente do Brasil*. São Paulo: Brasiliense, 1982.

______. *O capitalismo se desloca:* novas arquitetura sociais. São Paulo: SESC São Paulo, 2020.

DUSO, Giuseppe. *O Poder* — História da filosofia política moderna. Petrópolis: Vozes, 2005.

DUSSEL, Enique. Fortalecimiento del Estado desde el horizonte del postulado de la disolución del Estado. In: *El vuelo del Fenix*. El Capital: lecturas críticas a 150 años de su publicación. Roger Landa (Coordenador). 1. ed. Buenos Aires: ClACSO, 2018.

______. *A produção teórica de Marx:* um comentário aos Grundrisse. São Paulo: Expressão Popular, 2012.

______. El Marx del "segundo siclo". In: *O capital e o Capital*. Diego Ecker, Nilva Rosin (Organizadores). Passo Fundo: IFIBE, 2019.

______. *El último Marx (1863-1882) y la liberación latinoamericana*. México: Siglo Veintiuno, 1990.

______. *Ética de la liberación:* en la edad de la globalización y de la exclusión. 4. ed. Madrid: Trotta, 2002.

______. *La produción teórica de Marx*. Caracas: Fundación Editorial El perro y la rana, 2010.

DWORKIN, Ronald. *Domínio da vida:* aborto, eutanásia e liberdades individuais. São Paulo: Martins Fontes, 2003.

______. *O império do direito*. São Paulo: Martins Fontes, 2003.

EDELMAN, Bernard. *A legalização da classe operária*. São Paulo: Boitempo, 2016.

______. *O direito captado pela fotografia:* elementos para uma teoria marxista do direito. Coimbra: Centelha, 1976.

EHRENREICH, Barbara. *Miséria à americana:* vivendo de subempregos nos Estados Unidos. Rio de Janeiro – São Paulo: Record, 2004.

ENDELMAN, Bernard. *A legalização da classe operária*. São Paulo: Boitempo, 2016.

ENGELS, Friedrich. *A origem da família, da propriedade privada e do estado*. São Paulo: Centauro, 2002.

______. *Carta a Bloch*. Obras escolhidas. São Paulo: Alfa-ômega, [s/d.]. v. 3.

ÉPOCA. Época Negócios. *Renda média de mais da metade dos brasileiros é inferir a um salário mínimo*. Disponível em: <https://epocanegocios.globo.com/Brasil/noticia/2019/10/renda-media-de-mais-da-metade-dos-brasileiros-e-inferior-um-salario-minimo.html>.

ESCARTÍN, Ignacio García-Perrote. Ley, convenio colectivo, contrato de trabajo y derechos fundamentales del trabajador. *Revista de Derecho Social*, Espanha, Editorial Bomarzo, 1998.

ESPADA, Cinthia Maria da Fonseca. *O princípio protetor do empregado e a efetividade da dignidade da pessoa humana*. São Paulo: LTr., 2008.

ESTADÃO. *Desemprego em dezembro cai para 4,3%, o menor índice da história*. Disponível em: <https://economia.estadao.com.br/noticias/geral,desemprego-em-dezembro-cai-para-4-3-o-menor-indice-da-historia,1626434>.

ESTRADA, Xavier Fontcuberta. ¿Y el día después?: la viabilidade económica a médio plazo de uma renta básica. In: *Desafios actuales de los dererchos humanos:* la renta básica y el futuro del Estado social. María Eugenia Rodrígues Palop, Ignacio Campoy Cervera, José Luis Rey Pérez (Editores). Madrid: Dykinson, 2010.

EXAME. Lugia Tuon. *Desemprego sobe para 12,2% no 1º trimestre e atinge 12,9 milhões, diz IBGE*. Disponível em: <https://exame.com/economia/brasil-tem-desemprego-de-122-no-primeiro-trimestre-diz-ibge/>.

______. *Meirelles projeta 6 milhões de empregos com reforma trabalhista*. Disponível em: <https://exame.com/economia/meirelles-projeta-6-milhoes-de-empregos-com-reforma-trabalhista/>.

FACHINI NETO, Eugênio. Reflexões histórico-evolutivas sobre a constitucionalização do direito privado. In: SARLET, Ingo Wolfgang (Org.). *Constituição, direitos fundamentais e direito privado*. Porto Alegre: Livraria do Advogado, 2003.

FARIA, José Eduardo. *Direito e globalização:* Implicações e perspectivas. Organizador José Eduardo Faria. São Paulo: Malheiros, 1996.

FEITOSA, Enoque. Para a superação das concepções abstratas e formalistas da forma jurídica. In: *Ensaios críticos sobre direitos humanos e constitucionalismo* [recurso eletrônico] / org. Enzo Bello – Dados eletrônicos. Caxias do Sul, RS: Educs, 2012.

FERNÁNDES-LARGO. Antonio Osuna. *Teoría de los derechos humanos:* conocer para practicar. Madrid: San Esteban, 2001.

FERNÁNDEZ, Eusebio. *Teoria de la justicia y derechos humanos*. Madrid: Editorial Debate, 1991.

FERRAJOLI, Luigi. *Constitucionalismo más allá del Estado*. Trad. Perfecto Andrés Ibánêz. Madrid: Trotta, 2018.

______. *Derechos y garantias:* la ley del más débil. Madrid: Trotta, 2001.

______. *El garantismo y la filosofia del derecho.* Bogotá: Universidad Externado de Colombia, 2001.

______. *El garantismo y la filosofía del derecho.* Serie de teoría jurídica y filosofía del derecho, n. 15. Bogotá: Universidad Externado de Colombia, 2001.

______. *Los fundamentos de los derechos fundamentales:* debate con Lucas Bacelli, Michelangelo Bovero, Riccardo Guastini, Mario Jori, Anna Pintore, Ermanno Vitalle, Danilo Zollo. 4. ed. Madrid: Trotta, 2009.

______. *Manifiesto por la igualdad.* Madrid: Trotta, 2019.

FILGUEIRAS, Vitor Araújo. As promessas da Reforma Trabalhista: combate ao desemprego e redução da informalidade. In: *Reforma Trabalhista no Brasil:* promessas e realidade. Organizadores: José Dari Krein, Roberto Véras de Oliveira, Vitor Araújo Filgueiras. Campinas: Curt Nimuendajú, 2019.

______; BISPO, Bruna; COUTINHO, Pablo. A Reforma Trabalhista como reforço a tendências recentes no mercado de trabalho. In: *Dimensões críticas da Reforma Trabalhista no Brasil.* Organizadores: José Dari Krein, Denis Maracci Gimenez, Anselmo Luis dos Santos. Campinas: Curt Nimuendajú, 2018.

FILHO, Napoleão Casado. *Direitos humanos fundamentais.* São Paulo: Saraiva, 2012.

FONSECA VAZ, Jose Eduardo Parlato. *Análise histórica dos direitos trabalhistas nas constituições brasileiras. E-book.* Disponível em: <http://lelivros.love/>.

FONTES, Virginia. *O Brasil e o Capital-Imperialismo.* Teoria e História. 2 ed. Rio de Janeiro: 2010. Disponível <http://resistir.info/livros/brasil_capital_imperialismo.pdf>.

______. *O Brasil e o capital-imperialismo:* teoria e história. 2 ed. Rio de Janeiro: UFRJ, 2010.

FREITAS, Décio. *O socialismo missioneiro.* Porto Alegre: Movimento, 1982.

FREITAS, Juarez. O intérprete e o poder de dar vida à constituição. In: GRAU, Eros Roberto; GUERRA FILHO, Willis Santiago (Orgs.). *Direito constitucional* — Estudos em homenagem a Paulo Bonavides. 1. ed. São Paulo: Malheiros, 2003.

FRIEDMAN, Milton. *Capitalismo e liberdade.* Disponível em: Lelivros.

______. *Capitalismo e liberdade.* p. 193 e s. Texto Disponível em: LeLivros.site.

FROMM, Erich. *Marx e su concepto del hombre.* México: Fondo de Cultura Económica, 1970.

G1. Agência EFE. *Taxa de desemprego no Brasil em 2010 fica em 6,7%, a menor em 8 anos.* Disponível em: <http://g1.globo.com/mundo/noticia/2011/01/taxa-de-desemprego-no-brasil-em-2010-fica-em-67-a-menor-em-8-anos.html>.

______. Anay Cury. *Desemprego fica em 12% no 4º trimestre de 2016 e atinge 12,3 milhões.* Disponível em: <https://g1.globo.com/economia/noticia/desemprego-fica-em-12-no-4-trimestre-de-2016.ghtml>.

______. *Brasil encerra 2014 com a menor taxa de desemprego já registrada.* Disponível em: <http://g1.globo.com/jornal-da-globo/noticia/2015/01/brasil-encerra-2014-com-menor-taxa-de-desemprego-ja-registrada.html>.

GALDINO, Flavio. O custo dos direitos. In: Ricardo Lobo Torres (Org.). *A legitimação dos direitos humanos*. Rio de Janeiro: Renovar, 2002.

GALMÉS, Lorenzo. *Bartolomeu de las Casas:* defensor dos direitos humanos. São Paulo: Edições Paulinas, 1991.

GALVÃO, Andreia. Reforma Trabalhista: efeitos e perspectivas para os sindicatos. In: *Reforma Trabalhista no Brasil:* promessas e realidade. Organizadores: José Dari Krein, Roberto Véras de Oliveira, Vitor Araújo Filgueiras. Campinas: Curt Nimuendajú, 2019.

GARCIA, Eusebio Fernández. *Dignidad humana y cidadania cosmopolita.* Madrid, Dykinson, 2001.

GARCIA, Marcos Leite. A concepção tridimensional dos direitos fundamentais de Gregorio Peces-Barba: reflexões na busca de critérios para o conceito de direitos humanos. In: *O direito contemporâneo e diálogos científicos Univali e Perugia.* Paulo Marcio Cruz, Paulo de Tarso Brandão, Maurizio Oliviero (Organizadores). Univali; Universitá Degli Studi di Perugia, 2016, eBook.

______. A contribuição de Christian Thomasius ao processo de formação do ideal dos direitos fundamentais. *Revista Novos Estudos Jurídicos*, Itajaí, v. 10, n. 2, p. 417-450, jul./dez. 2005.

______. Efetividade dos direitos fundamentais: notas a partir da visão integral do conceito segundo Gregorio Peces-Barba. In: VALLE, Juliano Keller do; MARCELINO JR., Julio Cesar (Org.). *Reflexões da Pós-Modernidade: Estado, Direito e Constituição.* Florianópolis: Conceito Editorial.

______. *O processo de formação do ideal dos direitos fundamentais:* alguns aspectos destados da gênese do conceito. Disponível em: <http://www.publicadireito.com.br/conpedi/manaus/arquivos/anais/XIVCongresso/052.pdf>.

______. *Reflexões sobre o fenômeno dos "novos" direitos fundamentais e as demandas transnacionais.* Disponível em: <https://online.unisc.br/seer/index.php/direito/issue/view/93>.

GENRO, Tarso Fernando. *Direito individual do trabalho.* 2. ed. São Paulo: LTr, 1994.

GIANOTTI, Vito. *História das lutas dos trabalhadores no Brasil.* 3. ed. Rio de Janeiro: Mauad X, 2009.

GIERKE, Otto von. *Las raíces del contrato de servicios.* Madrid: Civitas, 1982.

GLOBO, O. *Os números da economia no regime militar.* Disponível em: <https://infograficos.oglobo.globo.com/economia/entenda-os-numeros-da-economia-no-regime-militar.html.>.

GOMES, Joaquim B. Barbosa. *O poder de polícia e o princípio da dignidade da pessoa humana na jurisprudência francesa.* Disponível em: <www2.uerj.br/direito/publicações>.

GOMES, Orlando; GOTTSCHALK, Elson. *Curso de direito do trabalho.* 13. ed. Rio de Janeiro: 1994.

GONÇALVES, Rogério Magnus Varela. A dignidade da pessoa humana e o direito à vida. In: ALMEIDA FILHO, Agassiz; MELGARÉ, Plínio. *Dignidade da pessoa humana:* fundamentos e critérios interpretativos. São Paulo: Malheiros, 2010.

GORENDER, Jacob. *A atualidade de O Capital.* Disponível em: <https://revistas.pucsp. br/ls/article/view/18788/13972>.

GORENDER, Jacob. *O escravismo colonial.* São Paulo: Ática, 1980.

______. *O conceito de modo de produção e a pesquisa histórica.* Disponível em: <https://marxismo21.org/wp-content/uploads/2013/08/O-Conceito-de-modo-de-produ%C3%A7%C3%A3o.pdf>.

GOUNET, Thomas. Fim do trabalho, fim do emprego? In: CARRION, Raul K. M.; VIZENTINI, Paulo Fagundes (Orgs.). *A crise do capitalismo globalizado na virada do milênio.* Porto Alegre: Ed. Universidade/UFRGS, 2000.

GRAU, Eros Roberto. *A ordem econômica na Constituição de 1988.* 7. ed. São Paulo: Malheiros, 2002.

GROSFOGUEL, Ramón. Para descolonizar os estudos de economia política e dos estudos pós-coloniais: transmodernidade, pensamento de fronteira e colonialidade global. In: SOUSA SANTOS, Boaventura de; MENESES, Maria Paula. *Espistemologias do sul.* Coimbra: Almedina, 2009.

GUTIÉRREZ, Jorge Luis. A controvérsia de Valladolid (1550): Aristóteles, os índios e guerra justa. *Revista USP*, São Paulo, n. 101, mar./abr./maio 2014.

HÄBERLE, Peter. A dignidade humana com fundamento da comunidade estatal. In: SARLET, Ingo Wolfgang. (Org.). *Dimensões da dignidade* — ensaios de filosofia do direito e direito constitucional. Porto Alegre: Livraria do Advogado, 2005.

HAN, Byung-Chul. *Psicopolítica:* neoliberalismo y nuevas técnicas de poder. Barcelona: Herder, 2014.

HARVEY, David. *A loucura da razão econômica:* Marx e o capital no século XXI. São Paulo: Boitempo, 2018.

______. *Para entender O Capital.* Livro I. São Paulo: Boitempo, 2013.

HAYEK, Friedrich A. *O caminho da servidão.* 4. ed. Rio de Janeiro: Expressão e Cultura — Instituto Liberal, 1987.

HINKELAMMERT, Franz J.; JIMÉNEZ, Henri Mora. *Economía, vida humana y bien común:* reflexiones sobre economía crítica. Disponível em: <http://repositorio.uca.edu.sv/jspui/handle/11674/979>.

______; JIMÉNEZ, Henry Mora. *Economía, vida humana e bien común.* Disponível em: <https://www.pensamientocritico.info/libros/libros-de-franz-hinkelammert/espanol.html>.

______. *La vida o el capital:* antologia essencial. Buenos Aires: CLACSO, 2017.

______. *Lo indispensable es inútil: hacia una espirutualidad de la liberación.* San José, Costa Rica: Arlekín, 2012. Disponível em: <http://www.pensamientocritico.info/libros/libros-de-franz-hinkelammert.html>.

HIRSCH, Joachim. *Teoria materialista do Estado.* Rio de Janeiro: Revan, 2010.

HOBSBAWM, Eric. Introdução. In: MARX, Karl. *Formações econômicas pré-capitalistas.* 7. ed. São Paulo: Paz e Terra, 2011.

______. *Era dos Extremos* — O breve século XX – 1914 – 1991. São Paulo: Companhia das Letras, 1995.

HUBERMAN, Leo. *História da riqueza do homem.* 22. ed. Rio de Janeiro: LTC, 2010.

IANNI, Octavio. *Industrialização e desenvolvimento social no Brasil.* Rio de Janeiro: Civilização Brasileira, 1963.

______. *O ciclo da revolução burguesa.* Rio de Janeiro: Petrópolis, 1984.

______. *Teorias da globalização.* 3. ed. Rio de Janeiro: Civilização Brasileira, 1996.

IBGE. *Nota sobre votação do Orçamento 2021.* Disponível em: <https://www.ibge.gov.br/novo-portal-destaques.html?destaque=30375>.

______, Agência. *PIB cai 4,1% em 2020 e fecha o ano em R$ 7,4 trilhões.* Disponível em: <https://agenciadenoticias.ibge.gov.br/agencia-sala-de-imprensa/2013-agencia-de-noticias/releases/30165-pib-cai-4-1-em-2020-e-fecha-o-ano-em-r-7-4-trilhoes>.

______. *Sistema de Contas Nacionais Trimestrais — SCNT.* Disponível em: <https://www.ibge.gov.br/estatisticas/economicas/contas-nacionais/9300-contas-nacionais-trimestrais.html?=&t=series-historicas&utm_source=landing&utm_medium=explica&utm_campaign=pib#evolucao-taxa>.

IPEA. *Anos 1980, década perdida ou ganha?* Disponível em: <http://www.ipea.gov.br/desafios/index.php?option=com_content&id=2759:catid=28>.

______. *O Brasil em 4 décadas:* texto para discussão. Disponível em: <http://www.ipea.gov.br/sites/000/2/publicacoes/tds/td_1500.pdf>.

ISONI, Ananda T. Renda básica universal: um debate necessário. In: *Quarentena:* reflexões sobre a pandemia e depois. Anjuli Tostes, Hugo Melo Filho. 1. ed. Bauru: Canal 6, 2020.

ITUC. *ITUC Global Rights Index 2019.* Disponível em: <https://www.ituc-csi.org/ituc-global-rights-index-2019?lang=en>.

JANON, Renato da Fonseca. *Reforma Trabalhista:* reduzir direitos não gera emprego. Disponível em: <http://www.justificando.com/2016/09/19/reforma-trabalhista-reduzir-direitos-nao-gera-emprego/>.

JAPPE, Anselm. *As aventuras da mercadoria:* para uma nova crítica do valor. Lisboa: Antígona, 2006.

KANT, Emmanuel. *Doutrina do direito.* São Paulo: Ícone, 1993.

______. *Fundamentação da metafísica dos costumes.* Texto Disponível em: <http://www.consciencia.org/kantfundamentacao.shtml/print/>.

KASHIURA JR., Celso Naoto. *Sujeito de direito e capitalismo.* São Paulo: Outras Expressões; Dobra Universitária: 2014.

KATZ, Claudio. La relevancia contemporánea de Marx. In: *El vuelo del Fenix.* El Capital: lecturas críticas a 150 años de su publicación. Roger Landa (Coordenador). 1. ed. Buenos Aires: ClACSO, 2018.

______. La relevancia contemporánea de Marx. In: *O capital e o Capital.* Diego Ecker, Nilva Rosin (Organizadores). Passo Fundo: IFIBE, 2019.

KEYNES, John Maynard. *A teoria geral do emprego, do juro e da moeda* — Inflação e deflação. São Paulo: Abril Cultural, 1983.

KLOOS, Dominc. *Alternativas ao capitalismo.* Em teste: a economia do bem comum. Disponível em: http://www.obeco-online.org/dominic_kloos.pdf.

KONICZ, Tomasz. As origens da crise econômica atual: visão geral das causas sistêmicas e do curso histórico da crise do sistema mundial do capitalismo tardio. *Margem Esquerda, Revista da Boitempo 35*, São Paulo, Boitempo, 2020.

KREIN, José Dari; ABÍLIO, Ludmila; FREITAS, Paula; BORSARI, Pietro; CRUZ, Reginaldo. Flexibilização das relações de trabalho: insegurança para os trabalhadores. In: *Dimensões críticas da Reforma Trabalhista no Brasil.* Organizadores: José Dari Krein, Denis Maracci Gimenez, Anselmo Luis dos Santos. Campinas: Curt Nimuendajú, 2018.

______; OLIVEIRA, Roberto Véras de. Os impactos da Reforma nas condições de trabalho. In: *Reforma Trabalhista no Brasil:* promessas e realidade. Organizadores: José Dari Krein, Roberto Véras de Oliveira, Vitor Araújo Filgueiras. Campinas: Curt Nimuendajú, 2019.

KRELL, Andreas J. *Direitos sociais e controle judicial no Brasil e na Alemanha:* os (des) caminhos de um direito constitucional "comparado". Porto Alegre: Sergio Antonio Fabris, 2002.

KURZ, Robert. A ascensão do dinheiro aos céus: os limites estruturais da valorização do capital, o capitalismo de cassino e a crise financeira global. *Geografares — Revista do Programa de Pós-Graduação em Geografia e do Departamento de Geografia da UFES.* Disponível em: <https://periodicos.ufes.br/geografares/issue/view/991>.

______. *A desvalorização do valor.* Disponível em: <http://www.obeco-online.org/rkurz199.htm>.

______. *A substância do capital:* o trabalho abstracto como metafísica real social e o limite interno absoluto da valorização. Disponível em: <http://www.obeco-online.org/rkurz226.htm.>.

______. *Desvalorização dupla.* Disponível em: <http://www.obeco-online.org/rkurz402.htm>.

______. *Dinheiro sem valor:* linhas gerais para uma transformação da crítica da economia política. Lisboa: Antígona, 2014.

______. *Entrevista à Revista IHU On-Line.* Disponível em: <http://www.obeco-online.org/rkurz306.htm>.

______. *O colapso da modernização:* da derrocada do socialismo de caserna à crise da economia mundial. Rio de Janeiro: Paz e Terra, 1993.

______. *O mito da produtividade:* desenvolvimento tecnológico, racionalização e desemprego. Disponível em: <http://www.obeco-online.org/rkurz1.htm>.

______. *Robótica e trabalho:* os pesadelos da consciência reificada. Disponível em: <http://www.obeco-online.org/rkurz376.htm>.

______. *Livro negro do capitalismo: um canto de despedida da economia de mercado.* Disponível em: <http://obeco.planetaclix.pt/>.

LE GOFF, Jacques. *A civilização do ocidente medieval.* Bauru: EDUSC, 2005.

______. *A idade média e o dinheiro.* 1. ed. Rio de Janeiro, 2014.

LEDUR, José Felipe. A Constituição de 1988 e seus sistema especial de direitos fundamentais do trabalho. *Revista do Tribunal Superior do Trabalho*, vol. 77, n. 3, São Paulo, Lex Magister, jul./set. 2011.

______. *A Constituição de 1988 e seus sistema especial de direitos fundamentais do trabalho.* Texto Disponível em: <https://juslaboris.tst.jus.br/bitstream/handle/20.500.12178/26996/008_ledur.pdf?sequence=4&isAllowed=y>.

LEE, Sangheon; MACCANN, Deirdre; MESSENGER, Jon C. *Duração do trabalho em todo o mundo:* tendências de jornadas de trabalho, legislação e política numa perspectiva global comparada. Secretaria Internacional de Trabalho – Brasília: OIT, 2009. p. 149. Disponível em: <http://www.oitbrasil.org.br/sites/default/files/topic/work_hours/pub/duracao_trabalho_284.pdf>.

LIMA, Maria Rosynete Oliveira de. *Devido processo legal.* Porto Alegre: Sérgio Antônio Fabris, 1999.

LOPES, Ana Maria D'Ávila. *Os direitos fundamentais como limites ao poder de legislar*. Porto Alegre: Sergio Antonio Fabris, 2001.

LÓPEZ, Ma. Fernanda Fernández. El acoso moral en el trabajo — ¿Una nueva forma de discriminación? *Revista de Derecho Social*, Albacete, Bomarzo, 1998.

LORENZETTI, Ricardo Luis. *Fundamentos do Direito Privado*. São Paulo: RT, 1998.

LOSURDO, Domenico. *Fuga da história?* A revolução russa e a revolução chinesa vistas de hoje. Rio de Janeiro: Revan, 2004.

LUGO, Carlos Rivera. El nomos de lo común. In: *Crítica Jurídica:* Nueva Época n. 38. Disponível em: <https://www.crim.unam.mx/web/sites/default/files/9.%20El%20nomos%20de%20lo%20com%C3%BAn.pdf>.

MAESTRI FILHO, Mário José. *O escravismo antigo:* o escravo e o trabalho; luta de classes na antiguidade; resistência e escravidão. São Paulo: Atual, 1985.

MAESTRI, Mário. *Breve história da escravidão*. Porto Alegre: Mercado Aberto, 1986.

MAIOR, Carta. *Renda básica universal nos EUA e o caso do Alasca*. Disponível em: <https://www.cartamaior.com.br/?/Editoria/Pelo-Mundo/Renda-basica-universal-nos-EUA-e-o-caso-do-Alasca/6/48538>.

MANCE, Euclides André. 150 anos de O Capital. In: *O capital e o Capital*. Diego Ecker, Nilva Rosin (Organizadores). Passo Fundo: IFIBE, 2019.

MANZANO, Marcelo; CALDEIRA, Christian Duarte. Dinâmica recente do mercado de trabalho brasileiro ainda nos marcos da CLT. In: *Dimensões críticas da Reforma Trabalhista no Brasil*. Organizadores: José Dari Krein, Denis Maracci Gimenez, Anselmo Luis dos Santos. Campinas: Curt Nimuendajú, 2018.

MÁRKUS, György. *Marxismo e antropologia:* o conceito de "essência humana" na filosofia de Marx. São Paulo: Expressão Popular, 2015.

MARSHALL, T. H. *Cidadania, classe social e status*. Rio de Janeiro, Zahar, 1967.

MARTINEZ, Luciano. *Curso de direito do trabalho:* relações individuais, sindicais e coletivas do trabalho. 7. ed. São Paulo: Saraiva, 2016.

MARTÍNEZ-PUJALTE, Antonio-Luis. Los derechos humanos como derechos inalienables. In: BALLESTEROS, Jesús. *Derechos humanos:* concepto, fundamentos, sujetos. Madrid: Tecnos, 1992.

MARTINS COSTA, Judith. Crise e modificação da ideia de contrato no direito brasileiro. *Revista de Direito do Consumidor*, São Paulo, Revista dos Tribunais, n. 3, 1991.

MARTINS, Ives Gandra da Silva. A influência da Constituição Portuguesa sobre as normas imodificáveis da Constituição Brasileira. In: AUGUSTIN, Sérgio (Org.). *Doutrina Jurídica Brasileira (CD-ROM)*. Caxias do Sul: Plenum, 2001.

MARX, Karl. *Contribuição à crítica da economia política*. São Paulo: Expressão Popular, 2008.

______. *Grundrisse:* Manuscritos econômicos de 1857-1858. Esboços da crítica da economia política. Tradução de Mário Duayer e Nélio Scheider. São Paulo: Boitempo, 2011.

______. *Introdução à contribuição à crítica da economia política.* Contribuição à crítica da economia política. 2. ed. São Paulo: Expressão Popular, 2008.

______. *Manuscritos econômico-filosóficos.* São Paulo: Martin Claret, 2006.

______. O 18 Brumário de Luís Bonaparte. In: *Obras escolhidas*, vol. 1: Karl Marx; Friedrich Engels. São Paulo: Alfa-Omega, s/d.

______. *O capital:* crítica da economia política. 25. ed. Rio de Janeiro: Civilização Brasileira. Livro I, 2008.

______. *O Capital:* crítica da economia política. Vol. 6. Rio de Janeiro: Civilização Brasileira. Livro III, 2008.

______. Observações à margem do Programa do Partido Operário Alemão. In: Karl Marx; Friedrich Engels. *Obras escolhidas.* Vol. 2. São Paulo: Alfa-Omega, s/d.

______; ENGELS, Friedrich. *A ideologia alemã.* 3. ed. São Paulo: Martins Fontes, 2007.

______; ______. *A ideologia alemã:* crítica da mais recente filosofia alemã em seus representantes Feuerbach, B. Bauer e Stirner, e do socialismo alemão em seus diferentes profetas. São Paulo: Boitempo, 2007.

______; ______. *Carta a P. V. Annenkov.* Obras escolhidas. V. 3, s/d.

MASCARO, Alysson Leandro. *Estado e a forma política.* São Paulo: Boitempo, 2013.

______. *Filosofia do direito.* São Paulo: Atlas, 2014.

MASON, Paul. *Postcapitalismo:* hacia um nuevo futuro. *ePub* base r1.2. Okulto, 2016.

MATTEI, Ugo. *Bienes comunes:* un manifiesto. Madrid: Trotta, 2013.

MATTEUCCI, Nicola. *Organización del poder y libertad:* historia del constitucionalismo moderno. Madrid: Trotta, 1988.

MATTICK, Paul. *Crisis y teoría de la crisis.* Edição Digital: Círculo Internacional de Comunistas Antibolcheviques.

MAX-NEEF. Manfred A. *Desenvolvimento à escala humana:* concepção, aplicação e reflexões posteriores. Blumenau: Edifurb, 2012.

MEIRELES, Edilton. Impactos da Reforma Trabalhista brasileira: dois anos depois. *Revista dos Tribunais*, São Paulo, vol. 1.010/2019.

MELLO JUSTO, Carolina Raquel Duarte de. Direito à Renda Básica de cidadania: um marco na história brasileira, p. 15. In: *IHU on-line. Revista do Insituto Humanitas Unisinos*, n. 333. Disponível em: <http://www.ihuonline.unisinos.br/edicao/333>.

MELLO. Celso Antônio Bandeira de. *Conteúdo jurídico do princípio da igualdade.* 3. ed. São Paulo: Malheiros, 1993.

MÉSZÁROS, István. *A montanha que devemos conquistar:* reflexões acerca do Estado. 1. ed. São Paulo: Boitempo, 2015.

______. *Para além do capital:* rumo a uma teoria da transição. São Paulo: Boitempo, 2011.

______. *A crise estrutural do capital.* 2. ed. São Paulo: Boitempo, 2011.

______. El ciclo histórico del capital se cierra: el desafío para la salida segura. In: *El vuelo del Fénix:* El capital: lecturas críticas a 150 años de su publicación. Roger Landa (Coordenador). Ciudad Autónoma de Buenos Aires: CLACSO, 2018.

______. *Para além do capital:* rumo a uma teoria da transição. São Paulo: Boitempo, 2011.

MIGALHAS. *Alemanha aposta no trabalho temporário para recuperar economia.* Disponível em: <https://migalhas.uol.com.br/quentes/337949/alemanha-aposta-no-trabalho-temporario-para-recuperar-economia>.

______. *Brasil volta à lista de violações de Direito Trabalhista da OIT.* Disponível em: <https://m.migalhas.com.br/quentes/304289/brasil-volta-a-lista-de-violacoes-de-direito-trabalhista-da-oit>.

MIGUEL, Alfonso Ruiz. Sobre el concepto de igualdad. In: Miguel Carbonell (compilador). *El principio constitucional de igualdad:* lecturas de introdución. México: Comisión Nacional de los Derechos Humanos, 2003.

MIRANDA, Jorge. A Constituição e a dignidade da pessoa humana. Didaskalia, 1999. Disponível em *Veritati – Repositório Institucional da Universidade Católica Portuguesa.* Endereço eletrônico: <http://hdl.handle.net/10400.14/18404>.

MISES, Ludwig von. *Uma crítica ao intervencionismo.* Disponível em: LeLivros.

MORAES, Alexandre. *Direito constitucional.* 13. ed. São Paulo: Atlas, 2003.

MORALES, Leticia. *Derechos sociales constitucionales y democracia.* Madrid: Marcial Pons, 2015.

MOREIRA, Eduardo Ribeiro. *Direito Constitucional Atual.* Rio de Janeiro: Elsevier, 2012.

MORIN, Edgar. *La Vía:* para el futuro de la humanidad. Tradução de Núria Petit Fontseré. Barcelona: Paidós, 2011.

MORUS, Thomas. *Utopia.* eBooksBrasil.com. Fonte Digital: <www.jahr.org>, 2001.

MOTA, Camilla Veras. *Após 2008, flexibilização do trabalho vira regra em vários países.* Disponível em: <https://www.valor.com.br/brasil/4958276/apos-2008-flexibilizacao-do-trabalho-vira-regra-em-varios-paises>.

______. BBC News Brasil em São Paulo. *Trabalho sem salário fixo e com jornada reduzida avança e já representa 12% das novas vagas formais.* Disponível em: <https://www.terra.com.br/noticias/brasil/trabalho-sem-salario-fixo-e-com-jornada-reduzida-avanca-e-ja-representa-12-das-novas-vagas-formais,3f60bb4d233b4f59ccbc679b6c86c2395izsb31y.html>.

NABUCO, Joaquim. *O abolicionismo.* Brasília: Edições Câmara, 2019.

NAVES, Márcio Bilharinho. *Marxismo e direito:* um estudo sobre Pachukanis. São Paulo: Boitempo, 2008.

NETTO, José Paulo; BRAZ, Marcelo. *Economia política:* uma introdução crítica. Vol. I. São Paulo: Cortez, 2006.

NINO, Carlos Santiago. *Ética y derechos humanos:* un ensayo de fundamentación. Barcelona: Ariel, 1989.

NOGUERA, José A. La renta básica y la crisis del empleo: cuatro tesis a contracorriente. In: *Desafios actuales de los dererchos humanos:* la renta básica y el futuro del Estado social. María Eugenia Rodrígues Palop, Ignacio Campoy Cervera, José Luis Rey Pérez (Editores). Madrid: Dykinson, 2010.

OIT. *Aplicación de las normas internacionales del trabajo, 2019.* Informe de la Comisión de Expertos en Aplicación de Convenios y Recomendaciones. Disponível em: <https://www.ilo.org/wcmsp5/groups/public/---ed_norm/---relconf/documents/meetingdocument/wcms_670148.pdf>.

______. *Aplicación de las normas internacionales del trabajo, 2020.* Disponível em: <https://www.ilo.org/wcmsp5/groups/public/---ed_norm/---relconf/documents/meetingdocument/wcms_736217.pdf>.

______. *C154 — Fomento à Negociação Coletiva.* Disponível em: <https://www.ilo.org/brasilia/convencoes/WCMS_236162/lang--pt/index.htm>.

______. *Convenção n. 155.* Disponível em: <https://www.ilo.org/brasilia/convencoes/lang--pt/index.htm>.

______. *Declaração da OIT sobre os princípios e direitos fundamentais no trabalho.* Assinada em 09 de junho de 1998. Disponível em: <https://www.ilo.org/public/english/standards/declaration/declaration_portuguese.pdf>.

OLIVEIRA JUNIOR, José Alcebíades. *Teoria jurídica e novos direitos.* Rio de Janeiro: Lumen Juris, 2000.

OLIVEIRA, José César de. Formação histórica do direito do trabalho. In: BARROS, Alice Monteiro. *Curso de direito do trabalho:* estudos em homenagem a Célio Gouatá. São Paulo: LTr., 1993.

ONU. *Declaração de Viena.* Declaração final e plano de ação. Conferência Mundial sobre os Direitos Humanos. Viena, 1993. Disponível em: <http://www.direitoshumanos.usp. br/index.php/Sistema-Global.-Declara%C3%A7%C3%B5es-e-Tratados-Internacionais-de-Prote%C3%A7%C3%A3o/declaracao-e-programa-de-acao-de-viena.html>.

______. *Declaração Universal dos Direitos Humanos.* Disponível em: <https://nacoesunidas.org/wp-content/uploads/2018/10/DUDH.pdf>.

ORGANIZAÇÃO INTERNACIONAL DO TRABALHO — OIT. *Perspectivas sociais e de emprego no mundo:* mudança nas modalidades de emprego, p. 6. Disponível em: <https://www.ilo.org/wcmsp5/groups/public/---dgreports/---dcomm/---publ/documents/publication/wcms_369023.pdf>.

ORTLIEB, Claus Peter. *Ilusão matemática.* Disponível em: <http://www.obeco-online.org/claus_ortlieb19.pdf>.

______. *Uma contradição entre matéria e forma:* sobre a importância da produção de mais-valia relativa para a dinâmica de crise final. Disponível em: <http://o-beco-pt.blogspot.com/2010/06/claus-peter-ortlieb-uma-contradicao.html>.

PACHUKANIS, Eugeny Bronislavovich. *Teoria geral do direito e marxismo.* São Paulo: Acadêmica, 1988.

______. *Teoria geral do direito e marxismo.* São Paulo: 2017.

PAÍS, El. *OIT alerta para precarização do emprego em nível mundial.* Disponível em: <https://brasil.elpais.com/brasil/2019/02/13/economia/1550088419_496910.html>.

PARIJS, Phillipe Van; VANDERBORGHT, Yannick. *La renta básica.* Ariel Economía. eBook.

PASOLD, Cesar Luiz. *Metodologia da pesquisa jurídica:* teoria e prática. 13. ed. ver. atual. amp. Florianópolis: Conceito Editorial, 2015.

PAULANI, Leda Maria. *Acumulação e rentismo:* resgatando a teoria da renda de Marx para pensar o capitalismo contemporâneo. Revista de Economia Política, vol. 36, n. 3 (144), julho-setembro/2016. Disponível em: <https://doi.org/10.1590/0101-31572016v36n03a04>.

PECES-BARBA MARTÍNEZ, Gregorio. *Curso de derechos fundamentales:* teoría general. Madrid: Boletín Oficial del Estado, 1999.

______. *Lecciones de derechos fundamentales.* Con a colaboración de: ROIG, Rafael de Asís; Avilés, María del Carmen Barranco. Madrid: Dykinson, 2004.

______. *Reflexiones sobre la evolución histórica y el concepto de dignidad humana.* Disponível em: <https://core.ac.uk/download/pdf/30043286.pdf>.

PÉREZ LUÑO, Antonio Enrique. *Derechos humanos, estado de derecho y constitucion.* 8. ed. Madrid: Tecnos, 2003.

______. *Los derechos fundamentales.* 11. ed. Madrid: Tecnos, 2013.

PERLINGIERI, Pietro. *Perfis do direito civil* — introdução ao direito civil constitucional. 2. ed. Rio de Janeiro-São Paulo: Renovar, 2002.

PIKETTI, Thomas. *La economía de las desigualdades:* cómo implementar una redistribución justa y eficaz de la riqueza. 1. ed. Buenos Aires: Siglo Veintiuno, 2015.

______. *El capital en el siglo XXI.* México: Fondo de Cultura Económica, 2014.

______. *O capital no século XXI.* Rio de Janeiro: Intrínseca, 2014.

PIOVESAN, Flavia, Direitos humanos, o princípio da dignidade humana e a Constituição Brasileira de 1988. In: *(Neo) Constitucionalismo — ontem, os códigos, hoje as constituições. Revista do Instituto de Hermenêutica Jurídica*, Porto Alegre, Instituto de Hermenêutica Jurídica, 2004.

______. *Direitos humanos e o direito constitucional internacional.* 3. ed. São Paulo: Max Limonad, 1997.

______. *Temas de direitos humanos.* 2. ed. São Paulo: Max Limonad, 2003.

PISARELLO, Gerardo. Derechos sociales y principio de no regresividad en España. In: *Ni un passo atrás:* la prohibición de regresividad en matéria de derechos sociales. Compilado por Christina Courtis. 1. ed. Buenos Aires: Del Puerto, 2006.

______. *Los derechos sociales y sus garantias:* elementos para una reconstrución. Madrid: Trotta, 2007.

______. *Un largo Termidor:* la ofensiva del constitucionalismo antidemocrático. Madrid: Trotta, 2011.

PITTA, Fábio. O crescimento e a crise da economia brasileira no século XXI como crise da sociedade do trabalho: bolha das commodities, capital fictício e crítica do valor-dissociação. *Revista Sinal de Menos,* n. 14, vol. 1, maio 2020. Disponível em: <https://sinaldemenos.org/2020/05/18/sinal-de-menos-14-vol-1/>.

PNAD. IGBE. *Rendimento de todas as fontes 2017.* Disponível em: <https://biblioteca.ibge.gov.br/visualizacao/livros/liv101559_informativo.pdf>.

POCHMANN, Márcio. Financeirização, concentração de renda e desemprego: como valorizar o trabalho? *Revista Princípios*, São Paulo, Anita Garibaldi, nov. 2005.

______. O fim do trabalho como se conhece no Brasil. *Revista do TST*, São Paulo, Lex Magister, vol. 83, n. 4, out./dez. 2017.

POLANY, Karl. *A grande transformação:* as origens de nossa época. Rio de Janeiro: Compus, 2000.

POLLETTI, Ronaldo. *Constituições Brasileiras:* volume III, 1934. 3. ed. Brasília: Senado Federal, Subsecretaria de Edições Técnicas, 2012.

PORTUGAL. Tribunal Constitucional. *Acórdão 39/84*. Disponível em: <www.tribunalconstitucional.pt>.

______. Tribunal Constitucional. *Acórdão 509/02*. Disponível em: <www.tribunalconstitucional.pt>.

POSTONE, Moische. Repensando a Marx (en un mundo post-marxista). In: *Lo que el trabajo esconde*. Materiales para un replanteamiento de los análisis sobre el trabajo. Organizadores: Jorge García López, Jorge Lago Blasco, Pablo Meseguer Gancedo, Alberto Riesco Sanz. Madrid: Traficantes de sueños.

______. Repensando o capitalismo e seus futuros. *Verinotio — Revista on-line de Filosofia e Ciências Humanas*, ano XI, out./2016. Disponível em: <http://www.verinotio.org/sistema/index.php/verinotio/issue/view/27>.

______. *Tempo, trabalho e dominação social.* São Paulo: Boitempo, 2014.

______. Repensando o capitalismo e seus futuros. *Verinotio — Revista on line de filosofia e ciências sociais*, vol. 22, out. 2016.

PRADO JÚNIOR, Caio. *Teoria marxista do conhecimento e método dialético materialista.* São Paulo: Ridendo Castigat Mores, s/d.

QUADROS, Waldir. *Entrevista especial:* "É assustadora a bomba-relógio que temos pela frente". 80% dos trabalhadores brasileiros são pobres e vivem com renda de até 1.700 reais. Disponível em: <http://www.ihu.unisinos.br/590032-80-dos-trabalhadores-brasileiros-sao-pobres-e-vivem-com-renda-de-ate-1-700-reais-e-assustadora-a-bomba-relogio-que-temos-pela-frente-entrevista-especial-com-waldir-quadros>.

QUARTIM DE MORAIS, João. *A "forma asiática" e o comunismo agrário primitivo.* Disponível em: <https://www.ifch.unicamp. br/criticamarxista/arquivos_biblioteca/artigo268Artigo7.pdf>.

QUIJANO, Aníbal. Colonialidade do poder e classificação social. In: SOUSA SANTOS, Boaventura de; MENESES, Maria Paula. *Espistemologias do sul.* Coimbra: Almedina, 2009.

RABENHORST, Eduardo Ramalho. O valor da pessoa humana e o valor da natureza. In: ALMEIDA FILHO, Agassiz; MELGARÉ, Plínio. *Dignidade da pessoa humana:* fundamentos e critérios interpretativos. São Paulo: Malheiros, 2010.

RAMOS FILHO, Wilson. Delinqüência patronal, repressão e reparação. *Revista da Associação dos Magistrados da Justiça do Trabalho da 15ª Região – Amatra*, São Paulo, LTr, v. XV, n. 2, 2009.

RAVENTÓS, Daniel. La renta básica como derecho humano emergente y ante la crisis económica actual. In: *Desafios actuales de los dererchos humanos:* la renta básica y el futuro del Estado social.

María Eugenia Rodrígues Palop, Ignacio Campoy Cervera, José Luis Rey Pérez (Editores). Madrid: Dykinson, 2010.

______. Renda básica e o sonho da liberdade. *IHU on-line. Revista do Insituto Humanitas Unisinos*, n. 333. Disponível em: <http://www.ihuonline.unisinos.br/edicao/333>.

______. *Renda básica e renda máxima, propostas verdadeiramente republicanas contra os grandes poderes privados.* Entrevista especial com Daniel Raventós. Ver o texto da entrevista no endereço eletrônico: <http://www.ihu.unisinos.br/159-noticias/entrevistas/593694-renda-basica-e-renda-maxima-propostas-verdadeiramente-republicanas-contra-os-grandes-poderes-privados-entrevista-especial-com-daniel-raventos>.

REIS, Alessandro. *Ford anuncia fim da produção de veículos no Brasil e fechamento de fábricas.* Disponível em: <https://www.uol.com.br/carros/noticias/redacao/2021/01/11/ford-anuncia-fim-da-producao-de-veiculos-no-brasil-ao-fechar-3-fabricas.htm>.

RENDA BÁSICA. *Quem somos.* Disponível em: <http://rendabasica.com.br/sobre-a-renda-basica/quem-somos/>.

RIBEIRO, Andressa de Freitas. *Taylorismo, fordismo e toyotismo.* Disponível em: <https://revistas.pucsp. br/ls/article/viewFile/26678/pdf>.

RIBEIRO, Darcy. *A América Latina existe?* Brasília: UNB, 2010.

______. *O processo civilizatório: etapas da revolução sócio-cultural.* 8. ed. Petrópolis: Vozes, 1985.

RIBEIRO, Graziele Lopes; STRASSER, Francislaine de Almeida Coimbra; CASTILHO, Ricardo dos Santos. *A controvérsia indígena e a questão indígena.* Disponível em: <https://doi.org/10.33911/singularsh.v1i2.32>.

RIBEIRO, Júlio Cézar. *A geografia do modo de produção comunista primitivo.* Disponível em: <http://revista.fct.unesp. br/index.php/formacao/article/view/643/657>.

RIFKIN, Jeremy. *El fin del trabajo:* nuevas tecnologías contra puestos de trabajo — el nascimiento de uma nueva era. Editor Digital: Hoshiko, 1994.

______. *La sociedad de coste marginal cero:* el internet de las cosas, el procomún colaborativo y el eclipse del capitalismo. Casc, 2016.

______. *La sociedade de coste marginal cero:* el internet de las cosas, el procomún colaborativo y el eclipse del capitalismo. Editor digital: Casc, 2014.

______. O fim dos empregos. São Paulo: M. Books, 2004 e BRIDGES, William. *Um mundo sem empregos — job shift — os desafios da sociedade pós-industrial.* São Paulo: Makron Books, 1995.

RIGOLETTO, Tomás; PÁEZ, Carlos Salas. As experiências internacionais de flexibilização das leis trabalhistas. In: *Dimensões críticas da Reforma Trabalhista no Brasil.* Organizadores: José Dari Krein, Denis Maracci Gimenez, Anselmo Luis dos Santos. Campinas: Curt Nimuendajú, 2018.

RIOUX, Jean Pierre. *A revolução Industrial:* 1780-1880. São Paulo: Pioneira, 1975.

ROBORTELLA, Luiz Carlos Amorim. *Modernas reformas laborais. Redução do intervencionismo estatal. Aumento do poder de gestão do empregador.* Rev. TST, São Paulo: Lex Magister, vol. 84, n. 3, jul./set. 2018.

ROCHA, Leonel Severo. *Introdução à teoria do sistema autopoiético do direito*. Porto Alegre: Livraria do Advogado, 2005.

RODRIGUES PINTO, José Augusto. *Curso de direito individual do trabalho*. São Paulo: LTr, 1994.

RODRIGUES, Américo Plá. *Princípios de direito do trabalho*. São Paulo: LTr, 1978.

______. *Princípios de Direito do Trabalho*. 3. ed. São Paulo: LTr, 2000.

ROIG, María José Añón. *Necesidades y derechos: un ensayo de fundamentación*. Madrid: Centro de Estudios Constitucionales, 1994.

ROMITA, Arion Sayão. *Direitos dos trabalhadores:* direitos fundamentais? Disponível em: <http://www.editoramagister.com/doutrina_27182340_DIREITOS_DOS_TRABALHADORES_DIREITOS_FUNDAMENTAIS.aspx>.

ROPPO, Enzo. *O contrato*. Coimbra: Almedina, 1988.

ROSA, Hartmut. *Alienación y aceleración:* hacia una teoria crítica de la temporalidade en la modernidad tardía. Buenos Aires: Katz, 2016.

ROSSEAU, Dominique. *Radicalizar a democracia:* proposições para uma refundação. São Leopoldo: Unisinos, 2019.

RUMIÁNTSEV, A.; KOSLOV, G.; VOLKÓV, M.; MÓJOV, N.; SKÍPETROV, P. *Economía Política:* capitalismo. Moscou: Editorial Progresso Moscú, 1980.

RUPRECHT, Alfredo J. *Os princípios do direito do trabalho*. São Paulo: LTr, 1995.

RUSSOMANO, Mozart Victor. *Curso de direito do trabalho.* 9 ed. Curitiba: Juruá, 2009.

SAES, Décio. *A formação do estado burguês no Brasil (1888-1891)*. Rio de Janeiro: Paz e Terra, 1985.

SALZ, Günther. *Alternativas ao Capitalismo em Teste:* Rendimento Básico Incondicional. Disponível em: <http://www.obeco-online.org/gunther_salz.htm>.

SÁNCHEZ RUBIO, David. *Derechos humanos instituyentes, pensamento crítico y práxis de liberación.* Ciudad de México: Akal, 2018.

______. Derechos humanos, luchas y praxis de liberación: algunos aportes a partir del pensamento de Ignacio Ellacuría y otros autores críticos. In: *En torno a la crítica del derecho.* Alejandro Rosillo Martínez; Guillermo Luévano Bustamente (Coord.). 1 ed. Aguascalientes-San Luis Potosí: CENEJUS-UASLP, 2018.

SANCHÍS, Luis Prieto. Los derechos sociales y el principio de igualdad substancial. In: *Direitos fundamentais sociais:* estudos em homenagem aos 60 anos da Declaração Universal dos Direito Humanos e aos 20 anos da Constituição Federal. Helder Baruffi (org.). Dourados: UFGD, 2009.

SANSON, Cesar. *Revolução 4.0 e a lição de Marx.* Disponível em: <http://www.ihu.unisinos.br/186-noticias/noticias-2017/571238-revolucao-4-0-e-a-licao-de-marx>.

SANTOS, Anselmo Luis; GIMENEZ, Denis Maracci. Desenvolvimento, competitividade e a Reforma Trabalhista. In: *Dimensões críticas da Reforma Trabalhista no Brasil.* Organizadores: José Dari Krein, Denis Maracci Gimenez, Anselmo Luis dos Santos. Campinas: Curt Nimuendajú, 2018.

SANTOS, Milton. *Por uma outra globalização:* do pensamento único à consciência universal. 6. ed. Rio de Janeiro: Record, 2001.

SARLET, Ingo Wolfgang. *La eficacia de los derechos fundamentales:* una teoría general desde la perspectiva constitucional. Lima: Palestra, 2019.

______. *A eficácia dos direitos fundamentais.* 2. ed. Porto Alegre: Livraria do Advogado, 2001.

______. *Dignidade da pessoa humana e direitos fundamentais na Constituição Federal de 1988.* Porto Alegre: Livraria do Advogado, 2001.

______. *Direitos sociais no Estado Democrático de Direito (parte 1).* Disponível em: <https://www.conjur.com.br/2016-jul-15/direitos-fundamentais-direitos-sociais-estado-democratico-direito-parte>.

______. La prohibición de retrocesso en los derechos sociales fundamentales en Brasil: algunas notas sobre desafio de la supervivência de los derechos sociales en um contexto de crisis. In: *Ni un passo atrás: la prohibición de regresividad en matéria de derechos sociales.* Compilado por Christina Courtis. 1. ed. Buenos Aires: Del Puerto, 2006.

______. O direito fundamental à moradia na constituição: algumas anotações a respeito de seu contexto, conteúdo e possível eficácia. *Revista de Direito do Consumidor*, São Paulo, RT, n. 46, 2003.

______. O Estado social de direito, a proibição de retrocesso e a garantia fundamental da propriedade. In: AUGUSTIN, Sérgio (Org.) *Doutrina Jurídica Brasileira.* Caxias do Sul: Plenum, 2001. CD-ROM.

______. Valor de alçada e limitação do acesso ao duplo grau de jurisdição: problematização em nível constitucional, à luz de um conceito material de direitos fundamentais. In: AUGUSTIN, Sérgio (Org.). *Doutrina jurídica brasileira.* Caxias do Sul: Plenum, 2001. CD-ROM.

______; BRANDÃO, Rodrigo. *Comentários à Constituição do Brasil.* Coordenação científica: J. J. Gomes Canotilho, Gilmar Ferreira Mendes, Ingo Wolfgang Sarlet, Lenio Luiz Streck. Coordenação Executiva: Léo Ferreira Leoncy. 2. ed. Coimbra: Almedina, 2018.

______; RODRIGO, Goldschmid. A assim chamada abertura material do catálogo de direitos fundamentais: uma proposta de aplicação às relações de trabalho no Brasil. *Revista de direitos fundamentais e democracia*, Curitiba, UniBrasil, vol. 17, n. 17, jan./jun. 2015.

SCALIONI, Alessandra. A Renda Básica de Cidadania e seus impactos na vida dos trabalhadores. In: *IHU on-line. Revista do Insituto Humanitas Unisinos*, n. 333. Disponível em: <http://www.ihuonline.unisinos.br/edicao/333>.

SCHOLZ, Roswitha. *O sexo do capitalismo.* Disponível em: <http://www.obeco-online.org/roswitha_scholz6.htm>.

SCHWAB, Klaus. *A quarta revolução industrial.* 1. ed. São Paulo: Edipro, 2019, *e-pub*. Diponível no endereço eletrônico: <https://books.google.com.br/books?id=XZSWDwAAQBAJ&pg=PT3&dq=a+quarta+revolu%C3%A7%C3%A3o+industrial&hl=pt-BR&source=gbs_toc_r&cad=2#v=onepage&q=a%20quarta%20revolu%C3%A7%C3%A3o%20industrial&f=true>.

SENADO. Redação. *Brasil está entre os piores países do mundo para trabalhador, aponta debate.* Disponível em: <https://www12.senado.leg.br/noticias/materias/2019/06/24/brasil-esta-entre-os-piores-paises-do-mundo-para-trabalhador-aponta-debate>.

SEVERO, Valdete Souto; SOUTO MAIOR, Jorge Luiz. *Manual da Reforma Trabalhista:* pontos e contrapontos. Org.: Afonso Paciléo Neto, Sarah Hakim. São Paulo (SP): Sensus, 2017.

SILVA, Homero Batista Mateus da. *CLT comentada [livro eletrônico].* 2. ed. São Paulo: Thomson Reuters Brasil, 2019.

SILVA, José Afonso da. *Curso de direito constitucional positivo.* 13. ed. São Paulo: Malheiros, 1997.

SILVA, Sandro Pereira. *A estratégia argumentativa da Reforma Trabalhista no Brasil à luz de dados internacionais.* Disponível em: <repositorio.ipea.gov.br/bitstream/11058/8390/1/bnt_64_estratégia.pdf>.

SINZHEIMER, Hugo. La esencia del derecho del trabajo. In: SINZHEIMER, Hugo. *Crisis económica y derecho del trabajo;* cinco estudios sobre la problemática humana y conceptual del derecho del trabajo. Madrid: IELSS, 1984.

SLAVOJ, Zizek. *Primeiro como tragédia, depois como farsa.* São Paulo: Boitempo, 2011.

SODRÉ, Nelson Werneck. *Formação histórica do Brasil.* 10. ed. Rio de Janeiro: Civilização Brasileira, 1979.

______. *Formação histórica do Brasil.* 5. ed. São Paulo: Brasiliense, 1968.

SORIMA NETO, João; ALMEIDA, Cássia. *País perdeu uma multinacional a cada três meses desde 2018, da indústria ao varejo.* Disponível em: <https://oglobo.globo.com/economia/pais-perdeu-uma-multinacional-cada-tres-meses-desde-2018-da-industria-ao-varejo-24842415>.

SOUZA SANTOS, Boaventura. Más allá de la gobernanza neoliberal: el Foro Social Mundial como legalidad y políticas cosmopolitas subalternas, p. 57-58. In: SOUZA SANTOS, Boaventura; GAVARITO, César A. Rodrígues (Eds.). *El derecho y la globalización desde abajo:* hacia una legalidad cosmopolita. México: Cuajimalpa, 2007.

SOUZA, António Francisco de. *Fundamentos Históricos de Direito Administrativo.* Lisboa: Editores, 1995.

SOUZA, Jessé. *A elite do atraso:* da escravidão à Lava Jato. Rio de Janeiro: Leya, 2017.

SPUTNIK. *Regresso ao padrão ouro:* será que sistema monetário existente terminará em breve? Disponível em: <https://br.sputniknews.com/economia/2019040713629109-regresso-padrao-ouro-fim--sistema-monetario-existente/>.

STEINMETZ, Wilson Antônio. *Colisão de Direito Fundamentais e princípio da proporcionalidade.* Porto Alegre: Livraria do Advogado, 2001.

STRECK, Lenio Luiz. *E o filósofo perguntou:* por que americanos não vem curtir nossa CLT? Disponível em: <https://www.conjur.com.br/2017-nov-16/senso-incomum-filosofo-perguntou-americanos-nao-vem-curtir-nossa-clt>.

______. *Jurisdição constitucional e decisão jurídica.* São Paulo: Revista dos Tribunais, 2013.

______. *Jurisdição constitucional e hermenêutica:* uma nova crítica do direito. Porto Alegre: Livraria do Advogado, 2002.

______. *La jurisdicción constitucional y las posibilidades de concretización de los derechos fundamentales-sociales.* Disponível em: <www.leniostreck.com.br>.

______. *Verdade e consenso:* constituição, hermenêutica e teorias discursivas. 4. ed. São Paulo: Saraiva, 2006.

______; MORAIS, José Luis Bolzan. *Ciência política e teoria geral do estado.* 3. ed. Porto Alegre: Livraria do Advogado, 2003.

STREECK, Wolfgang. *Tempo comprado:* a crise adiada do capitalismo democrático. São Paulo: Boitempo, 2018.

SUNSTEIN, Cass R. *Las cuentas pendientes del soño americano:* por qué los derechos sociales y económicos son más necesarios que nunca. Ciudad Autónoma de Buenos Aires: Siglo Veintiuno, 2018.

SUPIOT, Alain. *Critique du dorit do travail.* Paris: PUF, 2011.

SUPLICY, Eduardo Matarazzo. *Renda de cidadania:* a saída é pela porta. São Paulo: Cortez, 2002.

______. Renda Básica de Cidadania: uma luta pela dignidade e liberdade, p. 12. In: *Revista IHU on-line. Revista do Insituto Humanitas Unisinos*, n. 333. Disponível em: <http://www.ihuonline.unisinos.br/edicao/333>.

SÜSSEKIND, Arnaldo. *Direito internacional do trabalho.* 2 ed. São Paulo: LTr, 1987.

TAVARES, André Ramos. *Curso de direito constitucional.* 10a ed. São Paulo: Saraiva, 2012.

TAVARES, António Augusto. *Estudos da alta antiguidade.* Lisboa: Presença, s/d.

TAVARES, Maria Augusta. *Os fios (in)visíveis da produção capitalista:* informalidade e precarização do trabalho. São Paulo: Cortês, 2004.

TEPEDINO, Gustavo. *Temas de direito civil.* 2. ed. Rio de Janeiro-São Paulo: Renovar, 2001.

TONIAL, Nadya Regina. O bem viver como alternativa de emancipação da dominação neocolonial, oriunda da globalização neoliberal, e de concretização da solidariedade. In: *Constitucionalismo e Meio Ambiente.* Tomo I: constitucionalismo latino-americano e a ética [recurso eletrônico]. Cleide Calgaro (Org.). Porto Alegre, RS: Editora Fi, 2020.

TRENKLE, Norbert. Miséria informalizada: sobre a relação entre o setor informal e a moderna produção mercantil. *Margem Esquerda. Revista da Boitempo 35*, São Paulo, Boitempo, 2020.

TRINDADE, José Damião de Lima. *Os direitos humanos na perspectiva de Marx e Engels:* emancipação política e emancipação humana. São Paulo: Alfa-Omega, 2011.

TRINDADE, Rodrigo. *A máquina no lugar do homem.* Disponível em: <https://economia.uol.com.br/noticias/bbc/2018/12/20/as-profissoes-ameacadas-pelos-avancos-tecnologicos.htm.>.

UBILLOS, Juan María Bilbao. ¿En que medida vinculan a los particulares los derechos fundamentales? In: SARLET, Ingo Wolfgang (org.) *Constituição, direitos fundamentais e direito privado.* Porto Alegre: Livraria do Advogado, 2003.

______; MARTÍNEZ, Fernando Rey. El principio constitucional de igualdad en la jurisprudencia española. In: Miguel Carbonell (compilador). *El principio constitucional de igualdad:* lecturas de introdución. México: Comisión Nacional de los Derechos Humanos, 2003.

UOL. *Desemprego bate recorde no Brasil em 2020 e atinge 13,4 milhões de pessoas.* Disponível em: <https://economia.uol.com.br/empregos-e-carreiras/noticias/redacao/2021/02/26/desemprego---pnad-continua---dezembro-2020.htm>.

______. *Taxa de desemprego passa de 13,3% para 14,6% no terceiro trimestre.* Disponível em: <https://noticias.uol.com.br/ultimas-noticias/agencia-brasil/2020/11/27/taxa-de-desemprego-passa-de-133-para-146-no-terceiro-trimestre.htm>.

URIARTE, Oscar Ermida. *A flexibilidade.* São Paulo: LTr, 2002.

______. *Derechos laborales y comercio internacional.* Disponível em: <http://www.mundodeltrabajo.org.br.>.

______. *Flexibilização no direito do trabalho: a experiência latino-americana.* Disponível em: <http://www.tst.jus.br/home?p_p_id=15&p_p_lifecycle=0&p_p_state=maximized&p_p_mode=view&_15_struts_action=%2Fjournal%2Fview_article&_15_groupId=10157&_15_articleId=223223&_15_version=1.0>.

______. *Globalización y relaciones laborales.* Disponível em: <http://www.mundodeltrabajo.org.ar>.

VALOR ECONÔMICO. *Desemprego médio em 2012 é o mais baixo desde 2003, diz IBGE.* Disponível em: <https://valor.globo.com/brasil/noticia/2013/01/31/desemprego-medio-em-2012-e-o-mais-baixo-desde-2003-diz-ibge.ghtml>.

______. *Desemprego no Brasil atinge mais de 12 milhões no fim de 2018.* Disponível em: <https://valor.globo.com/brasil/noticia/2019/01/31/desemprego-no-brasil-atinge-mais-de-12-milhoes-no-fim-de-2018.ghtml>.

______. *Em 2017, 82% da riqueza mundial ficaram nas mãos do 1% mais rico.* Disponível em: <https://www.valor.com.br/brasil/5272165/em-2017-82-da-riqueza-mundial-ficaram-nas-maos-do-1-mais-rico>.

______. *Reforma trabalhista vai gerar 6 milhões de empregos, diz Meirelles.* Disponível em: <https://valor.globo.com/politica/noticia/2017/10/30/reforma-trabalhista-vai-gerar-6-milhoes-de-empregos-diz-meirelles.ghtml>.

______. *Salário médio da indústria da China supera o do Brasil e do México.* Disponível em: <https://valor.globo.com/mundo/noticia/2017/02/26/salario-medio-da-industria-da-china-supera-o-do-brasil-e-do-mexico.ghtml>.

______. *Taxa de desemprego alcança 8,5% em 2015, a mais alta em três anos.* Disponível em: <https://valor.globo.com/brasil/noticia/2016/03/15/taxa-de-desemprego-alcanca-85-em-2015-a-mais-alta-em-tres-anos.ghtml>.

VAROUFAKIS, Yanis. *¿Qué vendrá después del capitalismo?* Ciudad Autónoma de Buenos Aires: CLACSO; Amsterdam: TNI — Transnational Institute, 2020.

______. *O Minotauro global:* a verdadeira origem da crise financeira e o futuro da economia global. São Paulo: Autonomia Literária, 2016.

VASCONCELOS, Ângela. Renda mínima e renda básica de cidadania: direitos do cidadão. *IHU on-line. Revista do Insituto Humanitas Unisinos*, n. 333. Disponível em: <http://www.ihuonline.unisinos.br/edicao/333>.

VAZ, Jose Eduardo Parlato Fonseca. *Análise histórica dos direitos trabalhistas nas Constituições Brasileiras.* Disponível em: lelivros.love.

VECCHI, Ipojucan Demétrius. *Direito material do trabalho*. Vol. 1. Curitiba: Juruá, 2016.

______. Limitação da jornada de trabalho e saúde e segurança: impropriedades da "Reforma Trabalhista". *Revista do Tribunal Superior do Trabalho*, v. 83, n. 4. São Paulo: Lex Magister, out./dez. 2017.

______; CANSI, Francine; CRUZ, Paulo Márcio. Neoliberalismo e Estado de Exceção: contribuições ao estudo pela revalorização da política e da democracia. In: *Estado de direito e garantias sociais [recurso eletrônico]*. Luiz Ernani Bonesso, Paulo Márcio Cruz; Joana Silva Mattia Debastiani (Organizadores). Itajaí: Univali, 2020.

______; GARCIA, Marcos Leite; PILAU SOBRINHO, Liton Lanes. O princípio da dignidade humana e suas projeções no âmbito laboral: possibilidades e limites. *Revista Seqüência – Estudos Jurídicos e Políticos*, v. 41, n. 85, 2020. Disponível em: <https://doi.org/10.5007/2177-7055.2020v41n85p249>.

VEJA, Pedro Ladeira. *Taxa de desemprego no Brasil fechou 2011 com média de 6% (oficial)*. Disponível em: <https://veja.abril.com.br/economia/taxa-de-desemprego-no-brasil-fechou-2011-com-media--de-6-oficial/>.

______. Redação. *Nova ordem econômica:* o lastro do ouro é relançado. Disponível em: <https://veja.abril.com.br/economia/nova-ordem-economica-o-lastro-do-ouro-e-relancado/>.

VENANCIO, Giselle Martins. *Lugar de mulher é... na fábrica;* Estado e trabalho feminino no Brasil (1910-1934). Disponível em: <ojs.c3sl.ufpr.br/ojs2/index.php/historia/article/dowload/.../2201>.

VERNANT, Jean-Pierre; NAQUET, Pierre-Vidal. *Trabalho e escravidão na Grécia Antiga*. Campinas: Papirus, 1989.

VIEIRA, Liszt. *Cidadania e globalização*. 2. ed. Rio de Janeiro-São Paulo: Record, 1998.

VIVES, Juan Luis. *On assistance to the poor*. Canadá: University of Toronto Press, 1999.

VIZENTINI, Paulo G. Fagundes. *A "globalização" e os impasses do neoliberalismo:* globalização, neoliberalismo, privatizações — quem decide este jogo? Raul K. M. Carrion; Paulo G. Fagundes Vizentini (Org.). 2. ed. Porto Alegre: Editora da Universidade/UFRGS, 1998.

WANDELLI, Leonardo Vieira. *O direito do trabalho como direito humano fundamental:* elementos para sua fundamentação e concretização. Texto Disponível em: <https://acervodigital.ufpr.br/bitstream/handle/1884/20912/o%20direito%20ao%20trabalho%20como%20direito%20humana%20e%20fundamental(leonardo%20wandelli).pdf?sequence=1&isAllowed=y>.

WELCH, Clifford Andrew... [*Et al.*]. *Camponeses brasileiros*: leituras e interpretações clássicas. São Paulo: UNESP; Brasília, DF: Núcleo de Estudos Agrários e Desenvolvimento Rural, 2009. v. 1. Disponível em: <http://www.iica.int/Esp/regiones/sur/brasil/Lists/Publicacoes/Attachments/71/Camponeses%20Brasileiros%20vol%201%20NEAD.pdf.>.

WILLIAMS, Eric. *Capitalismo & escravidão*. São Paulo: Companhia das Letras, 2012.

ZIZEK, Slavoj. *Viviendo en el final de los tiempos*. Madrid: Akal, 2012.

